ENCONTROS DIÁRIOS com *Jesus*

Publicações
Pão Diário

Uma aventura sem igual pelos evangelhos

ENCONTROS DIÁRIOS com *Jesus*

365 devocionais para líderes

Christopher Shaw

DIOS EN SANDALIAS
Encuentros transformadores con el Verbo hecho carne,
Christopher Shaw
originalmente editado e publicado por Desarrollo Cristiano Internacional
©2008. Todos os direitos reservados.

Coordenação editorial: Dayse Fontoura
Tradução: Angela Mitt, Samuel Mitt
Revisão: Dayse Fontoura, Lozane Winter, Thaís Soler, Rita Rosário
Projeto gráfico e capa: Audrey Novac Ribeiro
Diagramação: Rebeka Werner

Dados Internacionais de Catalogação na Publicação (CIP)

Shaw, Christopher
Encontros diários com Jesus — Uma aventura sem igual pelos evangelhos
Tradução: Ângela Mitt, Samuel Mitt
Curitiba/PR, Publicações Pão Diário

Título original: *Dios en sandalias — Encuentros transformadores con el Verbo hecho carne*

1. Fé;   2. Vida cristã;   3. Confiança;   4. Devocional

Proibida a reprodução total ou parcial, sem prévia autorização, por escrito, da editora.

Todos os direitos reservados e protegidos pela Lei 9.610, de 19/02/1998.

Exceto quando indicado no texto, os trechos bíblicos mencionados são da edição Revista e Atualizada de João Ferreira de Almeida © 2009 Sociedade Bíblica do Brasil.

Publicações Pão Diário
Caixa Postal 4190,
82501-970 Curitiba/PR, Brasil
publicacoes@paodiario.org
www.publicacoespaodiario.com.br
Telefone: (41) 3257-4028

Código: G0052
ISBN: 978-65-87506-85-2

1.ª edição: 2022

Impresso na China

AGRADECIMENTOS

Só quem se propõe a produzir um livro conhece de perto o profundo esforço que isto representa. Pelo caminho, deve não somente vencer os intermináveis obstáculos que são comuns a esse tipo de projeto, como também, enfrentar uma feroz luta no homem interior, com o desânimo. Em certas ocasiões, quando a sensação de estar trabalhando em vão foi particularmente intensa, lutei contra o desejo de abandonar o projeto. É por isso que desejo registrar por escrito a bênção que foi trabalhar ao lado de minha assistente-editorial, Ismaela de Vargas. Ela não somente contribuiu com sua valiosa experiência profissional ao estafante processo de revisar e corrigir o texto dia após dia, como também, muitas vezes ofereceu palavras de incentivo de inestimável valor, para que eu seguisse em frente com este projeto. Por isso, entre tantas outras coisas, obrigado, Ismaela!

Agradeço à pessoa que realizou o minucioso trabalho de revisar o texto, buscando melhorar os mínimos detalhes, mas preferiu ficar no anonimato. O respeito e eficiência dela no desempenho deste trabalho foram de muita inspiração para mim. Sei que o seu trabalho não ficou despercebido diante daquele que tudo *vê em oculto*.

Por último quero agradecer a toda a equipe de *Desarrollo Cristiano Internacional* pelas muitas formas com que me encorajaram na jornada, suportando as inevitáveis faltas de atenção que resultaram de trabalhar tão intensamente num projeto como este.

Quanto ao Senhor, o salmista é quem melhor descreve o sentimento do meu coração neste tempo:

Quando contemplo os teus céus, obra dos teus dedos, e a lua e as estrelas que estabeleceste, que é o homem, que dele te lembres? E o filho do homem, que o visites?
(Salmo 8:3,4).

A pergunta de Davi não é um convite para se fazer teologia, mas para prostrar-se diante dele e exclamar: Tu tens sido exageradamente bom para comigo, Senhor!

ÍNDICE DE TEMAS

TÍTULO	TEXTO BÍBLICO
A oração de Salomão *(Ao começar)*	1 Reis 3:5-15
No princípio *(Jesus, Deus eterno)*	João 1:1-14
Surpresa celestial *(Visita a Zacarias)*	Lucas 1:5-25
Muito favorecida *(Visita a Maria)*	Lucas 1:26-38
Um homem justo *(Visita a José)*	Mateus 1:18-25
Seu nome é João *(Nasce o Batista)*	Lucas 1:57-66
Viagem a Belém *(Nasce Jesus)*	Lucas 2:1-7
Boas-novas de grande alegria *(Anúncio aos pastores)*	Lucas 2:8-21
Luz para as nações *(Chegada dos sábios do Oriente)*	Mateus 2:1-12
Vi a tua salvação *(Apresentação de Jesus no Templo)*	Lucas 2:22-35
A criança com Ana *(Apresentação de Jesus no Templo)*	Lucas 2:36-38
Os anos ocultos *(Jesus criança)*	Lucas 2:39-52
O exemplo de Maria *(Uma parada no caminho – 1)*	Lucas 2:19-51
Fundamento sólido *(O batismo de Jesus)*	Mateus 3:13-17
Tempos de prova – 1 *(Jesus é tentado)*	Mateus 4:1-11
Tempos de prova – 2 *(Jesus é tentado)*	Mateus 4:1-11
Tempos de prova – 3 *(Jesus é tentado)*	Mateus 4:1-11
Prestar atenção *(Uma parada no caminho – 2)*	Hebreus 4:1,2,11
Primeiros passos *(Jesus inicia Seu ministério)*	João 1:19-51
Convidado especial *(As bodas de Caná)*	João 2:1-11
Zelo divino *(Jesus purifica o Templo)*	João 2:13-25
As dúvidas de um mestre *(Jesus com Nicodemos)*	João 3:1-21
A arte do diálogo *(Jesus e a samaritana)*	João 4:1-42
Pedro enviado a Cornélio *(Uma parada no caminho – 3)*	Atos 10:1-23
Médico, cura-te a ti mesmo *(Jesus em Nazaré)*	Lucas 4:16-30
As redes do Mestre *(Jesus chama Pedro e outros)*	Lucas 5:1-11
Agito na Galileia *(Jesus na Galileia)*	Marcos 1:21-45

Quatro amigos *(Trazem um paralítico a Jesus)*.................................. Marcos 2:1-12

Rompendo paradigmas *(Jesus chama Levi)*...................................... Mateus 9:9-13

Companheiros de jornada *(Jesus escolhe os Doze)* .... Marcos 3:13-15

Não é lícito! *(Jesus e o dia de descanso)* .... João 5:1-20

A vida no Reino – 1 *(O Sermão do Monte)*...................................... Mateus 5:1-12

A vida no Reino – 2 *(O Sermão do Monte)*...................................... Mateus 5:13-20

A vida no Reino – 3 *(O Sermão do Monte)*...................................... Mateus 6:1-18

A vida no Reino – 4 *(O Sermão do Monte)*...................................... Mateus 6:19-34

A carne e o espírito *(Uma parada no caminho – 4)*.......................... Romanos 8:5-14

Acontecimento em Cafarnaum *(Jesus e o centurião)*........................ Lucas 7:1-10

Um profeta entre nós *(Jesus e a viúva em Naim)*............................. Lucas 7:11-17

Uma pergunta fundamental *(João pede confirmação)*..................... Lucas 7:18-35

O grande convite *(Jesus chama os aflitos)*... Mateus 11:23-30

Vês esta mulher? *(Uma prostituta unge Jesus)* .... Lucas 7:36-50

A paixão de Paulo *(Uma parada no caminho – 5)*........................... Filipenses 3:7-14

Pelo fruto se conhece *(Jesus diante de uma acusação)* .... Mateus 12:22-37

Mistérios do Reino *(Jesus ensina por parábolas)*.............................. Mateus 13:1-52

Até o vento lhe obedece! *(Jesus acalma uma tempestade)*................ Marcos 4:35-41

Operação resgate *(Jesus em Gerasa)*.. Marcos 5:1-20

Assediado! *(Jesus, Jairo e uma mulher)* .... Lucas 8:40-56

Profeta sem honra *(Jesus retorna a Nazaré)*..................................... Mateus 13:53-58

Enviados – 1 *(Jesus envia os Doze)*... Mateus 9:35–11:1

Enviados – 2 *(Jesus envia os Doze)*... Mateus 9:35–11:1

Compaixão pela multidão *(Jesus alimenta 5 mil)*............................ Marcos 6:33-44

Um fantasma! *(Jesus anda sobre o mar)* .... Mateus 14:22-34

O pão da vida *(Jesus perde seguidores)* .... João 6:22-71

Com os lábios me honram *(Jesus discute com os fariseus)* .... Mateus 15:1-20

Por umas migalhas *(Jesus e a cananeia)* .... Mateus 15:21-28

Não à mediocridade *(Uma parada no caminho – 6)* .... 2 Timóteo 1:5-7

Junto ao mar da Galileia *(Jesus entre os enfermos)* .... Mateus 15:29-31

Cusparada curadora! *(Jesus cura um gago)* .... Marcos 7:31-37

Banquete no deserto *(Jesus alimenta 4 mil)* .... Mateus 15:32-38

As exigências do incrédulo *(Os fariseus pedem um sinal)*................ Mateus 16:1-4

O fermento dos fariseus *(Jesus adverte os discípulos)*...................... Mateus 16:5-12

Revelação dramática *(Jesus confirma que Ele é o Messias)* .... Mateus 16:13-23

Ir após Ele *(Jesus define Seu discípulo)* .... Mateus 16:24-28

Glória e pavor *(A transfiguração de Jesus)*.. Marcos 9:2-8

Só com oração *(Jesus cura um endemoninhado)*.............................. Marcos 9:14-29

Ser como crianças *(Jesus ensina sobre humildade)*.......................... Mateus 18:1-14

Somos muitos mais *(Jesus corrige João)* .... Marcos 9:38-42

Quando um irmão peca *(Jesus ensina sobre restauração)*................ Mateus 18:15-35

O segredo de José *(Uma parada no caminho – 7)*............................ Gênesis 50:15-22

Meu tempo ainda não chegou *(Aproxima-se a hora)*...................... João 7:1-9

Abuso de poder *(Jesus inicia a caminhada a Jerusalém)* .... Lucas 9:51-56

Tudo ou nada *(Jesus rejeita condições)* .... Lucas 9:57-62

Rios de água viva *(A Festa dos Tabernáculos)* .... João 7:10-50

Atirar a primeira pedra *(Jesus perdoa uma mulher)*....................... João 8:1-11

Firmes na palavra *(Jesus fala aos cristãos)*....................................... João 8:30-36

Eu era cego e agora vejo *(Jesus cura um cego)* .... João 9:1-41

A confissão de Pedro *(Ao terminar)*.. Mateus 16:13-23

NÃO LEIA ESTE LIVRO!

As imagens falam por si mesmas. Em três ocasiões na história do povo de Deus, o Senhor ordenou a Seus mensageiros (Jeremias, Ezequiel e João) que, literalmente comessem o livro que continha as Suas palavras. O apóstolo relata assim essa experiência: "Tomei o livrinho da mão do anjo e o devorei, e, na minha boca, era doce como mel; quando, porém, o comi, o meu estômago ficou amargo" (Apocalipse 10:10). Assim como em seus antecessores, a mensagem de Deus se integrou à pessoa de João, de modo a experimentar no mais íntimo do seu ser o impacto e o peso daquilo que o Senhor queria transmitir ao Seu povo. O processo nos oferece a mais clara prova de que as Escrituras, por suas origens, são como nenhum outro texto sobre a Terra. Chegarmos a elas é uma experiência que não pode ser alcançada pelo mero exercício de captar, com os olhos, as frases impressas em suas páginas.

Para experimentar tudo o que a Palavra nos oferece, entretanto, devemos entender a forma em que a cultura atual tem afetado nossos hábitos de leitura. Como nunca antes, encontramo-nos expostos a alarmantes níveis de saturação tecnológica. A abundante fonte de informação que a internet oferece, graças aos incríveis avanços da tecnologia, adiciona-se o acesso ao conteúdo de enciclopédias, livros, revistas, jornais escritos e publicações, que, em outros tempos, eram privilégio exclusivo de bibliotecas e bancos de dados. O problema é que não dispomos de tempo para ler sequer um por cento de toda a informação com que cruzamos a cada dia. A única forma de sobreviver é mediante um cuidadoso processo de seleção na hora de se ler algo. O critério que usamos nesse processo corresponde ao espírito utilitário deste tempo, o que nos leva a descartar tudo aquilo que não ofereça um claro e rápido benefício à nossa vida.

Esta forma de leitura tem sérias implicações na hora de nos aproximarmos do texto sagrado. Uma elevada porcentagem do povo de Deus abandonou por completo a leitura das Escrituras porque já não há mais tempo para perder numa atividade com tão poucos benefícios aparentes. Outros, inclusive nós, conservamos o hábito da leitura, mas, sem perceber, aproximamo-nos da Palavra com o mesmo espírito pragmático que a cultura nos tem imposto. Exigimos que a Bíblia nos entregue sem rodeios a "fórmula" para resolver o problema ou o desafio que enfrentamos naquele momento. Por isso, nossa leitura se limita a porções das Escrituras que mais depressa falam à nossa necessidade. A prova disto é o fato de que em muitas Bíblias somente as páginas dos Salmos e de algumas epístolas do Novo Testamento mostram sinais de que foram visitadas por nós.

A leitura da Palavra de Deus, porém, precisa de uma abordagem completamente diferente. Ela revela o coração do nosso Pai celestial. Quando chegamos ao texto, devemos deliberadamente descartar o agitado e inquieto espírito de Marta, e assumir a postura de Maria, que tanto agradou ao Senhor (Lucas 10:39-41). Maria não indicou a Jesus quais os assuntos que Ele devia considerar, nem exigiu que o Seu ensino se referisse especificamente às preocupações que ela carregava. Ela nem sequer lhe impôs a obrigação de falar. Simplesmente se colocou aos Seus pés e preparou seu coração para lhe prestar atenção. A liberdade que ela lhe concedeu é a mesma que tanto necessitamos na hora de abrirmos a Palavra.

Deus em sandálias procura levar o leitor por esse caminho. Se você decidiu ler este livro com o intuito de encontrar alguns princípios que possam ser úteis para a sua vida, garanto que se decepcionará. Antes, a cada dia perceberá a oferta de um convite para participar de sua própria aventura ao caminhar ao lado de Cristo através dos evangelhos. Posso afirmar, com toda a certeza, que o melhor que este livro oferece não se encontra nestas páginas, mas na pessoa de Jesus. Se você permitir que elas sejam apenas um ponto de partida para algo muito maior, perceberá que o livro reserva para você certa utilidade.

Para facilitar esse processo *Deus em sandálias* tem a mesma estrutura todos os dias. O tema e o texto estão detalhados no início de cada página. Na maioria dos casos, esse texto se repetirá durante vários dias e você será incentivado a voltar uma e outra vez a meditar em seu conteúdo. A escolha das passagens segue a ordem cronológica que emprega a harmonia dos quatro evangelhos[1]. Porém, o livro não procura cobrir a totalidade dos eventos que os evangelhos apresentam, embora será possível perceber que abrange uma grande diversidade de acontecimentos e ensinamentos na vida de Jesus.

A primeira parte do devocional, dentro de um quadro, denomina-se "encontro". Normalmente consiste em algumas perguntas que podem servir para encorajar o seu encontro pessoal com o Senhor. Embora você não acredite, esta é a parte mais importante do livro porque lhe permitirá participar de uma aventura semelhante a que eu vivenciei nos últimos quatro anos. Por este motivo, incentivo-o a resistir à tentação de passar por cima das perguntas. Dedique o melhor do seu tempo a esse período de reflexão e descobrirá como Deus começa a se revelar ao seu coração.

A segunda parte da estrutura diária, logo abaixo da caixa de texto leva o nome de "contributo". Nesse espaço, você encontrará algumas reflexões que elaborei com base no texto do dia. Gostaria, no entanto, de enfatizar que essa segunda porção é, no meu entender, a que menos valor tem. O livro de fato cumprirá um dos seus principais objetivos se você se propor a manter um registro das reflexões que realizar, as quais serão sua contribuição pessoal ao texto. Desta maneira, quero lhe encorajar a dispensar especial atenção às revelações do Senhor à medida que se assenta aos Seus pés para ouvi-lo. Ao mesmo tempo, o diálogo que o livro busca promover serve também para você convidar outros a se juntarem a essa aventura. Os momentos que fixarem para compartilhar suas descobertas serão abençoadores.

Outro elemento que lhe será útil é o fato de não ser obrigatório seguir as datas do calendário anual. Nos devocionais tradicionais, cada reflexão coincide com um determinado dia do ano. Eventualmente, devido a diversos compromissos e atividades, descobrimos que não temos como manter a leitura sequencial do livro e por isso torna-se necessário pular vários dias para não nos atrasarmos. A proposta de *Deus em sandálias* é que você se comprometa a passar um ano caminhando com Jesus através dos evangelhos, mas você tem liberdade para escolher quando deseja começar essa aventura. Pelo modo como os dias estão identificados não precisa se fixar no calendário e pode aproveitar a continuidade do texto, o que é parte essencial deste livro.

Para finalizar, gostaria de enfatizar que *Deus em sandálias* se nega a oferecer ao leitor todas as respostas às perguntas que apresenta. Por isso, perceberá que muitas reflexões não chegam a conceitos bem elaborados e conclusões extensamente colocadas. Alguns dias você sentirá que o esforço de caminhar com Ele nada lhe trouxe de forma objetiva, visto que serão mais perguntas e dúvidas do que respostas. Será útil, nessas ocasiões, lembra-se de que você participa de um processo que produzirá o seu fruto somente com o passar do tempo. Em outras ocasiões, sentirá que volta repetidamente às mesmas observações. O insaciável anelo pelo que é novo, o que faz parte da cultura atual, provocará um certo enfado ao considerar essas repetições. Os evangelhos, entretanto, não contêm grande quantidade de ensinamentos, mas, sim, umas poucas verdades, apresentadas várias vezes de formas diferentes. Você será lembrado, reiteradas vezes, de que a sabedoria do Reino não consiste em saber muito, mas *sim*, em praticar as coisas que já conhecemos. Em outros momentos, você perceberá elementos na pessoa de Jesus que o deixarão desconcertado, confuso e inclusive, indignado. Não se desespere com tais sentimentos. Eles são um claro indício de que você começou a se desfazer da imagem que tinha do Senhor, para experimentar uma aproximação mais íntima e genuína com Filho de Deus. Descobrir que Jesus é muito diferente do que imaginava é um passo fundamental para que o seu relacionamento com Ele saia do plano apenas religioso, no qual com facilidade caímos.

A cuidadosa leitura dos evangelhos é para mim uma experiência comovente. Em certas ocasiões, tenho sentido grande tristeza ao ver a distância que me separa do Senhor. Em outros momentos, o tremendo potencial que existe em conhecê-lo tem sido para mim algo intensamente prazeroso. Ainda em outras ocasiões fiquei pasmo com a magnífica generosidade do Seu amor. Em meio a todas essas impressões, pergunto-me com frequência, por que esperei tanto tempo para aceitar o convite para caminhar com Ele cada dia? Embora ainda haja muitas perguntas sem respostas, uma convicção tomou conta do meu coração: conheço Jesus muito pouco. Pela graça de Deus, entretanto, hoje o conheço melhor do que há alguns anos. Minha esperança é que você também, daqui a algum tempo, possa dizer que conhece Jesus melhor do que o conhecia antes de iniciar esta aventura.

Christopher Shaw

---

1 *The Book of Jesus* (O livro de Jesus). The New Amsterdam Publishing Company, 1997

A oração de Salomão *(Ao começar)*

1
O QUE DESEJA QUE EU FAÇA POR VOCÊ?
1 Reis 3:5-15

Se você não tirou tempo para ler o prefácio, com o título "Não leia este livro!" ou decidiu saltá-lo, gostaria de sugerir que volte atrás. Naquela parte do livro, encontrará algumas observações interessantes sobre a forma como ele foi composto, inclusive uma lista de sugestões quanto à maneira de poder tirar o maior proveito de *Deus em sandálias*. Por que não o fazer agora?

Uma vez concluída a leitura do prefácio, leia o texto deste dia. Que aspectos de Deus são revelados na oferta que Ele fez a Salomão no verso 5? Em que consistia a missão de Salomão? De que maneira a oração que fez afetou a responsabilidade que pesava sobre os seus ombros? Como o Senhor respondeu o pedido desse rei?

A aparição do Senhor a Salomão em Gibeão constitui um dos preciosos momentos na história do povo de Deus. A oferta que o rei recebeu, mostra primeiro os riscos que o Senhor está disposto a assumir no relacionamento com Seus filhos, pois deu a Salomão a liberdade de escolher o que bem quisesse. Esta liberdade é um dos maravilhosos presentes concedidos por Deus ao homem. Da mesma forma, a resposta de Salomão, que muito agradou ao Senhor, ajuda-nos a perceber o extraordinário potencial que uma vida inteiramente centrada nos assuntos do Reino pode alcançar. Claramente, Salomão poderia ter pedido qualquer uma das coisas que o Senhor mencionou mais tarde (vida longa, riquezas, vitória sobre seus inimigos), mas a única coisa que pesava em seu coração era agradar a Deus cumprindo com responsabilidade a tarefa que lhe tinha sido entregue. Quando uma pessoa está completamente centrada nos assuntos do seu Senhor, tudo o que o mundo oferece torna-se menos do que nada.

Quero convidá-lo agora a fazer um pequeno exercício baseado na história de Salomão. Imagine por um momento Deus lhe aparecendo pessoalmente e fazendo a mesma pergunta que fez a Salomão: "O que deseja que eu faça por você?", pergunta esta que Jesus também fez a pessoas que encontrou nos três anos de Seu ministério público. Como você responderia a essa pergunta? Não se apresse em responder. Medite um pouco nas implicações dessa oferta e também nos desejos mais profundos do seu coração. Que pediria ao Senhor? Transforme em oração a resposta que vir à sua mente.

Agora quero convidá-lo a dar um passo a mais neste exercício. Imagine que esse encontro com o Senhor de fato aconteça, mas inverta os papéis. Em vez de o Senhor lhe perguntar, faça você a pergunta a Ele, diga-lhe: "Senhor, que desejas que eu faça por ti?". Como pensa que Ele lhe responderia? Você estaria disposto a dar o que Ele lhe pede? Tenho a certeza de que à medida que avançar no desafio de caminhar com Jesus através dos evangelhos, você encontrará a resposta a algumas destas perguntas. Que Deus, em Sua bondade, lhe conceda a coragem para responder adequadamente aos desafios que Ele lhe propuser.

No princípio *(Jesus, Deus Eterno)*

2
ALÉM DO TEMPO
João 1:1-14

> Leia o texto desta semana, e depois concentre sua atenção no verso 1. Em sua opinião, por que João escolheu começar o seu evangelho com essa mensagem?

É bom e oportuno que nossa aventura com Jesus comece neste ponto: "No princípio, era o Verbo, e o Verbo estava com Deus, e o Verbo era Deus" (João 1:1).

A declaração do apóstolo reproduz o relato de Gênesis, cujas origens também se encontram além da história do planeta no qual vivemos: "No princípio, criou Deus os céus e a terra". Esse "princípio", referido pelos dois autores, foge aos parâmetros que normalmente usamos para medir a passagem do tempo, pois se encontra oculto na própria eternidade.

João não pretende entrar no mistério dessa frase. Ele simplesmente afirma que o Verbo existia desde sempre, porque o Verbo é o próprio Deus. A sua declaração nos ajuda a assumir a partir do mesmo princípio a postura correta em nosso relacionamento com o Senhor. Ele é a origem de todas as coisas, inclusive de nossa própria história pessoal. Vez por outra, à medida que caminharmos com Ele nesta série, retornaremos a esta verdade. Cada cena que vivenciarmos nos conduzirá inevitavelmente, à pessoa de Deus. O homem é, e sempre será, aquele que responde à iniciativa divina, um ator secundário na história que é muito maior e mais profunda do que o relato da nossa rápida passagem por este planeta.

A declaração do discípulo amado serve também para demarcar a peregrinação terrena do Messias no que é eterno. Sua presença neste mundo, limitada a um pequeno lapso de tempo, representada pelos escassos 33 anos de vida, está incluída num projeto que nasce no coração de Deus e que, por essa razão necessariamente está contida na eternidade.

Que bom será, então, iniciar esta aventura em atitude de adoração, maravilhados ante o fato de nos ser concedido o contato com o Eterno. Podemos exclamar com Moisés: "Ó SENHOR Deus! Passaste a mostrar ao teu servo a tua grandeza e a tua poderosa mão; porque que deus há, nos céus ou na terra, que possa fazer segundo as tuas obras, segundo os teus poderosos feitos?" (Deuteronômio 3:24).

Manter esta postura ao longo do ano será um dos fatores que mais nos ajudará a adentrar nas profundezas da pessoa de Cristo. Não nos chegaremos a Ele como alguém que pretende analisar, explicar e esmiuçá-lo. Antes, viremos simplesmente para apreciar o irresistível encanto da Sua pessoa.

Senhor, tu és a encarnação de todos os nossos anelos, a manifestação dos nossos mais ousados sonhos. Ao nos aproximarmos da Tua pessoa nada mais fazemos do que responder à Tua iniciativa. Chegamos com o coração aberto e a vontade disposta a deixar que nos conduzas aonde tu queiras. Produz em nós as experiências que desejas. Não te pedimos que nos expliques o que fazes, mas sim, que nos tenhas perto de ti. Estar contigo, Senhor, é todo o bem que anelamos.

No princípio *(Jesus, Deus Eterno)*

3. O VERBO DE VIDA
João 1:1-14

> João escolheu referir-se a Cristo como "o Verbo". Medite no significado desta palavra. Que imagem ela oferece da pessoa do Messias?

João é o único autor do Novo Testamento que se refere a Jesus como o Verbo. Este pormenor também nos motiva a crer que o relato de Gênesis 1 inspirou a introdução deste evangelho. O mundo, tal como o conhecemos hoje, começa a existir a partir da *palavra* falada do Criador. Oito vezes, no primeiro capítulo de Gênesis, reafirma-se a frase "disse Deus"; seguida seis vezes pela afirmação "e assim foi". Não podemos deixar de perceber o extraordinário poder que a Palavra de Deus contém. Esta mesma percepção leva João a declarar: "Todas as coisas foram feitas por intermédio dele, e sem ele, nada do que foi feito se fez" (v.3). Quer dizer, todas as coisas existentes no Universo têm sua origem no Verbo, e fora do Verbo nada existe.

Meditemos, por um momento, no significado da palavra *verbo* ou *logos*, conforme o grego. É por meio de *palavras* que conseguimos nos situar no plano da vida para o qual fomos criados. Somos seres chamados à comunhão com os nossos semelhantes e com o Criador. As palavras nos oferecem a oportunidade para nos darmos a conhecer e de que outros nos conheçam, de modo a romper a barreira imposta pelo pecado. As palavras são a ponte pela qual podemos encurtar a distância que nos separa uns dos outros.

Então, quão grande poder existe na palavra que procede da boca de Deus! Não é como alguma outra palavra pronunciada no Universo, pois ela vem mesmo da fonte da vida. Por este motivo, a vida e a sua palavra formam uma unidade e a mesma essência. As palavras que pronunciamos, entretanto, são palavras recebidas de outras pessoas. As palavras do Senhor geram vida porque Ele mesmo tem "...sustentando todas as *coisas* pela palavra do seu poder..." (Hebreus 1:3).

Esta palavra, portanto, é indispensável, pois a vida está contida nela. Sem ela, nós, os homens, estamos condenados a passar por este mundo sem qualquer destino, levados e seduzidos por todas as palavras que não são mais que uma pobre imitação desta palavra. Esta palavra repreende, corrige, limpa, purifica e orienta: "Porque a palavra de Deus *é* viva, e eficaz, e mais cortante do que qualquer espada de dois gumes, e penetra até ao ponto de dividir alma e espírito, juntas e medulas, e é apta para discernir os pensamentos e propósitos do coração" (Hebreus 4:12).

No começo da aventura proposta por este livro, será útil aceitarmos como nossa a afirmação de Simão Pedro: "Senhor, para quem iremos? Tu tens as palavras da vida eterna" (João 6:68). Que Deus, em Sua bondade, nos permita ir além das palavras contidas nestas páginas, para chegarmos aos pés da Palavra. Nele está a vida que tão intensamente desejamos!

Senhor, cria fome e sede em mim pela palavra que vivifica.

No princípio *(Jesus, Deus Eterno)*

LUZ NAS TREVAS
João 1:1-14

> Hoje meditaremos sobre os versículos 4 e 5. Imagine, por um instante, como seria a vida se não tivéssemos acesso à luz. Que consequências isto nos traria?

João prossegue na comparação que faz com a criação e agora apresenta o tema da luz. A narrativa de Gênesis declara que "Disse Deus: Haja luz; e houve luz. E viu Deus que a luz era boa; e fez separação entre a luz e as trevas" (Gênesis 1:3,4). Do mesmo modo, o evangelista fala de Cristo: "A vida estava nele e a vida era a luz dos homens. A luz resplandece nas trevas, e as trevas não prevaleceram contra ela" (João 1:4,5).

Devemos levar em conta que a escuridão era uma verdadeira limitação para a humanidade no tempo em que este evangelho foi escrito. Ao cair da tarde, no pôr do sol, a maioria das atividades do dia cessavam. As pessoas ainda não dispunham de meios para prolongar, com iluminação artificial, as horas úteis do dia; de modo que a noite apresentava sérios obstáculos às atividades humanas.

A analogia mostra quão profunda é a incapacidade do homem de discernir os caminhos que deve escolher para se apropriar da vida. Mesmo os que têm visão melhor, a noite não lhes permite ver coisa alguma com clareza. Tudo permanece na penumbra, escondido num mundo de sombras e silhuetas. A necessidade da luz cresce, pois sem ela, prosseguir no caminho resultará em algo extremamente tortuoso e arriscado.

O Filho de Deus, declara João, é a luz de que tanto os homens necessitam. A Sua luz, porém, não possui a qualidade transitória das luzes que os homens podiam produzir, tais como, uma tocha, uma vela ou uma lâmpada. Elas permaneciam enquanto durava o combustível que as conservava acesas. Quando este acabava, as trevas voltavam a se impor sobre todos. João afirma que, diferentemente desses precários meios, a luz de Cristo é mais intensa do que as trevas, de modo que a escuridão não pode vencê-la. Essa luz, diferentemente de outras luzes, possui vida própria, que lhe permite conquistar, de forma definitiva, os lugares onde antes as trevas imperavam sem qualquer restrição.

É lógico afirmar então que, estando mais perto da pessoa de Cristo, mais luz receberemos sobre a vida à qual temos sido chamados. O caminho para discernir com mais clareza o Reino não se encontra no disciplinado e minucioso estudo das Escrituras, embora esse possa ser um dos meios que utilizemos. A luz que buscamos não é alcançada com a mente, mas com o espírito.

A volta do Messias à Terra é a expectativa daquele momento em que as trevas deixarão de existir definitivamente, pois chegará o dia em que "já não haverá noite" e as pessoas salvas não precisarão "...de luz de candeia, nem da luz do sol, porque o Senhor Deus brilhará sobre eles, e reinarão pelos séculos dos séculos" (Apocalipse 22:5).

No princípio *(Jesus, Deus Eterno)*

5
IDENTIDADE PERDIDA
João 1:1-14

A visita da Luz do mundo aos homens deveria ter sido motivo de profundo regozijo entre as pessoas. Entretanto, João revela uma reação bem diferente da que era esperada. Leia os versos 7 a 11 deste capítulo. Qual foi a reação das pessoas? O que isto indica quanto à nossa condição de pecadores? O que deve acontecer para que sejamos capazes de ver a luz que brilha nas trevas?

A descrição que João nos oferece sobre a pessoa de Cristo parecia dirigir-se a um desfecho natural: a luz que o mundo tanto necessita se faz presente entre nós e "ilumina a todo homem" (v.9). Estes, em êxtase porque finalmente encontraram o que tanto tempo buscavam, recebem com gratidão a presença da luz e recompõe suas vidas de acordo com a visão que agora possuem. O relato deste evangelho, no entanto, dá uma inesperada reviravolta. "Ali estava a luz verdadeira [...] estava no mundo, e o mundo foi feito por ele e o mundo não o conheceu. Veio para o que era seu, e os seus não o receberam" (vv.9-11 ARC).

A chegada do Messias representa uma oportunidade sem igual na história da humanidade. Não se trata de alguém que pode nos ajudar na hora de decifrar os mistérios da vida, mas sim, um que nos oferece a oportunidade de entrar em contato com Aquele de quem flui a existência de todo aquele que habita no Universo. Ele é a resposta para todas as nossas perguntas, o objeto dos nossos mais profundos anseios, a razão da nossa existência.

Em face da extraordinária possibilidade que isto representa, os textos que acabamos de ler revelam uma tragédia de incalculáveis proporções. João afirma que o mundo não o reconheceu. Entende-se por isso que a desfiguração produzida pelo pecado foi tão profunda e absoluta que o pecador já não reconhece em seu Criador nenhuma semelhança com a sua própria pessoa. A distância que o separa daquele que deu início à vida é tão grande que já não guarda qualquer registro do que alguma vez significou ter sido criado à imagem e semelhança de Deus.

A mesma atitude é apresentada pelo apóstolo Paulo em sua carta à igreja em Roma: "NÃO HÁ UM JUSTO, NEM UM SEQUER. NÃO HÁ NINGUÉM QUE ENTENDA; NÃO HÁ NINGUÉM QUE BUSQUE A DEUS" (Romanos 3:10,11 — ênfase adicionada). Apesar da nossa convicção de sermos pessoas que "buscam" a Deus, a verdade é que Cristo não é bem-vindo entre aqueles que habitam nas trevas. A relação entre Criador e criaturas sofreu um dano irreversível, e só poderá ser restaurada através de uma intervenção direta do Senhor.

Por isso, não erramos ao afirmar que não é por iniciativa própria que nos aproximamos de Deus, mas é sempre em resposta aos passos que Ele dá em nossa direção. Este princípio é importante para o exercício de uma vida espiritual saudável, porque nos coloca no plano destinado a nós, isto é, de pessoas que reagem à intervenção divina. Recordar isto servirá para manter, em todo momento, uma atitude de profunda gratidão pela incomparável graça do nosso Senhor.

No princípio *(Jesus, Deus Eterno)*

FAVOR SEM IGUAL
João 1:1-14

> Leia os versos 12 e 13. O que diferencia este grupo de pessoas de outras mencionadas nos versos anteriores? Que privilégios são concedidos aos que recebem o Senhor?

Uma pequena fagulha de esperança surge no quadro desalentador apresentado nos versos 10 e 11. Num contexto de indiferença, Deus consegue tocar a vida de alguns, o suficiente para empreenderem uma aventura, cujo objetivo não é nada menos que a transformação das nações.

Poderíamos ser tentados a pensar que esses poucos pertencem a uma categoria mais nobre e comprometida da humanidade. Essa ideia fica descartada pela explicação que João acrescenta à sua declaração: "Mas, a todos quantos o receberam, deu-lhes o poder de serem feitos filhos de Deus, a saber, aos que creem no seu nome; os quais não nasceram do sangue, nem da vontade da carne, nem da vontade do homem, mas de Deus" (vv.12,13).

Este é um excelente momento para nos determos e desfrutarmos do privilégio que nos é concedido, qual seja o direito de chegarmos a ser filhos de Deus. Mesmo que compreender perfeitamente o que significa ser filho de Deus possa levar uma vida inteira, esta é uma condição absolutamente indispensável para se experimentar a plenitude para a qual fomos chamados. Para entendermos esta verdade não necessitamos nada mais que dar uma olhada no filho mais velho da parábola do "filho pródigo". Apesar de ser filho, vivia como um empregado, esperando receber em algum momento da sua vida a recompensa pelo seu fiel serviço. A parte triste é que seu esforço era desnecessário, pois não podia obter o que já lhe pertencia por herança. Que trágico é estarmos trabalhando por algo que já é nosso!

O infortúnio de uma vida de pobreza, apesar de ser herdeiro das riquezas de um rei, foi o que motivou Paulo a orar com fervor pela igreja em Éfeso: "...iluminados os olhos do vosso coração, para saberdes qual é a esperança do seu chamamento, qual a riqueza da glória da sua herança nos santos e qual a suprema grandeza do seu poder para com os que cremos, segundo a eficácia da força do seu poder" (Efésios 1:18,19). O fato é que se os olhos do nosso coração não forem iluminados, teremos uma vida derrotada, excluída da vitória de Cristo e estaremos contemplando desanimados o futuro quando, na realidade, cada dia traz consigo a promessa de incríveis aventuras espirituais para aqueles que estão dispostos a seguir o Senhor.

Quando me detenho a escutar meu coração, sei que existe em mim um profundo anelo para ter esse tipo de vida. Entretanto, as trevas continuamente ameaçam turvar minha visão. Por este motivo, repetidamente, devo tornar minha a oração de Paulo, e eu o incentivo que faça o mesmo. Não permita que o inimigo o convença de que você é um pobre infeliz. Declare que é um filho e, como tal, é herdeiro dos tesouros do Reino. Este é um direito que Deus deu a cada um dos Seus filhos. Cabe a nós exercermos esse privilégio diariamente.

No princípio *(Jesus, Deus Eterno)*

O VERBO SE FAZ CARNE
João 1:1-14

> O verso 14 descreve o maior empreendimento missionário de todos os tempos. Leia o texto várias vezes e peça ao Espírito que lhe permita perceber algo das suas dimensões.

"E o Verbo se fez carne e habitou entre nós, cheio de graça e de verdade, e vimos a sua glória, glória como do unigênito do Pai". Ao meditar sobre este versículo sou tomado por uma profunda sensação de incapacidade. O texto resume numa única frase a mais misteriosa transformação jamais vista na história do Universo. O Verbo que deu existência à própria vida se despe da Sua eternidade para se vestir de uma frágil e transitória condição que implica ser humano; com efeito, Deus em sandálias.

Somente ao considerarmos quão relutantes somos em sair dos nossos pequenos mundos para sequer demonstrar um breve interesse pela vida de outras pessoas, podemos entender a grandeza desse empreendimento missionário que sacudirá os próprios fundamentos do Universo. De fato, "pois ele, subsistindo em forma de Deus, não julgou como usurpação o ser igual a Deus; antes, a si mesmo se esvaziou, assumindo a forma de servo, tornando-se em semelhança de homens; e, reconhecido em figura humana, a si mesmo se humilhou, tornando-se obediente até à morte e morte de cruz" (Filipenses 2:6-8). A sua trajetória é totalmente contrária aos sonhos de grandeza que tanto anelamos. O Senhor aos poucos reduzirá o espaço que ocupa até se tornar "autolimitado" na figura de um humilde servo.

O que motivou o Senhor a impor tão drástica limitação à Sua condição divina? Foi uma inexplicável paixão para garantir um relacionamento conosco! O Verbo que escolhe habitar em carne segue o caminho da morte que livrará o homem das consequências de sua própria rebeldia contra o Criador. Representa muito mais do que a satisfação de uma exigência legal. Sendo rico, por amor a nós, fez-se pobre para que nós, por meio da Sua pobreza chegássemos a ser ricos (2 Coríntios 8:9). O Seu exemplo mostra o único caminho pelo qual poderão ser aliviadas as aflições, os sofrimentos e as desventuras daqueles que andam em trevas. A redenção de uma pessoa implica sempre a presença de outra pessoa disposta a se sacrificar por ela. Quem sabe esta seja a razão pela qual a igreja consegue impactar tão pouco neste tempo. Todos sempre queremos que outros sejam salvos, desde que isso não signifique um sacrifício para nós.

A decisão de tomar a forma humana abrange também um ato de surpreendente misericórdia da parte do nosso Criador. A fragilidade da nossa condição humana não nos permite compreender nem suportar mesmo as mais tênues manifestações do Alto. Ao se fazer como um de nós, Ele consegue preencher a lacuna que nos separa dele e apresenta a Vida em um formato que os homens podem facilmente reconhecer. Ainda assim, é tão profunda a atrofia espiritual que o pecado nos tem imposto, que muitos não conseguem ao menos perceber a presença de Cristo entre eles.

Apesar disto, a passagem de Jesus pela Terra nos oferece o mais nítido retrato do Deus que "...estende os céus como cortina e os desenrola como tenda para neles habitar" (Isaías 40:22).

No princípio *(Jesus, Deus Eterno)*

VIMOS A SUA GLÓRIA
João 1:1-14

> Medite no dia de hoje sobre o significado da frase "vimos a Sua glória". Em sua opinião, por que a "graça" e a "verdade" são as características que sobressaem dessa glória?

A extraordinária natureza da jornada de Cristo ao se revestir de carne está contida na frase "e habitou entre nós". O verbo escolhido por João significa literalmente que Ele estabeleceu Sua morada entre nós. Sem dúvida, esta é uma referência ao Tabernáculo que acompanhou o povo durante a sua peregrinação pelo deserto. A expressão também revela um compromisso com a intimidade no coração daquele que veio viver entre nós. Existem pessoas que habitam na carne e escolhem ter a maior distância possível entre a sua vida e a de seus semelhantes. Quando João indica que o Verbo fixou sua morada entre nós, está afirmando que Jesus bem poderia ter sido vizinho de qualquer um de nós, vivendo nas mesmas condições precárias que nós.

É precisamente este o elemento que permitiu que homens como João, autênticos representantes do povo, pudessem se aproximar do Deus eterno e contemplá-lo. Esta é a experiência que lhe permite afirmar: "vimos a sua glória, como a glória do Unigênito do Pai" (v.14).

Uma das definições que a Academia Real Espanhola dá para a palavra "glória" é: "pessoa ou coisa que enobrece ou engrandece sobremaneira a outra". Neste sentido, a beleza de Jesus é um fiel reflexo da formosura do Pai, de modo que Ele mesmo pode afirmar que "...Quem me vê a mim vê o Pai..." (João 14:9). Ao mesmo tempo, os discípulos viram a manifestação mais fiel e clara do que Deus tinha em mente quando criou o ser humano, o ideal que deve ser o desejo de cada um de nós. Na verdade, fomos predestinados para ser "...conformes à imagem de seu Filho..." (Romanos 8:29).

O apóstolo salienta que essa glória possui duas características que sobressaem: graça e verdade. O conceito de graça refere-se ao que é contrário às leis naturais, carnais e diabólicas (Tiago 3:15) que governam as relações interpessoais neste mundo. Cristo, com a Sua vida, mostra aos homens um caminho completamente diferente, no qual as atitudes e os procedimentos contradizem vez por outra a sabedoria popular da nossa cultura decadente.

Na realidade, este conceito é particularmente chamativo num mundo onde "esconder o rosto" é tão natural quanto comer ou dormir. Jesus, não somente declara a existência de uma verdade absoluta diante da qual devem curvar-se todos os seres humanos, mas que também a vivam intensa e pessoalmente.

Se você permite que o Espírito o conduza aonde Ele deseja através deste estudo, irá perceber agora mesmo que estar próximo Àquele que é graça e verdade pode confrontar a sua comodidade. Em Sua presença ficarão expostas a nossa mesquinhez e fraqueza. Mas o Senhor insiste em "armar Sua tenda" perto da nossa. Entregue-se a esse relacionamento e permita que Ele aos poucos ponha ordem na sua vida, para que a Sua glória seja vista em tudo o que você é.

Surpresa celestial *(Visita a Zacarias)*

DESDE O ANONIMATO
Lucas 1:5-25

> Leia o texto desta semana. Quem eram Zacarias e Isabel? Por que Deus os escolheu para serem os pais de João?

O relato da história do nascimento de Jesus se inicia com duas pessoas totalmente desconhecidas para nós, Zacarias e Isabel. Eles — embora não soubessem — foram escolhidos para serem os pais daquele que iria adiante do Prometido. A sua participação nos eventos que acompanham a chegada do Messias limita-se a uns poucos versículos no evangelho de Lucas. O que acontece com eles depois do nascimento de João permanece tão oculto para nós, como os anos que se seguem antes da sua fugaz aparição nas Escrituras.

Esses dois, no entanto, são os mais fiéis representantes da grande multidão que forma "o povo de Deus". São pessoas cujos nomes eram conhecidos apenas a um pequeno grupo de pessoas. Os feitos de suas vidas não estão registrados em nenhum compêndio das grandes figuras da história da humanidade. Provavelmente eles não participaram de eventos tão dramáticos como o enfrentamento com Golias, a derrota dos 400 profetas de Baal ou a passagem pela potente fornalha de Nabucodonosor. Numa perspectiva terrena, poderiam ser descritas como pessoas insignificantes, figuras relegadas ao esquecimento.

A perspectiva do Reino sobre o assunto, entretanto, é outra. Mede a nossa passagem pela Terra por um padrão completamente distinto daquele usado pelos homens. Encontra entre aqueles que o mundo descarta, alguns dos tesouros espirituais mais preciosos. De Isabel e Zacarias por exemplo, é dito que "...eram justos diante de Deus, vivendo irrepreensivelmente em todos os preceitos e mandamentos do Senhor" (v.6).

A frase, mais do que um comentário sobre um evento, é o resumo de um estilo de vida de profunda devoção e fidelidade ao Senhor. Eles eram possuidores dessa qualidade que é tão rara entre os ministros deste tempo: a integridade. Os anos não conseguiram esvaziar o compromisso deles de viver em santidade, ocupados em prestar o serviço ao qual foram chamados. Enquanto se concentram em viver essa vida de fidelidade, o Senhor os escolhe para algo maior do que jamais poderiam ter imaginado. Observe que eles absolutamente nada fizeram para serem escolhidos. Não pleitearam um posto, nem sugeriram ao Senhor que estavam destinados para projetos "mais importantes".

A sua atitude coloca em evidência um importante princípio, que é reiterado repetidamente na Palavra: Se Deus adentra a vida de alguém, o fará com a pessoa que está ocupada em ser fiel no lugar onde foi colocada. Fora de uma vida de fidelidade ao nosso chamado, nada existe em nós que possa produzir essas visitações. Por isso, não é necessário perder tanto tempo buscando e clamando por essas manifestações que são uma obsessão da Igreja neste tempo.

Muitas vezes desejamos ter uma experiência mais marcante em nossa vida espiritual, mas Deus se interessa e vê com mais agrado a vida do homem e da mulher que procuram manter firme o seu compromisso ao longo das semanas, dos anos e das décadas.

Surpresa celestial *(Visita a Zacarias)*

VISITA INESPERADA
Lucas 1:5-25

> Volte a ler o relato da aparição do anjo a Zacarias. Como ele reagiu a essa aparição? Em sua opinião por que ele reagiu dessa maneira?

Sem dúvida, a aparição do anjo de Deus a Zacarias nos entusiasma muito mais do que o testemunho sobre ele e sua esposa, que afirma terem sido irrepreensíveis diante de Deus. "Ser irrepreensível" é possuir um caráter aplaudido por todos, mas como o caminho para alcançá-lo é lento e trabalhoso demais, não nos sentimos estimulados a percorrê-lo. Influenciados por uma cultura ligada à adrenalina e às intensas sensações sentimos a necessidade de manter nossa devoção a partir de dramáticas experiências espirituais. Queremos "sentir" que Ele nos tocou, que agiu em nosso meio ou que tenhamos sido testemunhas de algum milagre espetacular. Para os que creem que isto se relaciona com a vida espiritual, receber a visita de um anjo significaria, sem dúvida, "tocar o céu com as mãos".

A experiência de Zacarias nos deixa pelo menos três importantes advertências. Em primeiro lugar, aconteceu "enquanto Zacarias exercia seu ministério sacerdotal diante de Deus". É precisamente este o contexto que nos produz tantas dificuldades porque o "enquanto" nos incomoda. Porém, ser fiéis na tarefa que nos foi entregue é uma condição indispensável para se chegar a maiores projetos. Em certas ocasiões, esta fidelidade deve ser provada, como no caso de Isabel e Zacarias ao longo de toda a vida. Não está em nós chegarmos, ou não, a projetos maiores, mas é uma decisão exclusiva dAquele em cujas mãos está a nossa vida.

Encontramos na reação de Zacarias uma segunda advertência: "turbou-se, e apoderou-se dele o temor". A aparição do anjo não resultou em uma experiência agradável, exatamente como imaginamos, caso isso acontecesse conosco. De fato, uma passagem pelas Escrituras revelará que essa reação de medo é comum a todas as pessoas que receberam uma visita celestial. Cada qual sentiu grande temor diante de algo que fugia completamente ao âmbito da experiência cotidiana. A verdade é que não temos capacidade para nos movermos com naturalidade nesse contexto, porque a fragilidade da nossa condição humana não pode suportar a mais tênue manifestação do Alto.

Isto nos leva à terceira advertência. Não encontramos qualquer indício de que Zacarias tenha tido outra experiência como esta ao longo da sua vida. Ao observar os 2 mil anos da história do povo de Deus, registrados na Bíblia, veremos que esses tipos de visitação acontecem raramente. Creio que o motivo é evidente: a vida espiritual não se desenvolve no plano do extraordinário, mas no que é comum. O Senhor bem sabe que essa classe de experiências facilmente pode se converter em uma distração. Por isso, o discípulo sábio tomará para si a oração do salmista: "Senhor, não é soberbo o meu coração, nem altivo o meu olhar; não ando à procura de grandes coisas, nem de coisas maravilhosas demais para mim. Pelo contrário, fiz calar e sossegar a minha alma; como a criança desmamada se aquieta nos braços de sua mãe, como essa criança é a minha alma para comigo" (Salmo 131:1,2).

Surpresa celestial *(Visita a Zacarias)*

VIRÁ UM PROFETA
Lucas 1:5-25

> Leia a mensagem que o anjo trouxe a Zacarias. De acordo com o seu chamado, que tipo de vida João deveria seguir? Que trabalho lhe estava destinado pelo Senhor? Por que era necessário que alguém realizasse essa tarefa?

Diante da reação de Zacarias, o anjo imediatamente o conforta: "não temas". Esta frase é usada pelo menos 58 vezes nas Escrituras, na maioria das vezes num contexto de manifestação ou de uma palavra do Alto. Cada vez que o Senhor nos fala ou se revela, é preciso acalmar os temores, e isto mostra o quão distantes o pecado tem nos deixado deste relacionamento. Quem teme outra pessoa, acredita que de alguma forma esta relação o machucará ou poderá prejudicá-lo.

Antes que o Senhor possa orientar nossa vida, precisamos encontrar a maneira de acalmar nossas ansiedades. Se não entendemos que Ele procura somente o melhor para nós, sempre que ouvirmos Suas palavras agiremos com alguma desconfiança.

Com certeza foi por este motivo que Ele animou o coração de Josué ao exortar: "...Esforça-te e tem bom ânimo; não pasmes, nem te espantes, porque o SENHOR, teu Deus, é contigo, por onde quer que andares" (Josué 1:9). É necessário ter coragem para conseguir se sobrepor aos constantes questionamentos e aos "mas" que se instalam em nosso coração.

As notícias que o anjo traz são muito boas. Zacarias e Isabel, de idade avançada, nunca puderam gerar um bebê. Agora o anjo anuncia que lhes será dado um filho, o qual não somente alegrará o coração deles, como também o coração de muita gente. É um claro indício de que esse menino está destinado a uma importante tarefa segundo os propósitos de Deus.

Qual será o chamado para a criança? Primeiro, o anjo diz que o menino será "grande" diante do Senhor. Não existe grandeza maior do que esta, embora como homens muitas vezes nos empenhamos com algo insignificante que julgamos valioso. Bom é saber que Aquele que verdadeiramente entende das grandezas pode declarar-nos grandes! Para uma explicação mais clara, o anjo mostra que, ainda no ventre a criança seria cheia do Espírito. Desta forma, há no relato uma das figuras-chaves para o tempo que começaria. A terceira pessoa da trindade, o Consolador, será quem acompanhará pessoalmente cada um dos que o Pai traz à Sua família.

A função desta criança seria preparar o caminho para o Prometido. É uma tarefa semelhante àquela realizada pelos empregados que iam adiante do rei preparando o necessário para a sua chegada a uma cidade ou povoado. O filho de Zacarias é chamado para "habilitar para o Senhor um povo preparado". Ele não é a pessoa que mudará o coração do povo, mas que trabalhará para que estejam prontos quando o Senhor lhes ministrar. O trabalho designado a João deixa clara a função que cada um de nós pode realizar como colaboradores nos projetos eternos. Não conseguimos mudar a vida de ninguém, pois não possuímos a capacidade de transformar corações. No entanto, podemos ajudar as pessoas a se colocarem no lugar onde Deus lhes ministre, e isto não é pouco!

Surpresa celestial *(Visita a Zacarias)*

12

ORAR POR HÁBITO
Lucas 1:5-25

> Leia de novo o diálogo entre Zacarias e o anjo. Por que Zacarias duvidou? Que luz recebemos a respeito da dúvida dele sobre as suas orações? Em nosso caso, como isto pode ser corrigido?

A mensagem que o anjo trouxe a Zacarias foi enviada "porque a [...] oração foi ouvida". Não duvido que Zacarias e Isabel tenham derramado seus corações diante de Deus por muitos anos. Poucas situações mexem tanto com a nossa alma como o fato de não poder gerar um filho. Também imagino que, com o passar dos anos, chegou a ser difícil manter viva a chama da esperança de que algum dia seriam pais. Certamente, de uma perspectiva humana já tinha passado o tempo em que seria possível gerarem o desejado filho.

Será que foi este o motivo da resposta de Zacarias na forma como ele fez? "Como saberei isto? Pois eu *já* sou velho, e minha mulher, avançada em idade". A resposta é sincera, mas denota uma descrença de que tal coisa pudesse de fato acontecer. Por experiência própria, sei como é fácil se acostumar a repetir algumas orações diante do trono da graça, quando há muito tempo já deixamos de crer que realmente pode acontecer algo sobre o assunto. Seguimos pronunciando as palavras, mas já perdemos a paixão que alguma vez as motivou.

Este acontecimento nos apresenta um dos grandes perigos que mina a vida espiritual: viver nosso relacionamento com Cristo no "piloto automático". Toda atividade tende a se converter em rotina depois de algum tempo, e ela entorpece o espírito. Prosseguimos nas mesmas atividades, mas o coração deixou de participar delas. Quando chegamos a isso, nossa vida espiritual inevitavelmente começa a se apagar. A queixa do Senhor contra Israel foi exatamente por esse tipo de comportamento: "O Senhor disse: Visto que este povo se aproxima de mim e com a sua boca e com os seus lábios me honra, mas o seu coração está longe de mim, e o seu temor para comigo consiste só em mandamentos de homens, que maquinalmente aprendeu" (Isaías 29:13).

Se você alguma vez cantou numa reunião enquanto pensava em outras coisas, ou se surpreendeu passando cinco minutos orando sem saber o que foi dito, entenderá como é fácil, cair numa rotina religiosa. Mesmo a leitura deste livro pode ser simplesmente parte de uma rotina diária, sem que você experimente tudo o que o Senhor deseja que viva cada dia. É por isso que necessitamos mudar nossas rotinas de vez em quando para não ficarmos presos ao tédio.

> *Senhor, temo pensar quão fácil é desconectar meu espírito enquanto executo minhas atividades cotidianas. Quem sabe eu não tenha entendido que o segredo da vida espiritual não está em minhas atividades, Senhor, mas em seguir-te. O que estás fazendo é o que deve marcar a diferença na minha vida, porque o meu chamado sempre será te seguir para onde fores. Dá-me olhos para te ver, Senhor, mesmo em meio às atividades de cada dia. Desejo que me surpreendas, me inquietes, me desafies e, ainda mais, que me confundas. O que não desejo, Senhor, é permanecer dormindo enquanto a vida acontece ao meu redor.*

Surpresa celestial *(Visita a Zacarias)*

13
AVENTURA INCOMPLETA
Lucas 1:5-25

> Observe a resposta do anjo à pergunta de Zacarias. Enumere as formas em que a nossa vida é afetada pela falta de fé.

A pergunta de Zacarias ao anjo contém um tom de ingenuidade que nós julgamos inofensivo. Quem de nós não se surpreenderia com tal notícia? Não há nada de mal — pensamos — em pedir uma explicação para um estranho anúncio de uma gravidez nos anos da velhice.

O anjo Gabriel, que possui uma evidente percepção espiritual, imediatamente nota a base da pergunta de Zacarias. A sua natureza não está na curiosidade, mas na falta de fé. No secreto do seu coração não crê ser possível que um " idoso e uma mulher de idade avançada" pudessem gerar um filho.

A falta de fé sempre representa um sério obstáculo para o desenvolvimento da vida para a qual fomos chamados. Em certas ocasiões, como aconteceu com os dez espias de Israel, a ausência de fé pode trazer nefastas consequências para aqueles que a vivenciam. A toda uma geração foi negada a entrada na Terra Prometida e foi condenada a morrer na aridez do deserto. Em outros momentos, a falta de fé tem consequências menos drásticas. Mesmo que não implique na plena bênção que Deus tem reservado nossa participação na aventura de caminhar com Ele ficará limitada.

Este é o caso de Zacarias, embora o anúncio das consequências em sua vida, não escape de um certo toque de humor. "Todavia, ficarás mudo e não poderás falar até ao dia em que estas coisas venham a realizar-se; porquanto não acreditaste nas minhas palavras, as quais, a seu tempo, se cumprirão" (v.20). Em outras condições, onde os pais desfrutam plenamente da alegria de divulgar a feliz notícia de uma gravidez, o sacerdote deveria se conformar em ser um simples espectador do acontecimento. Quanta frustração deve ter sentido por ser, nesse justo momento, privado da fala!

Vale a pena considerar a advertência que Zacarias nos deixa. Viver em toda a plenitude a vida que Cristo oferece está ao alcance de cada um de nós. No entanto, para que experimentemos todo o potencial de cada aventura com Ele devemos segui-lo de "todo o coração". Existe um grau de ousadia e "loucura" nos heróis da fé que não lhes permite titubear na hora de receber uma palavra da parte de Deus. Entendem que as palavras pronunciadas pelo Senhor são para despertar obediência em nós e não um estudo de possibilidades.

Não é que os que vivem pela fé nunca duvidem. Eles também sofrem hesitações no momento de ouvir as instruções que o Senhor lhes dá. A diferença entre eles e nós é que eles não permitem que suas dúvidas decidam quanto ao rumo a seguir. Quem sabe, também entendem o significado da explicação que Gabriel deu a Zacarias: "…fui enviado para falar-te e trazer-te estas boas-novas". Eles avançam com certeza de que Deus, como sempre, é a fonte de boas propostas. Ele nunca nos conduzirá por um caminho que possa ser prejudicial para a nossa vida em Cristo.

Surpresa celestial *(Visita a Zacarias)*

14
REPERCUSSÕES
Lucas 1:5-25

Continue meditando na passagem desta semana. O que aconteceu quando Zacarias saiu do Templo? Que lição isto nos traz quanto às consequências que os outros colhem pela nossa falta de fé?

Enquanto Zacarias permanecia no Templo, o povo o esperava e estranhava a sua demora. "Mas, saindo ele, não lhes podia falar; então, entenderam que tivera uma visão no santuário. E expressava-se por acenos e permanecia mudo".

A convicção de que a fé é algo "muito pessoal" está fortemente enraizada ao nosso conceito da vida espiritual. Temos admitido a ideia de que cada qual possui a capacidade de construir isoladamente a sua própria experiência em Cristo. Nossa falta de comunicação com a Igreja muitas vezes revela quão pouco valor damos à contribuição dos irmãos no processo que Deus realiza em nossa vida.

A experiência de Zacarias mostra que nossas vivências no oculto inevitavelmente afetam a vida dos que encontramos no âmbito da vida pública, mesmo não estando conscientes disto. Nossa vida está forçosamente ligada à daqueles com quem convivemos.

O apóstolo Paulo escolheu a analogia do corpo humano para explicar esse mistério, mostrando como a realidade de um membro afeta a vida de outros: "De maneira que, se um membro sofre, todos sofrem com ele; e, se um deles é honrado, com ele todos se regozijam" (1 Coríntios 12:26). A imagem é perfeita para entendermos nosso relacionamento com os outros. Se uma pessoa perde a mão num acidente, todo o corpo sofrerá as consequências, embora os efeitos mais diretos sejam sobre o braço.

Por acaso os filhos não são os melhores exemplos de fé, ou falta dela, na vida dos seus pais? Mesmo quando os pais confiam a formação espiritual de seus filhos aos professores da Escola Bíblica, a maior influência sobre a vida deles será exercida pelo testemunho vivo na intimidade do lar.

A resposta inapropriada de Zacarias diante da visita do anjo significou a perda de uma parte da aventura preparada por Deus para ele. É tentador pensar que o assunto termina aqui, mas claramente as pessoas que o aguardavam do lado de fora também foram afetadas pela sua experiência. Ao sair, perceberam que algo tinha acontecido, mas não souberam dos detalhes, pois Zacarias não estava em condições para dividir com eles o que havia vivenciado.

Imagine que Zacarias tivesse reagido com fé ao anúncio. O que teria acontecido ao sair do Templo? Será que não teria gritado aos quatro ventos que seria pai porque Deus mesmo lhe havia comunicado? O povo teria compartilhado da alegria dele. Em vez disso, voltaram perplexos às suas casas, com a sensação de terem perdido algo importante.

O que vivemos na esfera íntima da nossa vida repercute em nossos relacionamentos no âmbito público. Quando não prestamos atenção a este aspecto do nosso viver, não somos apenas nós que sofremos. Todo o Corpo de Cristo é prejudicado.

Surpresa celestial *(Visita a Zacarias)*

15

ASSIM FOI
Lucas 1:5-25

> Leia de novo a passagem desta semana. Como terminou esta história? Que mudanças provocou na vida do idoso casal?

O susto provocado pela aparição do anjo passou, e depois, com certeza, deu lugar ao assombro. Exatamente como seu ancestral Jacó, o idoso sacerdote pode ter exclamado: "...Vi a Deus face a face, e a minha vida foi salva" (Gênesis 32:30). Nada permanece como antes depois de uma experiência dessas. Quem sabe nesta observação encontramos a maior evidência do que é uma genuína experiência espiritual. Em cada reunião vivemos uma série de emoções. Rapidamente atribuímos ao Senhor aquelas que consideramos ser mais agradáveis. Porém, o impacto que elas provocam não perduram passado esse encontro, e nossa vida continua na mesma condição de antes.

Como já foi dito, as experiências mais espirituais muitas vezes acontecem no contexto do comum. Deus não só nos chama a aceitar isto, como também a aprender a valorizar o cotidiano, pois passaremos a maior parte da vida nessa realidade. Assim aconteceu com Zacarias. "Sucedeu que, terminados os dias de seu ministério, voltou para casa".

Isabel, por sua vez, se recolheu por cinco meses, dizendo: "Assim me fez o Senhor, contemplando-me, para anular o meu opróbrio perante os homens". Quem de nós pode saber quantas lágrimas essa mulher derramou? Quantos momentos de angústia ela experimentou! Em quantas ocasiões sentia-se excluída de festas e alegrias que acompanham as famílias com as quais se relacionava. A dor nunca se converteu numa revolta contra o Senhor, pois o evangelista testifica que tanto ela como seu esposo viviam irrepreensivelmente. Em certo momento, aceitaram a realidade e seguiram em frente.

Chegar ao ponto da aceitação é uma das maiores conquistas na vida espiritual. Trata-se do momento quando deixamos aquela situação que tanta angústia nos trouxe e decidimos nos render aos pés de Cristo. A situação deixa de ser uma obsessão a nos atormentar dia e noite, porque chegamos à convicção de que ela está completamente nas mãos do nosso bom Pai celestial, e decidimos descansar nele. Escolhemos a morte, para que a vida de Cristo se fortaleça mais em nós.

Esta decisão não significa que nossa angústia desaparecerá de imediato, embora tenha começado um importante processo de cura em nosso coração. O importante é "...não atentando nós nas coisas que se veem, mas nas que se não veem; porque as que se veem são temporais, e as que se não veem são eternas" (2 Coríntios 4:18). Nossa alma descansa ao saber que o Pai fará o melhor para nós, mesmo que não atue da forma que consideramos a mais indicada para determinada situação.

Para Isabel, a intervenção de Deus chegou muitos anos mais tarde quando já havia perdido a esperança de conceber um filho. Sua alegria se viu multiplicada porque entendia como nenhuma outra mãe que todo filho é verdadeiramente um presente do céu.

Muito favorecida *(Visita a Maria)*

16
O SENHOR ESTÁ CONTIGO
Lucas 1:26-38

> Leia o relato da visita do anjo a Maria. Observe a forma como a saudou. Por que ela reagiu com medo a essa saudação?

O grande plano de Deus foi posto em ação e os diferentes participantes começam a ocupar seus lugares. Uma vez mais o anjo Gabriel foi enviado pelo Senhor, desta vez "a uma virgem desposada com certo homem da casa de Davi, cujo nome era José; a virgem chamava-se Maria" (v.27).

A aparição do mensageiro celestial contém muitos dos ingredientes observados na visita a Zacarias. Maria não havia pedido essa visita, nem encontramos indícios de que passara dias orando para que Deus a usasse em algum projeto eterno. Ela nada mais fazia que viver com fidelidade no lugar que lhe estava designado. Nesse momento particular estava ocupada nos preparativos para seu casamento com José. Observamos, também, que a saudação de Gabriel, "Salve, agraciada" a perturbou, o que confirma serem precárias as nossas condições para recebermos, com um espírito tranquilo, alguma visitação do Alto. É tão marcante o contraste com o que vivemos no dia a dia, que nossa reação inicial se caracteriza pelo medo.

É interessante observar que a frase usada pelo anjo: "O Senhor está contigo", é proferida praticamente em todas as situações onde acontece uma revelação divina. Muitas dessas manifestações perturbam os que as recebem, pois costumam comunicar uma mensagem que implica numa dramática mudança na vida. Abraão recebeu a ordem de sair da casa de seus pais; Moisés, de voltar ao Egito; Josué, assumir o comando na conquista de Canaã; Gideão, expulsar os midianitas; Ananias, visitar Saulo; Pedro, expor o evangelho a Cornélio, um gentio. As instruções do Senhor, entretanto, não soam "bem" para quem as escuta. Antes, provocam temor, e em cada uma dessas situações o Senhor responde: "Não temas, eu estarei contigo".

A verdade é que a maioria de nós preferiria algo mais tangível do que a promessa do Senhor de nos acompanhar. Esta é, entretanto, a única palavra que necessitamos, e Deus sabe disto. Andar confiante pelo caminho que o Senhor nos indica não depende do lógico que resulte nessa escolha, mas sim da certeza de serem bem conhecidos por quem os traçou. São tantas as orientações que recebemos da parte do Senhor, que nos será impossível acatar Seus pedidos, a menos que sejamos possuidores de uma convicção inabalável de que "Ele sabe o que é bom para nós". Os grandes heróis da fé são aqueles que, colocados em duríssimas circunstâncias, não deixaram de confiar na bondade do Deus que os guiava. Por esse caminho Maria deverá seguir, como também cada um de nós.

Aumenta em mim esta confiança, Senhor, de maneira que, quando tu falares, eu não fixe meu olhar no conteúdo da mensagem, mas no coração de quem a envia.

Muito favorecida *(Visita a Maria)*

FILHO DO ALTÍSSIMO
Lucas 1:26-38

Leia a mensagem que Gabriel entrega a Maria. Por que Deus a escolheu? Tente enumerar as qualidades do filho que lhe nascerá.

A chave para o que está por acontecer na vida da Maria se encontra na frase "achaste graça diante de Deus". A graça é, em essência, gratidão, algo que nos é concedido e não depende de nossas habilidades ou nossos méritos. Falar da graça é percorrer naquilo que está fora do alcance dos seres humanos. Refere-se a atitudes e posturas que resultam de uma ação divina na vida do homem. A graça ativa a bondade de Deus para conosco, a qual permite que possamos manter o viver que lhe agrada. É por esta razão que o apóstolo Paulo exorta o jovem Timóteo a se fortalecer na graça (2 Timóteo 2:1), pois em vão trabalhará se Deus não lhe conceder os benefícios daquilo que procura alcançar. Se Maria tentar encontrar explicações para o que acontecerá em sua vida, tal esforço resultará inútil, porque a graça foge completamente daquilo que é lógico e racional neste mundo.

Notemos, também, que Gabriel não anuncia que Jesus *fará* grandes obras, mas que *será* grande. A diferença marca o contraste entre a vida que acontece no plano humano e aquela que acontece na esfera do reino dos céus. Na Terra, nossa identidade gira quase que exclusivamente em torno daquilo que fazemos. Costumamos estabelecer o valor de uma pessoa segundo o grau de excelência que alcança no contexto das atividades que realiza. Refugiamo-nos em uma vida cheia de atividades porque cremos ser o caminho mais seguro para ganharmos a aprovação e o reconhecimento tão desejados por nós. Impor a esse estilo de vida momentos de descanso poderia ser um verdadeiro desafio, pois nos causa medo que outros nos considerem pessoas ociosas, marcados pela vergonhosa condição de quem optou por uma vida infrutífera.

No Reino, entretanto, o *fazer* flui do que somos. O ser é que dá peso e significado às nossas atividades. O que fazemos é transitório, mas o que somos é eterno. Quando o *ser* é ignorado, o que fazemos se converte num simples movimento, desprovido da vida que deveria sustentá-lo.

Recuperar o equilíbrio entre o *ser* e o *fazer* é um dos maiores desafios enfrentados pelo homem nestes tempos, pois as mesmas atividades que alimentam e desenvolvem o *ser* são as que não podemos realizar por estarmos ocupados demais no *fazer*.

O profundo impacto de Cristo sobre a vida dos Doze, dos 70 e das multidões que o acompanhavam ao longo do Seu ministério público dependerá em grande parte do tipo de pessoa que Ele é, e nada afetará tão profundamente o que Ele é como o ser "Filho do Altíssimo". O relacionamento com o Pai dará à Sua vida um peso e uma autoridade sem igual. À medida que avançarmos no relato dos evangelhos, poderemos observar, repetidamente, que o ministério nada mais é do que a parte visível de uma realidade invisível: um homem totalmente entregue ao Deus que o enviou.

Muito favorecida *(Visita a Maria)*

18
NADA IMPOSSÍVEL
Lucas 1:26-38

> Como Maria reage ao anúncio do anjo? Por que ela recebeu uma explicação, e Zacarias, não? Que sentimentos terá provocado nela o esclarecimento de Gabriel?

O anúncio do anjo a Maria provoca nela confusão. "Como se fará isso visto que não conheço varão?" Sua pergunta, muito parecida com a de Zacarias, não aparenta ter sua origem na falta de fé, posto que o anjo não a repreende. Antes, porém, lhe proporciona alguns detalhes adicionais: "Descerá sobre ti o Espírito Santo, e a virtude do Altíssimo te cobrirá com a sua sombra; pelo que também o Santo, que de ti há de nascer, será chamado Filho de Deus" (v.35).

Creio que um dos motivos para o Senhor muitas vezes não oferecer explicações é porque elas somente despertarão novos questionamentos em nós. Não podemos fugir do fato de que a Palavra de Deus desconcerta e perturba. Suas propostas resultam em incômodo para nós, porque os Seus projetos fogem completamente do que consideramos natural ou apropriado. Muitos anos antes desse acontecimento o profeta Isaías havia declarado da parte do Senhor: "Porque os meus pensamentos não são os vossos pensamentos, nem os vossos caminhos, os meus caminhos..." (Isaías 55:8).

A declaração descarta totalmente a possibilidade de a forma de agir nada mais ser que uma versão aperfeiçoada das melhores intenções dos homens. Os Seus caminhos não guardam qualquer semelhança com os nossos, embora com frequência o deus que mostramos ao mundo pareça andar nos mesmos caminhos que nós. A nossa raiva é também a dele, e desaprova as mesmas pessoas que nós. Tem um coração mesquinho e miserável igual ao dos homens e dedica a maior parte dos Seus esforços a trabalhar para o benefício de poucos.

O Deus que envia o anjo Gabriel não é esse deus. Seu agir escapa completamente de tudo o que conhecemos ou possamos sequer imaginar. Não entendemos o que Ele vê em nós, nem tampouco por que escolheu chegar a nós para nos convidar a caminhar com Ele. Acostumados a nos mover numa cultura que exige uma explicação lógica e racional para todas as nossas atividades, sentimos desconforto ao nos encontrarmos diante de um Deus que descarta definitivamente os sistemas que tanta segurança nos proporcionam.

A gravidez por obra do Espírito Santo é tão incrível hoje como deve ter sido para Maria há mais de 2 mil anos. O princípio que rege o agir do Altíssimo, entretanto, é o mesmo por toda a eternidade: "porque para Deus não há nada impossível". O homem sábio e a mulher entendida sabem que o Senhor não pode ser contido, nem explicado pelos mais sofisticados processos de raciocínio disponíveis para o ser humano. Por este motivo, ele não descarta jamais a possibilidade de ser surpreendido pelo Seu agir. Repetidamente, descobrirá que Ele rompe as leis naturais que governam e limitam as atividades dos que habitam neste planeta.

Entregar-se a Ele não é um convite para deixar de pensar, mas sim a compreender que nossos pensamentos são extremamente limitados na hora de entendermos o Seu proceder. Viver por fé não é crer que Ele tudo pode fazer, mas saber que, quando Deus resolve agir, não existe situação alguma que seja um obstáculo para a Sua ação.

Muito favorecida *(Visita a Maria)*

EIS AQUI A TUA SERVA
Lucas 1:26-38

> Volte a ler o relato da visita de Gabriel a Maria. Procure identificar as implicações que havia para Maria entrar no plano de Deus. De que forma ela respondeu ao projeto celestial?

Envolver-se com a pessoa de Jesus nem sempre resulta numa experiência tão agradável como imaginávamos. O Senhor pode nos chamar para seguirmos por um caminho que despertará censura dos que fazem parte do nosso contexto diário. A única resposta é colocarmo-nos aos Seus pés. De fato, caminhar com Ele é um chamado para voltarmos a nos converter a cada dia.

A partir da comodidade de quem conhece toda a história de Jesus é muito fácil dar ao encontro do anjo Gabriel com Maria uma aura mística. Qual mulher não teria desejado estar no lugar dela, escolhida para tão sublime chamado?

Se nos colocarmos no lugar da jovem israelita, entretanto, talvez possamos perceber algo do profundo mal-estar que o anúncio do anjo lhe provocou. Uma mulher grávida fora do casamento era, naquela sociedade, um assunto que poderia lhe trazer as mais sérias consequências. Que explicação daria para tão escandalosa situação? Além da zombaria e do desprezo pelas pessoas da sua aldeia, Maria corria o risco de perder seu noivo. Quem iria querer se casar com uma mulher que, aos olhos do mundo, nada mais era do que uma "mulherzinha". Os mais radicais podiam inclusive crer que era necessária uma severa disciplina para tal deslize moral.

Nada disto parece preocupar o Senhor. Quem deseja se relacionar com Cristo deverá entender que ganhará o desprezo e a condenação dos que andam em trevas. O mesmo Filho de Deus chegaria um dia a interceder junto ao Pai pelos Seus seguidores dizendo: "Eu lhes tenho dado a tua palavra, e o mundo os odiou, porque eles não são do mundo, como também eu não sou" (João 17:14). Somente aqueles que estão dispostos a dar as costas à aprovação dos homens poderão se tornar Seus verdadeiros discípulos. Será esta a razão por que muitos de nós impomos fortes restrições à nossa vida espiritual, limitando nossos encontros com Jesus a uns poucos momentos por semana? Dar-lhe mais liberdade poderia provocar tão grande ruína em nosso mundo organizado, que jamais seríamos os mesmos.

Obviamente, a proposta de Deus implicava a possibilidade de uma vida de incompreensão e humilhação para Maria. É justamente por esta razão que a resposta dela foi tão sublime: "Aqui está a serva do Senhor; que se cumpra em mim conforme a tua palavra". Diante da incerteza de um futuro desconhecido, ela escolhe a submissão a Deus. Quanta grandeza revelada nessa simples atitude! A mais intensa luta interior deve finalmente chegar a este ponto. Os argumentos, as dúvidas, a incerteza, e mesmo a vida, submetem-se diante da grandeza daquele em cujas mãos repousa o nosso destino. Não temos clareza sobre o que o futuro nos reserva, mas uma estranha paz que não encontra explicação nos invade. No íntimo do nosso ser estará firmada uma inconfundível convicção de que escolhemos a vida, e quem escolhe a vida não será defraudado.

Um homem justo *(Visita a José)*

20
UM DILEMA
Mateus 1:18-25

Leia o texto de hoje. Imagine o forte conflito que deve ter provocado em José a notícia da gravidez de sua noiva. Quais obstáculos ele enfrentava nessa situação?

Nos dias anteriores comentamos que os planos do Senhor sempre se estendem além do pequeno círculo de nossa própria existência. A bênção que Ele traz à nossa vida é apenas uma pequena parte do grande projeto do Eterno, cujas dimensões não podemos sequer imaginar. Mesmo desconhecendo os pormenores deste empreendimento celestial, nos será proveitoso recordar que somos parte de um povo e que em toda obra realizada por Deus, Ele a faz pensando no bem de muitos.

José desconhece completamente qual é a sua parte no extraordinário projeto missionário que o nascimento de Cristo representa. De repente, ele se encontra envolvido numa situação profundamente humilhante. A mulher com quem decidiu casar está grávida!

Mateus não nos oferece qualquer comentário sobre o terrível golpe que esta notícia deve ter representado para José. Nossa própria experiência nos faz acreditar que ele foi tomado pela mais profunda das angústias. Quantas perguntas devem ter se formado em sua mente! E não sofria apenas por isso; também precisava decidir quanto ao melhor caminho a seguir.

O evangelista comenta que José era um homem justo. O que ele tinha sido não indica que soubesse como sair da situação, mas sim nos dá uma pista sobre o que mais importa nos momentos de crise. A forma correta de tratar uma situação complexa não está em nossa capacidade de seguir um padrão preestabelecido, mas em ser um tipo de pessoa que sempre agirá com integridade sem se importar com o desenlace particular das circunstâncias.

Assim como Zacarias, Isabel e Maria, José tinha uma trajetória de vida espiritual. O relacionamento que tinha cultivado com Deus lhe forneceu uma clara direção num tempo intensamente doloroso: fazer o que era correto e justo diante dos olhos do Deus que sempre havia seguido.

Enquanto meditava sobre os passos que devia dar, um anjo do Senhor lhe aparece em sonhos. Quando existe um forte desejo de fazer o que é bom, Deus mostra pelo meio por Ele escolhido o caminho a seguir. Neste caso, o mensageiro celestial lhe fornece uma perspectiva totalmente inesperada: "...não temas receber Maria, tua mulher, porque o que nela foi gerado é do Espírito Santo". Mais uma vez o inexplicável tem explicação, embora esta jamais nos teria ocorrido.

Em quantas situações temos nos apressado chegando a conclusões equivocadas por não termos toda a informação necessária sobre uma situação. A pessoa sábia sempre deixa margem para o erro. Mesmo quando as conclusões às quais chegamos parecem ser fruto de um impecável processo de reflexão, é possível que tenhamos nos enganado. A cautela na hora de chegar a conclusões é apropriada porque o nosso conhecimento sobre os fatos sempre é incerto. Fazemos bem desconfiando das conclusões a que tão confiadamente o nosso coração quer chegar.

Um homem justo *(Visita a José)*

ASSIM FEZ
Mateus 1:18-25

> Como José teria se sentido quando despertou do sonho? Como agiu? O que isto nos fala sobre o tipo de pessoa que ele era?

O relato da visita celestial a José termina com uma breve conclusão: "Despertado José do sono, fez como lhe ordenara o anjo do Senhor e recebeu sua mulher. Contudo, não a conheceu, enquanto ela não deu à luz um filho, a quem pôs o nome de Jesus".

Em quantos relatos bíblicos falta este simples comentário sobre o personagem da história: *e fez conforme o que o Senhor lhe ordenara*. Em cada situação, este pequeno comentário seria a conclusão perfeita para nossas mais emocionantes experiências com o Senhor! Já temos dito, porém, que o nosso esforço para entendermos melhor o que nos está sendo pedido, dificulta-nos fazer o que Deus nos orienta.

A Palavra nos é entregue precisamente com este propósito: gerar em nós uma ação concreta baseada nas instruções recebidas. "As coisas encobertas pertencem ao Senhor, nosso Deus...", declara o autor de Deuteronômio, "...porém as reveladas nos pertencem, a nós e a nossos filhos, para sempre, para que cumpramos todas as palavras desta lei" (29:29). De fato, esta é a reiterada mensagem do livro que Moisés deixou como legado a um povo que repetidamente, não deu atenção às instruções recebidas do Alto.

O verdadeiro impacto da Palavra de Deus não se mede pelo grau de emoção que sentimos ao ouvi-la, nem pelas lágrimas que vertemos quando Ele nos fala, embora as Suas palavras possam afetar profundamente nossas emoções. O impacto se avalia a partir do momento em que começamos a caminhar nesta verdade, porque só a obediência desencadeia a bênção de Deus sobre a nossa vida. Para aquela geração no deserto Moisés disse: "Estes, pois, são os mandamentos, os estatutos e os juízos que mandou o Senhor, teu Deus, se te ensinassem, para que os cumprisses na terra a que passas para a possuir; para que temas ao Senhor, teu Deus, e guardes todos os seus estatutos e mandamentos que eu te ordeno, tu, e teu filho, e o filho de teu filho, todos os dias da tua vida; e que teus dias sejam prolongados. Ouve, pois, ó Israel, e atenta em os cumprires, para que bem te suceda, e muito te multipliques na terra que mana leite e mel, como te disse o Senhor, Deus de teus pais" (Deuteronômio 6:1-3).

Sem dúvida, José teve de colocar de lado os sentimentos que enchiam o coração, e fechar seus ouvidos às insistentes perguntas que atormentavam sua mente. Em última análise, a obediência segue uma decisão, e ao acordar agiu segundo as instruções recebidas.

Mateus acrescenta um detalhe dizendo que Maria permaneceu virgem até que Jesus nasceu. Entendo com isso que após o nascimento José manteve com ela a relação normal de todo casamento, e assim deve ser. Não precisamos outorgar a ela atributos adicionais. É incomparável a beleza de uma vida que é genuinamente espiritual e humana ao mesmo tempo. Nisto José e Maria deixariam para o menino Jesus, um exemplo de devoção que deixaria uma inconfundível marca em Seu coração.

22 LIÇÃO APRENDIDA
Lucas 1:57-66

Leia o texto de hoje. Que detalhes chamam sua atenção? Que mudanças a experiência de Zacarias e Isabel produziram na vida de outras pessoas? Que verdades esta passagem ilustra?

Os detalhes do nascimento de João nos mostram a outra face daquele Zacarias que conhecemos enquanto ele realizava seu trabalho no Templo. Assim como naquele evento se manifestaram as consequências da falta de fé, aqui se destacam os admiráveis ecos do correto exercício da fé.

Observamos, em primeiro lugar, que "Ouviram os seus vizinhos e parentes que o Senhor usara de grande misericórdia para com ela e participaram do seu regozijo". Conforme já foi mencionado, o agir de Deus sempre vai além do pequeno círculo em que nossa vida acontece. Quando Ele intervém na vida de um dos Seus filhos, e este responde ao Seu agir, outros são alcançados por essa bênção (Deuteronômio 28:9,10)

Em segundo lugar, uma pequena crise surge na hora de se dar o nome à criança. Para a surpresa de todos, a mãe anunciou que ele se chamaria João, tal como tinha sido anunciado pelo anjo. Os que ali estavam pediram a Zacarias, que ainda continuava mudo, que ratificasse esta decisão. Antes o sacerdote havia duvidado da possibilidade do projeto que Deus lhe anunciara, não vacilou ao colocar na tabuinha de escrever: "João é o seu nome". Ele não tinha qualquer intenção de voltar a passar pelo caminho da dúvida e do questionamento.

A decisão, que parece ser sem qualquer consequência para nós, trouxe um resultado imediato: "...a boca se lhe abriu, e, desimpedida a língua, falava louvando a Deus". Os resultados adversos da sua incredulidade foram revertidos e não apenas isto, além de voltar a falar se manifestou numa efusiva declaração da bondade do Senhor. Os meses de sofrido silêncio davam lugar agora a uma verdadeira festa de adoração.

Uma das maravilhas que descobrimos no Senhor é que Ele é um Deus de segundas oportunidades. Ele não desiste em Seus esforços para estabelecer um relacionamento de dimensões eternas conosco, sem dar importância às vezes que duvidamos da bondade das Suas intenções. A beleza desse mistério, entretanto, é mais evidente por aqueles que tenham passado por um período de silêncio e tristeza como aconteceu com Zacarias. Embora as consequências de nossas hesitações espirituais nem sempre sejam tão dramáticas como perder a fala por uns meses, toda a vez que desistirmos de caminhar em Sua verdade experimentaremos pesar e tristeza, o que indica que nos afastamos daquele de quem flui toda a vida.

Que sábia é a pessoa que não se esquece do que viveu naqueles momentos de aridez espiritual! O Senhor continuará trazendo palavras novas à nossa vida e cada uma delas representará um convite para caminharmos em obediência a Ele. Quantos momentos de angústia e tristeza poderemos evitar se escolhermos crer em Suas ousadas propostas, mesmo quando os detalhes nos pareçam incompreensíveis! Amadurecer é, em última instância precisamente isto: entesourar em nosso coração as lições aprendidas para não mais voltarmos ao caminho do erro.

Viagem a Belém *(Nasce Jesus)*

MUITO MAIS QUE UM CENSO
Lucas 2:1-7

Leia o texto de hoje, e em seguida fixe sua atenção nos três primeiros versículos. O que motivou Lucas a nos dar o contexto histórico do nascimento do Messias? Qual é a participação do Senhor nos acontecimentos do mundo?

O parágrafo inicial do capítulo que relata o nascimento de Cristo não parece merecer maiores comentários. Lucas bem que poderia ter inserido algo mais, pois toda história pede uma introdução. Ela contém os detalhes que o narrador irá apresentar. É uma espécie de prólogo destinado ao esquecimento, semelhante ao de qualquer jornal do nosso tempo.

O evangelho segundo Mateus nos dá uma pista de que os eventos que acontecem no mundo político não são o resultado dos caprichos de seus governantes. Ao seu relato acrescenta um comentário, que se repetirá várias vezes em seu evangelho: "...tudo isto aconteceu para que se cumprisse o que fora dito pelo Senhor por intermédio do profeta" (Mateus 1:22). A partida de Maria e José rumo a Belém não é, então, o resultado de um decreto inconveniente que por um tempo tira o conforto em suas vidas, mas é, sim, a manifestação do Deus soberano nos acontecimentos que nós consideramos sem importância e separados de nossos interesses espirituais.

Esta observação nos permite descartar de vez uma ideia enraizada no povo de Deus, de que o mundo em que vivemos está fora de controle e que foge completamente aos planos do Senhor a quem seguimos. Desde a antiguidade, Ele tem mobilizado os governantes e as nações para que sirvam aos Seus interesses. Por exemplo, Ele interveio diretamente nas circunstâncias do Egito para que Faraó libertasse Israel (Êxodo 6:1). No tempo dos Juízes, várias vezes, despertou povos para que oprimissem Israel a fim de que o coração do povo se voltasse ao Senhor (Juízes 2:13,14). Em muitas ocasiões, declarou por meio de vários profetas, que usaria diferentes reis e nações para cumprir Seus propósitos (Isaías 22:20; Jeremias 25:9). Quer dizer, o Senhor controla os acontecimentos que aparentemente são ao acaso e não fazem sentido para nós.

Esta verdade deveria nos libertar do espírito de medo que tantas vezes nos faz ver o mundo como um lugar hostil e perigoso. É certo que o diabo anda como leão que ruge, mas a Igreja pode avançar confiante em meio às trevas porque sabe que ninguém poderá dar um passo sem que o Senhor assim o permita. Acima do aparente caos do nosso contexto, existe um Deus que reina, soberano, sobre todas as coisas e para conseguir Seus propósitos Ele usa a vida daqueles que não o honram.

Maria e José provavelmente desconheciam a importância espiritual de chegarem a Belém. Tampouco era necessário que tivessem consciência dela. O importante era enfrentarem com paz e calma os contratempos da época, como os que sabem que a mão de Deus nem sempre é visível, mas ainda assim está presente.

Viagem a Belém *(Nasce Jesus)*

24
ESPIRITUALIDADE DE PRESÉPIO
Lucas 2:1-7

Quais sensações acompanhariam o casal na chegada a Belém? Por que foi necessário que Jesus nascesse numa estrebaria? O que esta cena nos sugere quanto ao futuro que aguardava Cristo?

Maria e José foram a Belém para se alistarem no censo determinado por César Augusto. "Estando eles ali, aconteceu completarem-se-lhe os dias, e ela deu à luz o seu filho primogênito, enfaixou-o e o deitou numa manjedoura, porque não havia lugar para eles na hospedaria" (vv.6,7).

Com certeza Maria já tinha considerado a possibilidade de seu filho nascer durante a viagem que realizavam. Mesmo assim deve ter sido uma experiência traumática. Ela estava longe de suas amigas e de parentes, que certamente a teriam acompanhado em um acontecimento tão significativo. Muito menos desfrutava dos benefícios normais de sua própria casa. Nem sequer pôde encontrar um lugar de modesto conforto, visto que não acharam lugar para eles na estalagem. Na véspera do nascimento, decidiram refugiar-se num estábulo, um lugar pouco acolhedor por sua condição rústica e a peculiar falta de higiene por se tratar de uma estalagem para animais.

A imagem entra em choque com a nossa sensibilidade. Desejamos um palácio para o futuro rei, não um lugar entre os animais. Se deve nascer numa estrebaria, insistimos que tenha um aspecto mais convidativo e agradável, exatamente como os milhares de pequenos e simples presépios que acompanham as celebrações natalinas de cada ano. A experiência de Maria e José em Belém, entretanto, é um símbolo adequado da vida espiritual à qual temos sido chamados. Os acontecimentos mais extraordinários da vida podem ocorrer no âmbito da simplicidade e privação. Apesar da nossa tendência para criar "ambientes" mais apropriados para o mover de Deus, como nossas celebrações semanais de canto e louvor, o Senhor atua principalmente em meio ao nosso viver diário, onde raramente surgem as condições longas e programadas de nossas reuniões. Se estamos esperando que apenas num contexto apropriado tenhamos as manifestações do Senhor, corremos o risco de não aproveitar a maioria das experiências espirituais que surgem a cada dia.

Uma segunda observação é que as manifestações mais significativas do Senhor nem sempre são percebidas pelos que se encontram mais perto delas. As pessoas que estavam em Belém naquela noite não tomaram conhecimento do dramático evento que estava praticamente debaixo do seu nariz. A falta de percepção deles, porém, não invalidou o acontecimento que mudaria o rumo da história.

Para nós sempre foi uma tentação acreditar que, se não vemos o Senhor agindo, é porque Ele não está fazendo nada. O lógico seria duvidar da eficácia da nossa visão, mas para nós é mais fácil dizer que Deus não está conosco. Belém nos lembra que somente uns poucos percebem os acontecimentos mais significativos do mundo espiritual. O Senhor está em ação e age conforme os Seus propósitos mesmo quando não vemos o menor indício da Sua ação. Esta certeza deve servir de âncora para a nossa alma. "…Bem-aventurados os que não viram e creram" (João 20:29).

Boas-novas de grande alegria *(Anúncio aos pastores)*

25
SURPREENDIDOS POR SUA GLÓRIA
Lucas 2:8-21

> Leia o texto de hoje. Tente imaginar a reação dos pastores em tão inesperada visão. Que atividade realizavam os pastores quando receberam tal visitação? Em sua opinião, por que Deus escolheu lhes falar naquelas circunstâncias? Por que Deus os teria escolhido para serem os primeiros a receber a notícia do nascimento do Messias?

José e Maria chegaram a Belém para se alistar no censo realizado pelas autoridades do governo romano. Durante a sua estada, Maria começou a entrar em trabalho de parto e se viram obrigados a buscar refúgio numa estrebaria, já que ali não encontraram lugar disponível em qualquer hospedaria. Enquanto o casal vivia momentos profundamente dramáticos, um anjo apareceu a um grupo de humildes pastores daquela região.

Voltamos a perceber na experiência dos pastores a mesma realidade que vimos em Zacarias, Maria e José. No momento da visitação, os pastores estavam ocupados em suas tarefas, cuidando de seus rebanhos nas vigílias da noite. A nossa perspectiva evangélica gostaria de vê-los prostrados, clamando por uma visitação do Alto ou ocupados em proclamar as grandezas do Senhor. Mas… nada disto! Estavam envolvidos no que faziam a cada dia do ano, cuidar das ovelhas. Como eu disse anteriormente, as vezes que Deus escolheu se manifestar a alguém, o fez de forma absolutamente soberana e independentemente de haver ou não interesse por parte dessa pessoa. Em mais de um caso notamos, inclusive, que a pessoa visitada mostrou pouco entusiasmo pela revelação que o Senhor trouxe à sua vida.

É interessante notar que a manifestação aconteceu no meio da noite, o momento do dia em que os pastores podiam ter menos expectativas de um evento sobrenatural. A observação resulta ainda mais valiosa para nós, pois no tempo em que estamos vivendo chegamos a limitar a espiritualidade a momentos da vida destinados para esse fim. Esperamos que Deus, querendo dizer-nos algo, fale em nosso tempo devocional, ou durante alguma das celebrações da igreja que participamos durante a semana. Na parte restante do tempo, não somente estamos desconectados do Senhor, como também muitas vezes descartamos que possa ocorrer algum acontecimento relacionado com a nossa vida espiritual. Entretanto, as circunstâncias do anúncio aos pastores nos lembram que o Senhor pode escolher os momentos mais inesperados e, inclusive, pelo nosso entender, inapropriados para se aproximar de nós com alguma instrução. Quantas dessas experiências acontecem sem que delas tomemos consciência, simplesmente porque, quando não estamos abertos a essa possibilidade, chegamos a descartar que elas podem ocorrer.

Para crescer nessa direção, convido-o a tomar como sua esta oração:

> *Senhor, entendo que tu não estás limitado aos meus horários, nem às minhas estruturas. Perdoa-me a ousadia de crer que posso definir a forma e o momento em que tu intervirás em minha vida. Quero caminhar pela vida com o coração sempre atento ao Teu mover. Manifesto minha disposição de ser surpreendido por ti, mesmo quando o Teu mover possa me confundir. A verdade é que não desejo perder nada porque entendo ser o meu chamado unir-me ao que já estás fazendo.*

Boas-novas de grande alegria *(Anúncio aos pastores)*

26
NÃO TEMAM
Lucas 2:8-21

> Como o anjo reagiu diante do temor dos pastores? Quais elementos havia na mensagem compartilhada com eles?

Como já foi dito, diante das manifestações divinas, a reação universal, nas Escrituras, tem sido de medo. Passando pelos textos onde elas estão narradas, podemos observar que em quase todas as ocasiões o Senhor confortou com as mesmas palavras que os pastores ouviram: "Não temam".

Entendo por isto que, embora o temor a Deus seja altamente benéfico para nós, não é a intenção do Senhor provocar em nós um medo que nos paralise. Antes, porém, Suas intervenções sempre têm um propósito definido, e é necessário escutarmos o que Ele quer nos dizer naquele momento. Quando o medo que sentimos é tão forte que já não sabemos o que estamos fazendo, corremos o risco de não dar atenção às indicações que Ele pretende nos dar.

Assim foi com os pastores. Imediatamente o anjo informou que lhes trazia boas-novas de "grande alegria", que não somente afetavam a vida deles, como também a de todo o povo. Ao descrever a chegada do Messias como uma notícia muito boa, o anjo também revela qual é a perspectiva celestial deste evento. Jesus não chega, como parece sugerir nossa prática da vida espiritual, para acrescentar Sua lista de exigências às nossas agitadas vidas diárias. Quando a proposta de Jesus é apresentada como ingressar em uma religião, longe de ser uma boa notícia, simplesmente adiciona uma carga adicional à vida. Dessa maneira nos vemos obrigados a encontrar a forma de separar tempo em nossa atividade cotidiana para investir nos exercícios que, segundo cremos, sustentam nossa vida espiritual.

Cristo não chega com este propósito, mas antes, com o compromisso de integrar nossa vida fragmentada com um único lema: viver intensamente para Deus em todos os contextos da vida. Descobrir que fomos criados para um pleno e profundo relacionamento com o Senhor constitui a melhor notícia em meio a uma vida na qual, muitas vezes, temos andado de um lado para outro numa diversidade de situações e atividades que pouco tem contribuído para a nossa saúde espiritual.

O anjo enfatiza ainda que a notícia era para TODO o povo, e não para um segmento exclusivo. É neste detalhe que percebemos melhor o grande coração do Pai, um coração que dói e sofre por toda a humanidade decaída. Observaremos na vida de Jesus esse compromisso de estender a graça de Deus aos segmentos mais esquecidos e desprezados da sociedade.

É importante que humildes pastores tenham recebido o anúncio. Em nosso meio a notícia sairia das esferas governamentais e desceria lentamente até, quem sabe, tocar a vida dos mais desprezados. No Reino, entretanto, os últimos recebem maior consideração. A bênção flui desde os mais pobres até os mais privilegiados, quem sabe porque entre os mais simples sempre existe maior abertura e disposição para receber. Deste modo, o Senhor garantia que ninguém seria excluído do grande presente de Deus.

Boas-novas de grande alegria *(Anúncio aos pastores)*

27
A GLÓRIA DO SENHOR!
Lucas 2:8-21

Volte a ler o texto da aparição dos anjos aos pastores. Coloque-se ali para experimentar o assombro que se apoderou deles. Qual é a razão para que os anjos irrompessem em adoração?

A mensagem aos pastores é interessante porque nos oferece a perspectiva celestial da missão de Jesus. O texto nos deixa com a sensação de que as hostes celestiais praticamente não deram tempo ao anjo para terminar de entregar as boas-novas de grande *alegria* aos pastores. Eles entram em cena com louvores e declarações à grandeza do Senhor, como se não pudessem conter algo que exige, a todo custo, ser anunciado pelos corredores do Universo. Sem dúvida, é assim! Os que vivem nas alturas entendem as profundas implicações da missão de Cristo, porque estão conscientes da irremediável situação do ser humano. À medida que avançarmos através dos evangelhos poderemos observar que a maior expressão de devoção e gratidão a Jesus vem daqueles que experimentaram, em sua própria pele, as mais profundas degradações humanas. Enquanto conservarmos em nosso coração a sensação de que, no fundo, não somos "pessoas tão más", não encontraremos grandes méritos no sacrifício de Jesus.

O compromisso de estabelecer a "paz" entre os homens é um termo muito mais complexo do que a simples ausência de conflitos. Falar em paz, no seu sentido bíblico, é falar de um estilo de vida que se caracteriza pela plenitude e intensidade, uma existência que satisfaz os anelos mais incompreensíveis da nossa humanidade, desejos que herdamos do mesmo Senhor. Não se refere à abundância exterior, mas a um enchimento interior, uma realidade profunda que produz plenitude de gozo e sentido de propósito no andar diário. Em certo sentido, é voltar a viver na dimensão plena que o primeiro casal experimentara no Éden.

Restaurar no homem esta realidade é fruto da "boa vontade" de Deus para conosco. Não o move outra coisa que não seja a generosidade do Seu espírito, ao dar forma visível à Sua essência, que é aquela de ser benevolente para com aqueles que criou. Essa qualidade é a que Jesus chamaria de "perfeição do Pai", a capacidade de ser "...benigno até para com os ingratos e maus" (Lucas 6:35). A Sua boa vontade, diferentemente dos nossos critérios seletivos e exclusivistas, não exclui ninguém, algo que nem sempre consideramos apropriado. O marcante contraste entre Ele e nós, é que leva os anjos a essa incontida adoração, ao declarar aos pastores: "Glória a Deus nas alturas"!

Jamais poderemos compreender os incalculáveis benefícios que temos recebido pela iniciativa de Jesus de se aproximar de nós. Porém, quanto mais conscientes estivermos de nossa degradação, maior será nossa gratidão por termos sido alcançados pela bondade divina. Podemos exclamar com o salmista: "Exaltar-te-ei, ó Deus meu e Rei; bendirei o teu nome para todo o sempre. Todos os dias te bendirei e louvarei o teu nome para todo o sempre" (145:1,2).

Boas-novas de grande alegria *(Anúncio aos pastores)*

28
MOVIDOS POR ELE
Lucas 2:8-21

"E, ausentando-se deles os anjos para o céu, diziam os pastores uns aos outros: Vamos até Belém e vejamos os acontecimentos que o Senhor nos deu a conhecer. Foram apressadamente e acharam Maria e José e a criança deitada na manjedoura" (vv.15,16). O que motivou os pastores a irem a Belém? Como eles foram? Qual era a intenção deles?

A glória que cercou os pastores enquanto cuidavam das ovelhas durante as vigílias da noite impactou profundamente suas vidas. Isto era muito mais do que uma curiosidade a ser comentada no povoado no dia seguinte. Apoderou-se deles uma santa urgência que os despertou a sair em busca do menino.

A resposta deles é uma das características do genuíno encontro com o Senhor, experiência que jamais nos deixa iguais ao que éramos antes. São encontros transformadores que marcam um "antes" e um "depois" em nossa vida; voltar para casa da mesma forma que chegamos é algo inconcebível, porque encontrar com Deus é mudar. Os pastores imediatamente demonstraram que esse encontro tinha profundas conotações espirituais para eles. Sem serem homens religiosos, sentiram o impulso de pôr em ação, sem qualquer demora, as instruções que tinham recebido.

Este é o resultado de um profundo encontro com Deus: o entusiasmo passa a ser ação! Ele não nos visita para satisfazer uma curiosidade, nem se apresenta apenas para sentirmos prazer em Sua presença. O Senhor sempre está ocupado com os planos que tem no coração, e Sua vinda a nós tem o propósito de nos envolver neles. Deste modo, cada experiência com a Sua pessoa deveria nos mover para realizar algo que não havíamos considerado antes do encontro. Por isso, ao pedir que Deus nos fale, devemos estar dispostos a que Ele interrompa, desvie ou redirecione a nossa vida.

Gostaria de enfatizar que as orientações dele sempre estão ao alcance da pessoa que as recebe. Ninguém pode argumentar que o Senhor pede o impossível. Em certas ocasiões a implementação da Sua palavra pode ser difícil, mas isto não se deve à complexidade da tarefa que nos foi solicitada, mas sim, à resistência da nossa natureza humana em deixar que o Espírito nos guie. Se Deus nos fala é porque Ele já avaliou nossas condições para lhe obedecer.

Perceba como as instruções aos pastores eram simples: "...encontrareis uma criança envolta em faixas e deitada em manjedoura". Não se exigia deles profundos conhecimentos da Palavra para poderem encontrar o Messias. A condição deles era tão comum e simples que, mesmo sem as ferramentas que nós consideraríamos indispensáveis para uma missão espiritual, podiam muito bem executar as ordens recebidas.

Esta observação deve animar o nosso coração. Os tesouros mais profundos e preciosos do Reino estão ao alcance dos que têm menos recursos. A simplicidade de coração nos dará ampla entrada a dimensões onde os mais sofisticados acabarão iludidos e confusos. Ser como crianças, neste contexto, resulta em uma verdadeira vantagem. Quando chegaram a Belém, acharam o menino como fora dito, o que lhes reafirmava o valor da obediência.

Boas-novas de grande alegria *(Anúncio aos pastores)*

29
TESTEMUNHAS NATURAIS
Lucas 2:8-21

> Imagine a pressa dos pastores ao saírem em busca do presépio. O que fizeram ao chegar?
> O que isto indica sobre a forma em que o plano de Deus avança?

Os pastores, emocionados pela visitação celestial que tiveram, saíram "apressadamente" para constatar a palavra que os mensageiros do céu lhes haviam dito. "E, vendo-o, divulgaram o que lhes tinha sido dito a respeito deste menino. Todos os que ouviram se admiraram das coisas referidas pelos pastores" (vv.17,18).

Como a reação dos pastores ao chegar à estrebaria é interessante, não é verdade? Os acontecimentos extraordinários daquela noite não permitiam que se guardasse silêncio. Começaram a contar a todos quantos estavam com eles o que tinham vivenciado no campo, e as pessoas ficavam maravilhadas com o que diziam.

Será útil observar que os pastores já não eram mais os mesmos homens que tinham sido quando aquela noite começou. A sua formação era precária, e provavelmente suas inclinações espirituais eram bastante limitadas. Ninguém os capacitara à tarefa de divulgar as boas-novas que tinham escutado, ninguém os havia instruído no método indicado para chamar a atenção das pessoas antes de entregarem a mensagem. Não organizaram uma reunião, nem buscaram outros com melhor conhecimento para que se comprometessem a divulgar a notícia. Com o entusiasmo natural dos que haviam sido testemunhas de uma incrível visão, simplesmente começaram a falar do que tinham vivido. Não lhes faltava paixão nem fervor porque ainda conservavam o maravilhamento por terem sido visitados pelo Senhor.

A resposta dos pastores é o modo como se inicia todo movimento missionário impulsionado pelo Senhor. Os principais protagonistas nesse empreendimento compartilham as boas-novas de forma completamente natural e espontânea. Ninguém necessita pressioná-los para "sair" e falar aos outros, nem tampouco precisam ter palestras motivadoras para a tarefa evangelizadora. Eles a realizam porque existe neles um entusiasmo que não os deixa quietos, e que exige a atenção de todos dispostos a ouvir. Desta maneira o Reino cresce. Não deveria existir a necessidade de preparar reuniões nas igrejas especialmente para evangelizar aos outros. Antes, porém, os membros do Corpo, tomados por uma paixão e um entusiasmo fora do comum, devem falar dos tremendos feitos de Deus em suas vidas a todos quantos passarem pelo caminho.

Neste detalhe, encontramos o elemento-chave do impacto evangelizador de uma vida sobre outra pessoa: aqueles que compartilham as boas-novas experimentam cada dia em suas vidas, uma apaixonante aventura com o Senhor. Nada consegue semelhante impacto sobre a vida dos outros como falar de uma experiência que é real e vital em suas próprias vidas. Quando tentamos suprir esse testemunho com argumentos intelectuais que defendem a existência de Deus, nossa eficácia como evangelistas se perde de forma dramática. Compartilhar Cristo com outros é um chamado para vivê-lo intensamente em nossa própria vida.

Boas-novas de alegria *(Anúncio aos pastores)*

30
PARA ALÉM DOS ACONTECIMENTOS
Lucas 2:8-21

> De acordo com o testemunho de Lucas, como esta passagem termina? O que você percebe na resposta de Maria? Como os pastores retornaram?

O relato dos pastores sobre o que tinham vivido no campo deixou todos quantos os escutavam maravilhados. Ao terminarem a visita ao estábulo, "Voltaram, então, os pastores glorificando e louvando a Deus por tudo o que tinham ouvido e visto, como lhes fora anunciado" (v.20).

Como já mencionado, os pastores não eram mais as mesmas pessoas que tinham sido quando a noite começou. O mover de Deus entre os homens não admite a possibilidade de alguns se colocarem apenas como espectadores, pois sempre obriga a uma resposta, mesmo que ela venha na forma de uma rejeição categórica à Sua proposta.

Quem sabe, seja esta a razão porque muitos dos programas em nossas igrejas não tocam a vida dos participantes. Muitas de nossas reuniões estão mais voltadas para agradar o auditório do que convidá-lo a uma experiência profunda e renovadora com o Senhor.

Os pastores, sem que alguém dissesse que esta era a resposta adequada, voltaram glorificando e louvando o Senhor. Quer dizer, deram lugar aos impulsos naturais que o abrir-se à vida espiritual produz, algo que todas as vidas tocadas pelo Senhor, nos evangelhos, têm em comum.

Lucas acrescenta um pequeno comentário à cena de euforia que os pastores viviam. "Maria, porém, guardava todas estas palavras, meditando-as no coração" (v.19). A resposta desta mãe é reveladora porque nos indica que alguns, no povo de Deus, percorrerão um caminho ainda mais profundo do que o dos pastores. Esse caminho não é somente o de responder aos estímulos imediatos da vida, mas também de desvendar as verdades espirituais que indicam as manifestações mais visíveis do Senhor. É neste segundo nível que uma pessoa pode perceber os princípios universais que se aplicam a uma diversidade de situações e que podem servir para edificar a vida de outros, ou produzir em nós um crescimento mais sustentável.

Ninguém pode percorrer o caminho de Maria, pois nem todos têm sido chamados a ele. O que podemos afirmar é que o Senhor sempre proveu ao Seu povo pessoas sábias e entendidas nos assuntos do Reino, que podem dar formação e edificar a outros numa experiência espiritual mais sólida.

Para quem foi chamado a essa função no Corpo, separar tempo para refletir e meditar sobre o significado de uma série de experiências, é uma disciplina importante. Deste exercício poderá extrair os tesouros que serão úteis no trabalho de acompanhar outros em sua vida espiritual. Observe com que frequência, nos evangelhos, Cristo levava os discípulos a meditar sobre os eventos que aconteciam na vida deles. Este hábito enriquecerá muito a nossa vida e ministérios, mas exige que cultivemos o desejo de nos aprofundarmos nos assuntos de Deus.

31

Luz para as nações *(Chegada dos sábios do Oriente)*

SEGUINDO UMA ESTRELA
Mateus 2:1-12

> Leia o texto de Mateus para estes dias. O que indica a participação dos sábios do Oriente no nascimento de Jesus? De que maneira Deus os informou sobre o evento? Por que usou outro método, e não como o fez com os pastores?

A chegada desses homens estudiosos dos fenômenos astronômicos que observavam o firmamento, imediatamente transfere o significado do nascimento de Jesus para além das fronteiras de Israel, na direção do mundo gentio. Desde tempos antigos, Deus tinha comunicado ao Seu povo o desejo de que fossem uma nação de sacerdotes, instrumentos do Senhor para abençoar toda a Terra. De fato, essa vocação está contida no chamado do pai da nação, Abraão: "Abençoarei os que te abençoarem e amaldiçoarei os que te amaldiçoarem; em ti serão benditas todas as famílias da terra" (Gênesis 12:3).

Infelizmente não encontramos indícios na história do Antigo Testamento de que alguma vez Israel tenha se interessado em buscar a forma de estender a bênção de Deus aos seus vizinhos mais próximos. Porém, o Senhor se moveu frequentemente entre os gentios. As Escrituras relatam como Naamã, de volta ao seu país, compartilhou as convicções espirituais que resultaram da cura que recebera de Deus. Da África, chegou a rainha de Sabá para provar a sabedoria de Salomão. Jonas, relutante missionário de Jeová, pregou a Palavra entre os assírios e foi testemunha do arrependimento de toda a cidade. No exílio, Deus usou poderosamente Daniel para abençoar os babilônios, como também usou Ester, Neemias e Esdras.

Não há dúvida de que o Senhor, apesar da indiferença do Seu povo, sempre soube qual o meio ideal e particular para se mover entre as nações, a fim de tornar a bondade do Seu coração conhecida. O relato de Mateus impressiona porque mostra um grupo de homens que, sem a herança religiosa dos judeus, soube como descobrir o Messias que havia nascido. O mensageiro desta notícia para eles fora uma estrela. Não se nos prové qualquer detalhe sobre a forma como o astro apareceu, nem como interpretaram o seu significado. Basta-nos saber que o firmamento proclama a existência de Deus, mas só o percebem aqueles que têm olhos para vê-lo. Davi compartilhou, no Salmo 8, a sua admiração diante da criação de Deus e exclamou: "Quando contemplo os teus céus, obra dos teus dedos, e a lua e as estrelas que estabeleceste" (v.3). No Salmo 19 declara que "Os céus proclamam a glória de Deus, e o firmamento anuncia as obras das suas mãos" (v.1).

Os sábios, com a obsessão típica dos cientistas, interpretaram a mensagem de um fenômeno que observaram no céu e chegaram a Jerusalém para investigar o assunto mais a fundo. Ainda sem ter mensageiros dispostos a ir aos gentios, Deus estava se movendo em meio a eles e tornando Sua intenção de incluir os gentios na salvação, que começava primeiro na casa de Israel. Para esse fim, Ele usaria o meio que desejasse.

Luz para as nações *(Chegada dos sábios do Oriente)*

32
INFORMAÇÃO INÚTIL
Mateus 2:1-12

Os sábios do Oriente já haviam dado como certo que os habitantes de Jerusalém sabiam do nascimento do prometido Rei. Por que Herodes reagiu com medo diante da notícia? Por que razão os escribas e os sacerdotes não sabiam que o evento já havia acontecido?

Três homens sábios chegaram do Oriente, levados por uma mensagem que tinham decifrado numa estrela diferente que apareceu no firmamento. Escolheram dirigir-se ao local que consideravam o mais propício para encontrar instruções que os conduzissem ao menino, embora esteja claro que nem sempre nos círculos mais religiosos encontra-se quem possa orientar às pessoas.

Ao ler esta passagem, recordo as várias conferências sobre os "últimos tempos" às quais assisti. Sempre me impressionou o grau de confiança que os entendidos demonstram ter em relação ao tema, e com que segurança interpretam os acontecimentos que vão se sucedendo no mundo atual. Do mesmo modo, os sacerdotes e os escribas não duvidaram diante de Herodes, em proporcionar a informação que este lhes pedia. Citaram de memória o profeta que anunciara o nascimento do Messias em Belém. Com certeza, haviam estudado o texto minuciosamente, buscando interpretar cada detalhe da promessa do evento que Miqueias anunciara. Independentemente do profundo conhecimento das Escrituras que possuíam, eles não tinham se inteirado de que o evento já ocorrera!

O fato é que conhecer os textos não garante que possamos perceber a forma como os eventos anunciados acontecerão. Esta dificuldade é a mesma que impediu a muitos dos que estiveram diante de Jesus, de perceber que Ele era o Messias. Preferiram descartar o homem a se desfazerem de suas suposições sobre como Ele deveria ser. Assim, nós também, em certas ocasiões, concedemos certo grau de confiabilidade às nossas interpretações como se não existisse qualquer margem à possibilidade de estarmos enganados.

A consulta de Herodes aos escribas e sacerdotes deve nos servir de advertência. Mesmo no caso do estudo mais cuidadoso do texto, nossas interpretações e deduções sempre estarão sujeitas às limitações próprias da natureza humana. Fazemos bem ao lembrar que Deus, como a Palavra relata, age de forma completamente surpreendente e diferente do esperado. Em alguns momentos, nossas suposições e interpretações não só dificultam nossa percepção do Seu mover, como também serão um verdadeiro obstáculo para entender alguns aspectos da vida espiritual.

As autoridades de Jerusalém descobriram que um significativo evento público tinha acontecido sem que eles soubessem e isto os encheu de temor. Para nós, que somos do povo de Deus, esta realidade não deve gerar qualquer angústia. Sabemos que, mesmo quando não o percebemos, Ele está ativo no mundo que nos cerca, ordenando todas as coisas segundo os Seus propósitos eternos. O Seu agir é misterioso e vai muito além do que podemos perceber. A imensidão da Sua obra nos convida a uma postura de descanso, pois não necessitamos estar a par de cada passo que Ele dá. Antes, podemos nos prostrar diante da Sua soberania e exclamar: "Quem é como tu, Senhor, na grandeza das Tuas obras!".

33 — AJUDA DOS ÍMPIOS
Luz para as nações *(Chegada dos sábios do Oriente)*
Mateus 2:1-12

> De que maneira Herodes colaborou com a missão dos sábios? O que aconteceu quando eles recomeçaram a sua caminhada? O que isto nos indica sobre a forma como Deus pode dirigir os passos dos que pertencem a Ele?

Herodes logo se recuperou da consternação que lhe provocou a notícia de que em Israel havia nascido um Rei. "[Tendo] chamado secretamente os magos, inquiriu deles com precisão quanto ao tempo em que a estrela aparecera. E, enviando-os a Belém, disse-lhes: Ide informar-vos cuidadosamente a respeito do menino; e, quando o tiverdes encontrado, avisai-me, para eu também ir adorá-lo" (vv.7,8).

A passagem dos sábios por Jerusalém mostra que Deus usa aqueles que Ele quer para prover aos Seus o apoio e os recursos de que precisam para avançar nos propósitos que Ele lhes propõe. Os evangelhos não escondem a perversidade de Herodes, que governava para beneficiar a si mesmo. Foi ele quem eventualmente ordenou a decapitação de João Batista, uma decisão que resultou do desejo de agradar os participantes de uma festa. No entanto, ele também foi o instrumento que o Senhor usou para que os sábios recebessem as informações que precisavam. Da mesma forma Paulo, na carta à igreja em Filipos, menciona que alguns, na verdade, "...pregam a Cristo, por discórdia, insinceramente, julgando suscitar tribulação às minhas cadeias. Todavia, que importa? Uma vez que Cristo, de qualquer modo, está sendo pregado, quer por pretexto, quer por verdade, também com isto me regozijo, sim, sempre me regozijarei" (Filipenses 1:17,18). Claramente, o apóstolo considerava que nem as pessoas mais perversas representam para o Senhor obstáculo algum na realização dos Seus propósitos. A Sua absoluta soberania sobre todas as coisas nunca deveria ser uma verdade colocada em dúvida por nós que pertencemos à casa do Senhor.

"Depois de ouvirem o rei, partiram; e eis que a estrela que viram no Oriente os precedia, até que, chegando, parou sobre onde estava o menino. E, vendo eles a estrela, alegraram-se com grande e intenso júbilo" (vv.9,10). Tão logo reiniciaram sua marcha rumo a Belém, voltou a aparecer a estrela que os tinha guiado da primeira vez e lhes deu uma confirmação adicional sobre o caminho que lhes havia indicado. Vale a pena assinalar que a sua reaparição ocorreu quando começaram sua jornada a Belém. O Senhor dirige e acompanha os que estão em movimento, e não aqueles que se demoram à espera de ter absoluta certeza quanto ao caminho a seguir. Sempre tem acontecido assim na história do povo de Deus. Ele provê a informação de que necessitamos para a próxima etapa do trajeto, e até que decidamos seguir em frente não nos dará novas instruções. Caminhar com Ele sempre implica experimentar o crescimento na fé.

O evangelista comenta que "vendo eles a estrela, alegraram-se muito com grande júbilo". A confirmação de que estamos em Seus caminhos produz sempre um resultado: gozo inefável! Não nos livramos de provas nem dificuldades, mas se apodera de nós uma loucura santa. No meio da batalha, somos levados a uma profunda convicção de que estamos onde devemos estar.

Luz para as nações *(Chegada dos sábios do Oriente)*

34
TODOS OS POVOS O ADORARÃO
Mateus 2:1-12

Finalmente os sábios chegaram a Belém. De que forma eles adoraram o menino? O que implica a presença deles nos primeiros dias de vida do Cristo?

A imagem dos homens do Oriente adorando o pequeno Jesus revela o mais profundo desejo do Senhor para as nações. Embora a história do Antigo Testamento se concentre principalmente nas aventuras e desventuras de Israel, o plano inicial sempre contemplou estender a bênção do Senhor até os confins da Terra, tal como expressou o profeta Isaías: "Sim, diz ele: Pouco é o seres meu servo, para restaurares as tribos de Jacó e tornares a trazer os remanescentes de Israel; também te dei como luz para os gentios, para seres a minha salvação até à extremidade da terra" (49:6). E outra vez, no capítulo 51: "Atendei-me, povo meu, e escutai-me, nação minha; porque de mim sairá a lei, e estabelecerei o meu direito como luz dos povos. Perto está a minha justiça, aparece a minha salvação, e os meus braços dominarão os povos; as terras do mar me aguardam e no meu braço esperam" (vv.4,5).

No Novo Testamento, Pedro adverte seus leitores, aos quais chama de "reino de sacerdotes" e "nação santa", sobre o desejo de Deus de alcançar a todos: "Não retarda o Senhor a sua promessa, como alguns a julgam demorada; pelo contrário, ele é longânimo para convosco, não querendo que nenhum pereça, senão que todos cheguem ao arrependimento" (2 Pedro 3:9). É por isto que o Senhor não pode silenciar diante da indiferença do Seu povo para com aqueles que ainda não foram alcançados pela Sua admirável luz. Ele usou uma forte perseguição contra a Igreja Primitiva, para que se dispersassem e assim compartilhassem as boas-novas com as pessoas mais distantes. Não devemos duvidar de que Ele aproveitará todos os meios que sejam necessários para criar em nós um compromisso não somente com os de Jerusalém, mas também com os da Judeia, Samaria e os que vivem nos confins da Terra.

A presença dos sábios nos primeiros dias do Messias indica claramente de que a chegada do Salvador é um benefício a toda a humanidade, e não apenas a um pequeno grupo seleto. Por outro lado, os sábios nos deixam o exemplo do que significa adorar. Um ato de adoração afeta toda a nossa vida, quer seja numa postura física — como prostrar-se — ou na entrega dos nossos bens, como indicam as "dádivas: ouro, incenso e mirra". O verdadeiro adorador nada guarda para si mesmo, porque não encontra meios para expressar a sua devoção para o ser que adora.

Ao terminar este texto é bom recordar que Deus usou uma estrela, um rei indigno e um sonho para guiar esses homens. Ele não se limita a um único método, nem utiliza a mesma linguagem cada vez que nos fala. Convém que caminhemos pela vida com a disposição de sermos surpreendidos, pois nunca saberemos quando, nem como, Ele pode se aproximar de nós. Então, que Ele seja bem-vindo quando chegar!

Vi a tua salvação *(Apresentação Jesus no Templo)*

35
SUBMISSÃO EM TUDO
Lucas 2:22-35

> Leia os versos 22 a 24 do texto destes dias. Por que Maria e José se dirigiram a Jerusalém, mesmo sendo Jesus o filho do Altíssimo? O que isto nos indica sobre a relação de Cristo com a lei de Deus?

A lei estabelecia que uma mulher que tivesse dado à luz fosse considerada impura durante 40 dias após o parto. Como o bebê havia participado de tal experiência, era necessário que tanto ele como a sua mãe fossem a Jerusalém a fim de cumprir os rituais de purificação estabelecidos na lei do Antigo Testamento. O sacrifício era feito porque cada israelita sabia que, diante de Deus, não merecia a vida. Os animais oferecidos em expiação levavam sobre si o castigo do povo e livravam as pessoas de sofrer o castigo justo e merecido.

Ao pensarmos na pessoa de Jesus, não ignoramos que Ele não precisava de qualquer ritual de purificação, pois, como declara o autor de Hebreus, embora estivesse em carne viveu "sem pecado" (4:15). Entretanto, o Pai exigia que Seu Filho vivesse plenamente a experiência de ser humano. "Pelo que convinha que, em tudo, fosse semelhante aos irmãos, para ser misericordioso e fiel sumo sacerdote naquilo que é de Deus, para expiar os pecados do povo" (Hebreus 2:17).

As condições sob as quais Cristo viveu revelam uma das razões pelas quais o Seu esforço para se relacionar com a geração que Ele conheceu foi tão incrivelmente eficaz. Pessoas que ocupam certo nível social ou hierárquico que os eleva acima dos demais, têm a tendência de crer que sua posição os isenta de se expor às limitações daqueles que não chegam aos privilégios que eles possuem. Um alto funcionário do governo, por exemplo, pode facilmente crer que não precisa pagar impostos sobre suas importações, nem sofrer as humilhações que caracterizam o povo comum, como fazer fila para ser atendido nas instituições públicas. As "pequenas" concessões que faz, entretanto, tendem a estabelecer uma distância com as mesmas pessoas a quem pretende servir e estas semeiam ressentimentos contra ele. Isto retirará credibilidade às suas propostas, pois os demais acreditam que este funcionário desconhece a realidade com as quais pessoas normais que se veem obrigadas a lutar diariamente.

Jesus, sem que lhe fosse necessário escolheu viver plenamente todas as experiências que são comuns à humanidade. Pelo seu nascimento foram apresentadas as oferendas exigidas pela lei. No tempo de iniciar Seu ministério, Ele se submeteu ao batismo. Durante Sua vida jamais usou Sua autoridade ou poder para benefício próprio. Nisto vemos as verdadeiras marcas de grandeza de um líder. Sua estatura espiritual não depende tanto do que faz, mas do que escolhe não fazer.

Além dos ritos de purificação, Maria e José desejaram que seu pequeno filho fosse dedicado ao Senhor. Isto não representa mera formalidade, mas o passo lógico de um casamento cujo desejo mais profundo era viver de maneira agradável a Deus. Desde pequeno, portanto, Jesus se beneficiou da compaixão e devoção de Seus pais.

36

Vi a tua salvação *(Apresentação Jesus no Templo)*

A ARTE DE ESPERAR
Lucas 2:22-35

> Outros personagens estão para se juntar ao relato da chegada do Cristo. Leia a passagem e observe as formas em que Deus vai unindo vidas diferentes neste grande projeto universal.

Enquanto os pais de Jesus se mobilizavam para oferecer os sacrifícios relativos ao Seu nascimento, outra história acontecia na vida de quem, provavelmente, ainda não sabia que o Messias tinha chegado. Lucas nos diz que "Havia em Jerusalém um homem chamado Simeão; homem este justo e piedoso que esperava a consolação de Israel; e o Espírito Santo estava sobre ele" (v.25).

Dois detalhes logo saltam aos olhos na descrição do personagem que é incluído na história. O primeiro deles, é que o autor do evangelho não fala sobre as atividades que ele realizava, nem o tipo de ministério que desenvolvia. Antes, porém, Lucas escolhe deter-se nas características que têm maior peso no reino dos céus, que são as que descrevem o tipo de pessoa que Simão era. Este varão era justo e piedoso. Ambos atributos falam de uma certa forma de ser na qual o que mais brilha é um coração que tenha sido tocado pela graça transformadora de Deus. A sua presença exalava uma fragrância que era irresistível aos que estavam perto dele e, precisamente por estas qualidades, o Espírito atuava nele. Uma vida organizada segundo os princípios eternos possui o respaldo pleno do Senhor, tal como Paulo sinaliza a Timóteo: "...se alguém a si mesmo se purificar destes erros, será utensílio para honra, santificado e útil ao seu possuidor, estando preparado para toda boa obra" (2 Timóteo 2:21).

O segundo ponto importante é que este homem "esperava" a consolação de Israel. No versículo seguinte, Lucas acrescenta que "Revelara-lhe o Espírito Santo que não passaria pela morte antes de ver o Cristo do Senhor" (v.25). Não sabemos em que momento da vida de Simão recebeu esta revelação. Pode ser que tenha sido no passado recente ou como acontece no agir de Deus, muitos anos antes. Seja como for, o homem esperava o cumprimento dessa palavra.

Quanta quietude e confiança há nessa atitude de espera, que é muito útil para nós que sofremos de impaciência crônica. Simeão não tinha recebido mais informação do que aparece no versículo: quer dizer, não veria a morte antes do cumprimento dessa palavra. No entanto, como fica fácil, com o passar do tempo, a esperança se enfraquecer para dar lugar à resignação, especialmente quando entramos na fase da velhice. Foi num tempo desses na vida que Abraão decidiu conceber através de Agar, o filho que Deus lhe prometera anos antes. Conseguir aquietar o espírito e refrear os impulsos normais da natureza humana é uma das evidências de que avançamos com êxito em direção à etapa da maturidade. Para conseguir isso, é necessário ter a inalterável confiança de que Deus não somente possui a capacidade de fazer o que disse, mas que também é fiel em cumprir Sua palavra. "Com efeito, dos que em ti esperam, ninguém será envergonhado..." (Salmo 25:3).

Vi a tua salvação *(Apresentação Jesus no Templo)*

37 ENCONTRO DIVINO
Lucas 2:22-35

> Por que Simeão subiu ao Templo? Como você acredita que o Espírito Santo lhe deu essa orientação? O que foi necessário para que as diferentes pessoas desta história se encontrassem naquele lugar?

Nesta cena, acontecida em Jerusalém, encontramos uma das melhores ilustrações de como se desenvolve a vida daquelas pessoas em quem o Espírito Santo é o protagonista. Por sua condição humana, Simeão poderia ter exigido do Senhor algum detalhe adicional sobre a vinda do Messias. O pai de João Batista não hesitou em perguntar como seria a milagrosa gravidez de sua esposa. Do mesmo modo, Maria pediu uma informação mais concreta sobre a sua parte na gestação do Filho de Deus. Nossa tendência sempre é de crer que precisamos de mais informação do que aquela que nos foi dada, visto que chegar aos detalhes específicos da aventura que estamos prestes a viver nos ajuda a diminuir o grau de insegurança que sentimos diante dela.

Simeão, como foi dito no devocional de ontem, esperava pacientemente o cumprimento da palavra que Deus lhe havia dado. Podemos acrescentar à sua confiança na pessoa de Deus um segundo elemento, que é a convicção de que no momento oportuno o Senhor lhe proveria as instruções adicionais. De fato, isto foi exatamente o que ocorreu, pois, o Espírito lhe informou que devia subir ao templo. Suponho que mesmo nesse momento não possuía maiores detalhes do que este: "sobe ao Templo". Não devemos esquecer que em cada missão destinada existe um elemento que mostra a formação pessoal de quem a realizará. Desse modo então, subiu ao Templo com a mesma confiança que havia caracterizada sua espera.

Enquanto isto, o Espírito Santo também mobilizara os pais do menino Jesus, que se dirigiram ao templo. Assim, vemos como o Senhor move "as peças" de cada história, que é sempre muito maior e mais complexa do que os pequenos incidentes que acompanham nossa vida pessoal. Quando permitimos que o Espírito Santo guie os nossos passos, inevitavelmente, em nossa vida, são produzidas aventuras muito mais apaixonantes e incríveis do que os eventos que possamos idealizar, mesmo com o mais cuidadoso planejamento.

Por outro lado, quando percebemos o mover do Espírito Santo, como neste caso, podemos ver como é proveitoso deixar de lado grande parte das nossas especulações e preocupações. Por mais envolvidos que estejamos nos assuntos da vida espiritual, jamais poderemos compreender a totalidade do agir de Deus. Quando a nossa vida está inserida na dimensão do Reino, experimentamos um crescimento que nem sequer podemos compreender.

A postura correta é cultivar a mesma atitude de completa dependência que vemos em Simeão. Não há necessidade de nos adiantarmos nem nos atrasarmos. Nosso chamado é para caminhar ao lado do Senhor, que por Seu Espírito dá as instruções adequadas a cada passo da aventura em que Ele nos colocou. Em certas ocasiões, poderemos nos sentir inseguros, o que é normal. O Senhor nos convida a enfrentarmos essa insegurança com firmeza, dizendo ao nosso espírito inquieto: "Por que estás abatida, ó minha alma? Por que te perturbas dentro de mim? Espera em Deus, pois ainda o louvarei, a ele, meu auxílio e Deus meu" (Salmo 43:5).

Vi a tua salvação (Apresentação Jesus no Templo)

38
MISSÃO CUMPRIDA
Lucas 2:22-35

> O que aconteceu quando os pais de Jesus chegaram ao lugar onde Simeão estava? Como ele entendeu que se tratava do Messias? Que detalhes você encontra na oração de Simeão?

Quando Simeão, movido pelo Espírito Santo chegou ao Templo, também apareceram ali os pais de Jesus. Temos de crer que, de acordo com a maneira como Simeão fora guiado até o momento, o Espírito lhe confirmou que ele se encontrava diante do Messias, pois não dispunha de mais detalhes para identificá-lo. "Simeão o tomou nos braços e louvou a Deus, dizendo: Agora, Senhor, podes despedir em paz o teu servo, segundo a tua palavra; porque os meus olhos já viram a tua salvação, a qual preparaste diante de todos os povos: LUZ PARA REVELAÇÃO AOS GENTIOS, e para glória do teu povo de Israel" (vv.28-32 — ênfase adicionada).

A oração de Simeão nos ajuda a entender por que Lucas afirma que este homem era justo e piedoso. Primeiro, observamos que ele se mostrou plenamente satisfeito com a parte que lhe coube nesta aventura. Não pediu ao Senhor que concedesse alguns anos mais para ele ver o pequeno crescer, nem que lhe fosse permitido participar na formação espiritual do menino. Antes, declarou estar preparado para se despedir da vida em paz. Não veria nenhum dos surpreendentes acontecimentos que acompanhariam a vida do Cristo, nem entenderia de forma cabal de que maneira Ele se sacrificaria para cumprir Sua missão de redimir o mundo. Porém, Simeão compreendia, em seu espírito, que os eventos que ainda estavam no futuro se cumpririam, com a mesma perfeição que ele tinha visto em sua vida, a palavra falada pelo Senhor por meio dos Seus profetas. Não precisava presenciá-los para crer.

Outro elemento interessante em sua oração é que, ao contemplar o pequeno indefeso nos braços dos Seus pais, declarou: "...porque os meus olhos já viram a tua salvação". A salvação, aos olhos de Simeão, não se tratava de uma série de acontecimentos, mas sim a uma pessoa. Na realidade, podemos afirmar que a salvação não é um plano nem um acontecimento pontual, embora muitas vezes assim a tenhamos apresentado no âmbito da igreja. A salvação, no projeto de Deus, é uma pessoa: Jesus, o Cristo. Desfrutá-la não se refere a fazer uma oração, nem participar de uma reunião, mas a ser alcançado pelo amor do Filho, construindo um relacionamento profundo e significativo com Ele. Quando limitamos a salvação a um acontecimento, o relacionamento tende a estagnar.

Além disso, vemos reafirmado nas palavras deste homem o reconhecimento de um plano divino que ultrapassa as fronteiras de Israel. Simeão não titubeou em declarar que o menino tinha sido colocado como LUZ PARA REVELAÇÃO AOS GENTIOS, uma perspectiva muito diferente da visão fechada e exclusivista do povo judeu. Quem está plenamente inserido nos planos do Senhor com certeza cultivará uma disposição muito mais ampla e generosa para com a vida que caracteriza o homem terreno e natural. Quanto mais tempo passarmos com Ele mais o nosso coração será levado a cultivar uma atitude generosa e bondosa em relação aos nossos semelhantes, pois entenderemos que o Messias também lhes foi enviado.

Vi a tua salvação *(Apresentação Jesus no Templo)*

39. JESUS CONTROVERSO (1)
Lucas 2:22-35

> Simeão também proferiu uma palavra para Maria. Qual significado conservavam essas palavras? Em sua opinião, por que era necessário que ela as escutasse?

O mover do Espírito Santo fez um homem justo e piedoso, Simeão, encontrar-se com os pais de Jesus, os quais tinham ido a Jerusalém para oferecer sacrifícios de gratidão pelo menino. Quando Simeão viu a criança, bendisse ao Senhor, e assim confirmou que o pequeno tinha sido enviado como Salvador para o Seu povo, Israel. "E estavam o pai e a mãe do menino admirados do que dele se dizia" (v.33).

A reação deles mostra como a nossa capacidade para entender todas as implicações que um projeto espiritual abrange é limitada. Os pais já sabiam, por uma série de revelações celestiais, que o filho deles era o Cristo prometido. Por ter sido gerado pelo mesmo Espírito não se poderia esperar dele nada menos do que uma vida extraordinária. No entanto, eles seguiam experimentando admiração pelo que se dizia dele. É que, mesmo quando damos ampla liberdade à nossa imaginação, não conseguimos perceber as dimensões mais profundas de uma realidade espiritual. Assim como os pais de Jesus, repetidamente somos surpreendidos pelas "descobertas" que nos são concedidas, ainda que a incrível grandeza de Deus não nos devesse surpreender.

Simeão claramente indicou que as respostas dadas a Cristo não seriam circunstanciais, mas sim a consequência de uma estratégia determinada: Ele tinha sido trazido para provocar uma reação nos outros! Da mesma forma, a Sua Igreja, que nada mais é do que a extensão da Sua vida e ministério, foi colocada no meio da sociedade para confrontar as trevas. Quando esta reação deixa de acontecer é porque ela perdeu de vista a sua identidade. O fato é que as trevas e a luz não podem conviver em paz uma com a outra. São mutuamente incompatíveis, e quando uma avançar ao espaço onde a outra está presente, automaticamente se produzirá um choque entre ambas. Deste modo, então, a Igreja plenamente identificada com Cristo sempre se verá envolvida em controvérsia, como também aqueles discípulos que seguem incondicionalmente o Filho de Deus.

É necessário, entretanto, afirmar que Jesus jamais procurou escandalizar deliberadamente a alguém. Por vezes, nos deparamos com pessoas que gostam de polêmicas, pelo simples amor ao conflito. A controvérsia na vida de Jesus resultou daquilo que Ele era, algo secundário numa realidade primária. Os Seus atos, que muitas vezes foram vistos como escandalosos, sempre foram a manifestação externa de convicções e princípios nos quais a vida de Jesus se apoiava. Em Cristo, temos a mais clara ilustração de que o impacto principal de um líder determina o tipo de pessoa que Ele é.

Vi a tua salvação *(Apresentação Jesus no Templo)*

40
JESUS CONTROVERSO (2)
Lucas 2:22-35

> Volte a ler os detalhes do encontro de Simeão com José e Maria. Isso significa que Jesus seria um sinal de controvérsia? Como isto se aplica ao nosso relacionamento com Ele?

O compromisso de Jesus foi estabelecer o reino de Deus, um Reino no qual os homens começam a se colocar nos lugares em que o Senhor reservou para eles. Esta recolocação indubitavelmente significa que alguns, considerados grandes no mundo, não receberão o mesmo prestígio e reconhecimento. Outros, tidos em menor conta pelos seus semelhantes, serão postos em lugares de grandeza pelas qualidades espirituais que possuem. De fato, mesmo no contexto do nascimento de Jesus, este processo já havia começado, pois as boas-novas foram anunciadas a um grupo de pastores, que representavam um segmento menosprezado pela população. Por outro lado, os escribas e sacerdotes, que eram altamente estimados entre o povo, foram deixados de lado. Simeão assinalou aos pais de Jesus que o Cristo exerceria um papel fundamental neste processo de reorganização: Alguns cairiam, enquanto outros seriam levantados (v.34).

Uma segunda consequência que acompanharia a vida de Jesus, de acordo com Simeão, era que Ele seria um "sinal de contradição". A palavra "contradição" indica uma situação controversa onde não se consegue chegar a um acordo sobre o seu significado. O evangelho de João está repleto de cenas nas quais Jesus produziu precisamente este tipo de reação em Seu público. Reações que polarizavam as multidões; delas vinham atitudes desagradáveis que muitas vezes permaneceriam ocultas em situações normais da vida.

Esta reação pode ser o princípio de algo novo para os que estão dispostos a parar e a ser sinceros consigo. Conhecer a verdadeira condição de nosso coração é o único caminho para uma experiência espiritual genuína. O filho pródigo precisou chegar ao ponto de ver em sua patética condição o reflexo da sua pobreza espiritual. Pedro precisou descobrir como eram enganosos os desejos do seu coração antes de se tornar o homem que Cristo poderia usar. Cada um de nós precisa enfrentar as características próprias que impedem a verdadeira transformação que o Senhor quer fazer em nossa vida. Nada é tão eficaz para trazer à luz estas atitudes e posturas do que as situações de conflito. Podemos manter uma fachada de respeito na maior parte do curso da nossa vida, mas quando estamos envolvidos em situações de conflito, é possível descobrir quem realmente somos.

Simeão mostrou a Maria que esta seria uma das ações de Jesus na vida dos que o cercariam: provocar o tipo de controvérsia que permitiria revelar as verdadeiras misérias do coração. São estas misérias que Ele deseja transformar, enquanto nós muitas vezes pensamos poder entretê-lo com nossos passatempos religiosos. Reconhecer esta função de Jesus é admitir que algumas vezes o nosso relacionamento com Ele nos levará a situações de profundo incômodo e confusão. Se prestarmos atenção às atitudes que expomos nesses momentos, teremos dado um grande passo para abrir o nosso ser interior à Sua obra transformadora.

Vi a Tua salvação (Apresentação de Jesus no Templo)

41
NEM TUDO É ALEGRIA
Lucas 2:22-35

> Em meio a esta revelação, Simeão incluiu uma mensagem pessoal para Maria. O que significavam estas palavras? O que elas comunicavam sobre a vida da mãe de Jesus?

Depois de falar do caminho que Cristo percorreria, Simeão disse a Maria como ela vivenciaria a vocação do seu filho: "também uma espada traspassará a tua própria alma..." (v.35). A figura que ele escolheu é muito forte. Não é preciso fazer um estudo do texto para compreender que se referia a uma experiência de profunda agonia pessoal, algo que a afligiria no mais íntimo do seu ser.

É provável que Maria não tenha entendido bem as palavras de Simeão. Em meio a tanta alegria que viveram nos últimos dias, com certeza era difícil entender como esse menino poderia algum dia tornar-se motivo para ela ter uma experiência de intenso sofrimento. No entanto, um rápido olhar na vida dos grandes profetas da história de Israel lhe comprovaria que o chamado divino sempre vem acompanhado de dor. Seus instintos de mãe se manifestariam intensamente na hora de ver seu filho cercado de controvérsias, oposição e ainda mais, perseguição. De alguma forma, entretanto, o Senhor lhe comunicava que estas experiências faziam parte da vocação para a qual ela fora chamada.

Aceitar o sofrimento como algo normal na vida do filho de Deus é uma decisão à qual temos resistido desde sempre. A nossa percepção romântica da vida pede que os heróis da fé sempre venham acompanhados de êxito e vitória. No Reino, a verdade é diferente. Tal como afirmamos na meditação de ontem, estarmos incluídos no reino da Luz implica automaticamente em inimizade com o mundo. As trevas não manifestam essa inimizade de forma passiva, mas lançam contra a luz uma batalha que deixará pelo caminho feridas de vários tamanhos. Por isso, o sofrimento não deve nos surpreender "...como se alguma coisa extraordinária vos estivesse acontecendo..." (1 Pedro 4:12).

Em certa ocasião, Watchman Nee declarou que nossa vocação no ministério exige que sequemos as lágrimas, enquanto mantemos a mão firme no arado. Os que responderam ao chamado para servir ao Senhor e ao Seu povo devem admitir a ideia de que o ministério exige um preço que não pode ser ignorado. No exato momento em que Paulo foi chamado, o Senhor falou ao mensageiro que o visitaria: "Vai, porque este é para mim um instrumento escolhido para levar o meu nome perante os gentios e reis, bem como perante os filhos de Israel; *pois eu lhe mostrarei quanto lhe importa sofrer pelo meu nome* (Atos 9:15,16 — ênfase adicionada).

Saber que o sofrimento faz parte da nossa vocação nos permite elaborar uma resposta bem diferente quando acontecerem experiências de intensa dor pessoal. Ela servirá de confirmação de que estamos no caminho certo e poderemos canalizar nossas lágrimas ao trono da graça, ao invés de permitirmos que se convertam em motivo de amargura. Certamente o Homem de dores secará nossas lágrimas e trará consolo ao nosso ser.

A criança com Ana *(Apresentação de Jesus no Templo)*

42
A PROFETISA
Lucas 2:36-38

> Leia os versículos 36 a 38. Quais detalhes a passagem nos dá sobre Ana? Ao contemplar o menino, qual foi a reação dessa profetisa?

Os pais de Jesus receberam uma confirmação adicional sobre a vocação de seu filho quando subiram a Jerusalém. Primeiro se encontraram com um varão justo e piedoso, que abençoou o casal e descreveu o papel que Cristo exerceria no futuro de Israel. Enquanto ele lhes falava, aproximou-se uma profetisa, Ana, que também partilhou da celebração do nascimento de Jesus.

O evangelista oferece poucas informações sobre a vida de Ana, mas mesmo sendo escassas, descrevem uma pessoa com uma irresistível beleza espiritual. Essa mulher tinha passado a maior parte da vida sem o seu marido. A perda do seu companheiro, entretanto, não a deixou incapacitada. Ana se entregou plenamente para servir na área do Templo, principalmente com jejuns e orações, embora o seu título de profetisa revele inclusive que ministrava a outros as palavras recebidas da parte do Senhor.

A ela, assim como aos pastores, aos magos e a Simeão, também foi concedido que visse o Prometido de Israel. Como os outros, ela ofereceu ações de graças e louvor ao Senhor quando o viu o menino. Ela também percebia, através do Espírito, que a mão de Deus estava sobre a vida do bebê e que viriam tempos extraordinários para o povo que passara tanto tempo vivendo em trevas. Observamos nela a mesma reação que vimos nos pastores. O deleite em conhecer a identidade do menino a levou a falar "dele a todos os que esperavam a redenção em Jerusalém".

O encontro com o pequeno Jesus foi apenas um momento na vida dessa mulher. No entanto, ela imediatamente começou a dar testemunho sobre os tempos que estavam para chegar. A alegria em ver Jesus se juntou a toda uma vida de caminhar com Deus, pelo que o evento teve um sentido muito mais profundo do que um acontecimento isolado da realidade cotidiana poderia comunicar. Neste detalhe, encontramos o ingrediente de maior impacto na hora de compartilhar com outros. Quando o testemunho sai do plano intelectual e expõe a experiência pessoal de quem está caminhando diariamente com o Senhor, a mensagem possui uma paixão e uma autoridade que nenhuma argumentação a favor de Deus jamais conseguirá. Quando Cristo é limitado a uma rotina religiosa, da qual o nosso coração encontra-se distante, vemo-nos obrigados a falar de conceitos que nós nem sequer praticamos. Os quebrantados e desanimados não estão em busca de uma fórmula, mas de uma pessoa que demonstre ter compaixão para com eles.

O relato do nascimento de Cristo termina com o testemunho de Ana. Os grandes momentos de Sua vida ainda estão no futuro. Todos os ingredientes de Sua grandeza, entretanto, estiveram presentes na Sua chegada. O Seu ministério não será outra coisa que a plena manifestação dos elementos que vemos presentes nos primeiros dias da Sua vida. Em um esquecido e ordinário estábulo de Belém começou o que acabaria sendo a mais impressionante história de todos os tempos.

Os anos ocultos *(Jesus, criança)*

43
CRESCENDO
Lucas 2:39-52

> Leia os versos 39 e 40. Quantos anos abrangem estes dois versículos? Em sua opinião como você pensa ter sido a vida de Jesus durante esse tempo? Quais fatores contribuíram para o Seu crescimento?

A frase "...voltaram para a Galileia, para a sua cidade de Nazaré", completamente livre de drama, corre o perigo de passar despercebida. Não nos indica outro fato além da volta ao lar e o início de um período na vida de Jesus do qual os evangelistas guardam silêncio. Salvo um pequeno parêntese aos 12 anos de idade, o Filho de Deus passará despercebido até ter 30 anos. A única observação que registra o que aconteceu nesse período é que "crescia o menino e se fortalecia, enchendo-se de sabedoria; e a graça de Deus estava sobre ele ".

Você sente-se tentado a avançar rapidamente às partes mais emocionantes dos evangelhos? Você e eu somos fruto de uma cultura viciada à adrenalina que considera "enfadonhos" os momentos de silêncio e quietude. A televisão, o cinema e os jogos eletrônicos põem à nossa disposição uma interminável oferta de experiências carregadas de fortes emoções. Mesmo em nossas reuniões sentimos um insaciável desejo por momentos carregados de emoção para sentir que, de alguma forma, conseguimos estabelecer um contato com o nosso Deus. Quanto mais buscarmos esse tipo de experiência, menos atraente o contexto do comum se torna para nós, onde a vida transcorre num passo mais lento.

Pense um pouco na parte da sua vida que acontece neste plano. Os momentos profundamente emocionantes como uma festa de formatura, um casamento, o nascimento de um filho ou uma viagem longamente planejada, não ocupam sequer 10% da totalidade da nossa experiência. As rotinas e atividades que constituem a maior parte da nossa existência somam os 90% restantes da vida. Se classificarmos como insignificante esta dimensão da nossa existência, teremos reduzido dramaticamente nossas possiblidades de alcançar a maturidade.

Considere, o que aconteceria em sua vida se você acreditasse que Deus pode sair ao seu encontro nos lugares onde sua vida cotidiana se desenvolve, em meio às atividades rotineiras de cada dia. Sua vida espiritual não experimentaria um novo impulso? Claro que sim, pois estaria nutrindo constantemente sua vida com uma ininterrupta comunhão com o Altíssimo. Infelizmente, entretanto, não desfrutamos desta experiência porque descartamos a ideia de que Deus se move num contexto cotidiano e comum. Estou convencido, entretanto, de que as experiências que mais influenciam nossa vida espiritual não acontecem no monte da transfiguração, mas na planície da vida de cada dia. Tanto Jesus como João Batista viveram 30 anos discretamente, para depois se envolverem em ministérios relativamente curtos: seis meses, no caso do filho de Zacarias, e três anos no caso de Jesus.

Esses anos de anonimato são cruciais para o que virá depois. De fato, o que ocorre na vida secreta de um servo sempre influencia dramaticamente no impacto que seu ministério público provocará. É a falta de importância que se dá à vida secreta que leva tantos ministros hoje em dia a produzir tão pouco impacto na vida dos que recebem a sua ministração?

44 ENTRE MESTRES
Lucas 2:39-52

Os anos ocultos (Jesus, criança)

> O evangelho segundo Lucas nos relata a única história conhecida sobre a infância de Jesus. Leia detidamente os pormenores do que aconteceu. Como viveram essa situação os diferentes personagens? Que detalhes revela a resposta de Jesus sobre a Sua identidade como Filho de Deus?

Lucas afirma que "anualmente iam seus pais a Jerusalém, para a Festa da Páscoa". Essa peregrinação era uma importante atividade na vida do povo, mas tinha um especial significado quando um homem chegava à idade em que se iniciava sua vida de adulto. Normalmente as famílias da mesma região viajavam juntas e, na chegada a Jerusalém, os meninos de 12 e 13 anos costumavam separar-se do grupo e percorriam diferentes lugares da grande cidade. Por sua vez, as mães muitas vezes antecipavam o retorno voltando com os filhos mais novos, enquanto os pais estendiam por um ou dois dias a visita à cidade. Esta pode ser uma das razões para o fato de nem Maria e nem José notarem que Jesus não estava com eles. Cada qual pode ter pensado que o menino estivesse com outra pessoa.

Foi ao entardecer do primeiro dia de viagem, quando as famílias se reuniram para atravessar a noite, que os pais perceberam que Jesus não estava com eles, e seguiram o caminho da volta para buscá-lo.

Podemos imaginar que a busca aconteceu com certa angústia porque, ao encontrá-lo, Maria o repreendeu pela Sua aparente falta de consideração para com eles: "Filho, por que fizeste assim conosco? Seu pai e eu estamos aflitos à sua procura".

Este incidente nos mostra pela primeira vez o Jesus que, por vezes, será visto nos evangelhos. Do mesmo modo, como acontecerá no encontro com a mulher samaritana, Jesus introduz uma inesperada perspectiva à situação. Ele declara aos Seus pais que o espantoso não era que Ele estivesse no Templo, mas que eles não soubessem, como Ele disse que: "...me cumpria estar na casa de meu Pai". A Sua resposta mostra que Ele considerava a queixa de Seus pais inapropriada, porque realizava o que deveria ser feito. Lucas acrescenta aqui uma frase que estará presente em várias situações de Sua vida: "Não compreenderam, porém, as palavras que lhes dissera". Perceba que este mal-entendido é o que mais serve para conjecturas erradas sobre a vida espiritual. Diante do mistério de Jesus é sábio guardar silêncio e esperar maior revelação da parte do Senhor.

Quando os pais encontraram Jesus, Ele estava "assentado no meio dos doutores, ouvindo-os e interrogando-os. E todos os que o ouviam muito se admiravam da sua inteligência e das suas respostas". Embora muito jovem, já demonstrava ter esse surpreendente amor às Escrituras, o que o transformaria num mestre sem igual. De fato, Jesus já cultivava em Sua vida particular o conhecimento e os hábitos que lhe permitiriam, um dia, movimentar-se com autoridade no contexto público. Os frutos da nossa devoção pessoal não ficam escondidos quando saímos à rua.

Os anos ocultos *(Jesus, criança)*

SUJEIÇÃO
Lucas 2:39-52

Leia os últimos dois versículos do relato. O que nos sugerem sobre o caminho percorrido por Jesus até chegar a 30 anos de vida? Quais aspectos dele se desenvolveram durante esse período?

Devo confessar que me senti tentado a dar ao episódio de Jesus no Templo uma interpretação de travessura de criança. O acontecimento me faz recordar inúmeras situações nas quais meus próprios filhos não levaram em consideração a aflição que poderiam trazer aos pais. É algo próprio da idade, quando as crianças ainda não desenvolveram o sentido de consideração e juízo que é característico dos adultos.

O texto elimina qualquer dúvida que pudéssemos ter quanto a algum comportamento inapropriado por parte de Jesus. Depois do acontecido, a passagem relata que "…desceu com eles para Nazaré; e era-lhes submisso…" (v.51). Essa atitude de submissão aos Seus pais não dá espaço para um ato de rebeldia. Antes, porém, cultivou uma postura de calma interior que deixaria profundas marcas no desenvolvimento do Seu espírito.

Neste momento em que os jovens escondem cada vez menos seu tédio diante da autoridade dos pais sobre as suas vidas, é útil observar que o próprio Jesus considerou ser necessário confiar o rumo da sua vida aos Seus pais. O Seu exemplo destaca um princípio indispensável na formação de uma pessoa: as atitudes corretas para com Deus se aprendem no contexto dos relacionamentos horizontais. Quem não consegue submeter-se aos demais tampouco conseguirá viver em submissão no seu relacionamento com Deus, mesmo quando insistir que deve ser assim. O apóstolo João, com um estilo direto e claro, elimina qualquer dúvida que possamos ter quanto a isto: "Se alguém disser: Amo a Deus, e odiar a seu irmão, é mentiroso; pois aquele que não ama a seu irmão, a quem vê, não pode amar a Deus, a quem não vê" (1 João 4:20).

A atitude de Jesus acompanha a sabedoria de Seus pais, que também souberam descansar em Deus apesar de que o filho deles ocasionalmente os exporia a situações que os deixariam desorientados e perplexos. De fato, experimentar perplexidade ante a pessoa de Cristo será comum a todos quantos caminham com Ele, e devemos esperar que as Suas orientações em certas ocasiões nos resultem totalmente incompreensíveis.

Maria mostra o caminho para essas situações. A mãe de Jesus "…guardava todas estas coisas no coração", atitude que já observamos nela quando os pastores vieram em visita à estrebaria. Ela compreendia que só com o tempo se consegue entrar na profundidade de algumas realidades espirituais. Não é necessário que forneçamos uma explicação sobre as situações incompreensíveis, nem tampouco que as descartemos como insignificantes. Em certas ocasiões, o caminho da sabedoria será guardar a experiência no coração e esperar pacientemente no Senhor para que Ele, no momento certo, traga mais luz sobre ela. É uma das disciplinas da vida espiritual que entregará os mais preciosos frutos a quantos a praticarem.

Os anos ocultos *(Jesus, criança)*

46
RUMO À MATURIDADE
Lucas 2:39-52

> Dois pequenos versículos — quase um apêndice — concluem o relato de Lucas sobre os anos da infância de Jesus. Leia-os e identifique os aspectos da pessoa de Jesus que foram atingidos pelo processo de crescimento nesses anos.

A brevidade do texto não desmerece o comentário de grande profundidade sobre os anos que Jesus esteve em formação no lar com Seus pais.

O evangelista ressalta que nessa etapa da vida o menino crescia; quer dizer, seguia o processo normal pelo qual devem passar todos os seres humanos. Porém, devemos nos lembrar que o crescimento nem sempre chega à sua plenitude. O crescimento saudável é aquele que se processa em diferentes dimensões da vida, tal como o texto de hoje o indica. O fato de uma criança crescer fisicamente sem maior ajuda dos pais, pode facilmente nos levar a crer que em outras áreas do seu ser também crescerá sem a necessidade de nossa participação. Na esfera espiritual, entretanto, o crescimento não acontecerá se os pais não se comprometerem a fazer uma deliberada e contínua contribuição na vida dos seus filhos.

O primeiro elemento que Lucas identifica é a sabedoria. Ela é o conhecimento aplicado à vida com inteligência. Quem é sábio não comete os erros próprios dos que não conseguem amadurecer. Normalmente, este atributo se desenvolve com o passar dos anos, embora nem todos os idosos sejam sábios. Entretanto, aquele que percorreu a vida com um coração ensinável terá aprendido valiosas lições pelo caminho, úteis para tomar decisões acertadas no futuro. Sem dúvida, a decisão de viver em submissão aos pais deu a Jesus uma vantagem significativa no processo de adquirir sabedoria.

O segundo elemento que observamos no crescimento de Jesus é a graça, tanto para com Deus como para com os homens. Uma vez mais, notamos nele uma característica rara nos mais jovens, pois nessa etapa possuem uma descomunal confiança em sua própria capacidade. A graça é ativada em nós quando descobrimos que algo está fora do alcance de nossas possibilidades. Não temos os meios e as habilidades para recorrer a isso e devemos buscar os recursos que o Pai celestial coloca à nossa disposição. O ambiente propício para a manifestação da graça é uma plena consciência da nossa incapacidade, a qual muitas vezes só reconhecemos depois de termos avançado um bom trecho no caminho da vida. O menino Jesus, contudo, já possuía uma tremenda percepção das Suas próprias limitações e começava a manifestar em Sua vida as qualidades de uma pessoa totalmente entregue a Deus.

Não temos qualquer testemunho sobre o papel de Maria e José em Seu desenvolvimento. No entanto, suas vidas piedosas sem dúvida deixaram profundas marcas no menino. Embora tenhamos colocado nossa confiança num bom programa de Escola Bíblica para nutrir a vida espiritual dos nossos pequenos, o fator que mais influencia suas vidas continua sendo que seus pais pratiquem a fé que professam, a qual observarão no decorrer de cada dia.

O exemplo de Maria *(Uma parada no caminho – 1)*

47
UMA PRÁTICA SAUDÁVEL
Lucas 2:19,51

> Estamos chegando ao final das leituras relacionadas ao nascimento e à infância de Jesus. Volte a ler Lucas 2:19,51. Por que Maria adotou tal atitude em relação aos fatos que ela vivia? Que proveito lhe proporcionava essa atitude? De que modo podemos introduzir essa disciplina em nossa vida?

O salmista declara ser bem-aventurada a pessoa cujo prazer está na Palavra de Deus, e nela medita dia e noite (1:2). Sem dúvida, o texto constitui um convite para cultivarmos o tipo de vida em que a leitura das Escrituras é parte da nossa rotina diária, e este tem sido o entendimento do povo de Deus. Porém, sinto que temos perdido em certa medida a importância de unir a esse exercício, a prática da meditação. O significado mais profundo dos textos que lemos, ou mesmo das experiências que vivemos, nem sempre se percebe à primeira vista. Podemos submetê-las a um processo de reflexão com a expectativa de que o tempo e a luz do Espírito nos permitam receber benefícios adicionais ao que é experimentado no primeiro momento.

Dois importantes princípios devem conduzir este processo. Primeiro, deve existir em nós uma certa sensibilidade espiritual que nos permita perceber quando ainda não chegamos à plenitude de uma experiência espiritual. Mesmo quando uma leitura ou experiência nos tenha proporcionado uma bênção inicial, sentiremos no mais íntimo do nosso ser que ainda existem tesouros por descobrir. Esta percepção nos levará a uma atitude de calma espera, quando lentamente vamos meditando com a expectativa de maior iluminação. Maria percebeu que os acontecimentos que a cercavam possuíam um significado mais profundo do que aparecia "à vista", e se dispôs a continuar refletindo sobre o assunto.

O segundo princípio é que a meditação é um processo que acontece na intimidade de cada pessoa. Outros podem nos incentivar a refletir sobre um fato ou uma verdade, mas ninguém pode realizar o processo por nós. Porém, uma grande parte da igreja se acostumou a ficar com o fruto da meditação de uns poucos. A reflexão é um privilégio de cada filho de Deus. Não requer grandes estudos, nem profundos conhecimentos de teologia, porque é um processo que se realiza num coração disposto e guiado pelo Espírito.

Nesta primeira etapa da nossa aventura com Jesus, compartilhei algumas das minhas próprias reflexões. Minha intenção tem sido incentivá-lo a recorrer ao seu processo pessoal. Estamos num bom momento para que você identifique as verdades que Deus tenha lhe mostrado no trajeto percorrido até aqui. O que significam para a sua vida? De que modo afetam seu relacionamento com Cristo? Qual é o caminho que o Senhor lhe convida a percorrer nas próximas semanas?

Não perca a oportunidade de tomar para si esta peregrinação! Cristo deseja levá-lo a um novo patamar em Seu relacionamento com Ele. Anime-se a responder positivamente à proposta que Ele está lhe oferecendo. Você não se arrependerá desta decisão!

Fundamento sólido *(O batismo de Jesus)*

48
UM ACONTECIMENTO DE POUCAS LUZES
Mateus 3:13-17

Os devocionais dos próximos dias enfocam o batismo do Cristo, evento que os três evangelhos sinóticos registram. Entretanto, a nossa reflexão se baseará somente no relato de Mateus. Leia atentamente o texto, várias vezes se for possível. Aproxime-se da multidão que estava às margens do Jordão e procure ser mais uma testemunha do batismo do Cristo.

Pouco antes de Jesus aparecer em público, João chegou "...pregando batismo de arrependimento para remissão de pecados" (Lucas 3:3). Rapidamente, as multidões começaram a se reunir às margens do Jordão para ouvir a mensagem do Batista. Muitos deles "...eram por ele batizados no rio Jordão, confessando os seus pecados" (Mateus 3:6). João instava aos que ele batizava para que fizessem mudanças drásticas no viver como testemunho do que Deus estava fazendo em seus corações.

Certo dia, entre as pessoas que chegavam para serem batizadas, aparece o Cristo, e, para surpresa de João, escolhe também submeter-se ao rito do batismo. O testemunho do que ocorreu nesse momento encontra-se no relato que consideraremos nos próximos dias.

Quando nos aprofundamos na leitura dos eventos que acompanharam a passagem de Jesus na Terra, facilmente passamos por cima do relato do batismo. Este não oferece o dramatismo da ressurreição de Lázaro, nem o mistério da transfiguração, nem a beleza do Sermão do Monte. Antes, é um acontecimento curioso, no qual, ao que parece, Cristo nada mais faz do que cumprir uma formalidade, um requisito para se lançar em cheio na verdadeira obra do ministério.

A Bíblia diz que imediatamente após esta experiência Jesus foi levado ao deserto para ser tentado pelo diabo. Uma cuidadosa leitura desta passagem revela claramente que a estratégia do inimigo se dirige especificamente para o que aconteceu no batismo. Evidentemente Satanás percebia o verdadeiro significado espiritual do que tinha ocorrido com Jesus nas águas do Jordão, algo que nós, em nossa primeira leitura, quem sabe não tenhamos captado. Era uma verdadeira ameaça para Satanás que o Cristo construísse Seu ministério sobre o fundamento estabelecido no batismo, e por isso, submeteu o Filho de Deus à mais intensa das provas. É necessário, portanto, que voltemos atrás para descobrir quais foram os elementos ativados na vida de Cristo ao passar pelo batismo.

Quero convidá-lo para que, por alguns dias, permaneça comigo neste acontecimento. Tenho a convicção de que no batismo encontramos uma das chaves para se entender o extraordinário impacto alcançado por Jesus durante a Sua curta experiência ministerial. Tente se desfazer das suas ideias preconcebidas em relação a este acontecimento. Permita que o Espírito traga luz sobre aquelas verdades escondidas que podem tocar sua vida. Uma vida transformada é o segredo de todo ministério bem-sucedido, pois o ministério flui da vida.

Senhor, achego-me à Tua Palavra em atitude de silêncio. Não quero ficar com a minha explicação pessoal para o texto, mas quero sentar aos Teus pés para que tu fales ao meu coração. Sê tu, o meu Mestre! Amém.

Fundamento sólido *(O batismo de Jesus)*

49
CUMPRIR TODA A JUSTIÇA
Mateus 3:13-17

> Como João Batista terá se sentido quando o Cristo veio a ele? Por que ele se sentiu assim? Qual a razão para o Cristo dizer que *"assim, nos convém cumprir toda a justiça"*? Antes de avançar nesta reflexão, tire um momento para orar. Não esqueça que estudar o texto é importante, mas ainda mais valioso é estar em contato com o autor da Palavra.

Começamos a reflexão sobre o tema falando da importância de nos determos no batismo do Cristo. Meu desejo é que possamos encontrar neste acontecimento alguns princípios fundamentais para o ministério.

Há alguns anos, me aproximei de um verdadeiro mestre da Palavra, um homem de quase 50 anos de ministério e uma vida de piedade e devoção que impacta todo um continente. Minha intenção era lhe pedir alguns conselhos sobre um curso que eu estava para ministrar. Imagine minha surpresa (e muita vergonha) quando este santo varão me disse: *Gostaria de me inscrever nesse curso, porque creio que você pode me ensinar muito sobre este tema.* O que eu poderia ensinar a esse homem com uma trajetória tão tremenda? Meu incômodo revela como estamos acostumados a pensar que o ministério é algo que depende dos nossos méritos e de nossas capacidades. Não o entendemos como "Cristo em nós", mas sim como "minhas boas obras para Cristo".

Com certeza, João sentia essa mesma incapacidade frente à pessoa de Jesus. Ele tinha declarado a sua absoluta pequenez — insignificância — em comparação ao Cristo. Assim como Pedro, quando Jesus quis lhe lavar os pés, João entendia que não podia permitir que Jesus se colocasse no lugar de "servo". Entretanto, a palavra "permitir" nos adverte sobre qual é o perigo dessa aparente atitude de humildade. Acaso algum de nós está em condições de instruir o Senhor naquilo que Ele pode ou não fazer? Essa humildade pode ser na realidade, sem que percebamos, uma postura de soberba.

Esta é a primeira lição que devemos aprender no ministério. Nós nunca sugerimos, nem ditamos nada. Estamos eternamente limitados ao papel de quem responde à iniciativa de outrem. O Senhor é o dono de todas as decisões que afetam nossa vida. Ainda quando as Suas propostas contradigam tudo que é lógico e razoável, nossa resposta sempre deve ser a de Maria: "Aqui está a serva do Senhor; que se cumpra em mim conforme a tua palavra".

O problema, como já consideramos na vida dos primeiros personagens que examinamos, é que as propostas de Deus muitas vezes saem completamente dos parâmetros que consideramos apropriados ou indicados para as situações em que nos encontramos. Por esta razão, descobriremos, à medida que avançarmos pelos evangelhos, que as palavras ditas por Jesus desconcertam Seus ouvintes. Do mesmo modo, devemos estar dispostos a experimentar essa mesma confusão. Em algumas ocasiões, inclusive, sentiremos a tentação de corrigi-lo, tal como João. Com o tempo, entretanto, aprenderemos que a quietude e submissão são as atitudes mais sábias na hora de ouvir Jesus falar. Impor essa quietude sobre a nossa ansiedade faz parte da obediência para a qual fomos chamados.

50
OS CÉUS ABERTOS
Mateus 3:13-17

Sigamos meditando juntos sobre este acontecimento. Considere algumas das seguintes perguntas: Como João reagiu à observação do Cristo? O que significa a frase: "João o admitiu"? O que aconteceu quando o Cristo saiu das águas? Qual significado estes dois acontecimentos revelam?

Senhor, descortina para nós aqueles mistérios deste evento que impactarão nossa vida de maneira mais profunda. Não desejamos nos entreter com Tua Palavra, mas que ela nos forme à Tua imagem e semelhança. Age em nós, por amor do Teu nome.

Ontem refletimos sobre o desconforto de João frente ao desejo de Jesus de ser batizado. Cristo lhe sinalizou que não correspondia nem a João nem a Jesus decidir se algo era correto ou não. O chamado para cumprir toda a justiça implica em absoluta sujeição ao Pai. Percebemos a grandeza de João que imediatamente se submeteu admitindo que Jesus atuasse conforme Deus lhe havia ordenado. Quer dizer, João cedeu lugar para que Jesus pudesse fazer o que devia ser feito.

Embora esta ação pareça contradizer o que viemos afirmando, cada um de nós tem a capacidade para admitir algo ao Senhor. Isto não é uma demonstração do poder em nós existente, mas o espírito de graça com o qual Deus age em nós. Ele não obriga a ninguém, embora possa ser muito persuasivo. Vemos em Apocalipse 3:20 a imagem mais eloquente do Seu agir, onde nos informa que Ele bate à porta, esperando lhe darmos "permissão" para entrar. Não invade, nem tampouco se impõe. É a imagem mais sublime de respeito e bondade.

O texto relata que os céus se abriram quando Jesus saiu das águas. Entendemos que isto se refere a um acontecimento espiritual, e não a um fenômeno meteorológico. A natureza do evento se confirma nos acontecimentos que acompanharam este fato: o Espírito veio sobre o Senhor na forma de pomba, e uma voz celestial proferiu uma declaração.

Nos próximos dias, queremos dedicar nossa atenção a estes dois acontecimentos. Eles representam para Jesus uma espécie de rito de iniciação à vida pública. Realizará a transição de carpinteiro a ministro do Altíssimo, e é bem apropriado que essa passagem seja vista acompanhada por uma cerimônia pública que anuncia o começo de uma nova época. Também é correto e adequado que o protagonista, neste momento tão singular da vida de Jesus, seja o próprio Pai.

Vamos descobrir que este acontecimento coloca em ação os dois elementos fundamentais para um ministério eficaz, e que o nosso estudo deste texto será muito valioso para identificar os ingredientes indispensáveis para nossa própria aventura com o Senhor. Atrevo-me a afirmar que nenhum servo de Deus poderá ter êxito se estas duas realidades não existirem em sua vida ministerial. Quem sabe você, na leitura da passagem, já tenha começado a perceber algumas destas verdades. Continue refletindo sobre o relato durante o dia, mesmo quando estiver ocupado nas atividades do seu trabalho cotidiano.

Fundamento sólido *(O batismo de Jesus)*

51
O ESPÍRITO SOBRE ELE
Mateus 3:13-17

> Volte outra vez ao texto e permita que o Espírito de Deus o guie através da leitura do mesmo. Por que o Espírito Santo desceu sobre Cristo? Que importância o Espírito terá na vida do Senhor a partir deste momento? Como teria se desenvolvido o ministério de Jesus sem a ação do Espírito Santo?

Se contássemos apenas com a revelação do Antigo Testamento, seria difícil precisarmos o significado deste acontecimento. O Espírito aparentemente não é o protagonista na vida de muitos heróis da primeira aliança. A vida de Jesus sinaliza o início de uma época totalmente diferente para o povo de Deus, quando se pode desfrutar de um relacionamento dinâmico, íntimo e vital com o Espírito Santo.

O batismo do Cristo revela que o Espírito será a "força motriz" do ministério de Jesus. Para se entender quão dramática é a tarefa dele, basta ler o testemunho das próprias Escrituras. De acordo com elas, Cristo foi concebido pelo Espírito (Mateus 1:18), ungido pelo Espírito (Lucas 4:18) e levado ao deserto por Ele (Mateus 4:1). Jesus se moveu no poder do Espírito (Lucas 4:14), regozijou-se no Espírito (Lucas 10:21), batizou pessoas com o Espírito Santo (João 1:33), explicou que o novo nascimento é pelo Espírito (João 3:34), anunciou que o Espírito viria (João 7:39), ofereceu-se a si mesmo pelo Espírito (Hebreus 9:14), ressuscitou pelo Espírito (Romanos 8:11) e foi justificado pelo Espírito (1 Timóteo 3:16).

Estas são referências específicas ao Espírito Santo. Considere nas seguintes declarações de Jesus a função que o Espírito Santo cumpre:
- "A minha comida consiste em fazer a vontade daquele que me enviou e realizar a sua obra" (João 4:34).
- "Em verdade, em verdade vos digo que o Filho nada pode fazer de si mesmo, senão somente aquilo que vir fazer o Pai; porque tudo o que este fizer, o Filho também semelhantemente o faz" (João 5:19).
- "Eu nada posso fazer de mim mesmo; na forma por que ouço, julgo. O meu juízo é justo, porque não procuro a minha própria vontade, e sim a daquele que me enviou" (João 5:30).
- "Porque eu desci do céu, não para fazer a minha própria vontade, e sim a vontade daquele que me enviou" (João 6:38).
- "O meu ensino não é meu, e sim daquele que me enviou" (João 7:16).
- "Mas, se faço, e não me credes, crede nas obras; para que possais saber e compreender que o Pai está em mim, e eu estou no Pai" (João 10:38).
- "Eu te glorifiquei na terra, consumando a obra que me confiaste para fazer" (João 17:4).

Nestes textos, descobrimos Cristo a partir da imagem de Sua vida de absoluta união com o Pai. Entendo que esta unidade é intermediada pelo Espírito Santo, que é aquele que faz o Filho perceber a cada momento qual é o sentir do Pai, e lhe permite alinhar-se à vontade do Altíssimo.

Fundamento sólido *(O batismo de Jesus)*

52
O ESPÍRITO EM NÓS
Mateus 3:13-17

> Medite nas implicações que a presença do Espírito Santo tem para a vida e ministério de Jesus. Que lugar o Espírito deve ocupar em sua vida? Quais são as condições para isto? O que aconteceria se a igreja agisse de acordo com esta realidade?

Não avance no devocional deste dia sem antes tomar um tempo para desfrutar da companhia do Pai. Ele anela por esses momentos de intimidade e quietude conosco em que nada nos distraia, nem mesmo a leitura da Sua Palavra.

O devocional de ontem girou em torno do dramático testemunho do Novo Testamento quanto ao lugar do Espírito Santo na vida de Jesus. Vemos que a chegada do Espírito sobre o Senhor após o Seu batismo não foi mero simbolismo, mas sim a revelação do meio pelo qual o Cristo avançará na obra que lhe foi confiada. Não dá a ideia de que chega à Terra com um plano cuidadosamente elaborado, incluindo objetivos de curto, médio e longo prazo. Muitos ministérios hoje creem que sem esse tipo de estratégia adaptada do mundo empresarial, é impossível avançar significativamente em qualquer projeto que empreendamos. As evidências dos evangelhos sugerem que os passos de Jesus foram guiados pelo Pai por meio da ação do Espírito.

Quando tenho a oportunidade de compartilhar esta reflexão com pastores, muitas vezes eles reagem com incredulidade. Isto não é porque duvidem da mensagem dos textos, nem tampouco do princípio de que um ministério bem-sucedido só é possível no poder do Espírito. Ela está vinculada às filosofias modernas de liderança que têm condicionado fortemente a perspectiva do líder de como se deve levar adiante a obra de Deus. Infelizmente, na maioria dos ministérios somos *nós* quem planejamos, idealizamos e projetamos. E limitamos o papel do Pai a abençoar nossos projetos, mas claramente são *nossos* projetos. Quando outros se opõem ou questionam o que queremos fazer, defendemos "com unhas e dentes" nossa postura, precisamente porque está em jogo algo que nasceu em nosso próprio coração!

Jesus nos mostra o caminho da absoluta dependência do Pai. Cada palavra que fala provém do Pai, cada enfermo que cura é por indicação do Pai, cada milagre é realizado seguindo as instruções celestiais. Assim também observamos a trajetória da Igreja no livro de Atos. Muitos comentaristas afirmam que, na realidade, o livro não se refere aos atos dos apóstolos, mas aos do Espírito. Em cada acontecimento, em cada projeto, em cada viagem percebemos claramente a presença do Espírito Santo guiando, orientando e corrigindo os envolvidos no empreendimento.

O apóstolo Paulo afirma em Romanos 8:14, que todos quantos são *guiados pelo Espírito são* filhos de Deus, e não aqueles que *possuem* o Espírito. A declaração implica que o Espírito Santo deve ter um papel ativo e ser o protagonista em nossa vida. Nossa excessiva dependência de nossas próprias habilidades sem dúvida tem atrofiado a capacidade de nos deixarmos ser guiados pelo Senhor desta maneira. Por isto, precisamos voltar a aprender este caminho por meio da prática, tal como Hebreus 5:14 recomenda.

Fundamento sólido *(O batismo de Jesus)*

53 "ESTE É O MEU FILHO AMADO"
Mateus 3:13-17

Volte a ler o relato sobre o batismo de Jesus. O que as palavras do Pai significam? Quais implicações têm para Cristo? Por que Deus escolhe este momento para fazer esta declaração sobre o Seu Filho?

Quando Jesus saiu das águas ouviu-se uma voz do céu que dizia: "...Este é o meu Filho amado, em quem me comprazo" (Mateus 3:17), uma declaração com um profundo significado para a vida de Jesus, bem como para todos quantos a ouviram. Esta mensagem, apesar de muitas vezes estar ausente em nossa vida, é necessária.

Pai, meu coração frágil, quebrado pela falta de amor e pelo pecado, anela escutar estas palavras que declaraste ao Teu Filho. Revela ao meu espírito as formas em que também me declaras: tu és meu filho em quem me comprazo, Amém.

Esta declaração é feita em um momento-chave na peregrinação de Jesus. Ele está para deixar a vida discreta da carpintaria para entrar na vida pública a fim de realizar as obras que o Pai lhe confiara. Porém, Ele chega a este momento como um desconhecido. Em meio às outras funções, esta declaração revela as "credenciais de Jesus", a forma que um embaixador podia chegar e se apresentar diante do rei ao qual foi enviado. Normalmente, esses enviados traziam cartas de apresentação que davam à sua missão o respaldo oficial do governo que representavam. Sem esses documentos, o embaixador não possuía a autoridade necessária para poder entregar mensagens e negociar os interesses do seu soberano.

Você terá observado que o Pai não fala estas palavras diretamente a Jesus. Se assim fosse, Ele teria dito: "Tu és meu filho amado...". Porém, a Sua declaração utiliza a linguagem de quem está identificando Seu Filho perante uma terceira pessoa. Entendo que é isto exatamente que está acontecendo aqui. O Pai está dando a conhecer, em público o selo de aprovação e o respaldo que recebe a vida daquele que foi batizado. Para o Pai, Jesus não é um desconhecido que fala por si mesmo, mas Ele vem com a aprovação do Deus dos céus. Desde o primeiro dia da Sua vida pública, o Cristo possui uma autoridade única diante dos demais.

A questão da autoridade do Filho, conforme revela o relato do evangelho, será o tema central de muitas das controvérsias que provocará. Vez ou outra, seus oponentes questionarão Sua autoridade, exigindo que revele quem lhe havia dado permissão para realizar as obras que fazia. A centralidade deste tema demonstra quão fundamental é a autoridade na vida de um servo.

Esta autoridade descansa sobre dois pilares: O primeiro é o poder da vida dirigida pelo Espírito Santo. O segundo se relaciona com a declaração do Pai. Para Jesus a consciência do que significa ser o Filho de Deus lhe permitirá enfrentar todos os questionamentos, as desilusões e as traições do ministério, sabendo que contará com o único apoio que realmente vale a pena: o de Seu próprio Pai.

Fundamento sólido *(O batismo de Jesus)*

54
CHAMADOS À LIBERDADE
Mateus 3:13-17

> O segundo aspecto desta declaração é que o Pai se compraz no Filho. Quer dizer, está satisfeito, contente, prazeroso com a vida de Jesus. Mas, como pode ser isto? Jesus ainda não tinha feito nenhum milagre, pregado qualquer mensagem, feito sequer um único discípulo. Como pode o Pai estar satisfeito com uma vida tão pouco produtiva? Não se esqueça de que as conclusões às quais você pode chegar, vindas elas da parte do Senhor, são muito mais importantes do que as minhas observações.

O que significa esta frase: em quem me comprazo? Estas palavras deixam você confuso? É que, a bem da verdade, não estamos acostumados a ser aprovados simplesmente por um relacionamento. Desde pequenos fomos ensinados que a aprovação se ganha com boas obras. Em alguns casos, vivemos cercados de pessoas que nos lembravam sempre que nosso esforço não era suficiente para alcançar o afeto deles. O que fazíamos estava bem, mas..., e nesse, "mas" ficava toda a nossa frustração e decepção.

Você sabia que o ministério é muito atrativo para uma alta porcentagem de pessoas que experimentaram profundas decepções em seus relacionamentos? Para elas, servir aos outros representa a forma perfeita de conquistar o carinho e a apreciação que nunca receberam de sua família. O problema é que a lista de necessidades que trazem é bem mais extensa do que as recompensas colhidas por lhes servir. Eventualmente, o serviço se converte num fardo insuportável, porque descobrimos que aqui também somos aprovados somente pelo que oferecemos.

O Pai está agindo de forma radical ao declarar isto ao Cristo. *Meu Filho, tu não precisas provar-me nada. Não necessitas formar um grupo de discípulos, nem realizar um certo número de milagres, nem pregar uma quantidade de mensagens para que eu te aprove. Eu te amo simplesmente porque és meu Filho. Não te esqueças jamais!* Jesus é livre de todos os laços e pressões que normalmente acompanham o ministério porque sabe que Seu Pai já o havia aprovado antes de Ele dar um só passo na obra.

Que relacionamento tão revolucionário! Não necessitamos demonstrar nada a ninguém. Não precisamos nos defender, nem argumentar, nem viver amedrontados. Podemos estar seguros no amor do Pai. É por esta razão que é tão absolutamente radical o texto que declara: "Mas a todos quantos o receberam deu-lhes o poder de serem feitos filhos de Deus: aos que creem no seu nome" (João 1:12). Esta declaração encerra todo o potencial de crescimento daqueles que estão em Cristo. Por isso também o Espírito testifica continuamente que somos filhos de Deus (Romanos 8:16). Todo o poder de Deus se manifesta àqueles que chegam a entender o dramático significado desta revelação, poder que nos liberta das amarras e maldições que têm sido parte da nossa vida por tanto tempo.

Imagine por um momento o que poderia ser o seu ministério caso fosse totalmente guiado pelo Espírito Santo; se a sua vida usufruísse da confiança e paz que possuem aqueles que reconhecem ser filhos de Deus. Quem poderia se opor? Quem poderia levá-lo ao desânimo? Com muita razão, o inimigo não quer que descubramos esta dimensão da vida.

Tempo de prova – 1 *(Jesus é tentado)*

55
PRELÚDIO
Mateus 4:1-11

Nos últimos dias temos refletido sobre a experiência singular de Cristo no batismo. À luz dos fatos daquele evento, sugeri que Deus estabeleceu por meio desse acontecimento, o fundamento para um ministério eficaz. Desejo convidá-lo agora a me acompanhar num estudo sobre as tentações de Cristo. O batismo e as tentações são acontecimentos intimamente relacionados porque o objetivo do inimigo é precisamente anular os dois elementos essenciais para uma vida de vitória. Estou convencido de que o estudo das tentações nos revelará as áreas da nossa vida em que mais seremos provados, visto que os discípulos não estão acima do seu Mestre. É por esta razão que devemos não só estudar com cuidado os textos, como também pedir que Deus nos dê especial discernimento para entender como as propostas que o diabo traz aos filhos de Deus são sutis.

Depois de orar neste sentido, leia atentamente o relato contido na passagem de hoje. As palavras são conhecidas, mas não permita que essa familiaridade o leve a uma leitura superficial do texto. Tente identificar o dramatismo do encontro e a intensidade da oferta.

A primeira coisa que observamos em Jesus é o fato de estarmos diante de um homem de rara maturidade espiritual. Onde nós teríamos vacilado ou tropeçado, vemos Cristo muito seguro de si mesmo. Seu profundo discernimento diante das sutis propostas do astuto e insistente inimigo nos assusta. Sua disciplina pessoal em meio às tribulações é admirável. Onde se encontra o segredo da Sua maturidade? Quais são os componentes que produziram nele um caráter tão precioso?

Para entendermos Jesus — o homem público — precisamos considerar Jesus, o homem em secreto. Ele não conquistou Sua maturidade da noite para o dia. Tampouco foi pelo ato do batismo que o Filho de Deus se converteu num varão perfeito e completo para os interesses do Pai. Durante os longos anos de inatividade pública, Sua vida foi formada na escola do silêncio, no anonimato e na espera do cumprimento dos tempos de Deus. Eis aqui, então, nosso princípio inicial para esta semana. A eficácia de um líder em público é totalmente definida pelo que ele é quando ninguém o está vendo. A vida secreta e oculta, a que mais facilmente ignoramos, alimenta a vida em público. Não há de nos surpreender, então, que tantos ministros sejam tão fracos diante das tentações que acompanham os seus ministérios. As suas vidas carecem de conteúdo.

Como mencionei em devocionais passados, a atitude de submissão a Seus pais durante um período tão longo de tempo marcou profundamente a vida de Jesus. Estes anos não foram de quietude espiritual, mas de um perfil público muito baixo. O Seu tempo ainda não tinha chegado, mas não tenho dúvida de que Cristo usou esses anos para cultivar um profundo conhecimento das Escrituras, crescer na experiência da oração e desenvolver os hábitos que produziriam tanta admiração naqueles que entrariam em contato com Ele.

Não precisamos estar envolvidos na atividade de um ministério público para cooperar com o nosso Pai em Suas obras. Cada passo dado no contexto particular deve contribuir para essa obra, ao mesmo tempo que publicamente ministramos aos outros.

56
UM ENCONTRO DIVINO
Mateus 4:1-11

Tempo de prova – 1 (Jesus é tentado)

Pai, à medida que me aprofundar neste texto concede-me, em Tua bondade, que a Tua Palavra toque meu espírito e o vivifique. Recuso-me a controlar Tua Palavra, para obrigá-la a apoiar as conclusões que já tenho na mente. Eu abro meu coração para que ela fale o que tu queres me dizer. Amém.

O texto registra que "A seguir, foi Jesus levado pelo Espírito ao deserto, para ser tentado pelo diabo" (Mateus 4:1). Observe que afirma claramente que Ele foi levado *pelo Espírito* para ser tentado. Pode ser que para você e para mim esta frase não faça bem ou que nos sintamos levados a adaptá-la aos nossos conceitos. O texto não diz que o Espírito permitiu, mas sim que deliberadamente o conduziu para ser colocado à prova. Isto nos leva a uma pergunta: Por que Cristo foi tentado?

Uma simples ilustração nos servirá de resposta a esta pergunta. Quando se projeta um novo veículo, parte do processo envolve levá-lo a um "campo de provas". É somente quando se faz o carro andar sujeitando-o aos mais intensos e variados testes, que se pode comprovar que na realidade mostra ser útil, ou não, aos fins para os quais foi planejado. Enquanto for admirado no salão de exposições, ou exista apenas nos projetos, poderá parecer muito útil e atraente, mas, ainda assim, sua confiabilidade será desconhecida por completo. Imagine que o compramos e a caminho de casa, a roda se solta ou funde o motor! Tais acidentes não acontecem precisamente porque antes foram provados e lhe foram feitos os ajustes necessários com base no resultado das provas.

Este princípio se aplica a todas as esferas da vida. A qualidade e durabilidade das coisas se comprovam com o passar do tempo, à medida que vão se sujeitando à diversidade de situações. Do mesmo modo, na vida espiritual as verdades que afetam a nossa vida não são aquelas armazenadas em nossa mente, mas sim as que colocamos em ação no fragor da experiência cotidiana. É por esta razão que muitos cristãos não experimentam a vitória em suas vidas, porque os ensinamentos que recebem nunca são colocados em prática. Enquanto permanecerem guardados no *Showroom* nunca será possível comprovar a eficácia dos mesmos.

Você percebe de que era necessário que o Messias fosse provado? Não pode andar no Espírito enquanto não surgir a oportunidade de optar por uma vida carnal. Você não pode descansar no Pai até que enfrente circunstâncias que deem lugar à ansiedade. Não pode exercer Sua autoridade até encontrar situações que demandem firmeza espiritual. O deserto lhe proverá uma oportunidade única para se firmar no fundamento que o Pai colocou no batismo.

O Pai também costuma nos colocar em situações de prova. O objetivo é que cresçamos na dependência dele, e as verdades que conhecemos apenas em teoria sejam colocadas à prova. No meio dessas dificuldades o que não possuir vida, cairá. Aquilo que é bom se fortalecerá e produzirá fruto precioso para o Reino.

Tempo de prova –1 *(Jesus é tentado)*

57
PREPARAÇÃO
Mateus 4:1-11

A passagem que nos ocupa hoje gera novas perguntas, as quais consideraremos nos próximos dias. Continue meditando nelas. Por que se torna importante saber que o Pai está por trás das nossas provas? Qual verdade nos revela sobre a pessoa de Satanás? Qual é a melhor forma de se enfrentar estas dificuldades? Como podemos transformar as provas mais duras da vida em bênção?

Em nossa reflexão de ontem observamos que este encontro foi patrocinado pelo Espírito de Deus. Ainda maior que o propósito do diabo em derrotar o Filho é o profundo desejo do Pai de que o Enviado se firme no caminho que lhe foi destinado.

É muito útil sabermos que o diabo nada mais é que um servo involuntário do Pai. Esta ideia parece um tanto deslocada no contexto "guerreiro" que acompanha grande parte da Igreja hoje em dia. Por sermos adoradores do Deus vivo e verdadeiro tornamo-nos pessoas obcecadas com as atividades do inimigo. O pensamento de muitos cristãos é de que o diabo ataca onde quer e quando quer. Isto nos leva a um estado permanente de terror e medo.

A imagem que a Palavra nos apresenta é outra. Satanás nada faz sem antes receber a permissão do Pai. Esta restrição está claramente exposta no livro de Jó. Na experiência de Jó, o diabo *solicita permissão* para tentá-lo. Em Apocalipse, João também apresenta repetidas situações em que o maligno recebe de Deus licença para realizar certas ações. Sem essa autorização ele não pode se mover para a direita nem para a esquerda. Todo discípulo deve ter absoluta certeza de que, mesmo nas piores circunstâncias, a soberania de Deus jamais está em jogo.

Devemos mostrar também que esta prova exigirá que Jesus afine Sua sensibilidade espiritual. As sutis artimanhas que o inimigo fará no contexto espiritual — o plano no qual o desfecho ocorrerá — somente serão discernidas desta maneira. É justamente pela intensidade do encontro que Jesus prepara o Seu espírito com a prática de rigorosas disciplinas físicas. Nada afia tanto nossos sentidos espirituais como a mortificação do corpo. Na supressão dos elementos que sustentam a vida física, o espírito adquire um vigor sem precedentes.

O grande pregador e autor norte-americano, Haddon Robinson, observou: *Na vida de Jesus, o trabalho era a oração e o prêmio era o ministério. No meu caso, a oração serve para me preparar para a batalha. Para Jesus, entretanto, a oração era a batalha!* Esta é uma excelente observação, pois no ministério as batalhas se ganham ou se perdem na oração. Mais tarde, Cristo vai mostrar aos Seus discípulos diante dos frustrados esforços para curar um jovem epiléptico, que: "Esta casta não pode sair senão por meio de oração [e jejum]" (Marcos 9:29). Entretanto, Ele não orou no momento de ministrar ao jovem. Por quê? Ele vinha do monte da Transfiguração; ali tinha estado em íntima comunhão com Pai. Sua observação nos mostra que o momento de orar não é no ardor da batalha ministerial, mas antes.

58 — O INIMIGO APARECE
Mateus 4:1-11

Tempo de prova – 1 (Jesus é tentado)

> Leia mais uma vez o relato da primeira tentação. Tente discernir o que está em jogo na proposta do diabo. Qual foi a resposta do Cristo? Por que citou esse texto? Qual é o contexto da passagem que Ele usou?

Da mesma forma que uma pessoa cega compensa a falta de visão aguçando a sua audição, a falta de alimento e as privações próprias do deserto produziram em Jesus um grau de sensibilidade espiritual pouco comum nos seres humanos.

Contudo, esse jejum cobrou o seu preço. Com a simplicidade presente nos autores dos evangelhos, Mateus observa: "E, depois de jejuar quarenta dias e quarenta noites, teve fome" (4:2). Com certeza, Cristo sentia no Seu corpo fortes dores, enjoos e o enfraquecimento que acompanha os jejuns mais prolongados, e será para a condição fragilizada, que o inimigo apelará primeiro. Isto nada mais faz do que revelar a tendência natural que tem de atacar seu adversário nas partes mais debilitadas, para desta maneira garantir uma vitória rápida e contundente.

Então, apelando à necessidade urgente de satisfazer a Sua fome, o diabo lança o seu primeiro ataque a Jesus: "Se és Filho de Deus, manda que estas pedras se transformem em pães" (4:3). A obviedade do convite do inimigo não diminui por um instante a ideia atraente dessa insinuação. Para alguém que tenha estado sem ingerir qualquer alimento por 40 dias, conseguir comida pode se converter numa obsessão. A proposta do inimigo parece levar esta simples mensagem: *Deus te concedeu poder e podes usá-lo para satisfazer Tuas necessidades. Se converteres estas pedras em pão terás com que alimentar Teu corpo debilitado.*

Sem dúvida, uma análise mais cuidadosa da maneira em que a proposta é apresentada nos adverte sobre a verdadeira essência do ataque. Se a tentação fosse dirigida simplesmente para que Jesus satisfizesse a fome, com certeza o diabo teria dito: *Estás com fome? Manda que estas pedras se transformem em pães*. Observe que a sugestão está condicionada a uma inquietante insinuação: "Se és Filho de Deus". É nesta frase que encontramos o âmago da proposta diabólica. O *se és* condiciona a proposta e dá a entender que a Sua identidade como Filho de Deus não está absolutamente segura. Coloca um manto de suspeita sobre as palavras que o Pai falou após o batismo. Não existe uma negação, mas sim uma sutil insinuação de que seriam necessárias maiores provas para produzir absoluta certeza quanto à Sua identidade.

Perceba que é a mesma estratégia que ele usou com Eva. O diabo não contradiz; simplesmente semeia uma dúvida e, com a mesma, procura desestabilizar a estrutura da identidade do Filho de Deus. Se conseguir perceber as sequelas da falta de consciência sobre a sua própria identidade, entenderá a seriedade deste ataque. Trata-se de uma questão fundamental para todo filho de Deus, uma questão na qual não deve existir qualquer dúvida. A resposta de Jesus nos dará uma pista sobre a forma de se construir uma clara identidade de si mesmo.

59 — Tempo de prova – 1 *(Jesus é tentado)*
CHAMADOS À OBEDIÊNCIA
Mateus 4:1-11

Antes de começar a reflexão de hoje, acompanhe-me numa oração para que estejamos em um mesmo espírito: *Senhor, estamos diante de algo muito profundo, que traz comoventes implicações para a nossa vida. Queremos discernir tudo o que está presente nesta primeira tentação. Abre nosso entendimento e nossa compreensão espiritual, para que saibamos qual é a dimensão da nossa verdadeira luta. Amém.*

Medite nas seguintes perguntas: Como Cristo respondeu a esta insinuação? Por que mencionou esse texto? Qual é o contexto da passagem que utilizou? Se você dispõe de mais tempo recomendo que leia o texto em Deuteronômio 8.

O Senhor captou imediatamente a sutileza da proposta diabólica. É muito importante que notemos isto. Muitas vezes concentramos a atenção em detalhes que realmente não se relacionam ao que está em jogo. Quando buscamos ser vitoriosos em situações complicadas, precisamos perceber todos os aspectos apresentados na questão. Observe em quantas ocasiões Cristo respondeu às pessoas pelo que via em seus corações, e não segundo as suas palavras. Este discernimento somente vem do Espírito, mas é também importante que resistamos à tentação de julgar os acontecimentos pela sua aparência.

A passagem que Ele escolhe para se livrar do dardo do inimigo ("Não só de pão viverá o homem, mas de toda palavra que procede da boca de Deus") refere-se a uma situação eventual de dúvida e incerteza vivida pelo povo de Israel. O texto foi tomado de uma passagem (Deuteronômio 8) cujo tema principal é a obediência. Este tema é central nas três tentações, e esta é uma das razões para Cristo mencionar o texto. Ao falarmos em obediência, devemos entender que se refere ao compromisso de se firmar na Palavra de Deus para cumpri-la sem dar atenção às circunstâncias, às pessoas ou aos sentimentos pessoais.

Isto representa um verdadeiro desafio para nós. Nossa cultura pós-moderna tem dado cada vez mais importância para cumprir as obrigações somente quando "dá vontade". A vida, entretanto, nos exige que realizemos certas atividades mesmo quando não desejamos executá-las. Esta disciplina é a que concede à nossa existência estabilidade e continuidade, que são fundamentais para concluir qualquer projeto duradouro.

Em nenhum aspecto da vida é tão importante esta firmeza como no contexto espiritual. Não é possível avançar rumo a experiências mais profundas se construímos sobre elementos tão instáveis como as circunstâncias ou as emoções. Com isto em mente, Paulo exortou o jovem Timóteo: "…Exercita-te, pessoalmente, na piedade" (1 Timóteo 4:7). De fato, Deus mesmo busca nos ajudar a desenvolver essa vida disciplinada, e para isso Ele nos leva a situações de conflito e oposição. É por meio da necessidade que aprenderemos a cultivar práticas como a oração, o jejum e a meditação na Palavra de Deus. Não é preciso mais do que observar a vida de grandes líderes na história do povo de Deus para notar que todos passaram, em certos momentos da sua vida, pelo deserto. Passar por ele faz parte do plano de Deus.

Tempo de prova – 1 *(Jesus é tentado)*

60
RELACIONAMENTOS CONFIÁVEIS
Mateus 4:1-11

> Inicie seu tempo hoje meditando na sequência destas perguntas, as quais por certo não serão fáceis de responder. Por que nos custa obedecer? Por que valorizamos tão pouco as palavras? Qual imagem, a pessoa que continuamente desobedece, faz de Deus?

Em nossa reflexão sobre a primeira tentação de Cristo vimos que o diabo coloca em dúvida a Sua identidade como Filho de Deus. Ele convida Jesus a demonstrar, mediante a transformação de pedras em pão, Sua verdadeira condição de Filho. Em outras palavras, está dizendo: *Eu sei que Deus te considera como filho, mas poderias tirar qualquer dúvida sobre isto com uma demonstração dessa realidade.*

Esta proposta apela para uma insegurança básica no ser humano que se pergunta: *Poderá alguém neste mundo amar uma pessoa simplesmente porque tem um relacionamento com ela? Ninguém dá amor em troca de nada.* Praticamente todos os relacionamentos entre os homens estão construídos sobre o mérito. A aprovação e o carinho se ganham por meio de boas ações e o comportamento que agrada aos demais. Como acreditar que umas poucas palavras são suficientes para garantir um relacionamento, especialmente em um mundo saturado de palavras vazias?

Esta dúvida sobre a legitimidade do amor aos outros é a raiz de todos os conflitos nos relacionamentos. O pecado nos faz viver no patamar da desconfiança, do temor e da dúvida. Essa sensação de incerteza nos leva a querer "ganhar" o que parece bom demais para receber sem esforço. Sentimo-nos muito mais seguros quando podemos "fazer" algo para merecer esse amor. Quanto maior o nosso esforço mais seguros nos sentimos.

Este é um problema que Deus tenta resolver, mas não o faz com as excessivas demonstrações de afeto que nós queremos receber. Em lugar disto, conduz-nos pelos caminhos que mostram nossas inseguranças e nos dão a oportunidade de nos apoiarmos em Sua Palavra. Moisés revela claramente a intenção deste processo enquanto instrui o povo: "Recordar-te-ás de todo o caminho pelo qual o Senhor, teu Deus, te guiou no deserto estes quarenta anos, para te humilhar, para te provar, para saber o que estava no teu coração, se guardarias ou não os seus mandamentos. Ele te humilhou, e te deixou ter fome, e te sustentou com o maná, que tu não conhecias, nem teus pais o conheciam, para te dar a entender que não só de pão viverá o homem, mas de tudo o que procede da boca do Senhor viverá o homem" (Deuteronômio 8:2,3).

O principal objetivo desse ensinamento se encontra na frase "para saber o que *estava* no teu coração, se guardarias ou não os seus mandamentos". Cada dificuldade apresentava sempre as mesmas duas alternativas. A primeira era deixar que as circunstâncias externas, tais como a falta de pão, a perseguição dos egípcios ou a falta de água, governassem os sentimentos do povo. A segunda alternativa, a que Deus desejava que escolhessem, era que em situações de dificuldade os israelitas se apegassem à palavra deixada em seus corações e agissem de acordo com os mandamentos que haviam recebido, desprezando as alternativas que as circunstâncias pareciam apresentar.

Tempo de prova – 1 *(Jesus é tentado)*

61 A ARMADILHA DAS OBRAS
Mateus 4:1-11

> A primeira tentação é construir nossa identidade com base no que fazemos. De que forma cedemos a essa tentação? Que atividades realizamos que visam como único objetivo comprovar que somos filhos de Deus? Como podemos neutralizar essa tendência?

Chega ao fim nossa reflexão sobre a primeira tentação de Cristo, mas espero que você continue meditando sobre os conceitos já considerados. O diabo nos atira um laço de várias formas nesta área. Somos presa fácil porque nossa tendência é desconfiar daqueles que querem nos dar algo em troca de nada. "Deve existir alguma armadilha", assim pensamos.

O evangelho mostra que de forma surpreendente somos livres da necessidade de ganhar o afeto do Pai. Deus ama, e ama com generosidade. "Ele vos deu vida, estando vós mortos nos vossos delitos e pecados". Ele oferece o Seu amor sem exigir que trabalhemos para obtê-lo. Entretanto, uma das realidades mais absurdas no povo de Deus é que passamos pela vida procurando conquistar o que o Pai já nos deu. Somos como o irmão mais velho da parábola do filho pródigo, que trabalhava sem descanso procurando algum dia desfrutar de um bezerro cevado. Que tristeza está presente nas palavras do pai! "Meu filho, tu sempre estás comigo; tudo o que é meu é teu". Quanto esforço gasto em vão procurando adquirir algo que já era seu. Do mesmo modo, o filho pródigo na volta para casa pensava que precisava se comportar com todo cuidado por um tempo, antes que o pai o restaurasse à família. Mas o pai recebeu-o com festa e alegria, sem nada lhe pedir em troca.

A resposta do Cristo ao diabo indica a postura que todo cristão deve ter. *O Pai falou e não há mais o que dizer, nem fazer.* Ele nos convida ao descanso que vem de saber que a graça está presente em nossa vida. Terminam nossas manipulações, nossas preocupações e nossas inseguranças. Em lugar disso, o Espírito testifica com o nosso espírito que "somos filhos de Deus". Estas palavras do Pai, devem ser o consolo e sustento em nosso andar diário. Nelas, podemos nos sentir seguros, amados e especiais porque vêm de uma fonte confiável.

O que Deus fará para ajudar que estas palavras se consolidem em nosso coração e lancem profundas raízes? Ele nos conduzirá para lugares difíceis. Todos podemos facilmente "confiar" numa pessoa que acreditamos estar envolvida com o nosso compromisso. Mas esta confiança se desfaz quando a outra pessoa deixa de se comportar como nós queremos, porque o relacionamento se baseia sobre um fundamento inseguro. A relação que cresce e perdura é aquela forjada em meio às lutas e golpes da vida, nos quais o confiar em outra pessoa seja uma decisão. O Pai nos convida a esta decisão, a cada dia.

Cristo, nesta primeira tentação, se firmou na palavra do Pai. Escolheu crer no que o Pai havia dito como mais confiável, do que qualquer outra coisa no Universo. Esta é a base de uma vida de vitória! Não são mais do que palavras, mas têm o respaldo do Criador do Universo.

Tempo de prova – 2 *(Jesus é tentado)*

62 — A MUDANÇA DE ESTRATÉGIA
Mateus 4:1-11

> Durante alguns dias, temos compartilhado reflexões sobre o batismo e a tentação do Senhor Jesus Cristo. Como vimos, o batismo revela o fundamento sobre o qual Jesus constrói Seu ministério público. Esse fundamento descansa num relacionamento de absoluta dependência do Pai, intermediado pelo Espírito, e uma convicção de que o ministério não existe para ganhar o afeto de Deus, mas que é, sim, a expressão de um profundo e íntimo relacionamento de amor com Ele.
>
> Agora leia o texto que descreve a segunda tentação de Cristo (4:5,6). Utilizando um caminho semelhante ao percorrido na primeira tentação, procure decifrar o que está em jogo nesta prova. Recorde que a proposta contém nuances muito sutis, que talvez não apareçam à primeira vista. Incentivo que ore desta forma: *Senhor, assim como na primeira tentação, quero discernir as verdadeiras dimensões espirituais desta proposta. Traze à luz aquilo que pela minha insensata perspectiva humana eu não poderia ver. Revela-me os reais perigos escondidos nesta tentação. Amém.*

As tentações revelam o esforço do diabo para desestabilizar o fundamento do batismo, e pretendem levar o Filho a construir Sua vida pública sobre uma base falsa. Como todo bom construtor bem sabe, se o fundamento de um edifício é defeituoso, o edifício também o será. Por isto, é essencial que examinemos as bases sobre as quais estamos trabalhando, para garantir que tudo quanto apoiarmos nesse fundamento tenha a maior firmeza e estabilidade possível.

Pelo aspecto espetacular da proposta do diabo nesta segunda tentação, temos de acreditar que o pináculo do Templo oferecia um lugar privilegiado para impressionar as multidões que vinham ao centro religioso. A dramática intervenção de Deus proporcionaria a Jesus a perfeita demonstração do amoroso cuidado do Pai com o Seu Filho. Que maneira excelente de iniciar Seu ministério público!

É bom notarmos a mudança de estratégia que Satanás utiliza. Quando Jesus cita a Palavra como regra de vida, o inimigo agora decide usar a mesma Palavra para a sua segunda proposta. Nisto, vemos um apego à inocente convicção de que, se algo pode ser apoiado por um texto bíblico certamente ele procede de Deus. Satanás nos mostra que a Bíblia pode ser usada para os propósitos mais perversos. Perto do fim da década dos anos 1970, Jim Jones foi responsável pelo suicídio coletivo de quase mil pessoas, loucura que sustentou com a Bíblia. Do mesmo jeito, os comunistas confiscavam os bens das pessoas citando um texto em Atos: "Da multidão dos que creram era um o coração e a alma. Ninguém considerava exclusivamente sua nem uma das coisas que possuía; tudo, porém, lhes era comum" (4:32).

A verdade é que é tão forte o nosso afã de mostrar que nossas ações são corretas que sempre encontraremos a forma de usar o Senhor para respaldar o nosso comportamento mesmo quando claramente contradiz a Palavra. A pessoa sábia, contudo, não forçará as Escrituras, mas se renderá a ela e permitirá que ela a repreenda, exorte e corrija sempre que necessário.

Tempo de prova – 2 *(Jesus é tentado)*

63. QUANDO SE PERDE O TEMOR
Mateus 4:1-11

> Ao pensar na segunda tentação responda as seguintes perguntas: Qual é o contexto da passagem mencionada pelo diabo? Qual é a mensagem contida na proposta diabólica? Que passagem Jesus escolhe para respondê-la? Leia o contexto da passagem e procure discernir o que ocorreu nos acontecimentos mencionados.

O salmo citado pelo diabo contém uma série de promessas. Estas foram dadas àqueles que habitam "…no esconderijo do Altíssimo…", e que têm dito ao Senhor: "Meu refúgio e meu baluarte, Deus meu, em quem confio" (91:1,2). Quer dizer, escolheram unir suas vidas à vida do Senhor e por isso, Deus é o seu tudo. Esta dependência é a que, precisamente, pode impedir que se atirem a projetos insanos sem terem recebido da parte do Senhor as devidas orientações.

A resposta de Jesus revela que Ele percebia com clareza a armadilha. Observemos que o Senhor não procura corrigir o uso indevido que o diabo faz das Escrituras. Não entra em discussões nem argumentos, mas volta a apelar para a autoridade da Palavra. A passagem que escolheu foi tirada do livro de Deuteronômio, no capítulo 6. Este capítulo contém uma série de instruções para Israel, que foram entregues "para que temas ao Senhor, teu Deus, e guardes todos os seus estatutos e mandamentos que eu te ordeno…" (v.2). O cerne da proposta diabólica, portanto, é um convite para uma atitude de desrespeito e soberba ao Senhor Deus.

Este é um dos problemas mais difíceis que aqueles que experimentam um relacionamento com Deus enfrentam. Com o passar dos anos, entre a contínua interação e a abundância de estudos da Sua pessoa, começamos a acreditar em quem Deus é e como age. Perdemos o sentido de mistério que o cerca e acabamos tendo uma estranha imagem do Senhor, que o apresenta apenas um pouco superior a um ser humano com poderes extraordinários. Já não o vemos mais como o Senhor da nossa vida, pois o convertemos em nosso sócio ou no amigo que dá bons conselhos.

Essa intimidade e familiaridade com Deus nada mais é do que uma fantasia. Na Bíblia, literalmente todos os homens e as mulheres com os quais Deus teve um encontro muito próximo experimentaram um profundo temor. Considere o caso de Isaías, que exclamou: "Ai de mim! Estou perdido! Porque sou homem de lábios impuros, habito no meio de um povo de impuros lábios, e os meus olhos viram o Rei, o Senhor dos Exércitos!". Pense em Pedro que, no monte da Transfiguração, "não sabia o que dizer, por estarem eles aterrados" (Marcos 9:6). Observe a figura de João que recebeu uma visão do Cristo entronizado. Ele mesmo testifica: "Quando o vi, caí a seus pés como morto" (Apocalipse 1:17).

A atitude que nos leva a manter uma reverente distância da pessoa de Deus é fundamental para o desenvolvimento da nossa vida espiritual. O salmista mesmo proclama: "O temor do Senhor é o princípio da sabedoria; revelam prudência todos os que o praticam. O seu louvor permanece para sempre" (111:10). Sem essa atitude, corremos o perigo de tomar certas liberdades que não nos cabem, assunto que veremos na sequência desta tentação.

64

Tempo de prova – 2 *(Jesus é tentado)*

AS ÁGUAS DE MERIBÁ
Mateus 4:1-11

> Em Sua resposta, Jesus cita outro texto de Deuteronômio. Leia a descrição do evento referido por esta passagem que se encontra em Êxodo 17:1-7. O que aconteceu naquela ocasião? Qual foi a raiz do pecado dos israelitas? Em que tentaram a Deus? Onde está a falta de temor na atitude que tomaram?

Procuremos descobrir o significado da segunda tentação de Jesus. Em Êxodo 17:1-7 há o relato do acontecimento que levou Moisés a confrontar o povo por *tentar a Deus,* que é exatamente a mesma atitude detectada por Jesus na proposta diabólica. A chave para se entender a atitude dos israelitas encontra-se nesta frase: "Contendeu, pois, o povo com Moisés e disse: Dá-nos água para beber..." (v.2). No Salmo 78, o autor inclui um interessante comentário sobre este incidente: "Mas, ainda assim, prosseguiram em pecar contra ele e se rebelaram, no deserto, contra o Altíssimo. Tentaram a Deus no seu coração, pedindo alimento que lhes fosse do gosto" (vv.17,18).

Pense por um instante na frase "pedindo alimento que lhes fosse do gosto". Não parece a cena de um grupo de amigos sentados em um restaurante fazendo seu pedido ao garçom? Eles dão as orientações e ele executa. Quer dizer, o garçom é quem serve e satisfaz os seus gostos; esta é a função do garçom. Entretanto, transfira a imagem do garçom à pessoa de Deus e perceberá que estamos diante de uma grave inversão de papéis. Os israelitas exigiam água e comida ao seu gosto, e o Senhor era obrigado a prover-lhes.

A essência do pecado ao assumir esta postura é que formamos uma imagem equivocada de Deus: Ele responde e nós damos as ordens. Era precisamente no desvio do real papel de Deus que o diabo buscava provocar a queda de Jesus. Propôs um plano que não havia nascido no coração de Deus. Ao executá-lo estaria obrigando o Pai a responder a uma situação que Ele não tinha aprovado.

Este conceito a respeito de Deus é uma das razões que tornam as religiões tão atraentes. Todas elas propõem que o homem seja quem controle a Deus por meio de uma série de ritos, sacrifícios e disciplinas pessoais. A realidade no reino dos céus, entretanto, é que para sempre nós seremos aqueles que respondem. Não existe outro papel para nós. Deus sempre será aquele que inicia, que dispõe e que propõe.

Nesta verdade, encontra-se o "segredo" do êxito de um ministério. Como vimos no batismo do Cristo, o Seu ministério se caracteriza em que Ele será totalmente guiado pelo Pai por meio do Espírito Santo. Ele não desenvolverá projetos pessoais, nem iniciará ações que não tenham sido indicadas pelo Pai. Poderá afirmar que os discípulos a quem deu a conhecer o Pai, são os mesmos que o Pai lhe deu (João 17:6), as palavras que pronunciou são as mesmas que o Pai lhe deu para que falasse (João 12:49), e as obras que realizou são as mesmas que viu Seu Pai fazer (João 5:19).

Tempo de prova – 2 *(Jesus é tentado)*

65 AS OBRAS QUE ELE PREPAROU
Mateus 4:1-11

> A segunda tentação é exigir que Deus atue de acordo com os nossos planos. Recorde algumas situações narradas na Bíblia onde este comportamento aparece. De que forma somos capazes de cometer o mesmo erro? Quais podem ser os passos que devemos dar para não "tentar a Deus"?

Conseguimos identificar a essência da segunda tentação, que é usurpar o lugar de Deus a fim de tomar para si mesmo a atribuição de iniciar e elaborar os projetos do Reino. Nessa atitude, *obrigamos* Deus a abençoar e fazer prosperar aqueles projetos que não se originaram nele.

Encontramos na Bíblia uma infinidade de situações que revelam o engano desta maneira de agir. Os israelitas, arrependidos da sua falta de fé diante do relato dos espias, quiseram reverter o julgamento de Deus e decidiram tomar posse da terra por conta própria. Eles sofreram uma imponente derrota (Números 14:44,45). No livro de Josué, os israelitas entusiasmados por uma sequência de vitórias, fizeram um pacto com os gibeonitas, mas "não pediram conselho ao Senhor" (Josué 9:14), um erro que lhes custou caro. Do mesmo modo, diante da possibilidade de uma invasão pelos assírios, os israelitas buscaram apoio no Egito. O profeta Isaías ergueu sua voz contra eles dizendo: "Ai dos filhos rebeldes, diz o Senhor, que executam planos que não procedem de mim e fazem aliança sem a minha aprovação, para acrescentarem pecado sobre pecado! Que descem ao Egito sem me consultar, buscando refúgio em Faraó e abrigo, à sombra do Egito!" (Isaías 30:1,2). Pedro cometeu o mesmo erro. Levado pelo seu próprio entusiasmo, quis oferecer sua vida em sacrifício por Cristo quando Ele nada lhe havia pedido. A sua aventura terminou com lágrimas amargas (Mateus 26).

Não desejamos, no entanto, determo-nos na análise dos acontecimentos na vida do povo de Deus. Nossa oração é que Deus nos revele as formas em que Satanás consegue que *nós* caiamos ao enfrentarmos essa tentação. A verdade é que quando olhamos para a igreja, não é difícil de entender porque tantos de nossos projetos não prosperam. Um grande número deles são, precisamente, *nossos* projetos. A participação de Deus neles é simplesmente para dar a Sua bênção.

Paulo declara com clareza que somos feitura Sua, "criados em Cristo Jesus para boas obras, as quais Deus de antemão preparou para que andássemos nelas" (Efésios 2:10). Esta verdade revela qual deve ser a nossa prioridade como discípulos: discernir quais são os projetos que Ele quer dirigir. Um ministério eficaz não depende da existência de uma abundância de projetos para glorificar a Deus, mas de trabalhar convictos de que *o Senhor só faz prosperar as obras que nascem no Seu próprio coração.*

Como será importante para nós, portanto, cultivarmos esse espírito sensível às orientações do Espírito. Precisamos tomar o tempo que for preciso para entender Suas orientações com a flexibilidade necessária para modificar os nossos planos quando Ele assim nos indicar. Que Deus nos conceda, em Sua infinita bondade, que sejamos parte de uma igreja que anda nos caminhos do Senhor e esteja totalmente ocupada em Seus projetos.

Tempo de prova – 3 *(Jesus é tentado)*

66
"TUDO SERÁ TEU"
Mateus 4:1-11

O Filho de Deus passou as duas primeiras tentações sem que o diabo conseguisse desviá-lo do fundamento que foi colocado no batismo. Cristo tinha se mantido firme em Seu compromisso de viver sustentado pelo relacionamento que tem com o Pai, sempre guiado pelo Espírito.

O inimigo, contudo, ainda não tinha se dado por vencido. Uma vez mais se aproximou e "levou-o ainda [...] a um monte muito alto, mostrou-lhe todos os reinos do mundo e a glória deles e lhe disse: Tudo isto te darei se, prostrado, me adorares" (Mateus 4:8,9).

Convido-o para que faça da minha oração a sua, nesta última parte deste tema: *Pai, tenho visto como são profundas as implicações do que está em jogo nesta prova. Nesta terceira tentação desejo que também reveles a astúcia do inimigo e me mostres como podemos cair nesta armadilha. Sê tu meu Mestre. Amém.*

Não fica claro como Satanás conseguiu mostrar a Jesus os reinos do mundo e a sua glória; mas sabemos, sim, que estamos diante de uma intensa manifestação do mundo espiritual. A referência à glória deles indica que aqui não estamos falando meramente de uma extensão geográfica e política, mas de tudo muito mais atraente que os reinos da Terra podem oferecer.

A primeira coisa que devemos perguntar é se o diabo tem autoridade para fazer tal oferta. Na versão de Lucas, o evangelista acrescenta esta frase: "porque ela me foi entregue, e a dou a quem eu quiser" (Lucas 4:6). O próprio Cristo confirmaria em Seu ministério que a hora do juízo havia chegado, pelo qual o príncipe deste mundo seria lançado fora (João 12:31). É importante ter isto em conta para que percebamos quão sedutora é a proposta.

Assim como nas outras provas, esta também guarda uma clara armadilha. O ato de adorar a outrem implica o reconhecimento da sua condição de superioridade sobre nós. Em termos estritamente espirituais, no mesmo ato de adorar, a pessoa estaria sujeitando não somente a sua vida ao deus que adora, mas também as suas posses. Deste modo, no momento de se prostrar diante de Satanás, Jesus Cristo estaria reconhecendo Seu demérito em se apoderar de *todos os reinos da terra e a glória deles.*

Entretanto, existe algo muito mais profundo nesta proposta, e é essa realidade que devemos descobrir. Encontramos a chave na resposta de Jesus, que sempre se apega à dimensão espiritual do que está em jogo. O texto foi tirado do capítulo 6 de Deuteronômio. Amanhã faremos uma reflexão sobre o conteúdo desta passagem.

Antes de terminar, gostaria de lhe fazer um convite. Nas três oportunidades em que o Cristo respondeu ao inimigo, Ele escolheu trechos do mesmo livro. Sem entrar nas particularidades de Deuteronômio, penso que a escolha de Jesus se constitui numa razão mais do que suficiente para se familiarizar com a mensagem desse livro. Quando se aproximar dele, em algum momento, descobrirá que a sua mensagem é muito oportuna para a sua vida neste momento.

Tempo de prova – 3 *(Jesus é tentado)*

67. O PROJETO DE DEUS
Mateus 4:1-11

> Você teve a oportunidade de ler Deuteronômio 6? Qual é o contexto da citação? Por que Moisés falou isto aos israelitas? A quais perigos estariam expostos na conquista da terra? De que forma seduziram o povo de Deus?

Você deve ter notado que a chave deste capítulo é esta frase, referindo-se aos mandamentos que Deus entrega por meio de Moisés: "para que os cumprisses na terra a que passas para a possuir" (Deuteronômio 6:1). Uma vez mais, comprovamos que o tema da obediência é absolutamente central para tudo o que está em jogo nas tentações.

Na tentação anterior a resposta do Cristo revelou como se torna fácil inventar projetos para trazer glória ao nome de Deus. Como pudemos ver, estes projetos colocam Deus na condição de servo dos homens. A negativa do Cristo de caminhar nessa direção obriga o diabo a apresentar outra proposta.

Como a elaboração dos nossos próprios planos nos prejudica grandemente, a única alternativa que resta é seguirmos cuidadosamente as orientações de Deus para a nossa vida. O Senhor deu a Israel muitas instruções quanto à conquista da terra, entre as quais foi dito para não deixarem com vida homens, mulheres, crianças e nem gado nas cidades que chegassem a conquistar. Se o povo parasse para pensar no que Deus lhes pedia, tais instruções lhes pareceriam extremamente cruéis. Porém, a bênção estava em: "Se diligentemente obedecerdes a meus mandamentos..." (Deuteronômio 11:13), frase que se repete várias vezes ao longo do livro.

Voltemos agora à pessoa do Cristo. Ele descartou caminhar segundo Seus próprios planos. Resta-lhe a opção de seguir no caminho que Deus marcara para Ele. Este caminho lhe permitirá chegar ao exato ponto da oferta do inimigo: "Porque Deus amou ao mundo de tal maneira que deu o seu Filho unigênito, para que todo o que nele crê não pereça, mas tenha a vida eterna" (João 3:16). Entretanto, o caminho tem um preço: *a cruz*.

Agora podemos entender em que consiste esta tentação. Decidir alinhar a nossa vida com a Palavra de Deus não nos garante que o caminho à nossa frente será fácil. Assim como agiu com o povo de Israel, o Senhor pode exigir que assumamos compromissos que serão extremamente difíceis para nós. Diante destas exigências o diabo se apresenta e pergunta: "Será este, verdadeiramente, o melhor caminho a seguir?". A insinuação que apresenta a Jesus é que não fará falta experimentar a cruz para conquistar "o mundo", quando pode obter isto simplesmente se ajoelhando diante dele.

Da mesma forma os israelitas criam que Deus lhes dava permissão para trocar e modificar as orientações que Ele dava. Em sua perspectiva, o importante era possuir a terra, e não a maneira como o fizessem. Cometeram o gravíssimo erro de acreditar que a Palavra de Deus nada mais era do que uma sugestão sobre a maneira de se alcançar a meta estabelecida pelo Senhor. O caminho indicado pelo Pai, entretanto, é o único aprovado para se alcançar o objetivo.

Tempo de prova – 3 *(Jesus é tentado)*

68
O PERIGO DOS ATALHOS
Mateus 4:1-11

> Volte a ler a resposta de Jesus ao diabo. Quais implicações há em Suas palavras? Reveja a passagem de Deuteronômio e procure identificar as razões por que se torna difícil obedecer. Quais foram as instruções de Deus ao povo para superar essa resistência? De que maneiras podemos crescer na obediência?

A dramática forma de Cristo repreender a Satanás nesta última tentação revela quão profundamente Ele entendia as consequências de não se ajustar a vida à Palavra de Deus. Ele não estava disposto a se prostrar diante de nenhum outro deus, nem tampouco que outros "deuses" impusessem sobre Ele suas prioridades. Satanás se retirou do campo de batalha, embora, não vencido. Ele voltaria em outras oportunidades para convidar Cristo a reconsiderar Sua decisão de avançar, a passos firmes, rumo à cruz. O relato de Mateus 16 mostra como ele usou Pedro para dissuadi-lo. E não duvidemos que também participou na intensa batalha travada no Getsêmani. Naquela ocasião, em que a cruz era iminente, Jesus confessou estar angustiado ao ponto de morrer. Ainda nessas condições, contudo, não vacilou.

A lição desta tentação é que não existem caminhos alternativos para se conseguir o que Deus nos tem prometido. Existe um único caminho estabelecido, e qualquer desvio trará as mais sérias consequências espirituais. A vida de Saul é a que melhor ilustra este princípio. O rei se considerou livre para "modificar" as instruções que Deus lhe havia dado a respeito de Agague (1 Samuel 15). Não somente lhe custou o reino, como também significou o começo do fim da sua própria vida espiritual. As palavras do profeta Samuel (1 Samuel 15:22,23), ainda hoje repercutem: *Tem, porventura, o* SENHOR *tanto prazer em holocaustos e sacrifícios quanto em que se obedeça à sua palavra? Eis que o obedecer é melhor do que o sacrificar, e o atender, melhor do que a gordura de carneiros.*

Porque a rebelião é como o pecado de feitiçaria, e a obstinação é como a idolatria e culto a ídolos do lar. Visto que rejeitaste a palavra do SENHOR, *ele também te rejeitou a ti, para que não sejas rei.*

Jesus deixa claro que não existem atalhos na vida espiritual. No entanto, milhares de cristãos querem obter a bênção de Deus percorrendo um caminho de leviandade e pouco compromisso com a Sua Palavra. Confundem os momentos de euforia que vivenciam nas reuniões com a verdadeira plenitude de vida que Deus oferece aos Seus. Pretendem que, com a imposição de mãos, alguém lhes possa dar uma vida de compromisso sem que eles paguem o preço da disciplina que uma vida assim exige.

Evitar ser seduzido pelas ofertas do diabo requer de nós um profundo conhecimento da Palavra. Este conhecimento deve estar de mãos dadas com a sensibilidade ao Espírito, para que Ele guie e corrija nossa vida. Tudo isto de nada valerá se não chegarmos a crer que a vida espiritual não será possível a menos que estejamos submissos às instruções do Pai.

Levanta, ó Deus, nestes tempos, um povo obediente aos Teus mandamentos.
Transforma minha rebelião em paixão por ti. Dá-me a coragem necessária para escolher a vida e não a morte!

Tempo de prova – 3 *(Jesus é tentado)*

69
MINISTRAÇÃO CELESTIAL
Mateus 4:1-11

> Mateus conclui seu relato sobre a tentação de Cristo com um breve comentário: "Com isto, o deixou o diabo, e eis que vieram anjos e o serviram" (Mateus 4:11). Que luz nos traz este final sobre os períodos de prova em nossa vida? Por que Cristo necessitou do serviço dos anjos?

O salmista afirma que "Os que com lágrimas semeiam com júbilo ceifarão. Quem sai andando e chorando, enquanto semeia, voltará com júbilo, trazendo os seus feixes" (126:5,6). O contexto desta poesia é o incontido júbilo dos que haviam regressado do cativeiro, cujas bocas se encheram de riso enquanto davam gritos de alegria (v.2). Os tempos de prova são duros de se enfrentar, mas, no momento certo, chegam ao fim e seguimos em frente no caminho da vida fortalecidos pela experiência que nos foi outorgada.

O privilégio daqueles que amam o Senhor é que Ele mesmo se encarrega de restaurar a nossa vida. Assim aconteceu com Elias no deserto, estando completamente cansado e desanimado. Deus se ocupou em lhe dar pão e água, enquanto dormia durante grande parte do dia para recuperar suas forças. Também o Cristo, segundo o relato de João 21, se aproximou de Pedro, o mesmo que o tinha negado, e compartilhou com ele o desjejum. Em seguida lhe ministrou palavras para animá-lo a retomar o projeto para o qual havia sido chamado. Estas cenas revelam o lado mais carinhoso do coração do nosso bom Pai celestial.

É interessante observar que Cristo agora desfruta daquele privilégio que não quis aceitar quando o diabo lhe ofereceu. Na segunda tentação ele o convidou a deixar de lado Seu privilégio como Filho, exigindo que Deus o cuidasse "Porque aos seus anjos dará ordens a teu respeito, para que te guardem em todos os teus caminhos" (Salmo 91:11). Jesus rejeitou a proposta porque o Filho de Deus age numa atitude de submissão e reverência que não dá lugar para reclamações nem exigências. Entende que Deus sempre se ocupará em cuidar das Suas necessidades e, no momento oportuno, intervirá para dar fim à prova que atravessa. E assim foi. Ao optar por uma absoluta submissão ao Pai na intensa prova, agora desfrutava de um tempo de restauração. O Senhor envia os Seus anjos para lhe providenciarem tudo o que lhe faltava, para que recuperasse Suas forças e fosse completamente restaurado.

Esta também é a nossa confiança. Assim como o salmista, afirmamos: "Porque não passa de um momento a sua ira; o seu favor dura a vida inteira. Ao anoitecer, pode vir o choro, mas a alegria vem pela manhã" (30:5).

> *Senhor, bendigo o Teu nome porque tu sempre ages em meu favor. Mesmo em meio às mais intensas provas confio que Tua boa mão dirige a minha vida e que, passada a tormenta, voltarei a desfrutar em toda a sua plenitude a vida que me ofereces. Dá-me a graça para caminhar sempre com esta convicção, de modo que, em tempos difíceis ou tempos agradáveis, eu possa declarar: Bendito seja o nome do meu Senhor!*

70
UMA COTA DE FÉ
Hebreus 4:1,2,11

Assim como fizemos há algumas semanas, hoje voltamos a ter outra parada a fim de pensarmos no que as passagens que examinamos nestes dias significam para nossa vida. Leia o texto de Hebreus 4, selecionado para hoje. Os primeiros capítulos desta carta têm como tema a Palavra de Deus e a resposta que damos a ela. Qual foi o problema dos israelitas? A que o autor se refere quando fala que não acompanharam com a fé aquilo que escutaram? Por que é necessário o esforço para seguir no caminho designado?

Tenho a convicção de que o significado mais profundo do batismo e as tentações do Senhor Jesus somente podem ser compreendidos gradualmente. Esta compreensão ocorre à medida que o Espírito revela a completa dimensão dos princípios que estão em jogo neste relato. Realmente creio que a Igreja poderia ser profundamente transformada se conseguíssemos incorporar estes princípios à nossa própria vida. O impacto de um único homem, Jesus, submisso à verdade de Deus, sacudiu os alicerces do Universo. Se conseguíssemos imitar apenas uma parte do Seu exemplo, quem poderia resistir à Igreja, que avança triunfante contra o reino das trevas? A mudança que anelamos deve começar em nossa vida, na sua e na minha. De nada vale que fiquemos desejando que, de alguma forma, Deus realize essa transformação em Sua Igreja se não estivermos dispostos a que Ele primeiramente trabalhe em nosso coração.

O autor de Hebreus mostra que os israelitas não perceberam que o Senhor esperava que eles acrescentassem à ação de escutar a Sua Palavra, a disposição para colocá-la em prática. Você perceberá que este desafio está presente ao longo de *Deus em sandálias*. Não temos como escapar do fato de que fomos chamados para viver a verdade de Deus, e não apenas ouvi-la. Entretanto, a tendência natural da nossa carne é não permitir que alguém nos diga o que devemos fazer, nem que nos deem orientações sobre a forma como devemos viver, especialmente quando contrariam os nossos desejos. Agir em conformidade com a Palavra é o resultado de uma decisão consciente da parte do discípulo, que o livra do desejo de que as coisas simplesmente mudem com o passar do tempo.

O que o Senhor tem falado nestes dias quanto à sua vida? Você pode mencionar os princípios particularmente relevantes para a sua situação pessoal? À luz destas verdades, que decisões e mudanças o Senhor espera de você? Quais obstáculos dificultam o seu caminhar nessa direção?

Incentivo-o a não se limitar à leitura destas perguntas. Atreva-se a parar e perguntar ao Senhor:

O que estás me mostrando, Senhor? Com o meu coração quero que saibas que desejo viver de acordo com a Tua vontade, mesmo que minha carne proteste e argumente contra as Tuas orientações. Cria em mim um espírito dócil, disposto a ser guiado por ti. Não quero perder tempo me recriminando pelo que não tenho feito, mas antes, desejo usufruir a vida que me ofereces. Volto a colocar minha vida em Tuas mãos, Senhor.

Primeiros passos *(Jesus inicia Seu ministério)*

71
NÃO SOU O CRISTO
João 1:19-51

Nos próximos dias caminharemos com Jesus à medida que Seu perfil público começa a ser conhecido. Leia João 1:19-23. Em sua opinião, por que os judeus mandaram perguntar a João sobre a sua identidade? Por que era importante para João saber com clareza qual era a sua própria identidade?

Como é importante para nós que tenhamos uma clara noção sobre quem somos! Muitos problemas entre pessoas surgem devido à confusão que temos sobre este assunto. Pense, por exemplo, no estilo de vida que o irmão mais velho da parábola do filho pródigo tinha desenvolvido. Sua falta de convicção de que desfrutava de todos os privilégios e direitos próprios por ser filho do dono da fazenda, levou-o a passar a vida toda trabalhando por algo que já era seu. Considere também o fariseu que subiu ao Templo para orar. A falta de consciência de pecado o fez crer numa fantasia sobre a sua própria vida. Em vez de se apresentar a Deus com humildade e arrependimento, chegou com um coração orgulhoso e uma oração arrogante. Da mesma maneira, a confusão de Saul a respeito da sua verdadeira identidade no Senhor o levou a crer que podia realizar tarefas reservadas exclusivamente a Samuel.

Nossa identidade define quem somos, e na vida atuaremos de acordo com o conceito que formamos sobre nós mesmos. Quem se vê como vítima, viverá exigindo dos demais uma maior consideração. Aquele que se julga uma boa pessoa encontrará dificuldade para reconhecer a maldade do próprio coração. Quem acredita ser melhor do que os outros, experimentará dificuldades na hora de trabalhar em equipe, pois sempre vai pensar que ninguém pode fazer as coisas tão bem quanto ele.

João evidentemente representava um enigma para os judeus. Ninguém o conhecia, pois literalmente vinha do deserto. A sua repentina aparição exigia uma explicação: "Quem és tu?", e a sua primeira resposta foi categórica: "Eu não sou o Cristo". Alguém dizer que *não é o Cristo* não é só uma questão de títulos, como também uma declaração sobre o ministério. Dizer "não sou o Cristo" significou também dizer: "não busco glória, nem penso ser indispensável para o ministério, nem creio que as pessoas que têm vindo me escutar, a mim pertencem". É afirmar que nada mais é que uma parte do grande projeto de Deus, que serve ao lado de muitos outros para indicar o único que merece ser mostrado.

Como seria benéfico para muitos de nós, que servimos em diferentes ministérios, poder dizer, com convicção: "não sou o Cristo!". Não sonhamos experimentar nem possuir quaisquer dos privilégios que pertencem exclusivamente ao Filho de Deus. Não desejamos que outros nos bajulem, nos elevem a uma posição que não merecemos, nem tampouco que creiam que somos mais especiais ou importantes que o menor no reino dos céus. Escolher esta postura implica colocar-se dentro do plano correto, na vida, seja o de um servo inútil que somente consegue abençoar os outros pela pura graça de Deus. Saber com clareza qual é a nossa identidade é o princípio de um ministério exemplar.

Primeiros passos *(Jesus inicia Seu ministério)*

72
VOZ QUE CLAMA
João 1:19-51

Leia João 1:21-27. João claramente descartou ser ele o Cristo, mas os que o interrogam desejam uma resposta mais concreta. Que pistas obtemos sobre a sua pessoa nas respostas que deu? Por que tanto insistiam em saber quem ele era? Qual era a maior dificuldade para ele explicar sua verdadeira missão?

João negou categoricamente ser o Cristo, mas a sua resposta não satisfez aos que o interrogaram. Ante a insistência deles também negou ser Elias ou o profeta que ia preceder a chegada do Messias. Uma vez mais nos impacta o fato de o Batista claramente se opor aos vários títulos que pretendiam lhe dar. A atitude dele faz sentido nesta época em que muitos líderes competem para ver quem conquistou os títulos de maior prestígio. A igreja se viu tomada por homens complexados que precisam afirmar-se, exigindo que os demais os chamem de apóstolos, profetas e, inclusive, patriarcas. Quão distante se encontra todo esse desejo de grandeza da simplicidade com que João se portava.

Em vista da série de negativas, as autoridades religiosas lhe pedem que se defina. Para explicar sua identidade João utiliza duas analogias. A primeira, tomada do profeta Isaías, é uma voz, algo ainda de menor valor que o fato de ser uma pessoa. João considerava a si mesmo apenas como o instrumento para transmitir uma mensagem. Optar por essa identidade é particularmente interessante porque o evangelho nos apresenta Cristo como o Verbo da vida, de modo que João nada mais é que o meio pelo qual o Verbo chega a tocar vidas.

A segunda analogia com a qual João se identifica é a de um escravo. Naquela época, os mestres não cobravam honorários para formar os seus discípulos. Porém, esperava-se dos seus seguidores que, como recompensa, o servissem em várias tarefas. Entretanto, ficavam livres de certas atividades reservadas para os escravos da casa. Entre as tarefas exclusivas de um escravo se encontrava a função de desatar as correias das sandálias do mestre. Ao mencionar que ele nem sequer era digno de exercer essa função, João claramente lhes dizia que nem sequer merecia ser escravo na casa de Deus.

João também enfatizou que os líderes religiosos não conheciam a pessoa cuja chegada ele anunciava, algo que com certeza fez crescer a confusão que já sentiam. É que as realidades do Reino não são percebidas pelos que procuram colocar o Senhor em categorias prolixas, nem sentem que tudo o que Ele faz pode ser explicado em termos humanos. Neste sentido, devemos entender que não existia resposta alguma que conseguisse satisfazer a curiosidade deles, pois o mundo espiritual só é discernido por aqueles que se movem no Espírito.

Muitas vezes a resposta que buscamos não está na metodologia ("Por que batizas?"), mas nos resultados que o ministério produz. O próprio Cristo advertiria que a árvore é conhecida pelos seus frutos, e uma das consequências de um ministério nascido no céu são vidas profundamente transformadas. Este sinal claramente acompanhava a mensagem de João.

Primeiros passos *(Jesus inicia Seu ministério)*

73. CORDEIRO DE DEUS
João 1:19-51

Leia os versículos do texto para este dia. Que outras indicações recebemos sobre a pessoa de João e a sua relação com Jesus? O que João comunicava sobre o Cristo ao chamá-lo de "Cordeiro de Deus"? Como João poderia entender a verdadeira identidade do Cristo?

O testemunho de João é fundamental para o início do ministério público de Jesus. De fato, ele foi enviado para preparar o coração das pessoas para a chegada do Messias. Este processo culmina quando ele sinaliza a presença do Cristo no meio das multidões que continuavam chegando ao Jordão para que ele as batizasse.

Quando Jesus volta a aparecer, João declara: "Eis o Cordeiro de Deus, que tira o pecado do mundo!". É a primeira vez que alguém usa a expressão "Cordeiro de Deus" em referência ao Cristo, título que João, o evangelista, repetirá no Apocalipse. No entanto, a novidade da frase, a imagem de um cordeiro, capta de forma perfeita a essência do Filho de Deus. Os judeus imediatamente pensariam no cordeiro da páscoa, cujo sacrifício evitou que o anjo da morte visitasse as famílias dos israelitas quando matou todos os primogênitos do Egito (Êxodo 12).

O fato de João comparar Cristo com um cordeiro nos oferece uma excelente perspectiva de Sua identidade. O cordeiro é, talvez, o animal mais dócil sobre a face da Terra. A sua fragilidade obriga o pastor do rebanho a cuidar dele de modo especial devido à sua vulnerabilidade. O cordeiro encarna as características mais evidentes de Jesus, Ele que colocou Seus atributos divinos aos pés do Pai para tomar a forma de homem. O Seu mais profundo desejo será em todo momento cumprir a vontade do Pai que o enviara. Em Sua condição humana, o Cristo também encarna todas as limitações e fraquezas próprias dos homens. O paradoxo, entretanto, é que no Reino a submissão e a quietude são as características dos mais fortes, dos que conquistam uma estatura espiritual que é completamente desproporcional em comparação à estatura que comunicamos ter no meio dos nossos semelhantes.

O testemunho de João nos permite uma observação significativa sobre a verdadeira identidade de Jesus. Ele afirma que só conseguiu identificar o Messias por meio de uma revelação celestial. Embora desconheçamos como chegaram as instruções até ele, Deus o orientou da mesma maneira que havia feito com o idoso Simeão: "Sobre aquele que vires descer o Espírito e sobre ele repousar, esse é o que batiza com o Espírito Santo". Precisamos entender por isto que se João não tivesse recebido esta revelação não teria podido identificar o Filho de Deus embora, com certeza, conhecesse Jesus por ser seu primo. O acontecimento, entretanto, claramente nos mostra que conhecer a identidade espiritual de Cristo é um dom do Céu. Nós o conhecemos porque Ele escolheu ser conhecido.

Por isto, Senhor, entendo que avançar às profundezas do conhecimento da Tua pessoa não é algo que eu possa alcançar pelos meus próprios meios. Preciso que sempre te reveles à minha vida de maneira que eu possa receber de ti o verdadeiro conhecimento que me torna livre. Eu me abro ao que tu queiras mostrar de Tua pessoa.

74

CONTATO!
João 1:19-51

> O texto para hoje é João 1:35-39. Em sua opinião, quais seriam as razões para os discípulos decidirem seguir a Jesus? Como Ele respondeu à curiosidade deles? O que esses dois discípulos teriam experimentado no seu primeiro dia com Jesus?

João foi a chave para que Jesus efetuasse a passagem da vida particular para a exposição de um ministério público. No texto que examinamos nestes dias tivemos o relato de vários encontros do Batista com Jesus, e em cada um deles, ele sinalizou a Jesus como o Ungido de Deus.

No encontro de hoje, o Batista dirige os seus comentários sobre Jesus a dois dos seus discípulos, os quais levados pelas suas palavras, decidem segui-lo. A resposta deles revela o tremendo potencial do testemunho de alguém em quem outros reconhecem autoridade espiritual. O nível desta influência depende do grau de confiança que o servo tenha cultivado naqueles que o seguem. A confiança é o fruto do grau de compromisso que tenha demonstrado para com os seus seguidores, mas também se baseia no tipo de vida que leva. Quanto mais transparente e sério for o seu caminhar com o Senhor, maior peso sua vida terá diante daqueles com quem a reparte.

Nenhum líder deve usar com imprudência esta influência sobre a vida dos demais. Tiago adverte a muitos que não desejem ser mestres, porque, como tais, serão julgados com maior severidade, pois não só devem prestar contas de suas próprias vidas, como também pelas vidas dos que lhes foram confiados. Quem serve o Senhor com temor deverá ser cuidadoso na hora de fazer comentários diante daqueles sobre os quais exerce influência, para que as suas palavras não os levem a tomar decisões erradas.

Quando os dois discípulos manifestaram a Jesus que desejavam saber onde ele se hospedava, Ele os convidou a acompanhá-lo para que vissem por si mesmos. O convite consistia em muito mais que simplesmente conhecer a casa onde Ele passava a noite. O Mestre lhes oferecia a oportunidade de passar um tempo com Ele, tempo em que, sem dúvida, poderiam satisfazer a curiosidade e o interesse que os comentários de João despertaram neles. Para muitos, este será também o caminho que deverão percorrer com Cristo. Jesus oferece a oportunidade para nos achegarmos a Ele e indagar sobre a Sua pessoa, sem incluir a pressão que, em nossa pressa, tantas vezes exercemos para garantir que os que se aproximam de Jesus decidam aceitá-lo. As conversões que mais perduram de acordo com os resultados de estudos sobre o assunto, são aquelas que foram a culminação de um processo, mais que o fruto de um evento isolado.

Como o dia já estava avançando, os discípulos de João passaram a noite com Jesus. Os evangelistas não oferecem qualquer informação sobre o que falaram nesse primeiro dia juntos, mas podemos imaginar que eles já começavam a perceber a irresistível atração do Filho de Deus. Seguramente a aproximação a Ele também inquietou os seus corações, pois estavam na presença daquele cuja vida tinha uma profundidade que não encontrariam em nenhuma outra pessoa. Para eles a grande aventura estava apenas começando.

75
ABRE-SE O CÍRCULO
João 1:19-51

Primeiros passos (Jesus inicia Seu ministério)

> Leia os versículos 40 a 42. Qual foi a reação de André? O que isto nos mostra sobre os caminhos percorridos pela pessoa que tenha se encontrado com Jesus? Qual mensagem compartilhou com Ele? Como foi o encontro de Pedro com o Cristo?

João menciona André, irmão de Simão Pedro, como um dos dois discípulos que passaram a noite com Jesus no local onde Ele se hospedava. O impacto de Jesus sobre a sua vida foi tal que ele saiu em busca do seu irmão para lhe falar da sua descoberta. Esta reação, tão natural e espontânea, é uma das razões da importância de não isolar o novo discípulo dos seus parentes e amigos. Eles são as pontes naturais que o Senhor usa para tocar a vida de outras pessoas, e isto permite que o evangelho passe pelos canais naturais.

Vale a pena novamente enfatizar um ponto que várias vezes já foi observado na primeira etapa da passagem pelos evangelhos. O agir de Deus sempre abrange mais do que o pequeno círculo da nossa vida. Os pastores compreenderam isso, como também Simeão e Ana. É bom que antes de se formarem os maus hábitos que conduzem à passividade no Corpo de Cristo, o novo discípulo desfrute a oportunidade de compartilhar sobre o seu novo amigo.

Cada um de nós é beneficiário da generosidade de um "André" que esteve disposto a compartilhar conosco o que descobriu em Cristo. Tome um tempo para dar graças a Deus pela pessoa que o Senhor usou para conduzi-lo ao reino dos céus. *Abençoo essa pessoa, Senhor. Graças pelo coração generoso que o levou a me falar de ti, pela paciência e perseverança que demonstrou diante das minhas dúvidas e vacilações. Quanto bem trouxeste à minha vida por causa dela! Concede-me que também eu seja portador de boas-novas na vida de outros. Que jamais feche o caminho à Tua pessoa.*

André disse a Simão que haviam encontrado o Messias, com tudo o que isto implicava para um judeu. De qualquer maneira devo dizer que André não compreendia realmente quem era Jesus, nem o que significava Ele ser o Messias. Nos próximos meses e anos ele descobriria um Cristo completamente diferente de tudo o que pudesse ter imaginado. Porém, o seu testemunho tão imperfeito, ainda assim, foi o meio que o Senhor usou para tocar a vida de Simão, o qual também veio a conhecer Jesus. Quando ele chegou, Jesus pronunciou uma profecia sobre a sua vida: "tu serás chamado Cefas (que quer dizer Pedro)". Só com o tempo Simão entenderia o verdadeiro significado desta palavra. Nós, contudo, percebemos um significado espiritual na declaração do Senhor, que Simão não necessariamente devia compreender. O Senhor já estava anunciando o rumo que desejava para a vida desse pescador.

Do mesmo modo, em nossa vida o Cristo, sem perder de vista o que somos, trabalha com paciência para que cheguemos à plenitude do projeto que Deus tem traçado para a nossa vida. Que bom poder ser sócios plenos nesta empresa!

Primeiros passos *(Jesus inicia Seu ministério)*

PRECONCEITOS
João 1:19-51

> O impacto de conhecer Jesus mobiliza as pessoas a compartilhar essa experiência com outros. Na passagem de hoje, Filipe compartilha com Natanael. Leia os versículos 43 a 46. O que pode ter motivado Filipe a buscar Natanael? Qual mensagem compartilhou com ele? Como Natanael reagiu? O que observamos na resposta de Filipe?

Tal como foi sinalizado na reflexão de ontem, o primeiro impulso daqueles que conhecem a Jesus é buscar um jeito de compartilhar a sua descoberta com outros. A Igreja sempre perde quando não sabe aproveitar esse impulso.

Na passagem que estamos considerando, Jesus decidiu ir para a Galileia. Não encontramos detalhes sobre o local onde Ele se encontrava, mas sim, podemos observar que já havia começado o processo de se rodear de pessoas, nas quais realizaria um importante investimento. Alguns já haviam se unido a Ele, mas tomou a iniciativa de convidar outros. A forma de se aproximar de cada pessoa pode ser completamente diferente dependendo das peculiaridades de cada uma. O método não é tão importante como a oportunidade que nos oferece o encontro com Ele.

A passagem tampouco nos oferece informação sobre Filipe. Não sabemos se era um dos discípulos de João ou era amigo de André e Pedro. O fato é que deve ter estado vinculado ao grupo, pois aceitou juntar-se a eles. O seu primeiro impulso, contudo, foi sair para buscar Natanael. Ao chegar compartilhou sua descoberta. Sem dúvida Filipe também não entendia o significado mais profundo da identidade do Cristo. De qualquer forma não foi a informação compartilhada o que atraiu Natanael, mas sim, o entusiasmo e a convicção que o mensageiro comunicava. Esta é uma das chaves no processo de compartilhar sobre o Senhor. As pessoas imediatamente percebem quando o nosso testemunho repousa somente em palavras, e isto traz descredibilidade à mensagem.

É interessante a resposta inicial de Natanael: "De Nazaré pode sair alguma coisa boa?". Não sabemos o que o levava a pensar dessa forma, mas suas palavras claramente sinalizam um obstáculo interior que devia superar. Estes preconceitos colocam uma tranca em nossa alma, que não nos permitem receber coisa alguma de outrem, mesmo quando o que nos estejam oferecendo seja bom e apetecível. As maiores travas para receber bênção dos demais não se encontram na passividade deles, mas em nossa tendência para estabelecer pautas interiores que proíbem o acesso a alguns que consideramos inadequados para a nossa necessidade. Poderíamos justificar apelando a motivos como gênero, idade ou raça. Porém, quem sai prejudicado somos nós mesmos, pois não percebemos que Deus é livre para tocar nossa vida no lugar e pelo meio que Ele escolher.

Muitas vezes não percebo meus preconceitos, Senhor, e por isso perco o que tu queres me dar. Identifica essas convicções íntimas que são verdadeiros obstáculos na minha vida, para que assim eu possa renunciá-las e me abra para tudo quanto queiras dar-me. Não coloco condições, Pai, mas disponho o meu coração a receber as deliciosas surpresas que tens reservado aos Teus. Amém!

Primeiros passos *(Jesus inicia Seu ministério)*

77 VEM E VÊ
João 1:19-51

Na reflexão de ontem, meditamos sobre como os nossos preconceitos nos deixam limitados na hora de interagir com o mundo ao nosso redor. Volte a ler a passagem. O que Filipe respondeu ao comentário de Natanael? Qual o valor desta resposta? De que maneira Jesus a recebeu? Por que Natanael respondeu desse modo?

As pessoas com preconceitos enraizados normalmente são muito resistentes a mudanças. Neste sentido, a resposta de Filipe foi muito sábia. Evitou entrar em discussões inúteis, as mesmas que Paulo recomendou a Timóteo para que as evitasse (1 Timóteo 6:3-5; 2 Timóteo 2:24,25). Entretanto, essas pessoas mudam de opinião quando, por sua própria experiência, descobrem que suas opiniões estavam equivocadas. Uma pessoa com dinheiro pode alimentar a crença de que todos os pobres são desocupados até que lhe é dada a oportunidade de conviver entre eles. Então descobre que muitos deles são extremamente trabalhadores. Alguém formado pelo seminário pode crer que todo pastor sem estudos dificilmente poderá realizar a obra ministerial que lhe foi atribuída até se deparar com alguns verdadeiros servos de Deus que demonstram o contrário. As afirmações categóricas sempre são perigosas e devemos evitá-las. Filipe convidou Natanael para que viesse por si mesmo ao Cristo.

A reação de Natanael diante das palavras de Jesus é um tanto cômica. O Senhor apenas deu um pequeno sinal da Sua autoridade espiritual compartilhando com ele uma característica de Sua pessoa. Porém, em face de tão pequena demonstração Natanael mudou dramaticamente a postura e declarou: "Mestre, tu és o Filho de Deus, tu és o Rei de Israel!". Tal declaração não reflete de maneira alguma que Natanael entendia quem era Jesus. Antes, porém é uma expressão de quem se encontra repentinamente face a face com alguém que o deslumbra. Que Jesus fosse o Filho de Deus e Rei de Israel não se referia a nada que Natanael tivesse em mente. Como temos afirmado nesta passagem, mesmo com um conhecimento bastante rudimentar da pessoa de Jesus, abre-se o caminho para se chegar a Ele e começar a aventura de andar pelos Seus caminhos.

Parece que Jesus também se surpreendeu que um detalhe tão pequeno tivesse impactado aquele homem. Não hesitou em dizer que "maiores coisas do que estas verás". Os surpreendentes milagres, as confrontações com os fariseus, a ressurreição de Lázaro e o mais extraordinário evento de todos, a morte do Messias numa cruz — estavam por vir. É interessante, contudo, que Jesus não tenha mencionado nenhum desses acontecimentos. Em vez disso, falou que veria "o céu aberto e os anjos de Deus subindo e descendo sobre o Filho do Homem".

Se tivéssemos que fazer uma lista dos sinais mais incríveis que os evangelhos registram, penso que a bem poucos ocorreria mencionar este acontecimento. No entanto, essa abertura do céu e um relacionamento aberto entre o Pai e o Filho são os componentes do maior milagre: A possibilidade para os homens estarem em comunhão com o Criador dos céus e da terra. Quem de nós pode compreender semelhante privilégio?

Convidado especial *(As bodas de Caná)*

78
VINHO E FESTAS
João 2:1-11

Um dos objetivos desta série de reflexões sobre a pessoa de Jesus é que o conheçamos melhor. Não estou insinuando que você não o conheça, mas que, talvez, não o conheça tão bem como deveria. Para iniciar a reflexão desta semana permita-me fazer uma pergunta. Tire um momento para pensar nela. Se tiver lápis e papel à mão, anote algumas de suas respostas. Como é o Jesus que você conhece? Medite nisto por algum tempo.

O título da reflexão de hoje procura levá-lo a um patamar que consideramos "pouco espiritual". Desejo convidá-lo a pensar sobre o fato de que uma das primeiras imagens que recebemos de Jesus Cristo, depois das tentações, é de um convidado a um casamento. O Jesus que você conhece participa de festas? Ele ri junto aos demais convidados? Aprecia uma boa piada? Ele se delicia com as comidas que foram preparadas para os visitantes? Degusta o vinho que é servido aos convidados?

Eu quis começar a partir deste acontecimento porque é um milagre que mais problemas tem apresentado aos comentaristas da Palavra. Não encontramos problemas com um Jesus que se movimenta entre os aflitos realizando curas, expulsando demônios e pregando as boas-novas. Entretanto, muitos de nós nos sentiríamos desconfortáveis com um Jesus que se esforce em algo tão insignificante e passageiro que é prover vinho para uma festa de casamento. Que valor pode apresentar esta ação? Qual o significado eterno da Sua intervenção em algo que rapidamente se esquece, como um cálice de vinho?

Há pouco tempo encontrei o livro de Phillip Yancey, *O Jesus que nunca conheci* (Ed. Vida, 2002). Yancey reflete sobre as múltiplas imagens que afetaram o seu conceito sobre quem é Jesus, e faz uma caminhada desde os relatos que lhe contaram na Escola Bíblica até os conhecidos quadros do piedoso homem de barba que julgamos ter sido Cristo. O fato é que ele começou a perceber que o Messias que encontrava nos evangelhos não se parecia em nada com a imagem que ele havia feito sobre Jesus. Para se aproximar do Filho de Deus, teve de identificar e colocar de lado os preconceitos que havia assimilado, quase sem perceber, e que faziam parte da sua vida.

Gostaria de convidá-lo a se unir a mim num desafio parecido. À medida que passarmos pelos relatos da Palavra, quem sabe nos deparemos com aspectos de Jesus que entram em choque com a nossa ideia do que Ele deveria ser. E que melhor acontecimento para começar do que este: o Messias reunido com parentes e amigos numa grande festa de casamento!

Senhor, este é o meu desejo: conhecer-te melhor, pois quem te conhece será verdadeiramente livre. No caminho será necessário que eu me desfaça de imagens que formei sobre ti no meu caminhar. Ajuda-me a identificá-las para que não se convertam num verdadeiro estorvo à minha vida espiritual. Não desejo ser contado entre aqueles que, como narram os evangelhos, estiveram ao lado do Messias e não o reconheceram. Comprometo-me a deixar que Cristo seja o Cristo!

Convidado especial *(As bodas de Caná)*

79
CRISE NA FESTA
João 2:1-11

Leia a passagem com atenção. Com o uso da imaginação, procure se juntar aos convidados. Observe a mãe de Jesus quando se aproxima com o seu pedido. Veja o modo como o Filho lhe responde. Por que Maria procurou Jesus? Por que razão Jesus disse que a Sua hora ainda não havia chegado? Por que a mãe seguiu dando orientações aos serventes?

Não temos maiores detalhes sobre as festas de casamento na época de Cristo, embora saibamos que eram importantes acontecimentos sociais. O casamento não era uma instituição desprestigiada e questionada com a qual convivemos hoje em dia. Era um acontecimento sério na vida de uma pessoa. Inseridos numa cultura que valorizava a hospitalidade, a família dos noivos sentia-se pressionada a oferecer uma festa à altura das circunstâncias. É possível, entretanto, que essa família não gozasse de grandes recursos econômicos, pois no meio da festa ficaram sem vinho, o que significava uma grande vergonha para a família. Alguns comentaristas opinam que, inclusive, poderia dar lugar a alguma ação contra eles.

A mãe de Jesus se afligiu por essa situação e, levada pela compaixão, buscou a Cristo. Confiava não somente na série de profecias que havia recebido no tocante ao seu filho, mas também na percepção espiritual de que Jesus poderia encontrar uma solução para o problema.

A resposta do Cristo é interessante. Jesus claramente havia experimentado uma transição na relação com a Sua mãe. Ele se encontrava agora no âmbito do público e, como vimos no batismo, a Sua vida e ministério estavam sujeitos à soberana direção do Espírito Santo. Em Suas palavras vemos uma clara mensagem: *não respondo às necessidades dos outros, mas sigo as orientações do meu Pai.*

Esta declaração pode parecer dura, especialmente diante dos nossos conceitos sobre o ministério. Acaso nós que temos alguma responsabilidade na casa de Deus porventura não existimos para suprir as necessidades das pessoas? Ainda que esta afirmação contenha algo de verdade, qualquer pessoa que tenha estado algum tempo no ministério sabe quão escravizante é construir a vida com base nas necessidades dos outros. Atrás de cada pessoa que ajudamos outros dez esperam ser atendidas. O próprio Cristo viveu assediado pelas multidões. Simplesmente não podemos satisfazer às necessidades de todos quantos estão ao nosso redor. Devemos dar resposta a algo maior que isto, e Jesus indica a mão guiadora de Deus como o único "motor" confiável para a vida dos que servem.

A referência que Cristo faz a uma "hora" determinada para cada ação ocorre pelo menos 15 vezes no evangelho de João. Isto indica quão profundamente o Filho entendia a importância de se mover em perfeita sintonia com os propósitos de Deus. Uma boa palavra dita fora de tempo não traz qualquer benefício e pode até ser prejudicial. Uma boa ação praticada tarde demais não gera o fruto que deveria ser produzido, assim como a semente plantada fora do tempo. Como é importante para nós não somente discernirmos os projetos de Deus como também os devidos tempos.

Convidado especial *(As bodas de Caná)*

80
MILAGRES COM PROPÓSITO
João 2:1-11

Jesus atendeu o pedido da Sua mãe. Por quê? Como agiu? Quais são as características do milagre? Anote a última frase da passagem. O que nos indica sobre a "utilidade" do *milagre?*

Diante do pedido da Sua mãe, Jesus claramente mostrou que não estava disposto a ser guiado pelas súplicas, nem pelas necessidades daqueles que o cercavam. Havia uma hora determinada pelo Pai para cada um dos Seus passos na Terra, e a Sua intenção era viver em absoluta submissão a este plano divino. Cristo não estava rejeitando a possibilidade de intervir, mas aproveitando a situação para estabelecer certos limites no relacionamento com a Sua família.

Não há dúvida de que a família e os amigos exercem uma forte pressão sobre a vida dos que se encontram no ministério. Em Lucas 9:57-62 encontramos duas pessoas cujos vínculos familiares mostraram ser verdadeiros obstáculos para seguirem o Mestre. Em Marcos 3:22,32, vemos que a própria família de Jesus, frente aos aparentes escândalos que vinham acontecendo no ministério, quis levá-lo de volta para casa. Porém, o olhar do Cristo já estava posto na cruz. Viver sob o senhorio do Pai tem um preço, o qual, com frequência implica dar as costas às boas intenções da família.

Você observou o modo como Jesus realizou o milagre? Quão distante está o Seu estilo dos dramáticos "espetáculos" que tantos pregadores e ministros pretendem montar hoje em dia! Com um perfil absolutamente livre de "show", Jesus deu as orientações necessárias. Os empregados, acostumados a receber ordens, obedeceram. Não sabemos em que momento a água se transformou em vinho e tampouco é importante saber. Cristo não desejava que as pessoas estivessem dependentes do que Ele fazia, mas apenas intervir numa situação com potencial para os propósitos do Reino.

Isto indica uma importante verdade: para Jesus os sinais eram um meio para um fim. Para muitos líderes de hoje, os milagres são um fim em si mesmos. Constroem seus ministérios em volta de prodígios acreditando que a popularidade e as multidões são um claro sinal do favor de Deus. Cristo tinha outra perspectiva quanto às multidões. Os números não o deslumbravam, Ele sabia que a atração dos milagres raramente produz mudanças, mas reúne curiosos. Jesus usava os sinais, os prodígios e os milagres para um propósito espiritual, um meio para conseguir um benefício eterno.

João claramente assinala este princípio quando comenta que "manifestou a sua glória, e os seus discípulos creram nele". Começamos nossa reflexão sobre este texto perguntando por que o Cristo participou em algo de tão pouco valor como prover vinho para uma festa. Em certas ocasiões, é necessário que um líder receba de Deus os meios para consolidar a sua autoridade frente aos outros. Deus concedeu a Moisés uma vara que ele transformava em serpente. A vara nada valia, mas o respeito do povo era indispensável para a sua missão. Em Caná, Jesus começa a consolidar o Seu relacionamento com os discípulos, e lhes afirma claramente que havia recebido a autoridade para guiar suas vidas. Este fator será a chave para a formação que pretende lhes dar. Da autoridade que se possui depende a eficácia do ministério!

Zelo divino *(Jesus purifica o Templo)*

81
AZORRAGUE NA MÃO
João 2:13-25

> Tome um tempo para ler o texto de hoje. Acabamos de nos encontrar com o Jesus que transforma água em vinho, algo que resultaria em exclusão em muitas congregações hoje em dia. Agora nos deparamos com outra imagem controvertida do Senhor, a de Jesus com um açoite na mão. O que o motivou a semelhante manifestação de violência? Que sentimentos estariam no Seu coração naquele momento? Como terão reagido as pessoas ao Seu redor? O que significa "ser consumido por zelo"?

Quero confessar algo. No processo de selecionar as passagens que fariam parte deste estudo, passei por alto no texto que agora consideramos. Isto não foi por descuido, mas sim por uma decisão consciente. Nestes tempos em que a tolerância e a aceitação se instalaram com tanta força em nossa cultura, a imagem de um Cristo que expressa com açoites Sua indignação contra as pessoas me provoca mal-estar. Não me ajuda o fato de que os meus próprios acessos de ira sempre tenham deixado uma sequela de angústia e tristeza nas pessoas que foram afligidas por tais excessos. Quem sabe seja isto que me leve a esconder um Jesus que sai completamente dos parâmetros que consideraríamos um comportamento aceitável para um filho de Deus.

A minha reação me coloca diante do maior desafio que apresenta ser o caminhar com Jesus. Estando perto dele, vejo coisas em Sua vida que me perturbam, aspectos que são difíceis de entender ou justificar. Luto com a tentação de moldar este Cristo para ser mais parecido com o Deus com o qual eu quero me associar, um Senhor que apoia as mesmas opiniões e convicções. O meu incômodo me obriga a perguntar-me se realmente conheço o Jesus que declaro seguir.

Ao longo da vida do Mestre da Galileia na Terra, muitos também se escandalizaram com as Suas posturas. Não foram poucos os que decidiram deixar de segui-lo porque estar perto dele era perturbador demais. De vez em quando, o Cristo convidará aos que estiverem perto dele para cuidadosamente considerarem os custos em acompanhá-lo. Caminhar com Ele não é um convite para um passeio no parque, mas sim experimentar uma verdadeira revolução pessoal. Quem não avalia cuidadosamente o custo de segui-lo descobrirá que lhe esperam desagradáveis surpresas pelo caminho.

E o que será de nós, então? A mesma dramática decisão se impõe sobre nossa vida. No entanto, as estruturas religiosas que temos erguido parecem oferecer uma terceira alternativa: limitar ao mínimo aceitável os nossos encontros com Jesus para que não altere por demais o curso da nossa vida. A instituição religiosa em que se tornou a Igreja oferece um Cristo domesticado e previsível que não confronta nem desafia a ninguém. Que nos espera em nossas reuniões para nos dar o que nós necessitarmos para seguirmos em frente com os nossos próprios planos. Ele é inofensivo precisamente por ser parecido demais conosco. No mais profundo do nosso ser, entretanto, suspeitamos que não seja este o Verbo que se fez carne.

Será que estamos dispostos a nos abrir para este outro Cristo, aquele que, com um azorrague, expulsa os mercadores do Templo?

Zelo divino (Jesus purifica o Templo)

82 SANTA INDIGNAÇÃO
João 2:13-25

> Encontramo-nos diante de um texto complexo, pois narra como Cristo virou as mesas dos cambistas e com um azorrague, expulsou os mercadores do Templo. Volte a ler a passagem. Use a imaginação para se colocar naquele cenário. Como os discípulos teriam se sentido? Como se sentiram os mercadores e os fiéis que chegaram para oferecer os seus sacrifícios? E o que você sentiria diante de uma cena assim? Que verdades descobrimos sobre a pessoa de Jesus?

O que podemos falar deste Jesus com um azorrague na mão? Primeiro, a Sua indignação se dirige aos que perpetuavam as mentiras que mantinham preso todo um povo que desesperadamente necessitava se aproximar de Deus. De fato, as mais fortes confrontações do Messias sempre aconteciam com os que alimentavam um sistema religioso que se dizia representar os interesses de Deus, mas que com Ele não guardavam qualquer semelhança. Os que mantinham o povo escravizado eram precisamente aqueles que mais acesso tinham à Palavra do Senhor, e para eles Jesus reservou uma condenação mais severa.

Segundo, fica claro que Jesus não via o comércio na casa de Deus como uma simples torpeza, mas como uma verdadeira abominação. Transformar as necessidades espirituais do povo numa oportunidade para um ganho pessoal é absolutamente contrário ao espírito de sacrifício com que Deus estende a mão para resgatar ao homem da sua própria miséria. Isto nada mais é que um cruel comércio com a desgraça dos outros, semelhante ao do agente funerário que se aproveita do luto de uma família para lhe vender serviços que não foram solicitados.

Hoje também Cristo tomaria em Suas mãos um chicote e expulsaria os mercadores do evangelho dos lugares onde realizam os seus negócios escusos. Eles já não comercializam às portas do Templo, mas entraram nos lugares das nossas reuniões e nas casas dos que creem, onde com falta de vergonha vendem "profecias" de prosperidade em troca de generosas ofertas pelos seus "serviços". Esses são ninguém mais do que os mesmos comerciantes que tanto indignaram ao nosso Senhor.

Pode-se imaginar a confusão que o comportamento de Jesus deve ter causado mesmo entre os discípulos. Como pode uma pessoa que se diz representar ao Deus de amor manifestar semelhante fúria diante dos que tenham errado o caminho? Para os adeptos de uma religião, o comportamento de Cristo sempre será inexplicável porque a lealdade ao sistema é mais importante do que a consciência do pecado que ofende o Senhor.

O apóstolo João nos diz que um texto dos Salmos ajudou os discípulos a entender o comportamento de Jesus: "Pois o zelo da tua casa me consumiu..." (69:9). Por isto, entendo que Jesus possuía uma paixão pelos assuntos de Deus que vejo ausente em minha própria vida. As nossas mornas expressões de lealdade a Ele jamais nos levariam a apaixonadas denúncias contra o mal. Talvez esta falta de paixão seja o que nos faça sentir incomodados quando a vemos claramente expressa na vida do Filho de Deus. Existe nele uma ousadia e uma entrega que a quantidade de nossas reuniões jamais poderá provocar em nós. Jesus age dessa maneira porque está cativado por Aquele cujo nome deseja exaltar.

Zelo divino *(Jesus purifica o Templo)*

83
INCOMPREENSÃO
João 2:13-25

As pessoas que presenciaram como o Cristo expulsou os mercadores do Templo ficaram desconcertadas pelo Seu procedimento. Volte a ler o diálogo nos versículos 19-22. O que as motivou a pedir um sinal? Como Jesus respondeu a esse pedido? Por que não escolheu um sinal mais fácil de se entender? O que aconteceu com os discípulos? Após a ressurreição, que novo efeito teve neles a Palavra que Ele proferiu nessa ocasião?

Jesus armou uma confusão à entrada do Templo ao expulsar todos os mercadores que comerciavam naquele lugar. Imagino que alguns protestaram com ira contra Ele, enquanto outros fugiram apavorados. Finalmente chegaram pessoas com maior autoridade e imediatamente exigiram que Jesus explicasse o Seu comportamento. Ele atendeu o pedido deles e deu um sinal, mas não um sinal que alguns deles pudessem entender. Só os que tinham discernimento espiritual poderiam entendê-lo, algo aparentemente contraditório ao motivo de se exigir um sinal. Nós pensaríamos que um sinal serve precisamente para convencer as pessoas com dúvidas sobre a autenticidade de uma pessoa ou um fato. Jesus sabia, contudo, que a convicção que leva à aceitação da Sua pessoa não depende da observação de um fato exterior, mas de uma conversão interior. Quando Pedro confessou que Ele era o Filho de Deus, Jesus claramente afirmou que isto não era o resultado de uma dedução, mas o efeito de uma revelação divina.

Existe um tipo de dúvida que não desaparece mesmo diante de uma grande quantidade de sinais. Era a dúvida que acompanhou o povo nos 40 anos pelo deserto, apesar de ter sido testemunha de eventos que jamais outro povo presenciou (Deuteronômio 4:32-39). Estas dúvidas não se resolvem com a abundância de argumentos nem com muitas provas, mas com a conversão. Por isto, Jesus não entrou no jogo deles, pois sabia que não eram pessoas famintas do Senhor, antes, porém, estavam comprometidas em defender até à morte a instituição religiosa à qual pertenciam.

Os discípulos também ouviram a palavra do Senhor, e eles tampouco entenderam o seu significado. Somente "quando, pois, Jesus ressuscitou dentre os mortos, lembraram-se os seus discípulos de que ele dissera isto; e creram na Escritura e na palavra de Jesus" (João 2:22).

Quero destacar que passaram três longos anos antes que esse sinal acontecesse. Algumas palavras só se entendem com o tempo, pelo que devemos estar dispostos a esperar com paciência o tempo quando essa palavra revelará o seu significado mais profundo. Já vimos a atitude de Maria que guardava em seu coração tudo o que tinha acontecido, meditando sobre o seu verdadeiro significado. É importante não sentirmos ser necessário obrigar a palavra a revelar o seu significado antes da hora. O discípulo sábio e manso sabe discernir pelo Espírito quando foi chamado para um tempo de espera. Essa palavra, naquele momento, nada significou para os discípulos, mas poucos anos mais tarde seria o instrumento para que se firmassem na fé. A palavra guardada em nosso coração obrigatoriamente cumprirá o seu propósito.

Zelo divino *(Jesus purifica o Templo)*

84
DESCONFIANÇA SAUDÁVEL
João 2:13-25

> O texto que temos considerado termina com um pequeno apêndice nos versos 23-25. Leia estes versículos novamente. Que contraste existe entre nós e Jesus? O que significava as multidões "crerem" nele? A que João se refere quando comenta que Jesus não confiava neles? Que benefício existia nessa postura que Cristo adotou?

A passagem de hoje tem sido para mim de muita utilidade no ministério, pois me tem permitido pisar em terra firme em meio a situações que procuram me levar a conclusões precipitadas.

João menciona que Jesus realizou vários sinais enquanto esteve em Jerusalém, assim podemos supor que a purificação do Templo foi a mais dramática das demonstrações de Sua autoridade como Filho de Deus. A ênfase na história não estava nos sinais, mas na reação produzida: muitos dos que os viram creram no Seu nome

Esta frase sempre me leva a pensar na longa sequência de reuniões que assisti nas quais se tem "visto" a mão de Deus agir de modo muito particular entre nós. O resultado sempre apresenta as mesmas características: abundância de lágrimas, efusivos abraços e renovados votos de compromisso para com o Senhor. Nós que temos participado, ministrando de alguma maneira ao povo em cada situação, inclinamo-nos a nos entusiasmarmos com a "grande visitação" que presenciamos e a crer que grandes mudanças estavam chegando para o povo de Deus. A triste realidade, entretanto, é que muito desse fervor desaparece como o orvalho da manhã nem bem começa a semana.

Jesus não se deixava levar pelo entusiasmo que as pessoas lhe expressavam. Mantinha para com elas uma saudável desconfiança. Porque sabia que o coração do homem é mais frágil do que podemos perceber. Nas condições ideais todos nós possuímos um fervor sem igual, mas quando a vida se torna complicada, nossa paixão desaparece rapidamente. Jesus sabia que a espiritualidade de uma pessoa não se mede pelo comportamento em determinado momento, mas sim ao longo de uma vida inteira.

Apesar disto, encontro-me de vez em quando na igreja com pessoas que expressam profunda desilusão para com outros membros do Corpo de Cristo. Embora jamais possamos justificar comportamentos pecaminosos na vida de outras pessoas, percebemos que o Filho de Deus nunca se viu envolvido nessa mesma sensação de desilusão. Mesmo quando os Seus próprios discípulos o abandonaram, Ele não se entregou a uma profunda depressão. Qual a razão? O comportamento deles não o surpreendia porque Ele sabia como é o ser humano. A pessoa que forma expectativas irreais em relação aos outros abre espaço à desilusão de vez em quando. Mesmo as expressões mais fervorosas de lealdade devem ser aceitas com prudência.

Senhor, ajuda-me a olhar aos demais com esta visão. Perdoa-me as vezes que tenho esperado mais dos outros do que tens me mandado esperar. Quero estender aos demais um espírito compassivo, não só pela fragilidade da condição humana, mas porque também sou muito consciente da minha própria fraqueza. Pela Tua graça posso me manter pé.

As dúvidas de um mestre *(Jesus com Nicodemos)*

85
QUE NÃO ME VEJAM!
João 3:1-21

"E havia entre os fariseus um homem chamado Nicodemos, príncipe dos judeus. Este foi ter de noite com Jesus…". Aqui começa o relato de um dos poucos encontros livres de conflitos que Jesus teve com os fariseus. Leia toda a passagem duas ou três vezes. Permita que a Palavra crie vida pela ação do Espírito Santo. Que convicção revela a declaração de Nicodemos no versículo 2? Por que Jesus respondeu dessa forma? Quais são as implicações do princípio colocado no versículo 6?

Desde o primeiro momento na vida de Jesus os "especialistas" nos assuntos de Deus se opuseram ao Seu ministério. Começaram com simples questionamentos, mas aos poucos a sua oposição se tornou num plano concreto para eliminá-lo; tal era a paixão que sentiam por Jeová! Em Nicodemos, entretanto, vemos uma tentativa, ainda que vacilante, para decifrar o mistério que era Jesus.

João menciona que Nicodemos era um príncipe entre os judeus. Isto claramente indica que ocupava um lugar na organização mais poderosa da sociedade judaica, o Sinédrio. Era um homem de trajetória e influência sobre quem, com certeza, pesavam todas as exigências de um movimento especializado em manter rigorosamente os pormenores da Lei. Estes procuravam, com empenho, não manchar sua conduta com alguma ação imprópria. Muitos comentaristas pensam ser esta a razão da sua vinda a Jesus no período da noite: para não ser visto por outras pessoas que aproveitariam o encontro para falar mal dele.

A verdade é que não sabemos se isto o motivou a buscá-lo naquela hora, mas não nos surpreenderia se assim fosse. Sabemos como é importante para cada um de nós causar uma boa impressão nos outros, não dando lugar para falarem mal de nós. Existem os que dedicam uma vida inteira a cultivar cuidadosamente a imagem que desejam que outros vejam neles. Por temor ao desprezo não se podem dar ao luxo de ser genuínos. Estes são os que, uma vez convertidos, não levantam as mãos nas reuniões para que outros não os vejam. Ou levantam as mãos porque todos assim fazem. Eles agem pelo "que dirão".

Cedo ou tarde é necessário que acabemos com este desejo. Não é possível agradar aos outros. Tampouco poderemos andar nos caminhos que Ele tem preparado para nós se vamos estar sempre olhando para os lados. É necessário que uma santa ousadia se apodere do nosso coração a fim de estarmos dispostos, caso necessário, a fazer um papel "ridículo". Com este espírito Davi dançou à frente da arca e Pedro se lançou para andar sobre a água!

Cristo não fez qualquer comentário sobre a hora de Nicodemos ir visitá-lo. O Seu anelo mais profundo é o contato conosco, mesmo quando o encontro se dá em condições precárias e imperfeitas. Quando chegamos a Ele e começamos a desfrutar da comunhão, rimo-nos de quão tolos fomos devido aos nossos temores. Como pudemos duvidar do certo que é aproximar-nos dele, se agora nos sentimos tão à vontade? Ele sempre nos concede o Seu bem-vindo.

86 — NASCER DE NOVO?

João 3:1-21

As dúvidas de um mestre (Jesus com Nicodemos)

> Leia e observe o modo como Nicodemos se apresenta a Jesus. Que convicções respaldam a saudação que faz a Jesus? Qual é o erro na sua declaração? De que forma o Senhor lhe respondeu?

"Rabi, sabemos que és Mestre vindo da parte de Deus; porque ninguém pode fazer estes sinais que tu fazes, se Deus não estiver com ele". A frase de Nicodemos revela um dos conceitos mais enraizados na mente do ser humano: se uma pessoa pratica boas obras, com certeza a mão de Deus está sobre a vida dela. Quando testemunhamos a queda de algumas "estrelas" do mundo evangélico apodera-se do coração de muitos um triste espanto. *Se essa pessoa andava em pecado* — perguntam — *como pôde realizar as obras que fez?* Não conseguimos conciliar os atos com a nossa convicção do que é uma vida aprovada por Deus.

No capítulo 7 de Mateus, Jesus declarou que no juízo final muitos se apresentarão crendo ser aprovados porque "profetizaram, expulsaram demônios e fizeram milagres em Seu nome". Entretanto, o Senhor lhes dirá: "nunca vos conheci". Os sinais visíveis definitivamente não são o instrumento para julgar se uma vida está vinculada aos interesses de Deus, ou não. Jesus imediatamente corrige este erro em Nicodemos: "Em verdade, em verdade te digo que, se alguém não nascer de novo, não pode ver o reino de Deus". Quer dizer, os assuntos que pertencem ao mundo espiritual só podem ser discernidos por aqueles que pertencem ao mundo espiritual. A carne não pode julgar o que é do Espírito, porque aquilo que for do Espírito é invisível ao mundo da carne.

É precisamente no desacerto da sua resposta que vemos a confirmação de que faltava a Nicodemos a capacidade para entender os assuntos do mundo espiritual, porque perguntou: "Como pode um homem nascer, sendo velho? Porventura, pode tornar a entrar no ventre de sua mãe e nascer"? Este fariseu queria entender um fenômeno puramente espiritual nos termos de um acontecimento nitidamente natural, como é o nascimento de um novo ser.

A explicação que Jesus lhe ofereceu deixou claro que esse novo nascimento é algo que está pura e exclusivamente nas mãos do Senhor. "Em verdade, em verdade te digo: quem não nascer da água e do Espírito não pode entrar no reino de Deus". A afirmação enfatiza uma vez mais que a entrada no mundo espiritual não dá lugar à participação do ser humano. Quer dizer, assim como o bebê não produz o parto, mas é lançado no mundo por uma força maior do que ele mesmo — o trabalho do corpo da mãe — do mesmo modo nós somos introduzidos na vida espiritual por meio de uma soberana ação de Deus.

Os nossos testemunhos com frequência dão a impressão de que fomos os protagonistas desse momento crucial em nossa vida. A verdade, entretanto, é que nada mais pudemos fazer para isto além do desejo de nascermos de novo. A milagrosa passagem das trevas para a luz só foi possível por uma absoluta ação do Espírito em nosso viver. Não devemos perder de vista jamais que este nascimento também foi um verdadeiro milagre de Deus!

As dúvidas de um mestre *(Jesus com Nicodemos)*

87 O MISTÉRIO DO VENTO
João 3:1-21

Como em outras ocasiões, Jesus recorreu a uma das mais simples analogias da vida cotidiana para explicar os conceitos relacionados ao reino de Deus. Neste caso, o vento fornece uma excelente ilustração para os que desejam entender algo do misterioso agir do Espírito Santo. Medite nesta ilustração. Quais características o vento possui? Como sabemos da sua existência? Que semelhança apresenta com o agir do Espírito Santo?

O vento é invisível. Mesmo com a mais sofisticada tecnologia disponível hoje não conseguimos vê-lo, porque consiste em partículas invisíveis ao olho humano. Da mesma forma não podemos ver o Espírito. O Seu mover é "em secreto", num nível da vida ao qual não foi dado acesso aos seres humanos. O que podemos sim, é sentir os efeitos da presença do vento. Vemos com os nossos olhos o movimento das plantas. Percebemos com nosso olfato a umidade que antecede uma tempestade de verão. Sentimos na pele a suave frescura que revela a existência de uma brisa. Todas essas sensações nos ajudam a entender que o ar está em movimento.

Assim também acontece com o Espírito Santo. Vemos que uma pessoa enferma foi curada. Percebemos que um hábito indesejável e persistente em nossa vida desapareceu. Reconhecemos que uma pessoa negativa, amargurada e sem esperança foi transformada num ser cheio de alegria, paz e bondade pela ação transformadora de Deus. Por tudo isto, sabemos que o Espírito está agindo. Porém, não conseguimos ver as formas em que Ele se move, nem os lugares mais ocultos do nosso ser onde atua. Só podemos dar o feliz testemunho de que "o vento de Deus esteve soprando".

Cristo declarou a Nicodemos que o novo nascimento é um acontecimento que, em sua essência, está oculto aos nossos olhos. Quando procuramos entendê-lo com os parâmetros do mundo, acabamos ficando tão confusos e perplexos como Nicodemos. A mente humana não pode alcançar os assuntos espirituais porque pertencem a outro mundo. Só podemos compreendê-los pela ação do Espírito, que nos abre uma janela para vermos um mundo que até agora nos esteve oculto.

Esta realidade, entretanto, não tem diminuído nem um pouco a nossa permanente inclinação para querer analisar e explicar minuciosamente o processo da conversão. De fato, temos produzido milhares de tratados que explicam os passos necessários para "receber a Cristo no coração". Tentamos transformar em metodologia o que Jesus mesmo descreveu como mistério, a fim de deslocar o Espírito para inserir o homem como protagonista principal deste acontecimento sagrado. O resultado é que invalidamos outras experiências de conversão que não se enquadram em nosso "método".

Note a extraordinária diversidade que existe no ministério do Cristo. Não encontramos nos evangelhos dois relatos onde Jesus tenha usado o mesmo "método" para se aproximar das pessoas. Em cada ocasião, Ele percorreu um caminho adequado para a vida daquele a quem desejava abençoar. O Seu estilo nos convida a discernir onde e como o Espírito está "soprando" na vida dos que estão ao nosso redor, para unirmos nossa vida ao que o Senhor está realizando.

As dúvidas de um mestre *(Jesus com Nicodemos)*

88 DE TAL MANEIRA
João 3:1-21

A conversa de Jesus com Nicodemos produziu o que provavelmente veio a ser o versículo mais citado da Palavra. "Porque Deus amou ao mundo de tal maneira que deu o seu Filho unigênito, para que todo o que nele crê não pereça, mas tenha a vida eterna". Medite nos diferentes elementos presentes nesta declaração.

Não é o propósito deste estudo analisar a profundidade do sentido de João 3:16. Porém, de relance podemos afirmar que ele capta a essência do coração do Pai. O coração dele se move por amor, não aquele que se refere a um sentimento, mas a uma ação: ao ver nossa desesperadora condição Ele enviou o seu único Filho para oferecer uma saída. Como vimos no primeiro capítulo de João, esse empreendimento contém um sacrifício do qual a morte na cruz é apenas uma parte.

Quero afirmar hoje que este texto revela claramente que Deus é um Deus missionário. Ou seja, Ele vê uma situação onde existem trevas, desordem e morte, e é levado a intervir. Não é um observador passivo, tampouco se limita a lamentar o terrível avanço do mal entre os homens. O Pai sempre atua porque se não o fizesse, estaria negando a si mesmo. E não podemos fugir do fato de que nós, como Seu povo, fomos chamados a nos movermos de igual maneira. As aflitivas necessidades do mundo que habitamos devem nos levar a apresentarmo-nos diante dele como Neemias, perguntando como podemos ser parte da solução.

Você leu o restante da passagem? No verso 17, Cristo claramente identifica outro aspecto do coração missionário de Deus. O Pai, que é generoso e grande para perdoar, tem como objetivo a salvação dos que estão em trevas, e não deseja a sua condenação. Não deixa de me surpreender, entretanto, como somos implacáveis com os que andam em pecado. Ouvi, certa vez, um cristão que, lendo sobre a captura de um conhecido delinquente, falou que "com este a única coisa que se pode fazer é dar-lhe um tiro". Quão distantes estes sentimentos se acham do coração compassivo e misericordioso do nosso bom Pai celestial! Ele jamais vê o pecado como algo bom, mas sim, ama os que se encontram presos ao pecado. A igreja, contudo, por vezes tem sido o instrumento das mais violentas perseguições contra os que não se enquadram nos parâmetros que ela tem estabelecido para a vida aprovada por Deus.

Jesus nos lembra de que esta condenação é patética. Não podemos esperar das trevas outra conduta que não se conforme com a sua natureza perdida, e as trevas odeiam a luz! De nós, porém, espera-se que sejamos "uns para com os outros benignos, compassivos, perdoando-vos uns aos outros, como também Deus, em Cristo, vos perdoou" (Efésios 4:32).

Pai, suponho que minha condenação para com os outros reflete minha frustração com o pecado que habita em mim. Abranda o meu coração. Dá-me um espírito terno e bondoso para com o meu próximo, a fim de que os outros percebam em mim o Teu convite para saírem das trevas para a luz, da morte para a vida. Amém.

A arte do diálogo *(Jesus e a samaritana)*

MINISTÉRIO DE PASSAGEM
João 4:1-42

A nossa aventura com Jesus nos levará, nos próximos dias, a acompanhá-lo num simples encontro com uma mulher junto a um poço de água. Aparentemente, Ele não tem qualquer outro objetivo a não ser procurar um pouco de água para saciar a sede. Quantas vezes nos aproximamos durante o dia, da geladeira, da torneira ou do bebedouro para beber um copo de água? Custa-nos pensar em alguma atividade mais simples e cotidiana do que esta! Cristo, entretanto, transformou o simples em extraordinário.

Procuremos passar além das palavras do relato bíblico, para ingressarmos no mesmo cenário que presenciou este encontro há 2 mil anos. Se conseguirmos perceber a facilidade com que se estabelece a conversação, a habilidade com que o Cristo conduz o tema, a sensibilidade na resposta aos comentários, teremos avançado bastante para uma maior compreensão do que significa compartilhar as boas-novas no contexto diário.

Leia o texto com atenção. Observe os detalhes dessa interação. Em seguida, torne sua esta oração: *Senhor, à medida que estudo a presente passagem desejo te pedir que me faças ver que cada momento da vida contempla realidades espirituais. Retira de mim a ideia da evangelização como um acontecimento isolado e programado. Abre os meus olhos para as muitas oportunidades que existem ao meu redor em meio ao comum e cotidiano. Amém.*

O encontro com a mulher samaritana nos oferece alguns detalhes interessantes sobre a vida de Jesus e Seus discípulos. Não sabemos em que época do ano estavam viajando, mas é possível que o calor do dia tenha provocado neles maior fadiga do que o normal. Perto do meio-dia, Jesus decidiu parar no caminho. Não havia nada para comer, então enviou Seus discípulos a comprar alimento num dos povoados da região. Quando não recebiam comida das pessoas que visitavam deviam então fazer uso do dinheiro que economizavam enquanto caminhavam.

Jesus estava cansado e com sede. Enquanto aguardava o retorno dos discípulos, sentou-se junto a um poço, o mesmo que Jacó usara 2 mil anos antes para dar de beber aos animais. Entretanto, Ele tinha uma dificuldade: não possuía meios para tirar a água. Pouco depois, aparece uma mulher de uma das aldeias da região para buscar água. A sua roupa claramente a identifica como samaritana, etnia que os judeus abertamente desprezavam.

O que teria sentido essa mulher quando, ao olhar, percebeu um homem judeu sentado perto do poço? Teria duvidado da tarefa que se propusera? Sentido algum incômodo? Teria baixado o olhar? Essa mulher já havia tido cinco maridos, pelo que seguramente não deve ter sentido qualquer temor à frente de um homem. De todas as formas, atrevo-me a pensar que vivenciou um momentâneo desconforto ao ver Jesus. Não era comum encontrar alguém junto ao poço naquela hora, e muito menos, um homem judeu. O Senhor, que não havia planejado o encontro, estava para transformar o inesperado em uma oportunidade ministerial. Os olhos com que Jesus vê a cena são a chave para abençoar a vida de uma pessoa acostumada à maldição.

A arte do diálogo *(Jesus e a samaritana)*

90

FATOR SURPRESA
João 4:1-42

Encontramo-nos junto ao poço de Jacó, na região de Samaria, testemunhando o diálogo entre Jesus e uma mulher samaritana. Leia os versos 7-12. Qual é o ponto de partida de Jesus? Como a mulher reage? De que forma a reação dela trouxe algum proveito? Como Ele introduz o elemento espiritual?

Na reflexão de ontem sugeri que provavelmente houve algumas tensões no encontro. Ela era samaritana e Ele judeu (João mesmo comenta "porque os judeus não se dão com os samaritanos"). Ela era mulher e Ele era um homem. Ela era daquela região enquanto Ele era um forasteiro. Não era comum, nem normal, que acontecessem diálogos em situações que geram tanto desconforto. Além disso, Jesus conhecia a história pessoal dessa mulher.

Não sabemos como a samaritana agiria, mas é evidente que Cristo a deixou confusa com o Seu pedido: "Dá-me de beber", porque ela em seguida perguntou: "Como, sendo tu judeu, pedes de beber a mim, que sou mulher samaritana?".

Pare por um momento neste primeiro diálogo. Cada um de nós sente a profunda necessidade de saber que está no controle das circunstâncias em que se encontra. Nada há que produza mais insegurança do que aquelas situações nas quais a pessoa desconhece completamente as regras do jogo. Quando nos encontramos em ambientes conhecidos, movemo-nos com facilidade porque sabemos como os outros podem reagir e então adequamos nossas palavras e comportamento para conseguirmos os desejados resultados. Tal estratégia é automática em nós e nos permite alcançar um grau de segurança que muitas vezes esconde os nossos sentimentos de vulnerabilidade.

A mulher samaritana não está esperando que Cristo lhe fale. Provavelmente também tenha pouco interesse em falar. O ódio e o desprezo entre as duas etnias já duravam centenas de anos de história. Ela entende a linguagem do desprezo, de ser ignorada. Jesus, porém, não olha para outro lado quando ela chega para tirar água. Ele se dirige a ela e lhe pede água.

Nesta primeira "abordagem" de Cristo encontramos uma das pistas para nos aproximarmos de outros. Deus é especialista em romper paradigmas. Ele nos surpreende porque não respeita nossas regras de jogo. O modo mais simples de abrir uma vida ao toque de Deus é quando saímos do "molde" que os outros esperam de nós. Quando a outra pessoa espera que a ignoremos, nós nos aproximamos para saudá-la. Quando está esperando condenação, oferecemos graça. Quando está preparada para a confrontação, oferecemos a outra face. Este romper de estruturas produz uma momentânea vulnerabilidade que pode ser a nossa melhor oportunidade para tocar o coração dessa pessoa.

A mulher está surpresa. Cristo, porém, intensifica a surpresa. Como observa o autor John Piper, o surpreendente não é que Ele lhe peça água, mas que ela não tenha pedido água a Ele. A mulher não percebe o significado espiritual do que lhe fala este judeu, porque ela se move na esfera física. Cristo, contudo, não desanima. Ele conseguiu despertar nela curiosidade. Está aberta uma porta e Ele não tem a intenção de desperdiçá-la.

91

A arte do diálogo *(Jesus e a samaritana)*

ÁGUA ETERNA
João 4:1-42

> Leia os versos 13-15 do nosso texto. Como Jesus leva a mulher à esfera espiritual? Quais são as características da água que Ele lhe oferece? Por que menciona uma fonte de água? Que função pode ter essa fonte?

Na reflexão de ontem vimos a forma como Jesus aproveitou o fator surpresa para criar uma situação de abertura. A mulher, entretanto, não alcançou o verdadeiro sentido das Suas palavras. Na minha opinião, nós tampouco teríamos entendido. Somos bastante lentos para perceber o sentido espiritual das coisas. Em cada situação nosso olhar tende a focar exclusivamente o contexto visível. O apóstolo Paulo, não obstante, nos lembra de que o segredo da vida espiritual consiste nisto: "não atentando nós nas coisas que se veem, mas nas que se não veem; porque as que se veem são temporais, e as que se não veem são eternas" (2 Coríntios 4:18).

Apesar da incapacidade da mulher para entender, Cristo não perde a paciência com ela e permite que o diálogo avance no passo certo. Agora volta a introduzir o fator surpresa, pois diz: "…Quem beber desta água tornará a ter sede; aquele, porém, que beber da água que eu lhe der nunca mais terá sede; pelo contrário, a água que eu lhe der será nele uma fonte a jorrar para a vida eterna" (João 4:13,14). Ele começou pedindo água e agora lhe oferece água. Uma água melhor do que a que ela podia conseguir do poço.

A analogia que o Senhor escolhe usar é muito interessante. Em duas frases curtas captou a essência do que é a transformação que Deus oferece aos homens. Primeiramente, a água sacia plenamente. Quem já fez uma longa caminhada sob o sol sabe como é deliciosamente refrescante beber água na chegada ao destino. O corpo revive pela ação da água. Do mesmo modo, a água que o Senhor oferece supre uma necessidade e traz uma plenitude de vida que nenhuma outra coisa pode produzir. Cada um de nós deveria possuir uma profunda convicção de que somente Deus provê o que saciará os mais intensos anelos do nosso coração. Isto nos ajudará a não perdermos tempo buscando em outra parte o que só Cristo oferece. Apesar de esta ser uma convicção teológica para a maioria do povo de Deus, não desistimos em nossos esforços para que os homens nos deem o que deveríamos buscar da mão do nosso bom Pai celestial.

Em segundo lugar, observe que essa água tem vida própria, pois se converte numa fonte de água que jorra para a vida eterna. Nisto está uma clara alusão ao fato de que a água não só continua fluindo, produzindo maior transformação espiritual, mas que nós também nos convertemos em portadores da água viva, para oferecer a outros a mesma experiência que nos foi concedida. Repartir essa água é uma tarefa fundamental da nossa chamada, e a pessoa que a ignora corre o perigo de que ela, como fonte de água, se torne em um charco.

A arte do diálogo *(Jesus e a samaritana)*

92
E AGORA?
João 4:1-42

Leia os versículos 16-20. Qual estratégia Jesus usa agora? Como Ele sabe tanto sobre a vida da mulher? De que forma ela reage? Por que reage dessa maneira?

Senhor, quanta graça vejo manifesta no diálogo que tiveste com a mulher samaritana. Reveste-me da mesma terna compaixão. Quebra os meus preconceitos e dá-me um genuíno amor pelas pessoas. Quero trazer bênção às suas vidas, a mesma que vivencio a cada dia. Obrigado pela água que me tens dado. Amém.

Jesus surpreendeu a mulher duas vezes sobre aquela água que ela não conhecia. Ela segue sem entender, mas de alguma maneira sabe que precisa do que Ele lhe oferece. Este é o começo da mudança em sua vida. Observe que ela apenas entende o que está pedindo. E se formos honestos devemos reconhecer que no dia em que aceitamos o convite de Cristo para sermos Seus discípulos, também não sabíamos o que estávamos fazendo. Ainda mais, possivelmente, não o teríamos seguido se tivéssemos entendido como o Seu chamado é radical. Porém, Ele nos aceitou com essa compreensão imperfeita e começamos a caminhar juntos.

Jesus agora muda o tema. Ela demonstra interesse pelo que Ele lhe oferece, mas é preciso que entenda que o pecado é um obstáculo para receber tudo o que Deus concede. Sem vacilar, Ele lhe dá orientações: "...Vai, chama teu marido e vem cá". Que surpresa a mulher deve ter sentido! De repente, ela viu o fracasso da sua vida ser exposto.

Como Jesus sabia que ela estava vivendo com um sexto companheiro? Nossa tendência é exclamar: *Como não ia saber se Ele é Deus!* Se pensamos assim, é porque deixamos de nos conduzir pela forma como Ele se movia. Não aceite esse argumento errôneo! Cristo disse aos Seus discípulos que os enviava da mesma forma como Ele tinha sido enviado, para realizarem o ministério do mesmo modo que Ele o fizera (João 20:21). No batismo de Jesus, vimos que o ministério do Filho ia ser conduzido no poder do Espírito Santo. O discernimento que agora apresenta não é mais do que uma manifestação da presença do Espírito em Sua vida. Isto demonstra quão ineficazes são os nossos esforços na evangelização quando se apoiam numa série de argumentos intelectuais, baseados em versículos convenientes. A conversão é um acontecimento puramente espiritual e nessa esfera deve ser conduzido. Para isto é indispensável que cultivemos essa sensibilidade ao Espírito que nos dará a perspectiva que não poderíamos conseguir de outra maneira. Esse conhecimento revelará que a conversão não é uma simples troca entre duas pessoas.

Sem dúvida, Cristo deixou a mulher agitada com essa revelação. Fica claro que ela necessita beber dessa abençoada água. Ninguém, contudo, abre seu coração a Deus sem que antes haja em seu íntimo uma luta feroz. Em certas ocasiões, preferimos simplesmente ignorar o chamado para sermos sinceros, e este é o caminho que a mulher escolhe. Decide mudar de assunto e tenta distrair Jesus com uma discussão sobre o lugar certo para adorar a Deus. Ela ignora que uma pessoa pode adiar a confrontação, mas não consegue evitá-la. Jesus simplesmente a levará ao mesmo ponto por outro caminho.

A arte do diálogo *(Jesus e a samaritana)*

93 DETIDA E SEM SAÍDA!
João 4:1-42

> Diante do pedido de Jesus, a mulher mudou de assunto. Por que ela respondeu assim? O que a sua astúcia revela sobre as inclinações do coração humano? Como Jesus administrou essa "mudança de assunto"? Qual efeito teve sobre a mulher?

Que cômico acaba sendo a mudança de assunto da mulher, não é mesmo? Fica difícil acreditar que lhe interesse a questão da adoração quando Cristo acaba de lhe revelar que sabe sobre os seus cinco maridos. Se o diálogo de Jesus com Nicodemos ainda está fresco em sua memória, você se lembrará de que naquela ocasião Cristo afirmou: "Pois todo aquele que pratica o mal aborrece a luz e não se chega para a luz, a fim de não serem arguidas as suas obras" (João 3:20). A verdade é que nenhum de nós gosta de ver os próprios pecados descobertos. A nossa primeira reação é justificar, argumentar ou mudar de assunto para se evitar a incômoda experiência da confissão. A carne não ama a luz, nem sequer quando andamos em Cristo. Será útil lembrar disto porque andar em santidade exige um preço.

A mulher pensou estar a salvo se conseguisse desviar o diálogo para um assunto mais neutro. Cristo não a obrigou a voltar ao tema dos maridos. Você percebe como é importante dar espaço ao Espírito Santo para que aja? A convicção de pecado já se formou nela, mas é preciso dar lugar ao Espírito a fim de que produza o verdadeiro arrependimento. As nossas muitas palavras não o poderão produzir.

Podemos dizer sem medo de errar que quando andamos na luz todos os temas conduzem a Deus. Jesus se acomoda ao desvio que a mulher provocou e revela um novo aspecto do desafio a ser apresentado a ela. Essa mulher acredita que a vida espiritual se define nos detalhes da prática. Cristo a conduz uma vez mais ao âmbito do seu próprio coração. E lhe confia um segredo: Deus está em busca de adoradores. Poderá esta mulher se converter num dos adoradores pelos quais o Pai anela? Mais uma vez ela foi confrontada com a sua situação pessoal diante de Deus. Tem diante de si um claro convite para entrar em uma nova dimensão de vida que até aquele momento não havia conhecido. Cristo não permitirá que este encontro termine sem que ela tome uma decisão, mas a Sua estratégia é a de "envolvê-la" com muita graça!

Este é um elemento fundamental para nós que estamos comprometidos na formação de outros. Em demasiadas ocasiões permitimos que os nossos encontros fujam do plano pessoal para nos envolvermos em intermináveis discussões sobre simples detalhes de uma situação. Quantas vezes pessoas ainda não convertidas nos fazem perguntas que nada mais são do que tentativas para fugir do tema da conversa para um plano menos pessoal? Se não tomarmos cuidado acabaremos presos pelas palavras que nada tem a ver com a realidade da pessoa. Mas o diálogo sempre deve ser conduzido com graça e sensibilidade. Quando terminar nosso encontro a pessoa deve ter entendido claramente que Deus a desafia a uma decisão pessoal. Não é preciso forçar a situação. O Espírito deve sempre conduzir o processo.

A arte do diálogo *(Jesus e a samaritana)*

94
ADORADORES DE VERDADE
João 4:1-42

> Volte a ler o relato do diálogo de Jesus com a samaritana. Como a mulher respondeu à revelação que Jesus lhe fez sobre a adoração? O que estava acontecendo em seu coração? Por que Cristo falou de adorar em espírito e verdade? Quais implicações este princípio tem em nossa vida?

Em meio a uma discussão sobre as "formas" de adoração — algo absolutamente insignificante, mas que, entretanto, distrai a muitos — Cristo leva a mulher a pensar na essência da adoração. Jesus usa a frase "verdadeiros adoradores", o que nos indica a existência de um tipo de adoradores que não é genuína. O falso adorador conhece as posturas e as frases do adorador e as imita, normalmente quando outros o observam. A característica mais evidente nessa pessoa é que somente "adora" nas reuniões, mas não possui uma vida pessoal de adoração.

Você entende por que é secundário se a adoração deve ser com violão, com piano ou bateria? Se o conteúdo do que se canta deve ser canções modernas ou hinos tradicionais? Se é necessário ter ou não uma mesa de som? O verdadeiro adorador transforma cada circunstância da sua vida num encontro com Deus. Vê a mão do seu Senhor em todo lugar e a todo momento, e isto desperta, em seu coração, um cântico de gratidão e adoração.

Quando Cristo fala do verdadeiro adorador não está descrevendo as atividades que a pessoa realiza, mas sim ao que essa pessoa é. Assim como descreveríamos alguém pela sua origem, dizendo que é um grego, polonês ou espanhol — e se entenderia que isto não se refere a uma atividade, mas à sua identidade — Cristo identifica certas pessoas inseridas no Reino pelo coração que possuem: são verdadeiros adoradores do Pai.

Para não haver dúvidas a este respeito, Jesus revela que o verdadeiro adorador é aquele que adora em espírito e verdade. É uma pessoa que combina a graça concedida pela terceira pessoa da Trindade (ninguém pode se relacionar com Deus a não ser por meio do Espírito Santo) com a purificação do seu interior que vem através da Verdade eterna. Quer dizer, reflete em tudo o relacionamento no qual está profundamente envolvida. A adoração é, em última análise, o resultado de um encontro dramático e profundo com Deus.

Até aqui observamos como a Palavra confronta a mulher samaritana, mas agora a revelação de Cristo nos confronta também. Você é um verdadeiro adorador? Pode-se afirmar que a adoração é uma das marcas que o distinguem como discípulo? Ou você é um a mais nessa imensa multidão de pessoas que "adoram" 45 minutos por semana? Será que o nosso "estilo de adoração" revela que Cristo ocupa apenas as periferias da nossa vida?

Senhor, sei que em minha vida luto com a tentação de ser religioso; de restringir meu relacionamento contigo a uma série de eventos por semana. Livra-me dessa tendência! Dá-me um ouvido atento ao Teu permanente convite à intimidade contigo. Revela-te no meu caminhar pela rua, no meu lar, no meu trabalho, para que o meu dia como um todo possa ser uma contemplação da Tua pessoa. Faz de mim um verdadeiro adorador! Amém

A arte do diálogo *(Jesus e a samaritana)*

95
PERGUNTAS E RESPOSTAS
João 4:1-42

> No meio da conversa de Jesus com a samaritana os Doze voltam. Leia o versículo 27, e depois, do 31-34. Por que eles se surpreenderam? Que proveito Jesus tirou da situação? Que detalhes revelou sobre a Sua forma de agir?

Jesus nunca deixou de lado a Sua função de discipulador. Ao voltarem, os discípulos ficaram desconcertados, o que nos dá um claro indício dos paradigmas que o Messias havia quebrado ao manter um diálogo com uma mulher samaritana. Com razão, Ele havia fortemente impactado o coração dela! Os discípulos, contudo, não entenderam o motivo por que estava falando com ela, pois viram o encontro somente do ponto de vista humano.

O espanto deles deu chance para Jesus falar como se realiza a obra de Deus. Se você se encontra numa posição de responsabilidade no ministério também foi chamado para discipular outras pessoas. Não perca a oportunidade de convidar aos que está discipulando para que o acompanhem e o observem enquanto ministra. Acrescente a essa experiência momentos de diálogo e reflexão, e obterá os elementos necessários para uma experiência transformadora.

O Senhor, com as Suas palavras, mostrou a necessidade de Ele estar atento às oportunidades que Deus estabelecia. Quero dar especial ênfase a este princípio: Cristo estava atento à obra que o Pai lhe confiara para realizar. Não estava procurando criar oportunidades para testificar. Esta é a diferença entre andar no Espírito e andar com as próprias forças. Não tenho dúvidas de que o encontro no poço foi programado e dirigido pelo Espírito de Deus, pois o chamado dos que o servem é realizar as obras "as quais Deus de antemão preparou para que andássemos nelas" (Efésios 2:10).

Desta forma voltamos ao princípio fundamental que foi estabelecido na segunda tentação de Jesus. Deus não nos chamou para inventarmos boas obras a fim de trazer glória ao Seu nome, mas sim para nos envolvermos nas obras que Ele já está realizando. O problema com o qual a maioria de nós tem de lutar é com a nossa incapacidade de discernir as formas e os lugares onde o Pai está se movendo. O discernimento, contudo, não é algo mágico, mas o fruto de um exercício paciente, tal como afirma o autor de Hebreus. As pessoas maduras, ele destaca, "pela prática, têm as suas faculdades exercitadas para discernir não somente o bem, mas também o mal" (5:14). A prática contínua permite nos tornarmos cada vez mais sensíveis às orientações que o Espírito Santo nos dá. Devemos estar dispostos a caminhar algum tempo com uma boa margem de erro até nos tornarmos mais eficazes.

Neste processo de aprendizagem, descobriremos que o Senhor pode nos convidar para atuarmos nas situações mais inesperadas ou menos prováveis. Com certeza os discípulos não admitiam um diálogo com uma mulher samaritana como uma oportunidade para estender o Reino. Quando o Senhor chegou ao poço, percebeu que o Pai já estava agindo na vida daquela mulher. Ele simplesmente uniu o Seu esforço ao do Pai.

A arte do diálogo *(Jesus e a samaritana)*

96
LEVANTAR OS OLHOS
João 4:1-42

Jesus procura ensinar os discípulos como discernir uma oportunidade para estender o Reino. Leia o versículo 35 e medite sobre o Seu significado. Por que Ele escolheu esta analogia? O que o Senhor quis indicar aos discípulos quanto ao mundo em que viviam? O que essa realidade espiritual exigia deles?

Na reflexão de ontem, meditamos sobre o espanto ao encontrarem o Messias envolvido num diálogo que claramente consideravam inadequado. Cristo, porém, lhes mostrou que Ele estava comprometido com as tarefas que o Pai lhe indicava, e esta conversa era uma oportunidade vinda de Deus.

Mais uma vez, Jesus com essa genialidade peculiar de um mestre, recorre a uma analogia bastante fácil de se entender: a colheita. Em Israel quem não teria visto em algum momento os campos brancos com as espigas de trigo prontas para serem colhidas? Com uma simples menção formou-se na mente deles uma imagem que haviam visto centenas de vezes ao longo de suas vidas. Sabiam também da agitação que acontecia na época da colheita para os que se dedicavam à agricultura. O período para se efetuar a colheita não durava muito, e era necessário que todos se apresentassem ao trabalho até o término da tarefa naquela temporada.

Discernir que um campo estava pronto para a colheita não era a especialidade de uns poucos entendidos no assunto. A cor dourada de milhares de espigas agitadas pelo vento, claramente indicava a todos que por ali passavam que era chegado o tempo da colheita. Porém, para ver isto era necessário um pequeno detalhe: levantar o olhar. É possível que alguma pessoa não percebesse o estado em que o campo se encontrava passando por ele, se estivesse com os olhos voltados para o chão.

O detalhe pode parecer algo simples, mas não é insignificante. Estar sempre olhando para o chão é sinal de que a pessoa está totalmente voltada para si, envolvida com o seu mundo, ou obcecada com os seus próprios problemas. A imagem rapidamente nos dá uma pista sobre o porquê de tantas vezes, na igreja, não percebermos a existência de uma infinidade de oportunidades ao nosso redor já prontas para a colheita, e isto porque estamos preocupados demais conosco mesmos. Levantar o olhar é um ato da vontade no qual decidimos enxergar o mundo ao redor com os olhos de Cristo.

Concede-me essa visão, Senhor. Quantas oportunidades devem ter passado diante dos meus olhos cada dia sem me conscientizar de que tu me chamavas para me unir ao que estás fazendo ao meu redor. Senhor, quero que contes com as minhas mãos na hora da colheita. Para isso levanta o meu olhar e permite que eu veja além do rosto das pessoas com as quais interajo, para perceber a realidade dos seus corações. Seguramente vê-los será o primeiro passo para dar resposta às oportunidades que trazes à minha vida. Livra-me de permanecer dormindo durante a colheita!

A arte do diálogo *(Jesus e a samaritana)*

97 COMPLETAR A OBRA
João 4:1-42

> Jesus continua com a analogia da colheita, introduzindo o assunto dos ceifeiros. Leia os versículos 36-38. Que dimensões da colheita estão reveladas no ensino de Cristo? Que atitude deve provocar em nós o fato de sabermos que outros semearam antes da nossa chegada para a colheita?

O Senhor, usando a analogia dos campos brancos para a colheita, enfatiza para os discípulos que no mundo espiritual existe uma grande colheita à espera de alguém que a faça. Só podem vê-la os que levantaram os olhos do coração.

Ao quadro já delineado, agora acrescenta um outro elemento: trabalhar com outros que também deram sua contribuição para se conseguir o resultado. O tempo da colheita em Israel não somente envolvia intenso trabalho como também marcava o início das festas que expressavam gratidão pela safra recolhida. Os que trabalhavam na terra sabiam muito bem quanto dependiam da bondade de Deus para finalmente poderem efetuar uma boa colheita. Mesmo o mais dedicado dos lavradores não exerce controle sobre os processos usados pela semente para se nutrir da terra, nem da chuva que desce do céu para sustentá-la. Os campos brancos com espigas de trigo representavam a mais nítida evidência da bondade de Deus para com o povo.

As festas eram para todo o povo porque todos haviam participado em maior ou menor escala para que houvesse suficiente provisão para se manter a vida. Do mesmo modo, Cristo mostra que o Seu desejo é que na colheita tanto o que semeou como aquele que colheu possam participar da mesma alegria. O motivo é que a colheita é o resultado do esforço de muitos, e não de uma única pessoa ou de um grupo.

Como é difícil entendermos este princípio! Nossa vida, como temos enfatizado várias vezes neste devocional, é parte de uma história muito mais ampla e antiga do que os anos que temos para peregrinar na Terra. Quando saímos para fazer alguma contribuição ao Reino não trabalhamos sozinhos, mas "entramos nas atividades" de outros que trabalharam antes de nós. Nenhuma pessoa, nem um grupo em particular, pode tomar para si os direitos exclusivos para festejar pela colheita. Entretanto, a maioria de nós trabalha distante de outros obreiros. Duplicamos esforços, não fazemos caso de quem tenha semeado sem alcançar algum resultado aparente e cremos que aquele que colhe é melhor do que aquele que lançou a semente.

Cristo de forma clara procurou neutralizar nos Doze a tendência de se dar maior importância ao Seu papel do que aquela que lhe corresponde. Aos olhos do Senhor tanto o que lançou a semente como o que colheu eram importantes e desejava que ambos trabalhassem dando importância ao esforço do outro. Para isto faz-se necessário recordar a todo momento que a nossa contribuição é somente um grão de areia num projeto muito mais extenso e de maior profundidade que nós podemos perceber.

A arte do diálogo *(Jesus e a samaritana)*

98 ONDA EXPANSIVA
João 4:1-42

> Enquanto Jesus conversava com os discípulos, a mulher voltou à sua cidade. Leia os versículos 28-30, e depois, do 39-42. Por que a mulher foi e falou de Cristo? Qual foi o seu testemunho? Em sua opinião, de que maneira impactou a vida de outras pessoas? Qual foi o resultado? O que nos indica sobre a forma como o evangelho avança entre aqueles que não creem?

Chegando ao final deste relato, percebemos que o diálogo de Jesus com a mulher samaritana era algo bem mais profundo do que parecia inicialmente. Ela voltou à cidade para contar o que tinha vivenciado junto ao poço. O seu testemunho impactou as pessoas porque ela mesma havia sido impactada por Jesus. Por vezes, o nosso testemunho não atinge com força porque a nossa experiência com Cristo perdeu a paixão e o vigor que tinha em outros tempos. A falta de convicção com que falamos não convence aos que nos ouvem.

É interessante observar também que a mulher não havia tomado "uma decisão" por Cristo, como teríamos julgado ser necessário. Ela nem sequer entendia muito bem o que havia acontecido naquele encontro, mas sabia que tinha estado na presença de algo extraordinário, e foi disto que ela falou. Em seguida, chegaram os samaritanos e "rogaram-lhe que ficasse com eles; e ficou ali dois dias". Que coisa tremenda! Jesus não só conseguiu neutralizar a desconfiança e o ódio entre judeus e samaritanos, como também pôde abrir uma porta para ministrar a uma aldeia inteira.

Este é o objetivo final do nosso investimento em outras pessoas. Desejamos tocar não só na vida de alguns indivíduos, mas também na rede de relacionamentos familiares e de amizade. Quando alguém é alcançado pela graça do Senhor, clame a Deus pelo impacto que tal pessoa possa causar em outros. Apesar de termos considerado essa mulher como um instrumento pouco digno para compartilhar com outros as boas-novas, ela foi o instrumento para que uma aldeia inteira se encontrasse com Cristo.

A mulher não procurou convencê-los, mas convidou-os a chegarem a Jesus. No encontro que tiveram com Ele acabaram também sendo impactados pela Sua pessoa, de forma que podiam afirmar que já não criam pelo testemunho dela, mas sim pelo que tinham visto com seus próprios olhos. Este passo final é fundamental para uma obra que permanece no tempo, e descreve admiravelmente a nossa função: temos sido chamados a anunciar o que Jesus tem feito em nossa vida. Eventualmente alguns também vão querer conhecer este mesmo Jesus, e nós poderemos conduzi-los a Sua pessoa. A obra da conversão, contudo, é o Senhor quem faz.

Podemos ver nesta parte final que uma oportunidade tão insignificante como deter-se para falar com um estranho pode impactar profundamente a vida de todo um povo. Nós não temos a capacidade de perceber esse potencial em nossas ações, e por isto necessitamos que o Espírito Santo nos indique as oportunidades que Ele de antemão tem preparado para que nelas nos envolvamos.

Pedro enviado a Cornélio *(Uma parada no caminho – 3)*

99
NOVA CONVERSÃO
Atos 10:1-23

Separe um tempo para ler o relato do encontro de Pedro com Cornélio tal como registra o livro de Atos. Observe a forma como o Espírito Santo preparou todos os elementos para que Cornélio chegasse a conhecer Cristo. Como Ele falou a Cornélio? Como falou a Pedro? Por que era necessário que o apóstolo lhe falasse? Por que o Espírito não realizou a obra diretamente na vida de Cornélio?

Um dos ensinos mais importantes que a história da mulher samaritana nos deixou é como participar plenamente nas obras que Deus preparou de antemão para que andemos nelas. Elas surgem em nosso cotidiano de forma completamente inesperada, muitas vezes com pessoas ou em lugares que consideramos menos apropriados.

A história do encontro entre Pedro e Cornélio é uma das que melhor ilustra a forma como o Espírito "move as diferentes peças" de uma oportunidade para que aconteça um encontro divino entre duas pessoas. De um lado existe um homem, Cornélio, que tem muitas perguntas e poucas respostas. Ele necessita de alguém que possa trazer luz à sua vida. O Senhor se manifesta e lhe indica onde encontrar o homem que pode ajudá-lo com as suas inquietações. Enquanto Cornélio envia mensageiros para buscar Pedro, Deus também visita o apóstolo.

É nesta segunda parte da história que gostaria de me deter hoje. Lucas identificou para nós um homem desejoso de conhecer a Deus. Quantos "Cornélios" haverá ao nosso redor, homens e mulheres que sentem fome e sede de Deus, e que esperam a visita de alguém que lhes indique o caminho pelo qual possam estabelecer um relacionamento com Cristo?

Pedro poderia ser a pessoa certa para falar de Cristo a Cornélio, mas nos encontramos frente a frente com problemas importantes. Primeiro, Pedro não sabe que Cornélio está buscando conhecer mais de Deus. É por isto que se torna fundamental trabalhar de mãos dadas com o Espírito Santo, pois só Ele pode nos indicar aqueles que estão prontos para receber a semente da Palavra. Pelo testemunho de Jesus sabemos que foi esta a maneira como identificou a mulher samaritana como alguém a quem devia falar.

Um segundo problema em Pedro é muito mais sério: o apóstolo não crê que os gentios sejam dignos de receber as boas-novas do evangelho. Infelizmente, Pedro é o maior obstáculo para que Cornélio experimente a conversão. Do mesmo modo, na igreja, muitos dentre nós creem que para certas categorias de pessoas nem sequer vale a pena falar de Cristo. Pedro, e nós também, devemos nos converter à obra do Senhor. Por meio de uma visão, o Senhor mostrou a Pedro que seus preconceitos eram um obstáculo para que ele pudesse avançar no caminho que Deus lhe indicava. Pedro devia deixar os seus preconceitos sobre o que era apropriado ou não de lado.

Prosseguindo na leitura do texto veremos que a conversão de Pedro aconteceu aos poucos. Finalmente, Deus conseguiu neutralizar suficientemente as suas convicções para que pudesse chegar à casa de Cornélio, onde este participou de uma maravilhosa visitação celestial. Será que estamos deixando de experimentar semelhantes aventuras?

Médico, cura-te a ti mesmo *(Jesus em Nazaré)*

100
DETALHES DE UMA MISSÃO
Lucas 4:16-30

A nossa aventura agora nos leva a acompanhar Cristo em Seu retorno ao povoado que foi o Seu lar durante 30 anos. Tome um tempo para ler os primeiros versículos e depois, para entender a essência das palavras de Jesus, examine o texto de Isaías 61. Ao ler, procure identificar as qualidades que descrevem a pessoa do Messias.

O ministério de Jesus estava em plena ascensão quando regressou a Nazaré. Com certeza tinha chegado aos ouvidos dos seus parentes e vizinhos o assombroso relato dos sinais e prodígios que acompanhavam o Seu ensino. Existia por certo uma grande expectativa para comprovar o que havia acontecido em Sua vida para que fosse levado de forma tão espetacular à fama. Essa curiosidade, entretanto, era acompanhada de uma dose de ceticismo. Sempre se torna mais fácil acreditar na grandeza de pessoas que não conhecemos. A distância dá lugar às mais insensatas fantasias sobre as suas vidas como se não fossem pessoas iguais a nós, sujeitas às mesmas paixões e limitações que vivenciamos. Esta é uma das razões para que o discípulo amadurecido cultive a transparência e a proximidade com outra gente. Ele não deseja que as pessoas lhe atribuam qualidades que em verdade não possui.

De acordo com o Seu costume, Jesus foi à sinagoga no sábado. Lucas diz que lhe entregaram as Escrituras para que as lesse. Nessa ocasião escolheu Isaías 61: "O ESPÍRITO DO SENHOR DEUS ESTÁ SOBRE MIM, PORQUE O SENHOR ME UNGIU PARA..." (v.1 — ênfase adicionada), que apresenta uma clara descrição da Sua missão. Entretanto, antes de entrarmos nos pormenores, vamos nos deter nesta frase: *O Espírito me ungiu para*. Torna-se evidente que foi ungido com um propósito em mente. Vale enfatizar esta verdade porque uma parte da Igreja está buscando a unção do Espírito em benefício próprio. Entretanto, o Senhor claramente reveste de poder aqueles, cujo interesse está centrado mais em ser bênção do que em ser abençoados. A graça de Deus vem sobre a nossa vida e nos restaura, mas também coloca em nosso coração um peso para alcançar a vida daqueles que ainda não a experimentaram. Como veremos mais adiante, Cristo repetiu este modelo com os Seus discípulos quando lhes concedeu autoridade para uma missão específica (Lucas 9:1,2).

Você leu a descrição das pessoas às quais Jesus estava interessado em alcançar? Voltando à passagem de Isaías 61, a lista inclui os pobres, os quebrantados de coração, os cativos, os prisioneiros, os que estão em luto, os afligidos por um espírito angustiado. É impossível, ao ler esta lista, ignorar o que é evidente: as pessoas que Ele desejava alcançar eram aquelas que estavam nas piores condições! Isto também nos dá uma indicação sobre os que podem estar mais abertos ao evangelho: aqueles que estão particularmente angustiados pela vida. Não revela um favoritismo, mas realça o fato de que o quebrantamento produz uma abertura no ser humano que as circunstâncias normais não conseguem. A Igreja deveria estar mais atenta às pessoas que vivem nestas condições.

Médico, cura-te a ti mesmo *(Jesus em Nazaré)*

101 VIDAS TRANSFORMADAS
Lucas 4:16-30

> Separe um tempo para ler o texto de Isaías 61. Que obra Deus quer realizar na vida dessas pessoas? Como ficaram depois que o Senhor lhes tocou? A que se dedicam após essa transformação? O que isto nos indica quanto aos objetivos de Deus para a nossa vida?

Ontem refletimos sobre a passagem que Jesus escolheu para ler na sinagoga do seu povoado, Nazaré. O texto descreve com exatidão a missão que o Pai lhe havia destinado.

Você pôde observar a transformação que Deus deseja fazer nesses "quebrantados"? Do mesmo modo, como elaboramos uma lista das pessoas que Ele deseja tocar, também podemos incluir a obra que o Senhor quer realizar nelas: levar boas-novas, curar, dar liberdade, livrar da prisão, proclamar o ano aceitável do Senhor, consolar, vestir de esplendor, ungir com óleo de alegria, cobrir com vestes de louvor. Uma vez mais fica claro que o Senhor não está no "negócio" de arregimentar gente para um movimento, de encher os templos ou de salvar "almas". O compromisso de Deus é tocar na vida das pessoas de forma tão dramática que elas experimentem total transformação. A mudança é tão radical que as leva a um estado contrário no qual se encontravam antes. Aquela que vivia em luto vê-se transbordando de alegria; a que vivia presa agora desfruta da mais completa liberdade: a que vivia abatida agora enfrenta a vida com segurança e confiança. Quer dizer, a pessoa que se encontrou com o Senhor torna-se literalmente irreconhecível!

Por estarmos unidos a Cristo, esta deve ser também a nossa vocação. Fomos chamados para trabalhar e nos esforçarmos para apresentar "todo homem perfeito em Cristo" (Colossenses 1:28). Atentos às oportunidades que surgem ao nosso redor na multidão de aflitos e quebrantados que passam por nós cada dia, devemos ousar crer que Deus deseja produzir neles uma transformação radical. Não se satisfaça com menos!

Devemos também observar que essas pessoas, já restauradas, agora se dedicam a cooperar na mesma tarefa que o Pai está realizando na vida de outros. Isaías diz que estes, que em outro tempo nada mais eram do que os rejeitados pela sociedade "…edificarão os lugares antigamente assolados, restaurarão os de antes destruídos e renovarão as cidades arruinadas, destruídas de geração em geração" (61:4). É este compromisso que permite a Pedro caracterizar o povo de Deus como um reino de sacerdotes (1 Pedro 2:9).

Voltemos à sinagoga em Nazaré. A resposta do povo às palavras de Cristo foi tremenda. "Todos lhe davam testemunho, e se maravilhavam das palavras de graça que lhe saíam dos lábios, e perguntavam: Não é este o filho de José?". Como é fácil ficarmos entusiasmados com a Palavra quando ela não nos desafia de modo pessoal! Em quantas ocasiões, como pregadores, pessoas têm se aproximado para nos dizer: *Que bela mensagem nos trouxe*. Se esta for a resposta que você recebe, trema meu irmão. A Palavra deve incomodar! Você deve confrontar o ouvinte com a necessidade de mudança, pois ela sempre está em oposição à carne.

102
CONTRATEMPOS DE UM PROFETA
Lucas 4:16-30

Volte a ler a passagem que estamos considerando nestes dias. O que Jesus pretendia comunicar nas histórias a que se referiu? Por que reagiram daquela maneira? O que significa a presença de tamanha ira em nossa vida?

Como vimos na reflexão de ontem, as palavras de Cristo tinham sido bem recebidas por todos quantos se encontravam na sinagoga. Entretanto, temos observado que Jesus, por meio do Espírito, discerne as intenções do coração. Fica claro pelo comentário de Jesus que o povo de Nazaré esperava poder avaliar o ministério dele pelos sinais que realizaria entre eles. O Filho de Deus entendia que isto nada mais era do que uma manifestação de incredulidade uma vez que a verdadeira fé não precisa de sinais, pois é uma postura de confiança espiritual. Jesus claramente mostrou na primeira tentação que Ele não estava disposto a avançar pelo caminho das demonstrações.

A questão básica é que "nenhum profeta é bem recebido na sua própria terra" (v.24). Ao citar o ditado, Cristo revela a tendência universal dos seres humanos de colocar em descrédito pessoas que são bem conhecidas. Em parte, isto pode resultar da inveja à permanente necessidade de não ser menos que o próximo. Estamos envolvidos em uma luta permanente pelo poder que nos leva a descartar qualquer possibilidade de conceder vantagem a quem consideramos nossos rivais. Por este motivo, uma esposa ou um filho podem receber com agrado as palavras de um conselheiro ou de um pastor, mas descartam as mesmas frases quando pronunciadas pelo seu marido ou pai. Também não resta dúvida de que a familiaridade com os que estão perto de nós produz uma espécie de cegueira. Os irmãos de Davi não sabiam que estavam vivendo com um rei. Ao nos concentrarmos no cotidiano de um relacionamento deixamos de ser surpreendidos com as manifestações da graça de Deus na vida da outra pessoa.

Jesus recorreu a duas histórias na vida dos profetas Elias e Eliseu para mostrar que a dureza de Israel levou esses homens a ministrar àqueles que estavam mais abertos ao mover de Deus. Muitas vezes os mais religiosos são os que estão mais fechados aos assuntos espirituais. Será que a rotina da vida cristã também nos amortece e deixa em nós um coração endurecido?

A resposta furiosa dos habitantes de Nazaré revela como estavam profundamente endurecidos. Da admiração passaram ao desejo de lhe tirar a vida. Talvez nada revele tão claramente a ausência da graça em nossa vida como a nossa resposta diante da Palavra que exorta. A ira nada mais é do que a manifestação de uma identidade frágil e instável, que não tem a força para reconhecer os erros e os próprios pecados. Apenas os que alcançaram a maturidade podem se humilhar frente à repreensão do Senhor.

Que Deus nos conceda essa simplicidade de espírito que abre portas para que mesmo os nossos filhos ou cônjuge possam nos ensinar verdades espirituais. É possível que a obra mais profunda que o Senhor queira realizar em nossa vida chegue por meio daqueles que estão mais perto de nós. Está em cada um conceder o espaço e a autoridade para que a realizem.

As redes do Mestre *(Jesus chama Pedro e outros)*

103
O INDIVÍDUO NA MULTIDÃO
Lucas 5:1-11

O texto do devocional conta que "apertando-o a multidão para ouvir a palavra de Deus, estava ele junto ao lago de Genesaré" (v.1). A fama do mestre da Galileia estava na boca de todos e era impossível que Cristo aparecesse em algum povoado da região sem que se reunisse ao Seu redor de forma espontânea um grande número de pessoas. O que as multidões buscavam? Por que Jesus se tornou tão popular? De que forma o Senhor lhes ministrou?

Jesus não contou com equipamentos de som, tampouco a igreja, durante 1900 anos. Apesar dessa realidade histórica, cremos não ser possível desenvolver algum tipo de ministério sem um microfone na mão! O Senhor aproveitou as excelentes propriedades acústicas da água; e "...entrando em um dos barcos, que era o de Simão, pediu-lhe que o afastasse um pouco da praia; e, assentando-se, ensinava do barco as multidões" (v.3).

Observe o motivo por que as pessoas se reuniam: queriam ouvir a Palavra de Deus, apesar de viverem numa sociedade saturada de exigências legalistas dos fariseus, escribas e saduceus. Porém, a "palavra" deles não preenchia as necessidades mais profundas do povo. As pessoas sentiam fome da Palavra que traz vida, e não da letra que mata.

Em mais de 25 anos de ministério como professor e pregador tenho percebido o mesmo fenômeno. Uma grande parte da Igreja encontra-se exposta a um interminável palavreado de pessoas que enfeitam suas opiniões com algum versículo para dar uma fachada de espiritualidade ao que pregam. Outros estão saturados de ensinos, pregações e estudos que não saem do âmbito intelectual. Entretanto, muito pouco disto alcança a vida das pessoas. Com que entusiasmo respondem, no entanto, quando lhes é apresentado o puro leite da Palavra, *ensinada e proclamada com o coração!*

Gostaria que anotasse uma segunda observação. Jesus não avaliava a presença das multidões como nós fazemos. Em nossos dias somos levados a crer que o número dos que nos seguem é proporcional ao êxito do ministério. Ao Senhor, os números não o seduziam. Ele estava comprometido com a eternidade, e isto não se consegue alcançando multidões, mas investindo em indivíduos. Numa cuidadosa observação do ministério de Jesus veremos que, mesmo rodeado por uma multidão, sempre estava atento ao indivíduo que poderia ser impactado pessoalmente. Assim foi com a viúva de Naim, com a mulher que padecia de um fluxo de sangue e com Zaqueu. O mesmo observaremos no texto deste devocional. Cristo já havia colocado Seus olhos na vida de Pedro e seus companheiros de pesca.

É importante que, como ministros, estejamos sempre atentos ao indivíduo. Mesmo rodeados por muitos, devemos estar associados às pessoas que Deus tem separado para um ministério mais intenso. Somente esses receberão um investimento mais duradouro. As multidões desaparecerão do mesmo modo como chegaram, mas a oportunidade de deixar a vida de uns poucos marcadas é parte do nosso desafio diário.

104 — "SE TU O DIZES..."

As redes do Mestre *(Jesus chama Pedro e outros)*

Lucas 5:1-11

> Volte a ler o relato do encontro de Cristo com Pedro. Na sua opinião, o que Pedro estaria sentindo diante das ordens de Jesus? Por que ele obedeceu às instruções de Jesus? Por que a pesca milagrosa impactou tão profundamente Pedro e os seus companheiros?

Enquanto Jesus ensinava às multidões, Pedro, em cujo barco estava o Mestre, o observava e escutava. Não está claro em que momento o pescador teve seu primeiro contato com Jesus, mas não resta dúvida de que este foi o mais dramático desses encontros. Neste processo de descobrir a verdadeira identidade de Jesus, algo que se estende por toda a vida, Simão Pedro estava para dar um grande salto. Assim também na nossa vida, em certos momentos repentinamente percebemos o que não tínhamos visto em outro tempo da nossa peregrinação.

O texto relata que "quando acabou de falar, disse a Simão: Faze-te ao largo, e lançai as vossas redes para pescar". Voltemos nossa atenção por um momento nestas instruções. Atrevo-me a crer que o interesse de Jesus não era recompensar esses homens por uma noite de frustrações no que se refere à pesca. Era necessário que a autoridade do Messias fosse evidenciada de forma clara no âmbito onde Pedro desenvolvia a sua vida diária. Deus com frequência atua dessa maneira, intervindo perceptivelmente naqueles contextos onde pensamos que Ele seja irrelevante ou desnecessário.

A resposta de Pedro revela exatamente esta convicção: "Mestre, havendo trabalhado toda a noite, nada apanhamos". Nesta reação, vemos com mais clareza refletido o conflito que diariamente vivemos com as instruções que Deus nos dá. Pedro provavelmente sabia que em termos da Lei ele não conhecia nada que pudesse ensinar a Cristo. Ele se considerava completamente incapaz de realizar as Suas obras ou enfrentar os fariseus com a mesma sabedoria do Senhor. Porém, na questão da pesca ele se encontrava em terreno seguro; nisto sim, poderia ensinar alguns segredos a Jesus, pois dedicara toda a vida a essa profissão.

Com essa incurável tendência que nós, seres humanos, padecemos, Pedro informa Jesus de que haviam pescado a noite toda, mas sem resultados. Quer dizer, sempre procuramos dar algum esclarecimento ao Senhor como se Ele não estivesse a par da realidade que vivemos. Portanto, Pedro não tinha uma ideia clara sobre quem era Jesus, mas na noite que o negou depois de caminhar três anos com o Messias, não podia se desvincular do hábito de refutar as palavras do Senhor. Nisto ele é um representante digno da nossa natureza humana, cuja reação inicial quando Deus fala é sempre de recusar. Como a nossa existência seria mais simples se apenas nos limitássemos a obedecer!

Ainda em meio às suas objeções, Pedro escolhe o caminho certo: "mas sob a tua palavra lançarei as redes". A forma como procedeu lembra-nos de que a fé nem sempre é tão organizada e clara como desejaríamos. Em certas ocasiões, é gerada em meio a vacilações e argumentos tolos. Não importa! Mesmo quando avançamos aos tropeços, o importante é que, finalmente, tomemos esta decisão: atuar de acordo com o que a Palavra de Deus nos ordenou. Uma vez dado este passo, a bênção não tardará em comparecer.

As redes do Mestre *(Jesus chama Pedro e outros)*

105
APARTA-TE DE MIM!
Lucas 5:1-11

> Observe a reação de Pedro diante do sucesso dessa pesca. O que teria se passado em seu coração para que reagisse dessa forma? Por que suplicou ao Senhor: "aparta-te de mim"? Qual princípio da vida espiritual esta reação revela?

Vimos ontem que Pedro lutou contra as instruções que Cristo lhe deu. Não falamos aqui da batalha que Jesus experimentaria no Getsêmani. Antes, é o conflito que cada um de nós vivencia quando Deus fala conosco. Custa-nos encontrar em Suas palavras uma proposta lógica, um caminho tido como certo. A nossa primeira reação é argumentar, como se estivéssemos tratando com uma pessoa que ainda não tenha alcançado o pensamento amadurecido que nós possuímos! Claro, depois nos conscientizamos de que o Senhor tinha razão naquilo que nos dizia, mas no começo não o entendemos. É aqui, portanto, onde se requer de nós o exercício da fé, pois ela não precisa de explicações — ela descansa sobre a convicção de que Deus é bom e sabe muito bem o que está fazendo.

> *Senhor, rogo por Teu perdão pelas inúmeras vezes que tenho questionado as Tuas instruções para a minha vida. Desejo que corrijas essa tendência em mim para que, com o passar do tempo, a minha obediência seja cada vez mais rápida. Dou tantas graças, ó Deus, por Tua infinita paciência comigo. Amém.*

Acredito que estas dúvidas eram as mesmas que eventualmente provocam uma reação tão dramática e profunda diante do milagre. Como ficamos surpresos quando os resultados são o oposto ao esperado. "Vendo isto, Simão Pedro prostrou-se aos pés de Jesus, dizendo: Senhor, retira-te de mim, porque sou pecador. Pois, à vista da pesca que fizeram, a admiração se apoderou dele e de todos os seus companheiros."

Provavelmente parte da reação de Pedro estava vinculada à vergonha que sentiu por ter duvidado da palavra do Mestre. Creio, contudo, que as suas raízes estão em algo muito mais profundo. Até este momento, Jesus era para Pedro um excelente Mestre a quem as multidões seguiam, mas cujo ministério se relacionava pouquíssimo com o funcionamento do mar e dos ventos, a manutenção das redes ou o comércio de peixes. Agora o Senhor havia adentrado ao mundo de Pedro. O pescador, de repente, percebe que Jesus transcende dramaticamente o reduzido espaço da sua experiência pessoal.

Neste contraste, encontramos as características de um verdadeiro encontro com Deus. Um encontro profundamente íntimo com o Senhor vai além do mundo das sensações agradáveis que tantas vezes atribuímos ao Senhor em nossas reuniões. Quando Ele se manifesta, apodera-se de nós uma sensação de insignificância e pequenez que aflige a nossa natureza humana. O espanto e o temor se instalam em nosso ser porque entendemos que a distância que nos separa dele é muito maior do que jamais poderíamos ter imaginado.

Esta visão celestial é indispensável para que uma verdadeira obra celestial crie raízes em nós. Quando começamos a nos ver como realmente somos, podemos entender por que o socorro de Deus em nosso favor é indispensável. O Senhor deixa de ser uma proposta religiosa para se converter na única esperança para que alcancemos uma vida cheia de significado.

106 — As redes do Mestre *(Jesus chama Pedro e outros)*

DEIXARAM TUDO E O SEGUIRAM
Lucas 5:1-11

> Qual foi a conclusão do encontro de Pedro com o Cristo? Quais fatores foram cruciais para a decisão que os pescadores tomaram? Por que Jesus revelou a Pedro o novo rumo que a sua vida tomaria a partir desse momento?

Graças a Deus porque muitas de Suas respostas às nossas petições não são positivas! Pedro, aos pés de Jesus, lhe pediu que se afastasse dele porque não se sentia digno de estar em Sua presença. Porém, Cristo o confortou: "Não temas". Esta é uma das palavras que precisamos ouvir. O medo é o grande inimigo dos que desejam caminhar confiantes na vida; ele nos paralisa de tal forma que nos impede de tomar decisões acertadas. Pelo medo de errar o caminho ou das consequências que imaginamos que nossa decisão trará, permanecemos estáticos; mas quem deixa de se mover começa a morrer.

A ternura e compaixão de Deus falam primeiro ao nosso espírito para termos a certeza de que as Suas intenções para conosco não são más. De fato, a frase "não temas" está presente em praticamente todas as visitações divinas nas Escrituras. Como parte do processo de aquietar as ansiedades que sentimos frente ao desconhecido, Cristo revela também o projeto de Deus para a vida de Pedro: "...doravante serás pescador de homens". Percebemos a genialidade de Jesus como comunicador ao escolher para esta revelação a figura que melhor Pedro entendia, um pescador. O toque personalizado confirma que o Senhor se aproxima de cada um de nós com plena consciência das particularidades que compõem a nossa individualidade. No Reino, ninguém é "um a mais na multidão!".

O evangelista resume a dramática resposta deles com uma simples frase: Deixando tudo o seguiram.

O que significa este *tudo*? Acaso Ele se referia isto a "tudo"? Somos levados a resistir a ideia de que deixaram *tudo* porque estamos acostumados a um tipo de compromisso que abrange apenas as bordas da nossa vida, uma devoção que é mais de lábios do que de ações. Não percebemos no relato algo que nos mostre que esses pescadores não tenham deixado precisamente TUDO. Não fizeram acertos para que outros tratassem dos seus assuntos. Simplesmente se levantaram e seguiram a Jesus. Ao deixarem as redes e os barcos, deram as costas a um estilo de vida, à segurança econômica, ao conforto que vem de conhecer as pessoas e os costumes do lugar onde viviam.

A dificuldade que enfrentamos para entender essa decisão tão radical revela como a profunda experiência de "conversão" está ausente em nossa vida religiosa, semelhante ao que esses homens vivenciaram. A visão mansa e previsível de Deus que fundamenta muitas vidas não se presta para decisões radicais como a que estes pescadores tomaram. No entanto, o Reino precisa de mulheres e homens dispostos a deixar tudo por Cristo. De tal maneira que se atrevam a permitir que Jesus adentre dramaticamente sua vida diária e imprima algo de "loucura" em suas existências bem organizadas. Atreva-se a crer que Jesus o chamou para um compromisso maior do que assumiu até o momento.

107
NÃO COMO OS ESCRIBAS
Marcos 1:21-45

Agito na Galileia *(Jesus na Galileia)*

Gostaria de convidá-lo para que, nos próximos sete dias, me acompanhe num giro pela Galileia. O ministério de Cristo segue em expansão e cada dia mais pessoas vêm a Ele. Chegou a Cafarnaum e, "depois, [...] logo no sábado, foi ele ensinar na sinagoga. Maravilhavam-se da sua doutrina, porque os ensinava como quem tem autoridade e não como os escribas". Esta última frase é de grande interesse para nós, especialmente para todos quantos temos recebido o chamado para o ensino e a proclamação da Palavra. Ela marca a diferença entre um ministério eficaz e outro, sem resultados. Em sua opinião, que elementos conferem a um ministro uma reconhecida autoridade junto ao povo a quem ele serve?

Os escribas, que originalmente não tinham outra função além de copiar textos, chegaram a ser poderosos e proeminentes membros da sociedade. Durante séculos, atuaram como conselheiros para reis e governantes. Eles se especializavam no ensino e na interpretação da *Torá*, algo que exigia a mais rigorosa dedicação ao minucioso estudo da Lei. A maioria deles pertencia ao grupo dos fariseus, razão pela qual ocupavam os cargos mais importantes no Sinédrio.

É evidente, portanto, que a autoridade que tanto impactava aos que ouviam Jesus não se relacionava com o conhecimento da Palavra. O apóstolo João, em seu evangelho, dá testemunho de que os discípulos viram a glória de Jesus, que habitou entre os homens "cheio de graça e de verdade". Nesta descrição, o evangelista destaca a diferença mais notável entre os escribas e o Filho de Deus.

Quando Cristo é descrito como cheio de graça, Ele se diferencia do mestre que executa seus ensinamentos no melhor estilo dos homens. A graça se refere a essa qualidade que não pode ser produzida, nem manipulada por homem algum, pois é essencialmente divina. É a presença de Deus visivelmente exposta nas ações de uma pessoa. Um mestre, portanto, ensina com autoridade quando o apoio de Deus é percebido em tudo o que fala.

Note que usei o termo "percebido". Não foi Jesus quem reforçou a Sua autoridade. As pessoas que o escutavam declararam ver autoridade nele. Isto só se percebe no espírito. Não requer argumentos, nem análise. Quando uma pessoa ministra com autoridade, os que estão ao seu redor podem percebê-la.

Como podemos ministrar com autoridade? Acredito que a resposta é mais simples do que esperamos: a presença de Deus acompanha os que cultivam um relacionamento com o autor da Palavra, e não simplesmente com a Palavra. Para experimentarmos a alegria desse relacionamento não somente precisamos viver o que pretendemos ensinar aos outros, mas também entender que a Palavra é a porta pela qual podemos nos aproximar mais do Pai. A pessoa que está interessada no Deus da Palavra, e este principal interesse é a transformação da sua vida, refletirá uma autoridade que não possuem aqueles cujo ensinamento são "meras palavras".

Agito na Galileia *(Jesus na Galileia)*

108
FUGIR DA LUZ
Marcos 1:21-45

> Leia os versículos 23-28. Em sua opinião, por que aquele homem se manifestou daquela forma? Qual é o significado das perguntas que ele apresentou ao Cristo? O que fez Jesus? Por que agiu daquela maneira?

O ensino de Jesus que impressionava aos ouvintes ia acompanhado por uma autoridade claramente perceptível. Como vimos no batismo do Messias, o Pai apresentou as "credenciais" de Jesus (*este é o meu Filho amado*) e deu Sua aprovação à missão que em breve começaria. Isto é, Deus mostrou que acompanharia pessoalmente o Filho em Seu ministério. É compreensível, portanto, que diante de Jesus as trevas se manifestem. De fato, enquanto ensinava, um homem com um espírito impuro começou a dar grandes gritos.

Você notará que esta não foi como uma das nossas reuniões organizadas e cuidadosamente planejadas, na qual olhamos com irritação qualquer interrupção no "programa". Os demônios não pedem licença para interromper, nem respeitam a ordem do culto! Perceba que o espírito imundo não se manifestou no tempo reservado para ministrar a essas pessoas. Permita-me uma simples observação sobre este acontecimento: O ministério não acontece em segmentos cuidadosamente organizados em nossa vida. Quando uma pessoa está caminhando em santidade com Deus, as oportunidades para servir ocorrem a qualquer momento. À medida que vamos avançando em nossa aventura de caminhar com Cristo, poderemos ver uma ou outra vez que Ele não saía para buscar os oprimidos, os cegos e os quebrantados. Eles apareciam enquanto Ele falava com os discípulos e anunciava às multidões a chegada do Reino dos céus.

Tampouco vemos em Jesus alguma ação para chamar as pessoas a uma reunião. Elas se agrupavam espontaneamente ao redor dele, enquanto Ele desempenhava o Seu ministério nas ruas, nas praças e nos lugares públicos. Nesse contexto, constantemente "apareciam" pessoas que precisavam ser ministradas por Ele, inclusive aquelas que viviam sob a opressão de um espírito imundo. É este tipo de ministério que tem me levado à firme convicção. Se você e eu dissermos ao Senhor: *Abre meus olhos para eu ver os necessitados e usa-me cada dia para tocar a vida de uma ou duas pessoas*, assim nos veremos cercados pelas oportunidades para ministrar aos outros.

É interessante notar que as pessoas não questionaram a presença de espíritos imundos naquele homem. Não entraram nos intermináveis debates que tanto nos tem distraído enquanto as pessoas clamam por libertação. Elas criam que um ser humano pode estar possuído e atormentado por um espírito imundo. A ciência da psicologia ainda não tinha aparecido para oferecer a explicação de que na realidade era um transtorno da psique. Antes, porém, ficaram maravilhadas em ver que os espíritos imundos obedeciam a Cristo. O que deve nos admirar hoje é que, mesmo quando o homem segue atribulado como nos tempos de Jesus, existam tão poucas manifestações demoníacas em nosso meio.

Agito na Galileia *(Jesus na Galileia)*

109
AGLOMERADOS À PORTA
Marcos 1:21-45

A Palavra diz que: "Então, correu célere a fama de Jesus em todas as direções, por toda a circunvizinhança da Galileia." Qual oportunidade isto trouxe a Jesus? Quais complicações? Como Ele administrou as pressões ministeriais? Leia o próximo segmento do relato (vv.29-39), para descobrir algumas respostas.

É impossível tocar a vida das pessoas por meio das poderosas manifestações do Espírito Santo sem que se espalhem as notícias dos acontecimentos. Como vimos ontem, a fama de Jesus se estendeu rapidamente por toda a Galileia. O reconhecimento pelo povo, no entanto, não era o resultado de uma imagem "produzida" a partir de um projeto. As pessoas simplesmente comentavam o que viam e ouviam, a forma mais simples e pura em que o evangelho se propaga.

O dia começou na sinagoga com o ensino e a cura de um endemoninhado. À tarde, Cristo interveio curando a febre da sobra de Simão. À noite, segundo o relato do evangelista, trouxeram a Ele enfermos e endemoninhados da cidade.

Gostaria de compartilhar com você algumas observações. Primeiramente, se você é usado por Deus para trazer verdadeiro alívio às pessoas, tenha a certeza de que aquele que foi ajudado em seu ministério lhe trará outras pessoas. Você não precisa realizar planos e projetos para que a sua congregação cresça. Basta tocar, de forma dramática, a vida de pessoas necessitadas ao seu redor. Se o fizer, iniciará um movimento de pessoas que não poderá ser detido.

Depois, observe como o relato da vida de Jesus é livre de programação. Ninguém distribuiu panfletos, nem colocou uma faixa na rua anunciando uma "grande cruzada de milagres". Você percebe como o estilo dele era diferente? Nós queremos produzir as oportunidades de ministério, enquanto Cristo ministrava em todo o momento ao transitar pelo caminho em que o Pai o levava. Será que não necessitamos voltar a um ministério mais simples e genuíno?

Terceiro, note que Jesus não se "especializava" em um ministério. Seu dom não era cura interior, libertação de endemoninhados ou a ressurreição de mortos. Ele ministrava onde Deus lhe abria uma porta. Não confunda; não estou negando a existência de dons específicos repartidos de acordo com a soberana vontade do Pai. Entretanto, uma coisa é ter um dom para um ministério e outra coisa é se apresentar como um especialista. Muitas vezes a especialização é nossa forma de utilizarmos os elementos que nos diferenciam dos demais, uma forma de realçar a nossa individualidade. Isto é coisa de homens e não do Reino.

Por último, você terá percebido o ritmo vertiginoso que caracterizava o ministério de Jesus. Não se pode manter esse ritmo sem que se comece a debilitar as estruturas espirituais que mantêm saudável a vida de quem serve. Daí se tornar imprescindível tomar os devidos cuidados para se evitar um desgaste além do necessário. Jesus não possuía uma casa onde se esconder. Não tinha veículo para escapar do assédio das pessoas. Não contava com secretárias que organizassem a Sua agenda ou o protegessem de incessantes interrupções. É claro que estas "vantagens" não são aquelas que produzem o espírito tranquilo que é indispensável para um ministério equilibrado.

Agito na Galileia *(Jesus na Galileia)*

110
CEDO DE MANHÃ
Marcos 1:21-45

> Observe onde Jesus se encontrava na manhã seguinte após uma noite de intenso trabalho em ministrar ao povo. Quais eram as características do lugar onde Ele estava? Que valor tinha esta disciplina na vida de Jesus? O que buscava nesses momentos de solitude com o Pai? Que contraste percebe na atitude dos discípulos?

É possível que hoje, na aventura que estamos compartilhando com Ele, Jesus nos tenha deixado sozinhos. Não me refiro que tenha nos abandonado, mas sim que nós não temos podido acompanhá-lo. Cansados e oprimidos por uma jornada de intensa ministração nós, assim como os discípulos, também teríamos ficado mais um pouco na cama. Nosso corpo, nossa mente e nosso espírito nos pedem descanso. Com certeza Jesus sentia a mesma exaustão, mas escolheu buscar descanso em outro lugar, e não na cama.

Observemos alguns fatos muito interessantes nessa curtíssima descrição da vida pessoal de Cristo. Nós o encontramos num lugar deserto porque o verdadeiro descanso vem de estar na presença do Pai. Quando renovamos o nosso espírito em Deus, até o corpo se recupera. É necessário, porém, termos a certeza de que o descanso de que precisamos vem do alto, não do cochilo, do feriado ou das férias. Estes recessos podem acrescentar algo, mas o descanso profundo que alivia as tensões e as cargas só se consegue quando o espírito se conecta ao Criador.

O texto registra que Jesus se levantou muito cedo de manhã, enquanto ainda estava escuro. Em "A obrigação de descansar", devocional do dia 22 de fevereiro no livro *Eleva teus olhos* (Publicações Pão Diário, 2014), enfatizei que o descanso está incluído nos Dez Mandamentos. Deus não pergunta se precisamos descansar, ou se cremos ser necessário praticá-lo. Ele nos *ordena* que descansemos. Embora pareça uma contradição nas palavras, o descanso é uma disciplina que impomos a uma vida que tende sempre ao ativismo desenfreado.

Na busca de renovação, Jesus foi a um lugar deserto ainda antes de amanhecer. Este é um aspecto fundamental da vida espiritual. Devemos nos afastar do ruído e do movimento se é que desejamos entrar na plenitude da comunhão com o Pai. Não é que Ele não fale conosco quando estamos no meio da agitação, mas é que o nosso espírito facilmente se desorienta num ambiente desses. A madrugada oferece um cenário de silêncio e quietude tão indispensável para produzir em nós um estado de confiante repouso. Note que alguns personagens espirituais se formaram em lugares de solidão e quietude.

O que Jesus fazia naquele momento? Ele orava. O que mais fazia? Ele orava. Não tinha uma Bíblia para ler, nem um livro de meditações. Nada mais havia para fazer do que orar. E que saudável é esta prática! Você precisa fechar sua Bíblia e passar mais tempo em comunhão com o Deus da Bíblia? Em minha vida pessoal, o estudo da Palavra muitas vezes tem me desviado do chamado para orar. Como disciplina, procuro primeiro estar com o Pai e depois, se sobrar tempo, medito na Palavra. Estamos abarrotados da Palavra, mas dificilmente podemos dizer o mesmo sobre a oração!

Agito na Galileia *(Jesus na Galileia)*

111
"PARA ISTO VIM"
Marcos 1:21-45

A agitação que surgiu no povoado pela ministração de Jesus diminuiu apenas nas horas finais da noite. Nem bem clareou o dia, as multidões começaram a buscá-lo. Imagine a confusão que surgiu quando, ao chegarem ao local onde Jesus supostamente descansava, viram que Ele não estava mais ali. Pedro, a pessoa que invariavelmente tomava a iniciativa, despertou os seus companheiros, e decidiram sair à procura de Jesus. Quando o encontraram, Pedro lhe falou: "todos te buscam".

Medite no significado desta frase. Que resposta poderia se esperar de Jesus? Por que Ele preferiu ir a outras cidades? O que esta decisão indica sobre a forma como Ele ministrava?

Não sabemos se Pedro assim lhe falou em tom de reprovação. Os evangelistas registram que em várias ocasiões ao longo do ministério de Cristo diferentes pessoas questionaram atitudes ou ações nele que julgavam inapropriadas. De qualquer modo, as palavras de Pedro comunicam uma clara mensagem e nos atentaremos a ela na reflexão de hoje.

Pedro e o grupo que estava com ele esperavam que Jesus atendesse ao desejo das pessoas e voltasse à cidade para dar continuidade à ministração iniciada na noite anterior. Este é um dos perigos mais sutis enfrentados por todos quantos têm alcançado alguma responsabilidade na igreja. É a tentação de permitir que as exigências das pessoas decidam a maneira de o líder usar o seu tempo e determinem onde ele deve investir a sua energia. Gordon McDonald, em seu livro *Ponha ordem no seu mundo interior* (Ed. Betânia, 1998), afirma com um toque de humor que em muitas congregações é possível dizer sobre o pastor que "Deus o ama e ele [o pastor] tem um plano maravilhoso para a vida de todo mundo"! O fato é que as pessoas ao redor de um pastor expressam de diversas formas as necessidades que têm, e muitas vezes pressionam para que ele se ocupe delas.

É fácil ceder a essa pressão, e, dessa maneira, o ministério é construído em volta das necessidades das pessoas. Sem perceber o que está acontecendo, o líder já não será dono da direção da sua própria vida; esta direção terá passado para as mãos do povo. Não poderá se ocupar dos objetivos e das prioridades que Deus determinou para ele, porque as incessantes exigências o manterão envolvido.

Sem dúvida, devemos estar sempre atentos às necessidades dos que se encontram ao nosso redor. Mas também é necessário permanecer absolutamente claro quanto à missão que nos foi entregue, se não queremos acabar nos distanciando do nosso caminho. Poderíamos passar uma vida inteira atendendo às pessoas sem alcançar outro objetivo do que simplesmente suprir as suas necessidades. Cristo de forma bastante clara declarou a Pedro que as pessoas não podiam decidir o rumo do Seu ministério. Tal como Ele declarou na segunda tentação, os detalhes do Seu ministério são determinados pelo Pai e Jesus deve sempre consultá-lo para estar seguro de que vem trabalhando nas obras que Deus lhe preparou.

Agito na Galileia *(Jesus na Galileia)*

112
"SE QUERES, BEM PODES LIMPAR-ME"
Marcos 1:21-45

> Essa decisão levou Jesus a ter o contato com um leproso. Se você tiver tempo, pesquise sobre as condições em que viviam os leprosos no tempo de Jesus. O que motivou Jesus a tocá-lo? Quais orientações lhe deu? Qual o motivo dessa advertência?

De todas as enfermidades que podiam atribular ao homem da antiga Palestina, nenhuma delas causava uma vida de tão profunda miséria como a lepra. Devido ao alto risco de contágio, os leprosos viviam isolados do restante da população. O texto em Levítico 13:45 dá uma descrição da sua triste existência. Vestiam roupas rasgadas, tinham cabelos compridos, cobriam o rosto e anunciavam em alta voz que eram imundos. Somente os sacerdotes tinham a autoridade para declará-los limpos.

O desespero desse homem é evidente porque se aproximou de Jesus "...rogando-lhe, de joelhos: Se quiseres, podes purificar-me". Quem sabe ele tenha ouvido dos prodígios que Jesus vinha realizando, ou possivelmente ele mesmo tenha sido testemunha desses fatos. De qualquer forma, reconheceu que, em última instância, a intervenção de Jesus dependia da Sua boa vontade para com ele.

Notamos no gesto de Cristo que Ele é movido pelo mesmo impulso que move o coração de Deus, a compaixão. Esta se recusa a parar para avaliar se a pessoa é realmente merecedora ou não da condição em que vive. Em vez de julgar, tenta se colocar no lugar do outro para perceber, na sua própria carne, a profunda miséria e agonia que a ação do pecado produz na vida, uma ação que desfigura a pessoa. A compaixão é, em sua essência, uma reação gerada principalmente no contexto espiritual.

Também temos de destacar que Jesus estendeu a mão e tocou nessa pessoa "imunda". O gesto rompia todos os tabus e temores que tinham levado o povo a uma atitude de dureza com os leprosos. Imagine como o leproso deve ter recebido esse contato, uma vez que há muito tempo não recebia o calor físico do contato com outro ser humano. O gesto indica, uma vez mais, que Deus tem um interesse particular em tocar na vida daqueles que tenham sofrido, de modo especial, o desprezo da sociedade. Assim também deve ser o compromisso do Seu povo. Nosso objetivo é tocar aqueles a quem ninguém quer tocar, amar os que são difíceis de ser amados e honrar os que vivem humilhados.

Segundo o relato de Marcos, ele imediatamente ficou limpo. O evangelista não registra a reação do leproso, embora saibamos que a sua alegria não conhecia limites. Em meio ao seu regozijo, entretanto, o Filho do homem tem algo para lhe dizer, e é a esta Palavra que ele deve dar atenção. Embora não cessemos de nos maravilhar com as milagrosas manifestações de Deus, não devemos jamais perder de vista que a Sua Palavra produz vida em nós, e vida em abundância. Uma vez passada a euforia pela cura, será necessário caminhar na verdade de Deus, que traz cura para a alma ferida. A pessoa que não tem clareza sobre este princípio pode facilmente se distrair com os milagres, cujo impacto sobre o rumo eterno da nossa vida é muito limitado.

Agito na Galileia *(Jesus na Galileia)*

113
MAS...
Marcos 1:21-45

> Ao milagre da cura do leproso, Jesus acrescentou claras instruções. Em sua opinião, o que motivou estas palavras do Senhor? Qual o papel dos sacerdotes em todo o assunto ligado à cura? O que o leproso fez? Por que agiu daquela maneira? Quais foram as consequências da sua desobediência?

Quando leio a Bíblia e encontro um versículo que inicia com uma conjunção adversativa, eu tremo! "*Contudo*, recomeçaram os filhos de Israel a praticar o que era mau perante os olhos do Senhor. Serviram a baalins [...], abandonando o Senhor e não mais lhe prestaram o devido louvor e adoração" (Juízes 10:6 KJA — ênfase adicionada). "*Todavia*, Saul e seu exército pouparam a vida de Agague e tudo o que havia de melhor nos despojos de guerra, do gado miúdo ao graúdo" (1 Samuel 15:9 KJA — ênfase adicionada). "*Entretanto*, Jonas decidiu fugir da presença de *Yahweh*, o Senhor, e partiu na direção de *Tarshish*, Társis..." (Jonas 1:3 KJA — ênfase adicionada). "*Mas*, tendo ele saído, entrou a propalar muitas coisas e a divulgar a notícia, a ponto de não mais poder Jesus entrar publicamente em qualquer cidade" (Marcos 1:45 KJA — ênfase adicionada). Você já percebeu o que essas conjunções indicam? Os nossos "mas" sempre revelam uma ação que contradiz alguma ordem que Deus nos dá.

Você se lembra de algum "mas" em sua própria experiência? Quantas complicações nos vêm por essa obstinada rebeldia! O "mas" evidencia a nossa crença de que existe uma forma melhor de alcançar os objetivos, o nosso desacerto com as orientações que recebemos, ou simplesmente, porque a nossa apreciação de que a proposta de Deus não é viável. Seja qual for a razão para expressarmos os nossos "mas", eles sempre nos levam por um caminho contrário à vontade do Senhor. Sujeitarmo-nos a Ele significa também que estamos dispostos a colocar os nossos "mas" aos Seus pés, "para destruir fortalezas, anulando nós sofismas e toda altivez que se levante contra o conhecimento de Deus, e levando cativo todo pensamento à obediência de Cristo" (2 Coríntios 10:4,5).

O Senhor ordenara que o leproso se apresentasse aos sacerdotes e cumprisse os requisitos determinados pela lei. Nisto, talvez Jesus quisesse que o leproso servisse de testemunha para a dureza dos sacerdotes. Além disso, vemos em Suas palavras uma atitude de submissão à Lei, o que também serviria de exemplo para os que estavam com Ele. Além de cumprir a Lei, Jesus deu instruções específicas sobre a Sua pessoa: "Olha, não digas nada a ninguém". Como essas palavras nos chocam quando as lemos com as lentes da cultura de "estrelas" evangélicas! Estamos tão acostumados a exaltar a pessoa que realiza prodígios, que nos parece tolice não divulgar o fato. Não é este o meio mais apropriado para se alcançar outras pessoas? Sem dúvida, o leproso pensou assim: "Não há por que ser tão humilde".

Jesus não estava interessado em estar cercado pelas multidões. Para aqueles que desejam que o fruto do seu investimento seja permanente, as multidões são um incômodo. A desobediência do leproso trouxe consequências. Cristo já não mais podia entrar nas cidades. A lição é clara: Não importa se entendemos o que nos é pedido, se estamos de acordo ou não. Nem sequer importa como nos sentimos. Só importa que realizemos o que nos foi mandado fazer.

Quatro amigos *(Trazem um paralítico a Jesus)*

114
MINISTÉRIO ESPONTÂNEO
Marcos 2:1-12

Em nossa aventura com Cristo, nos próximos dias seremos testemunhas de um raro acontecimento, um paralítico introduzido numa casa por uma abertura feita no telhado. Para ir preparando nossa mente e nosso coração ao ambiente, leiamos o texto da reflexão de hoje: "Dias depois, entrou Jesus de novo em Cafarnaum, e logo correu que ele estava em casa. Muitos afluíram para ali, tantos que nem mesmo junto à porta eles achavam lugar; e anunciava-lhes a palavra" (2:1,2).

Procure perceber a variedade de pessoas que formam a multidão. Por que chegaram a esse lugar? Quais eram as necessidades deles? O que Cristo podia lhes oferecer? De que maneira eles vivenciaram a interrupção quando o paralítico foi trazido ao interior da casa?

Seria bom se pudéssemos captar o fluir do extraordinário ministério de Jesus Cristo. Para conseguir isto é necessário nos desprendermos de tudo o que acompanha a nossa experiência ministerial. Vejamos se podemos destacar algumas diferenças.

O texto relata que o povo começou a se juntar, quando ouviu que Ele estava em casa. Medite nesta frase. Ninguém saiu para chamar as pessoas. Não se anunciou a chegada de Cristo. Não se realizou uma campanha para que as pessoas soubessem de uma reunião que poderia ser benéfica para elas. Simplesmente correu a notícia de que Jesus estava na cidade. Que tremendo seria se as pessoas percebessem de forma espontânea a presença do povo de Deus, a Igreja, no meio delas! Não seria necessário tanta "publicidade" caso tivéssemos ministérios de alto impacto. Ao contrário, seria impossível que as pessoas não percebessem a existência da Igreja.

Observe também como Jesus aproveitava as situações que eram fruto da espontaneidade. Às vezes, deixamos passar excelentes oportunidades para ministrar porque cremos não existir condições para isso. Entretanto, Cristo reagia ao que Ele via e observava ao Seu redor. Precisamos manter olhos que veem as oportunidades que surgem nos momentos mais raros da vida.

Quando as pessoas se aglomeraram, Jesus começou a lhes anunciar a Palavra, e era isto o que elas mais necessitavam. Não houve introdução, nem palavras de boas-vindas, nem alguns "cânticos" para ir preparando o ambiente. O ambiente já estava pronto. Eles estavam com fome, e Ele começou a lhes ministrar. Simples assim.

Gostaria de acrescentar mais uma observação. Por que o homem não pôde chegar a Jesus pela porta? Se as pessoas o tivessem visto, certamente teriam dado passagem, mas não o viram porque estavam de costas para ele, fascinados pela pessoa de Jesus. O autor Skye Jethany argumenta que esta é uma ilustração adequada para a Igreja. Estamos tão centrados no que acontece em nossas reuniões que temos dado as costas ao mundo e a seus necessitados, e não vemos nem abrimos espaço àqueles que precisam mais do Senhor do que nós mesmos.

A cura do paralítico não foi o resultado do coração compassivo da multidão, mas sim da insistência dos quatro amigos. Que maravilhoso é ter amigos assim! Que o Senhor nos permita cultivar o tipo de sensibilidade com os necessitados para que não os obrigue a entrar pelo telhado.

Quatro amigos *(Trazem um paralítico a Jesus)*

115 QUE AMIGOS!
Marcos 2:1-12

> Leia o relato dos quatro amigos do paralítico. Quais características tinham esses quatro amigos? Quais elementos necessitamos para demonstrar esse tipo de amizade com os nossos amigos?

Em algumas ocasiões, nos deparamos com pessoas que, por diversas circunstâncias, estão de tal forma debilitadas que não têm forças para achar uma solução aos seus problemas. Pode ser alguém, como o caso deste relato, que padeça de algum impedimento físico grave. Poderia também ser uma pessoa oprimida pelas circunstâncias, como aconteceu com Elias, cujo abatimento o fez fugir para o deserto. Seja qual for a causa da sua incapacidade, é-nos concedido o privilégio de fazer por elas o que não podem fazer por si mesmas.

A história desses quatro homens oferece uma excelente ilustração para este princípio. O paralítico não podia chegar até Jesus. Nem sequer sabemos se ele estava interessado em se aproximar dele. Com frequência, pessoas assim têm perdido a esperança e já não acreditam que a sua situação mudará para melhor. O fato é que os quatro amigos decidiram levá-lo até o Cristo. Observe que não se limitaram a animá-lo com palavras, embora com certeza tenham conversado sobre as suas intenções. Entretanto, uma pessoa angustiada precisa ser ministrada por meio de ações concretas. Pouco serve lhe recordar que "todas as coisas contribuem para o bem daqueles que amam a Deus". Existe um tempo quando é oportuno citar a Palavra de Deus e há um tempo que é mais sábio guardar silêncio.

O persistente compromisso dos quatro amigos me faz lembrar a experiência que vivi com a possibilidade de perder a minha filha quando ainda era recém-nascida. Eu me achava completamente exausto pela luta dela para continuar viva. Eu carecia de forças até para orar. Certo dia, uma professora muito querida, enquanto repartia o meu fardo com ela, propôs: "Não ore. Eu vou orar em seu lugar até que Deus lhe renove as forças para orar". Quanto alívio estas palavras trouxeram ao meu coração! Eu estava sofrendo mais pelo esforço de ser um "cristão forte" do que pela luta da minha filha. Estas palavras me serviram para saber que, em tempos de crise, podemos — e devemos — contar com o apoio daqueles que nos amam.

Lamentavelmente, muitas vezes nós que fazemos parte da Igreja, somos os primeiros a abandonar aqueles que mais precisam de ajuda. A nossa atitude garante a convicção de que nosso compromisso não vai além da participação em reuniões. Os quatro amigos, entretanto, nos convidam a percorrer um caminho mais sublime, o mesmo que Cristo percorre em nosso favor.

> *Pai se não realizares a verdadeira transformação em minha vida, quem poderá me livrar do egoísmo cruel que o pecado produz em mim? Abre meus olhos para que veja os "paralíticos" que estão ao meu redor. Dá-me um coração compassivo e vontade firme para me colocar na brecha a favor deles, para que eu possa também desfrutar plenamente a alegria de vê-los alcançados pela Tua boa mão de graça. Amém.*

Quatro amigos *(Trazem um paralítico a Jesus)*

116
VENCENDO OBSTÁCULOS!
Marcos 2:1-12

> Acompanhe os quatro amigos em seus esforços para chegar a Jesus. O que terão sentido quando chegaram à casa? O que decidiram fazer? Quais características possuíam para recorrer a um plano tão original?

Talvez diante da notícia da chegada de Jesus ao povoado, os quatro falaram entusiasmados sobre o quanto seria bom se o amigo se encontrasse com essa pessoa que, segundo todos afirmavam, realizava milagres incríveis. Claro, as probabilidades de que o Mestre da Galileia passasse onde o paralítico estava eram remotas. Além disso, sempre ia acompanhado de grandes multidões. Então, um deles sugeriu que os quatro poderiam levá-lo até onde Jesus se encontrava. Animados com a ideia, foram buscá-lo e juntos saíram para onde o Senhor estava.

Você imagina a decepção deles ao ver o mar de pessoas em volta de onde o Nazareno estava? Esperavam que Ele estivesse ao ar livre para facilitar o acesso, mas Ele estava dentro da casa! Sempre que empreendermos um novo projeto encontraremos obstáculos. Este é um dos fatos mais comuns da vida, e para dizer a verdade, olharíamos com suspeitas se tudo se apresentasse fácil demais para nós. O desafio não é encontrar um caminho sem obstáculos, mas exercer habilidade e destreza na hora de driblar essas dificuldades.

Quem sabe a qual dos quatro amigos veio a ideia de entrar pelo teto! A extraordinária proposta revela uma atitude digna de imitação. Os quatro acreditavam piamente que Jesus tinha o que o paralítico precisava e essa convicção havia colocado no coração deles uma santa angústia por encontrar uma forma de se chegar a Ele.

Ter essa certeza é um elemento fundamental na maneira de nos aproximarmos de Cristo. Caso isso não ocorra, se apoderará de nós uma convicção fora do comum de que não devemos nem podemos desistir na hora de buscar uma solução, mesmo para os problemas mais complexos, todos os nossos esforços serão diminuídos pela falta de entusiasmo. Em muitas ocasiões, tenho ouvido pessoas dizendo: "a única coisa que me resta é orar", mas não afirmam isso com confiança à prova de fogo de que é, verdadeiramente, o único caminho a seguir. Antes, o expressam com a resignação daqueles para quem restam poucas esperanças de ver alguma mudança. A eles Tiago exorta: "Peça-a, porém, com fé, em nada duvidando; pois o que duvida é semelhante à onda do mar, impelida e agitada pelo vento" (Tiago 1:6). Esta qualidade, tão presente nos quatro amigos, é a que Jesus chama de perseverança. Em várias oportunidades Jesus falou aos Doze sobre o valor da perseverança, mesmo quando inicialmente não receberam algum sinal de que conseguiriam o que buscavam. O fato é que as conquistas mais significativas na vida espiritual são concedidas àqueles que mais insistentemente as buscam. Eles são os que creem, contra tudo, que o Pai é fiel e justo para responder ao clamor de Seus filhos, que o buscam com insistência dia e noite. O desânimo simplesmente não encontra lugar onde criar raízes em nesses corações.

Quatro amigos *(Trazem um paralítico a Jesus)*

117 FÉ EMPRESTADA
Marcos 2:1-12

Leia novamente os versículos que descrevem a cena em que o paralítico chega à presença de Jesus. Como o Senhor reagiu? Como era a fé que viu neles? Por que os que estavam presentes duvidaram?

A cena descrita nesta passagem apresenta certas nuances cômicas, não é mesmo? Jesus estava num quarto da casa onde se hospedava. Para onde se olhasse havia gente demais e todos na expectativa de que Ele lhes falasse da Palavra de Deus, explicando, quem sabe, algum aspecto do reino dos céus como era Seu costume. Teriam escutado ruídos no teto? O certo é que repentinamente começaram a cair cacos do telhado sobre a Sua cabeça. Enquanto Jesus procurava seguir naquilo que estava ensinando, abriu-se um pequeno buraco por cima dele. Certa mão apareceu e começou a aumentar a abertura enquanto, como chuva, ia caindo o material de que o teto era feito.

A cena me faz achar graça porque sei como consideramos sagrado mantermos a ordem em nossas reuniões. Para muitas congregações que tenho visitado, a ordem do culto não pode ser alterada. Não se tolera qualquer tipo de variação. Se alguma pessoa ora quando a sua participação não estava programada, ficamos nervosos e incomodados. Não gostamos de interrupções, nem de ações improvisadas! Imagine nossa reação se alguém abrisse um buraco no teto durante uma reunião! Imediatamente enviaríamos os diáconos para resolverem a situação. Suponho que se o Senhor quisesse interromper alguma de nossas reuniões, teria de solicitar permissão, com vários dias de antecedência, para que lhe abríssemos um espaço no programa!

Como se pode levar avante um ministério dirigido pelo Espírito Santo quando estabelecemos uma estrutura tão rígida? Você percebe o estilo de ministério que Cristo desenvolvia? Ele era um oportunista no melhor sentido da palavra. Ele simplesmente aproveitava as oportunidades que iam aparecendo a cada instante. Era flexível e, acima de tudo se mostrava sensível ao que acontecia ao seu redor. Ele não estava preso a um "roteiro". Passando pelos evangelhos encontramos que por vezes as pessoas o interrompiam onde Ele se encontrava, e Ele lhes ministrava embora o tivessem interrompido naquilo que estava fazendo.

Como é importante que nós, como líderes, tenhamos estas mesmas qualidades! Você não vai mudar a vida de ninguém se estiver preso a um programa. As pessoas não são um programa. Elas precisam do cuidado vivo, dinâmico e pessoal.

Jesus viu a fé nos quatro amigos. Não sabemos se o paralítico também possuía fé, mas a fé que aqueles amigos demonstraram foi crucial. Até onde você está disposto a ir pelas pessoas que ama? Teria coragem de "fazer uma abertura no teto" para levá-las a Jesus? Estes homens estavam dispostos a ir aos confins da Terra se necessário. É a mesma atitude que vemos em Epafras. No testemunho que Paulo dá aos colossenses, ele diz: "Saúda-vos Epafras, que é dentre vós, servo de Cristo Jesus, o qual se esforça sobremaneira, continuamente, por vós nas orações, para que vos conserveis perfeitos e plenamente convictos em toda a vontade de Deus" (Colossenses 4:12).

Quatro amigos *(Trazem um paralítico a Jesus)*

118
ELE DIZ BLASFÊMIAS!
Marcos 2:1-12

> "E Jesus, vendo-lhes a fé, disse ao paralítico: Filho, perdoados estão os teus pecados". Se a necessidade do paralítico era tão evidente, por que Jesus perdoou os pecados? Como você teria reagido ouvindo estas palavras? Como os escribas reagiram? Por que reagiram dessa maneira?

Jesus nos surpreende a cada dia porque sempre age de forma inesperada. A necessidade mais urgente do paralítico era a cura para o seu corpo. Pelo menos os seus amigos entendiam assim e nós o teríamos visto do mesmo modo. Em futuros encontros, Cristo atuará diretamente produzindo a restauração física. Nesta ocasião, entretanto, não aconteceu desta maneira.

A declaração de Jesus ilustra quão importante é a sensibilidade ao Espírito, a qual, como vimos no batismo, é fator indispensável para um ministério eficaz. De outra forma, podemos nos distrair com o que, na realidade, são necessidades secundárias. A Bíblia claramente ensina que existe uma relação entre o pecado e a enfermidade. Pelo menos em duas ocasiões, Cristo vinculou uma doença a um estado pecaminoso (João 5:14). Em Deuteronômio, Moisés advertiu aos israelitas de que se não guardassem a Palavra de Deus, o Senhor os feriria "com as úlceras do Egito, com tumores, com sarna e com prurido de que não possas curar-te" (28:27). Por outro lado, quando os discípulos quiseram indagar sobre o pecado do cego, em João 9, Jesus os exortou a simplesmente realizarem a obra para a qual tinham sido chamados.

Isto mostra o perigo que representa construirmos o ministério sobre leis imutáveis. Aqueles grupos, que pretendem sempre encontrar um pecado em cada enfermidade, têm condenado os enfermos a viver sob insuportável peso de culpa. Por outro lado, os que desvincularam a enfermidade do que é espiritual, por anos procuram a cura para algo que claramente é uma doença espiritual. O único que pode revelar o vínculo entre um e o outro é o Espírito Santo, e é a Ele que devemos buscar. Não caia na tentação de crer que você sabe o que está se passando com outra pessoa, ainda que o diagnóstico pareça ser evidente.

O paralítico necessitava primeiro ser perdoado pelos seus pecados, e foi isto o que Jesus Cristo fez. Os que estavam presentes reagiram imediatamente. Acaso não haveria limites para a ousadia deste homem? Como Ele podia pronunciar com tanto atrevimento tal afirmação? Só podemos acrescentar que, aqueles cujo coração decidiu que uma pessoa não está apta para o ministério, sempre vão contrariar aquilo que esta pessoa fizer ou disser.

A questão básica, entretanto, é uma repetição da tentação que o inimigo apresentou a Cristo no deserto: Que autoridade Ele tinha para realizar as obras que fazia? Já vimos o quanto pesavam aquelas palavras que o Pai proferiu no batismo. Todo o ministério do Filho, que seria questionado de vez em quando e ao longo da Sua vida, estava fundamentado naquela aprovação divina. Por isso, é essencial estarmos absolutamente seguros da autoridade que recebemos dele, caso queiramos que o nosso ministério não vacile.

Quatro amigos *(Trazem um paralítico a Jesus)*

119 UMA DEMONSTRAÇÃO GRATUITA
Marcos 2:1-12

Os escribas se opuseram firmemente em seus corações quando Jesus declarou que os pecados do paralítico haviam sido perdoados. Como o Senhor resolveu esta dificuldade? Qual é a importância dessa demonstração?

Os caminhos de Deus, claramente, escandalizam àqueles que andam segundo a carne. A vida no Espírito sempre está em conflito com as estruturas e a sabedoria da nossa mentalidade humana. Em inúmeras ocasiões, tenho visto na igreja pessoas apresentando acusações indignadas contra ensinos ou práticas que "não são de Deus", como se os caminhos do nosso Senhor plenamente coincidissem com a nossa forma de realizar a obra. A verdade é que na maioria das vezes, Ele atua de maneira inesperada. Fazemos bem ao guardar silêncio, buscando o Espírito Santo para que traga luz sobre aquilo que não entendemos. O nosso pior erro está em apressarmos o momento de expressar nossa opinião, caindo no pecado dos doutores da Lei, a respeito de quem Paulo fala nos seguintes termos "pretendendo passar por mestres da lei, não compreendendo, todavia, nem o que dizem, nem os assuntos sobre os quais fazem ousadas asseverações" (1 Timóteo 1:7).

Por outro lado, observamos novamente a tendência, em todos aqueles que são religiosos, para guardar as formas, cuidando excessivamente para "não dar o que falar". Os escribas claramente condenavam as práticas de Jesus, mas ainda assim não estavam dispostos a reprová-lo publicamente. É bom ter em mente que os pensamentos secretos do nosso coração não estão ocultos aos olhos de Deus. Para Ele é o mesmo, termos em segredo ou que o digamos em voz alta, pois Ele tudo vê e tudo conhece. Em nossa busca pela santificação devemos focar o nosso olhar ao que se passa no secreto do nosso coração. Os pensamentos de crítica, condenação ou rancor afetam a nossa vida e o nosso testemunho, e se tornam perceptíveis mesmo que o nosso comportamento externo seja impecável. Cristo "ouviu" o julgamento dos escribas de forma tão clara como se tivessem proferido as palavras. Essa é a vantagem do ministro que caminha guiado pelo Espírito Santo!

Em poucas ocasiões Jesus proporcionou uma demonstração da Sua autoridade, pois Ele preferia descansar integralmente sob o amparo do Pai. É sinal de fraqueza e insegurança sermos obrigados a dar *evidências* do nosso chamado. Paulo fez isto na sua segunda epístola à igreja em Corinto, mas qualificou esta ação como "...um pouco mais na minha loucura..." (2 Coríntios 11:1; 12:11). Entretanto, existem momentos quando tal demonstração se faz necessária. Assim aconteceu com a Igreja Primitiva, para a qual Deus proporcionou, com o caso de Ananias e Safira, uma demonstração dramática da autoridade outorgada aos apóstolos (Atos 5). Cristo percebeu as dúvidas de muitos dos que estavam presentes e achou necessária uma demonstração adicional da Sua investidura como Filho de Deus. De qualquer modo, entendemos que a palavra final em Sua decisão, assim como em todas as questões ligadas ao Seu ministério, foi determinada pelo Pai.

Quatro amigos *(Trazem um paralítico a Jesus)*

120 "EU TE GLORIFIQUEI NA TERRA"
Marcos 2:1-12

> Leia mais uma vez o dramático final desta história. Qual foi o resultado do encontro? Quais efeitos secundários este acontecimento deixou? Que lições tiramos deste relato?

A nossa pequenez como seres humanos se manifesta claramente na parte final desta história. Jesus havia perguntado aos escribas: "Qual é mais fácil? Dizer ao paralítico: Estão perdoados os teus pecados, ou dizer: Levanta-te, toma o teu leito e anda?" A tendência para crer que a cura é mais complexa revela como entendemos pouco da problemática do pecado e do muito que tem desfigurado a essência da nossa natureza humana. Para o Senhor, a cura do corpo nada mais é que uma passagem. Não é assim com a realidade do pecado, que exigiu a morte do Seu Filho para solucioná-lo. Entretanto, a parte espetacular da cura nos leva a crer que nela se veem as maiores manifestações do poder de Deus.

Esta tensão se manifesta de forma permanente no ministério. Elevamos o secundário para um lugar imerecido, e transformamos as curas e libertações no centro da atividade da igreja, como se estas fossem a razão da sua existência. Esquecemos que o corpo caminha para a morte, mas o espírito permanece para sempre. Como servos do Altíssimo jamais devemos perder de vista que o nosso chamado é para redimir as pessoas para a eternidade. Em Sua bondade, Deus acrescenta curas e outras manifestações da Sua misericórdia.

Tão logo Jesus pronunciou as palavras, o homem "...se levantou e, no mesmo instante, tomando o leito, retirou-se à vista de todos". Assim, a intervenção de Cristo foi simples e dramática. Não criou suspense, nem tratou de prolongar o momento, ou buscou uma forma de criar um espetáculo para entreter o povo. A vida de um homem estava em jogo, e o tratou com a dignidade e o respeito que merece cada um dos que foram criados à imagem do Deus eterno.

Observe o resultado da sua ministração: "a ponto de se admirarem todos e darem glória a Deus, dizendo: Jamais vimos coisa assim!". Este deve ser o objetivo de todo ministério conduzido em santidade e temor de Deus — que o Pai receba toda a honra e a glória pelo que se consegue usando os dons e a graça que Ele nos tem concedido. Quanta tristeza produz que os seus ministros, repetidas vezes, lhe roubem a glória que somente pertence a Ele, pois atribuem a si os resultados que são produto exclusivo da intervenção divina!

Há alguns anos, surgiu em meu país um desses pastores "estrela", que as multidões seguem por um tempo. No boletim da igreja vi a foto desse pastor conduzindo uma campanha num estádio de futebol. Na foto, o pastor aparecia parado na frente de um gol e a legenda da imagem dizia: "Outro golaço do pastor". Que triste comentário, não só a respeito daquele homem, mas de todo o povo que o cercava!

Que o Senhor nos dê a graça de servi-lo com a mesma atitude de João Batista: "Convém que ele cresça e que eu diminua" (João 3:30).

Rompendo paradigmas *(Jesus chama Levi)*

121
O TOLO DO MUNDO
Mateus 9:9-13

A passagem que ocupará a nossa atenção no decorrer dos próximos dias relata o chamado de Mateus. Separe um momento para ler o texto e observe os detalhes das cenas.
Senhor, quero seguir descobrindo este Cristo que, como eu percebo, demonstra ser tão diferente do Cristo que eu conhecia. Sei que sempre existirá em mim a tendência de vê-lo através da imagem que eu já tinha formado a respeito dele. Estou disposto a ver os meus paradigmas e preconceitos quebrados, a fim de obter uma revelação mais genuína de ti. Não desejo seguir alguém que não existe. Desejo me relacionar com este Jesus, controverso, imprevisível, radical e apaixonado. Amém.

O texto diz: "Partindo Jesus dali, viu um homem chamado Mateus sentado na coletoria e disse-lhe: Segue-me! Ele se levantou e o seguiu". Já vimos no chamado de Pedro e de outros pescadores como o Mestre é radical neste convite. Resta-nos acrescentar que muitos dos nossos problemas na vida, como discípulos de Cristo, talvez não existiriam caso nossa primeira resposta a Ele tivesse tido nuances mais drásticas. É difícil que uma pessoa deixe tudo sem perceber que o convite de Jesus é um chamado para a absoluta identificação com a Sua pessoa. A expressão "segue-me" claramente implica que há Alguém que estará à frente. O lugar que ocuparemos neste novo relacionamento também fica admiravelmente exposto: devemos deixar nas mãos de outro, o direito de tomar a iniciativa. De agora em diante, o desafio não consistirá em conhecer o caminho, mas em conhecer *Aquele* que nos conduz pelo caminho.

Não é preciso destacar quão profundamente esta proposição contradiz a filosofia predominante deste tempo, que afirma o direito do indivíduo acima da consideração e da responsabilidade para com o próximo. O "eu primeiro" tornou-se o lema que conduz a nossa existência. Nesta perspectiva, a autorrealização é a meta, e o obstáculo são as pessoas que pretendem negar os nossos direitos. Impregnados desta visão, torna-se difícil assumir o compromisso: *abandono tudo quanto é meu e coloco minha vida e minhas ambições nas mãos de outro*. Entretanto, Cristo não admite discípulos, a não ser nestas condições.

Precisamos observar algo mais. Como bem sabemos, os publicanos eram as pessoas mais desprezadas em Israel, bem mais do que as meretrizes e os samaritanos. Eram pessoas que enriqueciam vendendo "sua alma" ao opressor do povo. Novamente, Jesus mostra a Sua absoluta indiferença em relação aos parâmetros sociais que consideramos sagrados ao escolher um publicano para ser Seu discípulo. Pelo nosso critério, ele não possui capacidade alguma para servir o Filho de Deus. No entanto, a Palavra nos lembra: "Pelo contrário, Deus escolheu as coisas loucas do mundo para envergonhar os sábios e escolheu as coisas fracas do mundo para envergonhar as fortes; e Deus escolheu as coisas humildes do mundo, e as desprezadas, e aquelas que não são, para reduzir a nada as que são" (1 Coríntios 1:27,28). Bendito seja o Seu nome!

Rompendo paradigmas *(Jesus chama Levi)*

122

COMER COM PECADORES
Mateus 9:9-13

> Leia o relato sobre o chamado de Levi. O que Jesus fez depois de chamá-lo? Por que Mateus o convidou para ir à sua casa? Por que Jesus aceitou o convite? Que princípio ministerial o seu comportamento revela?

Semanas atrás procurei surpreendê-lo com uma pergunta: O Jesus que você conhece vai a festas? Ele ri com os demais convidados? Gosta de uma boa piada? Aprecia as comidas que foram preparadas? Degusta o vinho oferecido aos convidados? Naquela ocasião, as perguntas surgiram porque estávamos com Cristo numa festa de casamento. Mais uma vez, hoje nós o vemos participando de um banquete. O relato nos conta que "estando ele em casa sentado à *mesa*, chegaram muitos publicanos e pecadores e sentaram-se juntamente com Jesus e seus discípulos".

Temos visto como Jesus sistematicamente quebra os paradigmas dos religiosos. Não encontramos maiores problemas com isto desde que esses paradigmas sejam dos fariseus. Mas não há escapatória! Ele também começa a romper os nossos próprios paradigmas. Quem sabe, isto mostre que cada um de nós tem igualmente algo de fariseu. Quer dizer, gostamos que a vida siga uma ordem e uma estrutura determinada, e preferivelmente seja aquela que nós mesmos impomos. O Senhor, entretanto, se mostra pouco preocupado na hora de adentrar ao nosso mundo. De vez em quando Ele nos leva a caminhos nos quais nossas queridas estruturas são abaladas e desmoronam. A experiência não é agradável, mas é o meio mais eficaz para que busquemos nos refugiar em Sua pessoa.

Nesta ocasião, vemos Jesus num jantar rodeado de pecadores e publicanos. Você conhece o ambiente; os excessos não acontecem só na comida, mas também na bebida, nas piadas grosseiras e nos comportamentos inapropriados. Em meio a esse contexto, sem dúvida decadente, está Jesus, o Filho de Deus. Para dizer a verdade nós nos sentiríamos mais à vontade se Ele estivesse sentado na primeira fila de uma sinagoga. Entretanto, Ele está ali, no meio desse barulhento encontro de pecadores.

É inevitável nos perguntarmos o porquê de Ele estar ali, o mesmo questionamento dos fariseus. Existe, porém, outra pergunta de maior peso, que é esta: Por que os publicanos e os pecadores queriam estar com Ele? O que viam em Jesus, e que não encontravam nos fariseus? Evidentemente eles se sentiam amados por Ele e não condenados. E você, tem muitos amigos não-cristãos? Convida-os para as suas reuniões e encontros? Eles desejam estar com você ou percebem que você os considera "condenados"? É fácil demais ficar preso a um estilo de vida que nos isola daqueles que mais necessitam da nossa companhia.

A vida de Mateus sofreu uma reviravolta. Acostumado ao desprezo e ao ódio, Jesus lhe propôs um relacionamento. Ele lhe havia dito, de fato "tenho interesse em sua companhia". O impacto foi tão dramático que ele convidou a todos os seus amigos para conhecerem o homem que lhe dera atenção. Jesus, que amava profundamente as pessoas, com satisfação aceitou o convite. De que outra maneira iria conhecer os amigos de Mateus? Que tremenda oportunidade... para amar!

Rompendo paradigmas *(Jesus chama Levi)*

123 MISERICÓRDIA QUERO
Mateus 9:9-13

> Observe a reação dos fariseus. Quais convicções percebemos por trás dessa pergunta? Como Jesus respondeu? Por que citou aquele versículo? O que nos alerta sobre Suas prioridades?

A indignação dos fariseus claramente demonstra que eles pensavam que Jesus poderia estar aproveitando melhor o Seu tempo de outra maneira. Poderia estar envolvido, por exemplo, com alguma das muitas disciplinas que eles praticavam para cultivar uma vida de maior devoção a Deus. Estar reunido com outros religiosos, discutindo diferentes aspectos da interpretação da Lei. Podia estar... não quero seguir pensando em alternativas porque me vem à mente todas as atividades que tanto nos ocupam como povo evangélico, sempre destinadas a garantir o bem-estar dos que já pertencem ao povo de Deus. Preferimos que eles venham às nossas reuniões, em vez de irmos nós às suas reuniões.

Jesus, percebendo tal estilo de vida tão pouco comprometido com os outros, falou: "Os sãos não precisam de médico, e sim os doentes. Ide, porém, e aprendei o que significa: MISERICÓRDIA QUERO E NÃO HOLOCAUSTOS; pois não vim chamar justos, e sim pecadores [ao arrependimento]" (v.13 — ênfase adicionada).

Ao afirmar que os enfermos precisavam de médico, Jesus volta a enfatizar Suas prioridades como Servo do Altíssimo. Foram as mesmas que apresentou em Nazaré. Naquela ocasião, Ele declarou que a Sua unção o capacitava para uma missão específica: ministrar aos oprimidos, aos enfermos, aos quebrantados, aos cegos e aos presos. Por este motivo, Ele se encontrava no local certo que lhe facilitava um contato mais natural e mais próximo com este tipo de pessoas.

Devemos observar algo mais. Cristo aconselhou os fariseus que procurassem interpretar o significado de uma frase do profeta Oseias: "misericórdia quero e não holocaustos". É claro que não era simplesmente um problema de prioridades, mas de algo mais sério e profundo: uma atitude de desprezo para com os que estavam em pecado. É por este assunto que mais tremo, pois vejo quão fácil é para eu formar uma convicção de que os pecadores não devem ser favorecidos em nada. Vejo como sou rápido em expressar indignação por sua conduta, como se fosse possível um pecador fazer outra coisa que não pecar!

A misericórdia é a atitude que me leva a conceder ao próximo não o que ele merece, mas o que necessita. Tal atitude garante a eficácia dos nossos esforços para chegarmos perto dos que estão ao nosso redor. Se as pessoas não percebem que são amadas e preciosas, não ouvirão o que temos para lhes comunicar. Muitas vezes, contudo, transmitimos a mensagem de que o nosso interesse por elas é que se "alistem" em nossos programas.

Cristo queria chamar os pecadores ao arrependimento. Para conseguir isto, Ele estava disposto a se aproximar deles e entrar no seu mundo, tendo interesse pelas suas atividades e participando dos seus encontros. As pessoas sentiam que eram amadas e por esta razão estavam dispostas a ouvi-lo. Que Deus, em Sua bondade, nos revista da Sua misericórdia para que nos sintamos livres para frequentarmos às festas dos que estão perdidos, e isto simplesmente porque os amamos!

124. CHAMOU PARA SI OS QUE ELE QUIS
Marcos 3:13-15

Companheiros de jornada (Jesus chama os Doze)

> Leia o texto de hoje. Indique os elementos que, pelo seu critério, fizeram parte da convocação dos Doze.

Como é interessante esta frase no texto de hoje! "Depois, subiu ao monte e chamou os que ele mesmo quis, e vieram para junto dele". Isto indica uma clara diferença entre as práticas mais comuns naqueles dias e o estilo ministerial de Cristo. As pessoas que desejavam se associar a algum mestre, na qualidade de aprendizes, buscavam àquele que melhor servisse aos seus interesses. Jesus, entretanto, nunca trabalhou com voluntários. O Reino está estruturado somente por aqueles que foram chamados, apesar de nos ser custoso nos desprendermos do costume de testemunhar dizendo como "encontramos Jesus". Como é benéfico nos lembrarmos de que Ele nos encontrou primeiro!

Temos alguma vantagem ao reconhecer esta sequência? Em minha opinião, é uma verdade importante. Ela revela a correta dimensão da vida espiritual, na qual entendemos que toda iniciativa existente em nós sempre nasceu primeiro no coração do Pai. Mas também nos dá uma chave sobre a forma mais eficaz para enfrentar a tarefa de formar novos obreiros. Isto requer de um líder que ele primeiro identifique as pessoas idôneas para o projeto no qual está envolvido. Tenho a certeza de que estas pessoas se encontram em cada congregação, porque Deus, em Sua bondade, providencia os recursos humanos de que os Seus pastores necessitam. Entretanto, um grande número de líderes passa o tempo lamentando a falta de colaboradores à sua volta. Não devemos orar por colaboradores, mas por olhos através dos quais possamos enxergá-los.

Este fator é tão básico que, segundo o evangelho de Lucas, Jesus passou uma noite em oração antes de chamar os Doze. Este tempo de intensa comunhão com o Pai tinha um propósito definido: receber orientações quanto aos próximos passos a seguir. Neste sentido, não é correto dizer que Jesus escolheu os Doze. Antes, porém, foi a pessoa encarregada de lhes comunicar a decisão do Pai, pois o Pai já havia escolhido os que iam ser apóstolos. Cristo claramente confirmou a soberania de Deus neste processo quando orou: "Manifestei o teu nome aos homens que me deste do mundo. Eram teus, tu mos confiaste, e eles têm guardado a tua palavra" (João 17:6).

Ter a convicção de que estamos trabalhando com pessoas que Deus escolheu é essencial para perseverarmos na obra formadora que nos foi confiada. Em muitos momentos, estes discípulos vão falhar. Descobriremos fraquezas e atitudes imaturas em suas vidas que nos convidarão a desistir da tarefa de formá-los. Em certas ocasiões, seremos tomados por dúvidas sobre a sua capacitação para o ministério. Nosso único apoio nesses momentos *será* a convicção de que Deus os separou para serem formados. Se Ele os escolheu, poderemos descansar na certeza de que são pessoas idôneas para o caminho à frente.

Companheiros de jornada *(Jesus chama os Doze)*

125
RELACIONAMENTOS QUE TRANSFORMAM
Marcos 3:13-15

> O texto de Marcos provê uma das poucas descrições da missão de Cristo. Leia-o com atenção. Quais são os elementos que compõe essa missão? Que princípios são revelados?

Embora a passagem de hoje seja curta, nela encontramos uma maravilhosa descrição da estratégia a seguir, um plano de trabalho para a transformação desses discípulos em apóstolos. É bom examinarmos as suas regras, pois nos darão pistas claras sobre como levar adiante a tarefa de formar obreiros, que é uma das responsabilidades mais importantes de todo líder.

A primeira regra desta estratégia orienta a "estar" com Jesus. Quer dizer, caminhar com, rir com, ministrar com, e participar das muitas atividades cotidianas do ser humano. Creio que ainda não temos entendido o incrível potencial de compartilhar a vida com outra pessoa. As mais sólidas lições da vida se aprendem assim.

É por isto que um princípio fundamental da estratégia de Cristo foi "habitar entre os homens". Enquanto caminhava com eles e compartilhava as Suas experiências, abriu-lhes a oportunidade de ver a Sua glória. O impacto foi tão profundo que o apóstolo João, ao escrever sua primeira carta, declara que o seu desejo era comunicar: "O que era desde o princípio, o que temos ouvido, o que temos visto com os nossos próprios olhos, o que contemplamos, e as nossas mãos apalparam, com respeito ao Verbo da vida e a vida se manifestou, e nós a temos visto, e dela damos testemunho..." (1 João 1:1,2).

Os deslumbrantes ministérios conduzidos a partir dos púlpitos dos templos, salões e estádios, jamais conseguirão um impacto tão profundo sobre a vida de pessoas como a oportunidade de caminhar com uma pessoa santa. Aqueles ministérios podem inspirá-las, mas tão logo as pessoas voltem à sua rotina, as frases impactantes e o "bom momento" vivido ficarão no esquecimento. Para formar discípulos, requer-se algo muito mais intenso e duradouro, como o que se oferece num relacionamento a longo prazo com uns poucos.

É pequeno o número de líderes dispostos a assumirem um compromisso mais pessoal com o seu povo. Quem sabe o motivo seja porque a estratégia pressupõe manter um tipo de vida digno de imitação. Com frequência, mantemos nossa vida escondida do olhar público porque não suportamos o escrutínio daqueles que estamos formando. Existem inúmeras incoerências e contradições para permitir que os demais tenham livre acesso a ela. Porém, este continua sendo o meio mais eficaz e dramático pelo qual podemos impactar a vida de alguém a longo prazo.

Em minha opinião, este acesso é a razão dos evangelhos conterem relatos tão curtos. A intensa formação de vida que aconteceu dentro do contexto desse relacionamento não pode ser contido em nenhum relato. É importante destacar a ausência de ensinos do Mestre sobre uma diversidade de assuntos sobre os quais poderíamos ter uma doutrina claramente definida. Isso acontece porque grande parte do processo de formação aconteceu fora do âmbito das palavras, em que a vida era influenciada no contexto de inúmeros e variados momentos cotidianos. A existência da Igreja se deve, exatamente, à eficácia do método que Cristo escolheu.

Companheiros de jornada *(Jesus chama os Doze)*

ENVIADOS A PREGAR
Marcos 3:13-15

Ontem refletimos sobre a importância de compartilharmos nossa vida, de forma íntima, com pessoas que desejamos formar. Se você não mantém esse tipo de relacionamento com os outros, por que não dedica alguns momentos para pedir a Deus que o conceda? *Senhor, quero deixar marcas na vida de algumas pessoas. Abre meus olhos para ver aqueles que necessitam ter esta experiência. Conduz-me a um relacionamento que permita um verdadeiro intercâmbio de vida. Quero ser um imitador de Jesus Cristo. Amém.*

Gostaria de voltar a um assunto que atentei parcialmente no devocional anterior. Um ministério eficaz se baseia numa realidade fixa: se a atividade formadora vai continuar em nossa própria vida é necessário que respeitemos a sequência destas três ordens. Quer dizer, não podemos permitir que os ministérios da pregação, cura e libertação coloquem de lado a importante necessidade de "estar com Ele". Em minha experiência, tenho visto que este é o ponto em que vemos fraquejar aqueles que estão com alguma responsabilidade dentro da igreja. O turbilhão de atividades e a interminável sequência de reuniões consomem o tempo e acabamos na mais triste das ironias: servimos o Deus para quem não reservamos tempo para estar em Sua companhia. Sem perceber, nos transformamos em profissionais do evangelho.

Para Jesus, ter tempo com o Seu Pai era uma prioridade. Com frequência, Ele se afastava para lugares solitários a fim de orar. Mesmo em meio às circunstâncias mais desgastantes, Ele prezava um relacionamento profundo e íntimo com Deus. A partir de Seu exemplo, podemos afirmar este princípio: se você não separar tempo na sua agenda para estar com o Pai ninguém o fará por você. Esses encontros diários devem ser planejados e defendidos com firmeza. São encontros sagrados dos quais dependem a nossa saúde e a nossa eficácia como ministros.

Como em todos os assuntos relacionados com o Reino, esta verdade reflete um conflito com a segunda ordem desta estratégia divina: enviar os apóstolos para pregar. Existe um grande contingente de pessoas na igreja cujo único propósito é desfrutar do seu relacionamento com Deus. Jamais se cansam de pedir bênçãos para a própria vida, e procuram cada dia sensações agradáveis, que, de acordo com o momento, garantem que "estão perto de Deus". No entanto, devemos reconhecer que é impossível estar perto do Senhor por muito tempo sem que Ele nos leve a ver os que vivem em angústia, trevas e falta de esperança. Mesmo que a nossa formação seja precária, Ele nos envia a compartilhar com eles as boas-novas de Cristo. Assim aconteceu com o homem geraseno. Ele queria se unir a Cristo, mas Jesus lhe ordenou: "Vai para tua casa, para os teus. Anuncia-lhes tudo o que o Senhor te fez e como teve compaixão de ti" (Marcos 5:19). Estas devem ser as primeiras orientações que precisamos dar aos que se convertem para que desde "crianças" se acostumem a compartilhar aquilo que tanta alegria lhes traz. Para isto, não é necessário ser alguém maduro e formado. Quem experimentou na sua vida pessoal a misericórdia de Cristo, já possui a mensagem para compartilhar com outros.

127 NÃO PREVALECERÃO
Marcos 3:13-15

> Volte a ler o texto de Marcos 3. Qual é a terceira ordem incluída na estratégia de Cristo para com os Doze? Por que a missão inclui ministérios de libertação e cura? Por que necessitamos de autoridade para executar estes ministérios?

Fico maravilhado ao ver que estas poucas linhas podem guardar princípios tão profundos e fundamentais para o ministério. Espero, de todo coração, que meus modestos esforços para compartilhar alguns pensamentos sobre este texto tenham despertado em você o desejo de estudar a passagem minuciosamente. O Espírito pode nos dar algumas ideias para o nosso trabalho na formação de obreiros.

A terceira ordem na estratégia de Jesus era dar autoridade aos apóstolos para curar enfermidades e expulsar demônios. Isto mostra, com clareza, que a tarefa de pregar as boas-novas é incompleta por si mesma. A mensagem deve ir acompanhada das mais dramáticas demonstrações de que o Reino adentra as trevas e retira do inimigo o poder de provocar enfermidades e envolvimentos de origem espiritual. O chamado do discípulo é participar, ao lado de Cristo, na expansão do Reino, avançando contra as trevas até mesmo às portas do inferno.

De fato, no Novo Testamento, os sinais, os milagres e os prodígios eram vistos como a confirmação da pregação da Palavra. Quando João Batista duvidou da identidade de Cristo, esta foi a contundente resposta que Jesus lhe enviou: "Ide e anunciai a João o que vistes e ouvistes: os cegos veem, os coxos andam, os leprosos são purificados, os surdos ouvem, os mortos são ressuscitados, e aos pobres, anuncia-se-lhes o evangelho" (Lucas 7:22). Considere, também, a oração dos apóstolos no livro de Atos: "...agora, Senhor, olha para as suas ameaças e concede aos teus servos que anunciem com toda a intrepidez a tua palavra, enquanto estendes a mão para fazer curas, sinais e prodígios por intermédio do nome do teu santo Servo Jesus" (4:29,30). Do mesmo modo, o apóstolo Paulo declara à igreja de Roma: "Porque não ousarei discorrer sobre coisa alguma, senão sobre aquelas que Cristo fez por meu intermédio, para conduzir os gentios à obediência, por palavra e por obras, por força de sinais e prodígios, pelo poder do Espírito Santo; de maneira que, desde Jerusalém e circunvizinhanças até ao Ilírico, tenho divulgado o evangelho de Cristo" (Romanos 15:18,19).

Em sua carta à igreja em Corinto, o apóstolo diz que "...o reino de Deus consiste não em palavra, mas em poder" (1 Coríntios 4:20), e esta verdade deve ser a inevitável conclusão da reflexão de hoje. Em todo lugar onde o evangelho se limita somente às palavras, provocam-se prejuízos ao Reino.

Em conclusão, gostaria de enfatizar que esta autoridade sobre as trevas é delegada. Não podemos consegui-la a não ser que Cristo a outorgue, e Ele a concede porque ela lhe foi entregue para que a Sua Igreja participe plenamente das Suas obras. Temos sido chamados para uma guerra santa, a qual deve necessariamente envolver algo mais do que entoar "cânticos de guerra" em nossas reuniões. Avancemos com ousadia em todos os lugares onde o Espírito nos conceder entrada!

Não é lícito! *(Jesus e o dia de descanso)*

128
BETESDA
João 5:1-20

> Uma das limitações ao nos aproximarmos das Escrituras é a grande distância que nos separa do momento quando aconteceram os fatos ali relatados. E não falo só da distância cronológica, mas também no aspecto cultural. Devido a isso, em certas ocasiões será bom tentarmos imaginar uma cena conforme descrita nos versículos de 1 a 5 no texto de hoje. O que você percebe entre essa multidão de enfermos em Betesda? Como vivem estas pessoas? Qual é a sua maior frustração?

Numa das viagens que Jesus fez a Jerusalém, Ele passou junto a esse tanque, que em hebraico se chama Betesda. O cenário descrito por João sobre aquele lugar mostra que era terrível, porque perto do tanque uma multidão com diversos problemas físicos esperava a oportunidade de serem curados. Com certeza, a imagem de desesperança retratada naquele penoso local era tremenda, pois aqueles doentes não recebiam qualquer cuidado médico. Em vez disso, sabemos que ali se reuniam os que haviam perdido a esperança de encontrar uma solução por algum outro meio. A falta de higiene entre esse aglomerado de gente deve ter sido total, assim certamente poucas pessoas saudáveis se aproximariam do tanque a menos que fosse absolutamente necessário.

De acordo com o relato de João, um anjo descia ocasionalmente e agitava as águas, e apenas o afortunado que primeiro conseguisse descer às águas era curado. Não tentaremos entender o que acontecia nesses instantes da visitação celestial, mas nos impacta como eram imprevisíveis as oportunidades oferecidas num local onde estavam reunidos tantos necessitados. A cura era, em última instância, um assunto completamente relegado à sorte. Por isso, os doentes mais graves estavam em tamanha desvantagem, pois não contavam com as condições necessárias para se mover rapidamente no momento em que o fenômeno acontecia.

Entre aqueles que nunca tinham conseguido chegar à água, havia um homem que por 38 anos estivera próximo ao tanque. O nosso coração se condói ao refletir sobre essa trágica descrição. Trata-se de 1.976 semanas, ou quase 14 mil dias! Quanta vida desperdiçada; quantas oportunidades que esse homem jamais pôde aproveitar porque passou toda a sua existência à espera do milagre que nunca chegara.

O homem junto ao tanque de Betesda representa milhões de seres humanos cuja vida acontece sem o mínimo vestígio de esperança, pessoas que nascem e morrem em total pobreza, ou vivem sob a mais cruel opressão e não recebem quaisquer das muitas bênçãos e abundantes benefícios que nós usufruímos a cada dia. Que lamentável é, portanto, que aqueles que mais possuem não sejam abundantes em ações de graças para com o Deus que tem sido tão generoso para com eles. Nada do que temos usufruído conseguimos por mérito próprio, mas pura e exclusivamente porque o Senhor tem sido bondoso para conosco. Assumamos o compromisso de praticar diariamente a disciplina da gratidão sem jamais nos esquecermos de nenhum dos Seus benefícios.

Não é lícito! *(Jesus e o dia de descanso)*

129

QUERES FICAR SÃO?
João 5:1-20

> Leia os versos 6 a 9. Pense na pergunta que Jesus fez ao enfermo. Qual era a intenção que o levara a fazer tal pergunta? Lembre-se de que Jesus não pergunta só por perguntar. Como o enfermo interpretou a pergunta? Como Jesus respondeu?

Na meditação anterior, atentamos às deploráveis condições do local onde se encontravam os doentes. Ali se instalavam à espera, dia após dia, do momento em que as águas seriam agitadas para em seguida avançarem freneticamente esperando chegar primeiro, e assim receber a desejada cura. Uns poucos afortunados haviam conseguido, mas ficava uma multidão para quem a vida inevitavelmente passava.

Temos de aceitar o fato que, tal como aconteceu em outras ocasiões, Jesus foi impelido pelo Espírito Santo a chegar a esse terrível local. Com certeza, sentiu profunda compaixão pelo homem que passara ali 38 anos, e quem sabe, era o residente mais antigo daquela estranha comunidade. Ao perceber a sua situação, lhe perguntou: "Queres ser curado?".

A verdade é que esta pergunta nos confunde. O homem não passou todo esse tempo precisamente ali porque mantinha a esperança de ser curado? A pergunta, então, parece não ter sentido. Entretanto, se refletirmos na condição deste homem podemos concluir que fazia muito tempo que ele tinha perdido a esperança de ser realmente curado. De fato, ele revela isto em sua resposta, pois a angústia que sofria nunca lhe permitiria chegar à agua antes dos outros enfermos. De alguma forma, portanto, creio que ele havia caído em profunda resignação, convivendo com a sua enfermidade e procurando tirar alguma vantagem da sua condição.

A situação dele nos faz lembrar do povo de Israel que vivia em escravidão no Egito. Eles tinham perdido a esperança de alguma mudança, e com profunda resignação, se entregaram à situação na qual se encontravam. Estou convencido de que Deus enviou as pragas não só para que os egípcios os libertassem, mas também para que eles criassem a disposição de começar a marchar. Às vezes, com essa perversa característica que o pecado traz à nossa vida, entregamo-nos à condição precária na qual vivemos e descartamos a ideia de que a vida possa ser de outra maneira. Quer dizer, aceitamos com resignação a nossa condição e procuramos adaptar nossa vida a ela.

A pergunta de Cristo é radical: "Você está disposto a enfrentar a vida sem a sua enfermidade"? Na minha experiência com muitos enfermos e angustiados, uma vida saudável se torna mais problemática do que conviver com a enfermidade. Eles formaram todos os seus relacionamentos em torno da enfermidade e a usam para despertar compaixão ou ganhar alguma esmola. Sem ela, serão obrigados a enfrentar os desafios da vida por si mesmos, sem mais contar com o "auxílio" que outros lhes dispensavam devido a sua debilidade.

O homem não entendeu o que Jesus estava oferecendo, mas assim mesmo o Senhor o curou. Uma vez mais, vemos que o Reino não é para os entendidos, mas para os que pela pura graça, recebem dos Céus um presente sem qualquer mérito. Num instante, os 38 anos de espera haviam chegado ao fim, e o homem começou a andar.

130 — MALDITO LEGALISMO!

Não é lícito! *(Jesus e o dia de descanso)*

João 5:1-20

> O que Jesus fez depois de curá-lo? Por que o deixou sozinho? Qual foi a sua primeira experiência com o mundo saudável? O que os judeus pretendiam?

João nos conta que o homem apanhou o seu leito e saiu andando. Podemos imaginar o espanto e a alegria que se apoderou dele, pois ao longo de quase quatro décadas não pudera se movimentar. Em meio a esse assombroso cenário, deparamo-nos com algo fora do comum. Um grupo de judeus legalistas fazem-no parar e dizem que não era permitido que carregasse o leito no dia de descanso! O que esperavam da parte dele? Que ele regressasse ao tanque de Betesda, para novamente ocupar o lugar que durante tantos anos estivera? O comentário dos judeus nos deixa perplexos porque não podemos crer que haja pessoas tão aferradas à Lei que tenham perdido todo vestígio de bondade para com os outros.

O legalismo é o refúgio dos medrosos. Não os move a preocupação de andar com Deus, mas sim o medo de agir de modo reprovável, porque ao serem reprovados por Ele, virá o castigo sobre as suas vidas. Por não confiarem num relacionamento construído sobre um amor ilimitado e perdoador, eles se veem na necessidade de tomar cada instrução que tenham recebido para convertê-la num rigoroso mandamento, que não dá espaço à fragilidade do ser humano, nem à sua inclinação ao pecado. As ordens do Senhor estabelecem um caminho que devemos seguir, mas a obediência cega esconde as mesmas características espirituais herdadas do nosso Criador, convertendo-nos em máquinas que só cumprem a tarefa determinada para elas. Esses judeus cheios de si são o melhor exemplo do que o legalismo produz em nós: pessoas severas e incapazes de celebrar a libertação de um enfermo, de uma vida sem sentido.

Assim como aconteceu em outras ocasiões, Jesus saiu de cena, deixando o homem curado na obrigação de enfrentar sozinho as acusações dos judeus. Para piorar, ele nem sequer sabia quem o havia curado. Nisto confessamos estar perplexos, pois sempre que organizamos algum evento para abençoar as pessoas, esperamos que elas se convertam e comecem a assistir às reuniões conosco. Se não o fazem, pelo menos desejamos que "tomem uma decisão" por Cristo. Não encontramos esse espírito mercenário em Cristo: "eu te dou algo, mas tu deves me dar algo em troca". O Seu amor é generoso e livre de condições, embora isto nos escandalize muito.

Não erramos, tampouco, ao afirmar que um grande milagre na vida de uma pessoa não resolve todos os seus problemas. Em certas ocasiões, o nosso empenho em conseguir algo é tanto que nos convencemos de que a vida seria completamente diferente se Deus nos concedesse o que buscamos. Esta convicção é uma das muitas mentiras que nos vende o nosso próprio coração enganoso. Muitas das pessoas que foram dramaticamente visitadas por Deus experimentaram maiores problemas depois de serem transformadas por Ele. Percorra a Palavra e você comprovará isto vez após vez. Uma grande bênção também traz como consequência a oposição e a provação.

Não é lícito! *(Jesus e o dia de descanso)*

131
NÃO PEQUES MAIS
João 5:1-20

> Volte a ler os versos 10 a 14. Jesus finalmente se encontrou com o homem no Templo e lhe deu uma severa advertência. O que Ele quis mostrar ao homem? Qual é a relação entre o pecado e a enfermidade?

Não sabemos quanto tempo levou até o homem voltar a se encontrar com Jesus. O fato é que esse período, quando teve de se defender dos ataques dos judeus, serviu para ele se firmar na nova vida que iniciara. Parece-nos crueldade deixar que uma pessoa se defenda sozinha diante de tão implacáveis perseguidores. Entretanto, muitas vezes é maior o dano infligido ao ser superprotegido porque não lhe damos a oportunidade para desenvolver seus mecanismos de defesa, que são o segredo para o seu futuro crescimento.

A aparente falta de interesse de Jesus em forçar o homem para uma decisão espiritual, como discorremos anteriormente, chama a atenção. A nossa impaciência muitas vezes nos leva a atropelar as pessoas, buscando a forma de obrigá-las a uma decisão quando ainda não é o momento oportuno. O obreiro sábio, porém, entende que os tempos são determinados pelo Senhor da vida. Ao colocar os Seus olhos numa pessoa, Ele está disposto a usar todos os meios para, finalmente, levá-la a uma confrontação com a Verdade. As decisões que mais tempo perduram são aquelas que têm dado à pessoa a possibilidade de refletir sobre as implicações do passo que dará. Para tanto, é necessário respeitar os espaços e o tempo que cada pessoa precisa.

Jesus, finalmente, voltou a se encontrar com o homem. Ainda neste segundo encontro não percebemos um claro chamado para segui-lo. Porém, o Senhor decide exortá-lo: "Olha que já estás curado; não peques mais, para que não te suceda coisa pior. Eis que já estás são; não peques mais, para que te não suceda alguma coisa pior". As Suas palavras parecem indicar que neste caso particular a enfermidade era o resultado direto de uma situação de pecado. De fato, na Bíblia existem muitas evidências de que o pecado traz como consequência uma enfermidade. Basta recordar o caso de Miriã que, como resultado da sua rebeldia contra Moisés, ficou coberta pela lepra (Números 12:10), ou o caso de Herodes que decidiu tomar para si a glória que a Deus pertence, e morreu comido por vermes (Atos 12:23).

Apesar de receber estas advertências, devemos também entender que este não é um princípio inviolável que se cumpre rigorosamente em todos os casos. Deus repreendeu os amigos de Jó porque se empenharam em buscar na vida do patriarca algum pecado que explicasse a sua repentina desgraça. Do mesmo modo, a aflição que Paulo descreve em 2 Coríntios 12 não era o resultado de algum pecado, mas sim para evitar que pecasse!

Saber que a relação entre o pecado e a enfermidade não pode ser fechada numa lei, nos livra da atitude grosseira que vemos nesses judeus para com o homem que fora curado. Quando alguém está doente, o pecado pode ser uma das possíveis causa da sua aflição. Avancemos com cautela e misericórdia porque existe inúmeras situações que não têm qualquer relação com essa realidade.

Não é lícito! *(Jesus e o dia de descanso)*

132
O DEUS DA LEI
João 5:1-20

Em João 9, consideramos a história de um cego que foi intensamente interrogado pelos fariseus depois que fora curado por Jesus. A força da oposição às obras de Cristo nos leva a crer que, assim como procederam com o homem cego de nascimento, não deixaram em paz o homem de Betesda. O fato é que finalmente ele descobriu a identidade de Cristo e a revelou aos judeus. Em sua opinião, por que fez isso? Como os judeus reagiram? O que Jesus desejava lhes mostrar com a resposta que deu no versículo 17? Como reagiram a esta nova revelação?

No primeiro ataque contra o homem, ele se defendeu com a justificativa de que o fazia por ordem daquele que o curara. É possível que os judeus tenham manifestado a sua indignação por meio de agressões contra ele. O certo é que o homem tinha se sentido preso a uma situação que estava fora de seu alcance. De qualquer forma, quando soube que Jesus era aquele que o havia curado, não duvidou em comunicar isto aos judeus. Abstemo-nos de julgar se essa decisão foi certa ou errada.

A suposta violação do dia de descanso havia se tornado um dos fatores centrais da resistência dos judeus ao ministério de Jesus. Dá-nos um claro indício do quanto haviam se apegado às elaboradas regras vindas de uma simples sentença como esta: "Seis dias trabalharás e farás toda a tua obra. Mas o sétimo dia é o sábado do SENHOR, teu Deus" (Êxodo 20:9,10). Como mencionei num devocional anterior, o medo leva as pessoas a acrescentarem uma infinidade de regras a esta ordem que as impedirão de provocar a ira do Senhor. De fato, os fariseus guardavam mais de 600 regras referentes ao tipo de vida que agrada a Deus. No caminho, perderam de vista o coração amoroso do Pai que cuida do bem-estar dos Seus filhos, e transformaram uma suave ordem num insuportável e difícil fardo de se carregar.

Jesus explicou aos judeus, com muita simplicidade, o porquê de curar no dia de descanso: "Meu pai trabalha até agora, e eu trabalho também". O argumento que Ele oferece aos que estão dispostos a considerá-lo é contundente. O milagre que realizou no tanque de Betesda foi porque viu que "ali o Pai estava trabalhando". Como abordamos anteriormente, a maravilhosa submissão de Cristo a Deus significa que Ele segue de perto ao Seu Pai em todas as ações. A força do Seu argumento é que, se Deus, que é o autor do mandamento sobre o dia de descanso, curou nesse dia, então não há qualquer objeção, porque Ele está acima dos Seus próprios mandamentos.

Os judeus não puderam considerar o argumento que Ele lhes apresentara porque a perspectiva deles não contemplava a possibilidade de estarem equivocados. A certeza com que expressavam um juízo tinha se convertido num muro intransponível na hora de receber uma nova revelação de Deus. Será que também temos nos apegado a certos conceitos que tornam impossível considerar outra forma de ver a vida?

Não é lícito! *(Jesus e o dia de descanso)*

133
CUROU APENAS UM
João 5:1-20

> Do acontecimento junto ao tanque de Betesda fica uma pergunta no ar: Se havia uma multidão de enfermos naquele lugar por que Jesus curou apenas aquele homem? Leia os versículos 17 e 20. Neles, o Mestre apresenta uma pista que confirma algumas das observações feitas em reflexões anteriores. Use esses elementos para elaborar uma possível resposta.

Jamais saberemos, com certeza, por que Jesus curou apenas uma pessoa junto ao tanque de Betesda. Entretanto, em face das acusações dos que se escandalizaram pela cura feita no dia de descanso, existe uma resposta, pois Ele seguia mantendo aberta a porta do diálogo com as autoridades religiosas daquele tempo. Quem sabe, Jesus ainda tinha a esperança de que os judeus pudessem perceber a realidade do reino dos Céus, embora não possamos deixar de ver que a oposição deles a Jesus contém uma crescente condenação. A presença de tanta ira neles deveria nos alertar para o fato de que o caminho rumo à vida definitivamente não passava pela via que eles escolheram.

Jesus revelou que Ele nada podia fazer por conta própria. Esta é uma repetição do princípio sobre o qual refletimos nas tentações do Senhor. Não deixa de ser, contudo, muito difícil para nós entendermos isto exatamente por estarmos habituados a empreender projetos e tomar decisões por conta própria. De acordo com o nosso costume, invertemos o processo e pedimos ao Senhor que abençoe o que temos decidido fazer.

Esta impossibilidade de Jesus empreender projetos por conta própria não se baseia numa imposição vinda de fora, mas numa limitação que Ele assumiu para a Sua vida, pois, "ele, subsistindo em forma de Deus, não julgou como usurpação o ser igual a Deus; antes, a si mesmo se esvaziou, assumindo a forma de servo, tornando-se em semelhança de homens; e, reconhecido em figura humana" (Filipenses 2:6,7). A principal característica de um servo é a sua total submissão àquele a quem serve. Por isto, o ministério de Cristo consiste em fazer de igual maneira "tudo o que o Pai faz".

Esta tremenda afirmação significa que Jesus não age conforme as exigências do povo, tampouco em função das necessidades existentes ao redor. A Sua vida é totalmente conduzida pelo Espírito Santo, e somente para onde o Pai o conduz Ele realiza a obra. Por alguma razão que desconhecemos, o Pai determinou que Ele devia curar uma única pessoa na multidão de enfermos junto ao tanque de Betesda.

Custa-nos muito imaginar um ministério nestes termos, em parte porque é muito difícil compreender exatamente o que o Pai está fazendo. De fato, é tão trabalhoso o processo que se torna mais fácil adivinhar as Suas intenções e esperar que alguém acerte quanto aos projetos em que Ele está envolvido. Jesus, porém, nos revela um segredo adicional: "o Pai ama ao Filho, e mostra-lhe tudo o que faz". Quando estamos envolvidos num relacionamento de profundo amor, o Pai mesmo terá prazer em nos revelar as Suas obras. Não podemos deixar, contudo, que o amor à obra nos tire a oportunidade de viver em intimidade com o Deus da obra.

A vida no Reino – 1 *(O Sermão do Monte)*

134

OUTRO TIPO DE CIDADÃO
Mateus 5:1-12

> O meu objetivo nos próximos dias é que se apodere de você e de mim, uma visão celestial da vida no Reino. Comece lendo várias vezes as bem-aventuranças e medite em seu conteúdo.

Há alguns meses, tive a oportunidade de assistir a um encontro de pastores e líderes vindos de toda a América Latina. Em certo momento, foi perguntado a eles sobre qual desafio, na percepção deles, a Igreja deveria assumir atualmente. A resposta dos presentes foi unânime: "A Igreja precisa ocupar o seu lugar como sal e luz no continente". A observação do grupo era que apesar do enorme crescimento da Igreja nas últimas décadas, não se percebiam mudanças significativas na sociedade dos nossos países.

Creio que esta preocupação reflete o sentimento de muitas outras pessoas. Temos limitado a vida cristã a participar nos programas da congregação, mas não temos formado nossa gente para que viva a fé em seu próprio contexto diário. Em muitas ocasiões, lamentamos a falta de ética entre os que são de Cristo. Se muitos deles não manifestassem com palavras que são cristãos, seria difícil para nós os identificarmos como tais, considerando apenas o seu comportamento. O Senhor não nos chamou para nos unirmos a uma religião. A religião não traz mudanças, pois impõe aos seus praticantes uma série de ritos nos quais raramente o coração está presente. Nosso chamado é para nos relacionarmos; ao participarmos, somos transformados, pois a essência dessa experiência é o intercâmbio de vida. Porém, o relacionamento é uma realidade que se vive todos os dias, em todo lugar e em todo momento.

Nossa aventura com Cristo nos levará, nas próximas semanas, a examinar que tipo de pessoas são os cidadãos do Reino. No Sermão do Monte, Jesus expõe esses aspectos da vida, que os de fora não veem, mas cuja transcendência é eterna: a realidade interior, o secreto do espírito, aquilo que apenas o Senhor conhece na intimidade. Ele nos convida a olhar além das ações, para vermos o estado do nosso coração.

É importante entender que Jesus não está entregando uma nova fórmula para se achegar a Deus, como a longa lista de requisitos que apresentavam os religiosos daquele tempo. Antes, Ele descreve as qualidades presentes naqueles que têm sido encaminhados na vida espiritual pelo próprio Senhor. Não é o resultado de um esforço humano, mas sim o fruto de uma visitação sobrenatural, a origem de tudo quanto verdadeiramente perdura por toda a eternidade.

Se o Sermão do Monte fosse a nossa única porção das Escrituras, igualmente nos serviria como regra de conduta. Nele, Cristo não deixou de fora nenhum dos aspectos fundamentais da vida espiritual. John Stott, em seu excelente livro: *A mensagem do Sermão do Monte: Contracultura cristã* (São Paulo: Ed. ABU, 2011) — identifica estas áreas como 1) O caráter do discípulo; 2) A influência do discípulo; 3) A justiça do discípulo; 4) A piedade do discípulo; 5) As ambições do discípulo; 6) Os relacionamentos do discípulo e 7) O compromisso do discípulo. Com a simples leitura desta lista, percebemos a magnitude e a profundidade do ensino que Jesus entregou às multidões que o acompanhavam.

135
POBREZA QUE SERVE
Mateus 5:1-12

> Leia a primeira bem-aventurança. O que significa ser pobre de espírito? Como se produz esta pobreza?

O Sermão do Monte começa com as bem-aventuranças. A palavra "bem-aventurado" não é uma referência a um estado emocional, pois descreve muito mais que *a felicidade*. Refere-se ao estado de plenitude que a pessoa que foi tocada por Deus experimenta. O Senhor traz consigo vida e vida em abundância. Possuí-la é ser bem-aventurado. Quando Cristo abriu a Sua boca e começou a proclamar isto, desejava que as pessoas entendessem que valia a pena se entregar a uma vida com Deus. Descrevia para eles algo totalmente diferente do mundo mesquinho, amargo e depressivo que elas conheciam a cada dia.

A primeira bem-aventurança identifica o ponto inicial de toda a obra divina no homem: o reconhecimento da pobreza da nossa própria condição espiritual. Isso é o resultado de um momento de iluminação realizado pelo Senhor onde os elementos que antes davam valor à nossa vida perdem totalmente a sua importância. Nós nos enxergamos como Ele nos vê — num estado de fracasso moral.

O melhor exemplo desse reconhecimento é fornecido pela parábola do filho pródigo. Os dias de glória em que a sua vida consistia numa sucessão de festas, facilitadas por uma volumosa carteira e um interminável desfile de admiradores, não eram nada mais do que lembranças. Sentado entre os porcos, com a roupa rasgada e suja, lutando com uma implacável fome, o jovem "caiu em si". Ou seja, chegou o momento quando ele viu a sua verdadeira condição e entendeu que estava completamente perdido e sozinho no mundo. A visão da sua miséria foi a chave para a sua decisão de tomar o caminho de volta para casa.

Devo esclarecer que pobreza de espírito não se refere exclusivamente à experiência que finalmente nos leva à conversão. Antes, é uma condição à qual periodicamente o Senhor nos conduzirá. À medida que avançarmos pela vida, cairemos vez por outra em atitudes de orgulho e altivez que são contrárias ao espírito do Reino. A única esperança para nós, nessas ocasiões, será voltarmos a perceber a nossa real condição espiritual. Tal foi a experiência de Pedro que, levado por seu entusiasmo, quis dar prova da sua fidelidade a Jesus entregando a sua vida por Ele. O quebrantamento que sofreu ajudou-o a entender como a sua "paixão" espiritual era limitada.

Cristo declarou que a bênção que acompanha esta condição é possuir o reino dos Céus. Não podemos deixar de perceber nisto, o marcante contraste com os conceitos do mundo, onde as ambições agressivas daqueles que chegaram às mais altas posições parecem confirmar que o sistema não recompensa os fracos nem os humildes. Entretanto, tais pessoas não encontram lugar no Reino, onde "Em vos converterdes e em sossegardes, está a vossa salvação; na tranquilidade e na confiança, a vossa força, mas não o quisestes" (Isaías 30:15). Apenas conseguimos esta atitude quando o Senhor remove de nós os maus hábitos aprendidos no mundo. Definitivamente, os caminhos dele não são compatíveis com os caminhos do homem!

A vida no Reino – 1 *(O Sermão do Monte)*

TRISTEZA SANTA
Mateus 5:1-12

> Medite na segunda bem-aventurança. Qual relação com a primeira? Quais benefícios temos em ser pessoas que choram?

O início de uma experiência espiritual significativa, como vimos na primeira bem-aventurança, baseia-se em reconhecer a pobreza de nossa própria condição espiritual. Quem sabe temos grandes riquezas em outras áreas da vida, mas descobrimos que temos ignorado o que é mais importante, a única coisa que permanece após a morte.

Esta descoberta poderia significar o começo de algo novo, mas nem sempre é assim. Muitos são os que reconhecem estar mal, porém este reconhecimento não traz sobre eles nada mais do que amargura ou resignação. Inclusive, para alguns, irá servir de uma estranha espécie de orgulho. Quando esta revelação é obra do Espírito Santo, ela nos conduz a um segundo passo que é o choro. Perceber a nossa verdadeira condição segue acompanhado de uma profunda tristeza, por entendermos quão grande tem sido a nossa ofensa contra o Senhor. Em Sua misericórdia, Ele permite que choremos pela nossa pobreza, porque as lágrimas são o princípio da cura. É por isso que Jesus pode declarar com segurança: "Bem-aventurados os que choram, porque serão consolados".

Esta verdade contraria muitos dos ensinos transmitidos pela nossa cultura, especialmente quando somos homens. *Homens não choram* diziam os nossos pais, quando não tínhamos sequer idade para entender o que significava ser homem. A ausência de lágrimas denota uma estranha dureza de coração, que é fruto da falta de contato com a nossa vida emocional. Quem não chora aprendeu em algum momento da vida que as lágrimas só traziam problemas. No seu desejo de evitar essas dificuldades, reprimiu um aspecto da sua personalidade que é tão natural e necessário como se alimentar.

Davi, um dos homens mais autênticos na Bíblia, com frequência derramou lágrimas, confessou que tinha regado sua cama com lágrimas (Salmo 6:6) e que, em certas ocasiões, elas haviam sido o seu alimento de dia e de noite (Salmo 42:3). Cristo chorou mais de uma vez por situações que nós nem sequer entendemos. Pedro chorou amargamente depois de negar ao seu Senhor. Os irmãos de Éfeso choraram profundamente quando Paulo lhes comunicou que não mais voltaria a vê-los. Tudo isto indica uma forma natural de expressar tristeza e também uma abertura para a ação de Deus.

É precisamente a isto que Cristo se refere quando declara que são bem-aventurados os que choram. As suas lágrimas não os deixarão vazios e sozinhos. O choro de natureza espiritual não provoca tristeza (2 Coríntios 7:10). Com o choro virá a suave mão de Deus, que consola os aflitos e seca as suas lágrimas, pois Ele é o Deus que "sara os de coração quebrantado e lhes pensa as feridas" (Salmo 147:3). Quem experimentou esse consolo sabe que depois do choro sente-se purificado e renovado como a terra sobre a qual tenha caído a chuva.

Quando entendermos tudo isto, comprovaremos por que são desnecessários os esforços para escondermos as nossas lágrimas ou para pedirmos desculpas quando o choro se apodera de nós.

A vida no Reino – 1 *(O Sermão do Monte)*

137 RUMO À MANSIDÃO
Mateus 5:1-12

> Leia a terceira bem-aventurança. Como você explicaria a outra pessoa o que significa ser manso? Por que nos custa ser mansos?

As primeiras duas bem-aventuranças se relacionam com o resultado da intervenção de Deus em nossa vida. Pela ação do Espírito Santo, ficam expostas todas as posturas e atitudes que em algum momento nos levaram a pensar que éramos importantes. A nossa pobreza espiritual fica dolorosamente evidente, e nos abatemos em nosso mundo interior por essa realidade tão radicalmente contrária ao que acreditávamos possuir.

A bem-aventurança de hoje está baseada sobre a condição espiritual descrita pela primeira e pela segunda bem-aventurança. Assim como os elos de uma corrente, esta condição não pode existir separada da pobreza e do quebrantamento espiritual. Entretanto, a mansidão nos leva ao patamar dos relacionamentos humanos. É importante entendermos que os relacionamentos saudáveis não dependem da qualidade das pessoas envolvidas, mas sim da existência de um fundamento espiritual que nos permite ver exatamente como somos.

A mansidão é a atitude que confirma que usufruir uma consciência de pobreza espiritual é verdadeiramente o fruto do agir de Deus, e não se origina em nós mesmos. Quando estamos revestidos de mansidão, podemos aceitar com uma atitude de calma e tranquilidade interior, aquelas situações que nos são dolorosas, humilhantes ou difíceis. Outros apontam com liberdade para os nossos defeitos e erros, pois não reagimos com indignação irada, procurando justificar o que não tem explicação. É o Espírito Santo que tem trazido à luz tais condições e, por isso, podemos receber as palavras dos outros como uma confirmação do que já nos tenha sido revelado.

Diante de uma injustiça contra nós, somos lentos em reagir. Os insultos ou as ações que ferem a nossa reputação não mais nos preocupam. Estamos confiantes de que Deus defende os Seus e que não precisa da nossa ajuda para isto. Tal foi a atitude de Moisés quando Miriã e Aarão se opuseram a ele (Números 12) e também os filhos de Corá (Números 16). A Palavra o reconhece como "...mui manso, mais do que todos os homens que havia sobre a terra" (Números 12:3).

Mais tarde, Jesus chamará a si todos os cansados e oprimidos, porque Ele era "manso e humilde de coração " (Mateus 11:29). No momento mais difícil da sua trajetória terrena demonstrou ter absoluta mansidão, "...pois ele, quando ultrajado, não revidava com ultraje; quando maltratado, não fazia ameaças..." (1 Pedro 2:23). Não podemos evitar a suspeita de que grande parte da nossa fadiga se deve, exatamente, aos nossos intermináveis esforços para defender e justificar as nossas ações e convicções.

Uma vez mais percebemos que a recompensa mostra um forte contraste com os conceitos típicos do mundo. A filosofia do nosso tempo afirma que a Terra pertence àqueles que *não se deixam estar*. No reino dos Céus, a terra pertence àqueles que cessam de lutar, argumentar e brigar para conseguirem o respeito que, segundo entendem, merecem. Descansam em Deus e sabem que é Ele quem faz subir e descer. Ele é quem mantém e Ele é quem derruba. Ele é abundantemente generoso para cuidar dos interesses de Seus filhos.

A vida no Reino – 1 *(O Sermão do Monte)*

138
FOME E SEDE DE JUSTIÇA
Mateus 5:1-12

> Leia a próxima bem-aventurança. Qual a relação com as anteriores? Qual é o estado de uma pessoa faminta e sedenta?

Com certeza você, depois de refletir sobre as três primeiras bem-aventuranças, concluirá que é impossível avançar por este caminho sem a ação de Deus em nossa vida. Simplesmente não estamos capacitados para esta experiência, por ser contrária à nossa herança pecaminosa. Podemos entender melhor por que não é possível tomar as bem-aventuranças como uma série de requisitos para se chegar a Deus. Jesus está descrevendo aos Seus ouvintes as características de um autêntico agir do Espírito Santo nas pessoas. Os cidadãos do Reino verdadeiramente não têm nada em comum com os cidadãos deste mundo!

O processo de quebrantamento, no qual rejeitamos o modo como temos vivido até o presente momento, poderia servir para decidirmos fazer uma mudança em nossa vida, não importando o custo nem o caminho a ser percorrido. Aqui se encontra o verdadeiro perigo que esta revelação traz: acreditar que o arrependimento nos permite iniciar a transformação do nosso coração. Ao sabermos do ponto onde falhamos, fazemos o voto para que não volte a acontecer. Com isso, colocamos toda a nossa energia em ação para realizar a mudança que julgamos necessária a fim de não mais voltarmos ao estado anterior.

Uma decisão como esta, nada mais conseguiria do que desviar-nos da obra que o Senhor vem desenvolvendo em nosso coração. Deve-nos servir de advertência a pergunta que Paulo apresentou aos Gálatas: "Sois assim insensatos que, tendo começado no Espírito, estejais, agora, vos aperfeiçoando na carne?". A nossa resposta deve ser enfática: "De modo nenhum"! Ao assumirmos o controle do processo de transformação de nossa vida, interromperemos o nosso crescimento espiritual. Assim como o filho pródigo, não podemos trazer ao Pai a nossa ideia de como Ele deve agir para conosco, porque Ele já sabe o que necessitamos e não precisa das nossas sugestões.

As bem-aventuranças revelam um caminho diferente, o caminho da soberana ação de Deus. A parte que nos cabe é nos achegarmos ao Senhor com as nossas fraquezas e erros, para clamarmos pela obra que só o Espírito Santo pode realizar. Exatamente por isso, a bênção se encontra em padecer fome e sede de justiça. Não podemos nos tornar pessoas justas a não ser como resultado da intervenção divina. A transformação que tanto desejamos, precisamos encontrar nele. "Cristo em nós" é a realidade que temos de buscar.

A recompensa, segundo a palavra de Cristo, é que esta fome será saciada. Deus não permanecerá calado diante do nosso clamor, "porque não temos sumo sacerdote que não possa compadecer-se das nossas fraquezas; antes, foi ele tentado em todas as coisas, à nossa semelhança, mas sem pecado. Acheguemo-nos, portanto, confiadamente, junto ao trono da graça, a fim de recebermos misericórdia e acharmos graça para socorro em ocasião oportuna" (Hebreus 4:15,16). Ele está ainda mais interessado do que nós mesmos em fazer essa transformação que buscamos!

A vida no Reino – 1 *(O Sermão do Monte)*

COMO O CORAÇÃO DE DEUS
Mateus 5:1-12

> Leia a bem-aventurança para este dia. Como você descreveria a misericórdia? Que elementos nos ajudam a sermos pessoas misericordiosas?

Nesta bem-aventurança, encontramos uma das mais claras provas de que é Deus quem está realizando a transformação na vida, e não a própria pessoa. A misericórdia se refere especialmente a uma sensibilidade à dor dos outros que, por sua vez, produz um desejo de proporcionar alívio ao que sofre. Reflete o caráter do nosso Pai, porquanto a misericórdia se relaciona com um coração cheio de compaixão, bondoso e terno. Não avalia se a outra pessoa é merecedora do nosso socorro, mas que se dá a si mesmo pelo bem-estar do próximo.

Conforme o progresso espiritual que temos observado, é natural que esta atitude de misericórdia seja o fruto da fome e sede de justiça. Essa necessidade espiritual só pode ser saciada ao entrarmos na intimidade com o próprio Deus. A proximidade da Sua pessoa, no entanto, não apenas satisfaz as necessidades da nossa alma, como também contribui para que o nosso coração adquira a mesma visão que Deus tem das pessoas. Já não julgamos com aspereza os que se encontram em situações problemáticas, condenando-os porque vemos em suas vidas as evidentes consequências do pecado. Antes, porém, começamos a entender que estão presas num sistema maligno, cegadas pelas trevas deste mundo, e que necessitam, desesperadamente, que alguém se aproxime delas para lhes indicar o caminho rumo à luz e à vida.

É preciso dizer que a manifestação da misericórdia muitas vezes escandaliza àqueles que pretendem ser os autênticos defensores de tudo quanto seja bom e justo. Os fariseus, por exemplo, não demonstraram um pingo de misericórdia para com a mulher pega em adultério (João 8). Longe de desejarem que ela fosse libertada do laço em que havia caído, trouxeram-na a Jesus buscando a aprovação dele para a condenação que já haviam elaborado em seus corações. Em momento algum, Jesus mencionou que aprovava a prática do adultério. Pelo contrário, mostrou compaixão ao afirmar que não a condenava, embora fosse digna de condenação. Da mesma forma, Simão, o fariseu, se mostrou horrorizado ao ver que o Mestre permitira que uma mulher pecadora o tocasse (Lucas 7:35-50). Um fariseu jamais teria tido contato com uma pessoa dessas! Jesus, porém, estendeu-lhe a bondosa compaixão de Deus e ela foi, literalmente, transformada em outra pessoa. Nessa ocasião Jesus afirmou que "ao que muito ama, muito lhe será perdoado", confirmando que a misericórdia é, realmente, a consequência de reconhecermos a nossa própria pobreza de espírito. Por isso precisamos ser lembrados a cada dia o muito que Ele nos tem amado.

Em vários momentos da Sua jornada, Cristo lembrou aos discípulos que Deus seria generoso para com aqueles que fossem generosos. O princípio é claro: todos fomos convidados a fazer parte do Reino. Uma vez que fomos nele recebidos, é inadmissível que não ofereçamos aos outros a mesma atitude de misericórdia que nos foi concedida. Bem-aventurados os misericordiosos porque eles receberão ainda maiores demonstrações de misericórdia!

A vida no Reino – 1 *(O Sermão do Monte)*

"MOSTRA-ME O TEU ROSTO"!
Mateus 5:1-12

Temos considerado a gradativa restauração do ser humano quando Deus adentra a sua vida. A bem-aventurança de hoje fala da pureza de coração. Que qualidade descreve essa condição? De que modo ter um coração limpo afeta a vida?

Na vida religiosa, a ênfase sempre recai sobre os ritos e os comportamentos exteriores do ser humano. Com uma vida disciplinada podemos impressionar os que se encontram ao nosso redor e darmos a impressão de sermos pessoas profundamente piedosas, mas não podemos enganar a Deus. Ele não considera o exterior, visível ao ser humano, mas Ele observa o coração. Aquilo que está oculto aos olhos da maioria dos homens é o que tem maior valor no Reino.

A pureza de coração se refere às motivações e aos pensamentos que controlam grande parte do nosso comportamento. É ali que se deve cultivar a verdadeira santidade. Jesus surpreendia as multidões falando da verdadeira espiritualidade definida a partir do que não se exibe. Onde havia preocupação com o ato de adultério, Jesus mostrou que a origem do mal estava no olhar cheio de cobiça (Mateus 5:29). Onde o condenável parecia ser o violento ato de homicídio, Jesus indicou como culpado o "inocente" pensamento que deu origem a esse crime (Mateus 5:22). A implicação era clara: os atos exteriores não podem estar dissociados dos pensamentos secretos do homem interior. A santidade, que é o resultado de uma atitude de sinceridade e pureza, deve ser cultivada no mesmo lugar de onde vem o mal que afeta o homem: o coração.

A recompensa enunciada por Jesus é o eco das palavras do salmista: "Quem subirá ao monte do SENHOR? Quem há de permanecer no seu santo lugar? O que é limpo de mãos e puro de coração, que não entrega a sua alma à falsidade, nem jura dolosamente" (24:3,4). Da mesma forma, o autor de Hebreus exorta: "Segui a paz com todos e a santificação, sem a qual ninguém verá o Senhor" (12:14). Uma vida de pureza interior permite ver o que as pessoas sem Cristo não podem perceber, pois o Senhor é santo e ninguém que vive em um estado de impureza poderá contemplá-lo.

As palavras de Cristo nos chamam a uma séria reflexão sobre a nossa atitude para com o pecado. Muitas vezes demonstramos uma indiferença em relação a este assunto que só pode ser qualificado como alarmante. A quantidade de reuniões e orações não produzirá uma visitação celestial, a menos que o nosso coração tenha sido quebrantado pela consciência da gravidade do pecado. Precisamos voltar a ouvir as palavras do profeta Isaías: "Eis que a mão do SENHOR não está encolhida, para que não possa salvar; nem surdo o seu ouvido, para não poder ouvir. Mas as vossas iniquidades fazem separação entre vós e o vosso Deus; e os vossos pecados encobrem o seu rosto de vós, para que vos não ouça" (59:1,2).

Convido-o para um momento de silêncio. Permita que Deus, por meio deste texto, fale ao seu coração: "Limpa-me, Senhor. Examina meus pensamentos e purifica meu coração! Livra-me dos pecados que me são ocultos! Que assim seja".

ESTENDER A PAZ
Mateus 5:1-12

> Leia a bem-aventurança de hoje. Volte a ler todas as bem-aventuranças e observe a relação que mantêm entre si. De que maneira afetam a existência do ser humano? Por que agora é apresentado o pacificador? Quais são as qualidades de uma pessoa que convida à paz?

Os relacionamentos entre os seres humanos necessitam desesperadamente desta bênção, pois estão tomados por todo tipo de conflito. O simples fato de duas pessoas conviverem numa mesma casa, onde os interesses de uma competem com os interesses da outra, já ocasiona problemas. Quando transferimos essas tensões à sociedade, onde os compromissos com o próximo são muito mais tênues, é fácil entender por que os desacordos e as contendas crescem ao nosso redor. Deus nos criou para vivermos em paz e harmonia uns com os outros, mas a presença do pecado em nossa vida torna isto impossível na hora de praticá-lo.

É dentro deste contexto que Jesus declara: "Bem-aventurados os pacificadores, porque serão chamados filhos de Deus". Não é possível levar os relacionamentos ao patamar da paz — que na Palavra se refere a muito mais que a ausência de conflitos — a menos que seja por meio de uma ação sobrenatural. O homem tem procurado impor a paz pelos seus próprios meios, mas sempre acaba sendo um ato de agressão contra os outros. Assim foi com Pedro, quando quis defender, com a sua espada, a Cristo ao ser preso; ou com Moisés, quando desejou abençoar seus irmãos hebreus com o assassinato de um egípcio. "Porque a ira do homem não produz a justiça de Deus", adverte Tiago (1:20).

Foi precisamente pela ação do Espírito Santo que Cristo pôde pedir ao Pai, em Seu mais humilhante momento, que não levasse em conta o pecado dos que o crucificavam. Assim, também, Estêvão orou pelos que o apedrejavam mesmo quando se encontrava em meio ao angustiante processo da morte. Os pacificadores são os que desejam que a plenitude da bênção de Deus alcance os que estão ao seu redor. Deste modo, permitem que os homens desfrutem dos relacionamentos sem a permanente tendência à ofensa. Os que buscam a paz também assumem o compromisso de intervir em toda situação de possível conflito, e evitam que uma discussão chegue a desencadear uma briga de incontroláveis proporções. Compreendem que o início de uma contenda é como o abrir de uma represa (Provérbios 17:14).

A consequência desta atitude é que os tais serão chamados filhos de Deus. Devemos dar atenção especial a esta declaração, pois temos nos acostumado a pensar que a condição de filhos é a consequência de uma realidade passiva. Entretanto, as palavras de Cristo indicam claramente que filhos de Deus são aqueles que se interessam e estão envolvidos nos mesmos projetos que ocupam o coração do Pai. Mais uma vez percebemos que é impossível separar os relacionamentos humanos do relacionamento com Deus.

142
CONFIRMAÇÃO DE NOVA VIDA
Mateus 5:1-12

A vida no Reino – 1 (O Sermão do Monte)

Leia as duas últimas bem-aventuranças. Por que termina neste ponto o processo de transformação na vida do discípulo? Qual é a consciência da Igreja em relação a esta realidade hoje? Qual é a razão de evitarmos situações de conflito por causa do evangelho?

Uma das ironias das bem-aventuranças é que a transformação que temos descrito, a qual alinha a nossa vida aos propósitos de Deus, não é bem recebida pelos que nos cercam. Na realidade, é inevitável que a pessoa que decide contradizer os programas e atitudes que governam o mundo, finalmente sofra resistência pelos que andam em pecado, porque a sua conduta coloca em evidência as fraquezas e enfermidades próprias de uma cultura pecaminosa. Ninguém gosta de vir à luz, pois quer evitar que suas obras sejam expostas.

Temos de notar, entretanto, que a bênção anunciada por Jesus está condicionada a uma realidade: que os insultos, a injustiça e a oposição sejam o resultado de seguir a Cristo. Os conflitos, os mal-entendidos e as lutas são elementos frequentes em nossa existência. Todos, em algum momento da vida, podem chegar a experimentá-los. Muitas vezes, entretanto, esses conflitos nada mais são do que o resultado da insensatez do ser humano. Por este motivo, o apóstolo Pedro pergunta: "Pois que glória há, se, pecando e sendo esbofeteados por isso, o suportais com paciência? Se, entretanto, quando praticais o bem, sois igualmente afligidos e o suportais com paciência, isto é grato a Deus" (1 Pedro 2:20).

A perseguição, como temos dito em outros devocionais, tem sido a marca de todos os grandes profetas e servos de Deus. O autor da carta aos Hebreus, no capítulo 11, comenta que "...outros, por sua vez, passaram pela prova de escárnios e açoites, sim, até de algemas e prisões. Foram apedrejados, provados, serrados pelo meio, mortos a fio de espada; andaram peregrinos, vestidos de peles de ovelhas e de cabras, necessitados, afligidos, maltratados (homens dos quais o mundo não era digno), errantes pelos desertos, pelos montes, pelas covas, pelos antros da terra" (vv.36-38). De modo que não devemos nos surpreender com a oposição, mas antes, vê-la como a confirmação de que passamos para uma nova dimensão da vida, uma vida em que Cristo estabelece os programas que pautam a nossa existência.

Jesus se refere exatamente a isto ao associar a recompensa à perseguição: "porque deles é o reino dos céus". A perseguição poderá colocar as pessoas numa situação na qual perdem tudo. Em casos extremos, como Paulo, Estêvão, Pedro e outros mártires da Igreja, a perseguição acabou tirando a vida dos que serviam a Cristo. No entanto, eles possuíam algo que não lhes pôde ser tirado, a plena e absoluta participação na vida que Deus concede aos Seus, mesmo depois de mortos.

Ao concluir as nossas reflexões sobre as características de uma pessoa redimida, coloca-se diante de nós a necessidade de nos abrirmos totalmente à ação de Deus, para sermos conduzidos a essa profunda transformação do nosso ser. *Faze Tua obra em mim, ó Deus!*

A vida no Reino – 2 *(O Sermão do Monte)*

143 UMA QUESTÃO DE IDENTIDADE
Mateus 5:13-20

A impressionante descrição das características do cidadão do reino que temos recebido, agora dão lugar a uma descrição de como estas pessoas podem impactar o seu contexto. Para ilustrar esta verdade, Jesus escolheu um dos elementos mais comuns da vida cotidiana, o sal. Investigue sobre a importância do sal nos tempos bíblicos. Procure mencionar as diversas características que o sal possui, e qual é a sua relação com a vida do discípulo.

Na antiga Palestina, o sal era usado com dois propósitos principais: dar sabor à comida e preservar a carne da decomposição. Ele também estava presente em algumas cerimônias religiosas no Templo, porquanto se lhe atribuía um valor purificador.

Meditemos em algumas características do sal. Primeiro, ele é completamente diferente da comida e mantém o seu sabor peculiar ao se misturar com os alimentos. Ele não adquire o sabor do prato ao qual é acrescentado, mas realça o gosto dos componentes da comida pela sua simples adição. Da mesma forma, um discípulo de Cristo deve possuir uma vida marcante, diferente das pessoas que o cercam. Quando participa de atividades e eventos nos quais tem contato com pessoas do mundo, o discípulo deve claramente contagiá-las com os seus princípios e atitudes. De modo algum o discípulo deve adquirir o "sabor do mundo".

Segundo, a influência do sal na comida acontece simplesmente pela sua presença. Quando o sal se mistura aos alimentos, não reage de maneira particular para produzir o sabor salgado. Do mesmo modo, um discípulo não se dedica a realizar atividades especiais com o objetivo de "salgar" aos que se encontra ao seu redor. A ação de salgar não é algo que se deve programar, mas é o resultado do estilo de vida que se observa naturalmente no desempenho das atividades cotidianas, nas quais, a nosso ver, não contém qualquer elemento "espiritual".

Terceiro, devemos notar que o sal é mais eficaz quando aplicado na medida certa. Se é colocado sal demais na comida, ela não pode ser ingerida. Da mesma forma, a presença do discípulo no mundo é mais poderosa quando as pessoas não são afligidas por uma avalanche de mensagens que recebem quando são convidadas para as nossas reuniões. A Igreja espalhada cumpre melhor o seu papel de testemunha do que a Igreja reunida. A presença da Igreja na sociedade é, por sua vez, o fator que preserva o homem da deterioração natural produzida pelo pecado.

Cristo finaliza Seu comentário com uma observação contundente: o sal que tenha perdido o seu sabor para nada mais serve. Será que aquelas pessoas, que durante anos, tenham participado nas atividades da igreja, sem, contudo, assumir um sério compromisso com o mundo, já não possuem utilidade para o Senhor? Isto, com certeza não sabemos. O que tenho observado, no decorrer de muitos anos de ministério, é que, estas são as pessoas mais difíceis de serem envolvidas nos trabalhos da igreja. Que o Senhor nos guarde de nos acomodarmos a uma vida de rotina religiosa.

144
INEVITÁVEL RESPLENDOR
Mateus 5:13-20

Jesus acrescenta a analogia da luz à analogia do sal. Quais são as características da luz? Como a luz é produzida na vida do filho de Deus? Como ele deve atuar para impactar o mundo?

Partimos de uma simples observação: o ensino de Cristo não é que o discípulo produza luz para que os homens a vejam. Ele declara que *somos* luz. Quer dizer, a nossa ação pode frear ou liberar a manifestação da luz em nossa vida, mas não pode produzi-la. Claramente a luz é gerada por Cristo pela Sua presença em nós.

Assim como o sal, a luz não brilha em nós nos momentos especialmente escolhidos para torná-la conhecida. Se a luz está presente em nós, ela será vista pelos outros nos detalhes menos importantes, mesmo que não os consideremos como "espirituais". Podem ser atividades tão rotineiras como atender ao telefone, realizar um procedimento num escritório público ou dirigir o automóvel. Quem anda na luz verá que essas atividades são afetadas pela presença da luz em sua vida.

Foi por isto que Jesus declarou, de modo enfático, que uma cidade edificada sobre um monte não pode ser escondida. Resulta, literalmente, ser impossível que passe despercebida pelos outros. Do mesmo modo, não pode existir uma postura como ser um seguidor "secreto" de Cristo. Mesmo que uma pessoa falhe no momento de falar de Jesus, será impossível que esconda a presença do Senhor em sua vida.

Tanto a analogia do sal como a da luz só podem ser entendidas quando consideradas no contexto da vida integral. O povo que troca a vida de devoção pelo compromisso com algumas reuniões, se vê diante do desafio de programar atividades para que os seus membros possam "salgar" ou "iluminar" o mundo ao seu redor. As palavras de Cristo, entretanto, indicam quão exposta se encontra a vida do discípulo. Ninguém é discípulo "certos momentos", para manifestar sua devoção nos tempos reservados para isto. A sua paixão por Jesus permeia cada aspecto da sua vida, e em todos eles se observará que segue a Alguém que está sujeito a parâmetros que claramente contrariam os valores deste mundo.

Na segunda parte do Seu ensino, Cristo declara que "nem se acende uma candeia para colocá-la debaixo do alqueire, mas no velador, e alumia a todos os que se encontram na casa". Devemos entender que nesta ilustração Jesus faz alusão aos desejos mais profundos de Deus em dar a conhecer as maravilhas de Sua bondade para com os homens. De fato, o apóstolo Pedro declara a Igreja "Vós, porém, sois raça eleita, sacerdócio real, nação santa, povo de propriedade exclusiva de Deus, a fim de proclamardes as virtudes daquele que vos chamou das trevas para a sua maravilhosa luz " (1 Pedro 2:9). O Pai nos chamou à luz com um propósito em mente, e este é que revelemos a identidade da fonte da luz que brilha em nós. Esta é uma tarefa essencial no que tange a ser um discípulo, e não podemos viver sem assumir esta responsabilidade, a que revela a nossa identidade como Filhos de Deus.

A vida no Reino – 2 *(O Sermão do Monte)*

145
BOAS OBRAS
Mateus 5:13-20

Leia o versículo 16. Em vista do que temos compartilhado sobre a luz, como podemos cumprir a nossa tarefa de projetar a luz em lugares escuros? Qual é a relação entre o ato de iluminar e as boas obras? Que fruto deve produzir a luz que resplandece por nosso intermédio?

Cristo termina o Seu ensino sobre a identidade do cristão com esta advertência: "Assim brilhe também a vossa luz diante dos homens, para que vejam as vossas boas obras e glorifiquem a vosso Pai que está nos céus".

Uma responsabilidade essencial em nosso chamado é nos dedicarmos às boas obras. O conjunto da mensagem nas Escrituras sobre este tema é tremendo. Considere algumas das seguintes passagens: "Pois somos feitura dele, criados em Cristo Jesus para *boas obras*, as quais Deus de antemão preparou para que andássemos nelas" (Efésios 2:10). "Torna-te, pessoalmente, padrão de *boas obras*" (Tito 2:7). "O qual a si mesmo se deu por nós, a fim de remir-nos de toda iniquidade e purificar, para si mesmo, um povo exclusivamente seu, zeloso de *boas obras*" (Tito 2:14). "Fiel é esta palavra, e quero que, no tocante a estas coisas, faças afirmação, confiadamente, para que os que têm crido em Deus sejam solícitos na prática de *boas obras*" (Tito 3:8). "Consideremo-nos também uns aos outros, para nos estimularmos ao amor e às *boas obras*" (Hebreus 10:24). "Mantendo exemplar o vosso procedimento no meio dos gentios, para que, naquilo que falam contra vós outros como de malfeitores, observando-vos em vossas *boas obras*" (1 Pedro 2:12).

Estas passagens, e muitas outras, mostram que o discípulo deve estar ocupado com as boas obras que Deus preparou para que nelas ele caminhe. Estas boas obras são tão diversificadas como foram as obras do ministério de Jesus Cristo na Terra. O importante não é a forma específica de praticar estas ações, mas sim, o entendimento de que são a manifestação do profundo desejo de abençoar aos que se encontram a nossa volta, de abençoá-los com as nossas ações, pois também temos recebido o bem. Não existe nessa atitude o desejo de "agarrar" as pessoas para o nosso grupo, nem para convertê-las à nossa religião. Antes, é o anelo de revelar que seguimos o Deus cujo deleite é abençoar.

Sem dúvida, estas obras indicarão que pertencemos a outro Reino. As boas obras não existem para que os outros vejam a luz, mas para que a presença da luz revele a origem divina das boas obras que realizamos. Quer dizer, a luz não precisa convocar um encontro para explicar aos demais o que ela é. A luz tem nas boas obras o seu mais completo resplendor. Devemos também observar que as mais autênticas obras espirituais levarão as pessoas a glorificar ao Deus que está por trás destas ações, da mesma forma como aconteceu no ministério de Cristo.

Senhor, abre meus olhos para que eu veja as obras que tens de antemão preparado para que eu nelas ande. Que no dia da Tua volta possas me encontrar plenamente ocupado em fazer o bem a todos os que estão ao meu redor, para que os homens glorifiquem somente o Teu nome. Amém.

146

A vida no Reino – 2 *(O Sermão do Monte)*

A LEI GARANTIDA
Mateus 5:13-20

> Não nos estranha que, ao perceberem o tom radicalmente diferente nas palavras de Jesus, muitos dos presentes começassem a pensar que Ele trazia um novo ensino que anulasse a Lei. Ninguém jamais ouvira este tipo de ensino na boca dos escribas e dos fariseus. Leia o que Ele fala sobre a Lei. Qual é a relação de Cristo com a Palavra? O que significa Ele ter vindo para "cumprir" a Lei? Em que o Seu ensino é diferente da lei dos fariseus?

É necessário prestarmos atenção a esta declaração de Jesus, especialmente em nossos dias, quando muitos líderes competem com outros para provar que são competentes para trazer à Igreja a última novidade capaz de garantir a bênção de Deus. Parece que as Escrituras já se tornam cansativas para nós, pelo que nos vemos sempre na necessidade de acrescentarmos alguma "descoberta" que tenha escapado à Igreja nos passados 2 mil anos. Jesus não apenas tinha a palavra da Lei e os profetas em grande estima, como também declarou ser mais provável que o presente mundo deixasse de existir antes que a Palavra de Deus perdesse a sua validade.

A nós que temos recebido a tarefa de ensinar e anunciar a Sua Palavra, esta declaração do Mestre contém uma séria advertência. O nosso ministério deve estar ancorado na eterna Palavra de Deus. Não admitamos a possibilidade de trocá-la por nenhuma das "novidades" que se parecem tão atraentes nestes tempos. É por meio da Bíblia que o povo entende a clara vontade de Deus. É por ela que somos chamados à vida de obediência. A Palavra purifica e santifica, é ela que faz "...que não mais sejamos como meninos, agitados de um lado para outro e levados ao redor por todo vento de doutrina, pela artimanha dos homens, pela astúcia com que induzem ao erro" (Efésios 4:14). Porém, como é difícil encontrar na atualidade líderes que sejam pessoas da Palavra!

Em Cristo, vemos um homem que não somente entendia claramente a Palavra, como também sabia interpretar a sua essência com perfeição. Ela livra o discípulo da vida religiosa e conduz ao plano espiritual. O poder do Seu ensino não se baseia apenas nesta profunda compreensão da Verdade, mas também no fato de Ele viver o que ensinava. Por esta razão, declarou que os grandes no Reino são aqueles que "cumprem a Palavra e a ensinam" a outros. Será que a sequência nesta observação nos dá uma pista quanto ao segredo de um ministério eficaz? Certamente, o ministro que deseja impactar a outros deve ser, primeiro, um cumpridor da Palavra.

É precisamente neste último ponto que, com mais frequência, surge uma brecha em nossos ministérios, pois o que vivemos é bastante diferente do que procuramos ensinar aos outros. O povo, entretanto, consegue perceber quando uma pessoa está ministrando apenas a teoria sobre a vida espiritual. Quem vive diariamente o que prega tem um peso que não pode ser substituído com a eloquência, nem com o estudo.

A vida no Reino – 2 *(O Sermão do Monte)*

147
O GRANDE DESAFIO
Mateus 5:13-20

Leia o último versículo do nosso texto. Como as multidões reagiram diante do ensino de Cristo? O que significa que a nossa justiça deve exceder a justiça dos fariseus? Que relação existe entre a justiça e a Palavra?

Como estas palavras de Cristo devem ter surpreendido a multidão! Acaso Ele estaria se referindo a uma vida com dimensões ainda mais restritas e severas do que a dos mais devotos representantes da piedade em Israel? Simplesmente não era possível continuar agregando requisitos à interminável lista de normas que regiam cada aspecto da vida dos escribas e fariseus.

Cristo não se referia à maior devoção, mas à maior exatidão na prática da vida espiritual. Isto é, Ele convidava as pessoas a deixar uma religião que se concentrava exclusivamente no tocante ao exterior, para trabalhar nos aspectos ocultos e secretos da sua vida. Para tanto, começou a ilustrar o sentido do Seu chamado fazendo referência a situações propícias à hipocrisia, tais como o adultério, o homicídio, o juramento ou a vingança. Acreditando que o pecado consistia num ato concreto de adulterar, matar ou se vingar, Cristo obrigou as pessoas a reconhecerem o lugar da origem de tais ações: o secreto do coração. Combater o que era exterior, sem procurar a mudança de atitude, tornaria isto sem sentido como tentar barrar um rio com as próprias mãos. Uma pequena dose de domínio próprio serviria para não se chegar à prática do ato pecaminoso; mas o aspecto perverso dos pensamentos continuaria intacto, e isto era tão ofensivo a Deus como o ato em si.

Contudo, deve ficar claro, pelo conteúdo das palavras de Cristo, que Ele não estava anunciando uma mudança na maneira de ver a vida espiritual. Antes, porém, estava revelando a correta interpretação da Lei, a qual tinha feito parte da vida dos israelitas durante quase 2 mil anos. Os homens, sempre apegados à busca do caminho mais fácil e seguro, tinham escolhido fixar-se exclusivamente nos aspectos exteriores e visíveis da Lei. Entretanto, nas palavras da Lei estava revelado o coração de Deus, e foi o Espírito Santo, que as inspirou, quem devia iluminar a passagem dos israelitas pelo mundo. Por este motivo, como vimos na meditação anterior, Cristo declarou que não seria retirado nem sequer um til da Palavra, porque a mesma não tinha se tornado obsoleta ou desnecessária. Ao contrário, seguia valendo como sempre, mas a perversidade dos homens havia transformado o seu conteúdo em normas fora do alcance da maioria das pessoas.

Precisamos finalizar aqui a nossa consideração dos detalhes de Mateus 5. O propósito desta série não é fazer um estudo exaustivo do texto, mas antes, despertar em cada leitor o interesse de aprofundar o conhecimento a respeito de Jesus Cristo mediante a cuidadosa leitura dos evangelhos. Nos próximos dias, examinaremos os ensinos relacionados à prática da piedade, conforme os ensinamentos que o Senhor nos dá em Mateus 6.

A vida no Reino – 3 *(O Sermão do Monte)*

148
A GRANDE LUTA
Mateus 6:1-18

No decorrer dos próximos dias nos concentraremos no aspecto vertical da nossa vida. Confesso que não gosto deste termo porque nos pareceria que existe duas dimensões na vida espiritual. Entretanto, é devido às nossas limitações que precisamos recorrer a estas explicações, pois a verdade é que a vida em Deus é única, e não pode ser dividida em compartimentos. De qualquer maneira, queremos nos concentrar na "prática da piedade", para usar a mesma palavra que Paulo empregou; quer dizer, a vida das disciplinas espirituais, tais como o jejum, a oração e a oferta.

Convido-o a ler com atenção a passagem desta semana. Hoje nos concentraremos na primeira frase. Qual é o perigo contra o qual devemos estar sempre na defensiva? Que aspectos envolve a disciplina da vida espiritual?

Encontramo-nos aqui diante de um dos perigos mais intensamente enraizados no coração humano, ou seja, o desejo de ganhar a aprovação dos que estão ao redor. Tal perigo não existiria se vivêssemos num mundo perfeito. Mas o pecado nos tem levado a nos envolvermos em relacionamentos que se cultivam baseados no mérito. O amor, longe de ser incondicional, é concedido em troca do reconhecimento de certas vantagens ou atributos na pessoa que o recebe. O resultado é que a vida se transforma em uma incansável busca de afeto da parte dos outros, visto que as regras mudam de pessoa para pessoa, e concluímos que jamais poderemos alcançar a necessária medida para nos sentirmos, de fato, satisfeitos.

Cristo põe fim a essa triste realidade ao chegar com a proposta de satisfazer o mais profundo anseio de nossa alma, que é o de sermos amados. Ele oferece alívio aos que estão cansados das intermináveis desilusões que a vida nos apresenta. Porém, só alcançam verdadeira paz os que entram no mais íntimo relacionamento com o Deus da graça. Os que permanecem nas periferias, atemorizados e duvidosos, se sentirão ainda mais infelizes, pois a religião lhes proverá um outro meio para receber aquilo que jamais conseguiram alcançar.

Jesus queria que compreendêssemos que qualquer prática, cujo objetivo seja agradar, impressionar ou comover as pessoas que nos cercam, automaticamente nos tirará o prêmio que Deus reserva aos Seus filhos. Desejo que você anote isto: existe um prêmio para os que o buscam! Tal como declara Hebreus 11:6 "...porquanto é necessário que aquele que se aproxima de Deus creia que ele existe e que se torna galardoador dos que o buscam". Cristo quis nos desencorajar a buscar recompensas passageiras, pois Deus nos oferece algo muito melhor. Isto é, Ele menciona o prêmio porque nos conhece. Não devemos nos envergonhar de querer o prêmio que nos oferece, porque Ele mesmo nos tem incentivado a buscá-lo. À medida que avançarmos no estudo, você perceberá que Ele repetidamente nos motiva referindo-se a este prêmio. Animemo-nos, portanto, para buscarmos o que Ele nos oferece!

A vida no Reino – 3 *(O Sermão do Monte)*

149
OFERTA ACEITÁVEL
Mateus 6:1-18

> O primeiro ensinamento que Jesus escolhe para ilustrar como se deve praticar a vida piedosa é a oferta. Suponho que tal escolha é deliberada, pois em nenhum aspecto da vida é tão fácil confundir a verdadeira espiritualidade como as questões ligadas ao dinheiro. Somos levados cegamente a acreditar que qualquer pessoa que contribua com generosidade tenha alcançado louváveis níveis de devoção, pois nada provoca em nós tanta mesquinhez como a posse de riquezas materiais. Leia os versículos 2 e 3. Qual é o problema mais frequente nesta disciplina? Como se pode resolver esta dificuldade?

Os fariseus e os escribas aproveitavam a "mensagem" inserida no ato de dar esmolas para tirar o máximo proveito da oferta. Ou seja, davam de tal forma, que um número significativo de pessoas tivesse uma boa opinião a respeito deles. Jesus queria mostrar à multidão que todas as vezes que praticarmos os ensinamentos da vida espiritual na expectativa do "que dirão", a nossa devoção não receberá outra recompensa além dos insignificantes aplausos das pessoas ao nosso redor.

Dallas Willard, um reconhecido escritor sobre os ensinamentos da vida espiritual, declara que o problema não está em que as pessoas nos vejam realizando boas obras, mas em praticar boas obras com o *exclusivo* propósito de que os homens nos vejam. É possível nos esforçarmos de tal maneira para atuar às escondidas que, do mesmo modo, chamemos a atenção dos outros para nós.

O problema que o Senhor revela se baseia em permitirmos que a opinião dos homens seja a motivação para o nosso coração ofertar. É provável que muitos de nós jamais tenhamos chegado ao extremo de tocar trombeta quando ofertamos, embora tenhamos inúmeras habilidades para dar a "conhecer" discretamente o nosso sacrifício. No entanto, em quantas ocasiões temos entregado alguma oferta, simplesmente pressionados porque todos ao nosso redor nos vêm ofertando. Neste caso, não ofertamos movidos pela devoção ao Senhor, mas pelo medo de que as pessoas falem mal de nós se não o fizermos.

Cristo apresenta um caminho radicalmente diferente: "Tu, porém, ao dares a esmola, ignore a tua mão esquerda o que faz a tua mão direita; para que a tua esmola fique em secreto; e teu Pai, que vê em secreto, te recompensará". É difícil fazer isto no contexto físico, visto que a mão esquerda é controlada pela mesma mente que governa a direita. Contudo, o princípio que deve reger a nossa forma de ofertar é que não exista sequer a possibilidade de alguém se impressionar consigo mesmo! Quando contribuímos de forma natural e simples, com os olhos firmemente postos em Deus, Ele que é o objeto da nossa adoração, seguramente, evitaremos cair no desejo de impressionar.

> *Senhor, como anelo profundamente ser aplaudido. Este desejo obscurece e desmerece minhas melhores ofertas para ti. Revela-me as motivações confusas do meu coração. Purifica a minha alma de tudo quanto me prende a este mundo. Sê tu o meu deleite, meu tudo, a razão de cada um dos meus atos de devoção. Amém.*

A vida no Reino – 3 *(O Sermão do Monte)*

150
ORAÇÕES VÃS
Mateus 6:1-18

Leia o próximo texto e tente identificar as maneiras em que o desejo de ser visto afeta nossa vida de oração.

Você ora do mesmo modo quando está sozinho como quando está com outras pessoas? Esta é uma pergunta que faço a mim mesmo com frequência; e ela por sua vez, me obriga a dar resposta a uma segunda pergunta: Qual é a razão para haver essa diferença entre minhas orações públicas e minhas orações particulares? Se for absolutamente honesto comigo, devo admitir que esta contradição revela, mais uma vez, meu profundo desejo de impressionar aos outros com a minha aparente "espiritualidade". O fato de conseguirmos disfarçar com frases fervorosas e clamores apaixonados, não faz desaparecer o nosso desejo de que os outros nos considerem mais piedosos do que na realidade somos.

Como advertência, Jesus revela a prática dos hipócritas, dizendo que "gostam de orar em pé nas sinagogas e nos cantos das praças, para serem vistos dos homens". Além disso, usam "vãs repetições, como os gentios; porque presumem que pelo seu muito falar serão ouvidos". O uso da palavra *hipócrita* é interessante, especialmente quando entendemos o seu significado nos tempos de Cristo. A palavra vem da junção de dois termos gregos: *hupo* (acima) e *krytos* (cara). O termo se referia a uma máscara que os atores usavam, colocada no rosto, que escondia a verdadeira face do artista. Desta forma, um hipócrita era, literalmente, alguém que representava um papel que não correspondia ao que ele era na vida real. Ao usar o termo com referência à vida de oração, Jesus está precisamente identificando a tendência de "atuar" de certo modo diante dos outros, que não é a maneira usual como a pessoa se comporta no cotidiano.

Fica claro, mais uma vez, que o motivo desta transformação é não revelar um aspecto da vida que possa diminuir ou danificar a imagem que desejamos que outros façam de nós. O problema não está na oração em público, mas sim, orar em público para impressionar os outros. Do mesmo modo, estas pessoas acreditavam que suas muitas palavras acrescentariam um peso adicional às suas petições, como se o propósito da oração fosse convencer a Deus quanto aos méritos dos projetos nos quais Ele não está interessado. Entretanto, nossas orações tendem a estar cheias de complicadas explicações e raciocínios que parecem ter exatamente este mesmo propósito.

Torna-se mais evidente que não temos em nós mesmos as condições para discernir as verdadeiras intenções do nosso próprio coração. Devemos entender, como diz o salmista, que "Há no coração do ímpio a voz da transgressão; não há temor de Deus diante de seus olhos. Porque a transgressão o lisonjeia a seus olhos e lhe diz que a sua iniquidade não há de ser descoberta, nem detestada" (36:1,2). Necessitamos do minucioso exame que o Espírito de Deus pode realizar em nós, caso desejemos nos livrar da hipocrisia. Somente Deus pode trazer à luz o que se encontra oculto aos nossos olhos.

A vida no Reino – 3 *(O Sermão do Monte)*

151
MOMENTOS DE INTIMIDADE
Mateus 6:1-18

Leia o versículo 6. Quais orientações Cristo dá para orar de maneira eficaz? O que implica entrar em nosso aposento? O que significa Deus estar em "secreto"?

Como vimos na meditação anterior, Jesus descarta toda forma de oração que busca impressionar as pessoas, a Deus ou a si mesmo, como no caso do fariseu mencionado em Lucas 18:11. Em duas frases curtas, Ele descreve um outro tipo de oração completamente diferente, que é mais simples e genuína. Entretanto, a sua simplicidade não diminui a profundidade nem a intensidade da experiência a que se refere.

Primeiro, vemos que Cristo recomendou a busca de um lugar longe dos ruídos da vida cotidiana. Isto não significa que seja difícil orar em público, mas sim, porque os que têm pouca disciplina na oração se distraem com muita facilidade. Mesmo Jesus, segundo o testemunho dos evangelhos, por não ter um quarto para si, "ele retirava-se para os desertos e *ali orava*" (Lucas 5:16). A ideia é que o ambiente favorece o momento de comunhão com o Pai, e o aposento nas casas daquele tempo era o lugar mais escondido da casa.

Segundo, é interessante observar que Jesus, não só orientou que entrássemos em nosso quarto, mas que também *fechássemos a porta*. Se você analisa os momentos da sua própria vida, quando entra no seu quarto e fecha a porta, a lição que Ele quis dar ficará claramente evidente. Não temos o costume de fechar a porta quando pensamos sair dali pouco depois. Fechamos a porta, sim, quando desejamos permanecer nele por mais tempo e não queremos ser incomodados por ninguém. A ação de fecharmos a porta indica que a oração não é algo para ser feito "às pressas". Sem dúvida, podemos orar a qualquer momento, usando curtas frases de adoração, gratidão e petição, do mesmo modo como um casal expressa mutuamente palavras de carinho e afeto ao longo do dia. Estes pequenos gestos, entretanto, não podem substituir os momentos de intensa e prolongada comunhão, tão indispensáveis para que o relacionamento cresça.

Jesus também nos chama para buscarmos a Deus, que está *em secreto*. Isto não quer dizer que Deus seja difícil de ser encontrado, porque Ele sempre deseja se revelar aos homens. Antes, Ele declara que, crescer em intimidade com o Senhor, é algo somente concedido àqueles que mantêm um sério compromisso com Ele. "Buscar-me-eis e me achareis quando me buscardes de todo o vosso coração", declara Deus pela boca do profeta Jeremias (29:13). Aos que desejam guardar os Seus mandamentos, com uma vida de santidade, Jesus promete: "Aquele que tem os meus mandamentos e os guarda, esse é o que me ama; e aquele que me ama será amado por meu Pai, e eu também o amarei e me manifestarei a ele" (João 14:21). Desta forma, o Mestre indicava que a experiência de oração se refere a algo mais do que repetir frases diante de Deus. A essência da oração está relacionada a um encontro de dois amigos na intimidade do lar, para desfrutar de um intercâmbio rico e intenso.

A vida no Reino – 3 *(O Sermão do Monte)*

UM MODELO DE ORAÇÃO
Mateus 6:1-18

Leia os versículos de 7 a 13. Quais outras instruções sobre a oração são possíveis de encontrar nesse texto?

Vimos que Jesus combate toda forma de oração que procura impressionar. Sem dizer, de modo direto, Cristo estava descartando o "estilo" de oração da maior parte das religiões que conhecemos. As súplicas podem chegar vestidas de diferentes cores, mas sempre escondem um monólogo que pretende conseguir algo daquele a quem é dirigida. Também precisamos ser lembrados disto porque, na mente de muitos, a oração existe pura e exclusivamente para garantir alguma resposta da parte de Deus. Por esta razão, as nossas orações não avançam além da lista de pedidos que sempre levamos conosco.

Ao perceber esta tendência universal entre os homens, Jesus advertiu que não era necessário impressionar a Deus com as palavras ou a quantidade de repetições, "porque Deus, o vosso Pai, sabe o de que tendes necessidade, antes que lho peçais". Isto quer dizer que o propósito da oração nem sequer é informar a Deus sobre as nossas necessidades, porque Ele não necessita do nosso informe para estar ciente do que nos falta.

Jesus não estava dizendo que não devemos pedir, mas que a petição não deve ocupar muito do nosso tempo, porque é uma prática sem muito sentido quando o destinatário é o Deus que já sabe do que precisamos. À luz disto, atrevemo-nos afirmar que a oração não é tão importante pelo que dizemos, mas pela oportunidade que nos proporciona de *estar* com o nosso Pai celestial. Sem dúvida, isto pressupõe que não vamos construir nossas orações em torno do nosso incessante falatório, mas que iremos desfrutar do momento de intimidade e recolhimento que se nos oferece por estarmos *em secreto com o nosso Pai*.

Como exemplo, Jesus deixou uma oração "modelo". Esta oração podia ser usada pelos iniciantes e também estudada pelos avançados na fé, como uma amostra do tipo de oração que pode agradar ao Pai. Muito se tem escrito sobre o Pai Nosso, mas me limitarei a uma observação pessoal. Percebemos uma notável ausência das palavras "eu", "meu" e "minha" nesta oração. Ela está permeada por um sentido de comunidade, expressa em frases que são elevadas a favor e em nome de "nós". Vemos, também, que a oração dedica um bom espaço aos temas que interessam a Deus, tais como a expansão do Reino, a obediência ao Seu nome e a confissão de pecado (tão ausente nas nossas orações hoje em dia!). As petições em si são breves e simples: o pão de cada dia e o livramento de experiências tentadoras. Tudo isto está envolto em um manto de adoração, em que se reconhece a proximidade de Deus a nós (*Pai*), a soberania do Altíssimo (que *estás nos céus*), e Seu poder eterno (porque *teu é o Reino, e o poder, e a glória, para sempre*). Resumindo, temos aqui um admirável modelo que pode guiar a nossa própria experiência de oração.

A vida no Reino – 3 *(O Sermão do Monte)*

153
UMA CONDIÇÃO FUNDAMENTAL
Mateus 6:1-18

Jesus escolheu ampliar um dos temas do Pai Nosso. Por que Ele julgou necessário esse esclarecimento? Qual a relação do tema com a oração? O que isto tem a ver conosco?

Vimos anteriormente, de forma sucinta, a oração conhecida como o Pai Nosso. Tão logo terminou de citar a oração, Jesus acrescentou uma explicação: "Porque, se perdoardes aos homens as suas ofensas, também vosso Pai celeste vos perdoará". Estas palavras contêm uma solene advertência para todos os que desejam caminhar na luz.

Em outro momento do Seu ministério, Jesus contará a história de dois homens endividados. A um deles a soma total da sua dívida seria perdoada, um valor milionário que não poderia ser pago sequer com dez vidas de trabalho. Porém, esse homem, saindo da presença de quem o perdoara, encontrou um conservo e não lhe quis perdoar uma dívida insignificante. Na história, o rei, que representa Deus, chamou enfurecido ao primeiro homem e depois de uma dura repreensão, enviou-o à prisão. Para os que não haviam entendido a moral da história, Jesus declarou: "Assim também meu Pai celeste vos fará, se do íntimo não perdoardes cada um a seu irmão" (Mateus 18:35).

A este mesmo princípio Jesus se refere no ensinamento que hoje estamos considerando. Para os que fazem parte do Reino e têm experimentado a incomparável misericórdia de Deus, tão generosa que não pode ser explicada nem entendida, é inadmissível que eles não estendam, ainda que uma pequena parcela dessa compaixão, aos que os ofendem. A ofensa de outras pessoas para conosco é tão insignificante como foi o montante do segundo devedor em comparação ao primeiro devedor. Em nenhum lugar das Escrituras se ensina que o perdão ao próximo é uma condição para se receber o perdão de Deus. Contudo, viver oferecendo perdão, é, sim, uma condição fundamental para que o filho de Deus siga crescendo rumo à plenitude. Nada estanca tão rápido o fluir da graça como um coração cheio de amargura pelas feridas que outros lhe tenham provocado.

É por isso que devemos nos apressar em levar toda ofensa ao Senhor, antes que o seu veneno comece a atuar em nós. Ao sermos feridos, defraudados ou agredidos, torna-se urgente levarmos nossa dor ao nosso Pastor, para que Ele restaure a paz e a alegria, uma vez que somos parte da Sua família. A demora nessa entrega alimenta um turbilhão de ideias que se transformam em comentários indignados que envolvem outras pessoas em nossa amargura. Não foi sem propósito que o apóstolo Paulo exortou: "Irai-vos e não pequeis; não se ponha o sol sobre a vossa ira, nem deis lugar ao diabo" (Efésios 4:26,27).

Senhor, não me deixes em paz enquanto eu não tiver perdoado a outras pessoas. Livra-me de ter um coração endurecido. Envia à minha vida uma tristeza santa que me leve à Tua presença, para que reveles os assuntos ainda pendentes em meu coração. Ensina-me a ser uma pessoa generosa em perdoar. Amém.

154
E O JEJUM?
Mateus 6:1-18

A passagem sobre a qual temos desenvolvido a nossa reflexão nestes dias contém instruções para evitarmos que nossa justiça seja como a dos fariseus e escribas. Cristo se referiu a três ensinamentos centrais para a vida espiritual: a oferta, a oração e o jejum. Contudo, tenho conhecido poucas congregações que acreditam que o jejum é um ensinamento necessário para o discípulo. No meu entender, isto mostra quanto temos sucumbido frente a uma sociedade que considera todo tipo de sacrifício e rigor pessoal como relíquias do passado. Nos tempos atuais, a satisfação de todos os sentidos que unem o ser humano ao seu contexto, é um dos pilares que sustenta a nossa cultura. Medite no sentido da contribuição do jejum à vida.

Jesus considerava, como fato consumado, que os Seus seguidores jejuariam. Com isto em mente, deixou orientações para que, tal como as outras disciplinas, não o praticassem de forma religiosa, mas como um meio adicional para entrar em comunhão com o Pai *que está em oculto*. É muito fácil o jejum ser usado para impressionar as pessoas com a nossa aparente piedade. Arrumamo-nos para visitar nossos irmãos justamente no dia que estamos jejuando, para que, ao nos oferecerem algo para comer, "revelemos" que nesse dia estamos jejuando. O jejum que não se pratica em secreto tem pouco valor para a vida espiritual.

O desejo de Jesus não era que descartássemos o jejum, mas que corrigíssemos tendências incorretas em sua prática. O jejum tem grande valor porque nos ajuda a entender como nos importamos em satisfazer os apetites de nossa carne. Podemos até estar seguros de que para nós a comida não tem muita importância, mas é somente o jejum que nos permite constatar se isto é mesmo verdade. Com surpresa, descobrimos que a comida ganhou um lugar excessivamente privilegiado em nosso dia a dia.

O jejum também serve para sensibilizar os sentidos espirituais. Da mesma forma como o cego compensa sua falta de visão com a acuidade auditiva, a pessoa que subjuga a carne desenvolve maior percepção espiritual. Não foi por acaso que Cristo se preparou para enfrentar as tentações com 40 dias de jejum e oração. Do mesmo modo, Paulo fala da importância de "esmurrar o corpo" para não ser desclassificado (1 Coríntios 9:27). A ideia é que mesmo no plano físico tudo esteja sujeito a Cristo. Reconhecemos como esse ensinamento é necessário para nós, porque em muitas ocasiões o nosso corpo é que dá a palavra final quanto às nossas atividades espirituais. Gostaríamos de adorar com as mãos levantadas, mas os braços se queixam. Gostaríamos de levantar de madrugada para estar com o nosso Senhor, mas o corpo pede "alguns minutos mais" na cama.

O princípio do jejum pode ser transferido a qualquer outro aspecto da vida onde precisamos limitar a influência de algo sobre nós. Podemos fazer jejuns de atividades, de televisão ou de palavras. O fato é que a disciplina de negarmos algo por um tempo fortalece a nossa vontade de andar pelo caminho que Deus indica para a nossa vida.

A vida no Reino – 3 *(O Sermão do Monte)*

155
UM INVESTIMENTO SÁBIO
Mateus 6:19-34

De todos os assuntos que Cristo considerou ao longo do Seu ministério terreno, talvez nenhum outro tenha sido tão mal compreendido como este. Rodeados por luxos e bens materiais, temos preferido crer que Jesus seria uma espécie de "santo patrono" do materialismo, redefinindo como virtudes algumas das mais odiadas atitudes do ser humano, tais como a cobiça, o egoísmo e a paixão desenfreada. As Escrituras, contudo, advertem que o amor ao dinheiro é a raiz de todos os males e "os que querem ser ricos caem em tentação, e *em* laço, e *em* muitas concupiscências loucas e nocivas, que submergem os homens na perdição e ruína" (1 Timóteo 6:9). Estas são palavras radicais para um tema que exige uma atitude radical. A mensagem de Jesus não pode ser diluída nem adaptada para aliviar o nosso desconforto ante as Suas palavras. Acima de tudo, não podemos nos dar ao luxo de pensar que este problema não nos atinge. A mentira mais persistente e enraizada na cultura moderna é que o dinheiro destrói a vida dos outros, mas jamais a nossa.

Leia toda a passagem e anote os princípios que podem ajudá-lo a ser sábio na administração dos seus recursos materiais. Qual é o principal problema no uso do dinheiro? Qual caminho Cristo indica para solucionar esta dificuldade?

Jesus começou o Seu ensino com uma recomendação para todos os interessados em fazer um investimento produtivo: "Não acumuleis para vós outros tesouros sobre a terra, onde a traça e a ferrugem corroem e onde ladrões escavam e roubam; mas ajuntai para vós outros tesouros no céu, onde traça nem ferrugem corrói, e onde ladrões não escavam, nem roubam". O motivo desta exortação é simples; todo investimento na Terra estará sujeito às mesmas realidades que acompanham o viver diário do ser humano.

Nesta Terra, simplesmente não existe um investimento "seguro". Inúmeros colapsos econômicos, calamidades naturais, golpes de estado, guerras e tremendos fracassos nos melhores planos econômicos provam que até os mais seguros podem perder tudo num piscar de olhos.

O conselho do Senhor é que juntemos os tesouros além do alcance de um mundo decaído, bem guardados nos lugares celestiais. Esse tipo de investimento não só deixa um retorno positivo para esta vida, mas também para a eternidade. Isso, não se trata de dinheiro, mas de coisas mais preciosas e valiosas do que o ouro, a prata e as joias.

O principal motivo desta exortação não é a segurança do investimento, mas o efeito que os tesouros exercem sobre a nossa vida. Cristo não admitia questionamento neste ponto; "porque, onde está o teu tesouro, aí estará também o teu coração". Nós temos procurado comprovar de vez em quando que, na realidade, é possível estar bem com Deus e com as riquezas deste mundo, mas a verdade é que em nosso coração existe lugar somente para um tesouro. Não é o que dizemos com nossos lábios que define a nossa devoção, mas sim, o que ocupa os nossos pensamentos dia e noite. *Ali, onde estiver o nosso tesouro, estará o nosso coração!*

A vida no Reino – 4 *(O Sermão do Monte)*

156
O OLHO BOM
Mateus 6:19-34

> Leia os versículos de 22 e 23. O que significa o olho ser a lâmpada do corpo? A que Cristo se refere quando fala do "olho bom"? Se você possui um dicionário bíblico procure pesquisar sobre isto.

Na reflexão anterior, vimos que, sem rodeios, Cristo declarou que onde estivesse o nosso tesouro ali também estaria o nosso coração. É neste ponto que somos tentados a acreditar que podemos ser exceção à regra. Em tais momentos, entretanto, devemos aceitar que a Sua condição de Filho de Deus o capacita a declarar a realidade como ela é. Precisamos sujeitar os nossos conceitos ao que Ele afirma.

Jesus se valeu de uma ilustração do mundo físico, o olho. O corpo não consegue discernir o caminho a seguir a não ser através dos olhos. Num sentido muito real, os olhos cumprem a função de janelas, através das quais podemos perceber o mundo ao redor. De acordo com o ponto onde estejam focados os nossos olhos, será a perspectiva que teremos do lugar onde nos encontramos. De modo que, os olhos podem funcionar corretamente, mas estarem orientados para a direção errada. Isto foi o que aconteceu com um dos meus filhos quando criança. Caminhava comigo na rua e, distraindo-se com o que havia em volta, deu uma topada num poste de luz. Ele estava com os olhos abertos, mas não tinha o olhar fixo na direção certa para caminhar sem tropeçar.

Se passarmos da analogia para o mundo espiritual, a lição se torna clara. Naquilo que focarmos nossos "olhos" será o rumo que nossa vida vai seguir. Jesus também estava usando um jogo de palavras, porque entre os judeus possuir um "olho maligno" era sinônimo de um espírito avarento e egoísta. O fato é que os olhos cumprem uma função básica ao dar a informação necessária para que decidamos para onde devemos andar e de que modo devemos fazê-lo. Quando os olhos não funcionam, ou estão concentrados naquilo que não serve, a nossa capacidade de andar se verá bastante reduzida. Da mesma forma, quando os nossos olhos espirituais estão postos em valores e tesouros deste mundo, toda a nossa vida está orientada para isso. As trevas em nosso espírito se tornarão impenetráveis.

O apóstolo Paulo amplia para nós, em 1 Timóteo 6, os efeitos de errarmos o alvo ao fixarmos nosso olhar nas riquezas. Os que vão atrás das riquezas, "...os que querem ficar ricos caem em tentação, e cilada, e em muitas concupiscências insensatas e perniciosas, as quais afogam os homens na ruína e perdição. Porque o amor do dinheiro é raiz de todos os males; e alguns, nessa cobiça, se desviaram da fé e a si mesmos se atormentaram com muitas dores" (vv.9,10).

O resumo do ensino de Jesus sobre este tema no final da passagem é: "...busquemos primeiro o Reino de Deus e a sua justiça...". Ou seja, o nosso olhar deve estar posto somente naquilo que pertence aos desígnios e propósitos do Senhor. Quando centramos a visão naquilo que só interessa a Deus, a nossa vida pode se dedicar integralmente a acumular tesouros nos lugares celestiais.

A vida no Reino – 4 *(O Sermão do Monte)*

157
ENTRE DOIS AMORES
Mateus 6:19-34

> Leia o versículo 24. Que tipo de privilégios envolve ser o senhor de alguém? Como afetará a vida do servo o fato de se subordinar a um senhor?

Uma das mentiras enraizadas em nossa cultura é que o dinheiro é algo impessoal, e que os problemas relacionados com as riquezas se relacionam exclusivamente à pessoa que as administra. Cristo, no entanto, comparou o dinheiro a um senhor que compete com os nossos afetos para com a pessoa de Deus. Desta forma, Ele revelou que existem poderes espirituais por trás do dinheiro, que exigem uma entrega total daqueles que o cobiçam.

Há alguns anos, um dos homens mais ricos do planeta tinha fechado um negócio no qual acrescentaria 400 milhões de dólares à sua fortuna pessoal. Vários repórteres estavam presentes no momento do anúncio do acordo. Um deles, quem sabe com certa impertinência, lhe perguntou quanto dinheiro seria necessário para ele sentir-se satisfeito. A resposta daquele milionário deixou calados aos presentes: *Somente um pouquinho mais!* A piada ilustra perfeitamente o terrível poder do dinheiro em aprisionar e escravizar a vida dos que o servem. O dinheiro não admite rivais, e desperta no homem uma das mais singulares manifestações de devoção.

Para nós, o grande perigo é acreditar que este é um problema vivenciado somente por aqueles que possuem grandes fortunas pessoais. O reconhecido autor, Richard Foster, afirma que o dinheiro *possui um poder que procura dominar a nossa vida, e é a existência deste poder espiritual o que tão tenazmente procuramos negar*. Esta força atua em nós mesmo quando os nossos ganhos são escassos. Leva-nos a servir o dinheiro, a amá-lo com devoção, a transformar o dinheiro na fonte da nossa segurança, a defendê-lo ferozmente quando outros querem tirá-lo de nós. Pelo dinheiro, as famílias mais unidas e os melhores amigos têm sido consumidos pelo ódio e a amargura.

Devemos, mais uma vez, declarar que não basta crermos estar a salvo deste problema. Se Cristo afirmou que o dinheiro pode se converter no deus de nossa vida, convêm-nos, então, prestar muita atenção. Os que mais confiantes se encontrarem serão mais facilmente presas do inimigo. Talvez, a melhor maneira de avaliarmos o lugar que o dinheiro ocupa em nosso coração é analisar a forma como reagimos quando não o possuímos. Se nos afundarmos na depressão, ansiedade ou na preocupação, é porque nós temos cedido ao dinheiro um espaço muito mais importante do que imaginávamos. Somente o Espírito Santo pode nos dar uma confiável avaliação desta realidade.

Bom seria, então, que a oração de Provérbios fosse também a nossa a cada dia:

> *Duas coisas te peço; não mas negues, antes que eu morra: afasta de mim a falsidade e a mentira; não me dês nem a pobreza nem a riqueza; dá-me o pão que me for necessário; para não suceder que, estando eu farto, te negue e diga: Quem é o* Senhor? *Ou que, empobrecido, venha a furtar e profane o nome de Deus* (Provérbios 30:7-9).

A vida no Reino – 4 *(O Sermão do Monte)*

158 QUE SENTIDO TEM?
Mateus 6:19-34

Uma vez revelada a verdadeira natureza dos perigos presentes na ambição pelas riquezas, Jesus volta ao tema central do Sermão do Monte, que é a realidade dos cidadãos do reino dos Céus. A frase "por isso vos digo" prenuncia que Ele vai tratar das consequências de se saber que não é possível acumular tesouros na Terra sem se desviar da fé. Como fez em outras ocasiões, Jesus recorre às mais simples ilustrações da vida cotidiana para explicar esta realidade (vv.25-30). Leia a passagem e procure identificar sua mensagem central.

Pense um pouco nas aves do céu. Alguma vez você viu um pássaro sentado em seu ninho numa manhã, com o cenho enfarruscado, por não saber onde conseguir o alimento para dar aos seus filhotes? Essa imagem é um tanto ridícula, não é verdade? Qual é a primeira coisa que as aves fazem pela manhã? Cantam! E depois saem para buscar a comida necessária para o dia, porque sabem que em algum lugar se encontra o sustento que procuram. Da mesma forma, nenhuma ave tem no seu ninho uma geladeira para conservar o alimento da semana! Retomam diariamente a mesma rotina; amanhecem com uma ruidosa celebração, e depois saem a buscar o alimento para aquele dia.

Ao falar das plantas, Cristo escolheu algo ainda mais indefeso do que as aves. Estas, pelo menos, possuem asas que lhes permitem ir de um lugar para outro; se não encontram alimento em um lugar, podem seguir para outro. Os lírios não têm essa liberdade. Devem permanecer no lugar onde germinaram e criaram raízes. Entretanto, Jesus afirmou que "não trabalham nem fiam. E eu vos digo que nem mesmo Salomão, em toda a sua glória, se vestiu como qualquer deles".

Com suas ilustrações, Jesus queria incutir em nós a seguinte pergunta: Que sentido existe em se viver angustiado pelos assuntos relacionados com o mundo material? Esta atitude seria lógica se não existisse quem se ocupe das nossas necessidades, e todo o peso da nossa provisão caísse exclusivamente sobre os nossos ombros. Se assim fosse, seria compreensível que nos sentíssemos angustiados pela nossa responsabilidade. Porém, este não é o nosso caso! Ou não valemos mais que os pássaros e as plantas? Não se empenhará ainda mais por nós, o nosso Pai celestial? A resposta é: Claro que sim! Se Ele ama e cuida com tanta diligência das aves e das plantas, se ocupará muito mais conosco.

A primeira conclusão, portanto, é que a preocupação revela falta de fé no amor de Deus — simples assim. Duvidamos do Seu papel de provedor para conosco. Ao sentirmos que Ele não cuidará de nós, somos levados a agir por nossa conta. A nossa ansiedade se deve ao medo que sentimos com a possibilidade de fracassar. Jesus nos convida a parar por alguns minutos para observarmos as aves e as plantas ao nosso redor. Elas proclamam, em alta voz, que há um Pai Celestial que vela pelo seu bem-estar.

A vida no Reino – 4 *(O Sermão do Monte)*

159
NADA MUDA
Mateus 6:19-34

> Na reflexão que compartilhamos anteriormente, vimos que a angústia, em sua essência, é um problema que tem sua origem na falta de fé. De fato, no meio do Seu ensino Jesus o menciona diretamente: *homens de pequena fé*, para que não haja dúvidas a esse respeito. Leia novamente o versículo 27. Encontramos uma segunda razão para a inutilidade das preocupações. Qual é?

Como seres humanos, custa-nos aceitar que o nosso maior problema é a falta de fé. Estamos de tal forma acostumados a nos concentrarmos nas circunstâncias que nos trazem preocupação que chegamos a pensar que elas são culpadas pela nossa ansiedade. *Se eu me encontrasse numa situação diferente da atual sem dúvida que eu não estaria tão angustiado; a verdade é que nenhuma pessoa poderia suportar esta circunstância sem se preocupar.* É assim que nós nos enganamos. De modo que nos convencemos de que o problema está fora de nós. A realidade, porém, é que a preocupação não revela o complicado que é a nossa existência, mas sim a nossa falta de habilidade para enfrentar espiritualmente os obstáculos e contratempos que a vida vai deixando em nosso caminho.

Em nosso texto de hoje, Jesus acrescenta uma observação adicional à Sua explicação do tema. "Qual de vós, por ansioso que esteja, pode acrescentar um côvado ao curso da sua vida? E qual de vós poderá, com todos os seus cuidados, acrescentar um côvado à sua estatura"? (v.27). A preocupação não só revela falta de fé, mas também que é uma atividade sem resultados. A preocupação em nada muda as circunstâncias que a provocaram. Por estarmos preocupados, o ônibus que nos levará ao trabalho não chegará mais depressa, nem receberemos mais dinheiro para liquidarmos as contas. A situação do país não mudará como resultado da preocupação coletiva dos seus habitantes. Isto quer dizer que a preocupação não traz qualquer solução para a situação peculiar que enfrentamos.

No entanto, a preocupação afeta a pessoa que a experimenta. Contagiamos outras pessoas com a mesma angústia que nos envolve. As reclamações e a impaciência começam a dominar a comunicação. Considere, por exemplo, a aflição que os discípulos sentiram em meio à grande tempestade que enfrentaram, conforme Marcos 4. A profunda ansiedade os levou a despertar Jesus e a acusá-lo de ser insensível às condições que eles estavam sofrendo. Lembre-se de que, naquela ocasião, Ele os repreendeu pela sua falta de fé. Pense também no grande empenho de Marta quando Jesus a visitou. A sua preocupação se expressou numa reclamação contra sua irmã Maria; mas ainda mais importante que isto, ela acusou o Senhor de fazer pouco caso da sua situação pessoal.

O Senhor nos chama para estarmos ocupados com os desafios que enfrentamos cada dia, mas sem preocupação. Podemos investir nosso tempo e nossa atenção nessas atividades, mas não sacrifiquemos a nossa paz diante dessas circunstâncias. Esta é a nossa herança em Cristo Jesus. Sabemos quem é que governa nossa vida e também as situações que temos de enfrentar. Com uma atitude firme resistimos à tentação de nos preocuparmos, porque nada conseguiremos com isto.

A vida no Reino – 4 *(O Sermão do Monte)*

160
PRIMEIRO, O REINO
Mateus 6:19-34

Leia os versículos de 31 a 34. Que outras lições, Jesus acrescenta ao tema da preocupação?

Se nenhum dos argumentos apresentados serviu para nos convencer da inutilidade de estarmos ansiosos pelos bens materiais, Jesus apresenta mais um. " Portanto, não vos inquieteis, dizendo: Que comeremos? Que beberemos? Ou: Com que nos vestiremos? Porque os gentios é que procuram todas estas coisas; pois vosso Pai celeste sabe que necessitais de todas elas".

Uma das verdades que Cristo expôs no Sermão do Monte, é que os cidadãos do reino dos Céus são diferentes das pessoas deste mundo. Se não tivéssemos outras orientações para a nossa vida, exceto que os parâmetros deste mundo são totalmente opostos aos do Reino, teríamos suficiente informação para vivermos de outra maneira. Com certeza, essas diferenças não se referem ao que é exterior, ao aspecto que com mais frequência exige a nossa atenção. A diferença no uso de uma gravata ou uma saia não é a diferença a que nos referimos. Como vimos nas bem-aventuranças, a realidade do Reino tem a ver com a vida interior, aos assuntos relacionados com o espírito. O contraste passa por atitudes espirituais, como a compaixão, a pureza, a humildade, o compromisso com o próximo e a vivência diária do relacionamento de intimidade com Deus.

No que diz respeito ao relacionamento que temos com o mundo material, Cristo fala que isto provoca nos gentios uma permanente angústia, a incessante preocupação pelas necessidades, como o alimento e o vestuário. Entre os filhos de Deus não deve ser assim. Eles têm a convicção de que o seu Pai celestial já se encarregou de cuidar das necessidades que cada um enfrenta. Pelo fato de o Seu coração ser compassivo, pois deseja ardentemente abençoar os homens, Ele não precisa ser convencido para nos conceder essas coisas. Já existe nele o desejo de provê-las.

Jesus revela a correta alternativa para o povo de Deus ocupar a mente e o coração: "Buscai, pois, em primeiro lugar, o seu reino e a sua justiça, e todas estas coisas vos serão acrescentadas". Este deve ser o lema que guia a nossa existência, que nos leve a usar o tempo naquilo que é verdadeiramente produtivo. A palavra *buscar* (procurar, perseguir, ir ao encontro) nos indica que o Reino não está ao alcance dos olhos ou se apresenta naturalmente aos seres humanos. Antes, porém, *buscar primeiro o Reino* nos incita a abandonarmos os impulsos naturais da carne, e a reorientar a nossa vida de acordo com as diretrizes de Deus. Não é algo espontâneo em nós, mas o resultado de uma decisão disciplinada que deve ser reafirmada, com frequência, no contexto diário. Esta decisão, curiosamente, abre o caminho para que *todas as outras coisas*, que anteriormente tanto nos preocupavam, *sejam acrescentadas*. Assim como na oferta, na oração e no jejum, o ensinamento de se buscar primeiro o Reino também será recompensado.

A vida no Reino – 4 *(O Sermão do Monte)*

161
UM DIA DE CADA VEZ
Mateus 6:19-34

Próximo ao ensino sobre o tema da preocupação com bens materiais, Cristo deixa um último conselho num tom absolutamente prático. Será que nesta declaração se encontra um dos segredos da vida calma e alegre do nosso amado Senhor? Com certeza não encontramos no relato dos evangelhos evidências de que Ele tenha sido uma pessoa dada à preocupação. As circunstâncias mais adversas e complicadas não conseguiram alterar o Seu estado de ânimo, e mesmo quando se via assediado por enormes pressões provocadas pelas multidões, jamais percebemos nele um espírito angustiado. Leia o último versículo da passagem. Que princípio de vida Ele nos deixa? De que maneira podemos praticá-lo?

Não resta dúvida de que parte da firmeza espiritual de Jesus, frente a vida repleta de dificuldades e sofrimento, tem a ver com a vitalidade do Seu relacionamento com o Pai, algo que Ele alimentava dia após dia, em tempos de recolhimento e quietude. Porém, a capacidade de viver em plenitude cada dia, com seus contratempos e vitórias, parece também ser o fruto do estilo de vida do Senhor. De fato, estarmos concentrados no amanhã é uma das ações que mais frequentemente nos tira a possibilidade de desfrutar o tempo presente. Não apreciamos a semana porque estamos à espera do fim de semana. Não usufruímos o tempo do noivado pelo desespero que experimentamos ante o casamento. Não aproveitamos o estar com os filhos porque estamos ocupados demais em lhes garantir "um futuro digno". Assim segue a nossa vida, sempre com o olhar posto em alguma realidade futura, a qual nos rouba a possibilidade de vivermos o momento presente plenamente.

Aqui Jesus limita Seu foco à distância mais curta possível: o dia de hoje. Não interprete algo diferente; não estou dizendo que Ele era uma pessoa irresponsável, tampouco que não devemos antecipar, de forma objetiva, os acontecimentos de um futuro próximo. O que estou enfatizando é que Jesus não permitia que isto o distraísse sequer por um instante do prazer de viver intensamente cada momento que o Pai lhe proporcionava. A verdade é que nenhum de nós sabe se estará vivo no dia de amanhã. Mas é totalmente possível que, pelas nossas muitas preocupações, o dia de amanhã chegue acompanhado pela tristeza por não termos desfrutado os momentos que o tempo levou para sempre.

Que extraordinário desafio para nós! Vivamos plenamente cada dia com os seus aspectos bons e maus, de modo que não tenhamos, à noite, algo do que nos lamentar. Tudo quanto recebemos é dádiva de Deus, concedido pela graça exclusivamente aos Seus filhos, aos quais Ele ama.

Aqui nos despedimos do Sermão do Monte. Sem dúvida, fica ainda muito por dizer. Espero que estas semanas tenham servido para você transformar este texto em uma das colunas da sua vida espiritual. A profundidade da sabedoria de Cristo deve sempre nos levar a exclamar: Verdadeiramente Ele falava palavras de Vida!

A carne e o espírito *(Uma parada no caminho – 4)*

VIVER O REINO
Romanos 8:5-14

> Ao longo de quase 30 dias, temos meditado em alguns dos princípios que Cristo expôs no Sermão do Monte. Leia o texto de Romanos sobre o qual refletiremos hoje. Em que consiste colocar a mente nas obras da carne? O que Paulo ensina sobre as intenções de agradar a Deus por meio da carne? Qual função exerce o Espírito Santo na vida do filho de Deus? De que forma prática podemos colocar a mente nas coisas do Espírito?

Um dos erros que se tem cometido no estudo do Sermão do Monte, e especialmente nas bem-aventuranças, é pensar que ele apresenta uma fórmula para se chegar a Deus. Com base nesta convicção, uma pessoa se lançaria primeiro a abraçar a pobreza, depois buscar a humildade, e assim avançar passo a passo em direção a uma suposta intimidade com o Senhor. No texto de hoje, Paulo claramente mostra que a carne não pode sujeitar-se à Lei de Deus, nem mesmo fazendo o melhor esforço para consegui-lo. Esta verdade deveria servir-nos de advertência de que uma pessoa jamais conseguirá entrar no Reino por sua própria iniciativa. Entretanto, vez por outra tenho visto cristãos aflitos e ansiosos porque não conseguem levar suas vidas a produzir o que, segundo eles, Deus lhes está exigindo.

O Sermão do Monte, como temos visto nestes dias, descreve o tipo de vida de que quem já foi alcançado pela graça e a misericórdia de Deus experimenta. É uma descrição da transformação que acontece quando o Senhor nos recoloca no plano da vida para o qual Ele nos criou.

Qual é o propósito desta descrição? Talvez, a principal razão que motivou Cristo a compartilhá-la foi para nos ajudar a identificar uma experiência legítima com o Senhor. Os fariseus, os escribas e os saduceus asseguravam possuir a fórmula para uma vida agradável a Deus, mas a falta de uma transformação em suas vidas negava que esta experiência fosse genuína. O fato é que o nosso coração tão profundamente nos engana, que somos capazes de nos convencer, contra toda a evidência, de que estamos vivendo no centro da vontade de Deus. O Sermão do Monte nos ajuda a identificar as principais características do cidadão do Reino.

Como, então, podemos avançar nessa direção? Paulo categoricamente descarta seguir esse caminho através da carne. Isto nada mais é do que confiarmos em nossa própria capacidade e esforços. No versículo 14, ele nos apresenta a característica que distingue o filho de Deus — é uma pessoa guiada pelo Espírito. Quer dizer, é uma pessoa que está sendo conduzida por um caminho que não teria conhecido e nem escolhido por sua própria iniciativa. Este caminho é o caminho do Reino. Para se transitar por ele, é necessário um espírito sensível às diretrizes divinas, de modo que, a cada passo, cada dia, consigamos andar de acordo com as orientações do Senhor.

Como temos mostrado em outras reflexões deste livro, isto não é algo mágico, mas sim, um processo que se aprende na prática (Hebreus 5:14). Necessitamos de perseverança e paciência, junto a uma convicção inalterável de que sozinhos… nada podemos!

Acontecimento em Cafarnaum *(Jesus e o centurião)*

163
UM HOMEM DIGNO
Lucas 7:1-10

A nossa próxima aventura será acompanhar Jesus quando um centurião lhe pede ajuda. Convido-o a fazer desta a sua oração: *Senhor, dou muitas graças pelos homens que decidiram preservar, nos evangelhos, o relato da Tua passagem por este mundo. Como são inumeráveis os tesouros que encontro neles para a minha vida! Graças, também, porque tens dado a mim a possibilidade de meditar no texto, sentado aos Teus pés, abrindo os meus olhos para a realidade do Teu Reino. Bendigo o Teu precioso nome. Amém.*

Separe um tempo para ler o texto de Lucas 7:1-10. Assim como tenho sugerido em outras reflexões, procure captar os detalhes deste encontro. Busque, por meio da ação do Espírito Santo, participar deste encontro entre Jesus e os emissários do centurião.

Da leitura do texto surgem algumas observações interessantes. Primeiro, vemos que este centurião era um homem pouco comum. Apesar de ser um oficial do exército mais poderoso da Terra, provavelmente um veterano de inúmeras campanhas militares, vemos que era um homem de bom coração, sábio com o povo. É possível que o escravo que lhe pertencia tenha sido algum prisioneiro de guerra. Os escravos eram pessoas sem direito algum. Não desfrutavam do amparo da lei ou da proteção de alguma instituição. Os seus senhores podiam dispor de suas vidas como bem quisessem. Entretanto, este centurião amava muito o seu servo e se sentia angustiado pela enfermidade que ameaçava lhe tirar a vida.

Segundo, este homem conhecia o rancor e o ódio instaurados em um povo que vive sob a ocupação de um inimigo. Em consequência, ele tinha dado os passos necessários para conquistar o coração das pessoas, atendendo às suas necessidades e edificando para elas uma sinagoga. Embora não estando presente, falaram dele dando testemunho de que era uma pessoa digna de receber esta ajuda. Isto nos dá uma importante pista de que tinha boa reputação, conquistada por meio de obras concretas. Como líderes, devemos ter na lembrança que estamos sob o permanente olhar dos que estão ao nosso redor. O testemunho mais verdadeiro da nossa vida se verá nos comentários que fazem de nós quando não estamos presentes. Recai sobre nós o peso de agir de tal forma que outros falem bem de nós e defendam a nossa causa perante terceiros. Esta lealdade se conquista quando vivemos genuinamente conquistando pessoas que Deus tenha colocado sob os nossos cuidados.

Por último, gostaria de ressaltar que o centurião enviou "alguns anciãos dos judeus" para apresentar a Jesus o seu pedido. Isto revela uma verdadeira sensibilidade pois, podendo perfeitamente determinar que se atendesse ao seu pedido, escolheu colocar-se no papel de uma pessoa necessitada. Quando criamos situações em que revelamos verdadeira dependência dos demais, forjamos relacionamentos realmente profundos. Como pastores, devemos saber quando é a hora de tirarmos o "manto de pastor", e nos colocarmos no lugar onde outros possam nos ministrar de acordo com as nossas necessidades. Isto não só nos beneficia, mas também a eles, e ajuda para que na congregação sejam cultivados relacionamentos que poderão superar todo tipo de dificuldades.

Acontecimento em Cafarnaum *(Jesus e o centurião)*

164
UM HOMEM INDIGNO
Lucas 7:1-10

Leia com atenção o assunto relacionado com o servo do centurião. O que o centurião quis comunicar com a ilustração que usou? Por que Jesus se maravilhou da fé deste homem?

Na reflexão anterior, consideramos que o resultado de uma vida devotada e de serviço às pessoas produzirá nelas uma profunda lealdade para com o seu líder. Os anciãos que o centurião enviou "chegando-se a Jesus, com instância lhe suplicaram, dizendo: Ele é digno de que lhe faças isto" Quando outros tornam suas as nossas necessidades é porque um profundo amor tem se desenvolvido em nosso relacionamento. E como é precioso termos amigos assim!

Os anciãos quiseram enfatizar o mérito do pedido do centurião firmando-se na sua dignidade. Este é um conceito estabelecido no mais profundo do coração dos seres humanos; acreditar que o que podemos alcançar na vida deve se basear nas conquistas realizadas. Eles ainda não haviam escutado — e muito menos entendido — a mensagem da graça. A graça, esse atributo de Deus que o leva a abençoar sem levar em conta se merecemos ou não o que Ele nos dá, é o fundamento de tudo quanto acontece no Reino. É a suprema lei dos relacionamentos que as pessoas têm entre si e com Deus. Ela traz consigo uma maravilhosa liberdade que põe fim ao desgastante processo de sempre estar medindo e calculando cada ação para ver os efeitos que terão sobre os que estão ao nosso redor.

Jesus não parou para corrigir o erro deles, talvez porque defendiam a dignidade de outra pessoa. O relato simplesmente informa que "então, Jesus foi com eles. E, já perto da casa, o centurião enviou-lhe amigos para lhe dizer: Senhor, não te incomodes, porque não sou digno de que entres em minha casa". Estas palavras nos dão uma informação adicional sobre o tipo de pessoa que esse homem era. Outros o consideravam um homem digno, o que de fato ele era. Porém, chega um momento na vida de cada ser humano quando ele se coloca diante daquele que é Justo, Santo e Verdadeiro. Entre os homens, a nossa bondade pode brilhar, mas na presença dele todo mérito se torna insignificante, menos que nada.

Este momento de revelação, no qual percebemos a nossa real condição humana, é o que de mais valioso poderia nos acontecer. O outro é fictício, e quem constrói sobre a convicção de que é alguém "digno" está destinado ao fracasso em tudo quanto se refere ao mundo espiritual. Quando os nossos olhos são abertos para vermos tal qual somos, o Senhor pode, finalmente, começar a Sua verdadeira obra de transformação em nossa vida. Devemos resistir com força a qualquer tendência que nos leve a crer que somos algo, pois, no momento que o admitirmos, a graça divina cessará de agir em nós. O melhor antídoto para isto é passarmos muito tempo com o Senhor. A santidade dele nos mostrará que somos homens de lábios impuros, no meio de um povo de impuros lábios (Isaías 6:5).

Acontecimento em Cafarnaum *(Jesus e o centurião)*

165
UMA FÉ NOTÁVEL
Lucas 7:1-10

O pedido do centurião deixou Jesus maravilhado. Por que a fé desse homem o surpreendeu tanto? Como o centurião entendia o "funcionamento" da fé?

Os enviados do centurião comunicaram a Jesus a mensagem que o oficial romano lhe enviara, uma mensagem que deixou Jesus atônito. Voltando-se para a multidão, exclamou: "Afirmo-vos que nem mesmo em Israel achei fé como esta". Esta é uma declaração por demais surpreendente. A perspectiva desse homem quanto à vida espiritual merece a nossa atenção.

Examinemos, por um momento, a explicação que deu sobre a presença física de Jesus não ser necessária. Sem dúvida, nas palavras deste romano, existe uma dimensão mais profunda, além do que podemos alcançar, e isto surpreendeu ao próprio Senhor. Não obstante, creio que podemos enfatizar pelo menos dois elementos relacionados com a fé.

Primeiro, este homem entendia que a fé se encontra sobre a palavra falada. Para aqueles que fazem parte do povo de Deus, esta é uma importante diferença. Inúmeros cristãos acreditam na fé como uma espécie de sentimento ou paixão. Quanto mais positivo for esse sentimento, crê-se que mais prováveis sejam as possibilidades de que se cumpra o que o coração deseja. Por este motivo, com frequência, somos despertados a cantar com mais fé e a orar com muita fé. Segundo esta perspectiva, a fé é uma espécie de fervor santo que supostamente impacta o mundo espiritual.

A fé bíblica baseia-se sobre um fundamento sólido e confiável, a Palavra eterna do Deus Todo-poderoso. Paulo claramente afirma isto em Romanos: "E, assim, a fé vem pela pregação, e a pregação, pela palavra de Cristo" (10:17). A fé, portanto, é um atributo que se alimenta exclusivamente das palavras que foram pronunciadas pela boca daquele que é Soberano.

Isto nos leva à segunda observação sobre a fé. O centurião entendia que uma atitude essencial da fé tem a ver com o reconhecimento da autoridade daquele que pronuncia as palavras que a sustentam. Conhecedor que era do sistema militar, ele entendia isto claramente. Nenhum soldado em serviço ousaria duvidar da autoridade de um oficial de patente superior. Toda a estrutura militar repousa sobre o fato de que aquele que dá as ordens tem uma autoridade inquestionável aos olhos dos que as recebem. Do mesmo modo, a fé reconhece que, quando Deus fala tais palavras, tem absoluta autoridade. Os Seus filhos podem crer nas Suas palavras porque a Sua posição de Soberano do Universo o respalda. Se não existir o reconhecimento desta autoridade, total e absoluta, a prática da fé não será possível. O centurião reconhecia a autoridade de Cristo e entendia, por isso, que não seria necessária a presença física do Senhor para Ele executar a Sua obra. Bastava que simplesmente pronunciasse uma palavra. E assim aconteceu. Ele falou, "e, voltando para casa os que foram enviados, encontraram curado o servo".

Concede-me, Senhor, que eu viva nesta dimensão da fé!

166
MAIS QUE UMA MULTIDÃO
Lucas 7:11-17

> Leia o texto de hoje. Convido-o novamente a visualizar a cena deste acontecimento. Perceba o ruído e o movimento da multidão, o luto da viúva e a compaixão de Cristo. Por que Ele parou para ministrar à viúva? Como sabia que esta era uma boa oportunidade para fazer o Reino avançar?

Você já se viu em meio a uma multidão? Nós, que vivemos numa grande cidade, estamos sujeitos às multidões diariamente. Toda vez que desejamos ir a algum lugar, estamos cercados por outras pessoas que caminham na mesma direção. Se decidimos assistir a algum espetáculo ou irmos a uma feira, descobrimos que milhares tiveram exatamente a mesma ideia! Rodeados por pessoas, o ruído, o calor, os empurrões e o incessante movimento, passamos a ter uma sensação de falta de ar, o desejo de escapar para algum lugar onde possamos desfrutar de quietude e silêncio.

Jesus vivia cercado pelas multidões. Não conseguia fugir delas porque os curiosos, os necessitados, os entediados e uma infinita variedade de pessoas o buscavam incessantemente. Contudo, o Filho de Deus não via as multidões do mesmo modo que nós as vemos. Ele não sofria a sensação de sufocamento e desorientação que costumam provocar, porque Ele tinha a capacidade de vê-las com os olhos do Pai. E nessa visão sempre acabava identificando pessoas às quais podia ministrar de forma pessoal. Vimos isto quando chamou Pedro. Vemos agora com a viúva de Naim. Veremos mais tarde com a mulher que tinha um fluxo de sangue, com Bartimeu e com Zaqueu. Cercado pelas multidões, o Filho de Deus possuía tremenda capacidade de identificar pessoas em cujas vidas o Pai já estava agindo de forma particular. Tal como fez em outras situações, Ele simplesmente uniu os Seus esforços ao que o Pai já estava fazendo, pois, o Filho nada realizava a menos que o Pai assim lhe indicasse para fazer.

Deus nos chama para desenvolvermos uma sensibilidade assim. Ao terminarem suas reuniões na igreja, resista à tentação de buscar rapidamente os amigos, e por um momento fixe o olhar no grupo onde você está. Peça a Deus que lhe conceda olhos para ver as pessoas como Ele as vê. Certamente, você começará a identificar os que estão necessitados de uma ministração pessoal. Isto não envolve necessariamente algo tão dramático como uma cura. Em certas ocasiões, bastará uma palavra de ânimo, a disposição de mostrar interesse pela pessoa ou simplesmente a oportunidade de chegarem a se conhecer melhor. É pena que em muitas ocasiões a nossa única preocupação seja o que está acontecendo conosco.

Da mesma forma, ao sair de sua casa para o trabalho ou para estudar, tente olhar os que cruzam em seu caminho, com os mesmos olhos de Cristo. Quando Ele chegou perto de Jerusalém, chorou pela cidade (Lucas 19:41). O que terá visto nela que nós não percebemos? Seguramente, o Pai lhe permitiu ver o que não é possível ver com os olhos físicos, mas sim com os olhos do coração.

167
NÃO CHORES
Lucas 7:11-17

Leia mais uma vez a passagem sobre a viúva de Naim. Por que a situação dela era tão trágica? O que significava para a mulher ser viúva na época de Cristo? Na sua opinião, por que Jesus lhe disse para não chorar? O que o Senhor fez depois de lhe ressuscitar o filho?

Enquanto meditava nesta passagem, busquei num dicionário o significado da palavra *compaixão*. O dicionário *Houaiss* (2009) a define como um "sentimento piedoso de simpatia para com a tragédia de outrem, acompanhado do desejo de minorá-la." Uma das tristes características da deterioração da nossa humanidade é que as aflições dos outros já não pesam em nosso coração. Temos permitido que a excessiva comercialização das desgraças de outras pessoas, pelos meios de comunicação, crie em nós uma falta de sensibilidade para com o sofrimento das pessoas, o que em certas ocasiões chega a ser alarmante.

Ao observarmos Cristo nesta cena com a viúva, percebemos que já perdemos um dos atributos com o qual fomos criados — a capacidade de nos identificarmos com aqueles que passam por momentos difíceis na vida. E não há dúvida de que a situação enfrentada pela viúva era difícil. Não sabemos quanto tempo fazia que perdera o cônjuge, mas com certeza isto teria representado um severo golpe para ela. A essa tragédia se juntou agora a morte do seu único filho, em quem, com certeza, havia se apoiado ao ficar viúva. Agora a mulher estava completamente desamparada, pois devia buscar por si mesma o sustento para a sua casa, algo nada fácil para uma mulher sozinha naqueles tempos.

Quando o Senhor viu o cortejo fúnebre sentiu compaixão por ela. Ou seja, o luto dela passou a ser o luto dele. Com certeza, Jesus via mais além daquele momento, via o que esperava aquela mulher uma vez concluído o sepultamento do seu único filho. O que é evidente na compaixão, entretanto, é que não espera que o aflito peça socorro. Antes, porém, tomando a iniciativa, adianta-se e busca formas de levar o consolo à vida de outra pessoa. Esta é uma das características mais admiráveis no Senhor. Ainda quando estávamos mortos em nossos pecados, Ele já estava dando os passos necessários para nos trazer à vida.

Por que Ele pediu à mulher que não chorasse? Foi o mesmo que o anjo disse às mulheres junto ao túmulo de Jesus, embora chorar fosse a atitude mais natural do mundo numa situação daquelas. Possivelmente, Cristo a consolou porque sabia que havia esperança para aquela situação. As lágrimas são propícias quando não resta qualquer possibilidade de se seguir em frente, mas os que veem o que não é visto, sabem que existe uma realidade que, muitas vezes, contradiz tudo o que os nossos olhos físicos veem.

Observe que a compaixão do Senhor o levou a entregar o filho à sua mãe. A coisa mais preciosa para o jovem naquele momento era estar ao lado da mãe, e foi nessa direção que Ele o guiou. O Senhor se deleita grandemente em fazer o bem para as pessoas!

Um profeta entre nós *(Jesus e a viúva de Naim)*

168
O VALOR DE UM MILAGRE
Lucas 7:11-17

Leia o final desta história conforme está relatado nos versículos 16 e 17. Qual foi a reação das pessoas? De que maneira isto contribuiu para a expansão do Reino?

É evidente que não se pode desfrutar de uma poderosa vida espiritual se alimentando exclusivamente com uma dieta de milagres. Com o passar dos anos, deverá se nutrir de algo mais substancioso, como a eterna Palavra de vida. Entretanto, pode-se afirmar que a vida espiritual que jamais experimenta algo milagroso carece do elemento que se constituía um importante elo no ministério de Cristo.

As Escrituras nos orientam quanto aos milagres, identificando-os como a confirmação da Palavra anunciada. Na história dos quatro amigos, que consideramos anteriormente, Cristo enfaticamente afirmou aos escribas que a cura do paralítico era para que vissem "que o Filho do Homem tem sobre a terra autoridade para perdoar pecados". No livro de Atos, ante as ameaças do Sinédrio, oraram a Deus: "Agora, Senhor, olha para as suas ameaças e concede aos teus servos que anunciem com toda a intrepidez a tua palavra, enquanto estendes a mão para fazer curas, sinais e prodígios por intermédio do nome do teu santo Servo Jesus" (4:29,30). De igual forma, o apóstolo Paulo declara, em sua carta aos Romanos: "Porque não ousarei discorrer sobre coisa alguma, senão sobre aquelas que Cristo fez por meu intermédio, para conduzir os gentios à obediência, por palavra e por obras, por força de sinais e prodígios, pelo poder do Espírito Santo; de maneira que, desde Jerusalém e circunvizinhanças até ao Ilírico, tenho divulgado o evangelho de Cristo" (15:18,19).

A ideia de um evangelho que se prega em toda a sua plenitude, deve ser central no ministério realizado pela igreja na comunidade onde Deus a colocou. Não devemos transformar os milagres, os sinais e os prodígios na principal atividade do nosso trabalho, como tem acontecido com alguns grupos. Porém, tampouco é justo que os ignoremos por completo na proclamação da Palavra. Quando os discípulos de João pediram uma confirmação da identidade do Cristo, Ele mesmo lhes apresentou estas credenciais: "Ide e anunciai a João o que vistes e ouvistes: os cegos veem, os coxos andam, os leprosos são purificados, os surdos ouvem, os mortos são ressuscitados, e aos pobres, anuncia-se-lhes o evangelho".

Na história da ressurreição do filho da viúva de Naim, as pessoas ficaram maravilhadas com o que viram. Não duvidamos que alguns, depois disso, voltaram à sua rotina de sempre. Mas também sabemos que a experiência serviu para que muitos começassem a se aproximar de Deus. Por outro lado, a notícia do que acontecera se alastrou como fogo por toda a região e serviu para comunicar o fato de que em Israel "um grande profeta se levantou". Em outras ocasiões, Cristo tinha tentado impedir isto. Agora deixou que a notícia se espalhasse livremente.

Uma pergunta fundamental *(João pede confirmação)*

169
A CRISE DO BATISTA
Lucas 7:18-35

À medida que a popularidade de Jesus aumentava rapidamente, o ministério de João Batista ia decrescendo, tal como o profeta tinha anunciado (João 3:30). Finalmente, João foi preso pelo mesmo Herodes a quem ele havia acusado publicamente. Os discípulos de João, entretanto, continuavam tendo acesso ao profeta na prisão e "anunciaram-lhe" todas as obras e os ensinamentos de Jesus. Se desejar repassar os detalhes do acontecimento, leia o texto em Lucas 7:18-35. Em sua opinião, quais foram os fatores que desencadearam esta crise em João? O que significa para a vida espiritual passar por esse tipo de "depressão"?

Quando João ouviu o relato que seus discípulos lhe trouxeram, chamou dois deles e os enviou a Jesus com uma pergunta que nos surpreende: "És tu aquele que estava para vir ou havemos de esperar outro"? João não era aquele que havia declarado às multidões que Jesus era o Cordeiro de Deus que tira os pecados do mundo? Não era esse mesmo João quem havia resistido firmemente às insinuações dos seus discípulos de que devia pensar em alguma forma de reconquistar as multidões — que um dia estiveram com ele — que seguiam a Jesus? De posse de uma clara atitude quanto ao lugar que ele devia ocupar, João havia se identificado como o amigo do noivo, ele não era o noivo (João 3:29). Como podia agora expressar dúvidas quanto à identidade do Messias?

Devemos entender que todo ser humano está sujeito a este perigo. João não mais se encontrava no centro de um ministério forte e vigoroso. Ele estava acorrentado numa úmida e depressiva cela. Apesar de ter declarado que era necessário que ele diminuísse, é bastante provável que não imaginasse que o seu ministério terminasse dessa forma. Como consequência, o que ele via como certo quando o sol brilhava e tudo corria bem, agora estava mesclado com dúvidas e perguntas. É que diante de circunstâncias mais adversas, as nossas convicções podem vacilar. Assim aconteceu com o profeta Elias após a tremenda vitória que conseguiu frente aos falsos profetas de Baal (1 Reis 18). Quando Jezabel se levantou contra ele, a sua ousadia e valentia se foram como a neblina pela manhã, e ele fugiu para o deserto.

Deste quadro se extrai uma importante lição para nós. Primeiro, o que sustentará a nossa vida em tempos de crise será o que temos semeado ao longo do tempo de bonança. Em inúmeras situações, nos lembramos de recorrer à ajuda de Deus somente quando o edifício da nossa vida já pegou fogo. A fé dessa pessoa não poderá ampará-la na crise porque não criou raízes. Segundo, é importante entender que o pior momento para se resolver assuntos relacionados com a nossa vida espiritual é quando as trevas nos envolvem. O nosso sentido de direção sempre estará em perigo no meio da crise. São momentos que nos convidam a confiar nas decisões que tomamos antes da dificuldade chegar. É que a nossa perspectiva das circunstâncias não é correta quando estamos mal. É um tempo para nos aquietarmos e nos apegarmos ao Senhor.

CONCLUSÃO INEVITÁVEL
Lucas 7:18-35

Jesus entendeu a luta de João. Que resposta Ele lhe enviou? Por que disse ser bem-aventurado quem dele não se envergonhasse?

Jesus bem poderia ter optado por uma série de explicações para dar aos discípulos de João a resposta que ele buscava. Entretanto, escolheu outro caminho. No Sermão do Monte, Ele havia exortado a multidão: "Assim brilhe também a vossa luz diante dos homens, para que vejam as vossas boas obras e glorifiquem a vosso Pai que está nos céus". Fazendo uso deste princípio, apelou aos discípulos de João que tirassem as suas próprias conclusões.

Para nós, é bastante difícil avaliar o peso da resposta que o Messias dá como evidência da Sua identidade. Estamos bastante acostumados em basear o nosso testemunho quase que exclusivamente em palavras e, que, apelar para as obras, soa como heresia. Muitos entendem que somos "cristãos" — um termo que por si só se baseia numa resposta intelectual — somente quando nós confessamos. Contudo, é interessante observar que as evidências apresentadas pelo Senhor têm a ver com a total transformação do ser humano. Não está falando de algumas pessoas que simplesmente trocaram suas convicções, mas daquelas, nas quais se vê com absoluta clareza a poderosa mão do Altíssimo, quer se refira a uma obra de restauração emocional, mental ou física. O fato é que o Senhor toca em todos os aspectos da nossa humanidade, e a evidência de que a Sua mão atua em nosso interior deveria ser este tipo de transformação.

Lamentavelmente, continuamos reagindo, 500 anos depois da Reforma Protestante, à doutrina da salvação pelas obras. Em nosso empenho para corrigir esse erro, temos erradicado as obras da nossa experiência cristã. Contudo, tal como o declara Tiago, as obras são a manifestação visível da transformação que Deus realizou em nosso interior e "assim como o corpo sem espírito é morto, assim também a fé sem obras é morta" (Tiago 2:26). Nós, redimidos, nos envolvemos em boas obras precisamente porque morremos para a vida egoísta e individualista que tanto prevalece em nossa cultura. Ao nos relacionarmos com o Deus cujo coração transborda com o desejo de abençoar, de fazer o bem, começamos a ser contagiados pelo mesmo sentir.

Cristo era a manifestação visível da paixão do Pai. Ele caminhava entre os cegos, os coxos, os enfermos, os oprimidos, os desanimados e os pobres, porque esta imersão era uma característica essencial da chegada do reino dos Céus. Em Suas obras estava toda a evidência de que João Batista necessitava para permanecer em paz. Da mesma forma, nós podemos descansar com respeito ao nosso testemunho quando está respaldado em permanentes demonstrações de amor, compaixão e bondade para com os que nos cercam. Não falamos aqui de fazer o bem para que as pessoas se "convertam", embora seja o nosso desejo de que conheçam a bondade de Deus. Antes, trata-se de se fazer o bem porque conhecemos o Deus que é bondoso, e temos sido chamados para compartilhar a Sua bondade com todos quantos cruzarem o nosso caminho.

Uma pergunta fundamental *(João pede confirmação)*

171
UM PROFETA SEM IGUAL
Lucas 7:18-35

> Como temos visto vez por outra, Jesus aproveitou as circunstâncias para ensinar sobre algum determinado tema. Como Ele descreveu a pessoa de João? Quais parâmetros usou para declarar a sua grandeza? Qual a diferença na comparação com a ideia de grandeza em nosso tempo?

Provavelmente, João tenha provocado muitos comentários, rumores e conjeturas. Temos o hábito, ao aparecer algum desconhecido e diferente em nosso meio, de passarmos a questionar sobre a verdadeira natureza dessa pessoa. Como era Seu costume, Jesus iniciou Seus comentários fazendo uma pergunta: "Que saístes a ver no deserto"? Entre as possíveis respostas escolheu duas ou três que, em nosso entendimento, resumiam as várias ideias das pessoas sobre o ministério do profeta.

Entretanto, não era a intenção de Jesus simplesmente dar-lhes a oportunidade de expressar o seu sentimento a respeito dele. Ele desejava imprimir um selo de aprovação ao ministério de João, chamando as pessoas a considerar, com a maior seriedade, a mensagem que ele havia pregado. Nesse momento, partiu dos lábios de Cristo uma surpreendente declaração: "E eu vos digo: entre os nascidos de mulher, ninguém é maior do que João".

Consideremos, por um momento, este elogio de Cristo. Dentre os profetas nascidos de mulher, o Filho de Deus afirmou que João era o maior. Esta declaração não é pouca coisa! Israel tinha uma rica história de ministérios proféticos, embora não tenham muitas vezes sido honrados como tais. Esta lista de notáveis incluía homens do porte de Moisés, Isaías, Amós e Jeremias, homens que provocaram um forte impacto na vida e na história da nação a qual pertenciam.

Pense um pouco nas realizações de João Batista. O seu ministério durou apenas seis meses. Como então se pode afirmar que a sua obra superou a de outros profetas? A atuação de Isaías e Jeremias se estendeu ao longo de 40 anos. Em comparação, o período de João é insignificante! Além do mais, preparar um homem durante 30 anos para um ministério de seis meses tem todas as indicações de ser um tremendo desperdício de recursos. Sentimo-nos mais à vontade com um modelo que prepare um obreiro em seis meses para um ministério de 30 anos!

A nossa reação corresponde à ideia disseminada entre nós. Em nossa cultura evangélica, a grandeza de um ministério se caracteriza pelo seu tamanho e extensão. No Reino, porém, a grandeza não se mede em termos de números, mas em termos de fidelidade. E a fidelidade consiste em realizar somente aquilo que alguém tenha sido chamado para fazer. Ninguém melhor para entender isto do que João, quando falou aos seus discípulos: "É necessário que ele cresça e que eu diminua" (João 3:30). Medido por este padrão, João Batista foi, de fato, o maior dos profetas.

No entanto, Jesus não deixou de assinalar que a sua grandeza não superava à grandeza dos novos integrantes do reino dos Céus. Surgia um novo povo de Deus, governado pelo pacto da graça. A grandeza dos que o compõe é a grandeza do Deus que os salva.

Uma pergunta fundamental *(João pede confirmação)*

OS CAPRICHOS DO INCRÉDULO
Lucas 7:18-35

> O assunto em destaque, nos comentários de Jesus, não era a pessoa de João, mas a resposta à mensagem que ele proclamou da parte de Deus. Que atitude você identifica nos que chegaram ao profeta? Qual é o principal problema nessa atitude? Que solução pode oferecer?

Jesus conclui Suas observações referenciando o espírito de incredulidade de muitos que escutaram a Sua pregação. Através da ilustração, Ele expôs como era infantil a posição adotada pelos incrédulos. Quando um menino não quer jogar com os amigos, não importa o que lhe proponham, não conseguirão mudar a sua opinião. Pois, este se aferrou à sua própria posição e os que o cercam acabam por incomodá-lo.

A comparação que Jesus faz entre si mesmo e o profeta, revela que a atitude dos incrédulos é inconsistente, e que realmente procuravam justificar a sua incredulidade pelas particularidades do profeta. Quando João apareceu apresentando um chamado ao arrependimento e para uma vida disciplinada, as pessoas o rejeitaram porque a mensagem dele era por demais radical. Era de se pensar que essas pessoas se sentiriam mais à vontade com uma pessoa mais "normal". Entretanto, quando Jesus chegou, com costumes distintos de João Batista, igualmente o rejeitaram porque não satisfazia as exigências dos puristas. O fato é que temos uma incômoda tendência para analisar minuciosamente a vida das pessoas que pregam a Palavra de Deus, procurando o menor detalhe para podermos rejeitar a mensagem que pregam.

Todas estas idas e vindas nada mais são do que o nosso modo de justificar a resistência à ação de Deus. A verdade é que quando decidimos não ceder, mesmo que o próprio Senhor apareça para nos ministrar, encontraremos alguma razão para justificar a nossa intransigência. A incredulidade não tem sua origem em fatores externos, nem na falta de "credibilidade" daquele que nos exorta, embora isto possa favorecê-la. A incredulidade, antes é uma atitude espiritual nascida num coração empedernido. Quem procura argumentar com pessoas que decidiram não acreditar, simplesmente está perdendo o seu tempo. Ninguém estará realmente em condições de lhes ministrar.

Contudo, Jesus disse que "a sabedoria é justificada por todos os seus filhos". Isto significa que, para as pessoas de coração humilde, que desejam se abrir para tudo o que Deus quer realizar em sua vida, nada serve de obstáculo. Pode acontecer de a pessoa que traz a Palavra ser incompetente e destituída de conhecimento em sua forma de ministrar. Mas aquele que sente fome e sede de justiça vê além dos defeitos encontrados na situação, e lança mão de tudo quanto possa servir para o seu crescimento pessoal. Tudo é visto com olhos espirituais, mesmo as coisas que os outros julgam ser desagradáveis ou ofensivas.

Senhor, peço-te que me livres dos meus próprios argumentos e premissas arrogantes. Reconheço essa resistência natural em mim ao Teu agir. Nada tem a ver com os que ministram, mas sim com o que eu sou: uma pessoa orgulhosa. Eu me rendo aos Teus pés. Usa a quem desejares e onde quiseres, para tratar da minha vida. Quero me revestir de uma suave bondade para com os outros. Amém.

O grande convite *(Jesus chama os aflitos)*

173 REVELAÇÕES E ESCONDERIJOS
Mateus 11:23-30

Algumas semanas atrás, tivemos a oportunidade de examinar, com alguns pormenores, vários princípios que agem no reino dos Céus, conforme foram expostos por Jesus no Sermão do Monte. Naquela ocasião, vimos que esses valores são diametralmente contrários aos que regem a cultura predominante neste mundo. Na reflexão de hoje, consideraremos outra revelação sobre as verdades do Reino. "Por aquele tempo, exclamou Jesus: Graças te dou, ó Pai, Senhor do céu e da terra, porque ocultaste estas coisas aos sábios e instruídos e as revelaste aos pequeninos. Sim, ó Pai, porque assim foi do teu agrado" (Mateus 11:25,26). O que implica esta declaração para a nossa vida? Existe algum caminho que possamos percorrer para melhor entendermos as revelações de Deus? Qual seria ele?

Não temos certeza se estas frases foram pronunciadas imediatamente após uma duríssima palavra contra três cidades, onde Cristo havia realizado muitos milagres. O certo é que, mesmo que tenha expressado este louvor em algum outro momento do Seu ministério, Ele revela um espírito de humildade e simplicidade. A falta desse espírito foi, precisamente, o que havia levado essas cidades às mais duras manifestações de incredulidade. Esta ausência de fé se fundamenta numa atitude de orgulho que não aceita as propostas dos outros.

Na passagem de hoje, Jesus revela que Deus resiste fortemente a qualquer manifestação de orgulho no ser humano. Aqueles que se consideram sábios e entendidos não podem chegar aos segredos da Sua revelação, seja através da Palavra escrita ou na forma de sinais, milagres e prodígios. A incapacidade dessas pessoas para perceber as verdades de Deus não se deve à falta de inteligência. Ao contrário, são pessoas sábias e entendidas porque estudaram, com cuidado, os mistérios do mundo ao seu redor. Porém, para elas o reino dos Céus é um livro fechado, porque Deus deliberadamente ocultou dos seus olhos a verdade; por mais que a busquem, não poderão encontrá-la.

Passa a ser cômico que o Pai tenha escolhido revelar estas verdades às crianças. Entendemos, por esta expressão, que não é uma referência a pequenos em idade, mas antes, a todos quantos possuem o coração simples das criancinhas. As crianças, por natureza, são curiosas, mas não acumulam o conhecimento como um meio para levar vantagem sobre os outros. A sabedoria, quando não é acompanhada de um espírito tratado por Deus, produz pessoas com uma arrogância que se torna ofensiva.

O que nós podemos, então, dizer? Somente que o mesmo princípio se aplica à nossa vida. Não é pelo fato de sermos cristãos que chegaremos automaticamente aos segredos do Senhor. Deus escolhe repartir as maiores revelações com àqueles que, pelas suas atitudes, demonstram que podem receber o peso desses tesouros. Devido ao engano do nosso próprio pecado, cabe-nos então que tomemos posse da oração do salmista: "Quem há que possa discernir as próprias faltas? Absolve-me das que me são ocultas. Também da soberba guarda o teu servo, que ela não me domine; então, serei irrepreensível e ficarei livre de grande transgressão" (19:12,13).

O grande convite *(Jesus chama os aflitos)*

174
INTIMIDADE DIVINA
Mateus 11:23-30

> Em seguida à exclamação que consideramos ontem, Jesus acrescenta uma descrição do tipo de relacionamento que Ele tem com o Pai: "Tudo me foi entregue por meu Pai. Ninguém conhece o Filho, senão o Pai; e ninguém conhece o Pai, senão o Filho e aquele a quem o Filho o quiser revelar" (Mateus 11:27).

Medite, por um momento, nos vários componentes que estão inseridos nesta declaração. Que pistas lhe oferece quanto ao processo de conhecer a Deus?

Primeiro, é visível a absoluta confiança que o Pai depositou no Filho. Jesus declara que o Pai colocou todas as coisas em Suas mãos. Quando leio isto, penso nos milhares de donos de importantes empresas, que seguem controlando (e humilhando) os seus filhos depois de estes terem assumido o controle da empresa. Talvez o filho tenha completado 60 anos e já tenha vasta experiência no mundo dos negócios. Entretanto, o pai que construiu a empresa do nada, segue controlando e prejudicando o trabalho do filho.

Qual é o problema aqui? É por ser o filho incapaz de estar à frente da organização? É evidente que não! A dificuldade não se encontra no filho, mas no pai. Ele é uma pessoa que não sabe confiar nos outros. Não acredita que haja na Terra pessoas capazes de fazer melhor as coisas do que ele próprio.

Muitos pastores e líderes de ministérios agem da mesma forma nos assuntos do Reino. Como é diferente a atitude do Pai Celestial. Ele entregou tudo ao Seu Filho porque tinha absoluta confiança nele. Ele tornou pública essa confiança quando expressou, no batismo, a satisfação que sentia por Jesus. É importante entendermos que a confiança é, na essência, uma decisão espiritual. Eu escolho depositar confiança em outra pessoa, quer ela mereça ou não. É uma forma de abençoar os que nos cercam.

Além disto, Jesus revelou ter com o Pai um relacionamento de absoluta intimidade. Quando emprego a palavra "intimidade" me refiro ao profundo conhecimento dos pensamentos e os desejos mais escondidos do coração, coisa essa que só se pode compreender quando uma pessoa decide abrir o coração para outra. Esse conhecimento não é o resultado de um amplo saber, tampouco pela convivência com outra pessoa. Muitos casamentos, por exemplo, não têm esse tipo de intimidade; compartilham a mesma casa e uma mesma vida, mas cada um dos cônjuges escolhe manter em segredo os sentimentos mais íntimos de seu ser.

O incrível é Deus querer que cheguemos a essa intimidade. Cristo, porém, esclarece que não estão ao nosso alcance as habilidades necessárias para conhecê-lo. Ou seja, só podemos conhecer o Pai por meio de Sua genuína graça! Cristo é quem pode nos mostrar, e Ele o faz para aqueles cujo coração é simples como o de uma criança. Se tivermos uma atitude correta, o Filho nos revelará o Pai. Ele exigirá de nós, entretanto, que permitamos ao Espírito Santo reorganizar a nossa forma de ver a vida, porque estamos acostumados a crer que, pelo esforço próprio, podemos chegar ao que desejarmos alcançar. Aqui, porém, a atitude mais apropriada é de uma tranquila confiança.

175 "VINDE A MIM"
Mateus 11:23-30

O grande convite (Jesus chama os aflitos)

> Leia o restante da passagem. Por que Jesus fez este convite? Em que se relaciona com o que foi dito antes? Que atitude precisamos ter para *irmos* a Ele?

O texto da nossa reflexão contém uma das partes mais conhecidas da Palavra de Deus. O contexto em que o convite foi feito deixa claro que possui uma chave de como se chegar a uma profunda intimidade com o Pai. Estes versículos parecem indicar que o conhecimento do Senhor jamais é o resultado de um esforço consciente para se conhecer a Deus. Por quê? Precisamente porque o conhecimento do Senhor não é o resultado do esforço humano, mas, sim, o resultado do relacionamento com Ele. Estamos dizendo, então, que não há nada que nós possamos oferecer? De modo algum! A intimidade com Deus é concedida àqueles que caminham com Ele, e não aos que desejam "estudá-lo".

Quais elementos compõem esta vida que o agrada? Nestes versículos encontramos algumas pistas importantes. A primeira, é entendermos que é Deus quem nos busca. Esta verdade é uma constante na Palavra. Não foi Abraão que se prontificou a sair da sua terra para habitar em Canaã. Foi o Senhor quem lhe fez o convite. Moisés não estava buscando uma oportunidade para voltar ao Egito, a fim de libertar o povo de Israel. Deus chegou a ele com este projeto, algo no qual não estava sequer interessado. Da mesma forma, isto aconteceu com Gideão, Davi, Maria, Pedro, Levi e o apóstolo Paulo. Em cada caso, Deus tomou a iniciativa. Assim também, o Novo Testamento afirma que "estando nós mortos em nossos delitos, nos deu vida juntamente com Cristo, — pela graça sois salvos" (Efésios 2:5).

Enfatizo esta verdade porque, com frequência, pensamos que somos nós quem buscamos a Deus. Preenchemos nossas orações com súplicas e rogos porque acreditamos ser necessário convencer a Deus para que se concentre em nós. Porém, o Deus da Palavra é o Deus que deseja ansiosamente abençoar o Seu povo. Muito antes de chegarmos com as nossas petições e nossos desejos, Ele se encontra desejando nos fazer o bem, porque cuida de nós com zelo divino.

Se você percorrer a Palavra, irá encontrar inúmeras passagens onde se encontra este insistente convite. Considere, por exemplo, o maravilhoso conteúdo deste texto: "Ah! Todos vós, os que tendes sede, vinde às águas; e vós, os que não tendes dinheiro, vinde, comprai e comei; sim, vinde e comprai, sem dinheiro e sem preço, vinho e leite" (Isaías 55:1). A mesma realidade aparece neste outro texto: "O Espírito e a noiva dizem: Vem! Aquele que ouve, diga: Vem! Aquele que tem sede venha, e quem quiser receba de graça a água da vida" (Apocalipse 22:17). Estas passagens revelam o Deus que anela a nossa companhia, que deseja intensamente fazer-nos bem, que nos busca com amor eterno.

A primeira característica que permite maior intimidade, portanto, é descobrirmos que Deus "chegou antes" de nós. Não precisamos nos esforçar para chegarmos a Ele, mas sim, correspondermos ao convite que nos fez. Descobriremos que toda a busca, na realidade, é conduzida pelo Seu Espírito.

O grande convite *(Jesus chama os aflitos)*

ESPERANÇA PARA OS OPRIMIDOS
Mateus 11:23-30

A quem o Senhor convida? O que distingue essas pessoas? Por que convida esse grupo de pessoas?

Na reflexão anterior, consideramos um princípio que respalda a vida espiritual, e que consiste em reconhecer que Jesus chega a nós antes que tenhamos pensado sequer na possibilidade de buscá-lo. A iniciativa de se cultivar um relacionamento conosco é exclusivamente do Senhor. Para sempre, cabe a nós correspondermos às Suas propostas. Isto nos livra da enorme pressão que impomos a nós mesmos, que é o resultado da convicção de ser nossa a obrigação de sair para buscar a Deus com a esperança de que Ele olhe com agrado à nossa vida. Essa forma de experimentar a vida espiritual é totalmente contrária aos parâmetros que temos herdado e aprendido do mundo. Desde pequenos, fomos instruídos na convicção de que é o nosso próprio esforço que garante a intimidade com Deus e a Sua bênção sobre a nossa vida.

É por esta razão que o convite de Jesus se dirige a "todos os que estão cansados e oprimidos". Não se engane ao pensar que esta é uma referência às pessoas carregadas de tarefas. Antes, ela se dirige aos que sentem ser a vida sobrecarregada demais para ser suportada. As suas atividades e relacionamentos de cada dia provocam nelas tal agonia e fadiga interior que dão origem à falta de esperança em seus corações.

Quais são as características peculiares deste grupo que o torna digno deste convite? São, simplesmente, as pessoas que estão mais desiludidas com os resultados dos seus esforços. Chegaram a uma profunda convicção na vida de que não podem resolver os seus problemas. Esse desencanto pessoal cria a abertura necessária para se considerar outras alternativas na vida.

Porém, devemos enfatizar que o grau da nossa própria obstinação é profundo, muito além do que podemos perceber. Custa-nos chegar ao ponto de nos rendermos, onde abandonamos os nossos próprios métodos e renunciamos aos nossos esforços para sair da situação em que estamos. Eventualmente, podem transcorrer décadas antes de nos darmos por vencidos. Conheço casais que, por mais de 20 anos, insistem no mesmo método para resolver seus problemas, embora sempre terminem exatamente na mesma situação. Em alguns casos, preferem a separação, ou a morte, antes de reconhecer que se encontram perdidos.

O convite de Cristo aos aflitos sempre está à disposição, mas quanto tempo passa antes de estarmos dispostos a vir a Ele! Quantos problemas evitaríamos se conseguíssemos entender que Deus tem um interesse particular em tocar a vida daqueles que estão aflitos. Ele é o Deus que "...sara os de coração quebrantado e lhes pensa as feridas" (Salmo 147:3), que defende a "...justiça ao fraco e ao órfão, procedei retamente para com o aflito e o desamparado" (Salmo 82:3). Com o simples fato de nos apresentarmos diante dele, reconhecendo a nossa aflição, Ele começará a agir em nós, porque há muito deseja trazer alívio à nossa vida. A pessoa amadurecida, contudo, entende que não deve se apresentar para lhe sugerir um caminho, a fim de resolver a situação que enfrenta, mas sim, para simplesmente estar com Ele. Antes que lho peçamos, Ele já conhece a nossa necessidade.

O grande convite *(Jesus chama os aflitos)*

177
DEIXE-SE MINISTRAR
Mateus 11:23-30

> Volte a meditar no mesmo texto, refletindo sobre estas perguntas: O que o Senhor nos promete ao nos achegarmos a Ele? O que isto implica? O que isto exige de nós?

A metade da nossa batalha, na solução das nossas dificuldades, termina quando nos colocamos de joelhos e nos apresentamos diante do trono da graça. Como vimos ontem, esta aproximação é mais atraente para as pessoas que se encontram aflitas devido aos seus fardos. O estado de fadiga interior é um dos poucos fatores que conseguem romper esse obstinado espírito de autossuficiência que normalmente nos acompanha.

Quando nos colocamos diante do Senhor, a nossa tendência de querermos recorrer ao que estamos buscando não desaparece. Assim como o filho pródigo, podemos nos colocar diante do Pai com as nossas propostas sobre como Ele deve intervir em nossa vida. Sem perceber, pretendemos continuar sendo os protagonistas desta aventura espiritual. Porém, o desafio não é que sigamos dirigindo os assuntos da nossa vida, mas cessar nossa atividade, para assumirmos uma atitude sossegada. Trata-se de aceitar a exortação do salmista: "Aquietai-vos e sabei que eu sou Deus; sou exaltado entre as nações, sou exaltado na terra" (46:10).

No texto que estamos analisando, Jesus Cristo oferece um resultado semelhante: "... eu vos aliviarei" (Mateus 11:28). Observe a construção gramatical desta frase. Não precisa ser um *especialista* para perceber que a prometida ação é sobre o aflito. A pessoa que se apresenta diante do trono da graça não lança mão do descanso, porque o descanso está nas mãos do Filho de Deus. A proposta do Senhor é que permaneçamos quietos para que Ele possa ministrar ao nosso espírito.

Vejo, no convite de Jesus, uma confirmação da mensagem do Salmo 23. Note que a formação dos verbos é parecida com o nosso texto. "Nada me faltará. Ele me faz repousar em pastos verdejantes. Leva-me para junto das águas de descanso; refrigera-me a alma. Guia-me pelas veredas da justiça; o teu bordão e o teu cajado me consolam; preparas-me uma mesa na presença dos meus adversários, unges-me a cabeça com óleo". Em cada uma destas situações, a ovelha é a beneficiada, e não é ela que gera a ação. Ela recebe a bondosa ação do pastor: provisão, descanso, direção, restauração, orientação, incentivo, serviço, unção. Isto descreve um relacionamento de dimensões absolutamente simples: ela recebe, Ele concede. A responsabilidade da ovelha é apenas uma: deixar-se pastorear. O pastor se ocupa de tudo o mais.

Isto pressupõe que, ao nos colocarmos diante do trono da graça, não estejamos tão apressados que Ele nem possa estender a mão para nos acariciar. Devemos estar dispostos a permanecer nessa quietude até que tenhamos alcançado o descanso.

Observou o que Ele propõe aos aflitos? Ele não oferece uma solução para os seus problemas, embora saibamos que é disto que necessitamos. Ele se oferece para intervir no lugar onde a vida plena é cultivada, que é o nosso mundo interior. A tempestade pode continuar na mesma intensidade, mas Ele oferece essa condição interior que nos permite enfrentá-la sem ansiedade — que é a principal causa do nosso mais profundo problema.

O grande convite *(Jesus chama os aflitos)*

178
UM JUGO AGRADÁVEL
Mateus 11:23-30

Nesta reflexão, gostaria de convidá-lo a continuar me acompanhando enquanto consideramos a seguinte parte do texto: "Tomai sobre vós o meu jugo e aprendei de mim, porque sou manso e humilde de coração; e achareis descanso para a vossa alma" (Mateus 11:29).

Qual outro convite Jesus apresenta aqui? Como se desenvolve a aprendizagem neste relacionamento?

Não posso deixar de me impressionar com a incrível capacidade de Jesus de apresentar os assuntos espirituais mais complexos com o uso de imagens simples e fáceis de entender. Neste caso, Ele escolheu um elemento comum na vida dos que trabalham com a terra, o jugo. Trata-se de uma peça de madeira que mantém um par de bois ou mulas, à qual se prende uma vara fixa no carro ou no timão do arado. Muitos dos profetas já haviam usado a mesma metáfora, de sorte que era um termo familiar ao povo.

A ideia que Jesus tem em mente para o uso do jugo, impõe a necessidade de repartir, por igual, o peso do trabalho entre os animais. O ato de se tomar o jugo de Cristo não é só para que Ele alivie a carga, mas também, para que se possa *aprender* com Ele. Possivelmente, isto seja uma referência à prática comum no campo, qual seja, unir um animal dócil e experimentado com um animal novo e irrequieto. Isto proporciona um método bastante eficaz para amansar o animal novo. No primeiro momento, ele se agita e luta para se afastar do boi experiente, visto possuir uma força impetuosa que ainda não foi canalizada para o trabalho produtivo. Com o passar do tempo, ele perceberá que toda a luta será inútil. Aos poucos, ele se adaptará ao ritmo pausado do animal experiente.

Da mesma forma, os nossos atos impulsivos e precipitados devem ser dominados se desejarmos viver sob o senhorio de Cristo. Para tanto, é necessário que nos unamos a Ele — que formemos um par com Ele, atados ao mesmo jugo — para que, lentamente, sejamos contagiados pelo espírito que governa todas as Suas ações. Ele mesmo se descreve como uma pessoa *mansa e humilde de coração*. Basta que busquemos as palavras contrárias a estes termos para chegarmos à exata descrição da nossa própria condição espiritual: *rebeldes, com corações altivos*. É claro que esta condição será um impedimento se desejarmos permitir, com docilidade, que Jesus nos conduza.

Observe que mansidão e humildade não são virtudes que se adquirem num curso; sequer se conseguem num encontro com o próprio Senhor. Antes, são atitudes que, pelo fato de permanecermos perto dele, vamos nos contagiando com elas ao longo do tempo. O boi novo não se amansa num único dia, nem numa semana. Assim, também nós precisamos nos acostumar a estar atados a Ele.

A comparação revela uma das ferramentas mais poderosas que um líder pode ter ao seu alcance, que é a sua própria vida. As pessoas perto dele serão contagiadas com a vida que ele possui. Quanto nos pesa, então, ter vidas santas e consagradas!

O grande convite *(Jesus chama os aflitos)*

179
UM JUGO LEVE
Mateus 11:23-30

No texto anterior, refletimos sobre a analogia que Jesus usou para descrever o processo pelo qual conseguimos alcançar a mansidão e a humildade. Ele nos convida a tomarmos o Seu jugo, uma pesada peça de madeira que unia os bois na execução de uma tarefa.

Alguns dos Seus ouvintes poderiam ter pensado que esta proposta, afinal de contas, nada tinha de atraente. Não consistia em nada mais que trocar uma carga insuportável por outra, ou então sair de uma situação de opressão para cair noutra igual. O Senhor, contudo, nos surpreende com a seguinte declaração: "Porque o meu jugo é suave, e o meu fardo é leve" (Mateus 11:30). O que nos permite descrever que o jugo que se leva é suave e o fardo é leve?

A nossa surpresa se deve ao fato de que a vida de Jesus, a nosso ver, não apresenta um aspecto fácil ou leve. Nós o vemos permanentemente cercado pelas multidões. O desfile de pessoas necessitadas é contínuo. Onde quer que Ele esteja, rapidamente eles aparecem. Ele vive fazendo o bem e, entretanto, os questionamentos dos religiosos contra Ele não cessam. Ele dedica o melhor do Seu tempo e esforços aos Doze, e eles o decepcionam continuamente. O ritmo do ministério é cansativo — Marcos comenta que, em certos momentos, Jesus não dispunha sequer de tempo para comer (Marcos 3:20); tampouco tinha onde reclinar a Sua cabeça. Como, então, pôde afirmar: *o meu jugo é suave, e o meu fardo é leve?*

A declaração de Cristo nos leva, mais uma vez, a um patamar diferente daquele que ocupa o nosso tempo e esforço. Nós admitimos que uma condição "leve" define as circunstâncias nas quais nos encontramos. Quando nos achamos "envolvidos em muitas coisas", é impossível nos sentirmos leves. Ao contrário, o excesso de atividades e responsabilidades são o fator que mais contribui para o elevado grau de estresse que enfrentamos diariamente. É evidente que o conforto do jugo e o pequeno fardo na vida do Messias não se relacionam em nada com o nosso contexto.

Onde se encontra o Seu segredo? Nós o temos baseado em várias oportunidades ao longo desta aventura com Jesus. O segredo está na força do Seu homem interior. Jesus possui um espírito totalmente centrado nos assuntos de Deus. A disposição que lhe concede o fato de estar na companhia do Pai, garante essa firmeza e calma que permitem lidar com as situações mais adversas. De fato, por meio deste convite, Cristo nos propõe que entremos na mesma dimensão de vida que ele desfruta com o Pai. Para conseguirmos isto, devemos estar dispostos a tomar sobre os nossos "ombros" o jugo dele. Caminhando com Ele, alcançaremos o mesmo vigor que Ele possui, uma força que descansa estranhamente sobre uma atitude de mansidão e humildade.

O convite foi feito. Você e eu fomos incluídos na lista de convidados. Não temos por que seguir vivendo no mesmo estado de fadiga e cansaço dos que nos cercam. Cristo oferece uma vida leve e suave. Não a desperdicemos!

Vês esta mulher? *(Uma prostituta unge Jesus)*

180
SOB SUSPEITA
Lucas 7:36-50

Nossa aventura com Jesus nos levará, nestes dias, a estar com Ele num jantar. Surpreende-nos que este convite venha de um dos fariseus. Não é porque pensemos que eles não deviam experimentar o privilégio de ter encontros com o Mestre da Galileia. O que acontece é que nos acostumamos a ver os encontros com eles num contexto hostil, de questionamentos e ceticismo.

Antes de prosseguir com o texto, convido-o a me acompanhar numa oração. *Senhor, é tão fácil ver o erro dos fariseus. Confio que esta clareza na visão me livre dos mesmos erros. Mas a vida tem me ensinado que muitas vezes condeno os outros naquilo que mais me incomoda na minha própria vida. Peço-te que me guardes de me considerar livre do pecado que tão facilmente me envolve. Dá-me um espírito humilde e manso, disposto a ser tratado pelo Pastor da minha vida. Amém.*

Gostaríamos que este encontro pudesse apresentar facetas diferentes dos demais contatos com os fariseus. Nem bem começamos, e já nos desiludimos. Talvez, este homem sentia alguma curiosidade para com a pessoa de Jesus Cristo. É possível que tenha desejado inspecioná-lo de perto. O certo é que a passagem mostra que ele não demonstrou para com Jesus sequer os mais básicos gestos de cortesia usuais naquela cultura, e que, rapidamente, o desqualificou como profeta.

Apesar de ser um ambiente hostil, Cristo aceitou o convite para jantar na casa do fariseu. Com certeza, Ele percebeu as motivações secretas no coração desse homem. Entretanto, Ele chegou para compartilhar o momento com o fariseu. Penso que isto revela o coração imensamente bondoso do Senhor, sempre disposto a se aproximar, mesmo das pessoas mais endurecidas. De verdade, é difícil que o Senhor se dê por vencido com alguém. Seu insistente amor segue buscando que nos unamos a Ele muito depois de nós nos darmos por vencidos. Foi por isto que Pedro pôde dizer aos cristãos, aos quais escreveu que "Não retarda o Senhor a sua promessa, como alguns a julgam demorada; pelo contrário, ele é longânimo para convosco, não querendo que nenhum pereça, senão que todos cheguem ao arrependimento" (2 Pedro 3:9).

Por sua vez, a história revela a tremenda influência que uma cultura exerce sobre nós. Simão fazia parte do grupo dos fariseus, e mesmo que os seus interesses fossem diferentes dos outros do seu grupo, ele não poderia se desfazer da sua herança. Rapidamente se manifestou nele o que era um hábito cotidiano entre eles: o julgamento e a condenação.

Isto nos fala de como é importante a influência da comunidade de fé para o nosso desenvolvimento como discípulos. Refletimos, em nossa vida, o que se vive em nossa cultura eclesiástica. Quando o contexto é sadio e cheio de graça, as pessoas absorvem essa cultura e se tornam afetuosas e bondosas. Quando é legalista e rígida, assim também serão as pessoas que dela fazem parte. Como pastores, devemos nos esforçar para criar um ambiente de restauração e vida na congregação, a fim de que as pessoas que a integram sejam cheias de compaixão para com os que andam em trevas.

Vês tu esta mulher? *(Uma prostituta unge Jesus)*

181
FAZER "PAPELÃO"
Lucas 7:36-50

> Procure imaginar o alvoroço provocado pela presença de uma prostituta na casa de um fariseu. Qual o sentimento de Simão? Leia, com atenção, a conclusão à qual ele chegou. O que esta forma de pensar revela?

Que impressionante cena descrita nesta passagem! Não é verdade que a vida é mais rica e interessante do que é produzida pela fantasia? Os elementos presentes neste encontro são extraordinários, mas é necessário que usemos um pouco da nossa imaginação para apreciarmos a riqueza deste quadro. O fariseu era a imagem do esmero e requinte. Uma série de complicados rituais lhe garantiam a "pureza" espiritual. As suas palavras, roupa e comportamento, especialmente nos lugares públicos, serviam para consolidar uma imagem impecável diante dos outros.

Nisto, ele não se difere muito de nós mesmos. São inúmeras as ocasiões que oramos para impressionar as pessoas. Ficamos de pé como os demais fazem para que ninguém duvide da nossa espiritualidade. Levamos nossas Bíblias às reuniões para que vejam o nosso apego à Palavra, mesmo que em casa jamais a abramos. Tudo é feito para que ninguém fale mal de nós.

Repentinamente, nesse ambiente correto e purificado, entra uma mulher, que a Bíblia, discretamente descreve como "pecadora". Tratava-se de uma prostituta, quem sabe, bem conhecida na cidade. Ela não se mostrou interessada em ser uma espectadora da reunião. Com total ousadia, lançou-se aos pés de Jesus e começou a beijá-los!

Se Jesus aparecesse entre nós, você se colocaria aos Seus pés para beijá-los? Seja honesto consigo mesmo. Quanto lhe importa o "que dirão"? Estaria realmente disposto a se expor ao ridículo? Penso que o nosso contexto evangélico não nos permite semelhantes expressões de amor à pessoa de Jesus, embora Ele esteja sempre presente em cada uma de nossas reuniões. No entanto, não nos motivamos a nos soltarmos para lhe dizer de todo o coração o quanto o amamos. As nossas expressões são muito comedidas. É de se estranhar, então, que a nossa vida espiritual também seja "tão comedida"? Será que precisamos que o Espírito injete em nós uma boa dose de paixão?

Simão era educado demais para mostrar publicamente a sua desaprovação. Ele devia sempre manter a imagem de uma pessoa correta e educada! Mas pensou com os seus botões: "Se este fora profeta, bem saberia quem e qual é a mulher que lhe tocou, porque é pecadora".

Perceba que o julgamento está voltado para a pessoa de Jesus. Em muitas ocasiões nos evangelhos, Ele é o destinatário final da indignação do homem. Pedro o censurou pela falta de cuidado na tempestade. Marta reclamou da Sua falta de interesse em aliviar as suas tarefas domésticas. Do mesmo modo, a nossa insatisfação, nas diversas circunstâncias da vida, termina com reclamações contra Ele. Contudo, o compromisso dele conosco não diminui. Ele se propôs a estabelecer um relacionamento conosco, e buscará executá-lo com uma insistência que nos deixa confusos, porque não conhecemos este tipo de compromisso dentro dos parâmetros de nossos relacionamentos interpessoais.

Como é grande o Seu amor para conosco!

Vês esta mulher? *(Uma prostituta unge Jesus)*

182
UM ERRO FUNDAMENTAL
Lucas 7:36-50

As palavras de Simão se constituem na chave para entendermos esta passagem, porque revelam as convicções que fundamentavam a vida religiosa do fariseu. Tente descrever o sistema no qual ele havia edificado a sua esperança.

Ontem refletimos sobre a reação do fariseu por uma prostituta entrar em sua casa. A conclusão à qual ele chegou, revela a existência de uma dúvida quanto à identidade de Jesus. As multidões o consideravam um profeta, título esse que só era concedido às mais elevadas personalidades de Israel. Ao reconhecê-lo como profeta, ele o comparou com pessoas da estatura de Elias, Isaías, Amós e Oseias. O fariseu, porém, sabia que as massas humanas não possuíam a formação necessária para julgar quem verdadeiramente era esse galileu. Com alívio, quem sabe, concluiu que não podia ser um profeta, visto que permitira que uma prostituta lhe tocasse e beijasse os Seus pés.

A conclusão a que Simão, o fariseu chegou, era respaldada por todo um sistema religioso, e este é o fundamento no qual devemos nos concentrar. O erro de Jesus, de acordo com a filosofia farisaica, era de que Ele permanentemente estava aberto ao contato com pessoas impuras e pecaminosas. Os fariseus criam que um aspecto fundamental da pureza era se manter isolado das pessoas e lugares que poderiam contaminar suas vidas. Daí a inevitável conclusão: nenhum profeta permitiria semelhante contato impuro consigo mesmo.

Você percebe o problema nessa atitude? O pecado não é vencido por meio de uma estratégia de isolamento. Tal filosofia acredita que o pecado existe fora da pessoa; se conseguir manter-se à margem dos que andam no pecado, poderá então manter intacta a santidade que o Senhor exige dos Seus.

Numa certa ocasião, quando os fariseus criticaram os discípulos por uma suposta impureza, Cristo declarou: "Não compreendeis que tudo o que entra pela boca desce para o ventre e, depois, é lançado em lugar escuso? Mas o que sai da boca vem do coração, e é isso que contamina o homem. Porque do coração procedem maus desígnios, homicídios, adultérios, prostituição, furtos, falsos testemunhos, blasfêmias" (Mateus 15:17-19). O problema do pecado não se resolve com ritos porque a raiz do pecado está oculta ao ser humano. Somente o Espírito de Deus pode nos livrar do seu poder contaminador.

Infelizmente, em muitas igrejas prevalece a convicção dos fariseus. Nem bem a pessoa se converte, ela se isola do mundo, entendendo que esta medida irá ajudá-la a não "se contaminar". Ela não só perde valiosos contatos para estender o reino, como também a metodologia é completamente ineficaz. Mesmo vivendo isolado em uma ilha, ainda assim persistirão os seus problemas com o pecado.

Como é importante nos convencermos de que todas as nossas ações não têm valor algum para solucionar o problema do pecado. Não escaparemos dele se Deus não agir em nossa vida! Quem pode dizer: "Purifiquei o meu coração, limpo estou do meu pecado?" (Provérbios 20:9). Ninguém! Não precisamos de maior sofisticação religiosa, mas sim, de mais humildade.

Vês esta mulher? *(Uma prostituta unge Jesus)*

183. SABER SEM ENTENDER
Lucas 7:36-50

> Cristo quer ensinar algo a Simão. Leia a história que Ele contou. O que desejou dizer com isto? Observe como o fariseu respondeu. Reflita nas implicações da resposta.

Precisamos observar, uma vez mais, que Jesus não fala de modo superficial, mas fala sim ao coração. Ele não se entretém com os sintomas e os detalhes de um problema, mas vai diretamente à raiz. Esta qualidade é fundamental para nós, que estamos envolvidos na tarefa de formar pessoas. Se nos concentrarmos nos aspectos secundários, a nossa ajuda terá pouca relevância para a situação, pois a questão básica permanecerá intacta. A sensibilidade que Jesus demonstrou só é possível se conservarmos o ouvido interior conectado às orientações do Espírito ao ministrarmos.

Com a maravilhosa simplicidade típica dos melhores mestres, Jesus passa a contar uma história a título de introdução para aquilo que pretende enfocar. Observe a hipocrisia tão latente na vida daquele fariseu. Embora tenha desqualificado a Jesus como profeta, ele mantém a fachada de um homem respeitoso e culto, porque se dirige a Jesus como "mestre". Com a mesma intensidade, em nós atua o desejo de mantermos as aparências!

A história é simples e de fácil compreensão. Não foi difícil ao fariseu entender o seu significado e Cristo confirmou o acerto da sua resposta afirmando: "Julgaste bem". Gostaria que você tomasse nota disto; as nossas dificuldades na vida espiritual não se devem à complexidade da orientação de Deus. Qualquer um pode entender o seu significado. Porém, não é o mesmo, entender uma verdade, e esta ser colocada em prática. Todos quantos já estão há um tempo considerável na Igreja, adquirem certa habilidade na interpretação da Palavra. Mas poucos são os que podem falar da destreza e rapidez no contexto da prática. Ali se apodera de nós uma lentidão e um cansaço que realmente dificultam o nosso caminhar.

O primeiro requisito, para que a Palavra de Deus aja em nós, é nos convencermos de que a pessoa mais necessitada de transformação somos nós mesmos. Quando a nossa interpretação da Palavra se fixa primordialmente no uso que lhe podemos dar para encontrar, julgar e apontar os defeitos observados na vida dos outros, tornamos nula a eficácia da verdade. Por esta razão, nós que temos sido chamados a proclamar e ensinar as Escrituras, devemos sempre levar, em primeiro lugar, o nosso ministério ao patamar da confrontação pessoal. Isto nos prepara para que confrontemos os outros sem um espírito agressivo ou condenatório.

Simão entendeu perfeitamente a história que Jesus lhe havia contado, mas lhe faltava o discernimento que nos permite ver que, aquilo que condenamos nos outros, é também muitas vezes o mesmo que nós praticamos. Que o Senhor nos conceda essa graça que nos permite ver as nossas próprias contradições! Estas deveriam nos preocupar muito mais do que a preocupação com os pecados e falhas naqueles que estão ao nosso redor. A pessoa que atingiu a maturidade está muito ocupada na transformação da sua própria vida, e não se distrai avaliando se os outros estão bem ou mal.

Vês esta mulher? *(Uma prostituta unge Jesus)*

184 QUE PERGUNTA!
Lucas 7:36-50

> Não se deixe enganar pela aparente simplicidade da pergunta que Cristo fez ao fariseu. Medite nela por um tempo. Em sua opinião, por que Jesus lhe fez esta pergunta? O que uma pergunta bem formulada provoca em nós? No seu entender, qual era a resposta esperada por Jesus?

Um fato interessante, nos evangelhos, é que eles contêm mais de 100 perguntas feitas por Jesus a diferentes pessoas em diversas situações. Em mais de uma ocasião, o interesse do Mestre da Galileia parecia estar mais focado em levar as pessoas a pensar do que compartilhar com elas Seu sentimento quanto à resposta. Em certas ocasiões, deixa uma pergunta no ar sem oferecer qualquer solução. Em outras, Ele amplia ou corrige uma resposta. O que fica claro é que Ele considerava as perguntas como uma das principais ferramentas de um bom professor.

As perguntas são funcionais porque estimulam os processos mentais e nos livram da preguiça intelectual. Por muito tempo, o povo de Deus se agarrou a uma passividade que sufoca os processos criativos, os quais são indispensáveis para uma vida apaixonada e sedenta da Palavra. De fato, este livro lhe fornece certas perguntas no início de cada dia, para estimular seus processos de reflexão e facilitar um encontro diário com o Senhor. A verdade, entretanto, é que a nossa cultura religiosa nos leva a pular as perguntas para ir direto à resposta. Esta perspectiva utilitária retira de nós esses momentos de calma reflexão onde o Senhor costuma se revelar com maior clareza ao nosso coração.

A pergunta de Jesus a Simão é perspicaz por parecer óbvia a sua resposta. É tão simples que nos leva a ter de pensar que não faria falta se não fosse expressada. Acaso tudo o que Simão pensou não foi, exatamente, porque viu essa mulher entrar em sua casa? Devemos entender, contudo, que Jesus nunca faz perguntas desnecessárias. A verdade é que Simão não havia visto uma mulher. Ele tinha visto uma pecadora. A diferença entre as duas perspectivas revela a enorme lacuna que o separava do coração do Deus que ele pretendia servir.

Qual é a diferença? Quando vejo um pecador, já julguei e condenei essa pessoa. O pecado, que é a parte mais negativa da sua natureza humana, passou a ser o que a define. Jesus, entretanto, não via uma pecadora, mas uma mulher mergulhada no pecado. Ao vê-la como uma mulher, Ele resgatou a sua dignidade e revelou a convicção de que ela ainda conservava algo da beleza original com a qual fora criada. A Sua perspectiva compassiva abriu a porta para que Deus a redimisse do pecado no qual estava aprisionada. Simão jamais havia se aproximado dela por não ver qualquer esperança para ela.

Como você vê as pessoas? São pecadoras dignas de condenação, ou são seres humanos presos no pecado, e dignos de misericórdia? Isto não é um simples jogo de palavras. É, literalmente, uma questão de vida ou morte.

Vês esta mulher? *(Uma prostituta unge Jesus)*

185 OS ATOS FALAM POR SI
Lucas 7:36-50

No devocional anterior, identificamos uma diferença vital entre a perspectiva de Jesus e a de Simão. Reconheço que um grande segmento da Igreja está mais identificado com a condenação do que com a misericórdia. Sei que, na minha própria vida, tenho sido rápido em expressar minha condenação aos outros, especialmente quando cometem pecados grosseiros. Entretanto, aos poucos, o Senhor foi mostrando que isto é a manifestação de um coração enfermo, que ainda não foi transformado pela compaixão e a misericórdia de Deus. Este espírito condenatório, mesmo quando se mantém perfeitamente dissimulado, constitui um dos grandes obstáculos no cultivo dos relacionamentos interpessoais, nos quais o amor seja o vínculo. Deduzo que as pessoas, ao buscarem com insistência aproximar-se de Jesus, faziam-no porque percebiam nele um homem que não as condenaria.

Não falamos aqui que Ele era permissivo quanto ao pecado, mas sim, que Ele sabia separar o pecado da pessoa. Desesperadamente necessitamos nos converter em um povo cuja característica peculiar seja o amor. *Senhor, é isto que quero te pedir: Que eu não engane a mim mesmo quanto ao meu compromisso com as outras pessoas. Confesso que, muitas vezes tenho sido indiferente ou, o que é ainda pior, agressivo com aqueles que mais precisam experimentar a Tua bondosa compaixão. Reconheço, Senhor, que em mim existe um "Simão", sempre pronto para fazer juízos, orgulhoso do seu próprio compromisso, que se mantém distante das multidões que andam, errantes, sem pastor. Livra-me dessas artimanhas, Senhor! Ensina-me o caminho pelo qual devo andar, para que o Teu amor lance raízes em mim e se torne uma realidade vigorosa e irresistível na minha vida. Molda o meu ser conforme a Tua imagem, por amor do Teu nome. Amém.*

Jesus usou o contraste como ferramenta para enfatizar as diferenças entre o comportamento de Simão e a mulher que havia entrado em sua casa. Desta maneira, Ele colocou o fariseu no mesmo nível da mulher. Isto é importante porque o religioso emitiu seu juízo a partir de uma suposta posição de superioridade, baseada, de acordo com o seu próprio critério, nas evidentes diferenças que o separavam da *prostituta*.

Este é um dos assuntos diante dos quais a nossa cegueira se complica: na hora de julgar os outros mostramos grande confiança, admitindo que jamais cairemos nos mesmos comportamentos dos que abertamente transgridem a Lei. Cometemos este erro por nos concentramos nos detalhes de uma situação sem considerar os princípios que estão em jogo. A comparação favorece, claramente, a mulher. Talvez isto nos traga também uma importante lição. O apóstolo Paulo afirma, em 2 Coríntios 10:18, que "não é aprovado quem a si mesmo se louva, e sim aquele a quem o Senhor louva". A aprovação, ou não, de nossa própria vida, e a defesa do nosso comportamento diante dos outros, normalmente se baseia nos parâmetros que nós mesmos estabelecemos para tais propósitos. A verdadeira aprovação, contudo, só se consegue quando toda a vida de uma pessoa revela sempre o mesmo fruto.

Vês esta mulher? (Uma prostituta unge Jesus)

186 — CONSCIÊNCIA DE PECADO
Lucas 7:36-50

Sabemos muito bem que amar os outros é uma condição para sermos perdoados. A Bíblia revela que a confissão de pecados é a única exigência para se receber a purificação que Deus oferece. Medite, então, no significado desta frase de Cristo. A que Ele se referiu quando disse que "os seus muitos pecados *lhe* são perdoados, porque muito amou"? Quais evidências você escolheria para definir se uma pessoa está caminhando na intimidade com Deus?

Quando eu era jovem, pensava que os anos no caminho com o Senhor produziriam um estado em que o pecado seria cada vez menos problemático para mim. Na minha visão da vida, as intensas lutas contra o pecado só eram vivenciadas por aqueles que ainda não haviam chegado à plenitude da imagem do Filho de Deus. A verdade, porém, é que a vida tem se mostrado completamente diferente. Acaso isto se deve ao fato de agora, eu ser mais pecador do que antes? Poderia ser. Creio, entretanto, que a verdadeira resposta está no fato de que antes eu não vivenciava a sensibilidade espiritual ao pecado que tenho hoje.

Uma simples ilustração nos servirá de explicação. Se nos encontrássemos numa casa com pouca luz seria difícil perceber o estado em que as paredes se encontram. Na penumbra, elas, provavelmente, apresentariam um belo aspecto. Porém, ao se iluminar o ambiente, sua verdadeira condição será vista. Ainda mais, muitos pintores aproximam uma lâmpada, a poucos centímetros da parede, para perceberem até os pormenores de sua obra. Assim também é o nosso relacionamento com Deus. Quando não temos muita intimidade com Ele, só os nossos maiores defeitos nos perturbam. Estamos contentes se não roubamos, mentimos ou brigamos. E assim está bem! Mas quando deixamos que a luz se aproxime de nós, começamos a ver um montão de pormenores que antes não conseguíamos perceber. Vemos que até os pensamentos mais ocultos estão contaminados pelo pecado.

Esta profunda consciência de pecado é que nos permite ser generosos para com os outros. Como podemos atirar pedras sendo nós tão indignos? A mulher que beijou os pés de Jesus Cristo se sentia profundamente pecadora. A percepção do amor que Cristo lhe oferecia havia despertado nela grande paixão, exatamente porque ela estava consciente da grande distância que a separava do Senhor. Simão, com uma pobre consciência de pecado, amava pouco, porque, na realidade, ele acreditava ser merecedor do amor de Deus.

O que significa tudo isto? Significa que, quanto mais próximos da luz estivermos, mais ternos e bondosos seremos junto aos outros. Quanto mais clara a imagem da nossa indignidade, mais misericordiosos seremos para com aqueles que vivem em semelhante indignidade. Um coração empedernido se derrete quando começa a compreender que Deus tem sido profundamente generoso conosco, e esta é a inquestionável evidência da verdadeira espiritualidade.

Jesus disse à mulher: "Perdoados são os teus pecados". As palavras do Senhor confirmam a mudança que já era uma realidade na vida daquela mulher. Em consequência, a transformação espiritual, para a qual tanto esforço religioso Simão, o fariseu, exigia de si mesmo, foi concedida à mulher pelo simples fato de ela haver se humilhado na presença do Altíssimo.

A paixão de Paulo (*Uma parada no caminho – 5*)

187
CONHECÊ-LO
Filipenses 3:7-14

> Leia o texto de Filipenses 3. Em que circunstâncias Paulo estava ao escrever estas palavras (1:12,13)? Qual o motivo que o levou a afirmar que tudo quanto valorizava passou a considerar como perda? Qual objetivo ele procura alcançar para a sua própria de vida? Como descreve a experiência de estar em Cristo? Quais passos julgava necessários para alcançar essa meta?

Chegamos à metade do caminho nesta primeira fase da nossa aventura de andar com Jesus através dos evangelhos. Com certeza, neste processo você descobriu alguns novos elementos sobre a pessoa de Cristo. Este é um bom momento para se deter com o propósito de descobrir em que direção o Senhor está procurando levá-lo.

A passagem de Filipenses me inspira sempre, pois Paulo a escreveu numa prisão, quase no final da sua vida. Ficaram para trás as longas viagens que realizara para tornar Cristo conhecido entre os gentios. Em muitas das mais importantes cidades do império, ele havia deixado congregações estabelecidas e obreiros capacitados. Apesar de tudo quanto conseguiu alcançar, é possível ver que ele tinha um espírito irrequieto. Todos os avanços que conquistara para o Reino, as aventuras vividas e a variedade de experiências espirituais que vivenciara, não conseguiram aquietar o desejo de conhecer a Cristo em maior profundidade.

As palavras do apóstolo revelam que entendia ser possível aprofundar ainda mais a sua experiência de caminhar com Cristo. Esse conhecimento visava, entre outras vivências, a possibilidade de participar nos sofrimentos de Cristo. É neste ponto que a perspectiva do apóstolo mais difere da nossa. Desejamos ser como Cristo, sem, contudo, viver as experiências de profunda angústia que Ele experimentou, embora a Palavra claramente indique que foi por meio daquilo que padeceu que Ele aprendeu a ser obediente ao Pai (Hebreus 5:8).

Este é, em essência, o processo pelo qual os Doze estavam passando. A cada passo descobriam que nada do que funciona neste mundo serve para viver no Reino. Caminhar com o Senhor se constituía um convite para avançar de confrontação em confrontação, pois cada passo, a carne entra em choque com o que o Espírito está desejando produzir em nós.

O que acontece hoje em sua vida? Quais são as características marcantes da pessoa de Cristo que você descobriu nestes últimos meses? Que mudanças essas revelações podem trazer ao seu relacionamento como Ele? Em sua percepção, qual é o desafio que o Senhor está lhe propondo? Quais são os obstáculos que mais dificultam o seu relacionamento com o Filho de Deus?

Eu o encorajo a simplesmente ler esta lista de perguntas. Tome um tempo para refletir nos assuntos que elas apresentam, e procure discernir como Deus está se movendo em sua vida neste momento. Lembre-se de que se você não consegue perceber em que direção o Senhor está se movendo, será difícil caminhar com Ele. Você se verá, então, obrigado a se relacionar com um Jesus estático e tranquilo, como aquele que o povo evangélico tantas vezes anuncia. O Jesus dos evangelhos, porém, nunca está quieto. Segui-lo significa se abrir para uma vida de surpresas, imprevistos e confrontações. Você está disposto a enfrentar este desafio?

Pelo fruto se conhece *(Jesus diante de uma acusação)*

188
UMA QUESTÃO DE PERSPECTIVA
Mateus 12:22-37

Estivemos com Jesus quando Ele saiu das águas do batismo; vivemos a intensidade das Suas tentações no deserto; fomos surpreendidos e confrontados pela profundidade dos Seus ensinos no Sermão do Monte e temos ficado maravilhados pelo grande número de pessoas que foram alcançados pela Sua graça. Nos próximos dias, seremos testemunhas de uma acusação contra o Seu ministério — por parte dos fariseus — cuja oposição cresce dia após dia.

Leia o nosso texto de hoje. Qual é a diferença entre a resposta da multidão e a dos fariseus? Por que sentiam a necessidade de colocar Jesus em descrédito? O que os impedia de reconhecer a Jesus como o enviado de Deus?

Não temos qualquer outro detalhe sobre esta extraordinária cura, mas vale a pena nos determos por um instante a fim de refletirmos sobre ela. Imagine a terrível aparência da pessoa que foi levada a Jesus. Não falava, nem enxergava, mas dava evidências das mais extraordinárias manifestações demoníacas. Que cena trágica!

O evangelho só relata que Jesus efetuou uma dramática transformação naquela pessoa. A multidão estava admirada, embora tivessem testemunhado uma infinidade de sinais, milagres e prodígios realizados anteriormente pelo Senhor. Atônitos, alguns começaram a perguntar se não era Ele o Messias que, por tanto tempo, Israel havia esperado. As obras que viam, falavam de uma extraordinária investidura de poder sobre a Sua vida. Os fariseus viram a mesma manifestação de poder. No entanto, a perspectiva deles não lhes permitia aceitar, sob nenhum pretexto, que esta ação fosse o resultado do agir de Deus. Para eles, Jesus definitivamente não se ajustava aos parâmetros de uma genuína espiritualidade.

A cena nos mostra que a diferença não está nas circunstâncias, mas nos olhos daqueles que as observam. Os dois grupos viram o mesmo acontecimento, mas chegaram a conclusões diametralmente opostas. Isto deve servir, para nós, de séria advertência. A nossa atitude se torna decisiva na hora de avaliarmos o mundo que nos cerca. Para os que já decidiram, em seus corações, que nada de bom pode vir de alguma situação, é necessário simplesmente uma explicação para justificarem tal atitude. As suas afirmações, contudo, não são necessariamente um reflexo fiel da realidade. Por esta razão, duas pessoas podem dar uma interpretação absolutamente diferente ao mesmo fato, como ficou dramaticamente demonstrado no relatório dos doze espias. Todos tinham visto o mesmo, mas dez falaram mal da terra que visitaram, enquanto dois deles perceberam ali a oportunidade para ver a glória de Deus. A distorcida perspectiva dos dez significou a queda de toda uma geração.

Como se torna simples a vida quando agimos com o conhecimento de que a nossa perspectiva está seriamente condicionada pelo nosso ambiente. Não vemos as circunstâncias como elas são, mas sim como queremos vê-las. É saudável nos revestirmos de uma "santa" desconfiança em toda conclusão final a que possamos chegar. Raramente conseguimos interpretar as situações como elas são, e a Palavra está repleta de exemplos quanto a isto.

Pelo fruto se conhece *(Jesus diante de uma acusação)*

189 UMA QUESTÃO DE LÓGICA
Mateus 12:22-37

> Cristo usa a acusação dos fariseus como trampolim para ensinar um assunto importante. Leia os versículos 25 a 27. Em que se baseia o Seu argumento? Qual ferramenta Ele usa? Para onde se dirige?

Já temos mencionado, em várias meditações, mas vale a pena reiterar uma vez mais: absolutamente nada fica oculto aos olhos de Deus, embora, por vezes, agimos como se Ele não estivesse vendo as nossas atitudes ou pensamentos. Assim aconteceu na conclusão à qual haviam chegado os fariseus. As acusações deles se tornaram para Jesus tão audíveis como se as estivessem gritando em cima dos telhados.

O Senhor poderia ter escolhido defender-se, usando as mesmas acaloradas negações, das quais lançamos mão quando outros nos acusam. Conhecemos muito bem este caminho, não só porque, temos frequentemente andado por ele, mas também porque temos comprovado que a sua eficácia é muito pobre na hora de convencer os nossos oponentes. Cristo escolheu outro caminho, o de pegar o argumento deles e partir da posição que defendiam. Em seguida, fez uma impecável análise que lançava por terra os argumentos deles pelo próprio peso da lógica.

É um fato corroborado, não só pela experiência pessoal, mas também pela própria história dos povos, que nenhuma instituição pode se manter de pé se estiver fragmentada internamente. Este princípio se aplica tanto à família ou a um grupo de pessoas, como aos governos e nações. Quando na instituição existe uma divisão entre aqueles que a administram, cai sozinha, sem a necessidade de intervenção da parte de terceiros, visto que a força que anteriormente a sustentava deixa de existir.

Esse desmoronamento não se refere necessariamente ao desaparecimento da instituição. Também pode indicar que ela, como tal, deixou de cumprir o propósito para o qual existe, embora ainda continue de pé. Simplesmente se tornou obsoleta. Um casal dividido pode continuar vivendo sob o mesmo teto, mas não conseguem levar adiante o projeto de ser família. A vida inteira está contaminada pelo espírito de divisão. Mesmo o reino das trevas, afirma o Senhor, opera segundo este princípio, de modo que Satanás não pode lutar contra si mesmo. O ridículo do argumento deles ficou agora à vista.

Quem sabe, esta seja uma das razões pelas quais Jesus orou para que Sua Igreja fosse uma (João 17:21). A divisão não é simplesmente uma questão de diferenças de opinião, mas é um verdadeiro obstáculo para que Deus se mova soberanamente, tanto na minha vida como na da pessoa com a qual estou em desacordo. Simplesmente não será possível permanecer de pé se não existir unidade de normas e de propósito. Toda bênção espiritual fica retida, porque Deus abençoa um povo, e não indivíduos. Mesmo quando a Sua mão repousa de forma particular sobre a vida de um indivíduo, isto finalmente será para o bem de todos. Até os fariseus entendiam isto, pois na hora de prenderem a Cristo, não deixaram de fazer aliança com quem quer que fosse necessário para terem sucesso em seus propósitos. Até mesmo os ímpios reconhecem o poder da unidade.

Pelo fruto se conhece *(Jesus diante de uma acusação)*

EVIDÊNCIAS DO REINO
Mateus 12:22-37

Continue lendo a passagem. A nossa reflexão de hoje se concentrará nos versículos 28 e 29. Por que Jesus afirmou que o Reino havia chegado? Que relação existe entre a obra do Espírito Santo e a expansão do Reino? O que Jesus quis revelar com a ilustração da casa saqueada?

Cristo lançou por terra a acusação dos fariseus ao demonstrar, simplesmente, que a acusação que apresentaram carecia de lógica. A esta primeira resposta, Ele acrescentou uma segunda observação. As Suas palavras claramente revelam que Ele desenvolvia o Seu ministério no poder do Espírito. As curas, libertações e transformações não eram o resultado de alguma metodologia ministerial elaborada por Ele mesmo. João, no seu evangelho, revela que Jesus testificou esta realidade várias vezes. Ele fala das "obras que o Pai me confiou para que eu as realizasse" (João 5:36), declarando que "as obras que eu faço em nome de meu Pai, essas testificam de mim" (João 10:25). Ele também desafiou a todos os que estavam junto dele: "Se não faço as obras de meu Pai, não me acrediteis; mas, se faço, e não me credes, crede nas obras; para que possais saber e compreender que o Pai está em mim, e eu estou no Pai" (João 10:37,38).

É muito positivo para todos nós que estamos no ministério recordar que qualquer avanço que possamos conseguir, é pura e exclusivamente o resultado da ação da graça de Deus. Nada existe em nós que nos permita realizar uma profunda transformação nos que estão ao nosso redor. Assim como o salmista, devemos sempre reconhecer que "Se o Senhor não edificar a casa, em vão trabalham os que a edificam; se o Senhor não guardar a cidade, em vão vigia a sentinela" (Salmo 127:1)

Jesus associou a ação de Deus com a chegada do Reino, apelando para um argumento semelhante ao que usou para responder à dúvida que João Batista teve sobre a Sua identidade quando se achava na prisão. Cristo havia anunciado, ao iniciar o Seu ministério, que fora ungido precisamente para realizar o tipo de obra que eles acabaram de ver: a cura de um cego que também era mudo.

Este mesmo princípio Paulo apresenta à igreja em Corinto, na sua primeira carta: "Porque o reino de Deus consiste não em palavra, mas em poder" (4:20). Por este motivo, o apóstolo edificou o seu ministério sobre parâmetros bem diferentes daqueles que predominam na Igreja de hoje. Ele declara: "A minha palavra e a minha pregação não consistiram em linguagem persuasiva de sabedoria, mas em demonstração do Espírito e de poder" (1 Coríntios 2:4). A nossa missão, como Igreja, consiste em muito mais do que falar dos assuntos de Deus. A prova indiscutível da presença do Reino é que a vida das pessoas apresenta dramáticas evidências de que foram alcançadas por uma intervenção divina.

Esta transformação só é possível quando se "manieta o valente", o que nos dá uma clara indicação de que devemos combater o verdadeiro inimigo, se é que pretendemos avançar nos projetos de Deus. Os sábios conhecem bem que o processo de atar o homem forte tem um custo. No Reino não há vitórias sem preço.

191 DUAS POSIÇÕES
Mateus 12:22-37

> Na resposta que o Senhor deu aos fariseus, a ênfase, primeiramente, foi na falta de lógica no argumento que apresentaram. Ele apelou, além disto, à contundente evidência da ação de Deus da qual todos foram testemunhas. Em todos os lugares por onde tinha andado, as pessoas haviam sido tocadas pelo Espírito de Deus, e tinham experimentado cura, libertação e vida nova. As discussões filosóficas sobre a verdadeira origem daquela obra não iriam apagar as evidências da presença de Deus entre eles.
> No versículo 30, Jesus identifica dois grupos. Quem os integram? O que caracteriza os participantes de cada grupo?

A afirmação do Messias, embora curta, revela vários princípios importantes em relação ao Reino. Primeiro, notamos que o homem só pode se colocar numa de duas posições: quem não é a favor do Senhor está contra Ele. Cristo não deixa aberta a porta para uma terceira alternativa, que seria uma atitude de neutralidade. É necessário enfatizar isto, porque muitos pensam ser possível optar por uma posição neutra. Quer dizer, creem que não fazer algo abertamente, nem contra, nem a favor do evangelho, é optar por uma atitude de tolerância que não prejudique nem beneficie a ninguém. Jesus claramente está dizendo que no mundo espiritual não existe a opção da neutralidade. O nosso estilo de vida ou favorece ou prejudica o Reino.

É difícil de entender este princípio, porque estamos acostumados a pensar que o dano é o resultado de uma ação deliberada contra outra pessoa ou coisa. A nossa perspectiva não admite a possibilidade de que a falta de ação possa ser prejudicial para alguém. E ainda mais, em nossos tempos tem surgido uma nova religião, que é a tolerância para com tudo e todos. A tolerância declara que a convivência é possível quando assumimos uma atitude de "viver e deixar viver". Cristo desmascara a aparente "inocência" desta posição quando expõe que no Reino não existe esta opção.

Segundo, outro princípio interessante e digno de se observar, é que a medida da nossa contribuição ao Reino é Cristo. O Senhor se refere três vezes, no versículo, à Sua pessoa, e deixa claro que o protagonista principal de tudo o que acontece no Reino é Ele. Tudo o que fazemos — ou deixamos de fazer — é medido em relação ao que Ele está fazendo. Deste modo, fica claro que cada uma das nossas ações repercute diretamente na pessoa de Jesus. Quando desvalorizamos algum irmão, estamos também desvalorizando a Cristo. Quando ignoramos um visitante, ignoramos o Senhor. Quando nos recusamos a acudir um necessitado, estamos recusando participar nas obras de Jesus. Quando damos um copo de água a um sedento, estamos servindo a Cristo. Quando visitamos um doente ou um preso, é a Ele que estamos visitando. Ele é o princípio e o fim de tudo o que existe no mundo espiritual, e não podemos evitar que nossas ações afetem a Sua pessoa. Os que são da família do Senhor jamais poderão justificar as suas ações alegando: "é assunto meu, e de ninguém mais".

192

COMO O PAI
Mateus 12:22-37

Jesus inclui no Seu argumento a analogia da árvore e seu fruto. Leia o texto e medite no significado desta ilustração. É muito simples e ao mesmo tempo profunda.

Na reflexão de ontem vimos como Jesus declarou que só existem dois tipos de pessoas no reino dos Céus: os que escolheram se identificar com Ele e os que optaram por permanecer contra Ele. Não ficou aberta a possibilidade para uma terceira opção, a neutralidade, escolhida pelas pessoas que não apoiam e tampouco se opõem a Ele. Para nos ajudar a entender estas duas alternativas, Ele recorre à ilustração da árvore.

"Pelo fruto se conhece a árvore". Embora essa observação seja simples, a sua importância é fundamental. A inquestionável evidência do tipo de árvore que está diante de nós, se encontra no fruto que produz. Podemos nos perder em intermináveis discussões sobre a espécie de árvore que estamos observando. Podemos, inclusive, oferecer o aspecto de qualquer variedade dentre a sua espécie. Entretanto, as dúvidas se desfarão no exato momento quando o fruto aparecer. O mesmo acontece na vida das pessoas. Podemos fazer intermináveis análises sobre fatores intangíveis que são difíceis de se definir. O mais provável é não chegarmos a qualquer tipo de acordo. Os frutos, porém, falarão claramente sobre o tipo de pessoa que é.

Tiago usa este mesmo argumento em sua carta. Com o seu estilo muito peculiar, ele pergunta: "Quem entre vós é sábio e inteligente? Mostre em mansidão de sabedoria, mediante condigno proceder, as suas obras. Se, pelo contrário, tendes em vosso coração inveja amargurada e sentimento faccioso, nem vos glorieis disso, nem mintais contra a verdade. Esta não é a sabedoria que desce lá do alto; antes, é terrena, animal e demoníaca" (Tiago 3:13-15).

Por outro lado, devemos ter em conta que a absoluta certeza que nos faz ver o fruto é um inviolável princípio da natureza: uma árvore não pode produzir outro fruto além do que corresponde à sua espécie. Um pé de tangerina não pode produzir maçãs. Uma bananeira não pode produzir cenouras. Quer dizer, a árvore não pode contrariar a composição genética com a qual fora criada. Muito antes de o seu fruto ser visível, ela já está destinada a produzir esse tipo de fruto, porque a sua essência assim o determinou. Da mesma forma, a pessoa que produz maus frutos não o faz porque algo falhou no "mecanismo de produção". Os seus frutos nada mais são do que a manifestação visível de uma realidade interior. Não produzirá outra espécie de fruto a menos que o seu coração seja transformado.

Neste sentido, os nossos atos nos fornecem valiosas pistas sobre a classe de pessoas que somos. Muitas vezes justificamos nosso comportamento explicando: "na realidade eu não sou assim". Diante da declaração de Cristo percebemos o absurdo que tal explicação é, pois não é possível que "por acidente" uma árvore tenha desenvolvido um fruto diferente do que deve produzir. As nossas obras nos apresentam provas inquestionáveis daqueles aspectos do nosso interior que ainda não foram, transformados pela graça de Deus.

Pelo fruto se conhece *(Jesus diante de uma acusação)*

A ABUNDÂNCIA NO CORAÇÃO
Mateus 12:22-37

Depois de incluir a analogia do fruto que identifica a espécie de árvore, o Senhor dá mais um passo, aplicando o mesmo princípio às palavras que saem da nossa boca. Leia os versículos 34 e 35. Que princípio espiritual você pode expressar com base nesta declaração?

Em certa ocasião, um pastor veterano me deu este conselho: *Você quer conhecer uma pessoa? Preste atenção ao que diz quando ora. As suas palavras dirão o tipo de coração que possui.* Assim como as obras nos dão uma valiosa informação sobre o tipo de pessoa que nós somos, assim também as palavras revelam o estado da fonte de onde provêm. Onde prolifera a queixa, a crítica, a ingratidão e a amargura, podemos estar certos de que existe um coração que não foi transformado pela graça de Deus.

Para nós que fomos chamados à tarefa de formar pessoas, é bom aprendermos a prestar atenção ao conteúdo do que elas dizem. Não devemos nos concentrar tanto nos assuntos que falam, mas procurar perceber as atitudes reveladas pelas suas palavras. É possível que o que falam seja certo e verdadeiro, mas, se a forma como o expõe, fere, revelará a existência de um coração contaminado por um espírito carnal. O Senhor nos chama, como líderes, a estarmos atentos a esta realidade, porque a nossa tarefa, igual à do apóstolo Paulo, é "que apresentemos todo homem perfeito em Cristo" (Colossenses 1:28). Ele mesmo exorta a igreja em Éfeso, a ter cuidado no falar: "Não saia da vossa boca nenhuma palavra torpe, e sim unicamente a que for boa para edificação, conforme a necessidade, e, assim, transmita graça aos que ouvem" (4:29). A chave desta exortação é que as nossas palavras devem comunicar graça aos que nos ouvem. Isto não se refere apenas ao conteúdo das nossas palavras, mas ao espírito que elas transmitem. As pessoas que nos ouvem devem sentir-se abençoadas pelo que falamos.

Na passagem de ontem, observamos como Cristo mostrou que nenhuma árvore má pode produzir bom fruto, mas que cada árvore produz o fruto determinado pela sua essência genética. No texto de hoje, da mesma maneira, Jesus afirma que um mau coração não pode produzir boas palavras, nem pode a pessoa, com um bom coração, pronunciar palavras más. Uma vez mais fica claramente revelado que a vida flui do nosso ser interior. É aí que devemos concentrar a nossa atenção, e permitir a ação transformadora de Deus. Entretanto, em várias ocasiões firmamos a nossa atenção nas circunstâncias externas da vida. Buscamos a intervenção de Deus nos lugares e assuntos de pouca relevância para a vida espiritual. O nosso maior problema, contudo, não está no mundo onde vivemos, mas no secreto do nosso coração. É ali que necessitamos da obra mais intensa do Senhor. Não é em vão que o autor de Provérbios exorta que "Sobre tudo o que se deve guardar, guarda o coração, porque dele procedem as fontes da vida" (4:23).

Pelo fruto se conhece *(Jesus diante de uma acusação)*

194

UM ASSUNTO SÉRIO
Mateus 12:22-37

> A passagem termina com uma séria revelação, que nos ajuda a entender que as nossas palavras não são "simplesmente" palavras. A que Jesus se referia quando advertiu que seríamos julgados por todas elas? O que quis indicar ao dizer que as nossas palavras nos julgariam? Que mudança a nossa vida deve experimentar para não receber um julgamento severo?

Se você for como eu, sua primeira reação a esta declaração será de incredulidade. Não é porque retiramos a autoridade das palavras de Jesus. Simplesmente custa-nos entender que seremos julgados por *cada* palavra ociosa que sair da nossa boca. Provavelmente, esta dificuldade se deve, em parte, ao fato de não percebermos o quanto nossas palavras impactam os que nos cercam.

As palavras são muito mais do que um meio de comunicação. Por meio delas, as pessoas conseguem organizar e controlar o mundo em que vivem. Quando Deus entregou a Adão a missão de dar nome a cada animal, estava dando a ele a possibilidade de começar a organizar o lugar onde vivia, para poder exercer, sobre a terra, a sua vocação de dominar e subjugá-la. Com as palavras, criou definições e categorias de forma que conseguiu a ordem necessária para poder se locomover com confiança. É o mesmo processo pelo qual passa um missionário num país estranho para ele. No primeiro momento, ele se porta com insegurança e medo, porque não conhece sequer os termos mais básicos para se comunicar com as pessoas à sua volta. Mas com o passar do tempo, começa a sentir-se mais seguro, pois vai aprendendo o idioma do lugar, elemento indispensável para sua sobrevivência.

O problema é que, como resultado do pecado, o uso original das palavras se desvirtuou. Agora nós as usamos também para influenciar, controlar e manipular as pessoas que nos cercam. Os dez espias não usaram outro recurso além de palavras para induzir todo um povo a se rebelar contra Deus. Por meio de suas persuasivas palavras, Absalão conseguiu furtar o coração dos israelitas e os fez se voltarem contra Davi, seu pai. Com suas palavras, cheias de paixão, Pedro prometeu a Cristo, o que não poderia lhe dar.

É por esta razão que o Senhor declarou que seríamos julgados. As nossas palavras não somente revelam a existência de aspectos da nossa vida que precisam ser tratados, mas também impactam àqueles que nos rodeiam. Com as nossas palavras, conduzimos outros para atitudes e comportamentos equivocados, ou machucamos e ferimos as pessoas com as quais nos relacionamos, e isto por vezes de forma permanente.

No livro de Eclesiastes, Salomão aconselha: "Não te precipites com a tua boca, nem o teu coração se apresse a pronunciar palavra alguma diante de Deus; porque Deus está nos céus, e tu, na terra; portanto, sejam poucas as tuas palavras" (5:2). A conclusão é clara: cultivar o silêncio é mais prudente do que o muito falar! As muitas palavras invariavelmente dão lugar ao pecado. A pessoa sábia, portanto, aprende a sujeitar sua língua à mais estrita disciplina.

Que Deus, em Sua misericórdia, conceda que as nossas palavras sejam sempre para cura, restauração e bênção!

Mistérios do Reino *(Jesus ensina por parábolas)*

195
MUDANÇA DE ESTRATÉGIA
Mateus 13:1-52

Juntos, temos percorrido os primeiros capítulos dos evangelhos. No caminho vimos, semana após semana, como o ministério de Cristo cresceu num ritmo contínuo. Nesta etapa, nós o vemos constantemente cercado por enormes multidões. No meio das aclamações que revelavam o nível de popularidade que Ele havia alcançado, não podemos deixar de salientar a crescente oposição por parte das instituições religiosas que tanto dominavam a vida em Israel. A observação deve servir de advertência para cada um dos que desejam caminhar em intimidade com Jesus. Longe de sermos aplaudidos pelos que nos cercam, pessoas se levantarão e buscarão formas de perturbar, desacreditar e questionar tudo quanto temos vivenciado. Peça a Deus que o encorajamento dele sobre a sua vida seja mais forte do que o desejo de ficar de bem com os outros.

Surpreende que, em circunstâncias aparentemente tão propícias para o ministério, Jesus mude dramaticamente a Sua forma de anunciar a Palavra. Repentinamente, começa a ensinar por parábolas, fato que deixou os discípulos confusos. Eles não perderam tempo em se aproximar dele para perguntar: "Por que lhes falas por parábolas"? (v.10). A resposta que Cristo dá fornece claras indicações a respeito do reino dos Céus. "Porque a vós outros é dado conhecer os mistérios do reino dos céus, mas àqueles não lhes é isso concedido". A declaração revela um princípio claro relacionado com a proclamação da Palavra. O acesso aos mistérios do Reino tem sido dado somente a alguns, e não a todos. Deus provê suficiente revelação para que todas as pessoas possam entender que Ele as convida a um relacionamento transformador. Entretanto, alcançar maior profundidade no conhecimento do Altíssimo é um privilégio concedido aos que assumiram um sério compromisso com Ele, àqueles que desejam o tipo de vida que Ele propõe, cuja paixão vá muito além de um entusiasmo passageiro. Deus escolhe estes para lhes comunicar os ministérios mais profundos do Reino. O Senhor claramente se referia a este privilégio quando afirmou aos Seus discípulos antes de morrer: "Vós sois meus amigos, se fazeis o que eu vos mando. Já não vos chamo servos, porque o servo não sabe o que faz o seu senhor; mas tenho-vos chamado amigos, porque tudo quanto ouvi de meu Pai vos tenho dado a conhecer" (João 15:14,15).

Cristo usou uma citação do profeta Isaías para justificar o uso de parábolas: "Ouvireis com os ouvidos e de nenhum modo entendereis; vereis com os olhos e de nenhum modo percebereis. Porque o coração deste povo está endurecido, de mau grado ouviram com os ouvidos e fecharam os olhos; para não suceder que vejam com os olhos, ouçam com os ouvidos, entendam com o coração, se convertam e sejam por mim curados" (13:14,15). No quadro descrito pelo profeta vemos, claramente, revelada a atitude humana que barra às mesmas pessoas o acesso à maior intimidade com Deus. Todos queriam ouvir a verdade, mas não estavam dispostos a organizar suas vidas em função dela. Mesmo seguindo com as suas práticas religiosas, no interior haviam endurecido.

196. O TRABALHO DE SEMEAR
Mateus 13:1-52

> Leia a parábola do semeador. Pense nos princípios revelados por ela quanto à tarefa de compartilhar a Palavra de Deus com outras pessoas. Procure enumerá-las. Quanto deste processo depende de nós?

Como era Seu costume, nesta ocasião, Cristo aproveitou a presença das multidões para lhes ensinar a Palavra. O primeiro desses ensinamentos gira em torno da parábola do semeador, à qual Cristo ofereceu uma explicação.

Muito além dos motivos por que o Senhor as usou, devemos reconhecer a tremenda capacidade de comunicação da verdade que as parábolas possuem. Conseguem apresentar, por meio de uma metáfora da vida cotidiana, as mais profundas verdades relacionadas ao reino dos Céus. Ainda que cada parábola contenha uma verdade central, também encontramos nos seus detalhes valiosas perspectivas do mundo espiritual. Entretanto, devemos ter o cuidado de não forçar o seu significado além do propósito de Jesus.

Primeiro, constatamos um fato evidente: o semeador leva em conta que no seu trabalho sempre é "desperdiçada" certa quantidade de semente. Quer dizer, se quisermos expressar isto em termos numéricos, para cada quatro sementes lançadas, três não vão germinar. Não creio que esta seja uma representação fiel do trabalho de um agricultor, pois isto implicaria numa enorme perda no seu trabalho de lavrar a terra. Porém, a parábola enfatiza a realidade dos que semeiam no mundo espiritual. Fica claro que a maioria das pessoas que ouvem a Palavra não responderão de forma positiva. Esta é uma realidade do processo e, de forma alguma, deve motivar o semeador a desistir de sua tarefa. Antes, porém, trabalhará com persistência, sabendo que não se trata de um processo aritmético.

Segundo, percebe-se que as sementes que caíram em boa terra produziram um fruto que superou o que foi investido, em termos de "a cem, a sessenta e a trinta por um". Deste modo, embora os primeiros resultados possam ser escassos, a semente que cai em boa terra acaba produzindo uma colheita que supera o que foi perdido no plantio. Os resultados neste processo não se medem de imediato, mas a longo prazo. Da mesma forma, os resultados no reino dos Céus se tornam cada vez mais visíveis com o passar do tempo. Em inúmeras ocasiões, após uma campanha evangelística, sentimo-nos muito entusiasmados porque resultou num grande número de "decisões" por Cristo. O verdadeiro fruto desse esforço, porém, só poderá ser visto passadas algumas semanas, meses e anos. Muitos dos que se mostraram decididos ficarão pelo caminho, conforme o que é apresentado na parábola.

No entanto, mesmo assim, o semeador continua sendo responsável pela semeadura, porque o seu compromisso não é com os resultados, mas com o processo de comunicar o que recebeu de Deus. A tarefa de lançar a semente é o resultado da sua identidade como cidadão do reino dos Céus, e ele a realiza com fidelidade, porque é parte essencial da sua vocação. Mesmo conhecendo as dinâmicas pelas quais uma semente cai na terra e cresce, ele não se preocupa com o que não diz respeito à sua tarefa.

Mistérios do Reino *(Jesus ensina por parábolas)*

197
O MESTRE EXPLICA
Mateus 13:1-52

> Leia os detalhes da explicação que Cristo deu aos Seus discípulos (18-23). Quais são os fatores que "competem" com a Palavra? Qual a nossa responsabilidade quanto aos resultados? Podemos ser mais eficientes em nosso trabalho?

Os discípulos não entenderam o significado da parábola e talvez tampouco para nós teria sido fácil captá-la. Eles se aproximaram de Jesus para pedir uma explicação, e o Senhor atendeu. Nisto vemos outra de Suas qualidades como Mestre. Ele não dava como certo que entendessem o que ensinava, mas sim, criava condições para que se aprofundassem no tema através do diálogo. Um bom professor deve estar à disposição dos seus alunos.

Cristo identificou quatro grupos de pessoas no processo de semear. O que foi semeado junto ao caminho, é a pessoa que ouviu a Palavra, mas não a entendeu. A semente plantada é arrebatada pelo inimigo porque não encontra terra fértil para lançar raízes. Deste modo, a Palavra não consegue agir no coração dessa pessoa, daí se perde imediatamente.

O segundo e o terceiro grupo de pessoas, entretanto, recebem a Palavra. O primeiro deles, diz o Senhor, "a recebe logo, com alegria" (v.20). A sua aceitação, entretanto, parece que se fundamenta principalmente nas emoções do momento. Mostra grande alegria ao escutar as boas-novas, mas não entende o preço de seguir a Cristo. E "chegando a angústia ou a perseguição por causa da palavra, logo se escandaliza" (v.21). Esta é a pessoa que não parou para pensar nas consequências da sua decisão. Por este motivo, não é bom que levemos as pessoas à decisão por Cristo pela manipulação das suas emoções. Podemos conseguir uma resposta no momento, mas raramente sua decisão permanecerá.

A terceira pessoa também ouviu a Palavra, que criou raiz nela e começou a crescer. "Porém os cuidados do mundo e a fascinação das riquezas sufocam a palavra, e fica infrutífera" (v.22). A descrição deixa claro que o chamado a seguir a Cristo exige uma resposta absoluta por parte dos que recebem a Palavra. Não é possível seguir o Senhor "pela metade", embora a igreja inclua um grande número de pessoas que admite a possibilidade de assumir esta postura. Semana após semana vivem atormentadas pelas pressões econômicas e trabalhistas, enquanto procuram manter viva a sua vida espiritual com uma fiel assistência aos cultos na igreja. A parábola nos dá um panorama do que está acontecendo no íntimo de suas vidas: alguns fatores estão abafando a Palavra que, finalmente, morrerá.

A quarta pessoa é a que, não somente ouve a Palavra, mas que também a entende (v.23). Esse entendimento não diz respeito a uma compreensão intelectual, mas ao que acontece na esfera espiritual. Tiago se refere a isto, quando afirma que a bem-aventurança consiste em escutar a Palavra e praticá-la (1:25), não sendo assim ouvintes esquecidos. O Senhor fala abertamente esperando da nossa parte uma resposta muito mais profunda do que simplesmente exclamar: "que boa palavra". Se não alinharmos nossa vida à Palavra, esta se perderá.

198 — O TRIGO E O JOIO
Mateus 13:1-52

> Numa segunda parábola sobre o plantio, o inimigo veio e semeou joio enquanto os homens que haviam plantado o trigo dormiam. Leia os pormenores desta história (24-30). Que medidas podemos adotar para evitar que a má semente seja lançada junto ao trigo? Por que é difícil detectar o joio? Que solução o dono do campo apresentou?

À primeira vista, o joio é igual ao trigo. De fato, são plantas muito difíceis de se distinguir. Somente no tempo da colheita é possível saber, pelo fruto, qual é o trigo e qual é o joio. Do mesmo modo, dentro da igreja existem pessoas que têm a aparência de cristãos comprometidos. Na hora de se avaliar o seu compromisso, não devemos nos conduzir por suas palavras. Como o povo no tempo de Isaías, pode ser muito fácil honrar o Senhor com os lábios, enquanto o coração pode ir se afastando dele cada vez mais (29:13). Devemos, antes, prestar atenção às atitudes e comportamentos que falam da natureza do coração.

O inimigo veio e plantou joio durante a noite enquanto os trabalhadores descansavam. Se tivessem montado guarda, ao longo de toda a noite, teriam evitado a ação do intruso, mas nenhum camponês pode passar a vida vigiando suas terras. O fato é que em todo grupo cristão sempre aparecerão pessoas que o inimigo plantou na escuridão. O apóstolo João advertiu que "não eram dos nossos" (1 João 2:19), para que entendessem serem normais tais manifestações. Uma parte da formação de todo discípulo incluirá a aprendizagem para suportar, não somente a oposição e as dificuldades vindas de fora, como também as que surgem, internamente da própria família da fé. Cristo conviveu com Judas, e Paulo aprendeu a suportar as traições de diversas pessoas próximas em seu ministério.

Quando os trabalhadores constataram que havia joio entre o trigo, foram ao dono com uma pergunta: "Queres que vamos e arranquemos o joio"? (v.28). Esta é uma pergunta importante porque devemos saber se é parte do nosso trabalho denunciar todo aquele que, pelo nosso entendimento, é impuro e indigno dentro do Corpo de Cristo. Na parábola, o dono do campo lhes proibiu tal ação "para que, ao separar o joio, não [arrancassem] também com ele o trigo" (v.29). O fato é que as raízes do joio se juntaram às raízes do trigo e tornaram impossível que um fosse arrancado sem prejudicar o outro. Da mesma forma, o nosso esforço para manter pura e santa a igreja pode acabar prejudicando a vida das mesmas pessoas que estamos procurando proteger. Existe um tempo próprio para esta tarefa e ela deve ser realizada pelos ceifeiros. Nós, entretanto, temos sido chamados a viver em santidade, "de tal maneira que o diabo não tenha nada de mal para dizer de nós". O nosso testemunho deve, desta maneira, envergonhar o joio. Que a nossa melhor contribuição seja sempre mostrar o caminho mais excelente (1 Coríntios 12:31).

Mistérios do Reino *(Jesus ensina por parábolas)*

199
O GRÃO DE MOSTARDA
Mateus 13:1-52

> Leia a parábola sobre o grão de mostarda. Quais princípios destaca sobre o Reino? Por que o Senhor contrastou o tamanho inicial com o final? O que representam as aves do céu?

A maior parte das parábolas começa usando a mesma frase: "o reino dos céus, é semelhante a...". Por meio de cada uma delas, Cristo exemplificou uma verdade diferente, referindo-se ao Reino, que começou quando Ele desceu para vir morar entre os homens. A parábola do grão de mostarda revela o crescimento da obra de Deus, a qual, no seu início, é tão pequena e insignificante, que parece ser invisível. Uma vez semeada, ela começa a crescer lentamente e dessa minúscula fonte se transforma em uma árvore, que chega a ser gigantesca entre as hortaliças. Como na parábola do semeador, existe um lapso de tempo que não pode ser ignorado. Devemos desconfiar de tudo o que cresce rapidamente, pois o que permanece ao longo do tempo se firma lentamente com o passar dos anos.

De fato, a parábola descreve o crescimento da Igreja. A obra começou com um insignificante grupo de homens, num pequeno país perdido na imensidão do Império Romano. O nascimento do seu precursor aconteceu em um sujo e humilde estábulo, totalmente desconhecido pelos grandes personagens daquela época. Preparou doze homens, que mostraram ter pouca aptidão para a tarefa que lhes fora confiada. Mas antes de Ele partir, ordenou que fossem a "todas as nações", e chegassem "aos confins da terra". Ele sinalizou que dessa forma, finalmente, chegaria a existir aquela enorme árvore que daria refúgio às aves do céu.

Percebemos, nesta parábola, que ela guarda o mesmo princípio dos projetos de Deus. Cada um tem início de modo pouco promissor, com uma pessoa a quem tenha sido entregue uma visão. Foi dito a um homem idoso, em Ur dos caldeus, que surgiria dele uma grande nação. Um pastor de ovelhas, em Midiã, foi chamado para conduzir um grande povo à Terra Prometida. Um agricultor foi chamado para libertar seu povo do jugo dos midianitas. Um desconhecido pastor de ovelhas foi ungido como rei de Israel. Cada um desses começos foi pouco promissor. Em cada caso, o cumprimento da visão demorou muito. Em algumas dessas vidas, décadas se passaram antes de se ver a plenitude da "árvore crescida".

O segredo está em acreditar na proposta de Deus, e não em avaliar a sua possibilidade. Muitos desses homens responderam com temor ao escutar o que o Senhor se propunha a realizar. Mas Ele sempre os incentivou: "Não temas porque eu estou contigo". Desta maneira, lhes indicava que o impossível se tornaria possível, e isto graças à Sua intervenção no projeto. Uma pessoa frágil, vacilante e com pouca "aptidão", pode se tornar a origem de algo extraordinário no reino de Deus, caso se atreva a crer nas incríveis propostas do Altíssimo. Que privilégio é Ele nos incluir nos projetos, que bem poderia realizar sem a nossa participação!

Mistérios do Reino *(Jesus ensina por parábolas)*

200

FERMENTO EM AÇÃO
Mateus 13:1-52

Leia a parábola do fermento. Observe as semelhanças e diferenças que esta parábola tem com a parábola do grão de mostarda.

Jesus contou uma segunda parábola sobre o tema do crescimento do Reino, que é parecida com a parábola do grão de mostarda. Embora possa haver pequenas diferenças com a parábola anterior, é possível que Jesus também tenha demonstrado sensibilidade com a diversidade de pessoas presentes na multidão. A parábola da semente de mostarda teria maior sentido para os que cultivavam a terra, na sua maioria homens. A parábola do fermento se tornaria facilmente compreensível para as pessoas cuja rotina acontecia dentro de casa, na sua maioria mulheres.

O uso de duas histórias semelhantes, para ilustrar a mesma verdade, deixa uma valiosa lição para todos que estão envolvidos no ministério do ensino. A busca de simples formas de ensino, para apresentar as eternas verdades da Palavra, deve ser realizada em sintonia com a realidade vivida por quem nós estamos formando. De nada serve recorrer a um exemplo da vida de um cidadão da Sibéria, se a maior parte dos ouvintes não tem qualquer ideia dos rigores da vida nessa região. Os nossos exemplos devem ser tirados do mundo conhecido por nossos ouvintes, local que pode fornecer vários exemplos semelhantes, levando-se em conta a variedade de profissões dos que nos ouvem.

A parábola do fermento também exemplifica o crescimento do Reino. Na parábola do grão de mostarda, Jesus enfatizou o tamanho final da árvore, a qual chega a ser a maior de todas as hortaliças. Nesta história, o tamanho está representado por três medidas de farinha que a mulher usou. Isto seria o equivalente a 40 kg, o que produziria pão para pelo menos 100 pessoas! Fica claro, pelas proporções usadas por Cristo, quanto ao desejo de manifestar o assombroso tamanho do projeto inicial, o que pareceria algo impossível de se alcançar.

Assim como na parábola anterior, existe um fator escondido no crescimento, junto a um começo pouco promissor. Ao esconder o fermento na massa, o que envolve um bom trabalho de amassar, a cozinheira não percebe inicialmente qualquer resultado em seus esforços. Ela deve deixar que o fermento comece a trabalhar, para que, finalmente, toda a massa passe pelo processo.

Este princípio de crescimento se aplica a todos os contextos da vida espiritual. As nossas orações raramente recebem uma resposta imediata. A Palavra compartilhada com os amigos parece não ter surtido efeito. Os esforços para formar a vida de novos discípulos parecem inúteis. Mas com o tempo, passamos a ver que o nosso esforço não deixou de produzir efeito. O Espírito atuou de forma secreta e fez os nossos esforços resultarem num fruto eterno. Vemos, assim, como é valioso para o obreiro assumir uma atitude de paciente perseverança. As grandes mudanças não se conquistam rapidamente. Como é difícil esperarmos quando a nossa cultura transformou a pressa e a impaciência em estilo de vida!

Mistérios do Reino *(Jesus ensina por parábolas)*

201
DEIXAR TUDO
Mateus 13:1-52

> Medite no significado da próxima parábola, que se encontra no versículo 44. O que fez o homem para encontrar o tesouro? Como reagiu quando o encontrou? Por que tomou uma decisão tão drástica? O que isto mostra sobre a nossa própria experiência espiritual?

Era costume, nos tempos de Jesus, guardar pertences de grande valor em vasos de barro e enterrá-los em alguma parte do terreno. Muitos dos contos populares daquela época giravam em torno de uma fortuna que algum lavrador encontrou em um desses vasos em suas terras. Na parábola, o homem encontra um tesouro de grande valor, provavelmente enquanto preparava a terra para o plantio. O fato é que seria pouco provável que estivesse procurando o tesouro, visto que ficou extremamente surpreso. Assim também acontece quando descobrimos Jesus. Não é porque o estivéssemos buscando, como tantas vezes afirmamos, mas porque Ele, de modo surpreendente, se manifestou.

Pela forma que agiu, entende-se que o campo não lhe pertencia. As leis estabeleciam que os tesouros, encontrados em determinado campo, pertenciam ao dono do pedaço de terra, de modo que esse homem deveria entregar o tesouro ao seu empregador. O tesouro, entretanto, era tão extraordinariamente valioso, que o trabalhador decidiu voltar para sua casa e vender todos os seus bens e comprar o campo onde se encontrava enterrado o objeto do seu desejo.

A parábola não procura refletir sobre a moral do agricultor, mas serve para ilustrar o tipo de decisão que se exige para entrar no reino dos Céus. Observe bem que o preço não é pago para encontrar o tesouro, mas para guardá-lo, pois já o tinha encontrado. As pessoas que desejam responder ao chamado de Cristo, devem estar dispostas a deixar tudo por Ele. Lucas relata, no capítulo 9 do seu evangelho, o caso de três pessoas com as quais Jesus cruzou em Seu caminho. Elas se viam presas em diversos aspectos da vida. Os seus compromissos com os assuntos deste mundo não lhes permitiram responder positivamente ao convite para se tornarem discípulas (57–62). O mesmo aconteceu com o moço rico, cujo amor às suas riquezas era maior do que o desejo de obter a vida eterna (Mateus 19:22).

Temos perdido, hoje em dia, este sentido de sacrifício na Igreja. Quando convidamos as pessoas para se converterem em discípulos de Cristo, não enfatizamos que esta decisão requer que estejam dispostas a abandonar tudo por Ele. Antes, porém, enfatizamos as bênçãos que conhecer a Jesus e desfrutar de um relacionamento com Ele trará às suas vidas. Isto não deixa de ser verdade, pois a parábola relata que o homem vendeu tudo precisamente porque entendeu que o tesouro encontrado superava em muito o valor das suas posses atuais. Entretanto, quando não enfatizamos que a nova vida requer que viremos as costas a tudo quanto valorizamos, as pessoas são levadas a pensar que Cristo passa a ser algo que se acrescenta à vida para melhorar a qualidade da sua existência. Finalmente elas entrarão em crise, porque a proposta de Deus é uma *vida nova*, e não uma vida com verniz religioso (Filipenses 3:8).

Mistérios do Reino *(Jesus ensina por parábolas)*

202
A PÉROLA DE GRANDE VALOR
Mateus 13:1-52

> Como já vimos nas parábolas anteriores, Cristo ilustrou a verdade com histórias parecidas. Leia a parábola no versículo 46. Quais são as semelhanças com a parábola do tesouro escondido? Há alguma diferença que a distingue da outra parábola? Que princípio pode apresentar como resultado deste segundo ensino?

Na parábola anterior, o lavrador encontrou o tesouro escondido por acaso. Ele entendeu imediatamente que havia achado algo de enorme valor, assim decidiu vender tudo quanto possuía. Na história do negociante de pérolas, Cristo mais uma vez apela a uma figura que seria bem conhecida pela maior parte dos Seus ouvintes. As pérolas eram consideradas de grande valor no Oriente Médio, e havia um expressivo número de comerciantes que se dedicavam à compra e venda desses produtos. O negociante de pérolas, mencionado na parábola, provavelmente era uma pessoa que se dedicava à compra por atacado. Temos de entender, portanto, que ele era um homem acostumado a realizar seus negócios com cautela, calculando cuidadosamente os riscos e benefícios de cada transação. Porém, quando encontrou a pérola de grande valor, deixou de lado sua habitual cautela e vendeu tudo o que tinha para adquiri-la. Embora fosse alguém conhecedor de pérolas, continuava admirado pela sua recente aquisição.

Deste modo se delineiam dois tipos de pessoas que ingressam no Reino. O camponês representa as pessoas que encontram o Reino sem o estar buscando. Possivelmente, nem sequer sabendo da sua existência. Mas quando a oportunidade de entrar nele lhes é oferecida, aceitam com alegria. O negociante de pérolas, bem poderia representar as pessoas que tenham cultivado uma alta sensibilidade para com os assuntos espirituais. Estão interessados em estabelecer um relacionamento com Deus, mas a sua cegueira não lhes permite conduzir sua vida pelo caminho correto.

Precisamos observar que, nos dois casos, as pessoas encontram o tesouro de grande valor sem estarem à sua procura. O lavrador, possivelmente, nem sequer suspeitasse da existência de um tesouro enterrado em suas terras. O negociante de pérolas havia dedicado a sua vida na busca de pérolas, mas não sabia da existência dessa pérola de grande valor. Ele a encontrou sem estar procurando. As duas situações deixam claro que o Reino não é algo que possamos encontrar com os nossos próprios meios, embora os nossos testemunhos frequentemente reservem ao ser humano um papel preponderante na conversão. É mais certo confessar que o Reino nos foi apresentado de forma surpreendente, pois nos bastidores, há o agir do Deus que está buscando um jeito de convidar o homem a um relacionamento de comunhão e intimidade com Ele. O único mérito do agricultor e do negociante de pérolas está em que souberam aproveitar muito bem a inesperada oportunidade que se lhes apresentou. Somos, e sempre seremos, pessoas que reagem às iniciativas de Deus, o que indica a nossa vida inteira estar coberta por um manto da graça. Literalmente, "...estando nós mortos em nossos delitos, nos deu vida juntamente com Cristo" (Efésios 2:5).

Mistérios do Reino *(Jesus ensina por parábolas)*

203 A REDE
Mateus 13:1-52

Já examinamos a parábola do trigo e o joio. Agora Jesus apresenta outra parábola com um sentido muito parecido com a do joio. Leia com atenção o texto nos versículos 47 a 50. Observe como Ele amplia o alcance do ensino que transmite aos Seus. Que diferenças você percebe ao comparar esta parábola com a do trigo e o joio? Por que o Senhor advertiu sobre o fim que esperava aqueles que não recebiam o Reino? Por que se permite que os peixes ruins permaneçam por um tempo junto aos bons?

Na primeira parábola, o inimigo veio e semeou joio durante a noite, indicando ter sido um ato de sabotagem. Nesta parábola, entretanto, a variedade de peixes que caem na rede é o resultado do esforço dos pescadores. Eles não podem controlar o resultado final do seu trabalho, pois é impossível limitar a pesca a uma única espécie de peixes. Não existe má fé da parte dos pecadores. Vemos, porém, que mesmo havendo as melhores intenções da nossa parte, é impossível que os nossos esforços produzam resultados perfeitos. Ao compartilharmos as boas-novas com as pessoas que nos cercam, sempre colheremos um fruto "mesclado". Entre os que assumem um genuíno compromisso com Deus, também estarão os que "...professam conhecê-lo; entretanto, o negam por suas obras" (Tito 1:16).

Assim como falou sobre o destino do joio, nesta parábola Ele claramente destaca que haverá um tempo para separar os peixes bons dos ruins. Esta tarefa não compete a nós, que fomos chamados para cuidar do bem-estar do povo de Deus. Os pescadores que se assentam na praia para separar os peixes representam os anjos que, no fim do mundo, separarão os justos dos maus. Enquanto isto, a Igreja é chamada a viver em fidelidade e santidade, embora sempre exista uma parcela dos seus membros que não mostram interesse pelas coisas de Deus além de uma experiência religiosa superficial. Entretanto, até o momento da pesca, os homens desfrutam da liberdade de decidir quanto ao rumo que darão às suas vidas. Embora nos pareça que seria bom separar os peixes o quanto antes, o Senhor "...é longânimo para convosco, não querendo que nenhum pereça, senão que todos cheguem ao arrependimento" (2 Pedro 3:9).

Os pescadores tampouco se afligem com os resultados da pesca. As pessoas que se dedicam a esse ofício sabem que este risco faz parte do seu trabalho. Não é possível separar antes da pesca o tipo de peixes que desejamos apanhar. Até os meios mais sofisticados de pesca sempre produzirão pescarias com uma variedade de peixes. Contudo, os trabalhadores persistem na sua tarefa, porque isto é essencial para o seu ofício. Da mesma forma, nós somos chamados a perseverar na tarefa de proclamar as boas-novas num mundo de trevas. As pessoas de maior discernimento poderão nos indicar os lugares mais apropriados para pescar, mas em uma última análise, será somente pela graça de Deus que conseguiremos apanhar os peixes. Isto faz parte da maravilhosa aventura de trabalhar seguindo o Espírito Santo.

204 O QUE FAZER?
Mateus 13:1-52

> A série de parábolas que consideramos nestes dias termina com este diálogo entre os discípulos e o Mestre: "Entendestes todas estas coisas? Responderam-lhe: Sim! Então, lhes disse: Por isso, todo escriba versado no reino dos céus é semelhante a um pai de família que tira do seu depósito coisas novas e coisas velhas" (vv.51,52). O que Jesus procurava mostrar aos discípulos com esta declaração? Qual responsabilidade deixa nas mãos deles?

Como afirmamos anteriormente, garantir que os discípulos tenham entendido os ensinamentos é um aspecto fundamental na tarefa de ensinar outras pessoas. Muitas vezes, como professores, parecerá que o desenvolvimento que usamos para um tema é fácil e lógico. Entretanto, a palavra final quanto à nossa eficácia como mestres deve ser dada pelos nossos alunos. Para isto, é de suma importância sempre conceder oportunidades para que expressem o que entenderam ou não, da nossa preleção.

A pergunta de Cristo não só busca verificar se de fato haviam entendido, mas também para lhes incumbir de uma tarefa. No reino dos Céus, o ensino nunca tem como objetivo final a simples transmissão de informação. Antes, porém, o ensino procura alcançar um duplo propósito. Primeiro, chama os ouvintes para ajustarem suas vidas às verdades reveladas. Por isso Tiago denunciou, com tanta aspereza, as pessoas que eram "ouvintes esquecidos". Tais pessoas enganam a si mesmas, pois entendem que uma verdade é boa e benéfica para as suas vidas, mas nada decidem sobre o assunto.

Segundo, a bênção de receber a verdade de Deus e compreender o seu real significado para a vida espiritual, sempre envolve a responsabilidade de repartir esta verdade com os outros. O Senhor nos abençoa, mas deseja que imitemos o Seu exemplo, fazendo o bem às pessoas que ainda não tenham sido alcançadas com essa mesma bênção. Nisto, Jesus estabeleceu uma clara diferença entre o escriba do meio religioso de Israel e o escriba no reino dos Céus. O discípulo formado sempre assume uma responsabilidade paternal para com os outros, exatamente a mesma que os que o prepararam tiveram com ele. Nessa atitude cuidadosa e terna com os que estão sob o seu cuidado, retirará do tesouro armazenado em seu coração coisas boas para repartir com eles.

Esse depósito inclui elementos antigos e novos. Ou seja, o discípulo sempre estará em crescimento, adquirindo novas experiências e conhecimento, que lhe permitirão ser de maior impacto na vida das pessoas que ele está formando. Fica claramente ilustrado, desta forma, que o conhecimento do Reino não é algo estático, mas que vamos nos aprofundando nele à medida que caminhamos com Cristo. Com o passar dos anos, descobriremos cada vez maior riqueza em Sua pessoa.

Por último, a inquietação de Cristo nos ajuda a entender que a melhor maneira de tomar posse de uma verdade é repartindo-a com os outros. Quando procuramos passar adiante o que estamos aprendendo, as verdades adquirem ainda maior nitidez, porque somos obrigados a refletir cuidadosamente nas implicações daquilo que temos ouvido.

Até o vento lhe obedece! *(Jesus acalma a tempestade)*

205 PROVAS PARA OS ENTENDIDOS
Marcos 4:35-41

Cristo tinha passado o dia todo ensinando às multidões e lhes explicado, como temos visto, as verdades do Reino por meio de parábolas. Quando terminou, deu instruções aos discípulos para que passassem ao outro lado do lago. Leia a passagem e observe os detalhes do que aconteceu na travessia. Em sua opinião, por que Ele decidiu cruzar o lago?

Apesar da intensa atividade ministerial, Jesus em nenhum momento perdia de vista o sentido de direção. Isto não se devia a alguma estratégia elaborada previamente pelo Filho de Deus, mas sim, a uma cuidadosa atenção para com as orientações que o Pai lhe dava por meio do Espírito. Tal como temos visto em uma variedade de acontecimentos, neste também podemos afirmar, sem margem de erro, que Ele deu instruções aos discípulos de atravessar o lago porque assim o Pai lhe indicava. Era com este estilo de vida que Ele trabalhava, e não era necessário que, em cada acontecimento, precisasse dizer que estava respondendo à iniciativa divina. O princípio, Ele já havia exposto: o Filho do homem só faz o que o Pai lhe indica que deve fazer. Esta afirmação tem uma importância fundamental, particularmente nesta passagem, conforme veremos na próxima meditação.

Os discípulos, relata o evangelista, levaram Jesus "assim como estava". Embora não registre com exatidão o que isto significava, temos de entender que não houve tempo para se banhar, comer ou ter um merecido descanso. Tão intenso era o ritmo do Seu ministério que, em certas ocasiões, Ele não podia atender sequer às Suas próprias necessidades. Este pormenor é importante porque as vezes pensamos que o ritmo pausado de Jesus se devia ao fato de viver em "outros tempos" que não os nossos. O Senhor, entretanto, conheceu em primeira mão o ritmo desgastante e exaustivo de estar servindo às pessoas o dia todo. É por isso que, como líderes, o estudo cuidadoso dos relatos dos evangelhos é proveitoso, pois nos oferecem valiosas pistas para descobrir os segredos que lhe permitiram ministrar com êxito, mesmo em meio à tanta pressão.

No decorrer da travessia uma violenta tempestade, que ameaçava afundar a embarcação, desabou. Os discípulos sentiram muito medo. Chama-nos a atenção esse pânico, porque pelo menos quatro deles conheciam bem o mar, pois ganhavam a vida por meio da pesca. A tempestade, portanto, deve ter sido tão intensa a ponto de conseguir amedrontá-los de fato. Não ignoramos um propósito divino por trás deste fenômeno da natureza: uma parte do agir de Deus para a nossa formação é quebrar até aquelas facetas da vida nas quais nos sentimos mais competentes. É precisamente nas áreas mais seguras da nossa vida que necessitamos que Ele toque para mudar as estruturas que nos dão confiança, pois a nossa confiança somente deve descansar no Deus que seguimos. Por isso, o Senhor deve nos mostrar, em algumas ocasiões, que mesmo o bem que sabemos fazer não é útil para nós.

Até o vento lhe obedece! *(Jesus acalma a tempestade)*

O DESCANSO DO JUSTO
Marcos 4:35-41

Com frequência, os autores da Bíblia recorrem a contrastes dramáticos para ressaltar as diferenças entre duas realidades. Recorde-se, por exemplo, do contraste na história que o profeta Natã contou ao rei Davi. Um dos personagens possuía grande quantidade de bens. O outro só tinha uma ovelha. A diferença colossal entre um e o outro contribuiu para que o rei Davi sentisse tão irada indignação. Observe Cristo no meio da tempestade. Por que dormia? O que isso nos mostra a Seu respeito? Por que os discípulos o incomodaram?

O contraste que percebemos entre os ocupantes do barco, em meio a tão feroz tempestade, é fascinante. Os discípulos estavam no limite do pânico. Jesus, pelo contrário, "estava na popa, dormindo sobre o travesseiro". A cena ilustra a tremenda diferença que existe entre os que são conduzidos pelo Espírito e aqueles que vivem sua experiência espiritual na força da carne. É tão marcante a disparidade entre ambos.

Interessa-nos, portanto, descobrir o porquê da atitude calma e de paz que vemos na pessoa de Cristo, que dorme em meio a uma violenta tempestade. Não nos esqueçamos que Jesus estivera o dia todo ensinando às multidões. Possivelmente, uma das razões por que dormia, era por estar profundamente cansado devido a intensa atividade ministerial. Porém, atrevo-me a pensar que o sono profundo de Jesus transcende o limite do cansaço físico. O salmista afirma: "Em paz me deito e logo pego no sono, porque, Senhor, só tu me fazes repousar seguro" (4:8). O contexto deste salmo é de angústia. O salmista se vê rodeado por dificuldades; habita no meio de um povo mergulhado em uma atitude de profundo ceticismo para com Deus. Contudo, o autor afirma que tal angústia não lhe tira o sono, porque o conhecimento da soberania de Deus concede a paz interior que lhe permite desfrutar de um descanso livre de preocupações.

Jesus recebeu instruções do Pai Celestial indicando que devia atravessar o lago para ali continuar o Seu ministério. Ele está convencido de que nenhuma tempestade poderá desviá-lo do caminho que o Pai lhe havia traçado. Não precisa estar desperto, preocupado, nem ansioso, porque sabe que Alguém cuida do Seu bem-estar. A Sua "preocupação" era, literalmente, desnecessária. Esta absoluta ausência de ansiedade era, em última instância, o que lhe permitia dormir como uma criança em meio à pior das tempestades. Assim também acontece na vida dos que colocaram a sua confiança nas mãos do Pai. Já não precisam estar vigilantes porque existe outro que assumiu a responsabilidade de guiar as suas vidas.

Por este motivo, é fundamental, termos absoluta certeza de que estamos no lugar que Deus quer, ocupados em realizar os projetos que Ele de antemão preparou para que neles andemos. Quando assim acontecer, as dificuldades podem nos alcançar, mas não conseguirão nos fazer desviar do projeto do Senhor, a menos que Ele o permita. Com tranquilidade, poderemos enfrentar as mais terríveis tempestades.

Até o vento lhe obedece! *(Jesus acalma a tempestade)*

207
RECRIMINAÇÕES
Marcos 4:35-41

Volte a ler os versículos que descrevem a reação dos discípulos diante da tempestade? Por que despertaram Jesus? O que os "molestava"? Do que acusaram Jesus?

Ver nos outros atitudes ou comportamentos que colocam em destaque a nossa própria fraqueza espiritual, parece que desperta em nós reações de protesto. Permita-me ilustrar este aspecto da nossa natureza com alguns exemplos. Quando Josué e Calebe quiseram incentivar o povo a tomar posse da terra, contradizendo assim o conselho dos outros dez espias, os israelitas quiseram apedrejá-los (Números 14:10). Quando Davi desceu e começou a perguntar sobre a recompensa que era oferecida pela derrota de Golias, o irmão dele foi tomado pela ira contra ele e o acusou de possuir um coração presunçoso e malvado (1 Samuel 17:28). Quando Maria escolheu sentar-se aos pés de Jesus Cristo, sua irmã Marta acusou-a por ser pouco sensível às suas necessidades (Lucas 10:40). Em cada um destes casos, os que reagiram estavam condenando, precisamente, as pessoas que desejavam agir como eles mesmos deveriam ter feito.

Imagino que estas reações se originam de nossa frustração com os nossos próprios erros. Os supostos erros que destacamos na vida de outras pessoas, estão relacionados mais com as nossas fraquezas do que com o que não está de acordo nas pessoas que censuramos. Os discípulos não escaparam desta tendência. Os angustiados tendem a ver tudo através do seu próprio nervosismo; a imagem de Cristo descansando representava, do ponto de vista da debilidade deles, uma atitude de total irresponsabilidade. Quem sabe, nós, inclusive, também o teríamos despertado com a mesma indignada pergunta.

A acusação contida na pergunta é que o Senhor parecia insensível à nossa realidade. Sabemos que Ele poderia facilmente fazer mudanças, o que nos leva a questionar por que não o faz. Em certas ocasiões, sentimos que Ele se mostra indiferente, ou pior ainda, sem conhecer a situação pela qual estamos atravessando. Com certeza, você também deve ter sentido frustração pela falta de uma ação divina em sua vida. Talvez, você mesmo também tenha recriminado o Senhor ao lhe dizer: "Se tu estás ciente da situação em que me encontro, por que nada fazes para resolvê-la?".

Esta exigência pressupõe que o Senhor deveria agir como nós agiríamos em situações de crise, intervindo quando julgamos ser conveniente e provendo-nos com o que consideramos necessário. Esta é precisamente a razão de Ele ser Deus, e não homem. Os caminhos dele não são os nossos caminhos. Ele não age como nós, nem pensa como nós pensamos. Caminhar com Ele significa renunciar a nossa forma de ver e agir. É estarmos prontos para ser surpreendidos a cada momento por um comportamento totalmente diferente do nosso. Significa descobrir que a nossa aflição, nossa preocupação e recriminações nada contribuem para a solução da qual necessitamos. O nosso bom Pai Celestial nos convida a descansar e a seguir por outro caminho, que é o da confiança em Seu bondoso compromisso com o nosso bem-estar. Ele não falhará. Mesmo que, aos nossos olhos, Ele pareça estar dormindo, estamos em boas mãos!

Até o vento lhe obedece! *(Jesus acalma uma tempestade)*

LIÇÃO NÃO APROVEITADA!
Marcos 4:35-41

Como o Senhor é diferente de nós! Diante das acusações que chegam a nós, não podemos resistir à tentação de nos defendermos, buscando a maneira de comprovar que as suposições não são corretas. Os discípulos tinham recriminado Jesus por Sua aparente falta de preocupação pelas suas vidas, e eles atribuíam isto a um comportamento incompreensível em meio àquela terrível tempestade: o homem dormia! De que forma o Senhor reagiu? Por que falou ao vento?

Cristo não perdeu tempo com argumentos inúteis. Aquele que opera a justiça e revela a verdade para nos defender é o Pai, e Seus filhos — todos — são chamados a descansar na proteção que Ele oferece aos que o amam. Jesus interveio para retirar a aparente causa da angústia dos Doze. Diante da Sua repreensão, a agitação dos elementos da natureza cessou. Acaso, existiriam forças demoníacas por detrás da tempestade para que Cristo falasse como a um ser vivo? Fosse qual fosse a realidade, não paira dúvida de que foi uma demonstração extraordinária de autoridade. Nós também teríamos ficado atônitos. Simplesmente não é uma experiência normal da vida encontrar pessoas que possam aquietar, com uma só palavra, as mais violentas manifestações do vento e do mar.

De qualquer forma, Jesus imediatamente se dirigiu aos discípulos, e os repreendeu: "Por que sois assim tímidos?! Como é que não tendes fé?" O incrível daquela situação não era que o Filho do homem tivesse aquietado a tempestade, mas que eles não haviam demonstrado uma atitude de confiança em meio a ela. Aquela postura de descanso, que haviam percebido em Cristo, era a mesma que Ele esperava que também tivessem. Testemunhas de tantas evidências do agir de Deus entre eles, como eles podiam perder com tanta facilidade a orientação espiritual na vida, para ficarem presos nas mais paralisantes manifestações de medo? Os filhos de Deus deveriam ter a capacidade de ver mais além das circunstâncias nas quais se encontram, "não atentando nós nas coisas que se veem, mas nas que se não veem; porque as que se veem são temporais, e as que se não veem são eternas" (2 Coríntios 4:18).

Os discípulos, porém, ficaram pasmos com a demonstração de poder: "diziam uns aos outros: Quem é este que até o vento e o mar lhe obedecem?" O espanto com o que Jesus havia feito não lhes permitiu que se concentrassem na atitude dos seus corações, os quais necessitavam uma transformação ainda maior do que aquela vista no mar.

Esta resposta é típica do ser humano, que facilmente se impressiona pelas manifestações extraordinárias e tremendas, as quais normalmente não têm muito peso na esfera espiritual. Deslumbrados pelos fogos de artifício, que duram apenas um instante, não apreciamos a imensidão, nem a beleza da noite estrelada, que proclama a existência de Deus, e cujas dimensões são eternas. As experiências mais significativas, em nossa peregrinação espiritual, raras vezes vêm acompanhadas por manifestações dramáticas, embora sejam essas que procuremos com maior empenho. Antes, porém, a obra de Deus é lenta e, habitualmente, secreta.

Operação resgate *(Jesus em Gerasa)*

209
DESEMBARQUE
Marcos 5:1-20

Em uma série de reflexões sobre diversas passagens, temos acompanhado a trajetória da vida e o ministério de Jesus. A nossa aventura segue agora, com um dramático encontro de Jesus com um homem possesso por uma legião de demônios. Leia todo o texto para se familiarizar com os detalhes deste acontecimento. Anote as observações e as perguntas que surgirem durante a leitura.

Antes de prosseguir, entretanto, é bom recordar o propósito deste espaço de reflexão. O nosso desejo é nos aproximarmos mais da pessoa do Cristo, com o objetivo de que essa proximidade produza em nós uma transformação cada vez maior. É importante, então, que continue identificando as formas como o Senhor tem trabalhado em sua vida neste tempo. Desta maneira você poderá estar seguro de que coopera com o projeto de Deus para a sua vida. Convido-o a fazer esta oração: *Senhor, desejo que continues cada dia trabalhando em mim. Sei que o meu relacionamento contigo é fundamental para que se produza essa transformação. Peço-te que me livres da minha rotina e dos hábitos que tão facilmente fazem adormecer os sentidos espirituais. Dou graças por perseverares na busca de um relacionamento significativo comigo. Amém.*

O evangelista relata que Jesus e os discípulos "...chegaram à outra margem do mar, à terra dos gerasenos. Ao desembarcar, logo veio dos sepulcros, ao seu encontro, um homem possesso de espírito imundo".

Um fato interessante de se observar é que o homem com o espírito imundo veio para perto do Senhor nem bem tinha colocado os pés na praia. Mesmo de longe é possível que essa pessoa, profundamente atormentada, tenha percebido no Filho de Deus uma atitude espiritual que não encontrara entre os moradores da região. O fato é que Jesus não precisava sair em busca de oportunidades para ministrar, porque elas vinham por si mesmas. Aqueles que estão caminhando na intimidade com Deus e lhe dão a liberdade de agir em suas vidas, poderão comprovar como as oportunidades de ministério começam a aparecer em qualquer parte, pois as pessoas perceberão neles uma disposição para atender às suas necessidades. O ministério de socorrer aos necessitados não é parte de um programa, mas é o resultado de um estilo de vida, de sorte que o encontro de Jesus com o endemoninhado de Gerasa nada mais foi do que o cumprimento da verdade que Ele proclamara na sinagoga de Nazaré quando iniciou o Seu ministério. O Pai o ungiu, justamente, para atender aos pobres, os órfãos, os cegos e os oprimidos. Assim que, tendo Cristo disponibilizado a Sua vida para realizar a obra colocada diante dele, as oportunidades surgiam por si mesmas.

Este ponto é importante para nós. A mobilização do povo de Deus para praticar as boas obras não requer sofisticadas estratégias para alcançar os não-convertidos. Antes, porém, necessita de homens e mulheres que estejam atentos às oportunidades que o Espírito lhes revelar no seu caminhar diário. Quando estas situações são percebidas, nada mais falta do que avançar, confiantes, na direção que o Senhor está indicando. Ele nos abre caminhos onde menos esperamos.

Operação resgate *(Jesus em Gerasa)*

210 "SOLUÇÕES" HUMANAS
Marcos 5:1-20

Leu a descrição que o evangelho de Marcos apresenta sobre o endemoninhado? Não leia esses versículos como se estivesse lendo um jornal. Por trás destas palavras se esconde um ser humano atormentado, que vive nas mais deploráveis condições. Onde o endemoninhado vivia? Por que vivia naquele lugar? Quais medidas os habitantes da região tomaram para se protegerem dele?

Lucas acrescenta um pormenor ao triste quadro descrito por Marcos. Ele comenta que o endemoninhado "não se vestia" (Lucas 8:27). Pode imaginar o que as pessoas sentiam ao se encontrarem com esse homem? Você já se viu alguma vez com pessoas com estas características? Qual é a sua primeira reação ao ver alguém assim?

Observe o tratamento dado a esse homem pelos moradores da região. Vivia entre os mortos, um símbolo claro da sua própria condição espiritual. Não há dúvida de que estava naquele lugar por não encontrar afeto e compaixão nas pessoas, coisas tão essenciais para uma vida saudável. Pelo contrário, elas o tinham prendido com grilhões e cadeias; mas ele, portador de forças demoníacas, os fazia em pedaços e escapava. Dia e noite, viam e escutavam-no correndo pelas colinas e lançando gritos terríveis. Ele procurava se libertar do tormento, cortando-se com pedras. O seu comportamento confirma que o inimigo veio para roubar, matar e destruir (João 10:10). O objetivo final de uma obra diabólica é sempre a mesma: destruir qualquer vestígio divino existente no ser humano.

Medite um pouco nas medidas tomadas pelos moradores da região. A frase "ninguém podia subjugá-lo" resume o propósito da estratégia que usaram. Eles pretendiam resolver as dificuldades do endemoninhado com a força, por meio da agressão. Este é o caminho normal que o homem toma frente aos necessitados. Nós podemos "agredi-los" com uma cautelosa atitude de indiferença, proibindo a entrada deles em nosso mundo para não desajustarem a nossa própria existência. Quando a indiferença não funciona, existem medidas mais drásticas, como colocar essas pessoas em instituições especializadas, onde serão "convenientemente assistidas". O fato é que o homem não consegue prover uma solução para os problemas mais profundos do ser humano, e mesmo no caso de tratamentos mais avançados, não consegue oferecer aos necessitados nada mais do que curativos para a vida.

Entre nós, porém, deve existir outro compromisso. Estes são os necessitados que tanto afligem o coração do nosso Pai Celestial. Eles nos apresentam a melhor oportunidade para exercermos um amor profundo e genuíno, um tipo de amor que impacta e transforma. Podemos ser instrumentos para a sua restauração, as mãos visíveis do Deus profundamente compassivo. Entretanto, devemos estar conscientes de que precisamos permitir que a disposição de superar o desagradável que é chegar a essas pessoas cresça em nós. Desagradável, primeiramente, porque o seu aspecto não nos convida a nos aproximarmos delas. Mas também porque seremos questionados pela maioria dos que se encontram ao nosso redor que não desejam que a sua indiferença seja exposta.

Operação resgate *(Jesus em Gerasa)*

211
INIMIGO POUCO TEMIDO
Marcos 5:1-20

> Leia os detalhes do encontro de Jesus com o endemoninhado (vv.5-13). O que você percebe na atitude do demônio? De que forma Jesus libertou o homem?

O relato apresenta vários pormenores interessantes sobre o ministério de Cristo. Primeiro, vemos que um longo período de sofrimento e tormento acabou em um instante. As pessoas da região "muitas vezes" haviam tentado prender o homem, mas sem conseguir. Contudo, no encontro com Cristo, ele foi liberto em apenas alguns minutos. Esta diferença, em termos de tempo, revela a incapacidade dos tratamentos terrenos propostos para resolver os problemas mais profundos do ser humano.

Neste conjunto de metodologias pouco eficazes, devemos também incluir uma grande quantidade de tratamentos apresentados por algumas das ciências que se dedicam aos problemas emocionais e/ou mentais. Não resta dúvida que oferecem importantes ferramentas para o trabalho com as pessoas, mas em muitos casos sua proposta tem consistido em submeter o paciente a uma terapia que não tem fim. O tratamento consiste mais em ajudar a pessoa a conviver com sua "enfermidade" do que em fornecer uma solução definitiva. Em alguns casos, esses tratamentos têm durado anos e por vezes, décadas. Esta debilidade não se limita à ciência, mas também se estende aos melhores esforços que amigos e parentes tentam fazer pela pessoa afetada. A verdade é que não contamos com instrumentos para produzir a profunda e dramática transformação de que o ser humano necessita.

Segundo, numa rápida leitura da passagem, surgem palavras e frases que expõem como o poder do inimigo é limitado. O evangelista registra que o endemoninhado "quando, de longe, viu Jesus, correu e o adorou"; e lhe suplicou "conjuro-te por Deus que não me atormentes!" e "rogou-lhe encarecidamente" que não fosse enviado para fora da região, e que Jesus, atendendo o seu pedido, "permitiu" que entrassem em uma manada de porcos. Isto quer dizer, vemos um inimigo submisso e humilhado, curvando-se diante do Filho de Deus e solicitando permissão para fazer a única coisa que lhe restava fazer.

Este quadro é bem diferente da imagem que frequentemente fazemos do nosso inimigo. Nós o imaginamos temível e feroz, esperando para que possa nos agarrar e tirar vantagem em qualquer situação que seja útil às suas tenebrosas armadilhas. Mas, na passagem, ele é apresentado como realmente é: um servo involuntário do Altíssimo. Literalmente, nada pode fazer sem a devida autorização de Deus. Aquele que reina soberano sobre toda a criação é o Alto e Sublime, Deus dos Exércitos, e nós somos o Seu povo! Estamos do lado do vencedor. Isto deveria nos fazer caminhar em confiança e de cabeça erguida.

Desconhecemos as razões pelas quais os demônios entraram nos porcos, e o porquê de não quererem sair daquela região. A verdade é que a nossa compreensão do mundo espiritual e tudo o que nele acontece, é muito limitada. Basta-nos saber que nos foi aberto o acesso a Deus, e Ele é quem entende tudo o que acontece nesse contexto obscuro. À sombra das Suas asas podemos habitar em segurança.

212 TRANSFORMADO!
Marcos 5:1-20

> Quando Jesus autorizou a legião a entrar nos porcos, estes se precipitaram no mar e se afogaram. Como reagiram os cuidadores dos porcos diante da libertação do endemoninhado? Em sua opinião, por que reagiram desta forma? Como encontraram o homem quando voltaram? Que mudanças perceberam no homem que tinha estado endemoninhado?

Jesus conseguiu, em um instante, resolver o problema de um homem que vivera atormentado durante anos. Com poucas palavras, realizou uma transformação que outros não conseguiram com grilhões e cadeias. Entretanto, não se pode passar pelo campo do inimigo sem ser observado. O primeiro resultado da intervenção de Cristo na vida desse homem foi que todos os habitantes tomaram conhecimento do que acontecera. Esta é uma resposta normal e natural à transformação de uma vida. Não somos seres isolados, e vivemos em comunidades onde a nossa vida é observada e conhecida pelos outros. Quando ocorre um fato dramático em nós, outros observam o que aconteceu conosco.

Esta realidade apresenta à Igreja a sua melhor oportunidade para alcançar uma comunidade. Entretanto, a Igreja muitas vezes insiste em isolar rapidamente a pessoa para se firmar no caminho por onde começou a andar. Esta forma de agir desperdiça as oportunidades que surgem na conversão para alcançar outros, as quais desaparecerão com o tempo. Uma vez perdidas, precisamos recorrer a meios artificiais, tais como campanhas ou encontros especiais, para conseguirmos uma nova aproximação da comunidade. Assim como aconteceu com a mulher samaritana, no começo surgem as melhores oportunidades para que cada novo convertido impacte profundamente as pessoas do seu contexto.

Como encontraram o homem quando voltaram? Você percebeu como a sua condição atual contrasta surpreendentemente com a anterior? Antes, ele estava despido; agora, encontra-se vestido. Antes corria de um lado para outro, ferindo-se com pedras; agora está sentado, em paz. Antes, dava grandes gritos, agora está em seu juízo perfeito. Que coisa tremenda! O homem foi dramaticamente transformado. Gostaria que você observasse esta mudança, porque nos fala também da nossa responsabilidade diante dos que caminham nas trevas. Não fomos chamados para "salvar almas", como tão frequentemente se ouve entre o povo de Deus. Fomos chamados a prover, em Cristo, a completa e total transformação do ser humano, tanto no espiritual, psíquico e emocional, como também no físico.

Espero que você tenha percebido este interessante detalhe: agora o homem estava vestido. E de onde conseguiu a sua roupa? Provavelmente alguns dos discípulos, ou mesmo Cristo, lhe deram das suas vestimentas. Vemos aqui também que o nosso ministério não necessariamente se concentra de forma exclusiva em temas "espirituais", mas que onde encontrarmos a necessidade de roupa ou alimento, lá também podemos abençoar. A porta pela qual chegamos à vida de outra pessoa é o ponto onde vivenciam a sua maior necessidade. Em certas ocasiões, é preciso atender primeiro a estas situações, antes de avançarmos em outros assuntos que julgamos ser mais relevantes.

Operação resgate *(Jesus em Gerasa)*

213
ARRASTADOS PELO MEDO
Marcos 5:1-20

> Quando os moradores chegaram, era de se esperar ver neles algum interesse em se aproximar de Jesus. Observe o seu comportamento. Como reagiram? O que os motivou a reagir daquela forma?

Quanto mais afastadas as pessoas estão de Deus, mais os vestígios espirituais que alguma vez fizeram parte da sua natureza original se perdem. O que importava aos moradores que um endemoninhado tivesse sido restaurado! O evangelista relata que, ao chegarem os moradores, começaram a pedir que Jesus se retirasse daquele lugar.

A existência anterior desse geraseno havia transcorrido em um mundo secreto de agonia e tormento, desprovido das mais insignificantes manifestações de vida. Agora os moradores viam esse homem transformado. Ele recuperou a sensatez, a paz e a possibilidade de se relacionar com os seus semelhantes. Entretanto, a cura dele não produziu qualquer expressão de alegria nas pessoas, nem alguma celebração por aquele homem infeliz estar finalmente liberto. A única coisa que percebiam era como tudo o que aconteceu era estranho, porque eles, com seus diversos métodos para colocar ordem na vida do homem, não tinham conseguido nada. É possível até que tenham chegado à conclusão de que ninguém poderia fazer algo por ele. O endemoninhado estava além do alcance dos homens. Mas agora eles o viam restaurado. Como era possível explicar semelhante acontecimento?

É precisamente esse o desejo de achar explicação para tudo que nos sobrecarrega. A pessoa que pretende descobrir a razão para todos os acontecimentos divinos, caminha por um terreno cujo acesso se encontra fechado ao ser humano. O fato é que grande parte da criação está coberta por um manto de mistério. Isto não significa que não podemos observar e analisar cuidadosamente os diversos aspectos da vida. O problema não se encontra no estudo, mas na convicção de que podemos chegar a entender tudo. Quando assumimos esta postura não podemos aceitar o que não se pode explicar.

Os habitantes da região estavam diante do misterioso agir da graça de Deus, mas isso ultrapassava dramaticamente todos os parâmetros que eles conheciam. Nesse momento, eles poderiam ter aberto suas vidas ao que lhes era novo, a uma realidade desconhecida até aquele momento. A verdade é que não nos sentimos à vontade diante do desconhecido. Ele nos provoca insegurança e medo, e tais sentimentos foram, em última instância, os motivadores do que aconteceu em seguida. Eles pediram a Jesus que deixasse aquela região.

Assim, nós também agimos quando desejamos que Ele aja de acordo com os parâmetros que consideramos adequados. Assim como os habitantes de Nazaré, os nossos preconceitos impõem sérias limitações ao Seu agir, mas Deus não pode se restringir ao pequenino mundo que representa a nossa inteligência. Existe um momento na vida espiritual quando precisamos nos reconciliar com o mistério de Deus, aceitando que os Seus caminhos não são sequer remotamente parecidos com os nossos. Podemos, simplesmente, desfrutar do que é inexplicável, sem a necessidade de limitá-lo a explicações bem racionais. Em última análise, não somos mais do que seres criados, que adoramos o Deus que é infinito e eterno.

Operação resgate *(Jesus em Gerasa)*

214 NASCE UM EVANGELISTA
Marcos 5:1-20

> O homem transformado seguiu as orientações de Jesus. Voltou à sua terra e começou a compartilhar o que tinha vivenciado. Observe os resultados. O que nos mostra quanto ao objetivo final de toda a intervenção divina?

Existem duas evidências bastante claras quando um ministro toca à vida dos que entram em contato com ele. A primeira, é a que desperta oposição. Nós a vemos na reação dos cuidadores dos porcos, que pediram a Jesus para sair daquela região. O reino dos Céus havia se manifestado de forma dramática entre eles, e se assustaram com o que viram, deram as costas ao confronto que haviam experimentado.

A segunda reação vem do homem que tinha sido liberto. "E entrando [Jesus] no barco rogava-lhe o que fora endemoninhado *que o deixasse* estar com ele". O homem tinha encontrado no Filho de Deus o amor, a compaixão e a cura que tanto lhe faltavam. As pessoas da região não tinham oferecido a ele nada mais do que tentativas para dominá-lo. Era natural que desejasse partir com o grupo que acompanhava o Mestre da Galileia, pois com eles podia iniciar uma nova vida.

É importante registrarmos estas duas reações. Observe que o ministério de Jesus não provocava indiferença. Ninguém lhe disse: "Bem, cada qual tem o direito de crer naquilo que quiser". Por onde andasse, sempre esteve acompanhado pela oposição e pela conversão, reações que confirmavam que Sua pregação e Seu ministério estavam "atingindo o alvo". As pessoas nunca se mantêm impassíveis quando confrontadas pela luz de Deus. Quanto ao homem, Jesus não atendeu ao seu pedido, mas disse-lhe: "Vai para tua casa, para os teus. Anuncia-lhes tudo o que o Senhor te fez e como teve compaixão de ti".

Podemos ver nesta resposta uma decisão sumamente sábia, porque o homem agora se encontrava em ótimas condições para compartilhar o que havia recebido da parte de Deus. Assim, desde o primeiro momento da sua experiência com Cristo, ele entendeu que o Senhor o abençoara para que abençoasse a outros. Ele fazia parte do Reino há poucas horas. Não tinha feito curso algum sobre "como compartilhar sua fé com outras pessoas". Conhecia muito pouco da vida espiritual e menos ainda da doutrina da Igreja. Mas possuía algo fundamental para falar aos outros: a experiência transformadora do que Deus fizera em sua vida. Neste "tema", ele era um verdadeiro perito!

Quantas dificuldades evitaríamos seguindo por este caminho! O método permite que todos os contatos naturais da pessoa sejam aproveitados ao máximo antes que o evangelho isole o cristão. Também aproveita bem o movimento produzido por uma dramática experiência de conversão. Não é necessário entrar em complicados argumentos sobre a existência de Deus, nem no porquê de tantos males na Terra. A pessoa tem um testemunho pessoal, recente e real para compartilhar com os outros. É, sem dúvida, um dos melhores evangelistas.

Operação resgate *(Jesus em Gerasa)*

215
OBJETIVO ALCANÇADO
Marcos 5:1-20

De que forma terminou a história do homem de Gerasa? Qual foi o alcance da transformação de uma única vida?

Era assim que deveria terminar o relato de cada aventura iniciada por Deus. Certamente, a descrição do que aconteceu em nossa história deveria chegar a este mesmo fim. Foi o desfecho que o Senhor provavelmente tinha em mente quando iniciou a Sua intervenção na vida deste homem, e na vida de cada um de nós.

Primeiro, quero destacar o significado da frase que vem na parte inicial da conclusão: "E ele foi". Isto indica que ele fez exatamente como Jesus tinha lhe dito. Diferentemente de tantos outros relatos nas Escrituras, notamos nesta frase a maravilhosa ausência da conjunção adversativa, "mas", tantas vezes usada para expressar a clara decisão do povo de Deus de agir contra as orientações do Senhor. Este homem, provavelmente, não estava de acordo com as instruções que havia recebido, porque, segundo o seu pensar, ele não poderia estar em melhor lugar que não fosse ao lado daquele que lhe tinha restaurado a vida. Porém, foi e agiu conforme lhe fora ordenado.

Como é precioso quando escolhemos deixar de lado nossas preferências e simplesmente nos entregamos àquilo que nos foi ordenado! Sabendo que os Seus caminhos não são os nossos, não precisamos concordar com as instruções do Senhor. Nem sequer é importante nos sentirmos à vontade com aquilo que Ele nos pediu. Em último caso, o que realmente pesa é o nosso desejo de fazer o que Ele nos pede, e isto será o que, com toda a certeza, trará grande bênção espiritual à nossa vida.

Outra coisa que observamos na conclusão, é que o homem partiu para falar da obra de Deus em sua vida. Não se dedicou a tratar de explicar os fatos, muito menos de elaborar uma teologia da libertação dos demônios. Ele falou da grande misericórdia com a qual o Senhor lhe havia ministrado diretamente. Sem dúvida, esta é a mensagem que mais impacta os outros porque é genuína e se baseia em fatos concretos na vida de uma pessoa conhecida por todos. Tampouco pode alguém refutar a evidência da mudança, pois está à vista de todos. Possivelmente, o nosso próprio testemunho seria mais eficaz se falássemos mais da misericórdia de Deus que experimentamos em nosso cotidiano, em vez das realidades abstratas que são de difícil compreensão para os outros.

Por último, observe que todos se maravilharam com o seu testemunho. Esta é a meta final de Deus para cada obra que Ele realiza: que todos quantos andam em trevas tenham a oportunidade de ver a Sua admirável luz. Ele jamais termina a Sua intervenção na vida de uma pessoa. Ele tem na mente também tocar a vida de outros através dessa pessoa até que "toda a Terra" fique cheia do conhecimento do Altíssimo.

Você e eu somos elos em algo que é muito maior do que nós, um projeto que contém os mais secretos desejos do Pai. Não permita que a Sua obra pare em você!

Assediado! *(Jesus, Jairo e uma mulher)*

216
AGLOMERAÇÃO DE PESSOAS
Lucas 8:40-56

A nossa aventura com Cristo não nos dá folga, porque, nem bem havia terminado o encontro com o endemoninhado de Gerasa, nós o vemos envolvido em outro encontro dramático. Claro, o nosso papel é apenas de observadores distantes; entretanto, não podemos deixar de perceber a enorme pressão das multidões. Leia os primeiros versículos do texto que nos ocupará durante os próximos dias. Como a multidão o recebeu? Por que receberam Jesus desta maneira? De que forma a oportunidade para tratar a filha de Jairo se apresentou?

A verdade é que o ser humano não foi criado para suportar este tipo de pressão. Não precisamos mais do que lançar um olhar a algumas figuras mais populares do nosso tempo — cantores, atores, políticos ou atletas — para entendermos o tremendo desgaste físico, emocional e mental que o constante assédio das multidões provoca. Muitos deles acabam levando vidas completamente diferentes; e isto sem falar dos efeitos espirituais pelo fato de receberem continuamente adulações, as quais realmente deveriam se destinar somente Àquele que nos criou. Por isto tudo, a fadiga que Jesus sofria deve ter sido intensa. Além disso, Ele também não contava com os privilégios de que dispomos, os quais nos permitem nos refugiarmos da agitação da vida. Quando a vida se torna insuportável, podemos fugir para as nossas casas, visitar amigos ou separarmos alguns dias para descansar. Nenhuma dessas vantagens estava à disposição do Filho de Deus.

A multidão buscava Jesus porque enfrentava necessidades. Por trás da enorme massa de pessoas que se apertavam, havia indivíduos com nome e sobrenome, cada qual com a sua história pessoal, desilusões, sofrimentos e angústias. Neste sentido, eles eram fiéis representantes do mundo em que vivemos. Apelavam a Jesus porque viam nele o que buscavam, uma resposta para as suas dúvidas. E este é também o nosso chamado: viver mergulhados na quantidade de dor e tristeza que representa a existência da humanidade, procurando indicar às pessoas o caminho aberto por Jesus ao Pai. Quando outros perceberem em nós uma concreta resposta às suas necessidades, virão por si mesmos. Muitas vezes, as pessoas não atendem ao nosso convite porque não lhes oferecemos soluções, mas uma religião.

No meio da multidão, um homem apareceu, Jairo, profundamente angustiado porque a sua única filha estava morrendo. A incapacidade de poder salvá-la, o levou a uma atitude que talvez em outro momento de sua vida ele teria censurado. O homem era um chefe da sinagoga, mas neste momento prostrou-se aos pés de Jesus, implorando a Sua intervenção. Nós nos tornamos ousados assim quando a nossa necessidade nos oprime. Os relatos de pessoas desesperadas, encontradas nos evangelhos, são abundantes, as quais não estavam dispostas a conferir qual seria a hora de buscar socorro no Filho de Deus. A nossa aproximação ao Senhor, por vezes, é morna e rotineira, pois desapareceu da nossa vida essa desesperadora convicção de que, sem Ele, não podemos conseguir absolutamente nada. Por vezes, só por meio de provações somos levados a esse ponto.

Assediado! *(Jesus, Jairo e uma mulher)*

217
MINISTÉRIO E MAIS MINISTÉRIO
Lucas 8:40-56

> Marcos relata que Jairo pediu a ajuda de Cristo porque "insistentemente lhe suplicou: Minha filhinha está à morte; vem, impõe as mãos sobre ela, para que seja salva, e viverá". Provavelmente, motivado pelos muitos testemunhos das extraordinárias manifestações que acompanhavam a pessoa do Cristo, este chefe da sinagoga não duvidava que o Senhor poderia salvar a vida da sua filha. De que forma Jesus respondeu? Qual era a dificuldade que havia para se chegar à casa de Jairo? O que aconteceu no caminho?

A Palavra não diz de que modo Jesus respondeu, mas vemos que Ele começou a caminhar em direção à casa desse homem. "Enquanto ele ia, as multidões o apertavam".

Desejo que você se detenha por momentos nesta frase. Ela descreve o que era uma experiência cotidiana na vida do Messias. Imagine o que deve ter sido o caminhar dessa onda humana: barulho, empurrões, gritos, poeira, calor... Todas essas realidades devem ter sido parte da experiência de se estar rodeado por uma multidão de curiosos e necessitados. Se alguma vez você esteve comprimido por uma multidão, saberá quão fácil é ser dominado pelo pânico. À medida que cresce a sensação de falta de ar e de aperto, começamos a nos sentir desesperados. Em tais condições é quase impossível prestar atenção ao que se passa em nossa volta. Entretanto, esta é uma das maravilhosas características de Jesus. Ele não perdia a capacidade de estar atento ao indivíduo.

Em meio a essa multidão, uma mulher, que havia esgotado os seus recursos ao longo de 12 anos na busca de uma solução para seu sofrimento físico, aproximou-se por trás e tocou na barra do Seu manto. Instantaneamente, o fluxo de sangue de que ela padecia parou. Neste acontecimento, observamos a mais assombrosa revelação do que envolve o ministério. Levados pela nossa vaidade, costumamos pensar que somos nós quem dirigimos o ministério e que, sem dúvida alguma, ele requer a nossa participação. Temos a tendência de atribuir uma exagerada importância à nossa pessoa no ato ministerial. Mas neste acontecimento, vemos que a mulher se aproximou por trás sem que Jesus percebesse as suas intenções. Tocou a orla do Seu manto, e foi curada. Até este momento, o Filho de Deus não teve qualquer participação, exceto na virtude que saiu dele.

Atrevo-me a afirmar, então, que, em sua mais pura expressão, o ministério não é realizado por nós, mas é Deus quem o realiza através de nós. Não o controlamos, visto que ele se encontra nas mãos do Altíssimo. Em certas ocasiões, Ele o executa sem termos consciência do Seu agir. Assim como aconteceu com o rosto de Moisés, que brilhava sem que ele soubesse, por vezes impactamos a vida de pessoas sem o sabermos. O Pai não precisa nos informar sobre os momentos que Ele escolhe para usar a nossa vida. Ele somente requer um vaso limpo e comprometido através do qual possa fluir. O Senhor, em Sua bondade, permite que sejamos participantes da Sua ação sobre outras pessoas, da qual Ele sempre será o protagonista.

Assediado! *(Jesus, Jairo e uma mulher)*

218

PERCEPÇÃO ESPIRITUAL
Lucas 8:40-56

Leia os versículos que descrevem o incidente quando a mulher tocou no manto de Jesus. Instantaneamente, Cristo percebeu o que havia acontecido. Como os discípulos reagiram? O que nos mostra a reação deles?

No momento em que a mulher tocou na orla do manto de Cristo, Ele percebeu o que havia acontecido. Uma vez mais nos deparamos com uma estranha pergunta de Jesus: "Quem me tocou?". Tal como temos observado em outras situações parecidas, sabemos que as perguntas de Jesus nunca são demais. Várias observações se destacam nesta breve conversa.

Primeiro, notamos que os discípulos não sabiam distinguir entre os que o tocavam por curiosidade ou por necessidade. Não queremos ser rígidos com eles, visto que Jesus estava cercado por uma enorme multidão que o apertava e comprimia. Porém, a resposta dos discípulos indica a falta de consciência de que, em tais situações, podem surgir experiências espirituais dramáticas. Da mesma forma, nós frequentemente podemos perder de vista que no meio da multidão se encontram indivíduos que chegaram para buscar algo que será negado à maioria das pessoas. Para um líder, é fundamental estar atento a esses indivíduos. Você não pode mudar vidas ministrando a uma multidão, mas sim, intervindo no momento apropriado na vida das pessoas que compõe essa multidão. Não existe outro caminho para o ministério. Sempre que somos convidados a outros lugares para ministrar, devemos pedir ao Senhor que nos permita ver essas poucas pessoas nas quais, pela Sua graça, podemos produzir um impacto eterno. Os demais ficarão entusiasmados com o ensino e a ministração, mas somente em alguns ficarão as sementes para uma verdadeira transformação.

Segundo, quando a mulher tocou a orla do Seu manto saiu poder de Jesus. Não se pode ministrar sem estarmos dispostos a sacrificar algo por outra pessoa. Ou seja, um deles dá e o outro recebe. É importante ressaltar este princípio, porque muitos líderes não consideram o custo de investir em outras pessoas. Se o investimento é genuinamente espiritual, sempre haverá uma perda de algo da parte de quem ministra. O líder que está atento a este processo saberá que uma fase fundamental para si é achar tempo para os ensinamentos da vida que ajudam a repor as energias. Não era em vão que Jesus se afastava com frequência para locais isolados a fim de orar. Isto se constituía num hábito fundamental para se recuperar do desgaste que o ministério lhe causava a cada dia. O líder sábio verá que não durará por muito tempo caso não mantenha este equilíbrio.

Por último, é importante entendermos que precisamos levar em conta o preço que devemos pagar pelo privilégio de investir em outras pessoas. Para Cristo, a nossa salvação não foi de graça. Creio que muitas pessoas na Igreja não estão dispostas a investir em outros, porque, no fundo, não querem pagar o preço. Entretanto, não existe outro caminho além deste. Deve ser um incentivo para nós, saber que Deus recompensará a perda por tudo quanto oferecermos em sacrifício por amor aos outros.

Assediado! *(Jesus, Jairo e uma mulher)*

219
DESCOBERTA!
Lucas 8:40-56

Por que Jesus perguntou quem lhe havia tocado uma vez que a mulher já estava curada? Como a mulher reagiu "ao ser descoberta"?

Temos refletido sobre a história da mulher que padecia de um fluxo de sangue. A pergunta de Cristo foi o foco da nossa atenção na reflexão anterior. O relato do evangelista continua ao dizer: "Vendo a mulher que não podia ocultar-se, aproximou-se trêmula e, prostrando-se diante dele, declarou, à vista de todo o povo, a causa por que lhe havia tocado e como imediatamente fora curada. Então, lhe disse: Filha, a tua fé te salvou; vai-te em paz."

Perguntamos ontem por que Jesus insistiu em identificar a pessoa que lhe havia tocado quando a cura já tinha ocorrido. Fica claro que Cristo não pretendia acrescentar nada à obra que o Pai já havia realizado na vida da mulher. Ela, naturalmente, no todo, estava focada somente no aspecto físico da sua vida. Assim nós entendemos, porque a sua enfermidade tinha consumido as suas energias e recursos econômicos durante 12 anos.

No entanto, penso que Jesus também desejava ministrar-lhe na parte emocional e espiritual. Pela forma como se apresentou a Jesus, ao ser descoberta, não resta dúvida de que nas duas áreas ela também enfrentava necessidades. Ela veio "atemorizada e tremendo, prostrou-se diante dele". Este comportamento, somado ao fato de ter chegado a Jesus de forma oculta, parece indicar que tinha um coração temeroso e, talvez, derrotado. Provavelmente, muitos na multidão a conheciam. De qualquer maneira, é evidente que pensava não poder "molestar" o Messias por algo que nenhuma outra pessoa havia podido solucionar. Não seria essa talvez a convicção que muitas vezes nos faz duvidar de que o nosso Pai celestial, que é bom, esteja disposto a nos ajudar? Sem percebermos, surpreendemo-nos a nós mesmos "bancando os bons" para que a nossa oração seja recebida com maior agrado. É como se nós sentíssemos que estamos assumindo algo que não nos compete.

Tudo isto revela como conhecemos pouco do coração do Pai, cujo prazer é fazer o bem aos Seus. Observe a total ausência de recriminações nas palavras de Cristo para com a mulher. A Sua declaração confirma que o Pai lhe dava graciosamente o que ela tinha procurado. É como se Ele a estivesse consolando: "não era necessário que chegasse às escondidas; o meu coração está repleto de compaixão, e todos são bem-vindos em minha presença".

É possível também que Cristo desejasse dela um testemunho público do que havia experimentado. Como vimos em outros relatos, a bênção de Deus jamais é para ser desfrutada de forma oculta. Ele abençoa para que outros também sejam abençoados com a bênção que recebemos, o que inclui a possibilidade de se alegrarem conosco com a nossa restauração. Para nós, que andamos na luz, a nossa vida inteira deve ser à plena vista dos outros, renunciando a tudo quanto nos leve a agir de forma encoberta. A mulher encontrou nas palavras de Jesus, a libertação da vergonha e da opressão que o seu sofrimento lhe tinha trazido.

Assediado! *(Jesus, Jairo e uma mulher)*

220

NÃO TEMAS
Lucas 8:40-56

A passagem que estamos estudando realmente possui um ritmo precipitado. Leia os versículos 49 e 50. Imagine a grande aflição que Jairo deve ter experimentado com a notícia do falecimento da sua filha. O que Jesus lhe disse? Quais semelhanças você percebe com a passagem sobre a viúva de Naim? O que Jesus desejava da parte de Jairo nesta passagem?

É muito difícil captarmos o drama deste momento. O chefe da sinagoga tinha se aproximado do Messias fazia poucos minutos. Ele trazia consigo um desesperado pedido: que salvasse a sua filha à beira da morte. Se você tem filhos, entende muito bem a incapacidade de vermos um dos nossos familiares sofrer, sem podermos em nada contribuir para aliviar a sua situação. É, talvez, um dos fardos mais difíceis para um pai suportar.

Jesus percebeu a angústia do líder da sinagoga e se encaminhava para a casa dele. Entretanto, no caminho, foi tocado pela mulher com o fluxo de sangue. Quanto tempo terá durado a conversa com ela? Cinco minutos? Dez? O fato é que, mal havia terminado de falar com ela, quando chegaram com a notícia de que Ele nada mais poderia fazer pela filha do líder. Imagine a comoção daquele momento. Quem sabe, o homem, esgotado por longas noites de cuidados pela enfermidade da filha, não teve tempo para raciocinar. Provavelmente ainda estivesse procurando assimilar o que havia acontecido com a mulher.

Qualquer que fosse a situação, você consegue perceber o aspecto dramático do momento que ele enfrentava. Neste contexto, as palavras de Cristo atingem o absurdo: "Não temas, crê somente, e ela será salva".

Encontramo-nos, uma vez mais, diante de uma verdade que temos dito muitas vezes neste livro: o reino dos Céus não se move segundo os princípios deste mundo. A realidade do Reino é totalmente diferente da nossa. Aqui se encontra a nossa dificuldade. Com a nossa mente humana, seriamente limitada pela cultura na qual vivemos, queremos entender como é possível aconselhar um pai que acaba de perder uma filha, dizendo-lhe: "não temas"! O fato é que precisamos voltar, repetidamente, às incríveis aventuras pelas quais o povo de Deus tem passado, para nos lembrarmos de que o Senhor se move numa esfera desconhecida para os nossos olhos. Ele proclama que um casal de idosos e estéril terá um filho. Anuncia a derrota de um incontável exército inimigo por 300 homens, armados com cântaros e tochas acesas. Envergonha uma multidão de guerreiros, enviando à batalha um pastor de ovelhas, armado com cinco pedras e uma funda. O nosso Deus simplesmente age em outra dimensão da vida!

O fato de sabermos isto, pode nos ajudar a entender que jamais será possível receber a Sua Palavra, se tentarmos ajustá-la e encaixá-la aos nossos parâmetros. Isto é o que significa viver pela fé. É apropriar-se das mais absurdas declarações, não porque nos pareçam lógicas, mas porque Aquele que as pronunciou é confiável. As Suas palavras não são para serem analisadas; são para serem vividas.

Assediado *(Jesus, Jairo e uma mulher)*

221
A ÚLTIMA PALAVRA
Lucas 8:40-56

> Finalmente Jesus chegou à casa de Jairo. Observe como as pessoas reagiram quando Ele chegou. Por que Ele não deixou que ninguém entrasse na casa? Por que levou consigo os três discípulos com os quais mantinha um relacionamento mais próximo?

A cena revela muito sobre os princípios que governavam o ministério de Jesus Cristo. Não podemos fugir, por exemplo, da convicção de que o contexto espiritual influencia as possibilidades do ministério. Assim aconteceu quando Jesus chegou à Sua terra; "E não fez ali muitos milagres, por causa da incredulidade deles" (Mateus 13:58). Ou seja, a falta de receptividade de tudo quanto se relacionava ao mundo espiritual, tornou-se um verdadeiro obstáculo ao avanço nos projetos do Pai. Da mesma maneira, aqui as pessoas não somente deixaram de acreditar na Sua palavra, como também, abertamente zombaram das Suas declarações.

Entretanto, percebemos que Cristo não deixou de ministrar, mas vemos que tomou as devidas precauções para ministrar de maneira eficaz: proibiu a entrada de todos os curiosos e zombadores, e só permitiu que entrasse o grupo mais íntimo, juntamente com os pais. Deste modo, Ele garantiu que fossem testemunhas do agir do Espírito somente aqueles que deviam ter acesso às intimidades do Reino. Embora nem sempre possamos controlar dessa maneira o ambiente onde ministramos, devemos estar atentos aos elementos que impedem que o Espírito flua como deveria. Em certas ocasiões, será mais sábio esperar os momentos mais apropriados para avançar no que Deus está colocando diante de nós.

Ao mesmo tempo, observamos que Jesus nunca perdia de vista o fato de que Ele também era formador de pessoas. Esta é uma responsabilidade que o líder deve manter sempre presente, pois cada oportunidade para ministrar é também uma oportunidade para instruir outras pessoas. Observe com que facilidade os dois objetivos são alcançados, porque para ensinar, não é necessário uma classe especial sobre o ministério. Basta que o Mestre ofereça aos Seus discípulos a oportunidade de observar como se entra em ação nas mais diferentes situações. Como vimos em outras ocasiões, a ferramenta mais poderosa de um formador de vidas é o seu próprio exemplo. Por este motivo, é bom que toda a vez que formos a qualquer lugar para ministrar, convidemos os nossos discípulos para nos acompanharem na experiência. Nesta passagem, Jesus levou consigo os três, nos quais o Seu investimento era maior, na esperança de que se tornassem peças-chave na Igreja que surgiria após Sua partida.

Após observar o mestre em pleno ministério, deve-se proporcionar um diálogo para se analisar a experiência. Já temos percebido, no ministério de Jesus, que esta é uma constante no Seu relacionamento com os discípulos. Ele lhes proporcionava amplas oportunidades para que eles perguntassem sobre o que haviam observado ou escutado em cada caso particular do Seu ministério. Deste modo, a "aula" podia continuar, mesmo depois de o líder terminar. Desta forma, Cristo procurava aproveitar ao máximo as oportunidades que o Pai colocava diante dele diariamente.

Assediado *(Jesus, Jairo e uma mulher)*

222
LEVANTA-TE!
Lucas 8:40-56

Hoje chegamos ao fim do relato que vimos considerando nos últimos dias. Leia de novo sobre como terminou a visita de Jesus à casa de Jairo. De que forma Ele ministrou à menina? Quais orientações deu aos pais?

A expressão, "porém, ele..." indica de maneira clara que Cristo decidiu agir apesar das zombarias das pessoas, que surgiram depois de Ele ter afirmado que, na realidade, a menina estava dormindo. Jesus decidiu prosseguir na obra que o Pai tinha definido para Ele. Esta é, também, uma das características que diferenciam o líder de impacto de outra pessoa que simplesmente ocupa um cargo. O líder não admite o desânimo, mesmo quando está rodeado de pessoas que demonstram oposição ou ridicularizam os seus propósitos. As suas decisões não se baseiam no nível de aprovação que os outros lhe apresentam, porquanto isto constitui a base sobre a qual a popularidade se apoia. Antes, porém, ele vivencia a forte convicção de que as suas ações obedecem às ordens recebidas do Senhor, e isto lhe confere uma firmeza fora do comum diante da falta de apoio.

O relato nos mostra que Jesus tomou a mão da menina, um gesto que caracteriza o coração terno e pastoral daquele que ministra. Em nossos dias, tem se tornado muito popular, em muitos círculos, o ministério massificado, que ministra à "distância", pois estar na plataforma impõe isso. Não devemos esquecer, porém, que estamos lidando com seres humanos que pedem, acima de tudo, demonstrações de carinho e afeto. Com total simplicidade, Jesus ordenou que a menina se levantasse. Impacta-nos a ausência de sofisticação em Suas palavras, as longas frases e discursos que antecedem o momento da ministração. Este é, verdadeiramente, o caminho das crianças, simples e sem rodeios.

Como resultado, o espírito voltou para ela, o que, em termos médicos, mostra que ela estava de fato morta. Porém, Jesus afirmou que ela dormia. De vez em quando, nos chocamos com a absoluta diferença existente entre a perspectiva dos que veem através dos olhos humanos e dos que veem por meio do Espírito. O que se vê do mundo espiritual não pode ser entendido, nem aprendido pelos sentidos do corpo, apesar de, frequentemente, procurarmos seguir por esse caminho. É um exercício que não pode alcançar outro resultado a não ser a frustração.

Ao ressuscitar a menina, o Senhor orientou que a alimentassem, uma atividade nitidamente física, relacionada ao mundo em que vivemos. A vida continua, e não podemos escapar do nosso contexto. Por outro lado, faz parte do nosso chamado atender às necessidades físicas das pessoas que ajudamos. Nem tudo requer que resolvamos com oração e jejum. Necessidades como um prato de comida, um abraço ou um agasalho, fazem parte da vida que sustenta o ser humano, embora tenham a aparência de ser menos espirituais do que outras.

Profeta sem honra *(Jesus regressa a Nazaré)*

223 APENAS UM CARPINTEIRO
Mateus 13:53-58

> Leia o texto de Mateus que relata a segunda ocasião quando Jesus sofreu a rejeição pelo povo onde havia transcorrido a maior parte da Sua vida. O que deu origem ao espanto deles? Por que argumentaram que Ele era apenas um carpinteiro? Que influência esta atitude teve para o ministério de Cristo?

Na primeira visita à sinagoga de Nazaré, quando Jesus revelou a natureza da Sua missão, Ele estava apenas começando o Seu ministério público. Naquela ocasião, fomos testemunhas de uma violenta transformação na vida daqueles que o escutaram ao ler e explicar a Palavra. No primeiro momento, ficaram extasiados pela graça com que Ele falou. Mas quando começou a falar especificamente contra a dureza dos seus corações, encheram-se de ira e quiseram apedrejá-lo.

Nesta segunda visita, o contexto do Seu extenso ministério por todo Israel lhe concedeu uma autoridade extra sendo que alguns naquele momento, talvez, ainda não tivessem conseguido perceber. As informações sobre as surpreendentes obras que realizava por toda parte e a incrível sabedoria com que ensinava, também tinham chegado à pequena Nazaré. Atrevemo-nos a ter esperança de que nesta ocasião a história venha ser diferente da primeira, mas ficaremos decepcionados.

Ele não realizou qualquer atividade extraordinária em Nazaré, e foi uma vez mais à sinagoga onde se concentrou em proclamar, com especial graça, a Palavra de Deus. Entretanto, a reação dos que se encontravam ali foi igualmente negativa. O motivo para tal atitude é encontrada nas perguntas que eles faziam entre si.

A parte principal dos seus comentários dava a entender que sabiam muito bem quem era Jesus. Conheciam a Sua mãe e os Seus irmãos pessoalmente, e sabiam qual era o ofício que Jesus havia desenvolvido junto ao Seu pai. Eles argumentavam que toda a admiração e o reconhecimento que outros lhe haviam dado, simplesmente se devia ao fato de não o conhecerem. Mas existe um obstáculo mais profundo nessa atitude, que é a convicção de que uma pessoa que consideramos ser ordinária não pode ser usada num ministério extraordinário. Cremos que a grandeza de um ministério exige que a pessoa que o realiza seja alguém com impressionantes qualidades e extraordinários talentos, os quais devem ser claramente visíveis e claros. Quando fixamos uma imagem numa pessoa, resistimos modificá-la. Por isso, o pai que considera um filho como preguiçoso, continuará vendo-o como tal pela vida toda, mesmo havendo evidências claras de que é alguém esforçado.

Sem dúvida, Jesus era um homem de extraordinárias qualidades, e não eram aquelas que os homens admiram, mas que agradam o coração do Pai. Muito além dos atributos que Jesus possuía, o acontecimento em Nazaré nos mostra como os preconceitos que formamos sobre outras pessoas podem influenciar profundamente a nossa visão. Se descartamos a possibilidade de que Deus usa uma pessoa para os Seus propósitos, todos os sinais, os milagres e os prodígios que ela realiza, não nos convencerão do contrário. Realmente, o problema não está no personagem que analisamos, mas sim em nós, que temos um coração cheio de incredulidade. O potencial em outra pessoa somente se vê pela fé.

Enviados – 1 *(Jesus envia os Doze)*

CORAÇÕES COMPASSIVOS
Mateus 9:35–11:1

Aproximamo-nos do momento quando Jesus decidiu enviar os Doze para anunciar, em cada aldeia, as boas-novas do Reino. É um momento crucial no seu desenvolvimento, e por isso temos muitas pistas sobre a forma de levarmos adiante a tarefa de capacitar outras pessoas para a obra do ministério. Por agora, leia os versículos 35 e 36 de Mateus 9. Que benefícios a tarefa de percorrer as aldeias trazia para Cristo? Quais são os componentes incluídos no ministério que Ele realizava? Qual era o "motivador" que impulsionava a Sua obra?

Gostaria que, por instantes, nos concentrássemos na palavra "percorria". O termo descreve uma das atividades indispensáveis para o cultivo de um coração pastoral. Não existe tal função de pastor de escritório ou gabinete. A vocação pastoral se cultiva conhecendo de perto a realidade do povo ao qual se pretende ministrar. Podemos incluir, em nossa perspectiva ministerial, as observações de outros que fazem parte do Corpo de Cristo, mas nada poderá nos livrar da responsabilidade de percorrer as ruas e os bairros do lugar do nosso ministério. Somente ao caminhar entre as multidões, poderemos conhecer as suas lutas, seus anseios e tristezas.

Quem sabe, você me diga que todos os dias milhões de pessoas caminham pelas ruas sem perceber a necessidade dos que estão ao seu redor. Sem dúvida, a sua observação está correta. Este é só o primeiro requisito para se exercer a vocação pastoral, mas não é, de forma alguma, a única. Em nosso caminhar pelos locais públicos da cidade, necessitamos que Deus nos abra os olhos e comova o nosso coração para perceber a verdadeira condição dos que estão em nosso contexto. No entanto, cabe assinalar que o Senhor desejava que todos quantos exercessem um cargo de autoridade entre o povo tivessem essa sensibilidade. Embora soe estranho aos nossos ouvidos modernos, o Antigo Testamento usa o termo "pastores" para se referir aos governantes, porque era de se esperar que eles atendessem ao povo em suas necessidades. Precisamente por esta razão, encontramos em Ezequiel 34, uma duríssima repreensão contra os governantes, por não cumprirem a sua tarefa pastoral para com o povo.

Quando Cristo olhava para as multidões, Ele as via com esta perspectiva: não como um conjunto de indivíduos que deviam cuidar cada um de si mesmo, mas como um grupo de pessoas que tinham sido abandonadas por aqueles que deviam zelar por suas necessidades. Perceba que isto não o fez denunciar os "políticos", como se costuma fazer em nosso contexto. Jesus, porém, teve compaixão por elas. O fato é que as acusações raramente produzem mudanças na vida das pessoas. Na maioria dos casos, simplesmente acrescentam amargura aos corações. Deveríamos começar a nos perguntar como podemos contribuir par aliviar o fardo das pessoas. Precisamente, o compromisso de buscar resultados concretos, levou Cristo a prover soluções reais "ensinando nas sinagogas, pregando o evangelho do reino e curando toda sorte de doenças e enfermidades entre o povo" (Mateus 4:23).

Enviados – 1 *(Jesus envia os Doze)*

225
LEVANTAR OBREIROS
Mateus 9:35–11:1

> A realidade que percebermos na caminhada em meio à multidão nos obriga a dar um passo adicional. Leia os versículos 37 e 38. Que passos Cristo deu? Como arregimentar novos obreiros para a seara?

Uma das tentações contra as quais o líder deve lutar, ao ver as prementes necessidades ao seu redor, é a de acreditar que só ele pode resolver as dificuldades de todo o mundo. Embora pareça ser desnecessário mencionar isto, o grande número de servos que vi procurando levar sozinhos todo o fardo, revela como é fácil cair nesta armadilha.

Observe Jesus, comovido pela condição de abandono em que as multidões que o cercavam ficaram: "então, se dirigiu a seus discípulos: A seara, na verdade, é grande, mas os trabalhadores são poucos. Rogai, pois, ao Senhor da seara que mande trabalhadores para a sua seara." As Suas palavras, nestas circunstâncias, revelam o caminho a seguir no processo de despertar outros para a grande tarefa de servir aos necessitados.

Primeiro, notamos que Jesus chamou os discípulos para que olhassem a mesma realidade que Ele via ao Seu redor. Não os manipulou nem quis que se sentissem culpados. Antes, porém, buscou a forma pela qual eles também pudessem ver a necessidade do povo, para sensibilizar o coração deles pela ação do Espírito Santo. Esta é a única motivação correta para servir os outros, e que Deus sensibilize o nosso coração diante da inquietante necessidade que eles enfrentam. Contudo, frequentemente me encontro com pessoas servindo na igreja movidos pela culpa. Invariavelmente, acabam se frustrando ou ficando amargurados, pois o seu motivo para servir aos outros é um conflito pessoal que não conseguiram resolver.

Segundo, observamos que Cristo sinalizou aos Seus discípulos uma realidade do ministério: os obreiros são poucos. Sempre percebo que os nossos esforços para arregimentar toda a igreja têm sido um tanto ingênuos. Decidimos bem, não desperdiçando energias em procurar juntar uma multidão de obreiros para a colheita. Não conheci, até o presente momento, pastor algum que tenha alcançado sucesso neste esforço. A verdade é que o número de obreiros sempre ficará aquém em relação à tarefa que está por fazer.

O princípio mais importante da passagem, entretanto, é a solução que Cristo deu para esta situação: "Rogai, pois, ao Senhor da seara que mande trabalhadores para a sua seara." Nesta definição de tarefas é que muitos de nós, como líderes, temos falhado. Cremos ser nossa a tarefa de despertar as pessoas e recorremos a todo tipo de "artimanhas" para recrutar voluntários. Embora nos tenha sido entregue uma certa participação no despertamento de novos líderes, a nossa contribuição continua sendo algo secundário. A nossa tarefa consiste em clamar ao Senhor da seara que levante os obreiros. Não podemos enfatizar esta verdade o suficiente: quem move os corações e transforma vidas é Deus. Sem sombra de dúvida, conseguiríamos resultados muito mais eficazes se passássemos menos tempo falando à congregação sobre a sua responsabilidade, e mais tempo rogando ao Senhor que desperte o Seu povo. Esta é a nossa primeira e mais importante responsabilidade, e não podemos nos dar ao luxo de descuidá-la.

Enviados – 1 *(Jesus envia os Doze)*

226
TRANSFERÊNCIA DE AUTORIDADE
Mateus 9:35–11:1

> Temos refletido sobre a tarefa de despertar obreiros para o ministério. É uma atividade fundamental que o líder tem diante de si. Devemos resistir, a todo custo, a tendência de absorver todo o trabalho, pois desta forma não permitiremos o surgimento de novos líderes que, no futuro, poderão nos substituir. Leia os primeiros quatro versículos de Mateus 10. Como Jesus procedeu na realização da Sua tarefa de enviar os Seus discípulos?

Jesus sabia que não seria possível simplesmente passar responsabilidades aos Doze no dia em que fosse elevado ao Céu. Contudo, trabalhou durante os anos em que compartilharam juntos, para lhes criar todas as oportunidades na sua formação como obreiros. Na passagem sobre a qual estamos refletindo, observamos que Ele deu passos bastante práticos para alcançar este objetivo.

O que mais chama a atenção é a transferência de autoridade aos Seus discípulos. Este fato é de vital importância, e além disto, imita o modelo que o próprio Cristo vivenciou com o Pai. Como vimos na experiência do batismo, uma voz do Céu declarou que o Filho de Deus estava iniciando o Seu ministério com a plena aprovação do Pai. Da mesma forma, agora Jesus transfere autoridade aos Seus discípulos para a tarefa que lhes será entregue.

Cabe mencionar que esta transferência é uma das chaves para garantir que o discípulo será eficaz na tarefa que realizará. Em muitas ocasiões tenho visto obreiros frustrados porque lhes foi dada uma tarefa, mas sem a necessária autoridade para executá-la. Embora seja verdade que estão trabalhando na obra, fica claro que, pela maneira como o líder ou pastor os supervisiona e controla, não receberam a autoridade que deve acompanhar o cumprimento de uma responsabilidade. Quando não possuem esta autoridade, torna-se quase impossível o crescimento no exercício dos seus dons, e ficarão limitados pelo temor e a insegurança que provocam em alguém, pois não confiam nele ou nela para a tarefa que realizam. Quando concedemos autoridade a um obreiro, apostamos que ele alcançará o seu pleno potencial em Cristo.

Outro elemento a ser considerado, refere-se ao fato de que a autoridade outorgada é espiritual. Sem este respaldo divino, o trabalho do ministério não contará com qualidade alguma que o separe de simples obra de beneficência. Devemos ter a absoluta convicção de que o nosso trabalho mais importante é realizado nesta esfera, no qual a dimensão visível de nossas obras se converte em algo secundário. As verdadeiras conquistas e avanços se produzem nos contextos espirituais, e quem não recebeu autoridade para transitar nessa dimensão, será tão pouco eficiente como uma pessoa que tenta mover um barco usando uma colher como remo.

Um detalhe a mais é recordar que a autoridade somente pode ser transferida àqueles cuja vida se desenvolve dentro dos parâmetros divinos. A vida de santidade e de absoluta entrega se verá revestida de maior autoridade do que a vida definida pela mediocridade. Quem sabe, seja esta uma das razões para Paulo aconselhar a Timóteo: "A ninguém imponhas precipitadamente as mãos" (1 Timóteo 5:22).

Enviados – 1 *(Jesus envia os Doze)*

227
INSTRUÇÕES EXATAS
Mateus 9:35–11:1

> Ainda que você leve algum tempo, procure ler todo o capítulo 10 de Mateus, para ter uma visão geral das instruções que Jesus deu aos Doze. Tente classificar essas orientações em grupos e identifique os temas que Ele considerava ser importante para a tarefa que pretendia lhes entregar.

Primeiro, devemos ressaltar a importância de dar instruções às pessoas que estamos formando. Em certas ocasiões, as pessoas na igreja têm recebido uma responsabilidade, em alguma área do ministério, sem saber com clareza o que se espera delas. Supomos que saberão como devem proceder no cargo que assumiram. Na maior parte das vezes, entretanto, as pessoas não sabem claramente como agir. É responsabilidade do líder dispor do tempo necessário para detalhar cuidadosamente o que se espera de cada obreiro. Definir as suas funções lhes ajudará para que não aconteçam situações de confusão e frustração pessoal. Desta forma, aquele que tira tempo para lhes falar sobre as suas responsabilidades dará os devidos elementos para avaliar, no momento oportuno, o seu desempenho.

Se você separou um tempo para ler Mateus 10, terá constatado que Jesus não deixou nada ao acaso. A primeira orientação se relacionou com os limites geográficos do ministério que estavam para realizar. Ele os instruiu: "Não tomeis rumo aos gentios, nem entreis em cidade de samaritanos; mas, de preferência, procurai as ovelhas perdidas da casa de Israel". Isto nos dá uma clara indicação sobre a maneira de se executar as responsabilidades no Reino. A estratégia a seguir não é o fruto do planejamento cuidadoso feito pelo obreiro. Não há dúvida de que devemos elaborar estratégias gerais, mas na hora da execução de uma obra, as orientações mais vitais são as que chegam do Pai. Jesus acabara de afirmar que a seara é do Senhor. Diante disto, o mais sábio será perguntar ao Senhor da seara qual é o melhor caminho a seguir.

As orientações de Jesus revelam que é fundamental atuar nos lugares que Deus indicou. Ele não estava afirmando que os samaritanos e os gentios não eram importantes. Antes, porém, Ele dizia que o momento histórico exigia que se desse prioridade à casa de Israel. Deste mesmo modo, Paulo foi impedido de entrar na Ásia (Atos 16). O Espírito não estava desprezando os povos asiáticos, mas orientava o apóstolo quanto ao lugar onde Ele, naquele momento, estava agindo com maior intensidade. A capacidade para discernir onde Deus está agindo, no momento da nossa ação, é fundamental para que a nossa tarefa de fato complemente a obra que o Senhor está realizando.

> *Senhor, volto a te pedir essa sensibilidade ao mover do Teu Espírito, para que o meu ministério seja sempre andar nas obras que tu tens preparado de antemão para que eu ande nelas. Elas são as únicas obras nas quais desejo estar envolvido.*

Enviados – 1 *(Jesus envia os Doze)*

228
A VIDA DE UM MINISTÉRIO
Mateus 9:35–11:1

Leia os versículos 7 e 8 de Mateus 10. Qual era a tarefa que estava diante deles? Quais são os princípios que guiam o ministério? Qual deveria ser a nossa principal motivação para investir na vida de outras pessoas?

Uma vez que Cristo estabeleceu a área geográfica onde os Doze desenvolveriam as suas atividades, Ele continuou a dar instruções sobre a tarefa que estava diante deles: "e, à medida que seguirdes, pregai que está próximo o reino dos Céus. Curai enfermos, ressuscitai mortos, purificai leprosos, expeli demônios; de graça recebestes, de graça dai."

Esta descrição do ministério que eles irão desenvolver expõe vários princípios sobre os quais se baseiam os ministérios eficazes. Primeiro, observe o verbo "seguirdes", ele denota uma ação contínua. Parece ser um detalhe insignificante, mas esta forma indica que o ministério deve constituir um elemento natural da vida, e não uma atividade programada. Em nosso meio, é comum estabelecer horários específicos destinados ao trabalho ministerial. A parte da vida que não abrange esse trabalho ministerial denominamos "secular". Isto mostra a forte convicção em muitos de que a vida pode ser dividida em ocasiões espirituais e ocasiões seculares. Cristo não admitia tais divisões, mas desejava que o ministério fosse uma extensão do caminhar diário. Assim Ele o realizava, vivendo com o coração atento às oportunidades divinas que se apresentavam em meio às atividades normais do dia. Ele orientou os discípulos para que desempenhassem o seu ministério com a mesma dinâmica. Enquanto iam, deviam se empenhar em pregar, curar, purificar, ressuscitar e libertar.

Segundo, notemos, uma vez mais, algo que já foi mencionado nesta série de reflexões. Jesus pretendia que o compromisso dos discípulos fosse o mesmo que Ele tinha assumido, o desejo de intervir nos aspectos da vida onde fosse mais necessária a ação de Deus. Onde encontrassem ouvidos atentos, ali deviam anunciar as boas-novas. Onde houvessem enfermos, ali deviam curar. Onde encontrassem leprosos, ali deviam ministrar purificação. Onde achassem pessoas oprimidas, ali deviam levar libertação. Onde a morte tivesse se manifestado, ali deviam ministrar vida. Ou seja, os discípulos deviam estar comprometidos em manifestar o favor de Deus em todos os aspectos da vida do ser humano. Assim, eles tinham visto o modelo no ministério do Mestre, e assim devia ser o serviço que prestariam.

Por último, observe esta relevante declaração: "de graça recebestes, de graça dai". Este fator é o que transforma uma ação humana em uma intervenção divina. Se pretendemos adentrar ao mundo espiritual, precisamos antes receber o que desejamos compartilhar. Não é possível dar o que não se possui. Muitos líderes estão procurando gerar vida em seus liderados, sem que eles mesmos vivenciem a plena manifestação de vida. Somente aqueles que já tenham sido tocados por Deus, em Sua graça, poderão contribuir significativamente para a vida de outras pessoas. O texto nos faz lembrar, além disto, que somos abençoados para abençoar.

Enviados – 1 *(Jesus envia os Doze)*

229
A DIGNIDADE DO OBREIRO
Mateus 9:35–11:1

> Continue na leitura do texto que temos para estes dias. Como Jesus pretendia que os Seus discípulos viajassem? O que implicava saber que o obreiro era digno do seu salário?

Quando saímos em viagem, o normal é juntarmos tudo quanto julgamos necessário para o tempo em que estivermos fora de casa. São poucas as pessoas que conseguem viajar com o mínimo de bagagem. Os nossos pertences nos dão um certo grau de segurança em meio a situações nas quais nos encontramos fora do nosso contexto habitual. Cristo conhecia essa tendência no ser humano e, nas instruções aos Seus discípulos, se referiu a isto, orientando-os a viajar com menos coisas.

Existem dois importantes motivos para o obreiro não levar grande quantidade de provisões para o caminho. Primeiro, sempre é bom viajar com poucos pertences. Seria muito difícil atender às necessidades das pessoas e ministrar em diversas situações se a maior preocupação do grupo estivesse centrada em cuidar e carregar os pertences pessoais. Quem já viajou com muitas malas sabe como o movimento pode ficar limitado enquanto se arrastam os volumes de um lado para outro. Da mesma forma, os discípulos deviam partir aliviados, simplesmente por uma questão prática de mobilidade.

Ao mesmo tempo, Cristo destacou um princípio fundamental para os que assumem o desafio de servir o Senhor: "porque digno é o trabalhador do seu alimento". Quer dizer, o Pai cuidará das necessidades daqueles que estão realizando as obras que Ele de antemão preparou. Evidentemente, os discípulos tinham recebido amplas evidências deste princípio na vida do próprio Cristo. Não sabemos de que forma recebiam as ofertas e provisões, embora o texto mencione grupos de mulheres que caminhavam com eles e lhes ofertavam dos seus próprios bens (Lucas 8:1-3). O que fica claro, no relato dos evangelhos, é que não lhes faltava o necessário para viver, e lhes ficava ainda uma reserva monetária, da qual Judas era o encarregado (João 12:6). O princípio fundamental que precisamos considerar nestas instruções, é que Jesus desejava cultivar neles o espírito de confiança e absoluta dependência do Pai. Conseguir isto, no que se referia ao mundo material, repercutia no mundo espiritual, pois a dependência no Senhor deve afetar tudo o que for realizado no ministério.

Cabe assinalar que Cristo não estava dando permissão aos discípulos para que obrigassem o povo a sustentá-los. Esta ressalva é importante, porque em certos grupos evangélicos, este texto é usado para incitar a congregação de forma permanente, manipulando as pessoas para que deem contribuições generosas. Este modo de agir revela em seus praticantes, que a sua confiança repousa na sua habilidade de manipular o povo. Porém, o caminho que Jesus indicou aos Seus discípulos requeria a mínima intervenção humana. Deviam avançar com a mesma confiança das crianças na provisão e no amável cuidado que receberam dos seus pais. As crianças não questionam nem fazem sugestões quanto a isto. Elas confiam que os seus pais se encarregarão de tudo o que se refere às suas necessidades.

Enviados – 1 *(Jesus envia os Doze)*

230
UM ASSUNTO SÉRIO
Mateus 9:35–11:1

Volte a ler a próxima porção da passagem (10:11-15) que ocupará a nossa atenção nos próximos dias. Preste especial atenção às instruções sobre como deviam responder às diferentes maneiras como as pessoas os receberiam em cada cidade. Em sua opinião, por que Jesus precisou ser tão específico neste assunto? O que esta instrução sobre o poder que um discípulo de Cristo possui revela?

Jesus disse aos Doze que deixariam ou não, uma bênção em cada lugar, a depender das formas como seriam recebidos. Porém, Ele não os enviou para agredir as pessoas, mas queria que eles entendessem que suas ações teriam consequências que nem sequer imaginavam. O fato é que, toda a vez que um filho de Deus age, são produzidas ações no reino dos Céus, e reações no reino das trevas. Não é preciso que percebamos ou não, essas consequências, mas antes, que entendamos que nos foi entregue muito mais autoridade do que acreditamos ter.

Na verdade, pensar que uma simples saudação pode desencadear este julgamento soa como algo estranho aos nossos ouvidos. Em meio a uma cultura saturada de palavras, perdemos a capacidade para entender o peso delas. O nosso costume é falar a primeira coisa que nos chega à mente e raramente paramos para refletir no efeito da mensagem que deixamos. Contudo, entre os temas que Jesus abordou nessas instruções, fez uma clara referência ao poder que eles possuíam para abençoar ou amaldiçoar somente com as suas palavras.

Deve-se notar que a linguagem, por si só, é um meio para exercer controle sobre o nosso contexto e as pessoas que nele habitam. Por este motivo, Deus deixou com Adão a tarefa de dar nome às espécies que faziam parte do mundo criado. Até o momento de iniciar a tarefa de separar e identificar cada um dos animais, não existia a possibilidade de exercer domínio sobre eles. Não podemos nos mover, com autoridade, num local onde desconhecemos a identidade das coisas que nos cercam. Precisamente pela autoridade e o controle que o idioma confere, Deus veio e confundiu as línguas dos povos que haviam se reunido para construir a torre de Babel. Sem a possibilidade de se comunicarem uns com os outros, o fundamento do seu projeto desmoronou.

Conhecemos, também, os devastadores efeitos que alguns pais deixam em seus filhos devido às suas palavras agressivas durante os anos de sua formação. Em muitos casos, estas palavras, com mensagens de desprezo e condenação, continuam os atormentando quando já são adultos, muito tempo depois que pereceram aqueles que as pronunciaram.

Quanto mais, então, pesarão as palavras daqueles que receberam autoridade para se mover nos ambientes espirituais. Os que andam na luz podem proferir palavras que verdadeiramente impactem para o bem dos que as escutam, como claramente destaca a referência feita a saudação de paz na passagem de hoje. Fica evidente que a chegada dos discípulos a um lar, era muito mais que uma simples visita social.

Enviados – 2 *(Jesus envia os Doze)*

231
OVELHAS NO MEIO DE LOBOS
Mateus 9:15–11:1

Depois de os instruir, Jesus continuou advertindo os discípulos, mostrando que Ele os enviava como ovelhas para o meio de lobos. Procure identificar os perigos específicos que iriam enfrentar. Que atitudes deveriam assumir frente a eles? Como poderiam se preparar para enfrentar tais situações?

É importante que registremos os assuntos que Jesus considerou relevantes para eles. Entre outras coisas, devido aos perigos no caminho, encontramos uma advertência para que fossem "prudentes como as serpentes e símplices como as pombas".

Parece exagero que Jesus lhes chamasse a atenção para isto, pois estes assuntos não são tratados nos cursos de discipulado habituais, tampouco nos seminários. Pelo contrário, enfatizamos tanto os benefícios do evangelho, que não desenvolvemos nas pessoas a consciência dos resultados contrários que implica o seguir a Cristo, algo a que os evangelistas se referem repetidamente.

Para esta advertência, Jesus usou uma analogia que claramente lhes mostrava os perigos da missão que os aguardava: ovelhas no meio de lobos. Nenhum dos presentes necessitava ter uma grande dose de imaginação para entender que o Senhor lhes mostrava como a Sua posição no mundo era vulnerável. De todas as formas, os discípulos tinham testemunhado esta realidade na vida do próprio Cristo. Em Seu andar diário, o Mestre enfrentava questionamentos, oposição, agressões e mesmo violência física. Este mesmo destino esperava por eles, porque um discípulo não está acima do seu mestre.

Ter consciência deste risco servia, primeiro, para que não fossem pegos de surpresa. De fato, esta é uma das lutas mais árduas que o cristão enfrenta quando a oposição o ataca. Ele não consegue entender a razão do que está acontecendo. Quando somos advertidos, já não nos assusta que assim aconteça, e reagimos de outra forma. Por isso, Pedro escreve à Igreja: "Amados, não estranheis o fogo ardente que surge no meio de vós, destinado a provar-vos, como se alguma coisa extraordinária vos estivesse acontecendo" (1 Pedro 4:12).

Ao mesmo tempo, Jesus os encorajou a serem simples como as pombas, mas prudentes como as serpentes. A ideia por trás deste conselho é que os discípulos não deviam se tornar agressores, mas que deviam assumir, uma atitude de ternura e bondade para com todos. Tal atitude não era um convite para serem tolos e confiarem cegamente nas pessoas. Pelo contrário, deviam estar conscientes em todo momento de que "Maldito o homem que confia no homem" (Jeremias 17:5). Sem cultivarem uma atitude de desconfiança, deviam ser cautelosos nos relacionamentos que estabelecessem, cuidando para não criar laços de dependência com ninguém.

De qualquer forma, Cristo não convidava os Seus discípulos a elaborarem uma estratégia para enfrentar essa realidade. Fiel à mensagem que sempre lhes comunicou, convidou o grupo a depender absolutamente do Espírito. Em situações de agressão e perseguição, o Pai mesmo lhes daria a palavra que deveriam falar. O livro de Atos oferece um eloquente testemunho de como é poderoso este procedimento, pois várias vezes os apóstolos deixaram seus opositores atônitos.

232 SER COMO O MESTRE
Mateus 9:35-11:1

A oposição, destacada por Jesus, os discípulos também poderiam experimentar na sua própria família. Por que era importante que fosse mencionada? De que modo Jesus confortou o coração deles diante dessa possibilidade?

Quando escrevi o título para o devocional de hoje, logo pensei nas contradições existentes nesta frase. Não creio haver um único discípulo que não queira ser como Jesus. Creio, com toda a certeza, que este é o desejo do meu próprio coração. Entretanto, quando me detenho a pensar no que realmente estou desejando, vejo que gostaria de ter as qualidades que tanto me atraem na pessoa de Cristo. A Sua mansidão, Sua disciplina, Sua intimidade com o Pai, Sua capacidade para perceber o mover do Espírito ao Seu redor, o Seu sentido de missão. Tenho a certeza de que todos estes atributos me fazem falta, e muito!

Nesta exortação, porém, o Filho de Deus não se referia a estes aspectos do Seu caráter quando afirmou que "Basta ao discípulo ser como o seu mestre, e ao servo, como o seu senhor" (v.25). O Novo Testamento fornece claras indicações de que o objetivo da obra transformadora de Deus é que cheguemos a ser como Seu Filho, mas com frequência esquecemos que isto inclui "a comunhão dos seus sofrimentos, conformando-me com ele na sua morte" (Filipenses 3:10). Assim, mais uma vez Jesus estava advertindo aos Seus discípulos que o custo de segui-lo era alto, tão alto como o preço que Ele mesmo pagava a cada dia.

Entre as difíceis situações que o discípulo terá de sofrer, está a traição da família. Uma das mais difíceis de se enfrentar, pois sempre esperamos maior compaixão e ternura da parte dos que formam o nosso círculo mais íntimo. A natureza do nosso chamado é tal que "sereis odiados de todos por causa do meu nome" (v.22). Cristo será o motivo para a inimizade mesmo com aqueles com quem temos compartilhado toda uma vida.

Diante deste angustiante quadro, o Senhor destacou a recompensa reservada aos que não tropeçarem em meio à perseguição: "aquele, porém, que perseverar até ao fim, esse será salvo". Esta frase nos pega de surpresa, porque estamos acostumados a pensar que a salvação é algo que se consegue em um momento de decisão que, em muitos casos, tem fortes contornos emocionais. Entretanto, em João 8:31,32, Cristo indicou claramente que o verdadeiro discípulo é aquele que permanece na Sua palavra. Neste mesmo sentido, o apóstolo Paulo se dirige à igreja em Filipos quando os incentiva para que trabalhem na sua salvação "com temor e tremor" (2:12). Quer dizer, a salvação é um estilo de vida, mais do que uma condição.

Na promessa de salvação, está o grande prêmio dos que seguem a Jesus Cristo. Isto não se refere somente a sairmos ilesos no dia do grande julgamento. Contempla, também, a salvação da perversidade que leva o mundo a perseguir àqueles que desejam viver satisfazendo a justiça de Deus. Oferece-lhes a possiblidade de andarem, precisamente, na mesma mansidão e bondade que caracterizou a vida do Filho do Homem.

233
O TEMOR QUE CONTA
Mateus 9:35–11:1

Sem dúvida, o quadro que Cristo descreveu, de famílias divididas por causa do Reino, deve ter inquietado os discípulos. Ele lhes estava informando que neste mundo não haveria espaço onde os relacionamentos com outras pessoas estivessem a salvo dos conflitos; pois mesmo os dos mais íntimos poderiam esperar ferozes ataques. Qual foi a orientação que lhes deu diante dessa expectativa? Que esperança lhes ofereciam as palavras compartilhadas pelo Senhor?

O medo dos conflitos trouxe uma sensação de insegurança que colocaria em risco a missão para a qual estavam sendo enviados. Porém, Cristo lhes assegurou que chegaria o dia quando os perversos planos dos homens, mesmo os executados em oculto, seriam expostos à luz de Deus e, com certeza, Ele faria justiça a favor dos que mais sofreram nas mãos de outras pessoas. Assim, lhes indicava claramente que eles serviam a alguém que escreverá o último capítulo da história da humanidade. Esta é também a mensagem implícita na misteriosa e complexa revelação do Apocalipse. O livro não convida para uma minuciosa análise do texto; antes, porém, oferece uma visão do último trecho na trajetória da humanidade; na qual, a palavra final claramente será do Criador dos céus e da Terra.

Ao mesmo tempo, Jesus lhes declara que, finalmente, tudo quanto aprenderam em oculto com Ele deviam anunciar: "...a plena luz; e o que se vos diz ao ouvido, proclamai-o dos eirados". Pode haver um tempo no qual seja necessária uma preparação secreta, como no caso dos três amigos íntimos de Jesus: Pedro, Tiago e João. Da mesma maneira, aconteceu com José, Moisés, Davi, e João Batista, cujos anos de formação transcorreram em lugares solitários e esquecidos. Entretanto, o chamado inevitável de todo discípulo do Senhor é, finalmente, sair para proclamar as misericórdias de Deus nos lugares onde a vida do povo acontece. Mesmo que estivessem amedrontados, os discípulos não podiam escapar desse sagrado compromisso de serem testemunhas do Altíssimo. Constitui um ato de sabotagem aos projetos de Deus crer que a vida espiritual consiste em, simplesmente, garantir o bem--estar e a salvação para a própria pessoa.

As palavras de Cristo convidam a não perder de vista a verdadeira dimensão da vida. Por mais reais que possam ser as perseguições por parte dos entes queridos, o destino eterno das pessoas não é decidido pelos seres humanos, mas pelo próprio Senhor. Por este motivo, Ele os instruiu a temer "aquele que pode fazer perecer no inferno tanto a alma como o corpo". Podemos sofrer danos e perdas passageiras no caminho com Cristo, mas nada, nem ninguém nesta Terra, poderá exercer autoridade espiritual sobre a nossa vida, mesmo sendo mortos por causa de Cristo. O poder sobre a vida está nas mãos de Deus, e somente a Ele devemos temer. Quanto ao mais, é somente o rugido de um leão sem dentes!

234
PAI, COMO NINGUÉM
Mateus 9:35–11:1

Enviados – 2 *(Jesus envia os Doze)*

Leia a próxima parte do argumento de Jesus, nos versículos 28 a 33. A que outro fator Ele apela para dissipar o medo? Como é a imagem do Pai que Ele revela?

Algumas das instruções que Jesus deu aos discípulos, antes de enviá-los a ministrarem dois a dois, consideram o tema da perseguição. Como mencionei nos devocionais anteriores, chama bastante a atenção o fato de Ele considerar relevante incluir este tema numa circunstância onde nós teríamos julgado vital incentivar os discípulos. A nossa ideia de incentivar, entretanto, consiste em esconder as verdades que consideramos ofensivas ou difíceis. Cristo desejava que os discípulos estivessem bem cientes do que lhes esperava no cumprimento da sua missão.

No entanto, Ele os despertou para que não sentissem medo quanto a essa realidade. Agora o Seu argumento se concentra em revelar como a autoridade do Pai é grande. Para exemplificar, Ele recorre a uma insignificante realidade: "Não se vendem dois pardais por um asse?" Os passarinhos, aos quais Jesus se refere, eram tão comuns e ordinários que dois deles eram vendidos por um preço irrisório. O baixo custo tornava esses pássaros em comida dos pobres. Quem poderia estar interessado no destino de algo de tão pouco valor? Jesus, porém, declara: "nenhum deles cairá em terra sem o consentimento de vosso Pai".

Que tremendo! Muitas vezes pensamos que o nosso Pai está ocupado demais para se interessar pelos pequenos detalhes da vida. Entretanto, Cristo continua: "até os cabelos todos da cabeça estão contados". Ou seja, Deus não está sobrecarregado pelas múltiplas tarefas que tem para realizar, nem a quantidade de pessoas que deve atender. O Seu conhecimento e cuidado são tão extraordinários que Ele sabe a exata quantidade de cabelos na cabeça de cada um de nós. Mesmo que conseguíssemos arrancar todos e colocá-los sobre uma mesa para serem contados, seria praticamente impossível saber quantos fios de cabelos temos. E estes são os nossos! Mas o Senhor sabe exatamente o número de cabelos de cada habitante do planeta.

Qual era o assunto central no ensino de Jesus? "Não temais, pois; mais valeis vós do que muitos passarinhos". Jesus procurou enfatizar que nada acontece no Universo sem a intervenção da mão do Pai. Não há situações que escapem do Seu controle, nem que superem a Sua capacidade de intervir. A Sua soberania é completamente diferente dos reis e governantes da Terra, para os quais nós não somos sequer um número na sua mente. O Pai conhece intimamente cada indivíduo que caminha sobre a face da Terra, e o Seu compromisso para com cada um é cuidar, atendendo às suas necessidades.

Tudo isto nos convida para uma atitude de tranquilidade e confiança. Ninguém pode nos fazer nada sem que Deus o tenha permitido. De sorte que podemos falar tranquilamente das coisas do Reino para quem cruzar nosso caminho, porque a sua oposição não afetará em nada o compromisso que o Pai tem conosco. Estamos em boas mãos!

235

Enviados – 2 *(Jesus envia os Doze)*

PORTADOR DE ESPADA
Mateus 9:35–11:1

Como Jesus conclui Seus argumentos sobre a perseguição? O que significa Cristo dizer que nos confessará diante do Pai? O que acontece nas esferas celestiais quando somos fiéis?

O medo da perseguição poderia levar os discípulos a se calarem diante dos homens. De fato, quando Cristo foi preso, Pedro não somente se calou, como também negou que alguma vez o tivesse conhecido. O Senhor procurou ajudar os discípulos a entenderem o assunto da perseguição sob uma perspectiva espiritual. Ele volta, agora, a declarar as consequências espirituais de negá-lo: "Portanto, todo aquele que me confessar diante dos homens, também eu o confessarei diante de meu Pai, que está nos céus; mas aquele que me negar diante dos homens, também eu o negarei diante de meu Pai, que está nos céus".

As palavras do apóstolo Paulo lançam ainda mais luz sobre o que Jesus tinha em mente com estas declarações: "Quem os condenará? É Cristo Jesus quem morreu ou, antes, quem ressuscitou, o qual está à direita de Deus e também intercede por nós". Da mesma forma, o apóstolo João afirma: "Filhinhos meus, estas coisas vos escrevo para que não pequeis. Se, todavia, alguém pecar, temos Advogado junto ao Pai, Jesus Cristo, o Justo". O Filho está junto ao Pai com o propósito claro de defender a nossa causa. Mas, diferente dos advogados desta Terra, que frequentemente defendem quem não deve ser defendido, Jesus é um advogado justo que defende aos que precisam da Sua defesa. A Sua confissão diante do Pai, quanto à nossa fidelidade, garante a bênção de Deus sobre a nossa vida e ministérios. Sem esta bênção, não teríamos possibilidade alguma de prosperar.

Jesus, agora volta a reiterar a Sua missão: "Não penseis que vim trazer paz à terra; não vim trazer paz, mas espada. Pois vim causar divisão entre o homem e seu pai; entre a filha e sua mãe e entre a nora e sua sogra. Assim, os inimigos do homem serão os da sua própria casa" (vv.34-36). Se contássemos apenas com a mensagem dos versículos anteriores, poderíamos pensar que a resistência e a oposição dos outros devem-se exclusivamente à sua antipatia ao evangelho. Cristo, contudo, agora apresenta uma nova dimensão ao tema da perseguição. A Sua missão, tão frequentemente incompreendida, não é trazer paz, mas o brandir da espada da inimizade e da divisão.

Sem dúvida, é difícil entendermos que Ele, deliberadamente, provoque este tipo de situações. Não devemos perder de vista, no entanto, que muitas vezes as pessoas não se mobilizam a não ser por meios violentos. Os hebreus não estavam dispostos a sair do Egito até que os seus senhores se tornassem intoleravelmente cruéis contra eles. Do mesmo modo, a Igreja do primeiro século, conforme Atos, não se despertou para o cumprimento da sua missão até que apareceu uma violenta perseguição contra ela. Esta realidade volta a afirmar a absoluta soberania do nosso Deus. Ele consegue os Seus propósitos para conosco, usando a própria maldade do homem para a expansão do Seu Reino.

Enviados – 2 *(Jesus envia os Doze)*

O CUSTO DE SER DISCÍPULO
Mateus 9:35–11:1

As advertências que Jesus apresenta aos Seus discípulos, antes de enviá-los em missão, se resumem na passagem de hoje. Ela expressa claramente que o custo de lhe seguir será suportar questionamentos e oposição da parte dos que integram o seu círculo mais íntimo. A que Jesus se referiu ao afirmar que o amor à família não podia ser maior do que o amor a Ele? O que significa o chamado para tomar a cruz? A que Jesus se refere quando afirma que alguém não é "digno dele"?

A frase "e quem não toma a sua cruz e vem após mim não é digno de mim" é, quem sabe, uma das expressões mais conhecidas do Mestre da Galileia. Nela, Jesus coloca "na mesa", em palavras, o que todos claramente entendiam, o preço de ser um discípulo no reino dos Céus.

Devemos enfatizar que a cruz não foi inventada no tempo de Cristo. Pensa-se que a sua implantação, um dos mais cruéis métodos de se executar um condenado, já levava pelo menos 100 anos de história. Possivelmente, todos quantos escutavam Jesus nessa ocasião, já haviam visto, pelo menos uma vez na vida, pessoas penduradas em cruzes que os romanos erguiam fora das cidades. A extrema crueldade da imagem não poderia ser esquecida com facilidade.

Quando Jesus escolheu usar esta analogia, todos compreendiam a que Ele se referia. A ideia descrevia o doloroso processo de se carregar a cruz e caminhar desde a prisão até a periferia da cidade. Normalmente, este macabro desfile era acompanhado pelos soldados, que faziam o papel de verdugos, com chicotadas e insultos ao condenado. Não podemos duvidar que os discípulos devem ter ficado profundamente tocados pela terrível implicação das palavras que o Mestre proferiu. Já não havia mais dúvida quanto ao que Jesus queria dizer: segui-lo significava estar disposto a morrer da forma mais horrível que se possa imaginar.

Como isso está longe do nosso conceito moderno de "morrer em Cristo"! Muitas vezes a frase é pouco mais que a letra de um cântico, que repetimos sem ter consciência da verdadeira dimensão da morte. Na vida real, morrer em Cristo é sumamente desagradável. Fala de um caminho que jamais escolheríamos pela nossa própria vontade. A verdade é que não desejamos percorrê-lo, pois a carne não acompanha o espírito. Entretanto, não existe outro caminho além deste, para se andar em intimidade com Ele. De modo que necessitamos, desesperadamente, que o Seu Espírito nos conduza pelo caminho que não queremos percorrer. Este é, na essência, o mistério da vida espiritual, que o apóstolo Paulo tão claramente expõe em Romanos 7. Não perdemos a esperança, contudo, de que o compromisso do Senhor é completar a obra que começou em nós.

Não é necessária a morte física para nos identificarmos com o Senhor. Cada vez que somos tratados injustamente ou experimentamos a ingratidão e a traição, Cristo nos convida para morrermos. O fato de não darmos atenção às exigências da nossa carne, é escolher a morte. Resistir ao impulso de pagar o mal com o mal, é escolher a morte. Optar pelo silêncio, quando seria mais atraente colocar-nos no papel de vítima, é transitar pelo caminho da morte. Morrer, nada mais é do que permitir que o Reino se manifeste com uma intensidade cada vez maior em nossa vida. Este é o caminho que o Senhor, repetidamente, escolheu seguir.

Enviados – 2 *(Jesus envia os Doze)*

237 RECOMPENSAS
Mateus 9:35–11:1

No fim da passagem, Cristo fala de recompensas. Quais são? Quem as receberá? Por que Ele julgou ser importante considerar este tema?

Até esta altura, Jesus se concentrou em incentivar o coração dos discípulos diante da certeza da perseguição que experimentariam. Mas ao terminar as Suas orientações, Ele menciona brevemente as recompensas que aguardam àqueles que resistem à perseguição: "Quem vos recebe a mim me recebe; e quem me recebe aquele que me enviou. Quem recebe um profeta, no caráter de profeta, receberá o galardão de profeta; quem recebe um justo, no caráter de justo, receberá o galardão de justo. E quem der a beber, ainda que seja um copo de água fria, a um destes pequeninos, por ser este meu discípulo, em verdade vos digo que de modo algum perderá o seu galardão".

Talvez a melhor ilustração que podemos encontrar deste princípio está em Raabe. Pode ser difícil entender por que esta mulher foi incluída na lista dos "heróis da fé", mencionados em Hebreus 11. Como é possível que uma prostituta seja considerada um exemplo para os cristãos? O erro neste enfoque está, precisamente, no fato de que ela não foi aprovada pelo seu estilo de vida, mas por praticar o princípio que Jesus Cristo apresenta aos discípulos. Raabe entendeu que os espias vieram da parte de um povo poderoso, e que a invasão de Jericó era iminente. Ela tinha ouvido dos assombrosos feitos que o Senhor estava realizando no meio deles e decidiu lançar a sua sorte nas mãos dos espias. Quando os israelitas, finalmente, entraram na cidade, preservaram a vida dela e dos seus parentes; e isto, não por justiça própria, mas porque havia protegido os espias.

Podemos ver, pelas palavras de Cristo, que no reino dos Céus existem elementos que não percebemos, tampouco entendemos. Quando um enviado de Deus visita alguém, mesmo sem este pertencer à comunidade de fé, o Senhor abençoa a vida dessa pessoa. O fato de ter mostrado bondade para com os filhos de Deus, terá a sua recompensa, além de a pessoa se converter ou não. O princípio claramente ilustra que ninguém vive sua experiência espiritual de forma isolada. Todos nós tocamos a vida daqueles que se acham em nosso contexto, e muitas vezes, sem tomar conhecimento. O compromisso de Deus, entretanto, é sempre fazer o bem a muitas pessoas, e usará a nossa vida para este propósito.

Ao concluirmos esta série de reflexões sobre as instruções que Cristo deu aos Seus discípulos não podemos deixar de enfatizar, uma vez mais, que dos 37 versículos que registram as Suas palavras, 32 falam de perseguição. Que tremendo contraste com a nossa perspectiva! A nossa versão domesticada de vida espiritual raramente desperta oposição. Temos perdido os elementos que a sociedade considera uma ameaça. Jesus nos convida a voltarmos a assumir a postura radical daqueles que tem tomado a cruz e estão completamente identificados com Ele. As zombarias, os questionamentos e a oposição que recebemos falam com maior eloquência da nossa fé do que qualquer palavra que possamos pronunciar a favor dela.

238
O CUIDADO DO OBREIRO
Mateus 9:35–11:1

> Leia os versículos do texto de hoje. Como termina a missão dos Doze? Por que é importante o processo de relatar o que foi vivenciado? Que instruções Jesus deu? O que o Senhor pretendia alcançar com isto? O que nos mostra sobre o compromisso que havia assumido com eles?

A passagem de hoje deixa três importantes reflexões com respeito ao cuidado que, como pastores, devemos oferecer aos nossos obreiros. Primeiro, podemos observar que Jesus criou a oportunidade para que os discípulos compartilhassem tudo quanto haviam feito e ensinado. Esta é uma importante função do líder, pois pelo simples fato de escutar os seus obreiros, demonstrará que se interessa por suas vidas e pelo que estão fazendo. Em muitas congregações, os obreiros trabalham em meio a muita frustração porque o pastor raramente se aproxima para mostrar interesse pelo ministério dos seus colaboradores. Em muitos casos, as pessoas sentem que a única coisa que importa para o pastor é que cumpram as suas responsabilidades. Reservar espaço e o tempo necessários para conhecê-los é uma demonstração concreta de que o pastor vivencia o compromisso com seus obreiros.

Ao mesmo tempo, esta oportunidade de ouvir os colaboradores, dará ao líder uma valiosa informação para discernir quão eficazes estão sendo os seus liderados. No relato dos acontecimentos os seus acertos e os seus erros ficarão expostos. E eles poderão, também, compartilhar as dúvidas e perguntas que surgirem ao longo da experiência. Tudo isto servirá como um valioso meio para continuar investindo na vida deles, pois as lições mais significativas sobre o ministério frequentemente são aprendidas na escola da vida. Assim, o líder pode incentivá-los a crescer e a servir com fidelidade ao Deus que os chamou.

Segundo, observamos que Cristo os estimulou a "descansar um pouco". Repare que Ele não lhes perguntou se queriam descansar, mas tomou esta decisão por eles. Muitos obreiros vivem com infundados sentimentos de culpa quando não estão fazendo algo. Eles se formaram com a convicção de que, a única evidência verdadeira do seu compromisso, é estar trabalhando. Vemos, porém, que Cristo incluiu no Seu ministério ritmos de trabalho e de descanso. Por quê? Pela simples razão de que a saúde do obreiro determina o seu impacto na vida dos outros. É a nossa responsabilidade, como pastores, zelar pelo bem-estar dos nossos colaboradores.

Por último, observe que, para conseguir esse descanso, Cristo levou os Seus discípulos a um lugar deserto. Isto por um simples motivo: é impossível descansar quando alguém se encontra rodeado pelas multidões necessitadas. Para se conseguir um verdadeiro descanso, devemos ajudar os obreiros a sair do seu contexto ministerial. Não é necessário levá-los a algum lugar distante. Quem sabe, não seja preciso nada mais que um dia no parque ou um passeio na cidade. O fato é que é necessário afastar-se do local onde habitualmente desenvolvem o seu ministério. Desta forma, poderão recuperar as forças e servir melhor.

O bom líder não somente enfrenta o desafio de delegar, mas também de cuidar do bem-estar daqueles a quem foi confiado as responsabilidades do ministério.

Compaixão pela multidão *(Jesus alimenta 5 mil)*

239 OVELHAS SEM PASTOR
Marcos 6:33-44

Apesar das intenções de Jesus para prover algum descanso aos discípulos, a multidão os alcançou. Leia os versículos 33 e 34. Como Jesus reagiu a este aparente insucesso? Por que os contemplou em compaixão? Como resolveu a situação? Que problemas uma ovelha sem pastor geralmente enfrenta?

Como foi surpreendente a reação de Jesus! Ele viu a enorme multidão e percebeu, no Seu espírito, o verdadeiro estado dessas pessoas: ovelhas sem pastor. Nesta simples analogia se resume a realidade espiritual do povo. Não tinham quem as guiasse para lugares onde pudessem se nutrir do alimento necessário para a vida saudável. Não tinham quem as protegesse dos predadores que se alimentavam das ovelhas desprotegidas. Não tinham a quem buscar para serem atendidas e ouvidas em suas lutas e dificuldades cotidianas. Diante disto, Jesus foi movido pela compaixão. Não as julgou, nem se desgostou por não lhe permitir um pouco de sossego. Antes, porém, olhou-as com misericórdia, pois o simples fato de o seguirem revelava como era grande a necessidade que tinham.

Que diferente é esta forma de ver a multidão! Entre nós, que hoje pastoreamos, as multidões servem somente para medir a nossa própria grandeza. Convertemos as multidões no sinal inequívoco de um ministério ungido, um eloquente testemunho de que o ministro chegou a um nível de "compromisso" com Deus que poucos alcançam. Não são, porventura, todas estas pessoas, uma evidência de que o Senhor está abençoando, de modo especial, a obra das nossas mãos? Cristo não via as multidões como um reflexo do que Ele era, tampouco estava dependente do nível de popularidade que havia alcançado. As multidões representavam para Ele um dos grandes desafios no Seu ministério, o mesmo que também enfrentará toda pessoa comprometida em impactar vidas. A multidão, sem rosto nem identidade própria, oferece o meio mais ineficaz de se realizar o ministério, porque o impacto que alcançarmos será momentâneo. As mudanças que perduram são o produto de um intenso investimento, consistente e pessoal, pois exige uma sabedoria especial para saber de que maneira devemos ministrar às multidões. Por isso, Jesus se dedicou à tarefa de lhes comunicar a Palavra de vida.

Uma das características extraordinárias do Cristo, entretanto, era que Ele não se empolgava com o grau de aclamação popular que havia alcançado. Não precisamos considerar a velocidade com que se deteriora a vida das estrelas midiáticas para se saber que resistir a esta sedução significa um grande desafio. Possivelmente, uma parte do segredo era que Jesus não permitia que as multidões se impusessem sobre o desenrolar do Seu ministério. Estar com elas lhe dava uma valiosa oportunidade para perceber a realidade do povo, para entender as suas lutas e necessidades, mas Ele seguia consciente de que a multidão representava um conjunto de indivíduos, cada um deles precioso diante dos olhos do Pai. Quando virmos as multidões com estes olhos, poderemos começar a andar no meio delas com a mesma compaixão que moveu o nosso Senhor.

240
SUGESTÕES
Marcos 6:33-44

> Leia os versículos 35 e 36. Qual foi a sugestão dos discípulos? Como a comunicaram a Jesus? Em sua opinião, qual era a motivação deles?

É muito difícil para nós "colocarmo-nos" na pele dos discípulos. Do conforto da nossa própria realidade, separados por mais de 2 mil anos de história, podemos facilmente cometer uma injustiça com eles, porque conhecemos a parte final do acontecimento. A verdade é que poucos de nós teríamos imaginado que Cristo pretendesse recorrer a uma inovada solução para o dilema de alimentar a multidão.

O evangelista claramente indica que o tempo que Jesus dedicou a ministrar à multidão foi muito longo, a tal ponto que a noite se aproximava e a multidão ainda não tinha se alimentado. A preocupação dos discípulos pela necessidade das pessoas é bastante significativa. Alegra-me ver que eram suficientemente sensíveis para perceber que a maioria das pessoas estava cansada e com muita fome. Ainda que pareça ser um detalhe de pouco peso, muitos líderes seriam beneficiados se fossem mais sensíveis à realidade do seu povo. Muitas vezes, planejamos encontros intermináveis, onde o único "alimento" da congregação é uma interminável sequência de pregações, sem que os organizadores mostrem a menor sensibilidade pelo cansaço do auditório, que permanece sentado, escutando. Também faz parte da vocação pastoral estarmos atentos às necessidades físicas das pessoas às quais ministramos.

Quando os discípulos se aproximaram de Jesus, já tinham percebido a necessidade. Até ali, seguiam por um bom caminho, mas já tinham decidido quanto à melhor solução: despedir a multidão para que todos voltassem para as suas casas. Esta solução parece ser a que mais rápido nos ocorre. Se existe algum interesse pelas pessoas, o compromisso de se buscar uma saída é o mínimo que se pode esperar. Enviamos as pessoas de volta à casa para que cada um trate das suas necessidades. É muito parecida com a resposta que tantas vezes damos aos que compartilham as suas aflições conosco! Vou orar por você. Não é que exista algo de errado em orar por eles, mas, em certas ocasiões, é o caminho para se evitar um compromisso maior, é uma saída fácil, visto que exige muito pouco de nós mesmos.

Percebo, na sugestão dos discípulos, entretanto, algo mais preocupante. Eles não perguntaram a Jesus sobre o melhor caminho a seguir; antes, porém, disseram-lhe como Ele deveria agir. Também vejo nisto um comportamento parecido com o nosso. Muitas vezes a nossa "solução" consiste em dizer a Deus o que Ele deve fazer em determinada situação. Não preciso acrescentar que isto é automático em nós, pois somos, por natureza, controladores. Nem sequer o Senhor escapa de ser objeto desta nossa tendência. Quanto erramos ao agirmos assim! Somos nós que precisamos de orientações, e não Ele! Convém-nos mais uma atitude de pronta disposição, do que lhe pedir que abençoe os planos que já elaboramos por nossa própria conta.

Compaixão pela multidão *(Jesus alimenta 5 mil)*

DAI-LHES VÓS DE COMER
Marcos 6:33-44

> Os discípulos, preocupados porque já era uma hora avançada, sugeriram a Cristo que despedisse a multidão para que pudessem buscar comida. De que maneira Jesus respondeu à sugestão dos discípulos? Como você teria agido diante deste desafio?

Para nós, é fácil ler a frase e simplesmente seguir na leitura da passagem. Procure, contudo, parar um pouco neste cenário. Como você o imagina? Como pensa que era o sentimento dos discípulos? Teria provocado um desconfortável silêncio no grupo? Quem sabe, eles se entreolharam, buscando nos outros uma confirmação para o que Jesus acabara de ordenar. "Você ouviu o mesmo que eu ouvi? Ele nos pediu mesmo para alimentarmos essa multidão?" Como eles iriam dar de comer a tanta gente? A determinação de Jesus parecia impossível de se cumprir!

Por que Jesus ordenou isto se Ele sabia que lhes faltavam recursos para alimentar tantas pessoas? Ou, porventura, já teriam os recursos? A pessoa que usufruí do acesso a Deus também pode alcançar os recursos ilimitados do Pai. Porém, eles não se sentiram deste modo. Confusos, os discípulos pediram que esclarecesse a ordem: "Iremos comprar duzentos denários de pão para lhes dar de comer?" Era a única alternativa que lhes ocorria naquele momento.

Creio que, primeiro, Jesus desejava corrigir uma tendência neles, e em nós também, que é a de buscar outras pessoas para resolver os problemas que nós identificamos. Pense um pouco na realidade de algumas congregações. Se a luz do banheiro não funciona, o que os irmãos fazem? Eles procuram o pastor e dizem: "Pastor, a luz do banheiro não funciona". Se um vizinho está interessado no evangelho, como as pessoas procedem? Buscam o pastor e lhe pedem: "Pastor, um dos meus vizinhos está interessado no evangelho, o senhor pode ir visitá-lo?" E nós, os pastores, que temos acostumado mal a congregação, encarregamo-nos das suas reclamações.

O que aconteceria se nós disséssemos às pessoas: "Troque você a lâmpada do banheiro, meu irmão."? Começaríamos a ver congregações onde os cristãos deixariam de ser expectadores para se tornarem protagonistas do que acontece no Reino. A nossa tarefa como formadores de pessoas, não é a de ensiná-las a nos trazerem todas as reivindicações, mas sim, ajudá-las a assumir a responsabilidade naquilo que elas mesmas podem fazer.

Por outro lado, penso que Jesus, sinceramente, queria ver como eles resolveriam a situação. Os desafios de Deus apresentam sempre as mesmas características: aos nossos ouvidos soam tão absurdos quanto a ordem que Cristo deu naquela ocasião! São projetos que não podem ser conquistados por meios humanos, mas somente pelo Espírito do Senhor. Diante dos desafios, Ele deseja que busquemos sempre nele os recursos que não possuímos. Então, na próxima vez que enfrentarmos uma missão impossível, voltemos imediatamente a Deus e confessemos: "Senhor, sem a Tua intervenção, isto é impossível!" Tudo o que em nós cultivar maior dependência dele, será bem-vindo.

Compaixão pela multidão *(Jesus alimenta 5 mil)*

242
CINCO PÃES E DOIS PEIXES
Marcos 6:33-44

Os discípulos não souberam como aceitar o desafio que Cristo lhes apresentara: que alimentassem a multidão. A brilhante ideia deles foi de ir aos povoados e, com 200 denários, comprar pão. Isto, contudo, não era o que Cristo tinha em mente. "E ele lhes disse: Quantos pães tendes? Ide ver! E, sabendo-o eles, responderam: Cinco pães e dois peixes" (Marcos 6:38). Como Cristo reagiu diante do visível desconcerto dos discípulos? Qual foi a atitude de Jesus para com eles?

Você, provavelmente, deve ter ouvido muitas pregações e ensinamentos sobre esta passagem. Talvez, em algum momento, até pregou sobre o tema. A importância do princípio que a passagem apresenta nos convida a voltarmos a ele, vez por outra, pois revela como Deus trabalha nos projetos do Reino. Ele poderia ser expresso desta maneira: Quando escassos recursos são colocados nas mãos do Deus Todo-poderoso, estes se transformam em abundância. A alimentação das 5 mil pessoas nos dá a melhor ilustração de como isto funciona na prática.

Independentemente da simplicidade desse princípio, fica difícil de aplicar a outras áreas do ministério. Vemos, claramente como funcionou no caso dos cinco pães e dois peixes, mas não percebemos como poderia funcionar em nosso próprio contexto. Permita-me dar um exemplo: Na América Latina, ainda precisamos percorrer um longo caminho antes de assumirmos, como igreja, um compromisso sério com a obra missionária. Não é que não queiramos estar envolvidos. Muitos pastores e líderes têm entendido que este é um chamado que a igreja não pode deixar de atender. Entretanto, na hora de enviar missionários e assumir o compromisso para satisfazer às necessidades deles, a igreja alega falta de recursos. "Gostaríamos de ter o dinheiro para o sustento de um missionário", muitos pastores dizem, "mas a verdade é que nem sequer o temos para as nossas próprias necessidades". Não é uma perfeita reprodução da realidade que os discípulos enfrentavam? Queriam providenciar a alimentação para os 5 mil, mas a verdade era que não tinham sequer o suficiente para as suas necessidades.

Gostaria de lembrá-lo do critério com o qual os recursos no reino dos Céus são usados. Uma árvore gigantesca começa com algo tão pequeno, que quase não pode ser visto: uma semente de mostarda. Numa das passagens-chave para aprender a usar as finanças (2 Coríntios 8 e 9), Paulo expõe claramente os princípios que regem o uso dos recursos financeiros da igreja. Os que dão para os projetos do Reino contribuem ao estilo da igreja da Macedônia, "porque, no meio de muita prova de tribulação, manifestaram abundância de alegria, e a profunda pobreza deles superabundou em grande riqueza da sua generosidade". Observe os recursos que tinham para contribuir: uma situação de profunda pobreza! Poderíamos afirmar, então, que não é correto dizer que a igreja não dá porque não tem. Na realidade, a igreja não tem porque não dá. O pouco se torna em abundância apenas quando é entregue com um espírito de jubilosa generosidade.

Compaixão pela multidão *(Jesus alimenta 5 mil)*

243
A GRANDE DISTRIBUIÇÃO
Mateus 6:33-44

Imagine que você não sabe como esta história terminará. Está um tanto confuso porque Jesus mandou que dessem de comer à multidão. Não entendeu bem a que Ele se referia. Quando o Senhor perguntou pelas provisões que estavam ao seu dispor, você lhe informou que tinha apenas dois pães e cinco peixes. Então, Cristo ordena "que todos se assentassem, em grupos, sobre a relva verde". Você sabe que isto é para que as pessoas possam comer, mas continua sem saber de onde vão tirar a comida para elas! Qual seria a maior dificuldade que você experimentaria nesse momento? De que forma a perplexidade dos discípulos afeta a maneira de Cristo agir?

Quem sabe, consiga captar, em tudo isto, algo do que significa viver pela obediência. Não é um assunto fácil para os que gostam de analisar e entender o que acontece ao seu redor. Também não é simples para os que gostam de passar distraídos. Aos discípulos só restava continuar perplexos com as ordens de Jesus. A passagem não indica que Ele tenha explicado a Sua intenção. Com cinco pães e dois peixes nas mãos, deu instruções para que as pessoas fossem acomodadas para um banquete! Não podemos retirar o mérito dos discípulos por terem executado as ordens do Messias, mas como deve ter sido desafiador para eles!

Assim é a vida daquele que decide obedecer. Na maioria das situações, você não terá uma ideia clara da razão de Deus estar lhe pedindo para fazer o que Ele ordenou. Se, por um instante você parar e pensar nas instruções recebidas, provavelmente não as obedecerá. É que as Suas orientações simplesmente nos pareceriam irracionais. Não importa para o Senhor que entendamos ou não o que Ele está nos pedindo. Porém, é uma questão de vida ou morte decidirmos fazer o que Ele ordenou.

Então, por esta razão "...o fizeram, repartindo-se em grupos de cem em cem e de cinquenta em cinquenta. Tomando ele os cinco pães e os dois peixes, erguendo os olhos ao céu, os abençoou; e, partindo os pães, deu-os aos discípulos para que os distribuíssem; e por todos repartiu também os dois peixes. Todos comeram e se fartaram".

Faltam-nos os detalhes sobre como esse milagre aconteceu, talvez porque não interessava aos evangelistas que ficássemos detidos no milagre. Esta é uma tendência que persiste em nós: concentrarmo-nos no milagre e perder de vista o Deus que agiu por meio do acontecimento. O milagre muitas vezes pode nos distrair. De qualquer modo, não nos é explicado como Jesus multiplicou o alimento. Sabemos, somente, que os discípulos saíram para distribuí-lo, e a comida não acabava.

Precisamos estar cientes de que Deus pode realizar uma tremenda obra por nosso intermédio, mesmo quando sequer percebemos que Ele está agindo! Ele não necessita dos nossos talentos, nem dos nossos recursos. Ele somente requer um povo disposto a cumprir a Sua vontade. O restante — literalmente tudo mais — Ele provê. Porém, pelo ministério da Sua vontade, Ele decide nos incluir em Seus projetos. Que privilégio nosso!

244
SOBRAS
Marcos 6:33-44

> Volte a ler, mais uma vez, a maravilhosa porção sobre a qual temos refletido nestes últimos dias. Como esse banquete terminou? Que lições deixa para você, para a sua vida e ministério?

O relato da multiplicação dos pães e dos peixes termina de uma forma muito interessante. O evangelista relata: "e ainda recolheram doze cestos cheios de pedaços de pão e de peixe. Os que comeram dos pães eram cinco mil homens".

Os israelitas acreditavam que o pão era um alimento que devia ser valorizado por quem o comesse, pois o consideravam como um presente de Deus. De modo que, sempre que se partia o pão, eram recolhidos numa cesta os pedacinhos que porventura tivessem caído no chão, a fim de não passarem a impressão de uma atitude de desprezo. Seguindo esse costume, os discípulos recolheram doze cestos cheios do que sobrara.

A abundância das sobras revela que a multidão comeu, e comeu até se fartar. Jesus havia suprido as suas necessidades, ampla e abundantemente. Ao mesmo tempo, o alimento que forneceu à multidão era simples, de acordo com o Seu próprio estilo ministerial.

É importante observarmos a maneira simples como tudo aconteceu, pois na igreja tem se instalado uma espécie de paixão pelo espetáculo. Não percebemos qualquer indício de que as pessoas tinham percebido a multiplicação do alimento. Parece que somente os discípulos sabiam o que havia acontecido com os cinco pães e os dois peixes. Por isso, podemos colocar o milagre dentro da sua própria finalidade, que é atingir os propósitos do Reino e servir o povo.

A verdade é que Jesus sempre se mostrou resistente em usar os milagres para atrair ou impressionar as multidões. Antes, porém, os milagres eram uma forma de demonstrar a autoridade da palavra que Ele anunciava, e por esta razão, sempre ocupavam um plano secundário. A Igreja Primitiva também entendia dessa maneira. Diante das ameaças dos religiosos, eles oraram: "Agora, Senhor, olha para as suas ameaças e concede aos teus servos que anunciem com toda a intrepidez a tua palavra, enquanto estendes a mão para fazer curas, sinais e prodígios por intermédio do nome do teu santo Servo Jesus" (Atos 4:29,30). Do mesmo modo, o apóstolo Paulo se expressa quando declara: "Porque não ousarei discorrer sobre coisa alguma, senão sobre aquelas que Cristo fez por meu intermédio, para conduzir os gentios à obediência, por palavra e por obras, por força de sinais e prodígios, pelo poder do Espírito Santo; de maneira que, desde Jerusalém e circunvizinhanças até ao Ilírico, tenho divulgado o evangelho de Cristo" (Romanos 15:18,19).

Devemos, então, evitar o deslumbramento com questões secundárias, que não contribuem para o desenvolvimento dos verdadeiros propósitos do Reino. Os milagres ocupam um lugar eventual no agir de Deus. Os acontecimentos de peso verdadeiro raramente apresentam a exibição espetacular do milagre, mas perduram muito tempo depois de os efeitos do milagre terem cessado.

Senhor, permite que eu tenha essa capacidade para manter os olhos sempre focados naquilo que é prioritário para os Teus propósitos na minha vida. Quero que sejas tu, sempre, a minha paixão, o meu desejo e o meu destino. Amém.

Um fantasma! *(Jesus anda por sobre o mar)*

245
DAR INSTRUÇÕES
Mateus 14:22-33

Em nossa aventura, caminhando com Jesus, acompanharemos os discípulos em outra dramática experiência de aprendizagem. Leia toda a passagem para se familiarizar com a situação que ela descreve e, depois volte a sua atenção às instruções que o Senhor deu aos discípulos. Por que disse que deveriam atravessar o mar? O que motivou Jesus a ficar sozinho?

Com frequência se ouve dizer que a palavra "liderança" não aparece no contexto do Novo Testamento. O papel de Cristo, segundo este argumento, sempre foi o de um servo, pois Ele mesmo afirmou que "...tal como o Filho do Homem, que não veio para ser servido, mas para servir e dar a sua vida em resgate por muitos" (Mateus 20:28). Desta forma, deseja-se afirmar que o trabalho de um líder consiste, realmente, em servir o povo; de fato, não duvidamos que esta tenha sido uma das principais funções de Jesus.

Entretanto, o argumento que respalda esta observação pretende afirmar que guiar e servir são termos mutuamente excludentes. Devemos esclarecer, primeiro, que quando se usa a palavra *liderança* não é com referência a um papel jurídico, mas a uma função diretiva. Ou seja, liderança se refere ao trabalho de guiar as pessoas rumo a um destino definido. O termo *serviço* descreve a *forma* de como se executa a função. Quando o serviço não tem a função diretiva, ele se converte em servidão. Embora Jesus tenha sido um servo, Ele nunca pode ser descrito como um subserviente.

De acordo com esta função de líder, Cristo deu claras instruções aos discípulos: eles deviam antecipar a travessia ao outro lado do mar enquanto Ele permanecia para despedir a multidão. É importante enfatizarmos, pois muitos dos problemas que enfrentamos na vida acontecem, precisamente, pela confusão sobre este assunto. Quer dizer, cremos que o Senhor não está nos dando uma ordem, mas sim, uma sugestão. Porém, o êxito do nosso empreendimento depende da profunda convicção de que estamos agindo conforme as Suas instruções. Se entendermos que estas instruções se originam na função de liderança que executamos em nossa vida, então não perderemos tempo analisando se é verdadeiramente o caminho mais sábio a seguir. Por Jesus saber qual é a perfeita vontade do Pai, podemos confiar no fato de que Ele sabe por que nos confia certas tarefas.

Enquanto os discípulos se lançavam ao mar, Jesus subiu a um monte para orar, sozinho. Esta era uma disciplina que sempre foi fundamental em Seu ministério. O desgaste espiritual, por estar ministrando a tantas pessoas, somente poderia ser revertido nos momentos de íntima comunhão com o Pai. Ali, Jesus voltava a recuperar a correta perspectiva de tudo e renovava as forças espirituais para avançar nos projetos que Deus lhe havia confiado.

Observamos que Ele praticou esta disciplina apesar do forte cansaço que sentia. O motivo parece ser óbvio. O descanso físico permite renovarmos as forças do corpo. Mas, uma boa noite de descanso nem sempre nos dá esse estado de bem-estar interior que nos permite desfrutar a vida em vez de suportá-la. O descanso que renova o corpo, a alma e a mente, vem de estarmos na presença daquele que é Paz, Descanso e Refúgio.

Um fantasma! *(Jesus anda por sobre o mar)*

246
NEM CEDO, NEM TARDE
Mateus 14:22-33

Os discípulos, que receberam as instruções do Senhor para atravessarem o mar, provavelmente saíram ao entardecer. A passagem relata claramente que Jesus estava sozinho quando anoiteceu. Ele chegou aos discípulos em algum momento durante a quarta vigília, no período que se estendia entre as três e as seis horas da manhã. Podemos, então, considerar que tinham passado pelo menos nove horas no mar, tentando fazer uma viagem que normalmente levaria apenas uma hora.

Imagine qual poderia ser o ânimo dos discípulos nesse momento. Fisicamente, estariam extremamente cansados. Exaustos, por estarem lutando contra um vento feroz, que não lhes permitia avançar, juntava-se o enorme cansaço por uma noite sem dormir. E isto acontecia depois de um dia de intensa ministração, com fortes emoções. Que pensamentos estariam passando pela mente deles? Como você teria vivenciado uma situação semelhante?

Os Doze estavam acostumados com Cristo dando as instruções e a palavra necessária para orientar as suas vidas em tempos de dificuldade. Mas Cristo não estava com eles! Possivelmente, alguns deles se perguntavam por que o Mestre teria tido a ideia de enviá-los sem Ele. Acaso, Ele não percebeu que se aproximava um vendaval? Não lhe importava o que podia lhes acontecer? Por que havia permitido que esta situação acontecesse? Além disto, como conseguiria alcançá-los mais tarde?

Enquanto isto, Mateus relata que Jesus havia subido ao monte para orar. Nessa região, fica o monte mais elevado de Israel, e lá de cima se descortina todo o mar da Galileia. O mais provável é que durante grande parte da noite o barco dos discípulos podia ser visto na superfície das águas. Podemos supor, além disso, que, em Seu espírito, Cristo sabia da situação pela qual os discípulos passavam. Contudo, permitiu que a noite avançasse sem intervir, nem sair do lugar onde se encontrava. Para qualquer observador, a atitude de Jesus aparentava certa indiferença para com as pessoas que Ele afirmava amar.

Definitivamente, os caminhos de Deus não são os nossos caminhos! O Senhor, sem dúvida, queria lhes ensinar algo, e por essa razão se absteve de intervir. A nossa intervenção para socorrer os que enfrentam tempos de aflição, embora bem-intencionada, nem sempre é a mais aconselhável. Às vezes, é necessário que a pessoa se fortaleça por meio da crise. Em outras circunstâncias, é melhor que a pessoa reconheça o quanto os seus recursos são limitados. Seja qual for a situação, Deus vem a nós no momento certo, é o tempo perfeito para que retiremos o máximo proveito da situação que estamos enfrentando. Quem sabe, você esteja passando por alguma circunstância em que todos os sinais lhe dão a impressão de que Deus o tenha esquecido. Assim como os discípulos, talvez esteja lutando com o desânimo e a frustração, mas o Pai o vê. Tenha a certeza de que Ele não tardará um único instante do tempo que Ele determinou para agir em sua vida.

Um fantasma! *(Jesus anda por sobre o mar)*

247
BARREIRAS NA MENTE
Mateus 14:22-33

> Próximo de amanhecer, Jesus veio ao encontro dos discípulos caminhando sobre as águas. Como os discípulos reagiram ao verem Jesus se aproximando? Por que reagiram daquela maneira?

Podemos nos convencer de que cremos na possibilidade de qualquer manifestação divina porque, teologicamente, sabemos que está dentro do possível. Não temos medo de afirmar que, se o Senhor decide se revelar, pode fazê-lo da forma que quiser, no lugar que quiser e usando os meios que mais lhe convierem. Confessamos, entusiasmados, que não temos qualquer problema com alguma destas afirmações, pois cremos que o poder de Deus é ilimitado. Isto não deixa de ser, contudo, um simples exercício de probabilidades, as quais consideramos mais que remotas. Que Deus possa fazer qualquer coisa, nenhum de nós duvida. Porém, na hora da Sua manifestação, ficamos confusos pelos meios que usa, e entramos em profundo conflito com nós mesmos.

Os discípulos estavam pelo menos dois anos com o Messias. Conheciam bem o Seu rosto. Haviam caminhado, trabalhado e ministrado ao lado de Jesus. Nesse intervalo de tempo, tiveram muitas oportunidades para estudar os Seus traços físicos. Entretanto, quando Ele apareceu caminhando sobre as águas, encheram-se de temor e declararam que o que estava diante deles era um "fantasma".

Não puderam reconhecer Jesus. Não estamos aqui falando do Jesus físico, de carne e osso. Era a mesma pessoa com a qual haviam compartilhado tantos momentos de intimidade. Não era a Sua pessoa que não reconheciam, mas o contexto no qual Ele se manifestava. Excedia ao que era aceitável. Sequer imaginavam esta possibilidade. Já que a Sua aparição se deu numa forma completamente sobrenatural, não podiam conciliar a imagem de Cristo com o que estavam vendo. A estrutura de suas mentes não lhes permitia enxergar Cristo dentro desta cena tão extraordinariamente assombrosa. Descartaram a evidência dos olhos e ajustaram o que viam aos limites do que consideravam ser razoável.

Esta reação nos dá uma ideia sobre o quanto estamos condicionados pelos processos mentais que elaboramos para entender o mundo no qual nos movemos. As pessoas do povoado de Jesus não podiam aceitar que Cristo fosse algo mais do que um humilde carpinteiro (Mateus 13:55). Isto se devia ao fato de que não era mais do que um carpinteiro? De maneira alguma! Ele era o Messias, mas os fortes condicionamentos pessoais dos nazarenos não lhes permitiam ver Jesus a não ser como um simples carpinteiro. Da mesma forma, nós, quando temos uma ideia formada de como as coisas são, dificilmente as modificamos ainda que haja muita evidência que demonstre o contrário.

Este, talvez, seja o maior impedimento para nos abrirmos a tudo o quanto Deus tem preparado para nós. Não é que Ele esteja limitado, mas nós é que não conseguimos reconhecê-lo, exceto dentro de alguns poucos contextos previsíveis. Para crescermos em nosso relacionamento com Ele, entretanto, devemos estar dispostos para que Ele derrube as estruturas do que é possível e nos leve a novos horizontes. A disposição de nos deixarmos surpreender por Ele deve ser uma das colunas que sustenta a nossa experiência espiritual.

Um fantasma! *(Jesus anda por sobre o mar)*

248 OUSADIA SANTA
Mateus 14:22-33

Assim continua o relato destes dias. "Respondendo-lhe Pedro, disse: Se és tu, Senhor, manda-me ir ter contigo, por sobre as águas. E ele disse: Vem! E Pedro, descendo do barco, andou por sobre as águas e foi ter com Jesus". O que você observa na reação de Pedro? Que lição nos deixa sobre a aventura de caminhar com Jesus?

Tenho ouvido dezenas de pregações sobre esta passagem, e eu mesmo a tenho usado mais de uma vez na mensagem. Na maioria delas, o foco dos comentários tem sido o erro que Pedro cometeu. Usamos o insucesso desse discípulo para ilustrar a importância de se manter os olhos fixos em Cristo, para evitar que fracassemos em nossos projetos. Não devemos olhar para as ondas, como ele fez. Não deixa de ser verdade o que afirmamos, mas no caminho nos desviamos e não temos apreciado em toda a sua dimensão a experiência deste discípulo.

Uma preleção de um amigo meu, um excelente mestre da Palavra, levou-me a contemplar esta passagem sob outra perspectiva. Primeiro, devemos observar que Pedro nos apresenta um excelente modelo de como devemos enfrentar as nossas decisões. Ao sermos dominados pelo entusiasmo, somos levados a nos lançar num projeto sem uma prévia reflexão. No caminho, fazemos uma oração a Deus pedindo que nos abençoe, embora já tenhamos tomado a decisão de realizá-lo custe o que custar. O mesmo Pedro, quando negou a Cristo, pagou o preço pelo fato de agir desta forma.

Neste acontecimento, entretanto, Pedro sentiu em seu coração o desejo de experimentar a mesma experiência do seu amigo Jesus. Observe que, apesar disto, não se lançou na água. "Se és tu, Senhor, manda-me ir ter contigo, por sobre as águas". Este é o procedimento correto para se iniciar qualquer empreendimento que pretendermos realizar. Devemos parar e perguntar ao Senhor se Ele nos dá a autorização para agirmos, mesmo quando todas as circunstâncias pareçam indicar que estamos diante de uma oportunidade sem igual.

Esta lição é especialmente importante para nós que estamos à frente de diversos ministérios. É muito fácil cair na tentação de elaborar projetos para Deus, crendo que tudo o que realizamos em Seu nome automaticamente tem a Sua bênção. Entretanto, os Seus caminhos não são os nossos caminhos. A disciplina de parar e buscar a autorização do Alto é crucial para um ministério eficaz.

Segundo, gostaria de destacar a ousadia do pedido de Pedro. Ele não estava disposto a perder esta oportunidade. Quando ouviu o convite, saiu para caminhar sobre as ondas. Que experiência imensamente extraordinária!

A verdade é que terminou afundando na água, mas ele se permitiu experimentar algo fora do comum. Os outros onze discípulos permaneceram na segurança do barco. De alguma forma, esta cena capta o que acontece na igreja. A maioria de nós prefere a proteção do barco, de onde criticamos os que tentam fazer algo diferente. Nós nos consideramos especialistas no que diz respeito a caminhar *sobre as águas*. Uns poucos ousados, contudo, preferem correr o risco de molhar a roupa!

Um fantasma! *(Jesus anda por sobre o mar)*

249
MOMENTO DE PÂNICO
Mateus 14:22-33

Por um momento, Pedro se atreveu a experimentar o que nenhum homem jamais experimentou: desafiar as leis naturais do nosso planeta para se manter em pé sobre uma superfície líquida. Porém, este momento sobrenatural acabou tão rapidamente quanto começara. O que teria tirado a sua concentração? Como enfrentou a crise? De que forma Cristo reagiu?

Gostaria de enfatizar o fato de que Pedro não sentiu medo *antes* de iniciar a sua caminhada. Levado pelo seu entusiasmo, não duvidou em pedir ao Senhor permissão para caminhar sobre as águas. Contudo estando sobre elas, de repente, conscientizou-se de onde se encontrava e o pânico se apoderou dele. Compartilho esta observação porque creio ser importante entender que não estamos livres do medo em momento algum da nossa peregrinação. Podemos estar envolvidos em um momento profundamente espiritual e, igualmente, sofrer um ataque de pânico que lança tudo por terra. De modo que devemos entender que jamais chegamos a esse estágio onde se é possível baixar a guarda.

O estado de vigilância é tão necessário para aquele que ainda não saiu, como para aquele que já percorreu um longo trecho em sua jornada com o Senhor. Entretanto, a nossa tendência é de nos sentirmos mais seguros quando uma série de vitórias em Cristo nos foi concedida. Isto é especialmente importante para líderes cujo ministério tenha crescido significativamente. As estatísticas revelam que a maioria dos líderes que falharam, vivenciaram isto na segunda metade da sua vida. Estou convencido de que estas quedas se devem, em parte, a um falso sentimento de segurança.

Eu também gostaria de dizer que Pedro não sentiu medo pela sua própria situação, mas sim, pelo seu contexto. Ele estava seguro onde se encontrava, mas, de repente, percebeu qual era o estado do mar. As águas estavam nas mesmas condições de quando deixou o barco, mas a sua perspectiva havia mudado. Isto nos alerta ao fato de que o cristão pode tomar como ponto de referência, em sua vida, duas realidades completamente diferentes. A primeira envolve definir as nossas possibilidades pelos elementos que existem no exterior de nossa pessoa. Como este é um mundo em constante movimento, afetado pelo pecado, a nossa segurança sofrerá frequentes flutuações. A outra alternativa é tomarmos como ponto de referência uma realidade que somente pode ser assegurada por revelação divina, que é percebida pelo *homem interior*. Esta manifestação é completamente independente das circunstâncias nas quais nos encontremos, e inclusive as contradiz. A pessoa com uma forte convicção espiritual em seu coração não poderá ser arrastada pelo medo. Esta condição poderá ser alcançada somente por meio de um estreito relacionamento com Deus.

A reação de Pedro nos mostra que duas pessoas podem reagir de forma absolutamente diferente na mesma circunstância. Por vezes, essas duas alternativas convivem na mesma pessoa. Quando a perspectiva do que está avaliando as circunstâncias é alterada, embora esta situação continue sendo a mesma de sempre, se transformará em uma ameaça e produzirá temor. O segredo está nos olhos com os quais decidimos enxergá-las.

Um fantasma! *(Jesus anda por sobre o mar)*

250
ELES O ADORARAM
Mateus 14:22-33

A dramática história dos breves passos de Pedro por sobre as águas termina quando Cristo entrou no barco para estar com eles. Como os discípulos reagiram a chegada do Mestre? Que lições aprenderam daquilo que viveram?

A repreensão de Jesus a Pedro revela como a falta de fé afeta profundamente a nossa vida. Com frequência, confundimos fé com as convicções intelectuais que formamos a respeito do Senhor e do evangelho. Porém, a fé se manifesta somente quando estamos em movimento. Não podemos viver pela fé enquanto estivermos parados, pois a própria fé é o que nos impulsiona e determina os nossos passos. O momento em que Pedro submerge nas águas ilustra claramente os efeitos da ausência de fé em nossa vida. Assim como as ondas o arrastaram para as profundezas do mar, também acontecerá conosco se as circunstâncias nos surpreenderem sem fé; perderemos o nosso rumo e começaremos a ficar presos debaixo delas.

Apesar do seu temor, Pedro agiu corretamente: clamou a Jesus para que o salvasse, e Jesus estendeu Sua mão para tirá-lo daquela situação. Esta é a esperança que guardamos, nós que caminhamos com Cristo: mesmo quando erramos o caminho, sempre podemos clamar a Ele para que seja misericordioso conosco.

Depois de resgatá-lo das águas, Jesus entrou no barco. Imagine quão atônitos os discípulos devem ter ficado pela sucessão dos fatos que aconteceram. Apoderou-se deles um espanto que os levou a se prostrarem na presença do Cristo. Embora a postura seja a indicada, devemos observar que foram movidos pela natureza extraordinária dos acontecimentos que tinham presenciado. Este é um nível de adoração apropriado ao povo de Deus, mas que se origina do deslumbramento por alguma manifestação sobrenatural de Deus. Porém, finalmente devemos chegar ao ponto onde adoramos a Deus por Ele nos revelar a verdadeira essência do Seu ser. O mais extraordinário do nosso Deus não é, de forma alguma, que Ele pode caminhar sobre as águas, nem aquietar as tempestades. Estas são manifestações secundárias quando comparadas a essência do ser que Ele é. Compreender isto é a base da verdadeira adoração.

Tamanha fora a experiência de Isaías quando viu o Senhor sentado num sublime trono e ouviu o testemunho dos seres que proclamavam a Sua santidade (Isaías 6). A adoração que vem disto é profunda, porque nos permite compreender como Deus é diferente de nós e, como é imensa, a distância que nos separa dele.

Assim, então, terminou uma das mais estranhas experiências que foi permitido a Pedro vivenciar. Porém, a sua vida não foi marcada por este fato, mas sim pelo seu contato com Cristo, pois o levou a exclamar: "Bendito o Deus e Pai de nosso Senhor Jesus Cristo, que, segundo a sua muita misericórdia, nos regenerou para uma viva esperança, mediante a ressurreição de Jesus Cristo dentre os mortos, para uma herança incorruptível, sem mácula, imarcescível, reservada nos céus para vós outros" (1 Pedro 1:3,4).

Um fantasma! *(Jesus anda por sobre o mar)*

251 VOLTA À VIDA
Mateus 14:22-33

O versículo 33 nos dá a conclusão da experiência que os discípulos viveram no lago. Na sequência da narrativa (vv.34-36), Jesus chega em Genesaré. O que Ele fez quando chegou naquela terra? O que este evento nos indica sobre os momentos extraordinários que podem nos acontecer na vida?

Uma das assombrosas peculiaridades dos evangelhos é o vertiginoso ritmo com que as coisas acontecem. Elas não nos permitem um intervalo para nos recuperarmos dos acontecimentos relatados nos versículos anteriores. Minha própria tendência, se tivesse presenciado a caminhada de Cristo e Pedro sobre as águas, teria sido escolher um lugar isolado e tranquilo para meditar sobre este evento. Desse modo, talvez eu poderia reforçar as lições que não pude captar na emoção do momento. Os discípulos, entretanto, não tiveram tempo para se recuperar. Nem bem pisaram em terra, os moradores da região passaram adiante a notícia de que Jesus havia chegado. Em pouco tempo, o Filho de Deus e os Seus seguidores viram-se cercados por uma multidão de enfermos e necessitados.

Vale a pena assinalar que a vida acontece desta forma; ela não espera por nós, mas avança no seu próprio ritmo. Em certas ocasiões, sentimo-nos atropelados por ela, e lutamos com a sensação de que nos deixou para trás e avançou sem a nossa participação. Seja qual for a nossa sensação, algo fica claro: são pouquíssimas as vezes que podemos acomodá-la ao nosso capricho. Porém, isto não consegue diminuir em nós o empenho para moldarmos as circunstâncias a fim de que sejam mais favoráveis às nossas necessidades.

Aquele que avançou um trecho do caminho da vida, saberá que, raramente, tais esforços conseguem garantir os resultados que estamos buscando. Na maioria das vezes, a vida parece nos oferecer uma resposta caprichosa, impondo-nos experiências contrárias àquelas que teríamos escolhido. Devemos afirmar, contudo, que a pessoa que conseguiu as melhores condições para a sua vida pessoal não é a vitoriosa, mas sim aquela que soube aproveitar bem as adversidades e os contratempos que enfrenta. Os melhores exemplos deste princípio são José e Davi. Nenhum dos dois escolheu as experiências de sofrimento e perseguição que viveram na primeira parte da sua peregrinação. Apesar disto, os dois conseguiram transformar a adversidade à sua volta em uma oportunidade para crescer e alcançar um grau de intimidade com Deus que poucos homens conseguiram.

Cada um de nós está diante do mesmo desafio. Podemos passar pelas mais profundas experiências espirituais, mas elas não tornam o cotidiano inexistente. Tão logo tenham acontecido esses intensos momentos, devemos voltar ao lugar onde acontece o nosso trabalho diário. Ali teremos de converter a experiência vivida em algo que enriqueça a nossa ajuda àqueles que cruzarem o nosso caminho. Em última instância, o princípio se mantém firme: com a bênção que temos recebido, devemos abençoar àqueles que não têm sido tão agraciados como nós. A vida cotidiana representa a melhor oportunidade de trazer a espiritualidade ao patamar da prática.

O pão da vida *(Jesus perde seguidores)*

INTERESSES CRUZADOS
João 6:22-71

Nos próximos dias vamos entrar num longo capítulo de João, no qual o evangelista nos apresenta Cristo num inquietante diálogo com as pessoas da multidão. Seria bom que você tomasse tempo para ler toda a passagem para poder perceber o espírito do diálogo. Depois de concluída a leitura, convido-o a fazer esta oração: *Pai, é tão fácil me distrair com os aspectos visíveis e materiais deste mundo, crendo que neste patamar se define a vida. Peço-te que abras os meus olhos para que eu possa perceber as eternas dimensões da minha existência. Gostaria de chegar a um lugar onde o espiritual seja tão real como a presença dos elementos que compõem a minha vida cotidiana. Amém.*

A multidão de 5 mil homens (além de mulheres e crianças) que tinham sido alimentados, naturalmente saiu, no dia seguinte, à procura de Cristo. Para surpresa deles, descobriram que o único barco na região tinha saído, e que nele apenas os discípulos tinham ido, pois Jesus não entrara nele. Como não o encontraram naquela região, concluíram que algo estranho havia acontecido. Quando, finalmente, o localizaram em Cafarnaum, "...lhe perguntaram: Mestre, quando chegaste aqui? Respondeu-lhes Jesus: Em verdade, em verdade vos digo: vós me procurais, não porque vistes sinais, mas porque comestes dos pães e vos fartastes" (vv.25,26).

Quando consideramos a reflexão sobre a multiplicação dos pães e peixes, enfatizei que o milagre aconteceu sem alarde. Quer dizer, Jesus não montou um espetáculo em torno do acontecimento, mas o realizou quase sem que as pessoas percebessem. O mesmo princípio que o levou a realizar o milagre "às escondidas", motivou-o agora a não responder à pergunta que lhe fizeram. A forma espetacular como chegou ao outro lado do lago não era uma informação que Ele considerava importante lhes comunicar.

Saber quão facilmente as pessoas podem se distrair pelo que seja milagroso, deve se tornar também uma séria e constante consideração em nossos ministérios. Como pastores, devemos tomar todos os cuidados para não cairmos na armadilha de "entreter" as pessoas da congregação. O nosso chamado é para formá-las à imagem do Filho, e isto raras vezes se consegue simplesmente com reuniões.

Em vez de responder à pergunta deles, Jesus os levou a considerar temas verdadeiramente significativos: "Trabalhai, não pela comida que perece, mas pela que subsiste para a vida eterna, a qual o Filho do Homem vos dará; porque Deus, o Pai, o confirmou com o seu selo" (v.27). Dessa maneira, exortou para que considerassem um assunto mais sério, um verdadeiro compromisso com o Senhor. Jesus deixou claras as dimensões desse chamado: "que creiais naquele que por ele foi enviado". Está aqui o cerne do assunto: desenvolver uma vida cujo centro seja a pessoa de Cristo. Jesus desejava, definitivamente, estabelecer-se como o único protagonista de tudo o que acontecia na vida daqueles que o seguiam.

O pão da vida *(Jesus perde seguidores)*

253
A ARMADILHA DOS SINAIS
João 6:22-71

> Leia os versículos 30 a 34. Como interpretaram o desafio que Cristo lhes apresentou? Por que pediram um sinal? De que forma Jesus os respondeu?

O Senhor havia dito claramente que a obra que o Pai desejava para a vida das pessoas que estavam com Ele era que cressem no Filho. Os Seus ouvintes interpretaram corretamente o desafio, mas voltaram outra vez ao erro que já mencionamos: eles criam que o Filho de Deus devia apresentar as devidas evidências para que pudessem confiar nele. Ou seja, atribuíram a sua incredulidade a uma falta de evidências, e não, a corações endurecidos. O erro do argumento deles encontra a sua melhor expressão na geração que saiu do Egito. Se alguma vez existiu um grupo de pessoas que tenha recebido abundantes sinais do Céu, os israelitas no deserto eram esse grupo. Seria difícil para nós encontrarmos, nas Escrituras, um povo mais obstinado e rebelde que a multidão que acompanhou Moisés no deserto. Eram de fato um povo de dura cerviz!

Contudo, as pessoas que falavam com Jesus lançaram mão do exemplo do maná que caiu do céu, como se este acontecimento tivesse provocado uma tremenda manifestação de compromisso nos que viram aquele milagre. O desejo das pessoas era que Jesus desse um sinal parecido para que também pudessem crer que Ele tinha sido enviado pelo Pai. Ele usou a frase deles para ajudá-los a entender que não estava falando de uma realidade do mundo material, mas do mundo espiritual. Era verdade que a comida que Moisés distribuiu desceu do céu, mas isto não se referia a outra dimensão além do espaço físico acima da terra, que chamamos "céu". Não é — neste sentido — o Céu ao qual Jesus vai se referir.

O pão que o povo necessitava não era o pão preparado com farinha e fermento, mas o pão cujo conteúdo era puramente espiritual, ou seja, o Filho de Deus. O único que pode ofertar esse pão é Deus, pois nenhuma pessoa possui em si mesma a capacidade de suprir a necessidade espiritual do ser humano. O Pão que desce do Céu não sacia o estômago, mas satisfaz os anseios mais profundos do coração. É o único pão sem o qual não é possível viver.

Talvez os israelitas, assim como a mulher samaritana com a água, continuaram pensando no pão que comiam a cada dia. A possibilidade de usufruir de uma provisão ilimitada desse pão, tal como o receberam os pais no deserto, entusiasmou-os sobremaneira e exclamaram: "Senhor, dá-nos sempre desse pão". Entretanto, não estavam pensando nos mesmos termos que Jesus, e Ele precisou lhes esclarecer com exatidão, o que Ele tinha em mente.

O grau de incompreensão com o qual nos deparamos, vez por outra, nos evangelhos não deixa de me impressionar. Não é uma condição da qual sofrem exclusivamente os de coração mais endurecido. Também os discípulos se encontravam continuamente confusos com o que Jesus dizia ou fazia. Mesmo lhes falando com absoluta clareza, também não entendiam. Nós padecemos da mesma limitação, pelo que devemos saber que toda uma vida não será suficiente para se chegar às profundezas do nosso Deus.

O pão da vida *(Jesus perde seguidores)*

254
EM BOAS MÃOS
João 6:22-71

> Quando os judeus entenderam a oferta de Cristo, eles lhe pediram o Pão da Vida. Possivelmente, seguiam pensando num pão material, semelhante ao que os israelitas haviam recebido no deserto, pois Jesus precisou esclarecer mais um ponto. O que revelou acerca de si mesmo? Qual é a parte do Pai no processo da conversão? Que responsabilidade tem o Filho?

Devemos observar, nesta afirmação tão conhecida para nós, a ênfase do primeiro verbo, "vem". Como já foi mencionado nesta série, existe uma enorme diferença entre: Cristo vir a nós e nós irmos a Ele. Na primeira alternativa, nós somos o centro do acontecimento; aquele que está em movimento é Deus. Não deixa de ser correta a afirmação de que Deus está em movimento, só que nós não somos o destino final do Seu movimento. Antes, porém, nós nos unimos a Ele para seguirmos rumo a um destino que é muito maior do que a nossa própria vida. A primeira atitude desperta em nós uma vida de passividade. A segunda, nos convida a uma vida de aventura que se consegue somente enquanto permanecemos em movimento.

Jesus esclareceu aos que o ouviam: "Porém eu já vos disse que, embora me tenhais visto, não credes". Eles haviam pedido sinais, e não viam que o maior sinal estava diante dos seus olhos: o próprio Filho de Deus. A evidência que eles pediam para crer não se baseava num fato, mas em uma pessoa. Para todos os que tinham olhos para ver, o milagre se encontrava no Verbo feito carne, a glória de Deus manifestada entre os homens (João 1:14).

É neste momento que Jesus mostra a verdadeira dimensão da conversão. Ele volta a testificar a perfeita unidade que existe entre o Pai e o Filho, de modo que as pessoas que veem a Jesus são aquelas sobre as quais o Pai já colocou a mão. Ele declara que o Pai lhe pede para que não perca nenhum deles. A imagem pastoral deste quadro é muito forte. Assim como um bom pastor jamais abandonaria, nem descuidaria das ovelhas que lhe foram confiadas pelo dono delas, assim também Jesus se compromete profundamente a cuidar do nosso bem-estar e a trabalhar para que cresçamos à plenitude do que Deus deseja para a nossa vida. O fato de, ocasionalmente, nos "sentirmos sozinhos", não mostra, de nenhuma forma, que o Filho tenha descuidado do Seu compromisso pastoral. Cabe ressaltar que Ele assumiu este compromisso com o Pai, e por isso o Pai lhe confia os Seus filhinhos.

Entendemos agora por que Cristo não apresentava sinais aos que lhe pediam. Os mesmos em nada contribuiriam ao processo de convencer as pessoas que os pediam. O processo que leva à conversão, que é um presente gratuito do Pai, acontece ao se realizar uma mudança em nosso coração. O milagre da conversão é uma poderosa evidência do espírito missionário de Deus, que não descansa enquanto ainda há pessoas que não entraram na presença do seu Criador.

O pão da vida *(Jesus perde seguidores)*

ESTATURA ESPIRITUAL
João 6:22-71

Com que clareza esta passagem ilustra as dificuldades que os que andam conforme a carne, sofrem para entender os assuntos do Espírito. Ante a declaração de Cristo, de que Ele é o pão da vida, a reação da multidão foi imediata: "Murmuravam, pois, dele os judeus, porque dissera: Eu sou o pão que desceu do céu". Que argumento os judeus usaram para refutar esta declaração? Por que se ofenderam? Que outro esclarecimento o Senhor ofereceu a eles?

O argumento implícito na resposta dos judeus frequentemente nos envolve também. Eles criam que a origem humilde de Jesus não era compatível com a grandeza que Ele estava atribuindo a si mesmo. Percebe-se, no argumento deles, a discriminação que tão facilmente se manifesta entre nós, como se somente aqueles que têm a nossa aprovação podem desejar ser algo mais do que a maioria das pessoas que vemos todos os dias.

Por vezes escutei este tipo de comentário sobre aqueles que conseguiram algum destaque no ministério. Aqueles que os conhecem há muitos anos afirmam: "Eu o conheço. A mim não me engana! É o mesmo de sempre!" De alguma forma, o comentário indica que a grandeza deveria ser vista em todas as etapas da vida, e sempre mostra as qualidades que nós lhe atribuímos. Este sentimento foi o que levou alguns no primeiro século a escrever os evangelhos apócrifos, nos quais atribuíam a Jesus as mais fantásticas aventuras durante a Sua infância. O tom exagerado e ridículo dos seus relatos é suficiente para demonstrar a origem fictícia dos mesmos.

O argumento também ignora o fato de que a maioria das pessoas que alcançaram algum reconhecimento entre o povo de Deus, começaram no anonimato. José era um desconhecido escravo hebreu quando o nomearam primeiro-ministro. Moisés era um pastor de ovelhas que havia ficado no esquecimento. Davi era tão insignificante que seus irmãos nem sequer o chamaram para a visita de Samuel. Pedro era um simples pescador por quem ninguém teria dado um centavo. E o que diremos de alguns dos grandes personagens da história da igreja, pessoas como Francisco de Assis, John Wesley, Hudson Taylor ou Billy Graham? Nenhum deles nasceu num contexto de fama. Antes, começaram num ambiente humilde e insignificante, como o Mestre da Galileia.

Além desta observação, existe um erro crasso na resposta dos judeus, o de crer que a grandeza espiritual é semelhante à grandeza no mundo. Aos olhos de muitos, João Batista foi um fracasso, mas o Filho de Deus não partilhava desse sentimento. De vez em quando, voltamos ao fato de que as características que marcam a diferença de uma pessoa no Reino, raramente são percebidas pelos que estão no mundo. É por isto que, como líderes, não devemos nos preocupar em buscar aplausos, títulos e a popularidade. Estes prêmios são os que as pessoas buscam com empenho, mas não pesam nos assuntos do nosso Pai Celestial. A grandeza de espírito, porém, está construída sobre comportamentos e atitudes que são ridicularizados e desvalorizados pelo mundo.

O pão da vida *(Jesus perde seguidores)*

256
COMER SUA CARNE
João 6:22-71

Um dos atributos que mais se destacam em Jesus, nesse longo diálogo com os israelitas, é a incrível capacidade de agir como mestre. Nós, que exercemos o ministério do ensino, não devemos esquecer que a aprendizagem, mais que um momento, é um processo na vida de cada pessoa. Isto requer que o mestre saiba como apresentar, sob diferentes ângulos e em diferentes formatos, a mesma verdade. Ao examinarmos o texto destes dias, observamos que Jesus voltou, repetidamente, à mesma verdade; entretanto, em cada ocasião ampliava ou acrescentava algum detalhe. Jesus completa a imagem do pão mostrando que era necessário que comessem da Sua carne e bebessem do Seu sangue. Leia os versículos 48-58. O que isto implica, em termos práticos? A que se referia Jesus quando falou sobre permanecer nele?

Cristo esclareceu todas as dúvidas quanto à diferença entre o pão vivo e o chamado "pão do céu", ao qual o povo tinha se referido. Embora o maná, no deserto, tenha sustentado o povo de Deus por um tempo, finalmente, os que dele comeram, morreram. O pão que Jesus oferece é um pão que produz vida eterna, e é a este pão que eles devem recorrer.

Vale a pena enfatizar que o pão somente produz vida se ingerido. Não traz bênção sendo guardado num cesto sobre a mesa, tampouco sendo oferecido aos amigos. As propriedades vitais que este pão possui se ativam quando uma pessoa decide comê-lo. Nesse momento, quem o come "viverá por causa de Cristo".

A imagem de comer o pão e beber o sangue é didática quando pensamos no que significa caminhar com Ele. Quando colocamos um pedaço de pão na boca, os dentes começam o processo de partir e triturar a farinha assada até chegar ao ponto de ser engolido. Uma vez ingerido, o processo de assimilação passa do estômago ao intestino, até que tenham sido extraídas as propriedades do pão que podem ser assimiladas, e que, finalmente, são as que sustentarão o corpo. Em um momento, então, o pão e o corpo passam a estar integralmente unidos e assimilados. Deste processo digestivo, somente tomamos consciência da primeira parte ao saborear o pão na boca. O restante do processo acontece despercebido para nós, embora sejamos os beneficiários do resultado final.

Ao pensarmos na imagem de comer e beber, aproximamo-nos do propósito de Deus para a nossa vida. Ele não deseja que tenhamos um encontro com Cristo de vez em quando, no qual haja uma respeitosa troca de formalidades. Antes, aponta para um relacionamento com Jesus que abra o caminho para intensos e íntimos diálogos, para que Ele chegue a ser parte de nós, tal como o pão que ingerimos para nos alimentarmos. Comer dele deve ser uma ação tão regular e deliberada que se torne essencial para se poder viver. A cada passo, e em cada momento, devemos buscar a forma de nos nutrirmos dele, pois sem este intercâmbio é impossível produzir a intensa vida para a qual fomos criados.

O pão da vida *(Jesus perde seguidores)*

257
DURA É ESTA PALAVRA
João 6:22-71

O apóstolo Paulo, em sua segunda carta a Timóteo, adverte que nos últimos tempos aparecerão pessoas "que não suportarão a sã doutrina; pelo contrário, cercar-se-ão de mestres segundo as suas próprias cobiças, como que sentindo coceira nos ouvidos e se recusarão a dar ouvidos à verdade, entregando-se às fábulas" (4:3,4). As suas palavras oferecem uma correta descrição do caminho da religiosidade, a tentativa de andar com Deus enquanto se retém o controle sobre a vida. A prática é tão antiga quanta a própria existência humana, embora vivamos agora em tempos em que esta filosofia tenha alcançado níveis de aceitação popular jamais vistos até o momento. Leia os versículos 60-66. O que aconteceu depois disto com alguns dos discípulos que andavam com Jesus? Por que tomaram esta decisão? Como o Senhor reagiu diante dessa situação?

O homem sempre lutou contra a ideia de submeter o seu espírito ao Senhor. No fundo, cada um de nós deseja que Deus aprove nossa maneira de realizar as coisas. Não queremos ser confrontados, nem corrigidos, e nossa resistência é claramente vista pelo modo como reagimos quando outra pessoa contradiz a nossa forma de ver a vida. Quando alguns dos discípulos exclamaram: "Duro é este discurso; quem o pode ouvir?", eles estavam dando a entender que o problema não estava enraizado neles, mas nos ensinos utópicos de Cristo. E é precisamente esta forma de pensar que nos leva a crer que algumas das exigências da Palavra devem ser modificadas, porque, na realidade, ninguém pode cumpri-las. Desta maneira, então, acabamos diluindo os requisitos para ser discípulos, para se chegar a uma versão da vida espiritual que nos exige apenas algumas horas por semana.

O problema não está nos ensinos, mas em nosso empenho de não permitirmos que alguém imponha sobre nós um estilo de vida diferente do que temos escolhido. O primeiro encontro com a Palavra, então, sempre será em meio a uma luta. Longe de mudar a Sua mensagem, Cristo declarou que experimentariam conflitos ainda maiores que esses (vv.61,62). Se compreendermos o verdadeiro sentido das Suas palavras, entenderemos que a percepção de termos sido afetados por elas pode ser uma das claras confirmações de que é Deus quem tem falado conosco. A Palavra claramente mostra que a carne se opõe ao Espírito, pelo que nos veremos envolvidos na luta que Paulo descreve com tanta exatidão em Romanos 7. Este conflito nos acompanhará todos os dias da nossa vida.

Como é importante, então, aprendermos a aquietar o nosso coração para recebermos, com mansidão, a Palavra que é poderosa para purificar a nossa vida. Se nos determos para examinar as nossas motivações, possivelmente poderemos também identificar as áreas da nossa vida que Deus deseja transformar. A tesoura do Senhor que nos poda, para produzirmos mais fruto, pode causar muita dor, mas é eficaz em seu propósito.

É importante, também, entendermos que a função do profeta é confrontar o povo com a Palavra. Não devemos jamais ofender deliberadamente as pessoas. Porém, se temos sido chamados a proclamar a verdade eterna, esta frequentemente soará ofensiva aos ouvidos daqueles que nos escutam.

258
MOMENTO DE DEFINIÇÕES
João 6:22-71

> A confrontação entre o Senhor e alguns dos Seus discípulos não terminou bem para eles (v.66). Como Jesus agiu, depois, com os Doze? Por que procedeu dessa forma? Qual foi a resposta deles?

Um dos resultados deste encontro possui uma conotação particularmente triste: "À vista disso, muitos dos seus discípulos o abandonaram e já não andavam com ele". A frase "já não andavam com ele" parece indicar um desejo da parte de alguns discípulos, de abandonar o caminho que vinham seguindo. Revela a mesma ausência de convicções que levou os israelitas a quererem voltar ao Egito. O significado desta decisão não se refere a uma mudança de direção, mas na volta àquelas condições que significavam a derrota, o desânimo e a escravidão na vida. Voltar atrás é regressar às trevas e à ignorância.

É possível "voltar atrás" sem necessariamente abandonar fisicamente o Senhor. Quer dizer, qualquer um dos discípulos poderia muito bem ter continuado com o grupo, mas ao mesmo tempo, em seu íntimo, ter abandonado o seu compromisso com Cristo. Sabemos que as verdadeiras definições da vida não são tomadas no exterior, mas no secreto do coração. Por esta razão, a igreja tolera um grande número de devotos cujo compromisso não vai além da assistência aos encontros periódicos no templo. No coração, entretanto, decidiram, algum tempo atrás, não se "entregar completamente" à pessoa de Jesus, e as suas vidas dão um triste testemunho desta decisão secreta.

Por esta razão, longe de buscar uma forma de dissuadir os que haviam decidido abandoná-lo, Cristo desafiou o grupo dos Doze: "Quereis também vós outros retirar-vos?". Ficamos surpresos com a franqueza da pergunta, pois provavelmente teríamos feito o possível para não "perder" as poucas pessoas que nos sobraram. Jesus, entretanto, sabia que levá-los a uma definição era um assunto crucial para o futuro do grupo. Se não assumirmos este compromisso, ficaremos para sempre envolvidos na dúvida. Da mesma forma, Josué confrontou o povo que tinha entrado na Terra Prometida, convocando-os a escolher se serviriam ao Senhor ou a outros deuses (Josué 24:15). O apóstolo Paulo, também, instou a igreja em Roma a uma definição parecida. "Rogo-vos, pois, irmãos, pelas misericórdias de Deus, que apresenteis o vosso corpo por sacrifício vivo, santo e agradável a Deus, que é o vosso culto racional. E não vos conformeis com este século, mas transformai-vos pela renovação da vossa mente, para que experimenteis qual seja a boa, agradável e perfeita vontade de Deus" (Romanos 12:1,2).

Esta entrega é diferente daquela que fizemos ao nos convertermos. Naquela ocasião, não havia uma clara noção do compromisso que estávamos assumindo. Depois de um tempo, andando com Cristo, entretanto, a nova vida se torna mais clara. Agora sabemos qual é o preço de segui-lo. Conhecemos bem as dimensões do chamado que temos recebido, conforme os eternos propósitos do Pai. De posse deste conhecimento, chega o momento em nossa peregrinação que devemos decidir se vamos avançar de todo o coração ou voltar atrás.

Uma vez mais, Pedro, o mais audaz do grupo, captou a essência do que estava em jogo. "Senhor, para quem iremos? Tu tens as palavras da vida eterna." Perder Cristo era perder tudo.

Com os lábios me honram *(Jesus discute com os fariseus)*

259 "BENDITA" TRADIÇÃO!
Mateus 15:1-20

> Se você deseja entender bem o próximo tema com o qual nos ocuparemos, recomendo que separe um tempo para ler todo o texto que foi selecionado em Mateus. Não se apresse na leitura, pois perderia a oportunidade de observar os detalhes e características da cena.

Examinaremos a queixa dos representantes do mais sofisticado grupo religioso daquela época: "Então, vieram de Jerusalém a Jesus alguns fariseus e escribas e perguntaram: Por que transgridem os teus discípulos a tradição dos anciãos? Pois não lavam as mãos, quando comem". Cabe assinalar aqui que a Lei de Moisés não exigia a lavagem das mãos, exceto em casos excepcionais (Êxodo 30:18-21; Deuteronômio 21:6). No entanto, o *mishnah*, que era considerado tão importante como a própria Lei, estabelecia, sim, essa prática. Esta complexa obra, que continha uma infinidade de variantes sobre o mesmo mandamento, era o resultado da sofisticada interpretação da Lei que fariseus e escribas tanto amavam. Todas estas orientações tinham sido elaboradas para garantir o cumprimento da Palavra, mas, por essas ironias da vida, elas haviam se convertido em lei.

Observe que a queixa é dirigida a Cristo, apesar de que os que haviam "quebrado" o mandamento tinham sido os discípulos. Um bom mestre, segundo a prática daquela época, era responsável não somente pelo seu próprio comportamento, como também pelo de seus seguidores. Este princípio acompanha também a prática da liderança. Fomos chamados a assumir a responsabilidade por aqueles que estamos formando, mesmo quando se envolvem em comportamentos impróprios. O líder sábio, contudo, protegerá os seus discípulos diante dos outros e os corrigirá quando estiver a sós com eles. Os fariseus entendiam que os discípulos podiam errar, mas tinham expectativas mais elevadas do mestre deles, Jesus.

Aquela queixa veio porque consideravam o ato como a quebra de uma tradição. Percebemos na frase, o tom de ofensa dos que tanto amam a rotina, a ordem e a disciplina, mas que tem perdido de vista o serviço que estas devem prestar à prática da piedade. Em algum momento não foram tradições, mas inovações. Alguém, com um espírito criativo, pensou numa forma diferente ou melhorada de se observar a Lei. Os seguidores, desprovidos do mesmo espírito, converteram a novidade em rotina, e a rotina se tornou lei. O que começou trazendo liberdade acabou impondo uma severa escravidão aos que procuravam seguir a Palavra.

Como líderes, é sábio colocarmos periodicamente alterações na maneira de realizarmos as atividades para garantirmos que o novo não se torne infrutífero e insignificante. As cerimônias, tais como, o casamento, o batismo e a ceia do Senhor, são momentos de celebração que contribuem significativamente para a identidade que temos como povo de Deus. Devemos lembrar, contudo, de que toda inovação, finalmente perderá o encanto que a novidade traz. A solução não é viver num estado de inovação eterno, mas em recordar a cada dia que o sagrado não está nas formas, mas na intensidade do relacionamento que vivemos com Deus.

260
ESPIRITUALIDADE DE CONVENIÊNCIA
Mateus 15:1-20

> Os fariseus perguntaram a Jesus por que os Seus discípulos não lavavam as mãos, uma tradição que consideravam sagrada. Como Jesus lhes respondeu? Em que esta resposta é diferente daquelas que deu em ocasiões semelhantes? A que você atribui esta forma de responder?

Deveria sempre nos preocupar se a nossa principal atividade for censurar àqueles que não se comportam conforme os critérios que julgamos ser apropriados para a vida. Embora a Palavra claramente condene os que chamam bom ao que é mau; e mau, ao que é bom, evidentemente algo não funciona na pessoa cuja preocupação principal é atuar como "polícia" espiritual, sempre olhando para os outros com ar de suspeita. Esta atitude revela a existência de um coração legalista e amargo, onde a alegria de ser parte do povo não consegue aplacar esse permanente ar de indignação para com os outros.

Provavelmente, algo disto preocupava a Cristo. Ele não perdeu tempo discutindo sobre o comportamento dos Seus discípulos, mas foi diretamente à vida daqueles que faziam as acusações. Um dos problemas comuns, nos que estão acostumados a condenar os outros, é que deixam de olhar para as próprias vidas, de maneira que perdem a consciência da sua condição de fragilidade e imperfeição. Neste caso, os fariseus se mostraram indignados por algo que eles jamais teriam feito: comer sem a prévia purificação das mãos. Entretanto, perderam de vista o contexto mais amplo da Palavra, que é produzir em nós um coração como o do nosso Pai. Em umas poucas frases, Jesus identificou o modo como eles cometiam o mesmo pecado que condenavam nos outros.

A prática a que Jesus se refere é consagrar os bens ou o dinheiro por meio de um juramento. Este juramento significava que, aquilo que tinha sido separado, estava reservado exclusivamente para os assuntos de Deus. Desta forma, muitos asseguravam a exclusão da família em participar dos seus bens. Esta prática era bastante comum em relação aos pais, pois livrava os filhos da responsabilidade de cuidarem deles na velhice. Jesus aponta para a contradição que havia neste voto, pois a aparente devoção em dedicar tudo a Deus, levava-os a violar outro mandamento, o de honrar aos pais. Um exemplo dos nossos tempos poderia ser o de uma mulher que, ao se converter, expressa a sua devoção assistindo, todos os dias, a reuniões que lhe roubam o tempo para atender às necessidades da sua família. O fato é que o nosso compromisso com Deus deve repercutir em benefício do que estão perto de nós, e não de prejudicá-los.

É sempre fácil para nós condenarmos alguns pecados que são, convenientemente, práticas que não cumprimos. Condenamos, com veemência, os que fumam, por exemplo, porque a maioria de nós não fuma. Mas o princípio por trás desta nossa condenação — o corpo é o templo do Espírito Santo — não é o que rege a nossa vida, pois comemos muito além da conta, não seguimos uma rotina de exercícios e dormimos muito menos do que o necessário. Deste modo, a nossa aparente "espiritualidade" se converte numa fachada, pois fica claro que o nosso compromisso é completamente arbitrário.

Com os lábios me honram *(Jesus discute com os fariseus)*

261
UMA DISTÂNCIA ABISMAL
Mateus 15:1-20

> Observe o texto em Isaías que Jesus escolheu para descrever o coração dos fariseus (29:13-16). O que significa "honrar a Deus com os lábios"? Por que Jesus os acusou por ensinarem doutrinas que são mandamentos de homens? Como podemos estabelecer a diferença entre ambos?

Uma vez mais, o Mestre da Galileia leva os Seus ouvintes à esfera do coração, o único plano que realmente tem peso no reino dos Céus. Citando o profeta Isaías, Ele identifica a raiz do problema que torna as ações do homem religioso sem efeito. "Hipócritas! Bem profetizou Isaías a vosso respeito, dizendo: Este povo honra-me com os lábios, mas o seu coração está longe de mim. E em vão me adoram, ensinando doutrinas que são preceitos de homens" (Mateus 15:7-9).

A distância física entre os lábios e o coração é de apenas uns 30 cm. Em assuntos relacionados à prática da vida espiritual, entretanto, a distância entre um órgão e o outro pode ser abismal. A parte triste da religiosidade é que contribui para que esta brecha se evidencie cada vez mais, pois a prática religiosa sempre se concentra nas formas externas e visíveis da vida espiritual. A tendência de se reduzir a vida a uma série de regras revela como o desejo de controlar o nosso contexto é forte em nós. Cremos que, com o cumprimento detalhista e mecânico de algumas normas, poderemos garantir um resultado favorável para nós, como se simplesmente se tratasse de causas e efeitos.

O problema é ignorar que o ingrediente principal na vida espiritual são os relacionamentos, os quais não podem ser formulados com base numa série de regras. Embora seja verdade que todos os relacionamentos são regidos por princípios universais, a sua implementação requer um coração sensível e a flexibilidade necessária para se adaptar às particularidades de cada situação. A participação do espírito, na experiência de se relacionar com os outros, é a garantia de um intercâmbio de vida, pois, como afirma o autor de Provérbios, "guarda o coração, porque dele procedem as fontes da vida" (4:23).

O fato de sabermos isto deve nos levar a uma atitude de permanente vigilância. Se prestarmos atenção aos diferentes momentos da nossa vida espiritual, rapidamente poderemos identificar situações onde a atividade está separada da devoção interior. Fazemos orações que sempre usam as mesmas frases ou entoamos cânticos enquanto a mente se concentra em alguma preocupação familiar ou do trabalho. É muito fácil desconectar o coração a fim de que acreditemos que as nossas ações são, verdadeiramente, exercícios espirituais. É precisamente pelo pequeno esforço que as formas externas exigem que tão facilmente afastamos o coração da prática da devoção.

O apóstolo Paulo acrescenta um "atrativo" à religiosidade: "Tais coisas, com efeito, têm aparência de sabedoria" (Colossenses 2:23). A humilhação de si mesmo e o trato severo do corpo nos oferecem um meio perfeito para impressionar aos que se encontram à nossa volta, e esta conquista jamais deixa de ser agradável aos que buscam alcançar a aprovação ou a admiração das pessoas que estão ao redor.

Com os lábios me honram *(Jesus discute com os fariseus)*

262 RISCOS DE CONTAMINAÇÃO?
Mateus 15:1-20

Cristo sabia como é forte a atração da religiosidade; por isso, chamou os discípulos e lhes deu uma explicação. Leia os versículos 10 e 11. Acreditar que aquilo que entra pela boca é o que contamina o homem, revela uma forma de ver a vida. Qual é a crença que apoia esta perspectiva?

Fica claro que a maioria das pessoas não discerne os fundamentos equivocados sobre os quais se apoia uma religião, especialmente quando é considerada o culto "oficial" de um povo. "Se você usufrui de tal prestígio", diria o homem da rua, "tem um motivo". Por esta razão, Cristo decidiu convocar a multidão.

A primeira coisa que Ele disse deve ter causado consternação em muitos dos presentes: "não é o que entra pela boca o que contamina o homem, mas o que sai da boca, isto, sim, contamina o homem" (v.11). A maioria deles era conhecedor dos elaborados rituais que os fariseus praticavam para manterem a sua pureza em um mundo impuro. Os fariseus restringiam, severamente, o contato com diferentes classes de pessoas que consideravam ser pouco comprometidas ou contaminadas. A entrada de um judeu em suas casas, por exemplo, somente seria possível se estivesse disposto a se submeter a uma série de rituais para retirar todas as "impurezas" que podia estar trazendo consigo. Não havia a possibilidade de um fariseu entrar na casa de um gentio, tampouco que lhe permitisse entrada em sua própria casa, pois consideravam que os gentios estavam além do alcance dos mais estritos rituais de purificação.

Entre as observações que acompanhavam a vida dos fariseus, se encontra a que deu origem ao ensino de Cristo nesta passagem, o hábito de se lavar as mãos, cuidadosamente, antes de comer. Esta prática não tinha a higiene como objetivo principal, mas era um princípio essencialmente religioso. Os fariseus acreditavam que, no ato de se lavar as mãos, eram removidas todas as impurezas que pudessem ter se acumulado ao longo do dia por terem estado em contato com pessoas pecaminosas. A sua indignação com os discípulos de Jesus foi porque esperavam que um grupo de pessoas que seguiam um mestre religioso observassem as mesmas regras que eles.

Como era fato comum nos ensinos de Jesus, Ele foi direto à raiz do problema relacionado ao modo como este grupo de pessoas via o mundo. A perspectiva desses religiosos era de que a contaminação era algo fora do corpo, pois, segundo eles, ficava na parte exterior da pessoa. A conclusão lógica desta atitude, portanto, é que se consegue a pureza somente quando se limita ao mínimo o contato com aquilo que possa produzir corrupção. Como vimos no acontecimento, na casa de Simão fariseu, não podemos nos desfazer do pecado por meio de ritos exteriores, porque ele se encontra alojado no mais íntimo do nosso ser. Somente a ação purificadora do Senhor pode promover em nós a santidade que tanto anelamos. Quando o peso da nossa própria sujeira ofender mais a nós do que aos outros, Ele virá em nosso socorro.

263
NÃO SÃO OFENSAS
Mateus 15:1-20

> O problema principal da espiritualidade praticada pelos fariseus era que travavam a luta contra o mal num patamar equivocado. Qual é, segundo Cristo, a principal fonte da maldade no homem? Por que os fariseus se ofenderam com a declaração de Jesus?

Como se atreve este neófito questionar uma das doutrinas fundamentais da religião dos fariseus? Acaso não tinha sido ela respaldada e praticada por gerações de mestres sábios e entendidos nos assuntos da Lei? Era compreensível que Jesus, pela Sua falta de uma adequada preparação, cometesse certos erros naturais nos Seus ensinos, mas isto chegava a ser ridículo!

Este tipo de reação é comum em nós quando alguém questiona uma crença ou uma prática que consideramos sagrada. A reação em si não deve nos afastar da necessidade de examinar os méritos do que a pessoa tenha declarado. Toda ideia ou novo ensino é resistido no primeiro momento, mas a resistência frequentemente se relaciona com o nosso apego às tradições que sustentam a nossa vida. Quando um visionário inglês propôs abrir uma escola aos domingos para educar as crianças que trabalhavam de segunda a sábado, a igreja foi a primeira a manifestar a sua indignação. Como podia ser executado um projeto destes no dia de descanso? Hoje, mais de 200 anos daquela ousada proposta, não há congregação que não tenha uma Escola Dominical. Da mesma forma, quando Hudson Taylor sugeriu que os missionários se vestissem como os povos que pretendiam alcançar, os missionários mais velhos descartaram isto como algo excêntrico. Em nossos tempos, entretanto, a identificação com as nações às quais enviamos obreiros é uma das chaves para o êxito da missão.

Os discípulos ficaram alarmados com a reação dos fariseus e não demoraram em comunicar a Cristo o que acontecera. A resposta dos fariseus, contudo, não o perturbou. Com uma frase, que se tornou enigmática — "Toda planta que meu Pai celestial não plantou será arrancada" (v.13) —, mostrou que nem sempre devemos nos preocupar com a reação das pessoas. A declaração é particularmente oportuna para a época em que vivemos. Em algumas culturas, o esforço para não ofender os sentimentos de ninguém, tem feito a tolerância se converter em nova religião do povo. Esta é a cultura que tem dado a sua bênção aos "casamentos" entre pessoas do mesmo sexo, ao divórcio como estilo de vida, ou ao culto às forças da natureza.

Devemos entender que se torna impossível identificar-se com o Reino sem que, aqueles que não lhe pertençam, sintam-se ofendidos. Em alguns casos, inclusive, a ofensa é uma confirmação de que a Palavra alcançou o seu objetivo. É claro que isto não nos autoriza a ser grosseiros nem agressivos. A Verdade, contudo, sempre escandalizará àqueles que vivem nas trevas. O que deve nos preocupar é que a nossa vida passe despercebida por aqueles que se encontram mais próximos a nós. Quando isto acontece, provavelmente esteja faltando o compromisso com Cristo que, de maneira mais natural, nos coloca na contramão com a cultura na qual estamos inseridos.

264
GUIAS CEGOS
Mateus 15:1-20

> O fato de a multidão tampouco entender o que Cristo estava explicando, revela como as doutrinas dos fariseus estavam incutidas na mente do povo. As pessoas, mesmo não praticantes, davam como certos os ensinos dos fariseus que embora rígidos, se fundamentavam em alguma inquestionável verdade. Volte a ler os versículos 10 a 15. O que Jesus recomendou aos Seus discípulos? O que leva um cego a assumir o papel de guia?

Jesus descreveu os fariseus como cegos, guias de cegos. Entretanto, fica evidente que esta cegueira não tinha sua origem no desconhecimento da Palavra. A espiritualidade que o Senhor propõe, contudo, é a única onde o conhecimento não se obtém pelo muito estudo, mas pelo caminhar na verdade revelada. Quando nos comprometemos em cumprir as formas exteriores da religião, mas o nosso coração se mantém indiferente ao Senhor, até as verdades mais simples se transformam em mistérios ocultos.

Na pergunta de Pedro, Cristo se surpreendeu visto que eles também o seguiam sem compreender. Anos mais tarde, o autor de Hebreus expressaria a mesma frustração diante de uma situação parecida: "A esse respeito temos muitas coisas que dizer e difíceis de explicar, porquanto vos tendes tornado tardios em ouvir. Pois, com efeito, quando devíeis ser mestres, atendendo ao tempo decorrido, tendes, novamente, necessidade de alguém que vos ensine, de novo, quais são os princípios elementares dos oráculos de Deus; assim, vos tornastes como necessitados de leite e não de alimento sólido" (5:11,12). O fato é que a religiosidade nos permite chegar à Palavra, mas somente com o intelecto. Não é capaz de nos aproximar com o coração, e sem ele não conseguimos discernir o espírito que tenha inspirado a revelação de Deus. Quando compartilhamos, com outros, ensinamentos em que falta esse espírito, não deixa de ser um ministério que fica restrito ao intelecto. Não podemos guiar os outros na prática dessas verdades porque carecemos do elemento indispensável que todo bom mestre da Palavra deve possuir: ser uma pessoa que primeiro prove a eficácia destas verdades por meio da prática em sua própria vida. Por esta razão, muitas pessoas que passam anos no Caminho ainda permanecem no mesmo estado de quando se converteram. As ideias não transformam o coração!

Não é necessária uma inteligência privilegiada para entender o que Jesus falava às multidões: a comida pertence ao mundo da matéria inanimada, com as mesmas características que tem, a areia, a rocha ou a água. Por não possuir espírito, não participa do conflito precipitado pela rebeldia de Satanás e suas hostes do mal. A comida não é boa nem má, pelo que nenhuma pessoa pode afirmar que é possível se contaminar espiritualmente pelo contato com algo inanimado. A afirmação é absurda e revela um profundo grau de ignorância quanto à realidade do mundo espiritual. Foi por isso que Paulo questionou o severo trato com o corpo, "não têm valor algum contra a sensualidade" (Colossenses 2.23). A verdadeira espiritualidade é cultivada numa esfera totalmente diferente.

… Com os lábios me honram *(Jesus discute com os fariseus)*

265
A RAIZ DO PROBLEMA
Mateus 15:1-20

> Jesus ampliou o Seu ensino falando do coração. Que características Ele lhe atribuiu?
> Qual é o caminho para o nosso coração ser transformado?

Nas frases finais deste ensino Jesus revela, a razão de não ser eficaz para a nossa espiritualidade, a adoção de rituais de purificação que se relacionam com o mundo exterior. Lavar as mãos antes de comer é uma questão de higiene, mas não afeta aquilo que mais necessita de um processo purificador: o coração. Do coração, afirma Jesus, brota todo o mal em nós, e esta é a verdadeira fonte que nos contamina.

O coração, na linguagem de Jesus, não se refere ao órgão físico do corpo humano, pois se assim fosse, poderia se efetuar uma limpeza com algum método mais sofisticado do que o de lavar as mãos. Falar do coração é se referir ao centro da vida espiritual, aquela parte do ser humano com a capacidade de se relacionar com o seu Criador. É a área onde experimentamos satisfação, tristeza, alegria, angústia e euforia, e que nos distingue dos outros seres criados. Em consequência, o coração (algumas vezes chamado de espírito ou alma) refere-se àquele centro para o qual converge, com toda a sua intensidade, a própria vida.

O coração é a parte do homem que mais profundamente foi afetada pela queda. O profeta Jeremias declara que "enganoso é o coração, mais do que todas as coisas, e desesperadamente corrupto; quem o conhecerá?" (17:9). O pecado lhe roubou a sua sensibilidade para com os assuntos espirituais, e o tornou endurecido e rebelde. Por ser o centro da vida, contamina todo o nosso ser, manchando com a maldade e egoísmo muitas das nossas ações. De fato, Jesus não titubeia ao declarar, de acordo a passagem que temos considerado nestes dias, que todos os atos perversos que vemos ao nosso redor tem sua origem em nosso coração enfermo.

Em face desta realidade, é fácil de se entender por que os mais elaborados ritos de purificação deixarão intacta a maldade do coração. Na essência, Ele está mostrando que o nosso maior problema não se encontra no mundo que nos cerca, o lugar que os fariseus identificavam como o campo principal das suas lutas. A verdade é que os fariseus poderiam viver isolados em uma ilha, afastados de todo o contato com o mundo "contaminado" que tanto temiam, e igualmente continuariam sujos, porque, onde quer que se encontrassem, não poderiam se livrar dos seus perversos corações. A resposta ao problema do nosso coração é uma operação celestial. Não possuímos os meios para produzir nele uma transformação genuína. Somente a intervenção do Deus santo pode nos libertar da escravidão do pecado. Esta é a mensagem central de Paulo em sua carta à igreja em Roma.

O ensino de Cristo nos deixa um valioso princípio que deve apoiar a nossa vida espiritual. Podemos ser diligentes em cultivar o relacionamento com o Senhor, mas cada vez que confiarmos em nossas ações para gerar mudanças em nós, teremos retornado ao antigo caminho dos fariseus. A superabundante graça de Cristo é a resposta, o único meio para a nossa transformação.

Por umas migalhas *(Jesus e uma cananeia)*

INTERRUPÇÕES NECESSÁRIAS
Mateus 15:21-28

Em poucas ocasiões, durante o Seu ministério, Jesus saiu do território de Israel para ministrar entre os gentios. Entretanto, depois do embate com os fariseus sobre os rituais de purificação, Ele se retirou para a região de Tiro e de Sidom (v.21). Leia o texto deste dia. Em sua opinião, por que Jesus não queria que ninguém soubesse da Sua chegada? O que revela a resposta dos discípulos diante da insistência da mulher cananeia?

O fato de Jesus entrar numa casa parece indicar que desejava procurar um tempo de quietude e restauração na presença do Pai. Tais momentos tinham sido um componente integral do Seu ministério, pois as atividades de cada dia produziam um inevitável desgaste nas reservas espirituais que sustentavam a Sua vocação pastoral. Quem ignora a necessidade de cuidar das suas reservas, inevitavelmente descobrirá, em algum momento, que se sente desgastado e apático diante das intermináveis exigências das pessoas.

A despeito das intenções de Jesus, Ele não passou despercebido, pois "uma mulher cananeia, que viera daquelas regiões, clamava: Senhor, Filho de Davi, tem compaixão de mim! Minha filha está horrivelmente endemoninhada" (v.22). Precisamos considerar que o trabalho com as pessoas apresenta estas características. Apesar de tentarmos limitar a certos horários os períodos de atendimento às necessidades das pessoas, a vida não se torna tão organizada como gostaríamos que fosse. Em certas ocasiões, as exigências dos outros invadem a nossa existência, e não podemos ignorá-las.

Henri Nouwen, autor de uma longa lista de renomados livros sobre espiritualidade, comentou que, por muitos anos, as interrupções no seu trabalho diário lhe provocaram fortes ressentimentos. Estes aparentes estorvos não lhe permitiam avançar nas metas que propusera a si mesmo. Um dia, porém, percebeu que os momentos mais espirituais aconteciam sempre nas interrupções, e não no organizado plano de trabalho que havia estabelecido para cada dia. Ele começou a valorizar as interrupções, pois percebia nelas a oportunidade de ser surpreendido pelo mover de Deus.

Quando uma pessoa caminha por este mundo com o coração cheio da misericórdia e da compaixão do Pai, inevitavelmente atrairá outras pessoas para o mesmo. A ternura de Cristo, em meio a tanta maldade, brilhava como uma luz em uma noite escura e fechada, especialmente num contexto de condenação diária como a dos fariseus e escribas.

Apesar desse coração compassivo, Jesus "não lhe respondeu palavra. E os seus discípulos, aproximando-se, rogaram-lhe: Despede-a, pois vem clamando atrás de nós" (v.23). Observe como é interessante a reação dos discípulos. Eles se sentiram incomodados pelo comportamento "inapropriado" da mulher. Devo dizer, contudo, que muitas das pessoas que se aproximaram de Jesus fizeram-no desta mesma forma. O encontro delas com o Messias não aconteceu no contexto das reuniões organizadas e previsíveis que frequentamos. Antes, porém, as pessoas se colocavam diante dele dando gritos, abrindo caminho entre os curiosos. As expressões mais profundas da vida espiritual não são sempre "apropriadas" à nossa cultura, mas são as mais genuínas.

Por umas migalhas *(Jesus e uma cananeia)*

267
O GRITO DOS DESESPERADOS
Mateus 15:21-28

> Ontem vimos o desconforto dos discípulos ante a insistência da mulher em buscar a Jesus, pedindo, aos gritos, socorro para a filha dela. Jesus, aparentemente, a ignorou. Na sua opinião, por que terá o Senhor se comportado dessa maneira? Que reação a atitude de Jesus despertou na mulher?

O comportamento desta mulher não era próprio para um local público, o que provavelmente ofendeu o grupo de homens que acompanhavam o Mestre da Galileia. Entretanto, penso que também podemos perceber nos discípulos o mesmo mal-estar que sentimos na presença de pessoas que manifestam maior entusiasmo do que nós, inclusive quando, aos nossos olhos, se expressaram inadequadamente.

Na reflexão de hoje gostaria que nos concentrássemos nesta paixão. Sem dúvida, o desespero desta mulher se relaciona com a especial dedicação que as mães manifestam pelos seus filhos. Lembro-me de ter lido num jornal uma notícia sobre um feito assombroso em que uma mulher, para resgatar o seu bebê preso debaixo de um carro, conseguiu levantá-lo sem a ajuda de ninguém. O desespero lhe deu uma força que não poderia ter em nenhuma outra circunstância.

Não obstante a sua vocação, a mãe também manifesta o desespero de quem "queimou os últimos cartuchos". Não sabemos que outros recursos aquela mulher tinha buscado até aquele momento. O que fica claro é que a mulher viu em Cristo a salvação para a sua filha. Possivelmente tenha recebido notícias dos maravilhosos feitos que acompanhavam o ministério desse homem da Galileia. Ela se aproximou de Jesus dando vazão ao desespero que sentia no coração, sem considerar por um instante a necessidade de ser discreta ou educada.

Nesse momento encontramos uma das cenas mais estranhas dos evangelhos. Jesus, que em outras ocasiões teria atendido à sua necessidade, seguiu caminhando serenamente, em silêncio. A mulher, longe de desistir, continuou gritando de modo que provocou nos discípulos o mal-estar que já mencionamos. Diante da necessidade apresentada, Jesus continuou negando ajuda: "Não é bom tomar o pão dos filhos e lançá-lo aos cachorrinhos" (v.26). A frase claramente se refere a uma limitação imposta pelo Pai ao Filho: a Sua missão era ministrar à casa de Israel. Sem a necessidade de analisar as razões para estas orientações, podemos ver, uma vez mais, a absoluta submissão de Cristo a esta limitação. Isto, claramente revela que não é toda oportunidade que aparece diante de nós para ministrar, necessariamente faz parte do projeto de Deus para nossa vida.

Observamos que a mulher não se deu por vencida. Ao invés de voltar para a sua casa, insistiu ainda mais para que Jesus atendesse à sua filha. Esta insistência é que faz a diferença no Reino! A Palavra afirma que encontraremos o Senhor quando o buscarmos com todo o nosso coração e com toda a nossa alma (Deuteronômio 4:29). O motivo por que está meio apagada a chama da vida espiritual em nosso coração, não é a maldade que nos cerca, mas a fraqueza da nossa própria paixão. Para aquele que busca a Deus pela metade, a sua experiência com o Senhor resultará também pela metade!

Por umas migalhas *(Jesus e uma cananeia)*

268
GRANDE É A TUA FÉ!
Mateus 15:21-28

> Não podemos encobrir o quão difícil é entender a resposta de Cristo ao pedido da mulher. À primeira vista parece ter sido uma descortesia. O que Jesus tinha em mente quando se referiu à comida para os filhos? Por que se impressionou ante a resposta da mulher?

Não necessitamos praticar "malabarismos" exegéticos para obtermos o significado das palavras de Jesus. Primeiro, devemos nos apegar à imagem de Cristo que os evangelhos nos têm apresentado para sabermos que, mesmo quando as Suas palavras pareçam ser chocantes, não são a manifestação de um coração perverso e insensível. Podemos descansar, também, no fato de que jamais conseguiremos entender, em toda a sua profundidade, a pessoa de Cristo. Basta-nos saber que Ele caminha e ministra em absoluta sujeição ao Pai; cada palavra que pronuncia não vem dele, mas do Pai que o enviou (João 14:27).

A sentença: "Não é bom tomar o pão dos filhos e lançá-lo aos cachorrinhos" representa a típica resposta que uma mulher gentia podia esperar de um judeu, pois eles se referiam, com desprezo aos pagãos como "cães". Se considerarmos literalmente as palavras de Cristo, possivelmente vejamos um insulto na Sua resposta. Faltam-nos outros detalhes, como o tom da voz e o olhar, para conseguirmos nos aproximar do propósito de Jesus. Nos evangelhos, quando consideramos outros encontros similares presumimos ser muito provável que o Senhor buscasse provar a fé dessa mulher, para revelar quão grande era o seu desejo de conseguir a intervenção de Deus na vida da filha. De qualquer forma, Cristo lhe mostra que Ele tem outras prioridades, que tornam inoportuna a sua petição. O que Jesus havia recebido estava reservado ao povo judeu.

A persistência dela, entretanto, impactou o Filho de Deus, pois a mulher, imediatamente, respondeu: "Sim, Senhor, porém os cachorrinhos comem das migalhas que caem da mesa dos seus donos" (v.27). Ela bem que poderia se mostrar ofendida ou ter entrado numa discussão acerca da injustiça de um ministério que beneficiasse somente os judeus. O desespero dela, contudo, a colocou num ponto onde não existia humilhação suficientemente grande que a fizesse desistir do seu propósito. Em vez de reagir, sentindo-se ofendida, demonstrou ter verdadeira compreensão das extraordinárias riquezas disponíveis no Reino. Ela acreditava que, com apenas umas "migalhas" do que estava reservado aos israelitas, alcançaria seu objetivo e ainda lhe sobraria.

A sua profunda compreensão e entrega, impressionou a Cristo, e por isso, Ele exclamou: "Ó mulher, grande é a tua fé! Faça-se contigo como queres. E, desde aquele momento, sua filha ficou sã (v.28). A fé, que a mulher demonstrou, não estava equivocada. Jesus não se moveu, nem lhe tocou, nem foi visitar a filha atormentada. Ele apenas proferiu uma palavra em favor da mulher, e a sua filha foi liberta. Assim se tornou real o pedido da mulher, pois, o Filho de Deus não teve maior desafio do que dispensar apenas algumas "migalhas" de tudo quanto tinha para lhe oferecer.

Não à mediocridade *(Uma parada no caminho – 6)*

AVIVA O FOGO
2 Timóteo 1:5-7

Hoje fazemos outra parada no caminho, para avaliarmos o percurso que temos feito até aqui. Leia o texto recomendado de 2 Timóteo. Que convicção tinha Paulo com respeito à vida do seu discípulo? Que exortação o apóstolo lhe deixou? Que implicações práticas ela traz? Por que menciona a covardia neste contexto?

As cartas de Paulo a Timóteo revelam como era profundo o compromisso do apóstolo para com o jovem obreiro. O grande investimento que o apóstolo havia realizado na vida de Timóteo não era somente pelo potencial que tinha visto nele, mas porque esse jovem também possuía uma rica herança espiritual, a qual, primeiramente, se manifestara em sua avó, Loide, e depois em sua mãe, Eunice. Como vimos nos evangelhos, a nossa vida está intimamente ligada à de outras pessoas do nosso círculo, muito mais do que percebemos. O depósito que ele havia recebido, não somente representava um privilégio, como também uma responsabilidade, e é a esta obrigação a que Paulo se refere.

A exortação era para que se avivasse o fogo do dom de Deus que havia nele. A frase, como tantas outras nas cartas do apóstolo, imediatamente se traduz na imagem de um dos milhares de fogos que eram acesos, cada dia, para cozinhar ou para aquecer o ambiente. Com o passar das horas, as chamas perdiam o seu vigor e, finalmente, ficavam somente umas poucas brasas. As pessoas mais cuidadosas não permitiriam que o fogo se extinguisse, pois sempre representava um desafio maior começar de novo do que reavivar a chama já existente.

Paulo, claramente desejava que Timóteo entendesse que a paixão, por si mesma, não permanece. Cedo ou tarde, se não for estimulada, irá se apagar. Este processo é inevitável, mas não tem por que perder a esperança. O discípulo amadurecido reconhecerá os sinais de uma paixão que se apaga e dará os necessários passos para reavivá-la. No caso pontual de Timóteo, a sua aparente timidez colocava em risco a permanência do fogo de Deus nele.

Por que nos detemos neste detalhe? Porque nas cenas que temos examinado, começamos a perceber que todos quantos se aproximavam de Jesus estavam tomados por uma extraordinária convicção de que Ele possuía o que eles necessitavam. A pergunta que devemos fazer a nós mesmos é esta: *Até que ponto chega o meu desespero em lançar mão do que Jesus oferece para mim?* A resposta que dermos a esta pergunta pode nos prover uma das chaves para avaliarmos a nossa vida espiritual neste tempo. O que se torna evidente é que não alcançaremos grandes conquistas com as mornas expressões de fé que caracterizam a vida de muitos cristãos do nosso tempo. As expressões mornas simplesmente não se combatem com coisas mais mornas.

A nossa aventura também tem nos mostrado, de forma contundente, que não possuímos os meios necessários para mudar a nossa própria vida. Por onde avançaremos, então? Apresente-se diante do Senhor e compartilhe com Ele a sua preocupação pela falta de paixão que percebe em sua vida. Volte, sempre e sempre à Sua presença, até que Ele comece a conduzi-lo por outro caminho.

Junto ao mar da Galileia *(Jesus entre os enfermos)*

270

PUSERAM-NOS AOS SEUS PÉS
Mateus 15:29-31

Após o encontro com a mulher sirofenícia, Jesus voltou à região onde havia ministrado com maior intensidade, junto ao mar da Galileia. A Sua fama crescia dia após dia e invariavelmente imensas multidões o seguiam, entre elas havia muitos necessitados. Leia o texto de hoje. O que nos revela sobre o ministério de Jesus? De que forma os enfermos chegavam a Ele? Que resultados o Seu ministério produzia?

A lista de pessoas, nesta passagem, desvenda, o coração que movia o ministério de Cristo. Tal como anunciou o profeta Isaías, mais de 500 anos antes da Sua chegada, o Espírito de Jeová repousava sobre o Messias: "O Espírito do Senhor Deus está sobre mim, porque o Senhor me ungiu para pregar boas-novas aos quebrantados, enviou-me a curar os quebrantados de coração, a proclamar libertação aos cativos e a pôr em liberdade os algemados; a apregoar o ano aceitável do Senhor e o dia da vingança do nosso Deus; a consolar todos os que choram e a pôr sobre os que em Sião estão de luto uma coroa em vez de cinzas, óleo de alegria, em vez de pranto, veste de louvor, em vez de espírito angustiado; a fim de que se chamem carvalhos de justiça, plantados pelo Senhor para a sua glória" (Isaías 61:1-3).

Torna-se evidente, pelas características de todas as pessoas mencionadas por Mateus, que se está falando daqueles que menos privilégios e oportunidades usufruem na vida. São os esquecidos ou excluídos por aqueles que desfrutam de maior prosperidade, muitas vezes à custa do sofrimento do primeiro grupo. A resposta destes privilegiados é a que podemos esperar dos que andam nas trevas, comprometidos em garantir somente o seu próprio bem-estar. Entre os que são da casa de Deus, entretanto, não deve ser assim. Se os necessitados foram objeto da compaixão do nosso Senhor, a igreja não pode demonstrar menor interesse por eles. O desafio é que a maioria das pessoas excluídas, precisamente pelas condições da sua vida, não se aproximarão das nossas reuniões para buscar o socorro que necessitam. Antes, porém, afligidos pela indiferença, viverão cada dia com um espírito de resignação, a menos que lhes seja apresentada a oportunidade de conhecer pessoas que demonstrem ter verdadeiro interesse pela sua particular situação. É interessante notar que muitos dos enfermos eram levados aos pés de Cristo pela ação de outras pessoas que, supomos, eram amigos, parentes ou vizinhos. Assim deve agir uma comunidade envolvida com o próximo.

Sem dúvida, isto foi o que aconteceu no ministério de Cristo. Não fez falta que Ele estabelecesse um programa para anunciar que estava interessado em ministrar aos mais desafortunados da terra. As multidões, movidas pelo testemunho de tantos que foram ministrados, chegavam a Ele massivamente. Sem dúvida, a pessoa de Cristo também os atraía profundamente, pois com clareza percebiam nele um coração diferente. Além das palavras, Jesus era uma pessoa profundamente comprometida com os afligidos da terra.

Este compromisso o levou, precisamente, a percorrer as mesmas ruas pelas quais caminhavam aqueles que não guardavam qualquer esperança. Em seu andar diário, dezenas de oportunidades para ministrar apareciam em Seu caminho. Em outras situações como esta, as pessoas levavam a Ele os necessitados. Esta também é a nossa tarefa.

Cuspida sanativa! *(Jesus cura um gago)*

271
MINISTÉRIO PERSONALIZADO
Marcos 7:31-37

Entre os muitos necessitados que vieram ou foram trazidos ao Senhor, "lhe trouxeram um surdo e gago e lhe suplicaram que impusesse as mãos sobre ele". Por que Marcos, dentre toda a multidão, escolhe realçar o que aconteceu com essa pessoa em particular? Que observações pode fazer sobre o "método" que Jesus usou para ministrar a este necessitado?.

Conservando o estilo dos evangelistas, Marcos relata a experiência de um, entre os muitos necessitados que ali estavam. É possível que a escolha desta pessoa esteja relacionada com a estranha forma que Jesus usou para lhe ministrar. Apesar de os necessitados serem muitos, não devemos perder de vista que cada indivíduo representa um universo de intenso sofrimento pessoal.

É crucial que nos fixemos nesta verdade, uma vez que muitos líderes, nas últimas décadas, tenham abandonado o compromisso com o indivíduo, para dirigir todos os seus esforços na direção das multidões. Sem dúvida, esta mudança reflete a obsessão da nossa cultura com o tamanho e a quantidade. Restam poucos espaços entre nós para o reconhecimento dos que investem o seu esforço em pequenos projetos, como os artesãos de outrora. As pequenas empresas têm desaparecido do mercado diante do ataque de gigantescas multinacionais que diversificam os seus esforços para alcançar cada vez mais.

Como tenho mencionado em outras reflexões, Jesus não ignorou o incessante clamor das multidões, mas reservou os Seus melhores esforços para investir, intensamente, em uns poucos. As pessoas somente podem ser transformadas uma a uma, pois o discipulado repousa sobre a intensidade dos relacionamentos, o que é impossível com a multidão. O encontro com o gago nos lembra que cada pessoa, com as quais cruzamos no dia a dia, representa um universo de dores, alegrias, tristezas e vitórias. A beleza da proposta do nosso Pai Celestial é que ela oferece um relacionamento construído de acordo com a realidade de cada um.

Marcos relata que Jesus "tirando-o da multidão, à parte, pôs-lhe os dedos nos ouvidos e lhe tocou a língua com saliva". Não faltarão, entre nós, alguns que queiram converter esta cena numa demonstração do "método" adequado para curar surdos, embora a forma utilizada por Cristo não deixe de ser estranha e, inclusive, grosseira. No batismo de Jesus, entretanto, vimos que o "método" do Filho de Deus veio do Espírito Santo. Quer dizer, ele não possuía uma lista de opções que devia aplicar em diferentes situações de necessidade. Antes, porém, toda a evidência indica que Ele simplesmente seguia as instruções do Pai.

Resta mencionar que, para ministrar a essa pessoa, Jesus o separou dos outros. Quem exerce um ministério com estas características, sabe que, muitas vezes, os curiosos são um estorvo para se realizar a obra de Deus. Devemos crer, além disso, que o espírito compassivo de Cristo desejava proteger o gago dos olhares de quem, provavelmente, em muitas ocasiões tenham-no convertido em objeto de zombaria. O que fica claro é que, às vezes, é mais sábio ministrar em particular do que em público, e o ministro sensível deve saber quais são as ocasiões que pedem este tipo de tratamento.

Cuspida sanativa! *(Jesus cura um gago)*

272
COMPAIXÃO EM AÇÃO
Marcos 7:31-37

No devocional anterior refletimos sobre o "método" que Jesus usou para iniciar o processo de cura do homem surdo e gago. Ele colocou os dedos nos ouvidos, cuspiu e tocou a língua do homem. Qual foi o passo seguinte de Jesus? Que ações acompanharam a Sua oração? O que aconteceu com o gago?

Parece ser evidente que Jesus estava ministrando aos órgãos físicos comprometidos pela condição que sofriam. Marcos continua com o seu relato: "depois, erguendo os olhos ao céu, suspirou e disse: Efatá! Que quer dizer: Abre-te! Abriram-se-lhe os ouvidos, e logo se lhe soltou o empecilho da língua, e falava desembaraçadamente".

O processo claramente revela que o Messias esperava do Céu a necessária intervenção para curar o homem. Quer dizer, confirma-se que a cura fora realizada pela vontade do Pai, e não pela ação do Filho. A unanimidade entre o sentir de Jesus e Seu Pai é a que o Senhor mesmo testifica quando diz: "as obras que o Pai me deu para realizar, as mesmas obras que eu faço testificam de mim, de que o Pai me enviou" (João 5:36) e, em outra ocasião, afirmou: "As palavras que eu vos digo, não as digo de mim mesmo, mas o Pai, que está em mim, é quem faz as obras" (João 14:10).

Então, uma vez mais, observamos que a chave para um ministério eficaz entre os oprimidos e necessitados, não consiste em descobrir o método adequado para este fim, mas em discernir a obra que o Pai está realizando ao nosso redor, para unirmos os nossos esforços aos dele. Como vimos na segunda tentação de Cristo, o diabo quis neutralizar este modelo de trabalho, instando o Filho de Deus a tomar a iniciativa em todas as áreas da Sua vida. A diferença, embora pareça pequena, é a que separa um ministério aprovado, de um conjunto de atividades concebidas pelo próprio homem para glorificar o nome de Deus.

É interessante notar que, antes de orar, Cristo suspirou. Não podemos afirmar, com certeza a origem dessa expressão de pena e dor, mas é possível que sentisse, em Seu espírito, a angústia por tanto sofrimento nas pessoas que via ao Seu redor. A atitude de compaixão para com os que se encontram em situações difíceis é um dos "motores" que impulsiona o ministério dos que servem ao Senhor. Procuremos, sempre, cuidar para que esta sensibilidade espiritual não desapareça em nós, do contrário se produzirá um vazio que provocará uma atitude de frio profissionalismo no ministério. Esse amor, que a pessoa necessitada consegue perceber no ministro que a atende, é uma das condições que facilita a sua abertura ao poder de Deus.

Jesus falou diretamente aos órgãos afetados. Em outras ocasiões, repreendeu os espíritos que provocavam tais padecimentos, mas neste caso, parece que o impedimento não ultrapassava a condição física. Mediante o uso da autoridade que havia recebido do Pai, ordenou ao ouvido para que se abrisse. A palavra de poder, pela qual a Criação existe, é a mesma que pode libertar e restaurar o que o pecado arruinou. Sem dúvida, a palavra que o Senhor pronuncia é o instrumento mais poderoso do Universo.

Cuspida sanativa! *(Jesus cura um gago)*

273
RESTAURAÇÃO COMPLETA
Marcos 7:31-37

O resultado imediato da intervenção de Jesus na vida do homem surdo e gago foi que ele começou a falar! A observação parece tão óbvia e lógica que seria desnecessário mencioná-la. Entretanto, é importante ressaltar que o objetivo de uma visitação divina em nossa vida é a restauração das nossas funções originais. Quer dizer, a língua foi criada como instrumento de comunicação oral e esta é a função que deve cumprir. Da mesma forma, quando Deus gera em nossa vida uma transformação, o Seu anelo é que voltemos a funcionar conforme o propósito para o qual nos criou. Isto significa que não podemos seguir preocupados com o nosso próprio bem-estar, mas viver para o "louvor da Sua glória". O resultado natural de uma visitação celestial deveria ser o nosso retorno a uma vida inteiramente entregue aos assuntos do Senhor. Antes de sairmos desta cena, medite nesta pergunta: Por que Jesus lhes ordenou que não falassem coisa algum a ninguém?

Não há dúvida de que os que estavam presentes tenham ficado atônitos com o que viram acontecer ao homem surdo e gago. Embora Cristo se dedicasse a ministrar aos necessitados, os modos como agia não deixavam de causar espanto entre os que o observavam. Não obstante, "lhes ordenou que a ninguém o dissessem".

Esta não foi a primeira vez que Cristo deu esse tipo de orientação. Em várias ocasiões, ao longo dos três anos de ministério, ordenou aos que havia curado para que não contassem a ninguém. Para nós, essa atitude é difícil de se entender, porque cremos que o lógico e legítimo seria dar testemunho aos "quatro ventos" do que Deus fez na vida do homem surdo e gago. "Acaso — argumentaríamos nós —, não seria esta a melhor forma de trazer glória ao Seu nome, para as pessoas saberem que Ele é real?" Em nossa pergunta revelamos o fator que mais frequentemente impede a nossa obediência: crer que a nossa lógica e a de Deus são semelhantes. Não sabemos o exato motivo pelo qual Cristo queria impedir que esse homem divulgasse o que lhe acontecera e, em certo sentido, conhecê-lo não é importante. Basta-nos saber que a pessoa que deu tal ordem possui absoluta autoridade, e o nosso chamado é para obedecer-lhe, mesmo quando não estivermos de acordo com as Suas instruções.

Com tristeza vemos que o evangelho dá testemunho, outra vez, como é difícil obedecer, mesmo nas ordens mais simples: "quanto mais recomendava, tanto mais eles o divulgavam". Marcos não registra qualquer consequência negativa para esta desobediência, embora não tenhamos dúvida de que houve. Em outra ocasião, uma ação parecida da parte de um leproso, que "entrou a propalar muitas coisas e a divulgar a notícia, a ponto de não mais poder Jesus entrar publicamente em qualquer cidade, mas permanecia fora, em lugares ermos; e de toda parte vinham ter com ele" (Marcos 1:45).

Sem justificar a desobediência, temos de observar que, mesmo quando agimos mal, o Senhor tira proveito da situação. Como o propósito de Jesus não era crescer em popularidade, o reconhecimento pelas multidões não era necessário. Não obstante, alguns começaram a se aproximar do Senhor para viver mais plenamente a vida espiritual para a qual Deus nos criara.

Banquete no deserto *(Jesus alimenta 4 mil)*

274
FÉ COM OBRAS
Mateus 15:32-38

Tiago, quem provavelmente escreveu a primeira epístola do Novo Testamento, confrontou a Igreja Primitiva com alguns assuntos muito práticos, relacionados com o exercício da vida espiritual. Com o estilo direto que o caracteriza, pergunta aos seus leitores: "Se um irmão ou uma irmã estiverem carecidos de roupa e necessitados do alimento cotidiano, e qualquer dentre vós lhes disser: Ide em paz, aquecei-vos e fartai-vos, sem, contudo, lhes dar o necessário para o corpo, qual é o proveito disso? Assim, também a fé, se não tiver obras, por si só está morta" (Tiago 2:15-17). A fé nessa pessoa não tem vida, afirma Tiago, porque as obras são a evidência mais tangível do coração moldado por Deus. Ele estava preocupado que a Igreja se afastasse para uma espiritualidade egoísta, que excluísse da prática da sua fé, as ações concretas do amor para com os outros. Esta mesma atitude havia caracterizado o povo de Israel durante séculos.

Na passagem que agora estamos considerando, podemos encontrar a origem da convicção que movia o coração de Tiago: o exemplo de Jesus. O acontecimento que o evangelho de Mateus relata, provavelmente representa dezenas de situações semelhantes nas quais os discípulos tiveram a oportunidade de ver como o carinhoso espírito de Cristo se traduzia em ações concretas para com aqueles que estavam ao Seu redor. Leia o versículo 32. Quais motivos tangeram o coração de Jesus? O que nos indicam os detalhes sobre a disposição do povo em passar um tempo com o Senhor?

De passagem, devemos observar o impressionante compromisso da multidão para com a pessoa de Cristo, pois haviam estado com Ele durante três dias. É evidente que, durante esse tempo, as pessoas não tiveram a oportunidade de voltar às Suas casas, nem de procurar alimento. Esse tipo de comportamento tem sido sempre a mais clara prova da soberana ação de Deus, pois a intensidade do momento espiritual leva os participantes a perder a noção do tempo e deixarem de atender às suas necessidades mais básicas. A situação, contudo, não escapou dos olhos solícitos de Jesus, e Ele foi movido pela compaixão.

A compaixão é uma das características que distinguem a pessoa cujo coração tenha sido tocado pelo amor de Deus. Diferente do pesar, a compaixão se traduz num sentimento de angústia pela necessidade do próximo numa ação concreta que busca aliviar tal situação. Neste caso, Cristo reuniu os Seus discípulos com um duplo propósito, além de mostrar a urgente necessidade das pessoas, Ele pretendia mobilizá-los para a ação.

O procedimento de Jesus está plenamente alinhado com o bondoso coração do Pai. Encontramos uma expressão típica da Sua ternura em Deuteronômio: "Quando entre ti houver algum pobre de teus irmãos, em alguma das tuas cidades, na tua terra que o Senhor, teu Deus, te dá, não endurecerás o teu coração, nem fecharás as mãos a teu irmão pobre; antes, lhe abrirás de todo a mão e lhe emprestarás o que lhe falta, quanto baste para a sua necessidade" (15:7,8). Observe que a Palavra indica que o passo mais importante no processo de ajudar aos outros é não endurecer o coração em face das suas necessidades, uma decisão que é responsabilidade de cada um.

Banquete no deserto *(Jesus alimenta 4 mil)*

275 PERSPECTIVAS LIMITADAS
Mateus 15:32-38

> É interessante que Jesus tenha achado por bem repartir seu fardo com os discípulos, embora sabendo que nada poderiam fazer quanto a isto. Por que, então, falou a eles sobre a necessidade da multidão? Qual foi a reação dos Doze? O que isto revela sobre a perspectiva dos discípulos?

Os mais pragmáticos entre nós diriam que o exercício de compartilhar com eles foi uma perda de tempo, pois, de qualquer forma, a intenção de Cristo era atuar sem a ajuda deles. Devo confessar que, durante anos, apeguei-me a ideias semelhantes a esta e que, por este motivo, levava adiante muitas tarefas ministeriais sozinho. Vemos, entretanto, que Jesus sempre estava consciente do desafio de formar os Doze para a obra do ministério, mesmo se estivesse em momentos de intenso trabalho com as multidões que sempre o seguiam. Neste sentido, então, nunca considerou como perda de tempo envolver outros nas obras que executava, pois cada situação continha valiosas oportunidades para ensinar-lhes.

Para se entender o valor deste processo, é importante recordar que grande parte do ensino de Jesus aos Doze não se relacionava com uma cátedra, mas com situações espontâneas que proporcionavam excelentes oportunidades para crescer na fé e pensar mais profundamente sobre o Reino. Jesus não os buscava com a intenção de que eles resolvessem a situação, mas para comprovar qual seria a resposta deles ao desafio. A falta de resposta constituía, em si, uma boa ferramenta para trabalhar na sua formação. Para um líder, então, é de muito proveito envolver sempre alguns dos seus colaboradores mais próximos nas atividades que formam o ministério.

No texto de hoje, a pergunta de Cristo confronta os discípulos com um problema para o qual não encontram uma solução, que é uma realidade muito comum no ministério. A resposta dos discípulos não deve nos surpreender, porque em muitas ocasiões temos reagido da mesma forma: "Donde nos *viriam* num deserto tantos pães, para saciar tal multidão?". Nisto eles se ajustaram ao nosso hábito de olhar para cada desafio numa ótica puramente humana. A sua conclusão, além disto, é correta porque não havia, no deserto, recursos para saciar a necessidade de um número tão grande de pessoas. No entanto, Deus não espera daqueles que estão ocupados nos assuntos do Reino que contabilizem os recursos que estão ao alcance das suas mãos, pois ficarão desapontados todas as vezes. Acaso, não resolveu a esterilidade de Sara para Abraão, a Moisés a sua condição de gago, ou a Jeremias a sua juventude? Todas eram condições que eles consideravam ser uma limitação para a obra que lhes foi entregue. Os recursos para executar um projeto espiritual sempre são mais do que escassos!

Reconhecer às nossas limitações humanas sempre entra em choque com a fé, que nos é necessária para caminharmos nos projetos de Deus. É mais vantajoso recordar as muitas vezes que Deus agiu no meio da escassez, para despertar o nosso coração a crer que, em idênticas situações, Deus pode operar maravilhas.

Banquete no deserto *(Jesus alimenta 4 mil)*

LIMITAÇÕES INEXISTENTES
Mateus 15:32-38

A primeira reação dos discípulos, diante da preocupação de Cristo, foi mostrar a impossibilidade de se encontrar uma solução para o problema. Era como se eles dissessem: "Senhor, entendemos a Tua carga e dela participamos. Mas deves aceitar que nada do que possamos fazer contribuirá com algo para a situação. É melhor que, simplesmente, sigamos o nosso caminho". Deste modo, a oportunidade de se prover uma solução foi descartada antes mesmo de ser dado um único passo nessa direção. Sem dúvida, o maior obstáculo, para a nossa participação nos projetos de Deus, está ligado às barreiras já existentes em nossa própria mente. *Senhor, em quantas situações parecidas, de aflição e necessidade, tenho optado pela resignação ou por julgar insignificante a minha contribuição! Não obstante, a disposição de me envolver seja, quem sabe, a decisão mais importante a tomar em uma situação que exija a intervenção solidária de outras pessoas. Ensina-me a parar, antes de decidir que nada pode ser feito, para que tu possas me mostrar a Tua perspectiva quanto à situação.*

A resposta dos Doze é compreensível quando comparamos o tamanho da necessidade e o pouco que tinham em mãos: sete pães e alguns peixinhos. O princípio que determina o final com êxito, dos projetos do Senhor, entretanto, não se encontra na quantidade de recursos disponíveis para os que dele participam, mas na grandeza de Deus, em cujas mãos depositam os escassos recursos que possuem. Cada vez que consideramos o que temos pequeno demais, escasso ou insignificante, afirmamos que a nossa fé não está posta no Senhor, mas nos recursos.

Imagino que o procedimento de Jesus deixou os discípulos ainda mais perplexos, os quais viam que, apesar dos seus protestos, Ele seguia sem entender a inutilidade de intervir na situação. Cristo, porém, "tendo mandado o povo assentar-se no chão, tomou os sete pães e os peixes, e, dando graças, partiu, e deu aos discípulos, e estes, ao povo". O Seu procedimento nos mostra que o plano de Deus avança apesar das nossas objeções. A nossa timidez não o desanima nem faz que os Seus propósitos naufraguem, mas sim, faz que percamos a aventura de caminhar com Ele, pois a nossa atitude nos coloca na posição de espectadores. Mesmo estando perto da ação, nunca será tão apaixonante ver outra pessoa avançando com firmeza, como é poder fazê-lo pessoalmente.

O evangelista não especifica em que momento o milagre aconteceu. O mais provável é que os discípulos não perceberam o que estava ocorrendo até que viram que os pães e peixes não acabavam. De qualquer forma, em algum momento, um espanto deve ter se apoderado deles. A imensa multidão, depois de tudo, não era um obstáculo!

Banquete no deserto *(Jesus alimenta 4 mil)*

277
O VALOR DO QUE É PEQUENO
Mateus 15:32-38

> Mateus acrescenta um detalhe ao relato que compartilhamos nestes dias. Que tarefa os discípulos realizaram depois que todos comeram? Por que ele inclui este pormenor?

É por estas duas últimas frases que chegamos a compreender a magnitude do milagre que havia acontecido, mas um milagre é sempre um ato extraordinário, independentemente de sua extensão e sua profundidade. Não obstante, ao evangelista pareceu importante mencionar que *todos* comeram e se saciaram. Se considerarmos que, pelo menos, três mil dos homens presentes estavam com as suas esposas, com a média de dois filhos por casal, estaremos falando de pelo menos 13 mil pessoas. O número exato não é importante, embora os números claramente indiquem que não se tratava de uma reunião de poucos amigos. Quem já participou de grandes eventos organizados pela igreja local, sabe do pesadelo que é alimentar alguns milhares de pessoas. Na multidão que acompanhou a Cristo, entretanto, todos comeram e se saciaram. Quer dizer, comeram a quantidade suficiente para estarem satisfeitos e não terem necessidade de comer algo a mais.

A abundância deste banquete teve sua origem nos sete pães e alguns peixinhos. Ao nos recordarmos, mais uma vez, a insignificante quantidade de recursos que os discípulos conseguiram juntar, podemos apreciar a completa dimensão de uma obra realizada pelo Senhor. A nossa participação pode ser muito pequena, mas não sabemos aonde vai chegar a bênção que Deus derrama quando colocamos em Suas mãos uma pequena oferta.

A história do povo de Deus está repleta de exemplos desta verdade. Considere, por exemplo, a história de Naamã. A dramática conversão e a cura que experimentou foi acionada pelo inocente comentário de uma menina que trabalhava em sua casa. De igual forma, a decisão de José, tomada num tempo de profunda angústia pessoal, de viver com integridade a sua experiência de escravo na casa de Potifar, lançou o fundamento para que chegasse a governar o Egito e salvar todo o povo em tempos de fome. Pedro e João, no relato de Atos, nem sequer tinham uma moeda para ajudar um mendigo coxo, mas lhe deram do que haviam recebido: ordenaram, com a autoridade de Cristo, que ele se levantasse e caminhasse. O espanto que despertou tal acontecimento, resultou na conversão de 5 mil pessoas. Jamais devemos considerar insignificante a nossa contribuição quando depositada aos pés daquele que reina sobre os recursos do Universo.

Devemos notar, além disto, que o milagre não somente supriu aos que estavam com fome, mas deixou uma sobra — sete cestos — suficiente para alimentar outras pessoas que não estiveram ali. Assim são abundantes as intervenções de Deus, que, mesmo aqueles que não estejam percebendo a Sua passagem por um determinado lugar, podem se beneficiar do Seu agir. De igual modo deve acontecer na casa do Senhor, que o nosso desejo seja fazer o bem a todos quantos pudermos, sem nos importarmos se pertencem ou não ao nosso grupo, ou se vão se comprometer conosco. Nenhuma barreira detém a bondade do Senhor, e por isso ela é tão preciosa!

As exigências do incrédulo *(Os fariseus pedem um sinal)*

278
VOLTA À CARGA
Mateus 16:1-4

No relato das três tentações que Lucas apresenta, é dito que "Passadas que foram as tentações de toda sorte, apartou-se dele o diabo, até momento oportuno" (Lucas 4:13). A confrontação no deserto terminou com a fuga de Satanás e a ministração dos anjos ao extenuado Filho de Deus. Entretanto, a frase do evangelista não deixa dúvida de que o inimigo simplesmente se retirou com a ideia de retomar a ofensiva no momento que considerasse mais propício para os seus propósitos. Um dos mais claros acontecimentos na continuação dos ataques contra Jesus foi aquele em que o diabo usa dos sentimentos errados de Pedro para voltar a incitar ao Cristo a desistir do caminho que inevitavelmente terminaria na cruz (Mateus 16:23). Naquela ocasião, Jesus repreendeu o discípulo asperamente, ele havia se prestado a ser um instrumento nas mãos do inimigo.

Nem todos os ataques que o inimigo desferiu contra o Filho de Deus são fáceis de perceber. Não obstante, a passagem de hoje nos oferece outro exemplo de uma proposta bem parecida com a que o diabo apresentou na primeira tentação no deserto. Leia o texto e procure identificar a prova específica que representava o que os fariseus pediam.

Pelo menos três observações podem ser feitas no pedido dos fariseus. Primeiro, chama a atenção a frase: "aproximando-se os fariseus e os saduceus". Pressupomos que toda a aproximação a Jesus seja com motivações dignas. O acontecimento revela, porém, que nem toda aproximação à Sua pessoa é o resultado de um coração com fome e sede de Deus. O nosso enganoso coração pode nos levar a disfarçar, como espiritual, um desejo egoísta, que o Senhor não abençoará. Somente o Espírito pode nos ajudar a separar o puro do impuro. Em certas ocasiões, Ele nos mostrará que procuramos lançar mão de Jesus para que resolva uma disputa, uma atitude de ira ou a falta de perdão para com outra pessoa. O Senhor não participa do nosso pecado.

Segundo, observamos que a intenção, neste pedido, era nitidamente maldosa, pois desejavam colocá-lo à prova, o que revela que o mesmo Satanás incentivava esta confrontação. Jesus, imediatamente percebeu os motivos que apoiavam o inocente pedido de sinal, e não atendeu. A Sua resposta não deixa dúvidas de que o Senhor sempre responde ao que o nosso coração comunica, mas não ao que os nossos lábios proferem. É precisamente por isto que a oração não depende da abundância de palavras, mas da intensidade do nosso desejo por Ele.

Terceiro, o desejo de um sinal sempre seduz o povo de Deus. Cremos que a nossa fé seria mais forte se recebêssemos mais manifestações do Senhor. Com este argumento, afirma o autor Phillip Yancey, o povo que passou pelo deserto deveria ser o melhor exemplo no que diz respeito à matéria de fé. Não é a fartura de sinais que sustenta a vida espiritual sólida, mas a vida de entrega e de compromisso com o Senhor, mesmo quando carecemos, totalmente, de sinais da Sua intervenção em nosso meio (João 20:29).

As exigências do incrédulo *(Os fariseus pedem um sinal)*

SENTIDOS ATROFIADOS
Mateus 16:1-4

Os fariseus, procurando fazer que Jesus tropeçasse, aproximaram-se pedindo-lhe um sinal para que servisse como aval ao ministério que realizava. Jesus escolheu direcionar o olhar deles para uma outra realidade. O que Ele quis ilustrar com a Sua alusão às mudanças meteorológicas no céu? Que características são necessárias para se conhecer os sinais do tempo? Por que não seria útil dar-lhes um sinal?

A resposta de Jesus, assim como a que deu a Satanás no deserto, deixou claro que o Filho de Deus sabia que não era lícito dar resposta às petições que não se originassem da expressa vontade do Seu Pai. Ao se negar a conceder um sinal, estava afirmando a Sua absoluta sujeição a Deus em todas as coisas, mesmo quando as oportunidades que se apresentavam pudessem parecer altamente proveitosas para avançar nos assuntos do Reino. O princípio inviolável de uma vida agradável a Deus é que os Seus filhos não andem em qualquer outra obra senão naquelas que o Pai, de antemão tenha preparado para que andem nelas (Efésios 2:10).

Existe uma segunda razão para Cristo não atender o pedido dos fariseus e saduceus, uma com um peso ainda maior do que a primeira. Como em muitas outras ocasiões, o Mestre da Galileia apela para uma analogia da vida cotidiana a fim de explicar uma verdade espiritual. Algumas pessoas, diz Ele, têm a capacidade para se antecipar ao comportamento do clima durante o dia. Os dados utilizados para se conseguir um prognóstico correto estão presentes no céu a cada amanhecer. Os que tem vivido e trabalhado por anos no contexto da natureza, normalmente possuem a necessária sensibilidade para fazer destes sinais uma leitura acertada. O fato de alguns não poderem ver estes sinais não confirma a ausência deles, mas, antes, porém, sinalizam a falta de sensibilidade da parte dos que observam o céu. A conclusão, indicada pela analogia, é inevitável. O problema dos fariseus não estava na falta de sinais, mas na falta de percepção que limita os seus corações endurecidos e legalistas.

Esta falta de percepção é um mal que também afeta o nosso próprio coração. É o inevitável resultado do pecado, que sempre se manifesta na decadência do espírito. Desta realidade testifica o salmista quando declara: "Enquanto calei os meus pecados, envelheceram os meus ossos pelos meus constantes gemidos todo o dia. Porque a tua mão pesava dia e noite sobre mim, e o meu vigor se tornou em sequidão de estio" (32:3,4). Este estado de sonolência espiritual é o que mais impede que possamos discernir o agir de Deus em nós e ao nosso redor. Para os que não veem a mão do Senhor, a resposta não está em que proporcione evidências adicionais da Sua presença, mas em pedir "olhos para ver e ouvidos para ouvir" o que não percebemos neste momento.

Como nota adicional, pode-se dizer que a leitura dos sinais de mudanças no clima não é algo que se aprende num instante; é o resultado de se observar o céu durante um tempo de aprendizagem. O desejo de exercitar os nossos sentidos para com o que é espiritual será um passo muito proveitoso para se avançar nesta direção.

As exigências do incrédulo *(Os fariseus pedem um sinal)*

O SINAL DE JONAS
Mateus 16:1-4

> O diálogo entre Jesus e o grupo religioso que lhe havia pedido um sinal termina com uma dura declaração do Messias. Observe a forma como Cristo descreveu a geração que pedia um sinal. A que Ele se referia quando disse que somente lhes seria dado o sinal de Jonas?

A expressão "uma geração má e adúltera" não deixa dúvida de que os aparentes desejos por maiores manifestações espirituais escondiam intenções distorcidas e maliciosas. De fato, a grande ofensa que o pedido dos fariseus escondia era que desejavam envolver Deus num plano, cujo único objetivo era humilhar ao Cristo. Sempre podem ser classificadas como malignas aquelas atitudes e comportamentos em nós que pretendam usar o Senhor em nosso próprio benefício. O Criador dos céus e da terra jamais pode assumir, para nós, um papel secundário onde o conduzimos segundo os nossos próprios caprichos. A resposta de Jesus é categórica: nenhum sinal lhes será dado, a não ser o sinal de Jonas.

A enigmática expressão se explica em outro texto de Mateus. Diante de uma pergunta parecida, Jesus explicou: "Porque assim como esteve Jonas três dias e três noites no ventre do grande peixe, assim o Filho do Homem estará três dias e três noites no coração da terra. Ninivitas se levantarão, no Juízo, com esta geração e a condenarão; porque se arrependeram com a pregação de Jonas. E eis aqui está quem é maior do que Jonas" (12:40,41). A alusão à Sua própria morte, como sinal de Suas credenciais divinas, somente poderia ser entendida por aqueles que possuíam verdadeiro discernimento espiritual. É por isso que Jesus exclamou com tanta segurança: "Graças te dou, ó Pai, Senhor do céu e da terra, porque ocultaste estas coisas aos sábios e instruídos e as revelaste aos pequeninos. Sim, ó Pai, porque assim foi do teu agrado" (Lucas 10:21).

Os fariseus, definitivamente, não possuíam essa simplicidade que permite perceber os mistérios mais profundos do Reino. O seu elaborado sistema teológico testificava de quão complicado e emaranhado a prática da devoção havia se tornado. Em contraste, Jesus menciona os ninivitas que, contrariando as expectativas do profeta Jonas: "…despojando-vos de toda impureza e acúmulo de maldade, acolhei, com mansidão, a palavra em vós implantada, a qual é poderosa para salvar a vossa alma" (Tiago 1:21). A capacidade de se impressionar de forma inocente é o que melhor nos favorece para percebermos o agir de Deus ao nosso redor. Quando tal atitude não existe, mesmo a manifestação de Deus em pessoa será recebida com ceticismo.

A troca de palavras com os religiosos termina de repente. "E, deixando-os" — afirma Mateus — "retirou-se". Esta decisão parece indicar que Cristo começou a descartar o processo do diálogo porque entendeu que não tinha qualquer sentido. Igual como aconteceu com o autor da carta aos Hebreus, tornou-se difícil o ensino porque eles haviam se tornado "tardios em ouvir" (Hebreus 5:11). A cena deixa-nos uma clara advertência: o nosso empenho para entendermos tudo quanto acontece pode se transformar no maior obstáculo para se avançar rumo às profundezas nos assuntos do Senhor. O caminho à frente não requer sofisticação, mas simplicidade.

O fermento dos fariseus *(Jesus adverte os discípulos)*

281
OUVIDOS QUE NÃO OUVEM
Mateus 16:5-12

Nas próximas reflexões voltaremos a um outro acontecimento em um barco enquanto Jesus e os discípulos atravessavam o lago. Como vimos em outras vezes, Cristo aproveitou esta situação informal para ensinar. O hábito de usar uma variedade de oportunidades para a formação dos discípulos é algo estranho para nós, na perspectiva de uma cultura que tem limitado a aprendizagem a uma experiência programada em sala de aula. Entretanto, a metodologia do Mestre da Galileia proclama, com insistência, que o processo de ensino é muito mais amplo e flexível do que entendemos. O líder disposto a "experimentar" formas criativas de ensino não deixará de ampliar o Seu estilo para que inclua uma diversidade de situações da vida cotidiana.

Leia o texto que nos ocupa agora. A que fatores apela a analogia do fermento? O que aconteceu com os discípulos? De que forma Jesus reagiu às discussões com eles?

A resposta dos discípulos seria cômica caso não fosse o fato de que possui inúmeras semelhanças com a nossa própria lentidão para entendermos os assuntos do Reino. Jesus acabava de ter uma intensa discussão com um grupo de religiosos. Isto, por si só, deveria ter dado aos Doze o contexto necessário para entenderem a advertência de se cuidarem quanto ao fermento dos fariseus e saduceus. Entretanto, eles tinham o olhar fixo nas coisas materiais deste mundo e imediatamente pensaram no pão que haviam esquecido de levar consigo.

A reação deles mostra que, mesmo estando diante de ensinos claros e simples, as nossas conclusões podem ser completamente erradas. Isto não somente se deve ao pecado, mas à falta de exercício que, muitas vezes, resulta em uma capacidade espiritual atrofiada. A esta realidade soma-se a nossa pressa em interpretar o que temos ouvido ou visto, logo o Espírito não tem o espaço de que precisa para revelar a verdade que deseja comunicar. Este é um dos motivos pelos quais um bom mestre da Palavra nunca deve dar como certo que seus ouvintes tenham entendido claramente a mensagem por ele compartilhada. A mesma tendência dos discípulos é a que também age naqueles aos quais ministramos a Palavra. Daí a importância fundamental de proporcionar espaços adicionais em que se possa dialogar sobre o sermão ou o ensino. Somente com esse diálogo haverá a possibilidade de se conduzir as pessoas com maior clareza rumo à verdade.

Jesus não desperdiçou a oportunidade de mostrar que, se o Seu comentário estivesse relacionado ao pão, tampouco teria sido motivo para preocupação. As duas situações em que alimentou as multidões davam ampla evidência de que a escassez de recursos não representava qualquer limitação para o Messias. Assim, os momentos onde temos visto claramente a mão de Deus deveriam nutrir em nós a atitude de maior confiança e calma frente aos desafios da vida. Recordar as vitórias alcançadas e as bondades recebidas, oferece a melhor garantia à esperança de futuras intervenções divinas em nossa vida.

O fermento dos fariseus *(Jesus adverte os discípulos)*

282
INFLUÊNCIA PERIGOSA
Mateus 16:5-12

Os discípulos não compreenderam a advertência que Jesus lhes dera quanto ao fermento dos fariseus e saduceus até que Ele os corrigiu. Procure identificar o minucioso processo pelo qual os fariseus conseguiam "levedar" a massa que representava a vida das pessoas do povo.

É instrutivo meditar sobre o fato de que Jesus escolheu comparar a influência dos grupos religiosos mais importantes da época com o fermento, uma substância cuja menção, quase sempre, recebe conotações negativas nas Escrituras. No Antigo Testamento, simbolizava a vida que o povo de Israel havia deixado no Egito. Levaram com eles pães sem fermento porque partiram apressadamente e não houve tempo para carregar qualquer um dos seus pertences que com certeza levariam numa viagem cuidadosamente planejada.

Existem dois elementos no fermento sobre os quais vale a pena meditar. O primeiro deles, Paulo apresentou às igrejas de Corinto e Galácia: "...Não sabeis que um pouco de fermento leveda a massa toda?" (1 Coríntios 5:6). Em ambas congregações, o contexto deste comentário surgia de uma atitude leviana e pouco séria para com aqueles que andavam em pecado. Foi, precisamente, a pequena quantidade de fermento necessária para levedar a massa que preocupava o apóstolo, pois algo pequeno e aparentemente "insignificante" pode trazer sérias consequências para todo um grupo. No entanto, às vezes, no ministério não intervimos em situações potencialmente perigosas porque as julgamos inofensivas e por isso não são motivo para preocupação. Infelizmente, o que é um problema pequeno hoje pode se tornar em uma congregação dividida amanhã. O líder sábio entende que alguns problemas de origem insignificante podem ser verdadeiras dores de cabeça se não forem tratados em tempo. Tal foi o caso de Absalão que, lentamente, furtou o coração dos homens de Israel com comentários aparentemente inocentes. A falta de uma intervenção oportuna nessa situação, finalmente levou-o a destronar seu pai, Davi.

Um segundo elemento a se observar, no fermento, é que a sua influência é praticamente imperceptível. Se alguém misturar um pouco de fermento numa medida de farinha, não verá mudança alguma de imediato. A farinha, aparentemente, faz desaparecer o fermento. Ao voltar em uma hora, entretanto, verá que a massa cresceu assombrosamente. Sem poder identificar o processo em curso, o fermento realizou o seu trabalho e contaminou toda a massa. Do mesmo modo, os efeitos nocivos de certos hábitos e pensamentos nem sempre se tornam visíveis no primeiro momento, mas lentamente minarão os fundamentos espirituais da vida e, finalmente, provocarão o seu desmoronamento. Por isto, é certo afirmar que o pecado não é o produto de um momento isolado, mas, antes, é o resultado final de um processo de enfraquecimento interior que acaba num ato concreto que o faz sair à luz.

O chamado para estarmos atentos exige de nós uma atitude de discernimento. Algumas atividades que não parecem "ter nada de mal", podem chegar a ser, com o tempo, letais. Esta pode ser a razão para Paulo afirmar: "Todas as coisas me são lícitas, mas nem todas convêm..." (1 Coríntios 6:12).

Dramática revelação *(Jesus confirma que Ele é o Messias)*

283

"QUEM EU SOU?"
Mateus 16:13-23

A passagem sobre a qual meditaremos nestes dias começa com uma curiosa pergunta aos discípulos: "Quem diz o povo ser o Filho do Homem?". Leia o texto de hoje e depois concentre a sua atenção nos versículos 13 e 14. Por que, você acha, que Jesus iniciou o diálogo com uma pergunta? Como os discípulos responderam? O que a variedade de respostas que eles deram nos indica?

Sempre nos impressiona o estilo didático que Jesus empregava com os discípulos, algo que tem sido ressaltado em várias ocasiões neste livro. Destaco que a pergunta é curiosa porque se apresenta em contraste com os métodos de ensino que predominam em nosso meio. Acaso não teria sido mais fácil, simplesmente, chamar os discípulos e lhes anunciar: "Necessito lhes revelar uma verdade muito importante: Eu sou o Cristo, o Filho do Altíssimo"? Jesus, porém, optou por despertar neles os processos de reflexão pessoal, os quais são elementos-chave para toda experiência de aprendizagem. Sempre é melhor que um aluno descubra por si mesmo uma verdade com a sábia orientação do mestre, do que enunciar essa verdade a ouvintes passivos. O que descobrimos por nós mesmos usualmente fica gravado em nossa memória, mas o que outros nos dizem rapidamente esquecemos.

Jesus, usando este princípio, então, os leva a meditar sobre a identidade do seu mestre. O processo começa com uma oportunidade para resumir as opiniões das multidões com as quais Ele tem se encontrado diariamente. A resposta dos discípulos — uns, João Batista; outros, Elias; mas outros, Jeremias ou um dos profetas — revela, pelo menos, duas verdades. Primeiro, não resta dúvida de que as pessoas que observaram de perto o ministério de Cristo tinham-no em muito alta estima. É notável que nenhuma das respostas sugeria que era um lunático ou um fanático religioso. As pessoas o associavam a algumas das figuras que exerceram grande influência sobre Israel em diferentes momentos da história deste povo, o que revela, claramente, a autoridade e o impacto com que Jesus ministrava. Segundo, não podemos deixar de observar que existia uma grande confusão acerca da identidade de Cristo. Ainda que todos coincidiam em que, indubitavelmente, era um grande homem de Deus, não podiam chegar a um consenso acerca da Sua verdadeira identidade.

Esta confusão revela como é difícil decifrar a identidade de uma pessoa quando a vemos rodeada de polêmica e questionamentos. Para nós, munidos dos relatos dos evangelhos e a distância de mais de 2 mil anos de história eclesiástica, a identidade de Cristo parece tão óbvia e fácil de discernir, que fica difícil entender porque estas pessoas não o captaram. Porém, frequentemente experimentamos a mesma confusão quando aparece uma pessoa diferente em nosso meio evangélico. Os debates sobre a legitimidade do seu ministério crescem por todos os lados. "Será que é de Deus este ministério?", perguntamo-nos algumas vezes. A passagem de hoje revela, não somente como as conclusões às quais chegamos são discrepantes, mas também o quão equivocadas podem ser.

Dramática revelação *(Jesus confirma que Ele é o Messias)*

284

QUE PERGUNTA!
Mateus 16:13-23

Jesus perguntou aos Seus discípulos sobre o conceito que o povo formara sobre a Sua identidade. Depois de terem compartilhado as suas respostas, Ele levou a pergunta a uma esfera mais pessoal: "Mas vós, continuou ele, quem dizeis que eu sou?". Se Ele fizesse a mesma pergunta a você, de que forma responderia? Não apresente o conceito intelectual que tem a respeito da Sua pessoa; procure descobrir como é o Jesus com quem você se relaciona diariamente.

É bom que nos detenhamos nesta pergunta, por um instante, a fim de percebermos o seu peso. É uma questão que possui um elemento de intimidade que desanima a resposta teológica, o tipo de declaração despersonalizada que poderíamos dar se estivéssemos descrevendo uma terceira pessoa. A pergunta convida os discípulos a olharem para Cristo nos olhos e lhe confessar quem Ele é para eles. A resposta que derem muito revelará sobre o tipo de relacionamento que mantêm com o Messias e o lugar que Ele ocupa na vida deles. É uma resposta que não pode ser dada levianamente.

Se você estivesse presente, que tipo de resposta teria dado ao Senhor? Imagine, por um momento, que você está em pé diante dele e olha-o fixamente nos olhos para lhe confessar quem você considera que Ele é. Usaria as mesmas frases que tantas vezes repetimos a respeito de Cristo em nossas reuniões? Iria se sentir um pouco envergonhado, pela sua resposta apresentar um Jesus a quem não conhece com a intimidade que desejaria? O fato é que a nossa resposta revela o nosso coração e o lugar que o Senhor ocupa em nossa vida. É bem possível que existam contradições entre a resposta automática, com a qual estamos acostumados, e esta outra declaração, íntima, honesta e comprometida, que fala de algumas incoerências em nossa vida espiritual.

Pedro tomou a iniciativa de responder pelo grupo: "Tu és o Cristo, o Filho do Deus vivo". É difícil para nós percebermos o peso que tinha para um judeu do primeiro século confessar a alguém que acreditava que Ele era o Messias, o enviado de Deus. Significava que a pessoa era a encarnação de todas as profecias e os sonhos que indicavam a chegada de tão fabuloso personagem. Um israelita não pronunciaria tal declaração com frivolidade e levandade. Indicava a existência de uma relação inegável entre o Jesus presente com eles e o Deus histórico e eterno do povo escolhido. Era uma declaração que possuía implicações dramáticas, não somente para a vida dos Doze, como também para Israel e as nações da Terra.

Podemos crer que a resposta de Pedro representava o que todos os discípulos teriam dito. Sem dúvida, haviam dialogado muitas vezes entre eles sobre o significado do que viam e ouviam. Em meio à confusão, as perguntas e a incerteza, procuravam chegar a uma conclusão que trouxesse paz aos seus corações. Para facilitar este processo, Jesus, a cada dia, apresentava-lhes inúmeras oportunidades para que examinassem, cuidadosamente, a Sua vida. Longe de se manter distante deles, ofereceu-lhes a oportunidade de observarem, escutarem, analisarem e, inclusive tocarem no Verbo da vida. Esta atitude revela, claramente, o compromisso do Senhor de nos mostrar o Seu rosto.

Dramática revelação *(Jesus confirma que Ele é o Messias)*

285
O DEUS QUE SE PERMITE VER
Mateus 16:13-23

Diante da pergunta de Jesus quanto à ideia que os discípulos tinham sobre a Sua identidade, Pedro não vacilou em declarar que Ele era o Cristo, o Filho do Deus vivo. Ao escutar a sua declaração, Jesus exclamou: "Bem-aventurado és, Simão Barjonas, porque não foi carne e sangue que to revelaram, mas meu Pai, que está nos céus". Medite nesta frase por um instante. Em que consistia a bênção que Pedro havia alcançado por meio desta revelação? Na sua opinião, por que era necessário que Jesus fizesse este esclarecimento?

Não há dúvida de que este momento tem um profundo significado espiritual, embora, provavelmente, Pedro não percebesse a completa dimensão das suas palavras. Contudo, a resposta de Cristo revela que o Senhor considerava que a percepção à qual o humilde pescador chegara, constituía a base sobre a qual se constrói uma sólida experiência espiritual. Por isto, Jesus não teve dúvida em declarar que Pedro era um homem bem-aventurado.

A palavra "bem-aventurado", como foi dito nas reflexões sobre o Sermão do Monte, indica um estado muito mais pleno do que a felicidade. É a condição resultante do favor especial de Deus sobre a vida, a consequência de um ato de graça que deu a uma pessoa o acesso a tesouros que não poderia conseguir por iniciativa própria. Dizer que alguém é bem-aventurado, não somente implica que a bondade do Alto tem sido derramada sobre a sua vida, mas que também lhe antecipa as consequências futuras dessa bênção. É este o aspecto que o Messias especialmente ressalta, pois, na declaração que vem após esta confissão, os efeitos desta revelação sobre a vida de Pedro são descritos.

O segundo elemento, que Jesus destaca na confissão de Pedro, é a natureza da sua origem. Cristo imediatamente esclarece que ele não havia chegado a esta conclusão como consequência de uma cuidadosa dedução dos fatos, nem por um elaborado processo de lógica. Este tipo de informação, afirma o Filho de Deus, pode ser obtida somente mediante um ato de revelação do Pai. Se o Senhor não escolhe revelar a Sua identidade, as pessoas não podem chegar a ela, mesmo sendo possuidoras das condições mais privilegiadas para consegui-lo.

Atentar para esta verdade é fundamental para nós, porque muitas vezes vivemos sob a convicção de que, se não colocarmos empenho e disciplina suficientes no estudo da Palavra, não poderemos chegar aos conceitos mais misteriosos da pessoa de Deus. Não resta dúvida de que temos sido chamados para estudarmos, com diligência, as Escrituras, a esquadrinhar com cuidado as suas verdades. No entanto, quando o conhecimento de Deus é o exclusivo resultado do exercício das nossas faculdades intelectuais, produzirá em nós um acúmulo de informações que não afetam nem enriquecem o nosso relacionamento pessoal com Ele. O estudo é importante, mas deve sempre vir acompanhado de uma íntima comunhão com o Senhor. A revelação que Pedro recebeu está relacionada primordialmente com a esfera espiritual da nossa vida e, por isso, trouxe-lhe consequências extremamente dramáticas para o seu relacionamento com Deus. Cada revelação deve ser guardada como outro milagre do Senhor, que escolhe se revelar a seres tão insignificantes como nós.

Dramática revelação *(Jesus confirma que Ele é o Messias)*

286

UMA ROCHA SEGURA
Mateus 16:13-23

A afirmação de Pedro sobre a identidade de Cristo leva o Senhor a revelar também a identidade do pescador da Galileia. O que significam as palavras ditas por Cristo a Pedro? A que se referiu quando disse que construiria a Sua Igreja sobre *esta rocha*?

A declaração de Mateus 16 constitui-se num dos pontos de maior conflito para os eruditos da Palavra. Com o afã de comprovar que o texto não provê qualquer base teológica para afirmar a existência da linha sucessória de papas em Roma, buscam a forma de explicar que Cristo não se referia à pessoa de Pedro, mas à "rocha" que constitui a confissão que ele fez. Como toda análise das Escrituras fundamentada no temor, não faz justiça à declaração de Jesus, que claramente apela a um jogo de palavras que gira especificamente em torno do nome do apóstolo.

A reação de alguns estudiosos é compreensível. As posturas extremas normalmente resultam do esforço de se corrigir um mal existente, o que leva a uma exagerada ação contrária por parte dos que a implementam. A reação de Lutero à venda de indulgências fez nascer um movimento que praticamente descartou as obras como responsabilidade do povo de Deus. A reação da igreja tradicional ao movimento Pentecostal extremado, levou muitas congregações a proibirem os ensinos sobre a pessoa do Espírito Santo, como se fosse possível excluir essa pessoa tão essencial à experiência cristã. O espírito miserável de muitas denominações evangélicas proporcionou o ambiente ideal para o surgimento do evangelho da prosperidade. Ou seja, em cada um dos casos os esforços para corrigir um mal existente geraram posturas extremistas, igualmente nocivas para a Igreja.

O tema que deu lugar a este diálogo entre os discípulos e Cristo é o da identidade. Dentro deste enfoque, Jesus revela a Pedro, cujo nome original era Simão, que ele também possui uma identidade espiritual diferente daquela que a maioria das pessoas conhece. A visão que Deus formou da sua vida é que ele se converterá em "Petros", um nome que se baseia em um jogo de palavras com "petra", que significa rocha. Se ficou alguma dúvida sobre o sentido da Sua revelação, Cristo esclarece que, sobre esta "rocha" edificará a Sua Igreja, quer dizer, sobre o Simão transformado pela graça de Deus, em Pedro.

Possivelmente, parte da nossa aceitação de que Pedro pudesse ser uma figura-chave na Igreja nascente se deve ao fato de crermos que, a nenhum homem se pode atribuir tão significativo papel. No entanto, devemos recordar que não é de Simão, o homem, de quem se está falando, mas de Pedro, a pessoa transformada pelo Espírito. Se considerarmos que a nossa vida já não nos pertence e que o Senhor é livre para realizar o que lhe aprouver, rapidamente o nosso desconforto em considerar Pedro como um dos pilares da Igreja Primitiva desaparecerá. Esta posição não é algo que o apóstolo atribuiu a si mesmo, mas é uma indicação da forma como o projeto de Deus afetaria a vida daquele que tinha sido um humilde pescador na Galileia.

Dramática revelação *(Jesus confirma que Ele é o Messias)*

287
ASSOMBROSA AUTORIDADE
Mateus 16:13-23

Ao examinar a evidência dos primeiros capítulos de Atos, é difícil ignorar a importância de Pedro nos acontecimentos que seguiram à ascensão de Cristo e a autoridade que exerceu nas decisões tomadas nos primeiros anos da Igreja. Não há dúvida de que foi um dos personagens principais nos primórdios da Igreja. Assim como Pedro foi um dos protagonistas mais visíveis no grupo dos Doze, também ocupou um lugar de maior influência entre os que assumiram a responsabilidade pela direção da Igreja. Foi Pedro quem propôs que se nomeasse alguém para substituir Judas (Atos 1:15), quem explicou o que significava a visitação do Espírito (Atos 2:14), quem confrontou Ananias e Safira, e aquele que pregou o sermão à multidão que se reuniu após a cura do homem coxo (Atos 3). Os membros do Sinédrio consideravam sua influência de tal peso, junto com João, que decidiram prendê-lo (Atos 4:1). O Espírito agiu, primeiramente em Pedro, para derrubar as barreiras que impediam que a Igreja se desenvolvesse entre os gentios (Atos 10). O testemunho do apóstolo também ajudou bastante a resolver o conflito entre a Igreja e Paulo, no primeiro concílio de Jerusalém (Atos 15).

A este Pedro, Jesus faz uma revelação adicional que confirma o fato de que as Suas palavras se referiam ao apóstolo. Qual é esta declaração? O que significa para o ministério a autoridade que Jesus lhe outorga?

A frase "Dar-te-ei as chaves do reino dos céus; o que ligares na terra terá sido ligado nos céus; e o que desligares na terra terá sido desligado nos céus", fala de uma autoridade que não associamos, com frequência, à Igreja. Porém, a força destas palavras não pode ser negada nem ignorada. Jesus claramente possuía uma visão da Igreja, que fica muito longe da instituição ineficaz e insignificante que representam muitas congregações hoje em dia. Sem dúvida, a falta de homens de peso entre nós dificulta também que aceitemos que Pedro tenha sido colocado como um pilar na propagação do evangelho após a partida de Cristo.

A autoridade que a Igreja recebeu somente se exerce quando a mesma representa um povo em movimento, comprometido com a tarefa de estender o Reino até os confins da Terra. É por isto que Jesus afirma, confiante, que nem as portas do inferno poderão prevalecer contra ela. Esta não é uma referência a uma atitude defensiva, em que a Igreja consiga resistir aos embates do mundo. Antes, descreve um exército que avança, vitorioso, até as portas do inferno e que, nem mesmo neste lugar, pode ser detido! Assim é a autoridade que temos recebido, uma extensão da mesma autoridade que o Filho de Deus possui. A condição para o seu exercício é que estejamos plenamente identificados com a missão dele, conforme a Sua própria declaração, de acordo com Lucas 4:18.

Dramática revelação *(Jesus confirma que Ele é o Messias)*

288 ESTRANHO PEDIDO
Mateus 16:13-23

A confirmação de Jesus de que Ele era o Filho de Deus, o enviado que tanto tempo o povo de Israel esperara, pareceria oferecer o momento mais oportuno para que se anunciasse esta verdade às multidões que incessantemente o acompanhavam.

Que justificativa era possível dar para se manter em segredo esta informação que, sem dúvida, abriria os olhos de muitos? O passo lógico para a expansão do ministério de Cristo poderia parecer que seria compartilhar com o maior número possível de pessoas a revelação que inicialmente havia sido dado a Pedro. Entretanto, Cristo, imediatamente, "advertiu os discípulos de que a ninguém dissessem ser ele o Cristo". Na sua opinião, o que motivou o Senhor a ordenar isso? O que os discípulos teriam pensado diante dessa ordem?

Fica claro, pelas palavras do Senhor, que Ele não considerava vantajoso a revelação da Sua identidade. Por isto, diretamente proibiu os Seus discípulos que falassem sobre o assunto. O Seu procedimento confirma o fato de que as decisões, que consideramos sábias e lógicas, nem sempre coincidem com a vontade de Deus. Podemos, inclusive, afirmar que em certas ocasiões as nossas boas intenções, mais que uma ajuda, são um verdadeiro obstáculo ao ministério. A obra que avança pelo poder do Espírito não pode se firmar na inteligência humana, pois os caminhos do homem e os caminhos do Senhor são tão diferentes como a água é do solo. Jesus, por fidelidade aos princípios sobre os quais fundamentava o Seu ministério, subordinou a decisão de revelar a Sua identidade à vontade do Pai.

Embora muitas decisões que o Senhor tomou não ofereçam, aparentemente, qualquer explicação que satisfaça a nossa lógica, podemos nos aventurar em alguma explicação que procure entender o porquê desta determinação. A ideia popular sobre o tipo de pessoa que o Messias devia ser, e qual era a Sua missão, era tão diferente do que Jesus, na realidade era, que muitos não conseguiriam conciliar a dramática diferença entre os dois perfis. Se Pedro, que fazia parte do grupo íntimo dos Doze, não pôde entender o destino do Cristo, muito menos a maioria das pessoas compreenderia. Existia o verdadeiro perigo de que as pessoas, conhecedoras da verdadeira identidade de Jesus, o obrigassem a percorrer um caminho que não era o que Ele devia seguir. De fato, em certa ocasião, a multidão quis forçá-lo a assumir a posição de rei (João 6:15). A popularidade nem sempre se constitui em uma bênção do Alto, e as ações de Jesus procuravam limitar a Sua interação com as multidões, que hoje se apresentam tão atraentes para muitos líderes.

Senhor, desejo que tu me conduzas pelo caminho que permita que eu aja mais pausadamente na hora de me envolver nos assuntos do Reino. Entendo que as minhas boas intenções podem, em certas ocasiões, dificultar o que tu estás pretendendo realizar. Necessito que tu dirijas os meus esforços. Sei que, em algumas situações, não conseguirei perceber o que queres que eu faça, mas também estou convencido de que faz bem ao meu espírito esperar pacientemente em ti. De ti, e somente de ti, quero depender, meu Deus.

Dramática revelação *(Jesus confirma que Ele é o Messias)*

289 DESTINO INCONCEBÍVEL
Mateus 16:13-23

Cristo acrescenta à recomendação para não compartilharem com ninguém a confissão de Pedro, uma nova revelação que, possivelmente, deixou os discípulos consternados. "Desde esse tempo, começou Jesus Cristo a mostrar a seus discípulos que lhe era necessário seguir para Jerusalém e sofrer muitas coisas dos anciãos, dos principais sacerdotes e dos escribas, ser morto e ressuscitado no terceiro dia" (v.21). Na sua opinião, como os discípulos receberam esta nova revelação? Que lições podemos tirar da reação de Pedro?

É importante o fato de que Jesus considerasse oportuno este momento — a confissão de Pedro — para revelar o final que o aguardava. Algumas revelações podem demorar até que estejamos preparados para recebê-las.

A resposta de Pedro demonstra o grau de comoção que esta revelação causou aos discípulos. A reação deles não deixa dúvidas de que a ideia popular da trajetória do Messias era totalmente diferente daquela que o Pai havia traçado para Ele. Os israelitas não conseguiam separar o papel do Cristo das suas aspirações políticas mais profundas. Todas as profecias relacionadas com a chegada do prometido Salvador, naturalmente, eram interpretadas como a antecipação da possível libertação política de Israel. A figura central de tão heroica intervenção devia ser, com certeza, uma pessoa que encarnasse o melhor da cultura hebraica, uma espécie de "super-herói" do primeiro século. As fortes contradições entre esta imagem e a pessoa de Cristo, já haviam despertado todo tipo de controvérsias no povo, em especial entre as autoridades religiosas da época. Mesmo os discípulos lutavam em aceitar que Jesus não estava relacionado com este sonho de libertação. Até o último momento da Sua peregrinação na Terra, ainda esperavam que Ele restaurasse o reino a Israel (Atos 1:6).

A todas estas aparentes contradições se acrescentava, agora, esta incomum revelação, que antecipava para a Sua vida um desfecho cheio de injustiças e violência, um final vergonhoso para Aquele que os mesmos discípulos descreviam como "cheio de graça e de verdade". As Suas palavras removiam toda dúvida sobre a possibilidade de que a Sua vida pudesse se aproximar de alguma forma, da ideia de Messias que os discípulos alimentavam. A vida para a qual temos sido chamados em Cristo, nunca pode ser parecida com a vida daqueles que ainda permanecem nas trevas. Os nossos valores e objetivos, as nossas atitudes e conduta, devem ser claramente diferentes das metas e dos anseios das pessoas deste mundo.

Ver a Cristo tal como Ele é, provoca uma crise em nós visto que resistimos a abandonar a imagem que formamos a respeito dele. Em cada um de nós persiste a atitude dos israelitas, que confeccionaram o bezerro de ouro, a tentação de criarmos um deus que se acomode às nossas próprias expectativas. Se não nos desfizermos desta imagem, entretanto, não poderemos nos aproximar dele, pois, o deus que temos criado, inevitavelmente nos arrastará em direção contrária a que Jesus nos conduz. Esta é a crise que Pedro enfrenta. As suas expectativas sobre a vida de Jesus são tão intensas, que sequer percebe o orgulho que envolve censurar a quem ele confessou como Senhor da sua vida.

Dramática revelação *(Jesus confirma que Ele é o Messias)*

BOAS INTENÇÕES
Mateus 16:13-23

Procuramos nos aproximar da angústia que os discípulos experimentaram ao tomarem conhecimento de que um grupo de escribas, saduceus e fariseus planejava prender Jesus e lhe tirar a vida. O melhor exemplo desta reação nos é oferecido por Pedro: "E Pedro, chamando-o à parte, começou a reprová-lo, dizendo: Tem compaixão de ti, Senhor; isso de modo algum te acontecerá" (v.22). O rumo traçado para a vida de Cristo, segundo o Seu próprio testemunho, inevitavelmente terminava numa cruz. Por que consideramos contraditório uma vida gloriosa estar exposta ao sofrimento? Qual é a visão popular sobre o sofrimento?

Duas importantes observações saltam aos olhos na reação de Pedro. Primeiro, notamos como podem as nossas expressões de afeto pelos outros ser falhas. Sem dúvida, a possibilidade de a vida de Cristo terminar de maneira tão cruel e violenta, despertou em Pedro um sentimento de indignado desespero. Com as melhores intenções, quis intervir para fazer o Senhor desistir de um final tão terrível. Porém, mesmo sendo motivado pela devoção ao Messias, a sua intenção ofereceu ao diabo a sua melhor oportunidade para destruir o projeto de Deus para o Seu Filho. O acontecimento ilustra claramente que o desejo de se fazer um bem nem sempre é sinônimo do bem, tampouco justifica as nossas ações quando os resultados são maus. Para dar uma genuína contribuição aos projetos de Deus, é necessário muito mais que boas intenções.

Segundo, Pedro personifica a grande luta que todos enfrentamos com o sofrimento; custa-nos aceitar a existência de uma grande angústia e aflição nas pessoas que levam vidas dignas e honradas. A nossa perspectiva simplista do bem e do mal nos leva a crer que o sofrimento é sempre a consequência de um coração maligno. O sentido do que é justo e bom, sofre um duro revés quando vemos atingir àqueles que, segundo entendemos, "merecem algo melhor" na vida.

Embora seja verdade que grande parte do sofrimento no mundo tenha a ver com as consequências do pecado, mesmo assim é possível afirmar que todos os que têm buscado um relacionamento mais íntimo com Deus vivenciam profundas aflições. Paulo se referiu a esta verdade depois de ser apedrejado em Listra, quando afirmou: "...através de muitas tribulações, nos importa entrar no reino de Deus" (Atos 14:22). Não é apenas uma realidade inevitável na vida dos santos, mas também confirma que temos dado as costas a uma cultura que se encontra em trevas. O mesmo Pedro diria, quase no final da sua vida: "Amados, não estranheis o fogo ardente que surge no meio de vós, destinado a provar-vos, como se alguma coisa extraordinária vos estivesse acontecendo; pelo contrário, alegrai-vos na medida em que sois coparticipantes dos sofrimentos de Cristo, para que também, na revelação de sua glória, vos alegreis exultando. Se, pelo nome de Cristo, sois injuriados, bem-aventurados sois, porque sobre vós repousa o Espírito da glória e de Deus" (1 Pedro 4:12-14). Em Cristo descobrimos que os sofrimentos podem ser as portas pelas quais chegamos a alguns dos tesouros mais preciosos do Reino.

Dramática revelação *(Jesus confirma que Ele é o Messias)*

291
DURA REPREENSÃO
Mateus 16:13-23

Pedro, levado pelo amor e o compromisso que sentia pela pessoa de Cristo, procurou convencê-lo para que não fosse a Jerusalém, onde o esperavam sofrimentos e, finalmente, a cruz. As suas boas intenções, entretanto, não foram bem recebidas pelo Senhor. Leia o versículo 23. Como Jesus reagiu às boas intenções de Pedro? Por que o repreendeu tão duramente?

Certamente a dura repreensão de Jesus espante a você, tanto quanto a mim. Não é que acreditemos que fosse desnecessária, mas sim que poderia ter sido adotado, quem sabe, um tom mais carinhoso para com um homem que não lhe desejava fazer mal algum com os seus conselhos. É, precisamente, esta reação que revela quão distantes os nossos conceitos estão dos princípios que regem o reino dos Céus. Custa-nos aceitar que uma ação que procede de um bom coração possa ser usada tão eficazmente pelo inimigo para colocar uma pedra de tropeço na vida dos filhos de Deus. De alguma forma, cremos que as boas intenções são garantia de que Deus achará agradável qualquer ação que seja resultado delas. Jesus, entretanto, claramente percebeu o mal na ação de Pedro, pois ele não pôs os olhos nas coisas de Deus, mas dos homens. Ou seja, a forma como os homens decidem agir em determinada situação nem sempre é compatível com a forma em que se executam os projetos no reino dos Céus.

Entretanto, a ideia de que aquilo que é bom entre os homens pode agradar a Deus, não é uma realidade à qual decidimos renunciar com facilidade. Abraão e Sara, por exemplo, acharam uma "boa" ideia gerar um filho por meio de Agar. Os israelitas, arrependidos pela sua falta de fé para conquistar a terra, creram que Deus veria com bons olhos os intentos para avançarem pelos seus próprios meios. Os guerreiros de Davi consideravam que o próprio Deus havia colocado o rei Saul em suas mãos para lhe tirar a vida. Podemos pensar em dezenas de outros exemplos, onde os homens confundiram a vontade do Senhor com aparentes boas oportunidade que a vida lhes oferecia. A cena que examinamos hoje deixa claro que não é necessário estar aliado a Satanás para ser usado por ele. O fato é que na vida existem somente duas opções: ou semeia-se para o reino dos Céus ou semeia-se para as trevas. Não existe uma terceira opção que nos mantenha em posição de neutralidade. Se as obras que realizamos não contribuem para a expansão do Reino, então serão somadas à perdição. O que marcará a diferença entre as duas opções é a capacidade de "colocar o olhar nas coisas de Deus".

Fixar os olhos na perspectiva divina não é uma capacidade natural, mas um dom celestial que se recebe por pura graça. Um bom ponto de partida para este processo é exercer uma saudável desconfiança nas propostas que são demasiadamente parecidas com as de que qualquer pessoa na rua poderia elaborar. Um momento de quietude em Sua presença permitirá que o Espírito Santo revele se as nossas intenções se conformam com a Sua vontade ou não.

Ir após Ele *(Jesus define o Seu discípulo)*

292 EXTRAORDINÁRIO CONVITE
Mateus 16:24-28

Os esforços de Pedro para dissuadir o Senhor de se dirigir a Jerusalém, onde o aguardavam tribulações e uma violenta execução, deram a Cristo a circunstância ideal para descrever o que implicava a decisão de segui-lo. Dirigindo-se a todo o grupo, advertiu-os: "Se alguém quer vir após mim, a si mesmo se negue, tome a sua cruz e siga-me". As Suas palavras descrevem, em termos absolutamente claros, o custo de se alinhar com a causa de Cristo. Nos vinte séculos já transcorridos desde este acontecimento, nada tem podido apresentar à Igreja uma definição mais precisa do que significa ser um seguidor do Filho de Deus. Medite, por um instante, nos diferentes ingredientes que a compõe.

A descrição do Senhor está dirigida a um grupo em particular: *os que querem ir após Ele*. Para entendermos o significado das Suas palavras devemos recordar que grandes multidões seguiam a Cristo aonde quer que fosse. Sem dúvida, haveria uma variedade de motivos pelos quais as pessoas que formavam essas multidões se achegavam a Ele. Uma grande maioria, sem dúvida, não era mais do que os curiosos que sempre estão presentes em qualquer ocasião que traga algo diferente do cotidiano. Outros, talvez, eram pessoas que, por essas voltas da vida, estavam no mesmo lugar e momento em que Cristo passava pela região. Alguns ainda, teriam se achegado porque os seus amigos, vizinhos ou conhecidos lhes tenham convencido a se aproximarem para ver o homem cujo nome, nesse tempo, estava na boca de todos.

Em meio à grande popularidade de Jesus era natural que os discípulos sentissem certo orgulho em pertencer ao grupo seleto de Seus seguidores. Em certo sentido, era o homem do momento e lhes outorgava prestígio o fato de Ele os ter escolhido como Seus discípulos. Entretanto, ser contado entre a multidão de pessoas que constantemente circulavam em torno do Messias não convertia ninguém em discípulo, e era necessário que Ele definisse, com toda a clareza, o que significava ser um seguidor Seu. Do mesmo modo, hoje, ninguém se torna discípulo por estar vagando em torno de Jesus Cristo sem assumir um verdadeiro compromisso com Ele.

O desejo de segui-lo, entretanto, somente pode ser expresso porque Ele escolheu se dar a conhecer. Na revelação que recebemos, fomos seduzidos com uma proposta de vida que é mais genuína e profunda do que aquela que havíamos podido elaborar por nossos próprios meios. A ideia popular de que nós buscamos o Senhor fica, uma vez mais, descartada. Se desejamos investir mais tempo com Ele, não é por outra razão do que pela irresistível atração que sentimos quando Ele passou perto de onde nos encontrávamos. Contudo, Jesus deseja que entendamos que não somos nós que estabelecemos quais são os termos que definirão se somos ou não Seus discípulos. Antes, porém, Ele comunica as condições e nos convida que tomemos a inteligente decisão de seguirmos após Ele.

Ir após Ele *(Jesus define o Seu discípulo)*

293 NEGAR-SE
Mateus 16:24-28

O nosso estudo sobre a vida de Jesus nos leva até uma das frases mais conhecidas de Cristo. Ela possui uma clareza e uma contundência que não dá margem a dúvidas quanto ao seu significado. Através dela, Jesus esclareceu que ser discípulo requer muito mais do que responder à empolgação momentânea exercida por um personagem que vivenciava uma grande popularidade entre os israelitas. Ser discípulo implicava em abraçar um estilo de vida que possuía conotações radicais. Volte a ler os versículos 24 e 25. O Senhor identificou três elementos cruciais para ser um discípulo. Observe a sequência em que estão mencionados. Em que diferem os dois primeiros conceitos populares sobre o que significa ser um discípulo? No que implica, em nossa vida, o cumprimento desta condição?

O fundamento sobre o qual se baseia a experiência de ser discípulo é o sacrifício pessoal. O negar-se a si mesmo, entretanto, se torna compreensível somente quando faz parte de uma visão maior que ele próprio. A esperança de uma vida plena de significado está contida na pessoa de Jesus e na promessa de aventura que promete o simples e contundente convite: segue-me. Desta forma, o nosso sacrifício é a resposta ao sacrifício que Ele primeiramente fez a nosso favor ao se apresentar a nós com esta proposta.

O negar-se a si mesmo soa estranho em nossa cultura atual, que muitas vezes parece estar exclusivamente concentrada em garantir, por todos os meios possíveis, o bem-estar pessoal. Mesmo os desconfortos mais insignificantes, como estar em pé em um ônibus ou esperar que nos atendam ao telefone, com frequência afetam negativamente o nosso humor, como se estivéssemos passando por uma tribulação intolerável. Levados pela tendência de sempre nos considerarmos vítimas, acreditamos que o nosso dever é lutar para assegurar que respeitem e garantam os nossos direitos.

Não é necessário enfatizar que esta atitude é essencialmente contrária ao chamado de Cristo, que nos convida a dar as costas a tudo quanto, até o momento, tenha sido prioritário em nossa vida. Ao adotarmos esta postura, conseguiremos imitar o exemplo do Filho de Deus, que, "pois, ele, subsistindo em forma de Deus, não julgou como usurpação o ser igual a Deus; antes, a si mesmo se esvaziou, assumindo a forma de servo, tornando-se em semelhança de homens; e, reconhecido em figura humana, a si mesmo se humilhou, tornando-se obediente até à morte e morte de cruz" (Filipenses 2:6,8).

O fundamento necessário para ser um discípulo é também o maior obstáculo para uma vida comprometida com Cristo. Os evangelhos fornecem muitos exemplos de pessoas que apresentaram uma variedade de desculpas para justificar que não podiam seguir a Jesus incondicionalmente. A sua resposta, que reflete os nossos próprios condicionamentos, ajuda-nos a ver como é forte em nós o querer nos assegurar de um benefício sem estarmos dispostos a abrir mão de qualquer uma das aparentes vantagens da nossa condição atual. Para muitos, a vida cristã é um meio para acrescentar um bem à vida que já se tem. Porém, a aventura de caminhar com Ele nunca será totalmente nossa até que estejamos dispostos a abandonar tudo quanto em outro tempo considerávamos bom e importante.

Ir após Ele *(Jesus define o Seu discípulo)*

TOMAR A CRUZ
Mateus 16:24-28

No devocional de hoje examinaremos o segundo elemento mencionado por Cristo como condição para ser discípulo dele. O primeiro indicava que a direção a seguir, necessariamente requer que demos as costas ao caminho que vínhamos percorrendo até o momento de nos encontrarmos com o Filho de Deus. Esta mudança inclui todos os elementos que faziam parte desse caminho, as prioridades, os objetivos, as preferências e os valores com os quais vivemos por muito tempo. A nova vida que Cristo propõe não pode ser construída sobre a vida anterior, mas esta deve ser demolida para dar lugar a algo totalmente diferente do que, até o momento, de forma equivocada se chamou "vida".

A segunda condição que Cristo menciona em Sua "definição" do verdadeiro significado de discípulo, é a disposição de *tomar a cruz*. Uma vez mais nos encontramos diante da frustração de não encontrarmos parâmetros em nosso mundo moderno para entendermos as implicações desta drástica frase. Em nosso contexto, a cruz é um inofensivo símbolo decorativo em alguns edifícios, um colar ou um par de brincos. Que significado a cruz comunicava aos discípulos? Por que Cristo considerou importante mencionar este segundo passo?

Sem dúvida, os Doze sentiram uma profunda angústia ao escutar que o chamado para ser discípulo se constituía em um convite para carregar uma cruz. Nenhum dos presentes tinha qualquer dúvida sobre o significado destas palavras, pois os romanos, por mais de 100 anos, vinham utilizando a crucificação como um cruel instrumento para execução de prisioneiros e criminosos. Aqueles que haviam caminhado pelas poeirentas estradas de Israel, provavelmente, tenham se deparado em algum momento com a grotesca cena de homens agonizando em cruzes rústicas, erguidas na saída das cidades. Eles sabiam que os únicos que carregavam uma cruz eram os réus sentenciados à morte, enquanto se encaminhavam ao lugar determinado para a cruel execução. No caminho se aglomeravam as multidões que, entre insultos e zombarias, acrescentavam humilhação ao condenado.

Como era possível compreender então que, em meio a tanta aclamação popular, se falasse de um assunto tão claramente associado ao desprezo e à condenação? Foi, precisamente, a contradição entre uma condição e a outra que levou Pedro a tentar dissuadir o Senhor de passar por esse caminho de profundo sofrimento. Jesus, entretanto, estava dizendo aos discípulos que este destino não estava apenas reservado para Ele, como também a todos aqueles que escolhessem unir a sua vida a do Filho de Deus.

O sofrimento, embora difícil de se vivenciar, é uma das marcas que distingue e confirma a condição de discípulo. É o inevitável resultado de se unir a vida a alguém que confronta, em todas as áreas, o sistema estabelecido que o mundo em que vivemos aceita. Não é possível conviver em harmonia com as duas realidades, pois uma está contra a outra. Jesus advertiu aos que estavam perto dele que devia existir em Seus seguidores a disposição de suportar humilhações, injúrias, incompreensões, abandonos e mesmo a morte, por causa do Cristo. Igual ao que faria com Saulo, Ele estava mostrando o quanto deviam "sofrer pelo [Seu] nome" (Atos 9:16).

Ir após Ele *(Jesus define o Seu discípulo)*

295 SEGUI-LO
Mateus 16:24-28

A mais clara descrição que Cristo fornece sobre as condições para ser um verdadeiro discípulo Seu, não deixa dúvidas de que implica na disposição para o sacrifício. Este sacrifício provém do compromisso de abandonar tudo o que alguém considera importante, como também a vontade de sofrer todo tipo de afrontas por ter escolhido se identificar com o estilo de vida que o Filho de Deus propõe.

O Senhor desejava que as multidões tivessem uma compreensão sobre a proposta que lhes apresentava. Em um texto semelhante, em Lucas, Jesus os incentivou a refletir: "Pois qual de vós, pretendendo construir uma torre, não se assenta primeiro para calcular a despesa e verificar se tem os meios para a concluir? Para não suceder que, tendo lançado os alicerces e não a podendo acabar, todos os que a virem zombem dele" (Lucas 14:28,29). A ilustração revela que o processo de se avaliar a decisão, antes de tomá-la, é importante, algo que muitas vezes está ausente quando apresentamos o evangelho às pessoas.

Se as palavras de Jesus tivessem se referido apenas ao contexto da negação e perseguição, poderíamos questionar: "E que benefício isto nos traz?". Uma primeira leitura pareceria indicar que seríamos evidentemente os perdedores neste convite! Ao sacrifício, entretanto, Jesus acrescentou este simples apelo: "sigam-me". Tente elaborar uma lista de fatores que estão implícitos neste convite.

O chamado para segui-lo muda radicalmente a natureza da proposta. Nada do que experimentarmos no caminho enfrentaremos sozinhos, pois Jesus estará conosco. Tudo o que ocorrer conosco, Ele também viverá intensamente, a vida dele e a nossa estarão intimamente unidas. Nem experimentaremos a confusão e a desorientação por não sabermos qual é o caminho a seguir, porquanto Cristo terá assumido esta responsabilidade por nós. A nossa parte consistirá simplesmente em nos mantermos perto da Sua pessoa. A proximidade nos oferecerá a melhor oportunidade para observá-lo, imitando Seu exemplo, assimilando as atitudes que demonstra, enquanto segue pelos lugares que o Pai lhe indica.

É necessário ressaltar, também, que o tipo de relacionamento que implica este convite não é momentâneo nem esporádico, embora muitos de nós concebamos a vida espiritual nestes termos. Se refletirmos, por um instante, na palavra "seguir", poderemos entender que a nossa perspectiva está errada. Não seguimos Jesus uma hora por dia, durante o devocional, para que Ele depois nos diga: "agora dedique-se à sua vida secular. Quando você voltar à noite pode uma vez mais vir me seguir". O convite é seguir após Ele o dia inteiro, todos os dias, aonde quer que formos e qualquer que seja a tarefa que estivermos realizando. Ele não deixa de nos guiar porque estamos numa empresa que não é cristã, pois somos Seus discípulos em todo tempo e em todo lugar.

A essência da vida espiritual, então, não é definida pelas atividades que realizamos, mas pela qualidade do relacionamento que mantemos com Aquele que está nos guiando. A maior fidelidade na experiência de caminhar com o Senhor será a maior evidência da Sua presença em nossa vida.

Ir após Ele *(Jesus define o Seu discípulo)*

296
COLHEITA
Mateus 16:24-28

Temos considerado nestes dias uma descrição dos requisitos para ser discípulo de Cristo. Usando expressões que não levantam dúvidas quanto ao seu significado, Jesus deixou claro que, aqueles que optavam por segui-lo, deviam estar dispostos a pagar um preço, o sacrifício no aspecto pessoal e no social. Como mencionei na meditação anterior, alguns poderiam considerar o preço alto demais em comparação ao benefício recebido.

Para eliminar toda dúvida quanto a isso, Jesus escolheu ampliar o sentido das Suas palavras e deu uma explicação adicional sobre os frutos, a longo prazo, de um sacrifício momentâneo na vida daqueles que o seguiam. Que benefícios são descritos nos versículos 25 e 26? Qual o contraste entre um estilo de vida e o outro?

As palavras do Senhor revelam que, em certas ocasiões, as nossas decisões se baseiam nos benefícios imediatos que obteremos sem considerar os resultados que virão com o passar do tempo. Podemos, por exemplo, nos calar diante de algo imoral no trabalho para não perdermos o afeto dos nossos colegas, deixar de dar atenção aos nossos filhos para garantir o bem-estar econômico da família, ou improvisar a nossa classe bíblica para não perdermos algum capítulo da nossa telenovela favorita. Em cada uma destas decisões, teremos garantido um bem momentâneo ao custo de uma perda a longo prazo. No trabalho, por exemplo, manteremos a amizade, mas não, o respeito. Em casa, conseguiremos o bem-estar econômico, mas os nossos filhos serão como pessoas estranhas para nós. No ministério de ensino, teremos entretido as pessoas, mas não, impactado as suas vidas.

Jesus desejava ajudar os discípulos a entenderem que a decisão de abandonar o mundo e os valores que mantêm o perverso sistema que o compõe tem consequências eternas. Poderemos perder prestígio, converter-nos em objetos de zombaria, rejeição ou perseguição, mas a decisão que foi tomada alimentará e fortalecerá a nossa alma, que é a única parte da nossa natureza humana que permanecerá para sempre. A grande tragédia que acompanha o aparente "progresso" do homem é que cada vez mais ele descuida do aspecto espiritual da sua existência, o que é indispensável para experimentar a vida plena e abundante.

O convite para ser discípulo de Cristo exige ações muito mais profundas do que a decisão de abandonar alguns elementos que nada oferecem para a nossa existência. É um convite para viver de forma séria, assumindo o papel de participantes na aventura que nos foi preparada. É um chamado para proclamar que Deus nos conclamou para ser, antes de fazer. O Filho de Deus nos convida a sermos coparticipantes na vida e não espectadores passivos que aguardam, com resignação, algum golpe de "sorte" que nos permita melhorar a qualidade da nossa existência. "Sigam-me", diz-nos Jesus, "e a vida jamais será aborrecida ou insípida". Não temos que ver algo mais além dos três anos de ministério entre os judeus para reconhecer que este é um convite que vale a pena aceitar.

Glória e pavor *(A transfiguração de Jesus)*

297
PEDRO, TIAGO E JOÃO
Marcos 9:2-8

Os discípulos estavam vivendo momentos de intensas emoções. Jesus lhes confirmara que Ele era o Messias, o Filho de Deus. A esta extraordinária revelação, entretanto, foi acrescentada um anúncio inquietante: o destino final da Sua peregrinação seria Jerusalém, onde lhe aguardavam sofrimentos e a morte pelas mãos dos grupos religiosos de maior influência naquela época. Ele tinha explicado que este desfecho não constituía uma derrota para Ele, mas o cumprimento das mais antigas profecias da Palavra sobre Sua pessoa. Acrescentou que, qualquer que desejasse ser Seu discípulo, deveria estar disposto a seguir o mesmo caminho do Mestre.

Uma nova experiência aguarda os três discípulos. Leia o versículo 2. Por que você acha que Cristo levou consigo somente Pedro, Tiago e João? Qual era o propósito em permitir que fossem espectadores desta experiência?

Este é um bom momento em nossas reflexões para nos determos e analisar a prática de expor estes três homens a experiências para as quais os outros nove não eram convidados. Segundo o relato dos evangelhos, os três acompanharam Jesus em, pelo menos, três ocasiões, embora possamos supor que houve mais oportunidades além das que foram registradas nos quatro evangelhos. O que importa estabelecer aqui é que Jesus reservou um relacionamento de maior intimidade e revelação para um grupo reduzido dentro dos Doze. A estratégia nos inquieta um pouco, pois era possível ser interpretada como favoritismo em relação a alguns. Não nos ajuda o fato de sermos consumidores em uma cultura orientada para a democracia, na qual cremos que todos devem ter as mesmas oportunidades visto que todos têm o mesmo valor (ou, pelo menos, assim a teoria do sistema declara).

Não encontramos a forma de dar uma interpretação adequada a esta prática até conseguirmos ver que esta não é uma demonstração de privilégios, mas uma estratégia de capacitação de acordo com a variedade de perfis de líderes que Cristo estava formando entre os Doze. O fato de que alguns iam ter maior responsabilidade do que os outros não os transformava em melhores ou piores, mas diferentes. O papel designado a estes três requeria um investimento mais profundo e íntimo do que o dos outros nove, mas não constituía uma declaração da hierarquia que porventura tivessem. Uma capacitação inteligente de obreiros resiste à tentação de se delegar a todos precisamente as mesmas ferramentas visto que nem todos cumprirão as mesmas funções. A cada um deve-se fornecer o necessário para a função à qual tenha sido chamado, pois o supérfluo somente servirá para prejudicar a eficácia das suas realizações.

O exemplo de Jesus, além disto, deixa um importante princípio para a formação de obreiros. Um líder sempre deve levar consigo alguns dos que ele está formando. É na intimidade do relacionamento e na intensidade das experiências ministeriais que se oferecem as melhores oportunidades para se ensinar. Um bom mestre aproveita cada uma delas para aprofundar o investimento que está fazendo na vida dos que se tornarão, em algum momento, sócios ministeriais.

Glória e pavor *(A transfiguração de Jesus)*

SOBERANA MANIFESTAÇÃO
Marcos 9:2-8

> Jesus subiu ao monte para orar tal como era o Seu costume. Nesta oportunidade, escolheu levar também Pedro, João e Tiago. Enquanto estava orando se transfigurou diante deles. Que reação isto provocou nos discípulos? Por que reagiram desta maneira? Qual significado tinha para eles o que estavam vendo?

É importante observar um detalhe que é apresentado, com maior clareza, por Lucas. O texto no evangelho descreve assim a cena: "E aconteceu que, *enquanto ele orava*, a aparência do seu rosto se transfigurou e suas vestes resplandeceram de brancura" (Lucas 9:29). Embora seja um dado pouco menor no acontecimento, encerra uma importante observação para nós: Jesus não os levou ao monte para deslumbrá-los com a transfiguração, como um mágico que tenha preparado um número especial para impressionar o seu público poderia fazê-lo. É bem possível que Ele nem soubesse o que iria acontecer, exceto que o Espírito o impelia a ir ao monte para orar.

A sequência dos acontecimentos revela um padrão bíblico. Em todas as situações onde houve uma manifestação sobrenatural do Senhor, esta não foi pedida nem buscada pelos que a vivenciaram. Antes, porém, aconteceu enquanto estavam ocupados nas atividades relacionadas com a lida normal da vida. Assim vimos com Zacarias, Maria e os pastores. Vale a pena enfatizar isto porque existe a tendência, na igreja, a passar grande parte do tempo, nas reuniões, pedindo que o Senhor se manifeste, que "mande o fogo" ou que "visite com poder" o Seu povo. O padrão nas Escrituras, entretanto, parece indicar que estas manifestações raras vezes chegaram em resposta ao pedido do Seu povo. Mas, antes, aconteceram de forma soberana, realçando o fato de que não temos os meios nem a autoridade para manipular as manifestações divinas.

Marcos, que normalmente fornece referências precisas quanto ao tempo, revela que este acontecimento teve lugar seis dias depois do momento em que Jesus confirmou a Sua condição de Filho de Deus. A revelação foi acompanhada do anúncio quanto ao fim que o aguardava, momentos de intenso sofrimento e de morte, o que, contradizia as ideias populares que se manifestavam naquele momento. Temos de crer que este acontecimento buscava, entre outros objetivos, que a presença de dois grandes personagens históricos do povo de Israel, Elias e Moisés, confirmasse que Jesus era protagonista de uma história que remontava algo muito maior e transcendental do que os três discípulos conseguiriam entender.

Nas palavras do evangelista percebemos a mesma frustração que João sentiria no Apocalipse. O que viram no monte ultrapassava completamente os parâmetros conhecidos por eles. Não encontraram outra comparação além da brancura de roupa recém-lavada para descrever a resplandecente imagem do Messias nesse momento. A descrição nos lembra que as realidades mais profundas do mundo espiritual transcendem completamente as experiências mais elevadas que as pessoas possam viver. Quem tenta captar o mistério do eterno no idioma dos homens experimentará a mesma frustração. Finalmente, a única resposta apropriada ao mistério de Deus é a adoração.

Glória e pavor *(A transfiguração de Jesus)*

299 NÃO SABER O QUE DIZER
Marcos 9:2-8

A reação dos discípulos diante da revelação da glória de Cristo distancia-se bastante do entusiasmo que nós manifestamos ante a aparente "presença" de Deus em nossas reuniões. De fato, a caminhada por cenários semelhantes, na Palavra, mostrará que nem uma única pessoa sentiu-se à vontade com uma visitação da parte do Senhor. Moisés sentiu medo. Isaías viu-se perturbado pelo seu pecado. Zacarias, Isabel e Maria experimentaram grande temor. O apóstolo João caiu como morto aos pés do Senhor. Vemos a mesma realidade no texto desta semana. Quando os três discípulos o presenciaram se sentiram, conforme o testemunho do evangelista, profundamente assombrados. Isto confirma a nossa incrível fragilidade ante o tremendo peso da glória de Deus. Como Pedro reagiu? Por que fez esta sugestão?

Em algumas ocasiões, tenho chamado esta sugestão do apóstolo de "síndrome de Pedro". Refiro-me à nossa tendência, diante de situações de extraordinária intensidade espiritual, em buscar uma forma de parar o relógio e permanecer ali todo o tempo possível. Em quantas reuniões, onde temos presenciado uma singular ação do Senhor, custa-nos dar por encerrado o encontro! Muitas vezes, a pessoa que preside continua com intermináveis esforços para animar os presentes a fim de que o "mover" não cesse, mas raramente consegue este intento. O Espírito do Senhor, como bem mostrou Cristo a Nicodemos, sopra quando quiser e onde quiser. Os homens não têm a capacidade de manipular nem o conduzir conforme o seu capricho. O fato é que estas experiências não são comuns na vida dos santos e acontecem esporadicamente, em parte, devido à nossa incapacidade de administrá-las corretamente ou suportar a tremenda presença de Deus. Não foi ao acaso que o Senhor alertou Moisés de que a possibilidade de contemplar o rosto de Deus significaria morte certa!

Marcos acrescenta um detalhe interessante sobre a sugestão de Pedro: ele não sabia o que dizer, pois estava assombrado. A ideia do discípulo não era o resultado de um processo de reflexão, mas foi a primeira coisa que saiu da sua boca. Provérbios nos adverte de que "quem retém as palavras possui o conhecimento, e o sereno de espírito é homem de inteligência. Até o estulto, quando se cala, é tido por sábio, e o que cerra os lábios, por sábio" (17:27,28). Foi exatamente esse ímpeto que tantas vezes colocou Pedro em problemas e que trará, possivelmente, mais de uma vez, complicações a nós também. A sua insensata sugestão, embora bem-intencionada, mostra quão distantes estamos de compreender o mover do Senhor. Provavelmente, o nosso ímpeto em decidir o caminho a seguir tenha frustrado, em mais de uma ocasião, o que Deus pretendia realizar em determinada situação. Que saudável, portanto, se torna o hábito de esperarmos pelas orientações divinas!

> *Senhor, aos poucos estou entendendo quão vulnerável e frágil sou. Quanta necessidade tenho de estar perto de ti, de aprender a aquietar o meu espírito e deixar que tu me leves pela mão nos caminhos que tu queiras. Graças pela Tua infinita paciência para alguém que tão frequentemente erra o caminho!*

Glória e pavor *(A transfiguração de Jesus)*

300
OUVIDOS ATENTOS
Marcos 9:2-8

O assombro e o pavor que se apoderaram dos discípulos diante da transfiguração de Cristo levou Pedro a dizer ao Mestre a primeira coisa que lhe veio à mente: "Mestre, bom é estarmos aqui e que façamos três tendas: uma será tua, outra, para Moisés, e outra, para Elias". Marcos esclarece que Pedro não sabia o que dizer. A sua reação nos mostra como somos propensos a fazer algo, não importa o que seja, em situações que escapam ao nosso controle. Estas ações, entretanto, raramente coincidem com o que é apropriado ou indicado.

A bondade do Senhor sempre provê uma oportuna correção para os nossos desatinos. Marcos relata: "A seguir, veio uma nuvem que os envolveu; e dela uma voz dizia: Este é o meu Filho amado; a ele ouvi. E, de relance, olhando ao redor, a ninguém mais viram com eles, senão Jesus" (9:7,8). Por que foi dada esta palavra aos discípulos naquele momento? Em sua opinião, qual seria a razão para o Pai pronunciar estas palavras?

Não podemos deixar de notar o contraste entre esta ação da parte de Deus e as precipitadas palavras de Pedro. A presença dele, na nuvem, parece ter tido a intenção de aquietar o agitado espírito dos discípulos, uma vez que as instruções chegam de uma clara orientação no meio de uma situação tão confusa.

O contexto de tudo o que os discípulos tinham vivido desde que Jesus confirmou que Ele era o Messias, o Filho de Deus, confere um peso adicional às palavras que o Pai pronuncia. A revelação posterior, feita por Cristo, de que devia subir a Jerusalém para sofrer muitas injustiças pelas mãos dos principais sacerdotes e fariseus os deixara desorientados. Como eles podiam conciliar esta informação com a condição de que Jesus era o Filho de Deus? No monte, Pedro, João e Tiago, não somente receberam evidências visíveis da natureza divina de Jesus, mas foram testemunhas do respaldo que o Pai lhe dera. As palavras de Deus, longe de ratificar a imagem severa e distante que muitos israelitas formaram sobre o Senhor, revelam o Pai amoroso e carinhoso que sente orgulho do Filho que tem.

Junto a este respaldo vem uma suave palavra: "a ele ouvi". A agitação que os discípulos sentiam por não saberem como proceder tinha uma perfeita e simples solução: aproximar-se do Filho e receber dos Seus lábios as palavras de orientação para a situação em que se encontravam. O Pai lhes estava indicando que, mesmo quando não entendessem tudo o que o Filho dissesse, as Suas palavras eram a única coisa de que necessitavam para prosseguir na vida.

A orientação do Pai deixa também um importante princípio para nós. Em tempos de desorientação, temor ou falta de esperança, o caminho a seguir é buscar no Senhor as palavras que reavivem o espírito e nos orientam na direção certa. Podemos afirmar ainda que, se o Pai nos incentiva a ouvir o Filho, é porque Jesus tem a intenção de falar conosco, um presente tão valioso quanto a própria vida!

Glória e pavor *(A transfiguração de Jesus)*

301
VOLTA À VIDA
Marcos 9:2-8

A dramática experiência da transfiguração de Cristo terminou tão repentinamente como iniciou. Depois de ouvir uma voz do Céu que os exortava a prestar atenção ao Filho: "E, de relance, olhando ao redor, a ninguém mais viram com eles, senão Jesus". O repentino desaparecimento da visão celestial realça o fato de que não temos os meios para controlar nem reter o mover de Deus. A nossa responsabilidade é de nos ocuparmos com o que nos foi entregue permitindo que o Espírito se mova com liberdade em e através de nós. Leia os versículos 8 e 9 deste capítulo. Por que Jesus e os discípulos desceram do monte? Que instruções Ele lhes deu no caminho? Qual era a Sua intenção ordenando-lhes que se calassem? Que prazo lhes deu para que guardassem silêncio?

Agora os discípulos devem voltar ao lugar onde a vida cotidiana acontece. A vida espiritual se vivencia e se desenvolve no contexto do ruído e das atividades de cada dia, e é ali que se encontram as nossas melhores oportunidades para colocarmos em ação o que temos recebido nos tempos de solitude e silêncio. Os encontros de renovação e celebração somente mostram sentido quando nos fornecem as ferramentas e atitudes para nos movermos eficazmente no mundo onde vivemos. Entretanto, lutamos contra a convicção de que os momentos mais espirituais acontecem nas situações de recolhimento e retiro, visto que descartamos que, na vida diária, o Senhor possa estar realizando em nós a Sua obra mais intensa.

No monte, a voz do Pai havia chamado os discípulos a prestarem atenção às instruções do Filho. Uns poucos instantes mais tarde, Jesus lhes deu instruções sobre a forma como deviam voltar a se misturar com a multidão que, certamente, os aguardava. Ele lhes determinou que não contassem a ninguém o que tinham visto até que o Filho do Homem ressuscitasse dentre os mortos. Uma vez mais, percebemos a frustração que esta ordem deve ter provocado em João, Tiago e Pedro. O desejo natural, em qualquer pessoa que tenha vivido uma experiência espiritual dramática, é buscar rapidamente com quem compartilhá-la. Esta situação, contudo, concede aos discípulos uma excelente oportunidade para negarem a si mesmos. Se Cristo tivesse desejado que outras pessoas participassem desta experiência, os teria incluído. Ele não precisa nos explicar por que não considerava apropriado compartilhar o ocorrido naquele momento. Basta que o escutemos e lhe obedeçamos.

Porém, as instruções de Jesus eram de que eles não falassem com ninguém daquilo que vivenciaram até depois da Sua ressurreição. Os discípulos não conseguiram aquietar a incessante necessidade de entender tudo e começaram a discutir entre eles acerca do significado da ressurreição. Apesar disto, vale a pena ressaltar que agiram conforme a palavra recebida, e isto tem um imenso valor. Mesmo que sigamos discutindo pelo caminho, como é maravilhoso buscarmos agir de acordo com o que nos foi indicado. No momento em que obedecemos, a bênção que o Senhor reservara para os filhos que o amam é derramada sobre a nossa vida.

Só com oração *(Jesus cura um endemoninhado)*

BÊNÇÃO E CONFLITO
Marcos 9:14-29

> Jesus e os três discípulos que o acompanharam, regressaram do monte onde tiveram uma intensa vivência espiritual. No caminho, o Senhor os advertiu para que não compartilhassem com ninguém o que tinham visto, sequer com os outros nove que não estiveram com eles. De qualquer modo, não se lhes apresentou uma oportunidade para falar sobre a experiência porque, em poucos instantes, ficou para trás a glória da transfiguração no monte e se viram envolvidos, mais uma vez, numa situação de conflito. Leia a parte restante da passagem e procure visualizar a cena com a qual Jesus se deparou. Que elementos consegue distinguir no meio da disputa que ali acontecia? Por que essa grande multidão havia se juntado?

A cena guarda semelhanças com outros relatos bíblicos. Em cada um deles encontramos o fato de que uma experiência intensamente espiritual é seguida — às vezes de forma repentina — por uma situação de conflito ou pecado. Moisés, por exemplo, repentinamente teve que descer do monte onde havia recebido as tábuas com os dez mandamentos porque o povo tinha se corrompido e feito um bezerro de ouro (Êxodo 33). A euforia que acompanhou os israelitas na conquista de Jericó foi substituída pela desolação diante de uma vergonhosa derrota em Ai (Josué 7). Jesus, depois de ser batizado, foi levado, imediatamente, ao deserto para ser tentado (Mateus 4). Os apóstolos, cuja pregação resultara na conversão de multidões em Jerusalém, mal tinham terminado de falar quando chegaram os oficiais do Templo para prendê-los (Atos 4).

A repetição de cenas semelhantes serve para que enunciemos este princípio: após uma experiência espiritual extraordinária podemos esperar uma situação de conflito com a mesma intensidade que a anterior. Existe uma razão muito clara para esta norma. O inimigo deseja arrancar das mãos dos filhos de Deus a bênção que recebem na tremenda vivência espiritual de que participam. As suas estratégias, entretanto, não escapam do agir do Senhor em nossa vida, como claramente a experiência de Cristo no deserto evidencia. Embora fosse tentado pelo diabo, o encontro foi providenciado pelo Espírito Santo. Por isso, os momentos de forte luta espiritual que seguem a uma grande bênção são poderosos instrumentos nas mãos de Deus para consolidar em Seus filhos a bênção que fora recebida. Como sabemos pela nossa experiência de vida, os momentos de conflito são os que dão a melhor evidência para comprovar a eficácia daquilo que, até esse momento, só conhecíamos no contexto da teoria.

Conhecer este princípio não servirá para que possamos evitar as situações de conflito, mas para permanecermos vigilantes contra as suas manifestações. Toda vez que experimentarmos alguma bênção especial ou que virmos que o Senhor tenha agido de forma particularmente intensa em nosso meio, poderemos esperar que nos venha algum tipo de dificuldade. O fato de sabermos isto evitará que essa experiência nos pegue de surpresa e permitirá que rejeitemos, com firmeza, qualquer manifestação de desânimo ou de desespero.

Só com oração *(Jesus cura um endemoninhado)*

303
DISCUSSÕES INÚTEIS
Marcos 9:14-29

> A cena com a qual Jesus se deparou ao descer do monte era totalmente contrária àquela que tinham vivenciado recentemente. Leia com atenção os versículos de 14 a 18. Em que estavam envolvidos os discípulos quando Cristo chegou até eles? Qual deve ter sido o motivo para este comportamento? Como o Senhor reagiu diante da situação?

A primeira coisa que nos chama a atenção nesta cena de conflito e confusão, é que a multidão ao ver Jesus correu para Ele. A reação deles nos dá uma clara imagem da autoridade e o peso que a figura de Cristo tinha entre as pessoas que o seguiram em diferentes momentos da Sua vida pública. É evidente, pela reação delas, que acreditavam que Ele podia ajudá-las a solucionar a desorientação e a confusão que havia se instalado nesta situação de crise.

A atitude das pessoas, sem que elas soubessem, também indica a direção a seguir para que os discípulos saíssem do emaranhado em que tinham se metido. A nossa resposta em situações nas quais não temos clareza sobre como proceder, seria deter-nos para buscar uma palavra de orientação da parte do Senhor. Somente Ele sabe, com certeza, o que a situação exige. Lamentavelmente, entretanto, em muitas situações tendemos a nos isolar e a tratar a nós mesmos, pelos nossos próprios meios, de decifrar exatamente qual é o caminho a seguir. Esta forma de agir fala do muito que nos custa render-nos aos pés de Jesus antes de esgotarmos todos os recursos para solucionarmos por nós mesmos a enrascada.

Os discípulos tinham se envolvido numa discussão com algumas pessoas presentes, que incluíam os tais infalíveis especialistas em assuntos espirituais, os escribas. Precisamos crer que, na falta de resultados diante da situação do menino, os discípulos se tornaram objeto de zombaria por parte daquela gente, o que possivelmente despertou neles o desejo de defender ou explicar o seu procedimento. Com certeza, também não faltaram aqueles que sempre sabem melhor do que ninguém a maneira de agir numa situação de crise.

A discussão sobre a forma de se proceder neste tipo de situações é normal, mas não oferece qualquer solução. Esta parece ser, entretanto, uma fraqueza particular no ministério, porque Paulo exortou a Timóteo, pelo menos seis vezes nas duas cartas que escreveu, para que não se envolvesse em vãs discussões. Ele ordenou ao jovem líder: "...te roguei permanecesses ainda em Éfeso para admoestares a certas pessoas, a fim de que não ensinem outra doutrina, nem se ocupem com fábulas e genealogias sem fim, que, antes, promovem discussões do que o serviço de Deus, na fé" (1 Timóteo 1:3,4). A Tito ele diz que as contendas de palavras "...não têm utilidade e são fúteis" (Tito 3:9). As discussões simplesmente dissipam as energias das pessoas e acrescentam confusão à situação.

Mesmo que tenhamos razão, o Reino avança por outros meios. Convém aos filhos de Deus um espírito sereno e calmo, porque não é o nosso esforço que alcança resultados, mas a intervenção do Senhor, como Moisés descobriu quando matou o guarda egípcio.

Só com oração *(Jesus cura um endemoninhado)*

304
GERAÇÃO INCRÉDULA
Marcos 9:14-29

> Quando Jesus desceu do monte encontrou os discípulos envolvidos em uma disputa com os escribas como resultado da incapacidade de ministrar a uma criança endemoninhada. Como Jesus reagiu diante da discussão? Qual pergunta Ele fez nesta situação? Por que se referiu a eles como uma "geração incrédula"?

Não encontramos detalhe algum sobre o motivo da discussão. Porém, se usarmos como referência situações parecidas com a nossa experiência ministerial, é bem provável que fosse referente ao método usado para resolver a situação que lhes havia surgido. É possível que os escribas tenham questionado a autoridade dos discípulos ou feito algum comentário depreciativo sobre a sua eficácia como seguidores de Cristo. Se acrescentarmos a esta situação o nervosismo e a incapacidade, não seria preciso muito para gerar uma acalorada discussão onde estaria em jogo a honra e o orgulho dos discípulos.

Quando Cristo chegou até onde eles estavam, perguntou-lhes: "Que é que discutíeis com eles?" (v.16). Não temos condições para identificar o tom de voz com que fez essa pergunta nem a quem ela foi dirigida. A pergunta, entretanto, implica um questionamento sobre o meio que haviam escolhido para resolver a situação. É possível que não questionassem tanto o fato de se envolverem numa discussão, mas que esta fosse com pessoas com nenhuma autoridade para opinar sobre questões espirituais como a que haviam procurado solucionar. De todos os modos, qualquer que fosse a ênfase, a pergunta convidava os discípulos a refletir sobre o caminho que haviam escolhido para resolver a situação. É possível que não questionassem tanto o fato de se envolverem numa discussão, mas que esta fosse com pessoas com nenhuma autoridade para opinar sobre questões espirituais como a que haviam procurado solucionar. Em certas ocasiões, nós também podemos nos beneficiar do ato de nos determos e perguntarmos por que estamos fazendo isto. Descobriremos que muitos trabalhos executamos simplesmente por hábito sem existir um claro motivo que justifique a nossa ação.

A resposta de Jesus diante da explicação do pai do menino foi muito forte: "Ó geração incrédula, até quando estarei convosco? Até quando vos sofrerei? Trazei-mo" (v.19). Esta não foi a única ocasião em que Cristo expressou impaciência pela falta de fé nos discípulos (Veja Marcos 4:40; 6:50,52; 8:17-21). O fato é que estiveram em várias situações semelhantes e, aparentemente, esperava-se que se firmasse neles uma convicção sobre os princípios espirituais que regem o reino dos Céus. Vemos em Jesus a angústia de quem não consegue avançar como gostaria na formação dos seus liderados devido à dureza de seus corações. Cremos que essa mesma frustração temos experimentado em muitas situações, nas quais observamos pessoas obstinadas em tomar o rumo que sabemos, com certeza, as levará à dor e à aflição. Sem dúvida, esta é uma parte da tarefa de quem ministra e deve ser assumida como parte do preço que precisa ser paga a fim de que Cristo seja formado em outros. Paulo comparava estas aflições às dores de parto de uma mulher (Gálatas 4:19).

Só com oração *(Jesus cura um endemoninhado)*

305
INCREDULIDADE
Marcos 9:14-29

> Jesus questionou os discípulos sobre a razão de estarem discutindo com os escribas, pessoas estas que, com certeza, não podiam contribuir com nada positivo para a situação que enfrentavam. Continue meditando sobre a cena que temos diante de nós nestes dias. Em que consistia a incredulidade dos discípulos? Por que o menino se manifestou com tanta violência quando o levaram a Jesus?

O ambiente que Jesus encontrou era parecido com o que ele viu em Nazaré, onde "não fez ali muitos milagres, por causa da incredulidade deles" (Mateus 13:58). Não fica claro se o Senhor dirigiu as Suas palavras ao pai do menino, à multidão ou aos nove discípulos que haviam ficado enquanto Ele subiu ao monte. Não duvidamos, entretanto, que a libertação do endemoninhado não dependia que usassem o método indicado para estas situações. Não era uma questão de se conhecer as técnicas apropriadas, mas utilizar os princípios que regem o mundo espiritual. Para que se desenvolva uma ação nesta esfera, é necessário que os seus participantes tenham uma profunda convicção de que o mundo invisível é ainda mais real do que o mundo visível. É por isto que o autor de Hebreus afirma que "a fé é a certeza de coisas que se esperam, a convicção de fatos que se não veem" (11:1). Jesus estava indicando que as convicções espirituais dos que estão presentes influenciam significativamente os resultados das ações realizadas no contexto do que é invisível.

Os termos "certeza" e "convicção", usados pelo autor de Hebreus, fazem referência a uma atitude de segurança que é absolutamente essencial para se mover com liberdade no plano espiritual. Se tivéssemos que atravessar sozinhos uma floresta, com densa vegetação, onde fosse extremamente difícil manter o sentido de orientação, provavelmente os nossos passos revelariam falta de convicção sobre como chegar ao nosso destino. Com que confiança avançaríamos, porém, se estivéssemos com um guia que tenha feito muitas vezes esta mesma travessia. A sua experiência nos contagiaria de tranquilidade, pois o nosso destino se encontra nas mãos de alguém que conhece o caminho. Do mesmo modo, os que percebem com nitidez o mundo espiritual e conhecem com segurança as realidades que o compõem, podem se mover com autoridade e certeza que aqueles que ainda são inexperientes não têm.

Esta é a razão porque o espírito se manifestou violentamente quando trouxeram o menino a Cristo. O demônio sabia que estava na presença de alguém que tinha absoluta autoridade no mundo espiritual. Não podia resistir nem recorrer a artifícios para permanecer escondido, pois estava diante de alguém maior e mais forte do que ele. A simples presença de Jesus, em forte contraste com a falta de eficácia dos nove discípulos, provocou uma instantânea manifestação. Eles ainda não tinham alcançado o peso e a autoridade necessários para uma atitude firme na presença do inimigo. Provavelmente Jesus sentiu-se angustiado porque a atitude que esperava da parte deles não exigia grande maturidade nem muita experiência ministerial. Pelo contrário, tratava-se do tipo de absoluta confiança que, tão facilmente, as crianças expressam.

Só com oração *(Jesus cura um endemoninhado)*

"AJUDA-ME NA MINHA FALTA DE FÉ!"
Marcos 9:14-29

> Quando Jesus interveio na confusa situação em que os discípulos se envolveram, trouxeram-lhe o menino endemoninhado. Por que a reação deste menino foi tão violenta na presença do Cristo? Em sua opinião, qual seria a razão de Jesus ter interrogado o pai do menino? O que o comportamento do demônio nos revela a respeito das obras do diabo? Qual foi a atitude do pai para com Jesus? De que maneira Ele reagiu ao pedido desse pai?

Esta é a única situação em que Jesus pediu um histórico mais detalhado sobre a pessoa a quem iria ministrar. O Seu procedimento reafirma, uma vez mais, que não existe um método pré-determinado para estes casos, mas que, em cada situação, deve-se agir de acordo com as orientações do Espírito Santo. É possível, também, que fosse necessário envolver o pai no processo. A situação claramente havia afetado toda a família e era preciso cura para o grupo todo, pois o homem não somente pediu misericórdia para o seu filho, mas também para todos eles. O seu pedido confirma que não existe ninguém que possa se manter afastado dos problemas dos outros. Mesmo quando não participamos diretamente em suas vidas, as situações de crises nas quais se encontram afetam os que entram em contato com eles.

Diante da resposta do pai, Jesus exclamou: "Se podes! Tudo é possível ao que crê". A frase, que é uma das mais conhecidas declarações do Senhor, refere-se à mesma verdade que Paulo expõe na carta aos Filipenses: "…tudo posso naquele que me fortalece" (4:13). Ou seja, não existem obstáculos na vida daquelas pessoas que têm a convicção inabalável de que estão nas mãos de Deus, cujo reino soberano se estende aos lugares mais recônditos do Universo. Não é uma convicção de que podemos conseguir avanços significativos na vida se aplicarmos esforço suficiente na situação, mas sim, na confiança que vem de se conhecer Aquele que pode agir em nosso favor. A Palavra está cheia de exemplos de quem, frente a situações incrivelmente adversas, creu contra toda a esperança de que Deus poderia intervir, e não ficaram frustrados.

A resposta de Jesus provocou uma reação imediata: "Eu creio! Ajuda-me na minha falta de fé!". A sua resposta poderia indicar uma contradição, pois pensaríamos que a fé e a incredulidade não podem conviver na mesma pessoa. O pai, entretanto, expressava um dos mistérios da nossa condição humana, o fato de que estamos num processo de transformação. A nossa vida, portanto, sempre refletirá a existência de realidades que coexistem num estado de tensão, tal como Paulo descreve em Romanos 7:15-25. O Reino cresce em nosso viver, mas ainda não chegou à sua plenitude. Somos santos, mas as manifestações do pecado ainda nos afetam. O pai do menino tinha fé, mas, ao mesmo tempo, admitia que era uma convicção fraca e imperfeita. Por isto, pediu a Cristo que fortalecesse aquilo que existia num estado tão precário, em seu próprio coração.

307

Só com oração *(Jesus cura um endemoninhado)*

INTERVENÇÃO DECISIVA
Marcos 9:14-29

O pai do menino compartilhou o seu desespero com Cristo, pois o seu filho por muitos anos vinha sofrendo os tormentos provocados por um espírito imundo que se apoderava dele. Qual foi um dos fatores que levou Cristo a agir? De que forma procedeu para resolver a situação? Quais foram as instruções que Ele deu ao demônio?

Marcos acrescenta um detalhe ao relato. A multidão de curiosos que acompanhava a Cristo por todo lado começou a se reunir em volta dele. Este fator levou-o a não atrasar Sua intervenção na vida do endemoninhado. A Sua decisão mostra quão reticente Ele era em criar espetáculos diante das multidões. Alguns chegam a usar este tipo de situações no ministério para chamar as pessoas. "Grande campanha de milagres" anunciam os painéis em vários pontos da cidade, como se estivessem convidando as pessoas para uma espécie de exibição. Cristo, não somente desestimulava as multidões, mas também percebia que eram um obstáculo para desenvolver eficientemente o ministério. Certamente, também desejava proteger o homem e ao seu filho do inevitável incômodo que sentimos quando todos colocam os seus olhos sobre a desgraça que estamos vivendo.

Apesar de tudo, a Sua intervenção na vida do menino foi decisiva e contundente: "repreendeu o espírito imundo, dizendo-lhe: Espírito mudo e surdo, eu te ordeno: Sai deste jovem e nunca mais tornes a ele". Ele não deu voltas no assunto, mas exerceu a Sua autoridade para expulsar o demônio. Este fato é fundamental para se compreender a eficácia do ministério de libertação. Pode-se determinar aos espíritos, que façam exatamente o que pedimos porque eles não têm absoluta liberdade para agir conforme queiram. Eles são também seres criados e estão sob a autoridade do Senhor, mesmo que não vivam em submissão a Ele. Entretanto, quando alguém que possui maior autoridade do que eles os enfrenta, não lhes resta outra opção a não ser obedecer, e foi o que ocorreu nesta situação em particular. É interessante observar, também, que Ele proibiu que voltassem a entrar no menino. Em mais de uma situação, a saída de um demônio se deu somente "por um tempo".

A reação do espírito maligno mostra como as amarras que cercavam a vida daquele menino eram resistentes. Em muitas ocasiões, como no endemoninhado de Gerasa, o espírito imundo tinha tentado lhe tirar a vida, buscando desta forma cumprir o principal objetivo do inimigo, que é roubar, matar e destruir. A violência com que saiu nos permite dizer que o avanço da luz sobre as trevas sempre estará acompanhado de uma intensa luta espiritual, que, em certas ocasiões, podemos observar assim como aconteceu nas terríveis convulsões que o menino experimentou. Quando ficou livre, a diferença entre seu estado posterior do seu anterior era tão dramática que parecia que a própria vida havia se esvaído, assim pensou a multidão. A conclusão à qual tão rapidamente chegaram mostra como é fácil se enganar em questões que exigem uma aguda percepção espiritual. Jesus, pelo contrário, levantou o menino com carinho e o fez ficar em pé.

Só com oração *(Jesus cura um endemoninhado)*

308
MUITO ALÉM DOS MÉTODOS
Marcos 9:14-29

Quando o espírito imundo saiu do menino que sofria violentas convulsões, ele ficou tão quieto que as pessoas em volta pensaram que havia morrido. O resultado da intervenção de Cristo foi visto com maior drama pelo contraste com os infrutíferos esforços dos Seus discípulos. Talvez eles tenham chegado à conclusão de que o caso era muito complexo e, por isso, nada tenham conseguido fazer. A contundência de Jesus, entretanto, deixou-os perplexos porque Ele não havia experimentado nenhuma das dificuldades que eles tinham enfrentado. O que os discípulos fizeram quando Jesus entrou na casa? O que isto nos indica sobre o processo de formação? Que lição o Senhor quis ensinar a eles?

A possibilidade de continuar dialogando sobre ensinamentos ou situações que ficaram sem entender, é uma das marcas que distinguem o bom professor. São muito raras as ocasiões em que um discípulo consegue, em um só momento, a total compreensão de um princípio espiritual. Antes, porém, a aprendizagem é um processo que inclui uma diversidade de fatores em uma variedade de contextos. Por isto, Jesus, com frequência, complementava um sermão ou uma vivência com um tempo para perguntas e ao diálogo que este momento proporcionava. Da mesma forma nós, com as pessoas que estamos formando, devemos criar os espaços e os momentos para que o processo alcance o seu potencial máximo. A pergunta dos discípulos surgiu naturalmente como resultado da diferença que observaram entre o fracasso deles e o sucesso do Senhor. Em certas ocasiões, o nosso exemplo, que deveria indicar um caminho melhor na vida, servirá para despertar em outras pessoas este tipo de inquietação.

A resposta do Senhor foi breve e enigmática: "Esta casta não pode sair senão por meio de oração [e jejum]" (v.29). O enigma que envolve a resposta de Jesus se baseia precisamente no fato de que Ele não utilizou a oração para expulsar o demônio. Sentimo-nos tentados, então, a crer que Jesus exigia deles um procedimento que Ele não respeitava. Provavelmente, uma parte da nossa dificuldade está na convicção de que a oração é uma atividade ocasional, para um momento, e não um estilo de vida. O tempo para orar, entretanto, não é no fragor da batalha, mas antes de se chegar a ela. Cristo não orou naquele instante porque acabara de chegar de uma profunda experiência de comunhão com o Pai. Quando uma pessoa dedica o tempo necessário preparando o seu espírito, em oração, para os desafios que estão à sua frente, pode avançar confiante porque estabeleceu o fundamento necessário para agir com autoridade em situações de conflito. Este mesmo princípio levou Jesus a preparar o Seu espírito para o confronto com Satanás por meio de 40 dias de oração e jejum. Uma vez diante do enfrentamento, o tempo de orar havia passado: era chegada a hora de agir.

Um ministério eficaz sempre se sustenta por uma intensa vida de oração. De nada serve orar no momento da ministração se não houve esse tempo prévio de preparação espiritual. Em certo sentido, o momento da ministração revelará o que foi semeado em solitude diante do Pai.

Ser como crianças *(Jesus ensina sobre humildade)*

309
UMA DISCUSSÃO
Mateus 18:1-14

Pouco tempo depois de Cristo tentar explicar aos discípulos que lhe aguardavam tempos de sofrimento e perseguição, encontramos uma cena que nos ajuda a entender por que a Sua mensagem mostrou ser tão incompreensível aos Doze. Leia o texto marcado para estes dias. O relato de Marcos fornece um detalhe adicional aos outros dois evangelhos: "Tendo eles partido para Cafarnaum, estando ele em casa, interrogou os discípulos: De que é que discorríeis pelo caminho? Mas eles guardaram silêncio; porque, pelo caminho, haviam discutido entre si sobre quem era o maior" (9:33,34). O que motiva em nós este tipo de discussões? Por que era tão importante para os Doze estabelecer quem seria o maior do grupo? De que forma se manifestam as nossas próprias lutas para sermos mais do que os nossos irmãos?

É interessante observar a reação dos discípulos diante da pergunta de Jesus. Eles guardaram silêncio porque, possivelmente, os seus corações davam testemunho da pouca importância que isto representava no reino dos Céus, estabelecer quem seria o maior entre eles. Entretanto, como crianças que se reúnem para discutir qual delas tem o pai mais forte ou com mais dinheiro, eles não conseguiam escapar das manifestações mais baixas da nossa natureza humana. Influenciados por uma cultura que não tinha Deus como ponto de referência, eles se entregaram às comparações e lutas pelo poder que, inevitavelmente, acontece entre os homens que lutam para se tornar deuses. Apesar disto, o silêncio deles testifica que a obra transformadora de Cristo começava a reorientar os valores nos seus corações.

O esforço para definir quem é o maior não é simplesmente coisa de crianças, embora revele a existência de uma mentalidade infantil. A queda, no jardim do Éden, destrói o espírito de cooperação com que o primeiro casal fora criado e o transfere ao patamar da competição. Adão e Eva se esconderam um do outro e começaram a agir como se fossem rivais. Ele já não a protege e nem cuida dela, mas a utiliza para justificar o seu próprio pecado. Ela, segundo o relato de Gênesis 3, começa a buscar a forma de ocupar o lugar que foi destinado ao homem. Diante disto, ele responde com aspereza buscando o meio de dominá-la. Ou seja, a característica que sobressai no seu relacionamento agora é lutar para saber quem controla o destino do outro.

Esta disputa tem se estendido ao patamar de todos os relacionamentos que mantemos. Grande parte da vida passa em esforços e maquinações inúteis para conseguirmos um lugar de supremacia sobre os nossos semelhantes. Custa-nos muito admitir os nossos erros, com o temor de que a outra pessoa tire vantagem desta situação. Sem perceber claramente o que está acontecendo, nunca podemos deixar de ficar na defensiva nem relaxarmos. Jesus desejava libertar os discípulos desta escravidão indicando um caminho diferente. Eles o tinham visto personificado na vida do Messias, mas agora, Ele lhes daria instruções muito simples sobre como chegar a esta mesma postura em suas próprias vidas.

Ser como crianças *(Jesus ensina sobre humildade)*

310
SIMPLICIDADE E INOCÊNCIA
Mateus 18:1-14

Como resultado de uma discussão inútil sobre qual deles seria o maior, Jesus decidiu falar sobre a grandeza na ótica do Reino. Para facilitar a compreensão dos discípulos, Ele se valeu dos brilhantes métodos de ensino que utilizava com tanta frequência. Leia os versículos 2 e 3. Por que esta ilustração se torna tão eficaz? Tente identificar as características das crianças que os adultos devem imitar. Que caminho os adultos devem percorrer para ser como crianças?

Uma vez mais percebemos a confusão que as palavras de Cristo podem ter provocado no grupo dos Doze. Tomar uma criança como exemplo de grandeza que eles deviam desejar contradizia a tudo que haviam visto e recebido da cultura que os cercava. Bastava lançar um olhar a esta criança para entender que não possuía sequer uma pitada de grandeza. Até a sua própria estatura a fazia se passar despercebida quando caminhava pelos locais públicos da cidade. Cristo, porém, não se referia ao papel desta criança na sociedade, mas à realidade espiritual que faz parte da infância. É nessa direção que devemos voltar o olhar se desejarmos compreender o que o Senhor procurava mostrar aos discípulos.

A peculiaridade nas crianças é que ainda não absorveram as complexas conjecturas nem as confusas expressões de astúcia próprias aos adultos. A perspectiva delas tem uma inocência e uma liberdade que dá lugar ao contexto ideal para o desenvolvimento da fé. Considere somente algumas características nas crianças que revelam a simplicidade da sua alma.

A primeira ação que as crianças praticam quando acordam pela manhã, por exemplo, é procurar pelos pais. Não as vemos preocupadas ou cansadas porque não conseguiram dormir à noite. Nem bem abrem os olhos, começam a desfrutar o dia. As crianças, tampouco, se preocupam sobre as necessidades do dia. Não passam horas pensando sobre de onde virá a comida para o almoço ou quem poderá prepará-la. Brincam com tranquilidade, porque sabem que existem outras pessoas que velam pelo seu bem-estar. No momento em que necessitam de algo se aproximam de um adulto para lhe pedir. Não medem palavras nem enrolam. Pedem porque confiam que os adultos podem suprir as suas necessidades. Quando se machucam, imediatamente buscam sua mãe ou o pai para receber deles o consolo de que necessitam. Às vezes, só com um beijo ou um agrado, as lágrimas desaparecem e a alegria retorna. Tampouco possuem a capacidade para recordar as más experiências que tenham vivido. Não guardam mágoas nem procuram se vingar, como é o caso dos adultos. Mesmo quando os pais as disciplinam, rapidamente recuperam o ânimo e a vontade de brincar. As crianças também possuem uma imaginação admirável. Você já encontrou alguma vez uma criança questionadora ou entregue a dúvidas? Você lhes fala do Papai Noel, e elas acreditam cegamente na sua existência. Somente os maiores admitem o ceticismo que tanto caracteriza os adultos. Todos estes princípios, e muitos outros, estão à vista de quem se dispuser a observar uma criança. Permanecer com elas proverá todo o ensino necessário para avançar na vida espiritual.

Ser como crianças *(Jesus ensina sobre humildade)*

311 SEGUNDA CONVERSÃO
Mateus 18:1-14

Uma criança serviu para que Jesus entregasse um admirável ensinamento sobre a grandeza no reino dos Céus. Ele lhes indicou que a meta era chegar a ter a mesma humildade delas e lhes mostrou que era impossível entrar no Reino a menos que voltassem a se converter. Que ideia a conversão envolve? Qual era a conversão que o Senhor desejava para os Seus discípulos? Na prática, como podiam percorrer este caminho?

É interessante que Jesus tenha chamado os Seus seguidores à conversão. O termo grego para "conversão" significa, literalmente: retroceder, voltar para trás, mover-se em direção oposta. Fica claro, então, que o caminho que o Senhor indicava seguia na direção oposta em que os Seus discípulos estavam se movendo. De fato, é impossível recuperar a inocência das crianças se não estivermos dispostos a abandonar a maioria dos pressupostos sobre os quais os adultos constroem as suas vidas.

O triste nisto é que todos possuímos, em algum momento, as características que Jesus indica como necessárias para entrar no Reino, pois cada um de nós já foi criança. Naquela etapa da vida, era natural o comportamento que agora devemos recuperar com grande esforço. Infelizmente, entretanto, a chegada à "maturidade" veio acompanhada pela incorporação dos vícios e as complexidades que tantas dores de cabeça provocam nos adultos. Muitos destes comportamentos são o resultado de se ter vivido em diferentes graus de angústia nos seus relacionamentos com outras pessoas. As feridas, num mundo ideal, não deveriam ser permanentes quando a criança está inserida num lar saudável. A realidade, contudo, é que as dores mais profundas são o resultado das desilusões e injustiças provocadas pela própria família. Pelo medo de voltarmos a ser feridos, desenvolvemos elaborados processos de proteção, o que simplesmente perpetua o ciclo de relacionamentos doentios. Definitivamente, é difícil se construir uma vida plena sobre uma atitude de suspeita e desconfiança com os outros.

Então, o que envolvia este chamado à conversão? Primeiramente, que os discípulos, bem como nós, renunciassem à vida construída sobre os valores e princípios comuns dos adultos. Isto não era uma questão de descartá-los como inconvenientes, mas reconhecer que pertenciam a um sistema essencialmente diabólico, incompatível com o Reino. Existem muitos líderes que pensam ser possível "santificar" os sistemas do mundo para serem úteis dentro da Igreja. Cristo chamou os Doze para que abandonassem este sistema.

O segundo passo implicava voltar a incorporar os elementos que possuímos, vindos naturalmente das crianças. Quer dizer, recuperar essa perspectiva ingênua e confiante que torna desnecessária a preocupação, a dúvida e a amargura, que convertem a vida dos adultos num pesado fardo. O Senhor nos convida a um estilo de vida no qual as características principais sejam a alegria, a dependência e a capacidade de deslumbramento. Para vivenciá-lo será necessário impor certa disciplina à mente e às emoções, pois sem esta prática obrigatoriamente seremos levados pelo caminho que todos os adultos percorrem.

Ser como crianças *(Jesus ensina sobre humildade)*

312
TODOS POR IGUAL
Mateus 18:1-14

Diante de uma discussão que aconteceu entre os discípulos sobre quem era o maior entre eles, Jesus tomou uma criança e os chamou a se converterem novamente a um estilo de vida semelhante ao das criancinhas. Na reflexão anterior, identificamos pelo menos dois elementos necessários para se experimentar uma segunda conversão. Jesus acrescentou mais um elemento ao caminho que deviam percorrer. Qual era esse elemento? Que implicava para os discípulos a recomendação de "receber as crianças em meu nome"? O que significava receber uma criança na sociedade daquela época? Qual era o conceito de grandeza para o qual Jesus apontava? De que forma Ele exemplificou essa grandeza em Sua própria vida?

O chamado a *humilhar-se* como uma criança fica mais evidente quando se entende como uma referência ao processo de conversão que ajudará aos discípulos a ser como crianças. Pelo fato de as crianças não possuírem conceitos de grandeza é difícil tomá-las como exemplo de humildade. Antes, porém, descartar os valores guardados e defendidos pela maioria dos adultos vai requerer uma grande dose de humildade, pois será uma escolha que exigirá, de quem a fizer, uma atitude contrária à cultura predominante neste mundo.

Jesus acrescentou que era necessário não somente cultivar o mesmo estilo simples das crianças, mas também que os relacionamentos com os outros deviam mostrar esse mesmo apreço pela humildade. As crianças não são, em sua tenra idade, seletivas ao escolher com quem se relacionar. Elas não entendem os preconceitos nem as segregações dos adultos, mas se aproximam, por igual, iniciam conversas com ricos, pobres, brancos, negros, cristãos ou muçulmanos. O evangelho que Cristo anunciava às multidões continha boas-novas porque estendia um convite a todos os integrantes da sociedade sem se importar com as suas condições, intenções ou história. Assim como o Reino não admite a existência de diferentes hierarquias entre os seus integrantes, tampouco permite que se imponham certas restrições quanto às pessoas que se beneficiam da graça de Deus.

Esta era uma das características do ministério de Jesus, uma que lhe resultou a condenação, por parte das autoridades religiosas daquele tempo, porque Ele considerava aceitável que uma pessoa espiritual se associasse com todos por igual. O reino dos Céus se constrói sobre um escandaloso desprezo pelas categorias e limitações que os seres humanos estabelecem entre eles. Nas parábolas que Cristo compartilhou com as multidões, Ele revelou, repetidas vezes, que o Pai ama àqueles que o mundo despreza ou ignora. As crianças, indefesas e insignificantes aos olhos de muitos adultos, representavam todos aqueles que o Pai ama com um amor insistente ao longo da história da humanidade. Como representantes deste Reino, os discípulos deviam agir com esta mesma liberdade estendendo as boas-vindas a todos, sem exceção. A sua atitude constituía a melhor forma de revelar o coração generoso do Pai que os enviava à obra.

Ser como crianças *(Jesus ensina sobre humildade)*

313
QUE NENHUM SE PERCA
Mateus 18:1-14

Jesus tomou um menino para falar aos Seus discípulos sobre a verdadeira grandeza no reino dos Céus. Eles tinham discutido no caminho sobre qual deles seria o mais importante, um debate que, sem dúvida, nada acrescentava ao seu crescimento espiritual. Pelo contrário, firmava neles os valores contrários aos valores do Reino. As crianças, mostrava-lhes Cristo, exemplificavam o coração simples e humilde que Deus desejava ver nos Seus filhos. Ele não somente os chamou a se converterem a este estilo de vida, mas que estivessem dispostos a receber com carinho a todos que, como os mais pequenos, eram passados por alto pela maioria das pessoas. Por que Ele incluiu neste ensino o perigo de escandalizar os pequeninos? Como poderíamos ser motivo de tropeço em suas vidas?

A advertência de Jesus é muito forte, pois a imagem de uma pessoa, presa a uma pedra de moinho, não representa somente morte certa, mas também garante que jamais voltaria a ser vista por alguém que alguma vez a tenha conhecido. O peso da pedra a manteria segura no fundo do oceano, onde até hoje é quase impossível aos homens chegarem. Não resta dúvida, então, que Jesus queria que os discípulos entendessem que a punição que viria sobre quem fazia tropeçar aos mais inocentes seria mais do que terrível.

As palavras do Senhor ressoam em outros textos que advertem sobre a seriedade de se influenciar negativamente o desenvolvimento espiritual das pessoas. Moisés, por exemplo, perdeu a possibilidade de entrar na Terra Prometida porque decidiu, num momento em que o Senhor havia dado claras instruções sobre uma situação, apresentar ao povo uma imagem de um Deus irado e ressentido com eles. O Senhor disse a ele e a Arão que lhes aplicava a disciplina "visto que não crestes em mim, para me santificardes *diante dos filhos de Israel*" (Números 20:12). Do mesmo modo, no Novo Testamento, Tiago adverte que, aqueles que desejam ser mestres receberão maior julgamento, pois do testemunho e desempenho deles dependerá o desenvolvimento daqueles que Deus lhes confiou. O Senhor advertiu ao profeta Ezequiel que demandaria o sangue dos ímpios de sua mão se ele não lhes anunciasse a palavra que havia dado para ele lhes falar (Ezequiel 3:20).

O fato é que o Senhor coloca um grande peso no destino eterno das pessoas, algo que raramente nos tira o sono. Para Deus, a salvação dos que estão destinados à perdição é tão importante que Ele enviou o Seu Filho, a fim de pagar o preço necessário para redimir a humanidade. A advertência de Cristo nos faz lembrar que a nossa vida está ligada às daqueles que nos cercam. É nossa responsabilidade viver de tal maneira que outros vejam claramente refletida em nós a glória do Pai.

Ser como crianças *(Jesus ensina sobre humildade)*

314
AI DAS PEDRAS DE TROPEÇO!
Mateus 18:1-14

O Senhor, no ensino sobre a importância de ser como crianças, aproveitou a situação para falar do valor que o Pai dá aos pequeninos. Entende-se nesta referência que isto não inclui somente os breves anos da vida, mas a todos aqueles que, como as crianças, são os mais indefesos e menos considerados pela sociedade. Inúmeras pessoas passam a vida inteira diante da indiferença da maioria da população do mundo. Leia os versículos 7,10,11. O que faz uma pessoa se tornar uma pedra de tropeço? Por que é tão sério o fato de fazer outros tropeçarem? O que Jesus quis dizer ao se referir aos anjos? Que definição Ele apresenta sobre a Sua própria missão?

A palavra grega usada para "pedra de tropeço" é a mesma da qual vem a palavra "escândalo". O dicionário da Real Academia Espanhola define-a como "ação ou palavra que é a causa para que alguém faça mal ou pense mal de outra pessoa. Uma palavra ou ação reprovável que ocasiona dano ou ruína espiritual no próximo". Com a simples leitura desta definição percebemos que, ao falar em pedras de tropeço, Jesus tinha em mente um comportamento com gravíssimas consequências, precisamente porque estas poderiam chegar a ser eternas.

Tornar-se pedra de tropeço, no sentido de como Jesus o usa, é influenciar contrariamente os outros quanto ao seu conceito a respeito de Deus, de modo a produzir uma visão distorcida da Sua pessoa ou um afastamento definitivo dele. As formas mais comuns em que podemos ser pedras de tropeço é quando comunicamos aos outros uma imagem de Deus que é contrária ao que Ele realmente é. Isto pode ser como o resultado de julgamentos impróprios, um legalismo sufocante ou um espírito de absoluta permissividade. Um claro exemplo disto encontramos na pessoa de Moisés, que tomou para si a atribuição de comunicar ao povo uma mensagem irada da parte de Deus, coisa que o Senhor não havia lhe falado. A sua ousadia custou-lhe a entrada na Terra Prometida. Para muitas pessoas, o escândalo não se fundamenta numa mensagem isolada, mas no testemunho de pessoas que, chamando-se discípulos de Cristo, vivem de tal maneira que contradizem até os princípios mais essenciais do evangelho. Em muitos casos, estas pessoas são o maior obstáculo para que outros cheguem ao conhecimento da verdade.

Jesus evidentemente acreditava que nunca chegaria o dia em que as pedras de tropeço deixassem de existir. Embora a sua manifestação fosse frequente, Jesus não deixou de pronunciar uma séria advertência contra aqueles que agiam como tais.

A razão é simples: o trabalho que realizam segue na direção oposta ao desejo mais profundo de Deus, que é o de não se perder sequer "o mais pequenino". Os mais indefesos, além disto, têm quem os represente diante do trono de Deus, e agir contra eles, é despertar também a ira do Rei.

Ser como crianças *(Jesus ensina sobre humildade)*

315

MELHOR MANCO OU COXO
Mateus 18:1-14

A gravidade em ser uma pedra de tropeço para os mais indefesos levou o Senhor a transmitir aos discípulos uma recomendação que muitos consideram demasiadamente radical. Leia os versículos 8 e 9. Neste contexto, a que se refere a frase "se a tua mão ou o teu pé te faz tropeçar"? Como isto pode ser concebido na prática? O que espera àqueles que não conseguem vencer as tentações que perseguem o pecador?

A atitude do cristão diante do pecado é uma das chaves para se alcançar a santidade. Porém, uma das características mais inquietantes que o pecado possui é a capacidade de nos convencer que não é um assunto tão grave como pensamos. Observe, por exemplo, a maneira como a serpente suavizou a proposta de pecado que apresentou à mulher. O Senhor havia advertido Adão e Eva de que certamente morreriam se comessem do fruto que Ele lhes proibira, uma consequência que não somente era radical, como também impossível de ser revertida. Entretanto, quando a serpente iniciou um diálogo com a mulher, afirmou que as consequências da sua desobediência não seriam tão graves como o Senhor lhes tinha dito. Primeiro, não morreriam; além disto, alcançariam vários benefícios que Deus, naquele momento, lhes estava negando. A proposta, sedutora e convincente, bastou para que a mulher tomasse a decisão fatal.

A nossa luta contra o pecado se torna pouco eficaz porque, muitas vezes, convencemo-nos de que o fato não é tão grave como aparenta ser. Esta falsa percepção nos leva a crer que, quando assim o decidirmos poderemos facilmente abandonar o comportamento ou a atitude que ofende a Deus. Entretanto, ao tentarmos um avanço nesta direção, percebemos que o pecado lançou raízes muito mais profundas do que havíamos percebido. Assim como o alcoólatra que, depois de cada bebedeira jura jamais voltar a tocar numa gota de álcool, os nossos esforços para resolver a situação são completamente infrutíferos.

Para esses pecados habituais, que não conseguimos vencer, Cristo propõe uma solução muito mais dramática: cortar a fonte que os alimenta. Isto é, se somos viciados na televisão, por exemplo, a solução não é tentar disciplinar-nos, mas nos desfazermos do televisor. Se não conseguimos controlar o nosso comportamento durante um esporte que nos apaixona, a solução é deixar de praticá-lo. Se não conseguimos controlar a forma como gastamos o dinheiro, a solução é não lidarmos com ele. Podemos entregar a administração do nosso dinheiro a quem possa fazê-la melhor do que nós. Se não podemos acessar à internet sem ver pornografia, a solução é tirar o acesso a ela.

A solução é drástica porque o problema é grave. Nas palavras de Cristo, o preço a pagar é a perda do olho, da mão ou da perna, algo que afetará o futuro de nossa vida. Entretanto, o Senhor mostrou que é melhor chegar ao Céu mutilado do que ir ao inferno em plena forma. Ou seja, é preferível viver sem os elementos que devemos sacrificar para vivermos em santidade do que desfrutarmos uma vida de fartura para perdermos, pelo caminho, a alma.

Ser como crianças *(Jesus ensina sobre humildade)*

316
NOVENTA E NOVE OVELHAS POR UMA
Mateus 18:1-14

A seriedade de se levar um pequenino a pecar, conforme Jesus falou aos Doze, fornece o contexto apropriado para ensinar sobre a perspectiva celestial para com o pecador. Em seguida, o Senhor contou aos discípulos uma parábola com a qual eles facilmente podiam se identificar. A conclusão deste texto é o que nos dá a melhor explicação para entendermos a pequena parábola que lhes contou: "Assim, pois, não é da vontade de vosso Pai Celeste que pereça um só destes pequeninos". Leia os detalhes nos versículos 12-14. Que indicações esta história nos dá sobre o amor do Pai? Qual foi o risco que o pastor assumiu para recuperar a ovelha perdida? Por que é tão intensa a alegria por encontrar a ovelha perdida?

Saturados pelos constantes números que os meios de comunicação nos apresentam, temos perdido a noção do valor do indivíduo. "Duzentos mil morrem num tsunami. Cento e cinquenta falecem num terremoto, 400 mil ficam presos nos aeroportos devido a uma ameaça terrorista". Os números não possuem significado algum porque o seu tamanho não representa a agonia de cada vida afetada. Referir-se ao grupo, em vez do indivíduo, serve para nos esquecermos de que, por trás destes valores, se esconde a existência de pessoas com nome e sobrenome, cujos destinos pessoais são de absoluta importância para o Senhor. Por isso, Jesus mostrou aos discípulos que uma única criança, que era considerada insignificante na sociedade judaica, era objeto do amor particular do Pai.

Somente quando percebemos a profundidade deste amor divino podemos entender o que motiva o pastor, que possui 99 ovelhas, sair em busca daquela que se desgarrou. Não nos pareceria mal que o pastor considerasse melhor não arriscar a integridade das 99 por uma única que se perdera. De fato, a despreocupação da Igreja pelos que tenham caído pelo caminho é bem conhecida. Encolhemos os ombros, sacudimos a cabeça e lamentamos pelo que tenha acontecido com aquela que se perdeu, mas não estamos dispostos a sair para buscá-la. Em muitas ocasiões, a nossa indiferença sela definitivamente o seu afastamento da família de Deus.

O homem da parábola, não apenas se dispôs a buscar a que se perdera, mas também não pôs em risco as 99 que deixara no aprisco. A sua alegria, ao encontrar a ovelha perdida, é comparável ao incontido festejo do pai quando o filho pródigo voltou para casa. O mal que o filho cometera não podia apagar a profunda alegria que o pai sentia por recuperar, uma vez mais, a comunhão com aquele que havia partido por tanto tempo.

Saber como agir com os desviados é um desafio para nós. Somente o permanente contato com o nosso Pai celestial começará a gerar em nosso coração os mesmos anseios e a mesma carga pelos perdidos que Ele conduz. O tema do desviado será examinado nos próximos dias da nossa aventura com Jesus.

Somos muitos mais *(Jesus corrige João)*

317 ZELO MAL ORIENTADO
Marcos 9:38-42

> Leia os versículos 39 e 40. Quantos anos incluem estes dois versículos? Em sua opinião, como você pensa que a vida de Jesus transcorreu durante esse tempo? Que fatores contribuíram para o Seu crescimento?

Como é difícil entender o sentido das palavras de Jesus! Estamos tão acostumados a rotular as pessoas segundo as categorias bem definidas que elaboramos, que a aparente flexibilidade do Senhor nos incomoda. Estas definições nos servem para tentar decifrar o mundo que nos cerca. Uma pessoa é de esquerda ou de direita, carismática ou conservadora, espiritual ou carnal, crê no evangelho ou está perdida. Custa-nos aceitar que o mundo possa ser muito mais complexo e misterioso do que as nossas categorias admitem.

Este mesmo esforço para se ter tudo bem definido levou os discípulos a impedirem alguém, que não pertencia ao círculo mais íntimo dos seguidores de Cristo, de realizar um ministério em nome de Jesus apesar de esta pessoa também contribuir para a expansão do Reino. A atitude dos Doze é idêntica aos posicionamentos que levaram à formação de grupos na igreja de Corinto, algo que Paulo condenou com aspereza por ser completamente contrário ao espírito de Cristo. Infelizmente, o mal persiste em muitos grupos evangélicos do nosso tempo que descartam categoricamente que outros, fora da sua denominação, possam ser também parte do povo de Deus.

Muitas vezes procuramos justificar este posicionamento com um aparente zelo pela obra de Deus. No fundo, entretanto, não é por amor à obra, mas por orgulho. Baseia-se numa convicção de que somente a nossa maneira de ver a vida e levar adiante o ministério é a forma correta. Todos os demais devem ser censurados porque os seus caminhos, claramente, estão errados.

Que confortador se torna a generosa atitude de Cristo. Ele mostra aos discípulos que os que trabalham a favor do Reino, contudo, nem sempre farão do mesmo modo que nós, nem acompanharão o nosso grupo. O fato de não estarem conosco não significa que não pertençam ao povo de Deus. O problema não está em não pertencerem ao nosso grupo, mas em não entendermos que a manifestação da vida de devoção abrange uma amplitude e diversidade muito maiores do que admitimos. Necessitamos receber a mesma visão que Elias teve no deserto. Estava convencido de que ele era a única pessoa fiel em Israel. O fato de ele desconhecer a existência de outros sete mil que não haviam dobrado os seus joelhos diante de Baal não negava a realidade de um povo fiel muito maior do que ele sabia. Da mesma forma hoje, Deus tem muito mais povo do que nós sabemos ou percebemos. Abramos o nosso coração para abençoar a outros que também trabalham para o Reino, embora não "sejam dos nossos".

Quando um irmão peca *(Jesus ensina sobre restauração)*

318
APROXIMAÇÃO INICIAL
Mateus 18:15-35

Há uma grande confusão sobre a forma adequada de reagir quando os que são parte da família caem. Por um lado, temos sido testemunhas das expressões mais legalistas e duras por parte do Corpo de Cristo contra os que estão em pecado. Por outro, nestes tempos tem se instalado em muitos a ideia de que devemos ser exageradamente tolerantes com as quedas de nossos irmãos, evitando, a qualquer custo "julgar" os demais. No desejo de não cometer esta falta, não damos importância a certas condutas e atitudes mesmo quando se trata de comportamentos claramente condenados pela Palavra. Uma carta que recebi de um colega exemplifica esta segunda postura. Nela, o autor descrevia um grosseiro incidente de adultério como um "erro".

As instruções que Cristo apresenta sobre situações de pecado são simples e seguem uma clara sequência. Examine o primeiro passo que Ele propõe no versículo 15. Que desafios este passo nos apresenta? Quais podem ser os desenlaces desta ação? Qual fruto a repreensão bem recebida gera?

O primeiro ponto a se considerar numa situação de pecado é sermos obrigados a agir na questão. Vale a pena enfatizar esta responsabilidade, porque em alguns casos, quando a pessoa que caiu é um líder ou possui uma personalidade forte que intimida os demais, a nossa tendência é adiar indefinidamente alguma intervenção. Antes, porém, oramos para que seja outra pessoa a denunciar o seu pecado. Em certas ocasiões, tenho ouvido pessoas se refugiarem nesta frase: "Deixe-o, o Senhor vai lhe mostrar que o seu comportamento está errado". Suspeito que a principal razão para a nossa resistência em confrontar é o temor à reação que possa provocar em outra pessoa. Há alguns incidentes na Bíblia em que um mensageiro de Deus sofreu violência por uma denúncia de que o Senhor o enviou para cumprir. De todas as formas, isto não nos livra da tarefa de nos aproximarmos daquele que tenha caído em pecado.

O segundo ponto a considerar, é que esta aproximação deve ser "a sós". Em muitos casos, a resposta inadequada da pessoa confrontada ocorre pela violação do primeiro princípio, acrescentando-se uma desnecessária situação de humilhação à exortação. Mesmo quando o pecado é cometido em local público, o líder sábio saberá esperar até que possa falar com a pessoa "a sós". O respeito que mostrou ter, ao tomar esta decisão, contribuirá muito para que a pessoa receba a palavra que lhe é dita de outra maneira.

Isto nos leva ao terceiro passo a seguir neste processo: a repreensão. A razão por que se faz esta aproximação é fazer uma admoestação, um chamado a uma mudança de comportamento ou atitude. O fato de termos escolhido cumprir esta responsabilidade em particular deveria ser garantia suficiente para assegurar que não nos aproximamos para condenar ou acusar, mas com a intenção de encaminhar a pessoa na verdade de Deus. Cristo, com o Seu próprio exemplo, mostrou o espírito de compaixão que devemos seguir.

Quando um irmão peca *(Jesus ensina sobre restauração)*

319
OLHA PARA TI MESMO
Mateus 18:15-35

> O pecado é parte da realidade da vida cristã e constantemente produz estragos na família de Deus. A forma de confrontar a pessoa que caiu será fundamental no processo de restauração. Em Gálatas 6:1-5, Paulo nos fornece uma orientação adicional. Tire um tempo para ler esta passagem e identifique os elementos principais que devemos levar em conta ao buscar corrigir alguém.

É importante recordar que a tarefa do líder sempre aponta para a restauração. O termo significa: consertar algo para devolver-lhe seu estado original, sua funcionalidade. Infelizmente, a "restauração" de uma pessoa na igreja muitas vezes tem sido bastante precária. Em vez de garantir a cura da pessoa, por vezes ela a afunda num poço de condenação da qual dificilmente se recupera. O Senhor, entretanto, sempre chama para a restauração de vidas. Mesmo no caso extremo de se entregar alguém a Satanás, Paulo menciona que seu objetivo era de que essa pessoa tivesse a alma salva no dia do julgamento (1 Coríntios 5:5).

O texto de Gálatas incentiva que a confrontação seja realizada com um espírito de mansidão. Ou seja, que toda forma de agressão, violência e ira devem estar ausentes na pessoa que exercita a restauração. Isto é precisamente porque estas atitudes dificultam mais o processo. Pelo próprio engano do pecado, aquele que deve ser confrontado vai oferecer certa resistência. No entanto, se queremos evitar que se converta em rebeldia, a nossa atitude deve ser de ternura e mansidão. Isto é possível sem deixar de lado a firmeza necessária para a confrontação. O que mais contribui para uma atitude de mansidão e compaixão, é a consciência de que em nossa vida existe a mesma condição de fragilidade e a tendência ao pecado que vemos na vida da pessoa que caiu. Nada nos torna tão implacáveis e empedernidos como o orgulho, que surge na crença de que nós não teríamos caído como o nosso irmão. Recordar que estamos sujeitos exatamente às mesmas fraquezas nos ajudará a agir com muita misericórdia e assim daremos o espaço para que a graça de Deus aja profundamente na vida daquele que pecou. O desfecho ideal para esta ação, segundo o que o Senhor indica, é recuperar o irmão. Desta maneira, vemos que o benefício da ação não é somente para aquele que foi liberto do pecado, mas também para quem o intermediou o agir do Espírito Santo. O aspecto comunitário da nossa vida é uma realidade permanente no Reino.

É importante recordar que a disposição para se ouvir nem sempre é a primeira reação, por isso não devemos desanimar se a pessoa argumentar ou se irritar. Muitas vezes uma pessoa se convence de ter pecado depois da oportunidade de meditar sobre o que lhe dissemos. O líder sábio propiciará os espaços necessários para que este processo aconteça, resistindo à tentação de "exigir" uma definição no momento da confrontação.

Quando um irmão peca *(Jesus ensina sobre restauração)*

320
DUAS OU TRÊS TESTEMUNHAS
Mateus 18:15-35

A primeira responsabilidade entre os filhos de Deus quando uma pessoa na comunidade de fé peca, é aproximar-se com a intenção de exortá-la a voltar ao caminho indicado pelo Senhor aos Seus. Jesus não identifica uma única pessoa na igreja a quem cabe esta responsabilidade, pelo que nenhum de nós pode ficar de braços cruzados esperando que outro tome a iniciativa neste processo.

O desfecho final desta exortação é que a pessoa ouça a repreensão e se arrependa do pecado que tenha cometido. O Senhor, entretanto, conhece bem a dureza do nosso coração e a nossa tendência para nos escondermos atrás de uma muralha de desculpas e argumentos que justifiquem o nosso comportamento. A Bíblia está repleta de exemplos deste tipo de reações, sendo particularmente notória a extraordinária incapacidade de arrependimento que Saul demonstrou, pela qual perdeu o trono e a sua herança na casa de Deus. Antecipando esta dureza de coração, Cristo acrescenta uma segunda instrução. Leia o versículo 16 para conhecer os detalhes. Qual é o passo seguinte? Quais são os benefícios da presença de testemunhas?

A nossa tendência, quando uma pessoa não nos escuta, é nos irritarmos e, de forma figurada, sacudirmos o pó dos nossos pés. Talvez o profundo conhecimento da rebeldia que faz parte da nossa vida, nos faz abandonar, rapidamente, a tarefa de resgatar ao outro. Soltamos a nossa frustração falando mal do outro pelas suas costas, o que em nada ajudará na solução da situação.

Cristo claramente indica que ainda existem alguns passos a seguir antes de nos darmos por vencidos nesta posição. Devemos agora envolver mais dois ou três neste processo. Existem pelo menos duas razões para isto. A primeira, é bem possível que a forma que falamos com o outro não tenha sido adequada para que ele nos ouvisse. O nosso tom pode ter sido agressivo ou a nossa atitude, de condenação. A presença de testemunhas nos dará, principalmente, uma perspectiva adicional sobre a forma como temos levado adiante a tarefa de exortar ao próximo. Uma segunda razão é nos ajudar a evitar as evidentes subjetividades que as perspectivas de uma única pessoa têm. O desejo do Senhor é que nunca formemos uma opinião injusta sobre a outra pessoa, por isso o processo de acrescentar dois ou três a fim de permitir que se chegue a uma conclusão mais precisa.

O líder sábio escolherá pessoas de conduta e de bom testemunho para acompanhá-lo nesta segunda etapa. De nada serve que sejam pessoas que concordem com a nossa opinião, pois estaríamos afirmando os preconceitos que Cristo deseja evitar. É bem possível que, com duas ou três testemunhas, consigamos uma perspectiva mais equilibrada e justa sobre a situação. Acima de tudo, poderemos evitar as decisões apressadas que tanto prejudicam os relacionamentos entre as pessoas. É fundamentalmente importante que a pessoa a quem visitarmos não interprete que são três contra um, mas sim que são quatro pessoas que se reúnem com um único desejo: buscar o que é justo e bom para o Reino.

Quando um irmão peca *(Jesus ensina sobre restauração)*

321
E SE RECUSAR...
Mateus 18:15-35

Temos examinado os passos a seguir para a restauração de uma pessoa que caiu em pecado. Este é um procedimento que muitas vezes tem servido para uma ação indevida, colocando sobre o pecador uma pesada carga condenatória que dificulta a sua recuperação. Jesus deu instruções detalhadas aos Seus discípulos sobre os passos que deviam dar para se evitar este tipo de desfecho.

O fato de que cada passo requer uma nova estratégia, indica claramente que a Igreja deve esgotar todos os recursos possíveis para livrar uma pessoa dos laços do inimigo. Se a confrontação a sós e com testemunhas não deu resultado, Cristo provê um passo adicional, mencionado na primeira parte do versículo 17. Leia o texto. Qual é a forma mais adequada de se levar adiante este terceiro passo? Como devemos proceder se a pessoa ainda persiste no pecado?

O contexto em que o Senhor utiliza a palavra *igreja* se refere ao grupo de irmãos com os quais essa pessoa está em comunhão. Ainda não existia a instituição chamada Igreja como a conhecemos hoje, com a sua história religiosa complexa e a sua pesada herança teológica, que muitas vezes dificultam um processo que deveria ser simples. O passo de envolver a comunidade de fé não buscava outro objetivo além do de conferir relevância ao apelo à mudança do pecador. Não era para que se discutisse a situação, tampouco para que se julgasse o irmão. Antes, porém, esperava-se que, diante da chamada coletiva à mudança, a pessoa entendesse que estava errada em seu caminho. Sempre é possível que um ou dois tenham uma perspectiva equivocada sobre a conduta de um terceiro, mas quando um grupo todo expressa o seu desacordo com um comportamento ou uma atitude, é difícil para alguém continuar afirmando que está com a postura correta.

Apesar do peso do pedido do grupo, a dureza do coração pode ser tamanha que a pessoa continue em sua postura de pecado. Sabemos que a rebeldia do ser humano não conhece limites, por isso a falta de arrependimento não deve nos surpreender. Em alguns casos, o pecador pode se aferrar em sua postura e desafiar a sabedoria coletiva de toda a igreja. Diante de tal extremo, Jesus indica aos discípulos: "...considera-o como gentio e publicano" (v.17). A frase apela a uma rejeição generalizada que os judeus assumiam para com essas duas categorias de pessoas. Não estamos falando de uma postura de desprezo, mas de se evitar o contato com os que continuam em pecado sabendo que estão em desobediência à Palavra. A posição parece ser muito dura, mas a história do povo de Deus claramente indica o dano que a permanência de um rebelde provoca no meio dos fiéis, pois contamina aos outros com a sua insensatez. Paulo repete estas instruções, exortando a Igreja a se afastar dos que causam divisões (Romanos 16:17) e dos imorais (1 Coríntios 5:11). Em tudo não devemos perder a esperança de que o processo provoque uma mudança, pois a Igreja foi chamada à salvação e não à condenação.

Quando um irmão peca *(Jesus ensina sobre restauração)*

322
O QUE LIGARES NA TERRA
Mateus 18:15-35

O quarto passo nas ordens que Cristo dá sobre a forma de conduzir uma pessoa que tenha caído à restauração parece ser um tanto exagerada. Se não se dispôs a escutar a exortação a sós, nem com duas ou três testemunhas, tampouco à congregação, devemos considerá-la como pagão ou gentio. A orientação desperta a Igreja a evitar o contato com esta pessoa por um tempo. Leia os próximos três versículos do texto (18-20). Por que Jesus falou deste assunto no contexto da restauração? O que nos fala sobre a autoridade conferida ao povo de Deus?

Possivelmente, alguns dos discípulos sentissem algum temor ao tomar uma decisão tão drástica especialmente quando se tratava de uma pessoa importante ou de uma personalidade que se impunha sobre os demais. Contudo, Jesus queria incentivar os Seus discípulos a saber que, quando agiam com o espírito do Pai, tinham o respaldo absoluto do Céu para a ação que realizavam.

A frase "se dois dentre vós, sobre a terra, concordarem" frequentemente é citada em nossas reuniões para lembrar ao povo de Deus que o Senhor está presente quando dois ou três se reúnem em Seu nome. A imagem que a frase revela, entretanto, não é a mesma daquela circunstância em que dois ou três cristãos, por coincidência estejam no mesmo lugar, na mesma reunião, interpretação esta que geralmente se dá à frase. Tirada do seu contexto, o versículo pareceria indicar que somente é necessário que alguns compartilhem algum motivo de oração e os demais o selem com um "amém". O contexto da passagem, no entanto, revela a Igreja agindo com um grau de unidade e harmonia que é pouco frequente na maioria das congregações. Os dois ou três, dos que Cristo fala, são aqueles que tenham chegado a um acordo por um intenso processo de diálogo e respeito mútuo. Ninguém impôs a sua vontade sobre os outros, porque os três estão dispostos para honrar a vontade do Senhor. Dizer que estão "reunidos em Seu nome" é afirmar que são pessoas rendidas a Jesus, convocadas por Ele para viver de acordo com as ordens que Ele traça para o Seu povo.

O profundo acordo que este processo alcança é o que permite que exerçam a autoridade de atar ou desatar diferentes situações que afetam a marcha da Igreja. Possivelmente, como acontece, alguns da igreja poderiam sentir que a decisão é severa ou inapropriada. Isto poderia levar a expressar a sua oposição ou a ignorar as instruções dos que tenham recebido maior responsabilidade entre eles. Entretanto, o Senhor lembrou aos discípulos de que eles não agiam sozinhos nessa situação. Não ficavam expostos para que o mais forte, ou o mais gentil impusesse sobre os demais a sua vontade. O Pai respaldava do próprio Céu uma decisão que fosse fruto de um processo amável e paciente para restaurar uma pessoa caída. Por isto, então, podiam descansar sabendo que a decisão tomada teria um peso espiritual que não seria alcançado se fosse apenas uma simples discordância entre dois seres humanos.

Quando um irmão peca *(Jesus ensina sobre restauração)*

323

QUANTAS VEZES?
Mateus 18:15-35

Fica claro que o sentido principal das palavras de Cristo ao dar instruções aos Seus discípulos sobre como tratar um irmão que tenha caído em pecado, tinha por objetivo a compaixão. Ainda que tenha deixado normas para que soubessem como agir com os que não estivessem dispostos a se arrepender, não deviam se afastar da pessoa antes de terem esgotado todos os meios para se conseguir uma restauração. Este chamado despertou neles um desejo de saber se, em alguns casos, a paciência benevolente conhecia um limite. Leia a pergunta que Pedro fez ao Senhor (vv.21,22). Que intenção esta pergunta esconde? O que Jesus quis dizer com a resposta que lhe deu?

Senhor, ao me aproximar do tema do perdão, sei que estou diante do assunto que mais desafia o meu relacionamento contigo. Perdoar como tu perdoas é um ato da graça que me é incompreensível. Por isso, desejo que me ajudes a entender a forma misteriosa em que o Teu amor atua diante das injúrias, das injustiças e do desprezo. Desejo que me conduzas por este caminho. Amém.

Não há dúvida de que nos sentiremos mais seguros na vida se pudermos descobrir a regra apropriada para uma situação que devemos enfrentar. Este é o grande atrativo das religiões do mundo. Cada qual oferece um conjunto de ordens, algumas mais restritivas do que outras, que ditam o comportamento dos fiéis. E é neste pormenor que devemos fixar a nossa atenção: as regras orientam o comportamento, mas falham em eficácia na hora de se produzir a mudança no coração. Porém, por causa da facilidade que implica simplesmente em seguir as regras, sempre é mais atrativo para nós reduzir o espiritual a alguns mandamentos que devemos seguir. Acaso não foi esta a intenção do jovem rico que se aproximou de Cristo? A sua grande pergunta era identificar o que devia "fazer" para alcançar a vida eterna (Lucas 18:21-23).

Da mesma forma, Pedro desejava que Jesus lhe desse o número exato correspondente à prática do perdão. O que seria de nós se o perdão que o Senhor nos oferece estivesse limitado a um número predeterminado! O discípulo, entretanto, buscou uma definição sobre a quantidade de vezes que deveria perdoar. O ensino dos fariseus estabelecia em três o número de vezes que alguém podia perdoar o próximo. Isto, porque em algumas passagens do Antigo Testamento, os profetas enumeram três, e um quarto pecado pelo qual Deus não pode perdoar a certas nações (Amós 1:9,13,19). Na perspectiva popular, então, Pedro estava sendo mais do que generoso, pois ninguém podia perdoar sete vezes a outra pessoa!

A resposta de Jesus superou amplamente o generoso número de Pedro: 70x7, o que equivale a 490. Claro, jamais faltará entre nós quem se dedique cuidadosamente a manter um registro das ofensas para chegar ao número indicado. A resposta do Mestre, contudo, era deliberadamente exagerada para que entendessem que o perdão jamais pode ser um assunto de matemática. Para ajudá-los a entender esta realidade, Ele contou uma parábola na qual, ao concluir, assegurou que o perdão é um assunto do coração (v.35).

Quando um irmão peca *(Jesus ensina sobre restauração)*

324
DEZ MIL TALENTOS!
Mateus 18:15-35

Para ajudar os discípulos a compreenderem melhor o tema do perdão sob a perspectiva divina, Cristo recorreu a um recurso que usou com muita frequência: Ele lhes contou uma história. A riqueza do método está no fato de incluir uma verdade dentro do contexto de um acontecimento da vida cotidiana, facilitando aos ouvintes a compreensão do tema pela familiaridade dos elementos da história. Neste caso, a parábola relacionava-se com a dívida. Leia toda a parábola e depois concentre a sua atenção nos dois primeiros versículos. O que a imagem do rei que começou a ajustar as suas contas nos indica? Quanto representa 10 mil talentos? Como o servo acumulou semelhante dívida para com o rei?

Interessam-nos, no início desta história, dois detalhes que ajudarão a compreender o sentido da parábola. Primeiro, os servos com os quais o rei decidiu ajustar as contas não eram escravos. Nenhum escravo poderia ter poupado a quantidade de dinheiro que Jesus menciona no relato. A palavra que Ele usa mostra que eram funcionários do rei, pessoas que ocupavam funções de responsabilidade dentro da casa do monarca. Não sabemos qual era o cargo deste homem, mas esse dado nos ajuda a entender como conseguiu acumular uma dívida tão significativa com o rei.

Isto nos leva ao segundo detalhe, que é a quantidade de dinheiro que representa 10 mil talentos. Se não conseguirmos compreender o montante que representa, a parábola perderá a força para nós. A dificuldade se baseia no fato de que se desconhece o talento como moeda de troca em nossa cultura. Felizmente, podemos buscar alguns recursos que nos ajudarão no processo. Um deles é a comparação. A construção do tabernáculo, por exemplo, custou 29 talentos de ouro (Êxodo 38:24). Davi ofereceu 3 mil talentos de sua fortuna pessoal para a construção do Templo (1 Crônicas 29:4). A rainha de Sabá ofereceu a Salomão um presente de 120 talentos (1 Reis 10:10). O maldoso Hamã, no livro de Ester, considerou que o recolhimento, como resultado do confisco de todos os bens dos judeus exilados, chegaria a 10 mil talentos de ouro (Ester 3:9).

Estes dados imediatamente revelam que estamos falando de um valor descomunal. Se pudéssemos traduzir isto na unidade básica do Império Romano, estaríamos falando de 54 milhões de denários, o que equivaleria ao salário por essa quantidade de dias. Se tomássemos como um salário básico em nosso continente no valor de 10 dólares por dia, estaríamos falando de uma dívida de 540 milhões de dólares.

Por que é importante conseguirmos uma aproximação no valor em jogo? Porque isto nos permitirá avaliar a dimensão do perdão que foi concedido ao servo. Não temos dúvidas de que juntou esta fortuna por meios ilícitos, pois não seria normal que um funcionário do rei acumulasse esta quantidade de dinheiro como fruto do trabalho das suas mãos. De qualquer modo, a parábola torna claro que esta quantidade era o que ele devia ao rei, o que implica que o dinheiro não era do servo.

Quando um irmão peca *(Jesus ensina sobre restauração)*

325
TUDO TE PAGAREI!
Mateus 18:15-35

Para ajudar os discípulos a entender o conceito de perdão no reino dos Céus, Jesus contou uma parábola sobre dois homens que deviam dinheiro a um rei. O primeiro, que consideramos no devocional anterior, devia um valor descomunal, 10 mil talentos de ouro. Não resta dúvida que Cristo desejava mostrar com esta assombrosa soma a realidade da nossa dívida para com o Pai que, na parábola, é representado pelo rei. Que medida o rei tomou ao constatar que o servo não podia pagar? De que forma o servo reagiu? O que nos revela sobre a sua pessoa?

O tamanho do mal que o ser humano tem praticado contra Deus ao lhe dar as costas e seguir os conselhos do maligno não tem limite. A profundidade e extensão que resultaram dessa infeliz decisão tem afetado dramaticamente, não somente a vida dos homens, mas todo o contexto em que vive, de modo que a própria natureza geme anelando pelo dia da redenção. O fato de o Senhor ter tomado para si a responsabilidade de assumir os custos e as consequências desta rebeldia não anula a dívida, mas a transfere à Sua pessoa. Fica claro que esta dívida vai muito além do aspecto material. Porém, Jesus quis expressá-la em termos monetários para ajudar os discípulos a terem uma ideia mais clara da magnitude do mal que o nosso pecado representa para Deus.

Em vista de semelhante obrigação, era de se esperar que o servo não pudesse arcar com os custos da dívida, o que é uma realidade inevitável para os habitantes deste mundo decaído. Não dispomos dos meios para resolver o caos provocado em nossa vida pelo fato de termos nos afastado de Deus. O rei, na parábola, vendo que o homem não podia pagar a sua dívida, deu ordem para que o vendessem junto com a esposa, os filhos e todos os seus bens, para recuperar uma ínfima parte daquela monstruosa dívida.

A resposta do servo é uma das frases mais tristes nas Escrituras: "Então, o servo, prostrando-se reverente, rogou: Sê paciente comigo, e tudo te pagarei" (v.26). A sua proposta é lamentável porque revela que, mesmo estando numa situação totalmente perdida, o homem continuava acreditando que ele podia sair do emaranhado no qual estava metido. Vemos refletido no servo a incrível resistência do ser humano que, muitas vezes, prefere se afundar antes de se quebrantar e pedir ajuda. Temos uma personalidade obstinada assim, da mesma forma são as implacáveis exigências do nosso orgulho que não dá o braço a torcer!

O servo nos faz lembrar que o caminho da humilhação é um caminho contra o qual a nossa alma resistirá com muita força. Deixa claro que pedir socorro é algo que vai contra tudo o que uma cultura que defende ferozmente o valor do esforço individual e a competição como um meio de vida nos tem ensinado. Em última análise, põe em evidência que somente por meio de uma intervenção milagrosa da parte de Deus, conseguiremos buscar a mudança que tanto necessitamos para que o nosso espírito reviva.

326

Quando um irmão peca *(Jesus ensina sobre restauração)*

CONFORME A TUA MISERICÓRDIA
Mateus 18:15-35

A notícia de que iam vender a esposa e os filhos do servo que devia 10 mil talentos levou-o a se prostrar diante do rei e exclamar: "Sê paciente comigo, e te pagarei". A frase é um eloquente testemunho do grau de insensatez e cegueira que afetam o ser humano. Não havia jeito algum de que este homem pudesse pagar a dívida que havia acumulado. Mesmo ganhando um esplêndido salário precisaria de várias vidas para juntar o imenso valor que constituía o montante da sua dívida. Entretanto, o homem, fiel ao estilo dos seres humanos, solicitou que lhe desse algum tempo para resolver a situação. Desta forma, é possível safar uma vida inteira acreditando que, se nos derem mais uma oportunidade, poderemos sair de uma situação que não temos conseguido resolver durante anos. A resposta do rei diante de um pedido tão tolo é admirável. Leia o versículo 27. Por que o rei respondeu desta forma? Que vantagens trouxe ao servo?

Não existe qualquer indício na parábola mostrando que ao rei pareceu ser inteligente ou apropriada a proposta que o servo fez. Não lhe ampliou o prazo para o pagamento nem elaborou um plano para que pudesse juntar dinheiro e pagar em cotas ao longo de um período pré-estabelecido. O texto claramente mostra que o rei lhe perdoou toda a dívida.

O gesto do rei representa a imagem mais clara que temos sobre o conceito da graça. A manifestação da graça na vida de um ser humano mostra claramente que Deus se move em torno dela. Tudo o que é fruto da graça é aquilo que não poderia existir como resultado dos esforços e das habilidades naturais do homem. O cancelamento da dívida não aconteceu por ter sido coerente a proposta do servo, mas sim, apesar da insensatez da sua petição. Assim também acontece com o presente da salvação. Não conseguimos realmente entender bem como sucede ou por que o Senhor nos oferece. A única coisa que nos fica é a surpresa ante a generosidade da proposta e o êxtase que nos vem por sabermos, repentinamente, que estamos livres.

O que inspirou o rei na decisão que tomou? A compaixão. Simples assim. Em outras palavras, não encontrou no servo a motivação necessária para perdoar a sua dívida, mas a encontrou na realidade do seu próprio coração. É um coração tardio para irar-se, clemente e bondoso, cheio de misericórdia. Esta realidade lhe permitiu olhar para o servo numa ótica completamente diferente daquela que um espírito severo e condenatório possui.

O terno coração do Pai é também o que motiva o salmista quando ora: "Lembra-te, Senhor, das tuas misericórdias e das tuas bondades, que são desde a eternidade. Não te lembres dos meus pecados da mocidade, nem das minhas transgressões. Lembra-te de mim, segundo a tua misericórdia, por causa da tua bondade, ó Senhor" (25:6,7). A sua única garantia para ser aceito por Deus é o próprio Deus. O conhecimento dessa bondade é o fundamento de todo o relacionamento de intimidade com Ele. Se Ele não fosse bom, quem de nós poderia estar em pé ante a Sua presença?

Quando um irmão peca *(Jesus ensina sobre restauração)*

327
REPRESÁLIAS
Mateus 18:15-35

> Na parábola dos dois endividados que estamos considerando nestes dias, o servo que devia 10 mil talentos recebeu um incrível presente: o rei lhe perdoou toda a dívida e o deixou ir livre. A magnífica expressão de generosidade, tão inesperada como imerecida, devolveu ao servo, num instante, o extraordinário dom da vida. É por isto que nos choca tão profundamente o contraste que Jesus apresenta na frase seguinte. Leia o versículo 28. Por que atuou o primeiro servo desta maneira? Que semelhanças você percebe na situação do segundo servo? De que forma reagiu o primeiro servo ao vê-lo? Qual foi o pedido que o segundo fez ao primeiro servo?

É difícil não sentir uma profunda indignação ao constatarmos que um homem que tinha recebido tanto benefício pela generosidade do rei, não podia conceder a mesma bondade a um dos seus conservos. Alguns detalhes do relato nos ajudam a entender por que se comportou desta forma.

Primeiro, devemos tomar nota da enorme diferença entre a dívida do primeiro servo e a do segundo. O homem que devia 100 denários, embora pudesse significar um sacrifício na hora de pagar, devia apenas o salário de 100 dias de trabalho, o que poderia equivaler, nos valores de hoje, a 3.500 dólares. Um comentarista afirma que esta dívida era 600 mil vezes menor que a dívida que o rei tinha perdoado a este servo. Sem dúvida, Cristo desejava mostrar desta maneira a diferença entre as ofensas que nós podemos sofrer e as ofensas que praticamos contra o Pai. Mesmo no caso das injustiças mais grosseiras para com a nossa pessoa, jamais poderão ser comparadas com a profundidade do mal que temos causado ao Senhor com a nossa propensão ao pecado.

Um segundo detalhe interessante neste relato é observar a forma como o homem exigia o pagamento do seu conservo. A parábola afirma que foi: "sê paciente comigo, e te pagarei". A forma de agir descreve um ato de violência para com o próximo, uma atitude de agressão desenfreada que não é compreensível à luz da cobrança que fazia. Podemos entender melhor a sua reação quando recordamos que o servo não tinha solicitado perdão ao rei, mas sim, um prazo de tempo para resolver a situação. A diferença mostra que ele não estava convencido de que necessitava ser perdoado. Para dizer a verdade, nada nos provoca tanto mal-estar com o fato de nos perdoarem uma falta que não reconhecemos como tal. O perdão de Deus somente produz gratidão no coração daqueles que primeiramente chegaram à conclusão de que estavam completamente perdidos. Por isto, é bem-aventurado o homem que, como afirma Cristo no Sermão do Monte, se reconhece como "pobre de espírito".

Ao não reconhecer a sua necessidade de ser perdoado, o servo saiu da audiência ressentido e se indispôs com o primeiro que cruzou o seu caminho. O seu procedimento claramente indica que as mudanças que afetam o nosso comportamento de forma mais dramática são as que resultam de uma profunda transformação do coração. No caso do servo, a generosidade do rei mudou as suas circunstâncias, mas não afetou a realidade do seu espírito, que era a única coisa que realmente importava.

Quando um irmão peca *(Jesus ensina sobre restauração)*

328 MESMO QUE SEJA POR VERGONHA
Mateus 18:15-35

Refletimos no devocional anterior sobre a atitude severa com que o servo exigiu os 100 denários que o seu conservo lhe devia. Agarrando-o, o sufocava, exigindo a devolução do dinheiro. Ficamos muito surpresos com a sua atitude, pois este segundo servo usou exatamente o mesmo argumento que o primeiro utilizara com o rei: "Sê paciente comigo, e te pagarei" (v.29). A proposta que lhe parecera tão coerente na hora de ajustar as contas com o rei agora lhe era inaceitável. O que teria de acontecer com o primeiro servo para que fosse mais generoso?

Gostaria de convidá-lo para que, por um instante, voltasse atrás na história que estamos examinando nesta parábola. Vamos recorrer à nossa capacidade para imaginar um cenário diferente para o encontro dos dois servos. Suponhamos que o conservo se encontrasse com o primeiro servo enquanto este ainda não tivesse saído da presença do rei. Ele acabava de ser informado de que a sua dívida havia sido completamente perdoada quando entra no recinto o homem que lhe devia 100 denários. Em sua opinião, qual teria sido a reação?

Creio que não precisamos ser muito ousados para pensar que o primeiro servo não teria se lançado sobre o que lhe devia dinheiro. O que lhe teria impedido de cometer semelhante agressão? Seria a vergonha de agir com tanta mesquinhez na presença daquele que, fazia alguns instantes, havia sido tão generoso para com ele. O fator que seria como freio sobre a sua raiva era a figura do rei com quem estava reunido.

É neste detalhe que encontramos um dos princípios mais importantes sobre o perdão. O perdão não é algo natural nos homens, pois a nossa tendência é para o rancor e a vingança. É por isto que, quando estamos sob o controle de nossa natureza decaída, perdoar se torna tão complicado. Para avançar, faz falta uma experiência sobrenatural que nos permita vencer a nossa reticência em agir com misericórdia para com os outros. A "presença do rei" provê precisamente essa experiência, pois será impossível olhar "nos Seus olhos" sem que Ele nos recorde a enorme generosidade que mostrou para com a gigantesca dívida que tínhamos com Ele. Por isto, o passo a dar quando se torna difícil perdoar é entrar em Sua presença para que Ele refresque a nossa memória sobre qual é a verdadeira dimensão daquela ofensa que neste momento nos parece tão incrível. Vermos com os nossos olhos espirituais as marcas da cruz em Seu corpo servirá para nos recordar que a nossa exigência já não parece ser tão importante como a princípio havíamos pensado.

Podemos praticar o perdão para com os outros porque fomos perdoados. Nas palavras do apóstolo João, "Nós amamos porque ele nos amou primeiro" (1 João 4:19). Toda a obra de generosidade para os outros se origina no coração bondoso e terno do nosso Pai Celestial. Para os que desejarem caminhar rumo ao perdão é necessário mover o olhar da ofensa que tenham sofrido e o fixar na face do Deus que é tardio em irar-se e estende a Sua misericórdia até aos perversos.

Quando um irmão peca *(Jesus ensina sobre restauração)*

329

FALTA DE DISPOSIÇÃO
Mateus 18:15-35

Temos nos concentrado na parábola dos devedores que Jesus compartilhou com os discípulos para ilustrar sobre o tema do perdão. O relato nos apresenta um dramático contraste entre seus dois personagens principais. O primeiro deles, o rei, agiu com profunda compaixão e cancelou generosamente a dívida que um dos seus servos tinha para com ele. O servo, por sua vez, ao se encontrar com um conservo que lhe devia uma ínfima quantia em comparação à sua dívida, agarrou o homem pelo pescoço e, enquanto o sufocava, exigia o total pagamento do dinheiro. Diante desta exigência, utilizando o conservo as mesmas palavras que o servo usou para com o rei, pediu um tempo de tolerância para saldar a dívida. Qual foi a resposta do servo a este pedido? O que isto nos diz sobre o tema do perdão?

Precisamos nos deter na resposta do servo porque contém um segundo princípio fundamental para a prática do perdão. As palavras de Cristo mostram que o homem "não quis" perdoar o seu conservo. A falta de misericórdia não foi o resultado de uma incapacidade para perdoar, mas de uma *decisão* que o homem tomou. Ou seja, diante do pedido escolheu uma resposta que definiu o destino do conservo. Esta decisão foi o fruto de apenas alguns instantes de reflexão; é possível que sequer percebesse que havia tomado uma decisão. O importante para nós, entretanto, é entender que perdoar ou não perdoar depende inteiramente de uma decisão consciente que fazemos no coração.

O ponto é fundamental para lançar por terra um dos mitos mais enraizados a respeito do tema do perdão, que é crer que o ato depende dos sentimentos. Uma das frases mais comuns que tenho escutado no ministério, da parte de pessoas ofendidas por outros, é esta: "Tenho procurado perdoar esta pessoa, mas não posso". O que tentam comunicar é que os seus sentimentos de angústia ainda são tão intensos que lhes torna impossível praticar o perdão mesmo se quisessem fazê-lo.

O discípulo maduro entende que os sentimentos sempre serão o ponto onde é mais lenta a mudança que Deus deseja realizar em nós. O fato é que podemos estar muito feridos e ao mesmo tempo praticar o perdão, como Cristo claramente demonstrou na cruz. Ele não nos perdoou porque nesse momento "sentiu-se" cheio de amor por nós, mas por um compromisso que havia assumido com o Pai. De fato, o perdão é uma decisão. Qualquer pessoa que seja capaz de declarar "eu te perdoo, em nome de Jesus" pode desfrutar dos benefícios da reconciliação e da cura que vem como resultado dessa decisão. Ainda que a dor continue sendo intensa, devemos voltar sempre e sempre a esta decisão até que os sentimentos lentamente se ajustem à realidade espiritual que escolhemos por vontade própria.

Quando um irmão peca *(Jesus ensina sobre restauração)*

330
DESFECHO LAMENTÁVEL
Mateus 18:15-35

> Observamos, no devocional de ontem, que o servo desprezou a oportunidade que teve de demonstrar a outro o mesmo perdão com o qual tinha sido beneficiado. Não foi porque não pudesse perdoar o homem que lhe devia 100 denários, mas que escolhera não o fazer. A sua resposta, tão indigna, causou consternação nas pessoas que o conheciam. Leia os versículos 32-34. Quais foram as consequências da falta de perdão do servo. Como os que estavam mais perto dele reagiram? Qual foi a censura do rei?

Era de se esperar que semelhante mesquinhez de espírito não passasse despercebida, tampouco ficasse sem castigo. A queixa do rei indica, corretamente, que esperava do servo que agisse com a mesma generosidade que ele havia manifestado à sua pessoa. É por isto que devemos considerar grave que a bênção, que começa em nossa vida através da visitação da graça do Senhor, não continue fluindo para outros que nos cercam. Deus sempre tem em mente o bem para um grupo muito maior que o nosso círculo mais próximo, ou ainda, o pequeno mundo que representa a nossa própria existência. Quando chamou Abraão mostrou-lhe, claramente, que a bênção que recebia implicava em uma obrigação: "de ti farei uma grande nação, e te abençoarei, e te engrandecerei o nome. Sê *tu* uma bênção!" (Gênesis 12:2). A frase "sê tu uma bênção", em hebraico não se refere a uma consequência, mas a um dever. Foi a falta de interesse de Israel em trabalhar para o cumprimento desta visão que trouxe tanta tristeza ao Senhor. Da mesma forma, a atitude do servo, que tanto tinha se beneficiado pela ação do rei, mostrou-se tão grotesca para os que foram testemunhas do fato. Não demoraram em buscar o rei para que agisse diante de semelhante grosseria.

Infelizmente, esta mesma apatia é uma das características da Igreja durante grande parte da sua história. Jesus claramente mostrou aos apóstolos que eles deviam expandir a obra que Ele havia começado, em Jerusalém, em toda a Judeia, em Samaria e até os confins da Terra (Atos 1:8). Entretanto, foi só depois de uma forte perseguição aos que haviam crido em Jerusalém que, enfim, a Igreja começou a se estender para outras fronteiras (Atos 8). Parece que esta tendência de se apegar à bênção recebida e não a compartilhar com outras pessoas é uma das expressões mais comuns de nossa natureza humana não redimida. É bom que estejamos conscientes de que abençoar a outros é o resultado de uma disciplina pessoal.

Observe que o rei mostra que o servo devia se valer da mesma compaixão que motivou o cancelamento da sua dívida. O conselho indica que a base do perdão nunca pode ser o mérito daquele que o recebe, mas a bondade daquele que o concede. Por sua vez, os que são bondosos para com os outros poderão sê-lo porque, primeiramente, têm usufruído das infinitas bondades do Deus que é extremamente generoso com os que não merecem.

Quando um irmão peca *(Jesus ensina sobre restauração)*

331

SERVO MALVADO
Mateus 18:15-35

> Embora o rei tenha mostrado grande misericórdia para com o servo que lhe devia uma exorbitante soma de dinheiro, não nos surpreende que a sua reação à posterior dureza deste homem tenha sido de profunda irritação. A paciência do soberano, embora supere em muito a dos seres humanos, tem o seu limite. Que decisão o rei tomou em relação a este servo? O que implicava esta decisão para o servo?

Sempre devemos cuidar para não impor à parábola maiores interpretações do que este gênero literário realmente permite. O objetivo principal do relato é ilustrar uma verdade principal relacionada com o reino dos Céus, em termos simples e conhecidos pelo público. Não obstante, em cada uma das histórias que contou, Jesus revelou o profundo conhecimento que tinha das realidades que governam o mundo espiritual. No fim desta parábola, Ele mostra que o rei entregou o servo malvado aos "verdugos" até que pagasse tudo o que devia. A inclusão da palavra *verdugos* acrescenta um elemento alarmante à história. Um verdugo é a pessoa encarregada de executar uma sentença, mas é também alguém que muitas vezes se converte naquele que flagela o condenado. As piores representações de um algoz o colocam no papel de quem tortura o prisioneiro.

Sem dúvida, a falta de perdão traz graves consequências para os que não estão dispostos a praticá-lo. Quando Paulo adverte que a nossa ira não deve nos levar ao pecado nem que, tampouco, o Sol deve se por sobre a nossa ira, mostra que esta é uma forma de "não dar lugar ao diabo" (Efésios 4:27). Talvez nenhuma outra atitude seja tão propícia para a ação do inimigo como o ressentimento provocado pelo fato de não termos liberado a quem nos tenha prejudicado. Ele abre o nosso coração a uma série de pensamentos perversos que atrapalham muito a obra de Deus em nós. O autor de Hebreus adverte que os que permitem que brote uma raiz de amargura em seus corações estarão "separando-se da graça de Deus" (12:15).

A minha experiência pessoal e pastoral confirma o que esta parábola revela. Quem não conseguiu se livrar de uma injustiça que sofreu percebe que, cada vez mais, os seus pensamentos e sentimentos se fixam exclusivamente nesse acontecimento. A paz e a alegria desaparecem diante de tal postura e se instala em nós uma sensação de profunda ofensa que contamina as nossas conversas, os nossos relacionamentos e a perspectiva com que encaramos a vida. Finalmente, a falta de perdão pode resultar em problemas físicos, como úlceras, dores crônicas e até câncer.

É por isto que Paulo exorta a igreja em Éfeso para que seja generosa na hora de perdoar: "Longe de vós, toda amargura, e cólera, e ira, e gritaria, e blasfêmias, e bem assim toda malícia. Antes, sede uns para com os outros benignos, compassivos, perdoando-vos uns aos outros, como também Deus, em Cristo, vos perdoou" (4:31,32). Ele mostra, como vimos na parábola, que a chave para o perdão é a ação de Cristo a nosso favor. Somente o coração que celebra o abundante e generoso dom de Deus para conosco pode adotar uma postura ampla e bondosa para com os outros.

Quando um irmão peca *(Jesus ensina sobre restauração)*

332
PERDOAR DE TODO O CORAÇÃO
Mateus 18:15-35

Temos refletido nestes dias sobre o servo que não se dispôs a perdoar uma pequena dívida do seu conservo. Apesar de ter recebido um maravilhoso e não merecido perdão para a sua dívida, fechou o seu coração na hora de estender o mesmo benefício para o seu semelhante. O rei qualificou esta atitude de perversa, afirmando que foi muito mais do que mesquinha. Era, melhor dizendo, uma expressão de perversidade com outra pessoa. Pela dureza do seu coração, ele o entregou aos verdugos para que permanecesse preso até o total pagamento da sua dívida. Recordemos que esta chegava ao equivalente a muitos milhões de dólares.

Fica claro que pagar a dívida estava totalmente fora do seu alcance. Se era impossível juntar o dinheiro enquanto ainda desfrutava da liberdade, quanto menos agora estando na prisão. Mesmo trabalhando com grande empenho, ninguém iria lhe pagar muito pelo seu trabalho. De fato, esta condenação se constitui numa sentença para toda a vida.

A condenação, entretanto, não descarta uma posterior intervenção do Senhor, pois mesmo nos casos mais empedernidos, enquanto houver vida mantém-se a possibilidade de uma intervenção divina. Encontramos um bom exemplo disto em Manassés, um rei que praticou o mal diante do Senhor, que "queimou seus filhos como oferta no vale do filho de Hinom, adivinhava pelas nuvens, era agoureiro, praticava feitiçarias, tratava com necromantes e feiticeiros e prosseguiu em fazer o que era mau perante o SENHOR, para o provocar à ira" (2 Crônicas 33:6). "Além disso, Manassés derramou muitíssimo sangue inocente, até encher Jerusalém de um ao outro extremo" (2 Reis 21:16). Contudo, o cronista relata que perto do final da sua vida, quando o haviam levado com ganchos e cadeias a Babilônia, Manassés se voltou para o Senhor. "Ele, angustiado, suplicou deveras ao SENHOR, seu Deus, e muito se humilhou perante o Deus de seus pais; fez-lhe oração, e Deus se tornou favorável para com ele, atendeu-lhe a súplica e o fez voltar para Jerusalém, ao seu reino; então, reconheceu Manassés que o SENHOR era Deus" (2 Crônicas 33:12,13).

Esta é também a nossa esperança, não somente para aqueles que tenham caído profundamente no pecado, mas também para a nossa vida. O nosso Deus é o Deus de novas oportunidades e enquanto houver fôlego em nós, existe a possibilidade de uma nova aproximação à Sua presença, pois Ele é benigno mesmo com os ingratos e maus (Lucas 6:35). Entretanto, não é necessário percorrer um caminho de tanta angústia e sofrimento, quando a alegria e a paz podem ser nossas no exato instante de perdoar. Para evitar ser transpassado por muitas dores é bom, como exorta o salmista, que: "todo homem piedoso te fará súplicas em tempo de poder encontrar-te..." (Salmo 32:6). A qualidade de vida para aqueles que estão dispostos a perdoar de coração é muito mais intensa e plena do que para os que ficam presos no mundo miserável e amargo dos que vivem com os assuntos não resolvidos do passado. Não desperdicemos semelhante oportunidade!

O segredo de José *(Uma parada no caminho – 7)*

333
DEUS O TORNOU EM BEM
Gênesis 50:15-22

Nos últimos dias, dedicamos o nosso tempo refletindo sobre o tema do perdão. Não é um assunto de menor importância na vida para a qual temos sido chamados. Muitas pessoas jamais conseguem se recuperar das feridas que sofreram nas mãos de outras pessoas, e assumem uma postura medrosa e ressentida na vida, que neutraliza completamente as suas possibilidades de seguir avançando rumo à maturidade em Cristo Jesus. Resolver com êxito estas situações torna-se, então, um assunto de vital importância para o caminho que ainda fica por avançar.

Leia o texto de Gênesis escolhido para este dia. Faça uma lista das perdas que José sofreu ao ser vendido como escravo pelos seus irmãos. Por que os irmãos de José temiam que ele decidisse se vingar? Como ele reagiu diante do pedido dos seus irmãos? Como explicou a sua postura? De que forma praticou o perdão para com os seus irmãos?

O quadro que a passagem, em Gênesis 50, nos apresenta me comove cada vez que a leio. Talvez porque sei o quanto é difícil agir com bondade com aqueles que agiram contra mim. A imagem de ternura que vemos na pessoa de José nos oferece a mais convincente evidência de que Deus pode reverter até mesmo os piores contextos em bênção.

É muito difícil sequer nos aproximarmos da profunda desolação pela qual José passou quando foi vendido como escravo. Em um só instante, ele perdeu tudo o que era precioso para si: a sua família, seus bens, seu idioma, sua liberdade, a casa dos seus pais, sua cultura e seu futuro. De homem livre passou a ser um objeto colocado à venda num mercado de escravos. Em algum momento da sua vida, entretanto, José conseguiu se refazer deste duríssimo revés para avançar a passo firme nos projetos que o Senhor colocava diante dele.

A passagem de hoje é impactante porque, além de José apresentar as razões pelas quais não desejava se vingar dos seus irmãos, oferece-nos um dramático contraste entre a vida de alguém que conseguiu superar as injustiças que vivenciou e a vida daqueles que continuavam atormentados por um fato que havia acontecido mais de 40 anos antes. O fato de os irmãos seguirem com medo e guardando suspeitas mostra o quanto os atos do passado, quando não redimidos pela graça de Deus, podem nos aprisionar.

Em algum momento José fixou o seu olhar na bondade de Deus. Entendeu que não lhe competia julgar os seus irmãos, mas prestar contas ao Senhor pela sua própria vida. Uma profunda convicção de que o Senhor não pratica mal algum contra os Seus filhos permitiu-lhe entender que esta aparente tragédia foi o meio que Deus escolheu para trazer um grande bem à vida do Seu povo. Esta perspectiva lhe permitiu, não somente se livrar do passado, mas dispor o seu coração para trabalhar a favor do bem dos seus irmãos. Uma das melhores formas de selar a decisão de perdoar aos outros!

Meu tempo ainda não chegou *(Aproxima-se a hora)*

334
NEM SEUS IRMÃOS ACREDITAVAM
João 7:1-9

Nos próximos dias, consideraremos o capítulo 7 do evangelho de João. O texto desta passagem capta a crescente confusão e oposição que Cristo despertava com o Seu ministério público. De fato, o evangelista comenta que "Jesus andava pela Galileia, porque não desejava percorrer a Judeia, visto que os judeus procuravam matá-lo" (v.1). As pessoas que o acompanhavam não somente se encontravam divididas em suas opiniões acerca de quem Ele era, mas lançavam sobre Ele as suas expectativas quanto ao caminho que devia seguir. Isto exigia da parte de Cristo a disciplina de manter os olhos firmemente focados na meta da Sua peregrinação terrena, que era glorificar o Pai por meio da Sua morte na cruz.

Tire um tempo antes de meditar na reflexão de hoje para ler o texto deste capítulo. À medida que avançar na leitura, poderá captar as tensões e polêmicas que cercavam o Filho de Deus. As opiniões, encontradas nos diferentes grupos que o rodeavam, não são diferentes das muitas versões de Cristo que encontramos presentes na Igreja dos nossos tempos. Em meio a todas estas versões, peça ao Pai que lhe permita se desfazer dos conceitos que são o resultado da cultura que nos rodeia para poder se aproximar, com simplicidade e humildade, ao Jesus dos evangelhos.

João nos diz que a Festa dos Tabernáculos se aproximava. Esta celebração era realizada na época da colheita e o seu principal objetivo era oferecer ações de graças a Deus pela Sua bondosa provisão para com o povo de Israel. A festa, entretanto, também tinha uma conotação histórica, pois convidava os judeus a recordar a misericórdia de Deus ao povo durante os anos de peregrinação pelo deserto. Por esta razão, o festejo possuía peso e importância semelhante à celebração da Páscoa.

Os irmãos de Jesus consideravam que a festa oferecia uma oportunidade sem igual para que Jesus impactasse o povo com os Seus ensinos e ministério. Por isto lhe disseram: "Deixa este lugar e vai para a Judeia, para que também os teus discípulos vejam as obras que fazes. Porque ninguém há que procure ser conhecido em público e, contudo, realize os seus feitos em oculto. Se fazes estas coisas, manifesta-te ao mundo" (vv.3,4). João acrescenta a esta sugestão uma frase reveladora: "Pois nem mesmo os seus irmãos criam nele" (v.5).

Isto nos ajuda a entender que a sugestão deles não procedia de uma genuína compreensão das realidades que regem o reino dos Céus, mas que era o resultado da mesma confusão que tinham a respeito da figura do Messias. Quem não tem clareza sobre a pessoa de Cristo e o relacionamento que Ele propõe aos que querem ser Seus seguidores, tampouco estará em condições de aconselhar os outros. Vemos no comentário de João uma reiteração do fato de que as perspectivas deste mundo são incompatíveis com os caminhos traçados pelo Senhor. Quem as abraça não está simplesmente confuso, mas se encontra preso a incredulidade no coração, que rejeita como impróprio o caminho traçado por Deus para a nossa vida.

Meu tempo ainda não chegou *(Aproxima-se a hora)*

335
"MOSTRA-TE AO MUNDO"
João 7:1-9

Era chegado o tempo de uma importante celebração no calendário de Israel, a Festa dos Tabernáculos. O evento reuniria grandes multidões em Jerusalém, pois ali eram realizadas as principais festividades. Os irmãos de Cristo viam no acontecimento uma oportunidade ímpar para que Jesus pudesse aumentar ainda mais a Sua popularidade, essa sedutora meta que tão rapidamente prende as ambições do nosso coração. Por isto, não tardaram em aconselhá-lo que aproveitasse a ocasião para subir à grande cidade. Volte a ler as razões pelas quais eles criam ser apropriada esta decisão. Procure identificar qual era a estratégia que as suas palavras escondiam. De que forma vemos tal estratégia manifestada nas pessoas mais populares do nosso tempo?

Não duvidamos, sequer por um instante, que o plano teria ganho a aprovação de muitas pessoas que seguiam a Jesus por todos os lados. As palavras dos irmãos do carpinteiro da Galileia são o resumo de mil variantes que buscam um mesmo objetivo: ganhar um lugar de reconhecimento e admiração entre os semelhantes, a eterna expressão do desejo que foi plantado no coração do primeiro casal, de chegar a ser "como Deus". É por esta razão que fazemos bem em nos deter para examinar com cuidado os elementos que compõem esta estratégia humana para não sermos seduzidos por propostas idênticas.

Primeiro, observamos que a proposta tem por objetivo "para que também os teus discípulos vejam as obras que fazes". Com uma sutileza imperceptível, as obras deixam de ser a manifestação visível de uma realidade espiritual e passam a ser uma estratégia para impressionar os outros. Não seria fácil identificarmos esta tendência se não fosse pelo testemunho do nosso próprio coração que pensa ser irresistível qualquer oportunidade que nos ofereça a possibilidade de sermos "vistos pelos outros", a tentação de impressionar outras pessoas enquanto abençoamos a alguém pelo nosso caminho. As obras na vida de Cristo, contudo, eram a expressão visível da intimidade que existia entre o Pai e o Filho. O contexto em que eram realizadas não tinha qualquer importância. Ainda mais, em certas ocasiões Ele procurava realizá-las longe das multidões como querendo resguardá-las do espírito mercenário que tão depressa se apossa dos corações. Quanta liberdade conseguimos também quando não permitimos que a nossa mão direita saiba o que a nossa mão esquerda está realizando!

Segundo, observamos que os irmãos acreditavam que o objetivo de Cristo era "ser conhecido em público", como se esta fosse uma meta digna de qualquer ser humano. O fato de ser reconhecido pelos semelhantes, no Reino sempre é uma consequência da qualidade da vida que se leva em particular. Igual as inúteis tentativas para caçar a nossa própria sombra, quem vive para ser conhecido em público descobrirá que a autoridade que se necessita para manter a sua eficácia nas esferas da vida pública rapidamente desvanece. A popularidade rapidamente sufoca a humildade e a simplicidade, que são essenciais para uma liderança que impacta. Por isto, o líder eficaz foge das exaltações e dos reconhecimentos das multidões. Ele sabe que a espiritualidade genuína não pode ser confundida com a aclamação da multidão.

336 "SUBI VÓS"
João 7:1-9

Meu tempo ainda não chegou (Aproxima-se a hora)

Levados pela sabedoria popular que qualifica as melhores oportunidades na vida como aquelas que maior impacto provocam nos outros, os irmãos de Cristo o incentivaram a subir a Jerusalém. Era porque se aproximava a Festa dos Tabernáculos, uma celebração que reunia milhares de fiéis na principal cidade de Israel e que oferecia as condições ideais para ser conhecido pelas multidões. Leia os versículos de 6 a 9. Como Jesus reagiu à sugestão dos irmãos? Quais diferenças apresentou entre a Sua pessoa e a de Seus irmãos?

A resposta do Senhor é educativa para qualquer um que deseje entender melhor os princípios que motivavam as Suas ações. Jesus claramente entendia que não era Ele quem decidia sobre os tempos do Seu próprio ministério, mas estava sujeito a um cronograma que se encontrava nas mãos do Seu Pai. O princípio é importante porque muitas vezes arruinamos um bom projeto ou uma boa iniciativa pelo fato de executá-la fora do compasso do relógio do Senhor. Grande parte do trato de Deus para a vida dos Seus servos, nas Escrituras, tem a ver com o ensino de se moverem neste tempo divino, uma das lições mais difíceis de se aprender, como as histórias da vida deles o evidenciam. Abraão quis abreviar a chegada do seu filho. José quis acelerar a sua saída da prisão. Moisés quis mobilizar o povo para a liberdade. Os amigos de Davi quiseram incentivá-lo a acelerar a queda de Saul. Pedro quis adiantar o tempo do seu sacrifício por Cristo. Em nenhum destes casos nem em muitos outros, os projetos iniciados prosperaram. O fator tempo era — e continua sendo — crucial. Para os que não estão inseridos na realidade do Reino, entretanto, qualquer tempo é oportuno. Não é possível praticar o mal fora de tempo porque todo o tempo em que se faz o mal é tempo desperdiçado, com apenas um destino: a morte.

Jesus também mostrou, com muita sensibilidade, por que era impossível que Ele alcançasse a aclamação popular que eles propunham. Não havia qualquer forma possível de o mundo reconhecê-lo, pois o testemunho que davam dele era de que as Suas ações eram más. Isto nos leva a pensar no esforço de tantos líderes de desfrutar do reconhecimento de grandes multidões. A acusação a que Jesus se refere não é uma que exija palavras, embora, em muitas situações, Ele acusou verbalmente o sistema corrupto de um mundo em trevas. A acusação, entretanto, acontece de forma automática todas as vezes que se produz um contraste marcante entre a luz e as trevas. Quem se recusa a mentir no trabalho, por exemplo, coloca em evidência os demais empregados que o praticam. Quem sempre mantém as contas em dia nos locais onde realiza as suas compras põe em evidência a multidão de pessoas que vivem de empréstimos. Desta forma, a plena identificação da pessoa com Cristo sempre irá acompanhada de um testemunho que incomodará àqueles que ainda vivem nas trevas. Viver de acordo com os princípios do Reino nos colocará, infalivelmente, em contraposição à cultura predominante neste mundo.

Abuso de poder *(Jesus inicia a caminhada a Jerusalém)*

337
FIRMES INTENÇÕES
Lucas 9:51-56

Os Seus irmãos não conseguiram persuadir Jesus para que subisse a Jerusalém. Ele nos tem dado muitos sinais, nos textos que examinamos, de que não realizava nada se o Pai primeiramente assim não o indicasse. Entretanto, em determinado momento decidiu que era hora de ir para Jerusalém. Leia o versículo 51. Qual foi o fator que motivou esta decisão? O que significa que Ele "manifestou o firme propósito de ir a Jerusalém"? Por que esta atitude foi necessária?

Os irmãos de Jesus imaginavam que Jerusalém oferecia uma inigualável oportunidade para Ele mostrar as Suas credenciais às multidões, eliminando de uma vez as dúvidas que poderiam existir quanto à Sua identidade. Para o Messias, contudo, chegar a Jerusalém significava entrar de cabeça no último trecho da Sua agonizante caminhada para a morte na cruz. A imagem de Cristo, no jardim do Getsêmani, permite-nos ver a profundidade da angústia que lhe provocou esta experiência, uma situação que afligiu a Sua alma ao ponto de morrer (Mateus 26:38).

A consciência da grande quantidade de manobras que elaboramos na vida para evitarmos situações de desconforto, angústia ou tribulação, deve nos ajudar a entender por que foi necessário que o Senhor se revestisse de uma firme convicção para começar a viagem rumo a Jerusalém. Algumas situações são tão desagradáveis que buscamos, desesperadamente, a forma de escapar delas. Porém, a vida contém uma mistura de situações agradáveis e outras nem tanto. Não é possível garantir que tudo sempre nos ofereça sensações prazerosas pelo simples fato de vivermos em um mundo afetado pelo pecado. Nesta vida, seremos profundamente marcados pelo egoísmo, traição, desprezo e injustiça. Para nós que somos parte do povo de Deus, juntam-se as agressões naturais que surgem pelo fato de seguirmos de perto o Senhor. Jesus advertiu os Seus, repetidamente, que eles receberiam um tratamento idêntico ao que Ele vivenciara. O preço a pagar para ser discípulo de Cristo é, precisamente, a disposição de tomar a cruz.

Na reflexão de hoje, contudo, entendemos que se dispor a tomar a cruz não é para os medrosos, nem para os que duvidam. O primeiro passo para aceitarmos o sofrimento que, inevitavelmente, nos cabe é firmar, no coração, a decisão de avançar com passos firmes na direção indicada, sem nos importar com o que possa acontecer pelo caminho. É uma decisão que requer vontade firme porque, possivelmente, pelo caminho encontraremos muitas oportunidades que nos induzirão a voltar atrás.

Tiago nos incentiva a termos grande alegria no fato de nos encontrarmos em diversas provas (1:2-4). A fonte desta satisfação não é a provação em si, que sempre é desagradável, mas no fruto que produzirá em nós: a vida totalmente preparada para os assuntos do Senhor. Da mesma forma, o autor de Hebreus nos mostra que Cristo conseguiu suportar a cruz porque levava em consideração a alegria que o aguardava depois da morte. Os Seus olhos não estavam fixos na cruz, mas no benefício que estabeleceria a nosso favor por meio da morte.

Abuso de poder *(Jesus inicia a caminhada a Jerusalém)*

IDENTIDADE MAL COMPREENDIDA
Lucas 9:51-56

> Uma vez que Jesus tomou a decisão de ir para Jerusalém, enviou os discípulos para que preparassem o caminho para a Sua viagem. O detalhe nos oferece uma interessante perspectiva das formas como o Senhor se conduzia de um lado para outro, embora julguemos estes detalhes de pouca importância. Contudo, recordam-nos que o ministério, por mais profundo que seja o fundamento espiritual sobre o qual esteja construído, também encerra aspectos bastante práticos que devem ser atendidos. Leia a parte restante do texto sobre o qual devemos refletir neste segmento. O que aconteceu com os discípulos quando chegaram à aldeia de Samaria? Por que lhes foi negada a hospitalidade? O que a reação deles revela? Qual princípio o Senhor quis que eles aprendessem?

A tentativa de garantir um lugar para Jesus numa das aldeias dos samaritanos fracassou. Ao saberem que Ele se dirigia para Jerusalém negaram-lhe a entrada, pois os samaritanos consideravam que as celebrações naquela cidade competiam com Gerezim, o lugar que consideravam indicado para oferecer sacrifícios. A sua atitude nos ajuda a entender por que os discípulos se mostraram tão surpresos quando encontraram o Senhor falando com uma samaritana junto a um poço.

Os discípulos não reagiram diante do que se podia considerar um insulto, mas ao voltarem para Cristo, a indignação deles se manifestou com uma ousada proposta: solicitaram permissão para fazer descer fogo do Céu e consumir a aldeia. Possivelmente, estavam inspirados no que havia acontecido na vida do profeta Elias, conforme o relato de 2 Reis 1:9-12. Aplaudimos o fato de que não agiram sem permissão embora a sua proposta fosse inapropriada. O Senhor não só negou o pedido como também os repreendeu pela atitude que haviam tomado.

A chave da resposta de Jesus está em Sua declaração no fim do texto: *"Pois o Filho do Homem não veio para destruir as almas dos homens, mas para salvá-las"*. A ação deles estava fundamentada numa atitude de desgosto e vingança, algo que é totalmente contrário ao espírito do evangelho. De fato, no Sermão do Monte Ele havia mostrado com clareza o que esperava dos Seus discípulos — que oferecessem a outra face quando fossem agredidos. Apesar disto, é tentador buscarmos uma forma de envolver o Senhor em nossas questões e lhe pedir que castigue aos que nos opuserem.

Quando Cristo afirmou que eles não sabiam de que espírito eram, Ele repete a observação que fez a Pedro quando tentou repreendê-lo pela intenção de entregar a Sua vida em Jerusalém: "Arreda, Satanás! Tu és para mim pedra de tropeço, porque não cogitas das coisas de Deus, e sim das dos homens" (Mateus 16:23). É precisamente os valores atuais deste perverso mundo com os princípios do Reino, visto que se misturam, que procuramos envolver o Senhor em ações que são contrárias aos interesses do Reino. Daí ser tão importante para nós passarmos tempo com Ele e nos concentrarmos nos princípios da Sua Palavra, para que vejamos com crescente nitidez a realidade do Reino, ajustando as nossas atitudes e o nosso comportamento à nova vida que Ele está gerando em nós.

Tudo ou nada *(Jesus rejeita condições)*

339
RENUNCIAR AO CONFORTO
Lucas 9:57-62

Jesus havia demonstrado aos Doze quais eram as condições para os que pretendiam ser Seus discípulos. Eles deviam estar dispostos a seguir pelo mesmo caminho que Ele andava. A oposição à pessoa de Cristo aumentava dia após dia, ainda estariam adiante as manifestações mais grosseiras contra a Sua pessoa. Os que não entendiam bem a proposta continuavam se aproximando dele com a intenção de se "candidatarem" como discípulos, segundo o costume daquele tempo. É possível que Lucas tenha escolhido três exemplos do que pode ter sido toda a multidão de pessoas que chegavam a Cristo com a mesma intenção. Leia o texto de hoje e procure identificar os diferentes obstáculos que cada uma dessas pessoas devia evitar.

O s personagens que esta passagem menciona são pessoas que entraram em contato com Jesus enquanto Ele seguia pelo caminho. Vale a pena voltar a afirmar que muitos dos encontros mais significativos do Reino não foram programados, mas aconteceram de forma espontânea. Este princípio nos convida a caminhar pela vida com os olhos bem abertos, pois é bem possível que nos encontremos com pessoas nas quais Deus tenha estado trabalhando de forma intensa. Se respondermos às ordens do Espírito, a vida cotidiana se tornará no eixo do nosso ministério com os outros.

A impressão que temos da primeira pessoa que se aproximou de Cristo é boa. O homem compartilha o desejo de se entregar incondicionalmente para seguir a Jesus por onde quer que fosse. As suas palavras guardam muita semelhança com os entusiasmados votos que tantas vezes fazemos em nossas reuniões como igreja. Proclamamos que o Senhor tem toda a liberdade para trabalhar em nós e conduzir-nos pelos caminhos que Ele escolher. Entretanto, frequentemente as nossas palavras somente refletem o entusiasmo do momento. Ao não percebermos como o nosso coração é enganoso, somos suficientemente ingênuos para crer que as nossas palavras são uma fiel expressão das nossas convicções, mas o Senhor esquadrinha o coração e prova os nossos pensamentos (Jeremias 17:10). Por isso, a resposta de Jesus não deveria surpreender, mesmo que tenha pouca relação com a apaixonada entrega desta pessoa. O Senhor não se guia pelas palavras da nossa boca, mas pela realidade do nosso coração. A Sua aguda percepção espiritual permite rapidamente detectar o sentido do que pedimos e dirige a Sua resposta para esta realidade.

Esta pessoa que, aos nossos olhos mostra-se tão comprometida, nos enganou. Resulta que a sua entrega incondicional não é tão incondicional como pensamos. Ao olhar para o seu coração, Cristo vê que está interessada, de forma estranha, em garantir uma vida em que desfrute todo o conforto que os outros desfrutam. Cabe mencionar que ter um lar para onde voltar e ter uma cama para se deitar não é nada mau. Estas comodidades somente se tornam prejudiciais quando interferem com o chamado para seguir a Cristo. Quando nos custa renunciá-los é porque ocupam um lugar em nossa vida que está reservado exclusivamente para o Senhor.

Tudo ou nada *(Jesus rejeita condições)*

340
HOJE É O DIA
Lucas 9:57-62

> Nos três encontros que o evangelho de Lucas relata encontramo-nos com um segundo personagem. Leia os versículos 59 e 60. Observe que o versículo 59 inicia com esta conjunção adversativa, "mas". Mesmo sem conhecer o restante do versículo, já sabemos que esta pessoa vai apresentar alguma objeção. Qual é o desejo que o homem expressa a Cristo? O que significa a frase "enterrar meu pai"? Por que Jesus não atendeu o pedido desta pessoa?

O chamado de Jesus a este indivíduo é com o mesmo imperativo que usou para chamar muitas outras pessoas: "segue-me". Neste simples verbo se resume a essência do que significa ser discípulo. Não é um chamado para se filiar a uma religião, assistir a uma série de reuniões ou declarar o valor de algumas verdades acerca da vida espiritual. É um convite para acompanhar a Cristo aos lugares que Ele escolhe visitar e as pessoas que escolhe tocar. No ato de seguir, o discípulo declara que é um outro quem decide o rumo, outro que estabelece o itinerário de cada dia. A única decisão que cabe ao discípulo é se manter o mais perto possível de Jesus.

A frase "deixa que primeiro eu vá enterrar meu pai" não significa que o pai havia falecido. A expressão, usual na época, indicava o compromisso de um filho no cuidado aos pais até que falecessem. Desta forma, então o homem desejava seguir a Jesus, mas pediu que lhe fosse dado um tempo para atender aos seus assuntos familiares. Devemos afirmar, como o fizemos na reflexão de ontem, que o desejo de cuidar dos pais é digno e bom. Somente se torna prejudicial quando passa a ser uma justificativa para não agir conforme a palavra que o Senhor nos falara.

A resposta desta segunda pessoa nos confronta com um dos maiores impedimentos para seguir a Cristo, que é o desejo de nós estabelecermos o "quando". Não consideramos que a sua resposta representa um espírito de desobediência, porque este homem não disse "não" ao Senhor, mas simplesmente pediu que se lhe desse o prazo necessário para agir conforme a palavra que recebeu.

A resposta de Cristo pode ter se fundamentado em duas realidades. A primeira, que sustenta tudo o que acontece no reino dos Céus é que todas as decisões referentes à nossa própria vida já não estão em nossas mãos. Nós não temos, em nossa condição de servos, o direito de decidir sobre coisa alguma em nosso andar com Ele. Por isso mesmo, o apóstolo Paulo declara que somos escravos da obediência (Romanos 6:16). A segunda razão é ser provável que Jesus soubesse que o que não se executa no momento corre o perigo de jamais se realizar. Cada vez que respondemos "amanhã eu faço" é praticamente uma realidade de que não o cumpriremos. Entre hoje e amanhã a carne terá se fortalecido e colocará todo tipo de razões para não cumprirmos a palavra que hoje nos parecia ser tão boa. A melhor obediência é aquela que se pratica no momento.

Tudo ou nada *(Jesus rejeita condições)*

341
A MÃO NO ARADO
Lucas 9:57-62

> Lucas compartilha conosco a experiência de três pessoas que se encontraram com Cristo enquanto Ele ia a caminho de Jerusalém. O terceiro, igual ao primeiro, se oferece para ser discípulo. O Reino, entretanto, não admite voluntários, embora que, em certas ocasiões, tenhamos a impressão de sermos nós que escolhemos a Deus. Leia os versículos 61 e 62. Qual é a condição que esta pessoa impõe para seguir a Cristo? A que se referia quando falava de se despedir dos sua casa? O que Jesus quis dizer com a resposta que lhe deu?

A cortesia de se despedir dos parentes e amigos antes de partir para esta aventura é muito louvável. Começamos a perceber, no entanto, que os assuntos que competem com o nosso compromisso com Jesus nunca são grosseiramente maus. Custa-nos combatê-los precisamente porque cada um expressa bons aspectos da nossa natureza humana. O desafio no Reino, entretanto, não se baseia tanto em rejeitar o que é mau, mas em rejeitar o que seja bom para tomar posse do que é infinitamente melhor. Lamentavelmente, a postura que assumimos na vida indica que gostaríamos de obter o melhor, mas sem perdermos pelo caminho o que seja bom.

Cristo, que vê muito mais nitidamente do que nós a realidade da nossa vida, percebeu que os vínculos afetivos na vida deste homem não eram saudáveis. Talvez existisse a possibilidade de que, ao se despedir deles, tratassem de convencê-lo a desistir da ideia. Talvez fossem entretê-lo com outras atividades que demorariam sem necessidade. Talvez buscassem exigir dele que não direcionasse todo o seu tempo e esforços para Cristo. Seja qual tenha sido a situação, estas pessoas representavam uma ameaça ao chamado que Jesus lhe fazia.

Como em tantas outras ocasiões, Jesus recorreu a uma imagem da vida cotidiana para explicar melhor o perigo que este homem enfrentava. A imagem de um homem preparando os sulcos para a semeadura era bem conhecida por todos. O pesado arado não somente exigia muito dos animais que o puxavam, mas também requeria grande concentração do lavrador que os conduzia. Nenhum camponês podia traçar sulcos retos se de contínuo voltava a olhar para trás.

A mensagem é clara. Não podemos seguir a Cristo se a todo instante desviamos o nosso olhar dele. Precisamos estar absolutamente concentrados na Sua pessoa para não o perder de vista enquanto caminhamos numa vida cheia de atraentes diversões. De todos os fatores que podem servir como distração, nenhum exerce tanta influência sobre a nossa vida como os relacionamentos com amigos e parentes. Em algumas ocasiões, os desejos dos que nos amam vão claramente contra os desejos do nosso Pai celestial. O esforço para não perdermos o afeto que compartilhamos com eles pode nos levar a ceder diante de situações que exijam absoluta firmeza.

Esta disciplina é uma das qualidades admiráveis que observamos em Cristo. Muitos se achegaram pelo caminho, inclusive os discípulos, com a intenção de levá-lo por uma rota diferente daquela que o Pai havia traçado para Ele. Em cada situação, Jesus resistiu às suas insinuações, para ser fiel Àquele a quem devia prestar contas.

Rios de água viva *(A Festa dos Tabernáculos)*

342
OPINIÕES DESENCONTRADAS
João 7:10-50

Os irmãos de Jesus, que não haviam conseguido persuadi-lo a aproveitar a Festa dos Tabernáculos para que mostrasse as Suas obras em público, subiram a Jerusalém sozinhos. Entretanto, "depois que seus irmãos subiram para a festa, então, subiu ele também, não publicamente, mas em oculto" (v.10). Por que, em sua opinião, Ele mudou de ideia? Qual era o ambiente com o qual Ele se deparou? O que nos indica a existência de pontos de vista tão divergentes entre as pessoas?

O fato de que Ele tenha subido em oculto não implica que foi às escondidas, mas que escolheu chegar à cidade separado das grandes multidões que subiam à celebração em caravanas. Desta forma Cristo indicou que não estava disposto a admitir nenhuma das estratégias nem propostas das pessoas que estavam perto dele. Em Jerusalém, no entanto, havia certa expectativa de que Ele se apresentasse, um acontecimento que beneficiaria os Seus críticos e Seus seguidores. A busca feita pelos judeus possivelmente se refere ao grupo de pessoas que se opunham a Ele. A sua atitude antagônica havia se transformado numa campanha agressiva que pretendia resistir e minar a influência de Jesus sobre as multidões. Este capítulo do evangelho de João nos dá vários exemplos da hostilidade dos grupos mais religiosos em relação a Sua pessoa.

A atitude generalizada do povo com o Filho de Deus durante esse tempo parece ter sido de confusão. João comenta que "havia grande murmuração entre a multidão", uma frase que mostra que o Mestre da Galileia tinha se tornado a sensação do momento, e muitos procuravam decifrar a Sua identidade e o que significavam os ensinos que ministrava. Alguns opinavam que o Seu trabalho era benéfico para a sociedade, enquanto outros afirmavam que a única coisa que Ele estava conseguindo era separar as pessoas dos ensinamentos que o povo sempre havia observado. E todo este debate era feito num espírito de temor, pois os ânimos estavam exaltados e não era aconselhável que se declarasse publicamente uma posição ou outra.

O caminho que temos percorrido até este ponto, nos evangelhos, ajuda-nos a entender que esta confusão não estava relacionada somente com as pessoas que se colocavam à margem da vida de Jesus. Mesmo os que estavam mais perto dele não conseguiam decifrar as formas misteriosas como Ele ocasionalmente atuava. A situação volta a destacar as sérias limitações que enfrentamos para perceber e entender os assuntos relacionados com o Reino. Mesmo entre os mais espirituais, a diversidade de opiniões não faz outra coisa além de mostrar que as frágeis deduções, às quais nos levam os nossos cuidadosos estudos, estão condicionados pela nossa natureza humana. Enquanto durar a nossa peregrinação por esta vida, somente poderemos ver em parte as verdadeiras dimensões do Messias.

Podemos afirmar também que as mais autênticas manifestações do Senhor são as que muitas vezes passam despercebidas ou são rejeitadas pela maioria do Seu povo. A controvérsia, entretanto, é parte do preço que aqueles que se comprometeram a seguir, até as últimas consequências, o caminho determinado por Deus para a sua vida devem pagar.

Rios de água viva *(A Festa dos Tabernáculos)*

343
OUTRA CLASSE DE CONHECIMENTO
João 7:10-50

Finalmente, Jesus decidiu se mostrar em público. A Sua presença entre as multidões que tinham subido para a Festa dos Tabernáculos, entretanto, passou despercebida, exatamente como tinha sido o Seu propósito. "Corria já em meio a festa, e Jesus subiu ao templo e ensinava" (v.14), seguramente, como era o Seu costume segundo à indicação do Pai. A liberdade para decidir em que momento Ele se mostraria não pertencia aos Seus irmãos, aos Seus discípulos e nem a Ele mesmo; isto era um privilégio que pertencia exclusivamente Àquele a cujas ordens Ele havia se submetido integralmente. Quais reações acompanharam os Seus ensinos?

A pergunta dos judeus revela um dos conceitos mais profundamente arraigados na cultura popular do povo, a crença de que o conhecimento somente se adquire através da disciplina do estudo. Com o passar do tempo, a convicção, numa cultura dominada por escolas, seminários e universidades, tem se tornado tão forte que é praticamente impossível conceber a aprendizagem fora de um contexto acadêmico. É possível, contudo, chegar a um profundo grau de conhecimento por meio da experiência ou por estar expostos, ao longo do tempo, a uma mesma realidade. Este conhecimento é o que chamamos de sabedoria, pois está fundamentado nas observações que resultam da própria vida. Ele tem maior peso do que o conhecimento adquirido por meio do estudo porque está ancorado na realidade da vida.

Jesus, entretanto, tinha acesso a um conhecimento que não é o fruto de uma disciplina de estudo, nem da sabedoria, embora fosse um homem sábio e conhecedor das Escrituras. "O meu ensino não é meu, e sim daquele que me enviou" (v.16). Este conhecimento, diferente de outros "conhecimentos", não poderá ser alcançado mesmo pelas mais brilhantes e disciplinadas mentes; embora sabendo disto, não desistimos em nossas tentativas para desvendar os mistérios mais profundos da pessoa de Deus. Este conhecimento, porém, somente pode ser obtido por um ato de revelação e Ele escolhe dar a conhecer os Seus mistérios àqueles que possuem a maturidade e a humildade necessárias para conservar semelhante tesouro. Os métodos que asseguram adquirir o conhecimento no mundo são ineficazes no reino dos Céus. O próprio Jesus revelou isto ao exclamar: "Graças te dou, ó Pai, Senhor do céu e da terra, porque ocultaste estas coisas aos sábios e instruídos e as revelaste aos pequeninos" (Mateus 11:25).

O líder inteligente estará sempre consciente de que a sabedoria de que mais necessita para desenvolver um ministério eficaz só pode ser achada aos pés do Pai. Isto não tira o valor que o fato de estar imerso num processo educativo formal possa ter, tal como o que pode oferecer qualquer instituição educacional do nosso tempo. Porém, conseguimos maior discernimento por meio de um espírito manso e humilde do que assistindo às melhores aulas do mundo. Por esta mesma razão, o ensino de um líder formado desta maneira pode ser uma pedra de tropeço para alguns, pois falará de assuntos que somente os que têm ouvidos capazes para isto poderão entender.

344
O PRIVILÉGIO DOS OBEDIENTES
João 7:10-50

> A multidão reunida em Jerusalém ficou impressionada com a profundidade dos ensinos que Jesus ministrava, especialmente ao saber que Ele não tinha se beneficiado com a rígida disciplina dos estudos que os fariseus, saduceus e escribas possuíam. Cristo esclareceu, contudo, que o Seu conhecimento não era dele próprio, mas que tudo quanto falava era em fidelidade ao que recebera do Pai.
> O fato de que os ensinos de Jesus se originaram da pessoa de Deus Pai não garantia que o povo os recebesse com agrado. De fato, todo o capítulo nos apresenta cenas de grande confusão. É que a capacidade para discernir o verdadeiro sentido das Suas palavras não está no uso adequado dos sentidos naturais que possuímos como seres humanos. Leia a declaração de Cristo nos versículos 17 e 18. Qual foi a condição que Ele estabeleceu para poder discernir a verdade que Ele falava? Qual é a característica que distingue aquele que fala para a glória de outra pessoa?

Creio, realmente, que é difícil compreendermos o significado da declaração de Cristo: "Se alguém quiser fazer a vontade dele, conhecerá a respeito da doutrina, se ela é de Deus ou se eu falo por mim mesmo". A veracidade dos ensinamentos não se estabelece no plano da análise teórica da mente, mas na escola da vida. Quem empenha a sua vida para provar a eficácia dos Seus ensinos no caminhar diário manifesta a atitude que é indispensável para se aprofundar na verdade revelada. Ou seja, os que descem às profundezas da pessoa de Deus são aqueles cujo objetivo não é tanto conhecê-lo, mas vivê-lo. A intensidade da experiência no Senhor é a que melhor aguça os sentidos espirituais que são indispensáveis para uma compreensão correta das Suas palavras. A própria vida fornecerá o contexto que mais fielmente testifica sobre a autenticidade das palavras que o Filho comunica, palavras que não são mais do que pedras de tropeço para os que andam em desobediência.

Jesus acrescenta a este princípio uma segunda observação. A motivação que conduz o coração de uma pessoa é um elemento-chave para determinar a eficácia de um ministério. Quem está voltado para assegurar o reconhecimento da sua própria grandeza não poderá falar nem ensinar a Palavra de Deus, pois as suas intenções são contrárias ao verdadeiro espírito da Palavra. Somente poderá compartilhar com outros as suas próprias conclusões sobre a vida, e as mesmas não têm o peso que possuem as palavras que procedem do coração de Deus. Aquele que fala o que é verdadeiro somente poderá fazê-lo se o seu objetivo é garantir a glória do Pai, o que exigirá uma disciplina rígida para resistir às insinuações de grandeza pessoal que o diabo vai querer continuamente introduzir na mensagem apresentada aos outros.

O conhecimento advindo do caminhar na verdade é o que concede à vida de Cristo o peso e a autoridade que continuamente deslumbrava aos que o escutavam. O segredo da Sua mensagem não está no conteúdo das Suas palavras, mas na vida que elas contêm.

Rios de água viva *(A Festa dos Tabernáculos)*

345
JULGAR COM JUSTO JUÍZO
João 7:10-50

> A tensa situação devido à cura de um homem no dia de descanso leva Jesus a apelar à correta adesão à Lei de Moisés. Leia os versículos 19-24. Qual é a acusação que recai sobre a Lei de Moisés? Em sua opinião, por que negaram que buscavam a forma de lhe tirar a vida? Que dilema existia com respeito ao dia de repouso e a circuncisão? A que Jesus se referiu quando lhes pediu que julgassem com juízo justo?

João já tinha comentado que ninguém se atrevia a falar abertamente contra Jesus por causa dos judeus, o que mostra quanta importância eles davam à aparência de legalidade em todos os seus atos. Para aqueles que desejam viver agradando a Deus, isto realmente apresenta um desafio bem complexo, pois em algum momento deverá optar entre ficar de bem com os homens ou ficar de bem com o Senhor, pois as exigências de uns se opõem às exigências do outro.

Porém, Jesus detectou a tendência que não é motivada por um desejo genuíno de caminhar com Deus, e queriam usar a Lei para fins pessoais. Os que o acusavam não eram pessoas que realmente anelavam fazer o bem diante do Senhor, mas simplesmente acrescentar as Escrituras à quantidade de elementos que utilizavam par desacreditar a Cristo. Diante da acusação de uma atitude mercenária da parte deles, entretanto, negaram absolutamente a intenção de que estavam buscando como prejudicá-lo, algo que possivelmente respondia ao temor de despertar a censura das multidões.

No versículo 22, Jesus indica uma prática comum com respeito à circuncisão. O mandamento que remontava a tempos muito anteriores à Lei de Moisés dizia que um varão devia ser circuncidado no oitavo dia do seu nascimento. Em certas ocasiões, o oitavo dia caía no dia do repouso, mas para não quebrar a primeira Lei, procedia-se de igual maneira com o ritual. Ao fazê-lo, segundo os próprios argumentos que eles mesmos usavam, desconsideravam o dia de descanso. O fato é que a Lei, tal como Paulo afirma, é falha porque pertence a um pacto imperfeito (2 Coríntios 3). Desta forma, é impossível insistir num cumprimento absoluto, porque deixa de fora as fraquezas próprias da nossa natureza humana que requerem misericórdia e consideração.

Jesus lhes exigiu, então, que não julgassem pelas aparências, mas com justiça. O julgamento que se baseia nos aspectos externos da vida é necessariamente errado porque não consegue incorporar à avaliação o elemento de maior peso nos assuntos eternos, que é o coração do homem. A única base para um julgamento justo é a perspectiva que inclui um conhecimento pleno do homem interior, e este conhecimento somente o Pai possui. Por isto, em João 5:30, Jesus havia dito que a única forma de ser justo é olhar para as pessoas com os olhos do Pai, algo que sempre nos dará uma perspectiva totalmente diferente ao que se vê inicialmente na vida daqueles que cruzam pelo nosso caminho.

Rios de água viva *(A Festa dos Tabernáculos)*

346
CAMINHO FECHADO
João 7:10-50

Leia o próximo segmento da passagem, nos versículos 25-36. A confusão quanto à pessoa de Cristo cresce cada vez mais. Na multidão, encontramos representantes das variadas respostas que Ele tinha recebido ao longo do Seu ministério. Procure identificar as diferentes suposições que eles estavam enfrentando nesse momento. Quais eram os conceitos populares acerca de Cristo que as pessoas tinham? Qual era o dilema que existia quanto ao dia de repouso e a circuncisão? Que características Jesus revela sobre o Seu relacionamento com o Pai? Por que afirmou que eles não podiam ir para onde Ele iria?

As autoridades não se pronunciavam em nada sobre a pessoa de Jesus. O silêncio deles se prestava para que a situação piorasse cada vez mais porque as multidões enfrentavam uma grande variedade de suposições acerca de Cristo. A confusão que se estabelecera revela por que é importante que um líder oriente o povo em situações complicadas. Esta orientação nunca deve vir em forma de proibições e declarações categóricas, mas em um espírito de ensino bondoso que permita às pessoas chegarem a conclusões acertadas.

O curioso desta situação tão confusa é que a pessoa que podia lhes prover uma resposta certa estava entre eles, mas não conseguiam entender o que Ele procurava dizer. Os conceitos mais populares sobre a forma como o Cristo devia ser dificultavam em muito o processo de se aproximar a Ele. Entretanto, em nenhum momento as pessoas mostraram disposição para examinar essas pressuposições, mas insistiam que o homem se adaptasse à imagem que dele já haviam formado. Vemos, por isto, quanto os conceitos que temos formado sobre Ele podem limitar a nossa compreensão do Senhor, muitos dos quais carecem de base numa verdade revelada.

Uma vez mais o Senhor afirma o relacionamento íntimo que existia entre o Filho e o Pai. O Filho tinha vindo à Terra porque o Pai o tinha enviado e voltaria ao Pai porque o Senhor assim o determinara. A imagem confirma a profundidade da sujeição que Jesus assumira em Seu relacionamento com o Pai, uma comunhão tal que indica o caminho que Ele deseja para cada um de nós em nosso relacionamento com Ele.

A peça-chave para decifrar o quebra-cabeça da pessoa de Jesus é o Pai. Quando Pedro confessou que Jesus era o Cristo, o Filho de Deus (Mateus 16), o Senhor declarou que ele não havia elaborado esta percepção por conta própria, mas procedia de uma correta revelação do Pai. Da mesma forma agora, sem a luz que vem do Pai, eles seguiriam dando voltas sobre o mesmo assunto. Ao afirmar que o buscariam, mas não poderiam encontrá-lo, Jesus está indicando que para eles este caminho está completamente fechado. Cair diante do Pai para clamar por uma revelação do Céu teria sido a resposta mais apropriada, mas esse caminho está aberto somente aos mais corajosos.

Rios de água viva *(A Festa dos Tabernáculos)*

347
O GRANDE CONVITE
João 7:10-50

"No último dia, o grande dia da festa, levantou-se Jesus e exclamou: Se alguém tem sede, venha a mim e beba. Quem crer em mim, como diz a Escritura, do seu interior fluirão rios de água viva". Compare este convite com o que se encontra em Isaías 55:1-3, e depois, com o que está em Apocalipse 22:17. Como é o coração daquele que convida? Quais são as características do que é oferecido? Quem é alcançado por este convite?

É possível que Jesus tenha percebido como os intermináveis debates sobre a Sua identidade tinham contribuído pouco para a verdadeira necessidade das pessoas. Seja qual tenha sido o motivo, Ele decidiu falar diretamente ao coração dos ouvintes.

A imagem do sedento é frequentemente usada nos salmos e nos livros proféticos, "A minha alma tem sede de Deus, do Deus vivo" declaram os filhos de Corá, no Salmo 42. Davi, conhecedor das secas do deserto, exclamou: "...a minha alma tem sede de ti; meu corpo te almeja, como terra árida, exausta, sem água" (63:1). O profeta Isaías afirmou que "Os aflitos e necessitados buscam águas, e não as há, e a sua língua se seca de sede". Diante desta imagem desesperadora, o Senhor declara, "mas eu, o Senhor, os ouvirei, eu, o Deus de Israel, não os desampararei" (Isaías 41:17). Ele proclamou a chegada de um tempo em que o Senhor derramaria "...água sobre o sedento e torrentes, sobre a terra seca; derramarei o meu Espírito sobre a tua posteridade e a minha bênção, sobre os teus descendentes; e brotarão como a erva, como salgueiros junto às correntes das águas" (44:3,4). Por sua vez, o profeta Jeremias denunciou um povo que abandonou a Deus, fonte de águas vivas, e cavou para si cisternas rotas que não retinham a água (2:13).

Além do testemunho das Escrituras, falar de água aos israelitas era falar de algo tão valioso como a própria vida. Por morarem em terras áridas, eram testemunhas dos efeitos devastadores da falta de chuvas sobre a terra. Desde tempos mais remotos, os poços eram o eixo que mantinha a vida das pessoas e dos animais, de modo que as aldeias e tribos se agrupavam em volta deles.

O convite do Senhor é para todos os que padecem de sede. Observe como é ampla a condição de se chegar a Ele. Não exige qualquer aptidão especial. Somente se exige reconhecer os sintomas que chamam a atenção para a existência de uma necessidade interior. A estes, o Senhor se oferece gratuitamente. João esclarece que esta oferta de água se referia à plenitude de vida que a presença do Espírito traria sobre a vida das pessoas.

No processo de beber, entretanto, acontece um estranho milagre. As águas se convertem num rio que supre de forma permanente as necessidades de quem antes tinha de voltar, sempre e sempre, para mitigar a sede. Isto é, instala-se no coração um estado de sossego e bem-estar que não apenas elimina a angústia de quem não encontra onde aquietar os mais profundos desejos da alma, mas que também pode trazer saciedade e prosperidade a outras pessoas.

Rios de água viva *(A Festa dos Tabernáculos)*

348
CADA UM À SUA CASA
João 7:10-50

A Festa dos Tabernáculos, no que se referia à pessoa de Cristo, terminou da mesma forma que começou. As pessoas continuavam divididas quanto ao significado dos ensinos que Ele havia ministrado e as obras que Ele tinha realizado. Leia os versículos 40-53. O que você observa quanto aos argumentos que eles usavam? Qual risco aqueles que mostravam alguma simpatia pela Sua pessoa corriam? Em que consistia a proposta de Nicodemos?

Os últimos versículos desta passagem nos apresentam diversas pessoas que foram impactadas pelo ministério de Cristo. Alguns na multidão opinavam que Ele era um profeta, um reconhecimento que os ajudava a se abrirem para escutar com mais cuidado os ensinos que Ele comunicava. Outros chegaram à conclusão de que era o Messias. Já vimos, na confissão de Pedro, que este reconhecimento pode ter um valor um tanto limitado. Entretanto, também constituía um importante passo na abertura para o espiritual. Outros, que estavam fora da multidão, também foram alcançados pelo testemunho do Senhor. Os guardas que, por suas funções poderiam ter ficado à margem das controvérsias que se intensificavam, declararam: "Jamais alguém falou como este homem". Os sacerdotes e os fariseus viam nisto outra prova da forma como Jesus enganava cada vez mais gente. Nicodemos, entretanto, que era um deles, tentou propor um caminho de maior abertura e equilíbrio. Porém, os fariseus e sacerdotes já não buscavam entender Jesus, mas acumular argumentos para justificar o que em seus corações haviam decidido realizar.

A diversidade de respostas permite afirmar que Jesus sempre será causa de controvérsia. Nenhum segmento da sociedade se livrará dos conflitos que são despertados quando o reino dos Céus se aproxima dos homens. Nem aqueles que respondem ao convite de andar na luz pertencem a alguma camada social em particular. Entre os discípulos de Cristo havia zelotes, publicanos, guardas do Templo, centuriões romanos e um outro fariseu. É que a possibilidade de vir a ser um discípulo depende totalmente da disposição interior de se entregar à Sua pessoa, algo que absolutamente todos podem decidir, mas que a grande maioria prefere rejeitar. O triste desta passagem é que alguns argumentos que expunham os contrários a Ele eram corretos. Jesus *era* de Belém e da casa de Davi. O problema não estava nas Escrituras, mas na interpretação que faziam delas.

Como é importante para nós nos revestirmos de humildade. Quem de nós não está afetado pela sua natureza humana? Mesmo entre os de maior sensibilidade espiritual, a margem de erro sempre está presente. Portanto, tenhamos muito cuidado! Que a facilidade em identificar os claros desacertos dos fariseus e dos sacerdotes não nos leve a crer que isto concede um grau adicional de confiabilidade para as nossas próprias atitudes. Se todas as nossas afirmações não estão cobertas por um grande manto de humildade nós também acabaremos sem entender o que dizemos, mesmo as coisas sobre as quais fazemos declarações categóricas (1 Timóteo 1:7).

Atirar a primeira pedra *(Jesus perdoa uma mulher)*

349
MALÍCIA EM AÇÃO
João 8:1-11

Ao terminar a Festa dos Tabernáculos, cada um voltou à sua casa, mas Jesus se dirigiu ao monte das Oliveiras, provavelmente para buscar a face do Seu Pai. Ao amanhecer foi mais uma vez ao Templo, onde ensinava ao povo. Leia o acontecimento que o texto de hoje descreve. Em sua opinião, quais seriam os sentimentos da mulher quando foi arrastada até Jesus? De que maneira os escribas e fariseus se dirigiram a Cristo? Por que motivo pediram Sua opinião?

Apesar da forte oposição que o Senhor havia experimentado durante os dias da festa, Ele voltou ao Templo uma vez terminada a celebração. Possivelmente o ambiente era de maior tranquilidade e Jesus não abandonava o costume de continuar ministrando a Palavra às multidões que o buscavam. Os escribas e os fariseus, contudo, não desistiam de encontrar a forma de neutralizar o impacto que provocava nas multidões. Um dos caminhos que, com maior frequência percorriam, era o de lhe apresentar situações polêmicas esperando que não pudesse dar resposta a elas ou que a sua resposta fizesse abalar a popularidade que Ele usufruía entre o povo. Na passagem de hoje, trouxeram-lhe uma mulher que, segundo o testemunho deles, tinha sido surpreendida no próprio ato de adultério.

É pouco provável que este grupo de religiosos tenha elaborado o plano com antecedência saindo à procura de uma mulher que pudessem usar como armadilha. Entretanto, parece que outros, que a haviam surpreendido no relacionamento adúltero, tenham levado a mulher até eles. Talvez, em um primeiro momento as autoridades religiosas iriam simplesmente ditar a sentença contra ela, mas repentinamente alguém viu na situação a oportunidade ideal para prender Jesus, e decidiram levá-la até Ele. O que sabemos, com certeza, é o que João declara: que eles tinham decidido prová-lo para terem de que o acusar.

Entendemos com isto que a situação apresentava a Jesus duas alternativas: na primeira, Ele deixava a mulher livre e claramente rejeitava a Lei, algo de que o acusavam há tempos. A outra possibilidade era de que Ele concordasse com eles e desse a Sua aprovação ao apedrejamento gerando mal-estar e repúdio por parte do povo. Na perspectiva deles não havia maneira de Jesus escapar ileso da situação que lhe apresentavam. A mulher, entretanto, provavelmente tinha sido brutalmente arrastada até aquele local já que a vida dela não tinha valor para os seus acusadores. Admitimos que a possibilidade de morrer provocava nela uma profunda angústia e que era ainda mais intensa porque não havia qualquer saída para a sua condenação.

No quadro que João nos apresenta, observamos que, alguém que tenha decidido agir com maldade, não hesitará em lançar mão do meio que seja necessário para alcançar o seu objetivo. Neste caso, o grupo de religiosos que trouxe a mulher, não estava interessado nela nem em seu marido, tampouco na Lei de Moisés. O seu único objetivo era encontrar uma forma de provocar danos a Jesus. O potencial que Deus tem depositado em nós pode ser igualmente canalizado para o bem ou para o mal.

Atirar a primeira pedra *(Jesus perdoa uma mulher)*

350
AQUELE QUE ESTEJA SEM PECADO
João 8:1-11

Enquanto Jesus ensinava a multidão que havia se reunido no Templo para ouvi-lo, um grupo de fariseus e escribas trouxe uma mulher surpreendida no ato de adultério. Com a intenção de envolvê-lo, consultaram-no sobre o modo como deviam proceder. De que forma Jesus respondeu inicialmente? Por que Ele escrevia no chão? Como reagiu ante a insistência deles? De que maneira Ele se livrou da armadilha que lhes haviam posto? Como eles responderam?

A pergunta dos fariseus, tal como vimos ontem, apresentava uma complicada situação para Jesus. Contudo, Ele não respondeu. Em vez de apresentar a Sua perspectiva, Ele se inclinou e com o dedo escrevia no chão. Imagine por um momento este quadro. Eles, aguardando as palavras que lhes dariam os necessários elementos para condenar o Mestre da Galileia. A mulher, no meio deles, aterrorizada, esperava o veredito que resultaria na sua morte por uma chuva de pedras sobre ela. Alguns na multidão murmuravam entre si sobre a situação que haviam apresentado a Jesus. Outros, talvez, percebiam com temor a complexidade do caso que o Senhor enfrentava. No ambiente, a tensão era palpável. Jesus, porém, continuava escrevendo no chão. A imagem que dele temos é de uma pessoa totalmente envolvida nos seus assuntos, distante do drama que se vivia a poucos metros do local onde se encontrava.

Possivelmente o Senhor havia percebido imediatamente as suas más intenções e não lhes deu resposta alguma porque não estavam interessados naquilo que seria dito. A decisão de seguir lutando contra Ele já estava tomada em seus corações e à maneira que Ele escolhesse agir diante das diversas situações era indiferente. Atrevo-me a pensar, contudo, que esta ação de se inclinar até o chão talvez tenha dado a Jesus um momento de recolhimento enquanto buscava a orientação do Pai quanto à melhor forma de responder. É muito sábio o homem que medita para avaliar o peso das palavras que tenha escutado antes de responder.

Como vimos em outras passagens, os fariseus e os escribas não iriam abandonar tão depressa a sua missão e voltaram a exigir que Jesus lhes desse uma resposta para o caso que haviam apresentado. Ele, então, levantou-se e disse que quem estivesse sem pecado poderia atirar a primeira pedra. Desta forma, identificou a questão que estava em jogo: nenhum ser humano tem o direito de condenar alguém pelo mal que ele mesmo pratica. O adultério é somente uma das muitas manifestações da mesma enfermidade que afeta a todos por igual: o pecado.

Imaginamos que as palavras de Jesus caíram como uma verdadeira bomba no meio dos acusadores da mulher. O dramático efeito delas os fez, começando pelos mais velhos, retirarem-se um a um do lugar onde estavam. Jesus, entretanto, não dirigiu para eles um olhar de desprezo nem festejou a sua retirada. Inclinando-se novamente, continuou escrevendo no chão. Esta não foi uma vitória para Jesus, mas para a eterna verdade do Pai.

Atirar a primeira pedra *(Jesus perdoa uma mulher)*

351 — TAMPOUCO EU A CONDENO
João 8:1-11

> Volte a ler a passagem com a qual temos nos ocupado nestes dias. Tente imaginar a mulher livre dos seus acusadores, ficando sozinha com Jesus. O fato de que eles já haviam saído não retirava a seriedade do pecado que ela cometera. Como Jesus reagiu a esta situação? O que significa o fato de Ele não a condenar? Qual foi a exortação que Ele lhe deu?

Os religiosos que haviam trazido a mulher surpreendida em adultério a Jesus, saíram um após outro do lugar onde tinham pedido ao Senhor a Sua intervenção. A declaração de Cristo tinha adentrado em seus corações e nenhum deles sentiu-se em condições de afirmar diante da multidão que os observava, que se considerava suficientemente livre de pecado para atirar a primeira pedra contra ela. Os mais jovens no grupo, talvez por serem menos propensos a ceder, foram os últimos a se retirar e, finalmente, a mulher ficou sozinha com Jesus.

Nesse momento, Ele voltou a se levantar e perguntou a ela: "Mulher, onde estão aqueles teus acusadores? Ninguém te condenou?" A segunda pergunta claramente revela qual era a intenção deles, em que procuraram garantir a participação de Jesus. No entanto, quando Ele ficou a sós com ela, disse-lhe: "Nem eu tampouco te condeno; vai e não peques mais".

O fato de condenar outras pessoas implica que alguém foi julgado e que a sua culpa já foi comprovada. A condenação é o último passo de um processo pelo qual foi avaliada a evidência a favor ou contra uma pessoa antes de se chegar a um veredito justo. Cristo havia mostrado aos fariseus que no Reino somente os que estavam sem pecado podiam condenar a outros. Esta condição não somente os desclassifica como também exclui toda a humanidade. Nenhuma pessoa pode condenar outra porque absolutamente todos fomos afetados pelo pecado, perdendo a capacidade de julgar com justiça. Esta limitação, entretanto, não alcançava Jesus, pois Ele, ao estar sem pecado, tinha as condições para emitir um juízo justo. Se tivesse condenado a mulher, não teria procedido de forma incorreta. Entretanto, nisto também decidiu renunciar aos Seus direitos e sujeitar-se completamente às indicações do Seu Pai. Por isto, declarou: "Vós julgais segundo a carne, eu a ninguém julgo" (João 8:15).

Esta decisão da parte do Senhor é uma verdadeira pedra de tropeço, uma das razões pelas quais nos escandaliza ao insistir que nos aproximemos de pessoas que claramente merecem ser castigadas. Jesus, contudo, declara que não veio ao mundo para julgá-lo, mas para salvá-lo (João 12:47). Somente é possível oferecer a salvação a pessoas que ainda sejam vistas com um olhar de esperança. A condenação está reservada àqueles que, inevitavelmente, não podem ser redimidos. Jesus insistia em se relacionar com pessoas que viviam no pecado porque cria que, enquanto houvesse um sopro de vida em alguém, mantinha-se viva a esperança de poder ser resgatado da morte. À mulher surpreendida em adultério, Ele ofereceu uma oportunidade de encaminhar a sua vida rumo à verdade eterna.

352

Firmes na Palavra *(Jesus fala aos cristãos)*

NÃO BASTA CRER
João 8:30-36

Depois que a mulher pega em adultério se retirou, Jesus continuou falando às pessoas que vieram para ouvi-lo no Templo. João relata, no versículo 30, que, como consequência das palavras de Jesus, muitos creram nele. Leia o texto de hoje e observe a exortação que Jesus deixou para estas pessoas. O que implica o conceito de permanecer em Sua Palavra?

Se a informação de que muitos haviam crido tivesse chegado aos nossos ouvidos, com certeza teria provocado muita alegria em nós. O objetivo de se conseguir que as pessoas *creiam* é o que motiva os nossos esforços para falar de Cristo aos outros. De fato, já não se fala mais de ser discípulos, mas em ser cristãos. A mudança de termos indica claramente que a ênfase da fé passou da esfera dos atos para o nível do intelecto. Ser cristão normalmente indica que uma pessoa aceitou os princípios básicos sobre os quais se apoia a nossa fé.

Jesus não considerava que crer era suficiente para manter a vida aos que chamara, mesmo considerando que o conceito de crer entre os hebreus fosse diferente do conceito grego que predomina em nossa cultura. Por este motivo, falou diretamente aos que haviam crido. A ação dele nos lembra a mensagem que o Senhor dirigiu à igreja de Laodiceia, em Apocalipse 3. A descrição que o texto nos dá sobre a congregação revela que estava muito satisfeita com ela mesma, segura de que havia encontrado a plenitude de vida. Entretanto, a esta mesma congregação o Senhor envia a severa exortação para que se arrependa e modifique a sua forma de viver, de tal maneira que haja lugar para a íntima comunhão com Jesus.

As palavras de Jesus, no texto de hoje, indicam que os cristãos devem acrescentar ao entusiasmo pelos ensinos recebidos, a decisão de permanecer na verdade. O termo permanecer coloca a ênfase sobre o que acontece ao longo da vida e não somente no momento de escutar a Palavra. Ou seja, novamente enfatiza que o que define o valor de um encontro com o Senhor é o tipo de vida que resulta depois desse encontro.

Ao falar em permanecer na Palavra, recordamos a imagem que Cristo apresentou no Sermão do Monte sobre o homem que tinha construído a sua casa sobre a rocha. A permanência na Palavra se comprovou quando chegaram os ventos e caíram as chuvas. Depois de receber a Palavra de Deus, inevitavelmente virão momentos de prova que nos oferecem a oportunidade de praticar o ensino que foi recebido. Permanecer na Palavra indica que, apesar das provas, a pessoa não abandona a verdade que foi incorporada em seu coração. Assim fez Jesus nas três tentações às quais foi submetido no deserto. Apesar da sutileza das propostas que o diabo trouxe à Sua vida, escolheu se manter firme na verdade que o Pai tinha declarado no batismo. Esta permanência permite que a Palavra lance raízes em nossa vida e produza um precioso fruto.

Firmes na Palavra *(Jesus fala aos cristãos)*

353
O FRUTO DE PERMANECER
João 8:30-36

> Cristo mostrou aos que creem nele que é necessário que permaneçam em Suas palavras. Como resultado desta postura, Ele enumera três consequências. Quais são? Por que falou em ser verdadeiros discípulos? A que se refere quando lhes declara que conhecerão a verdade? Qual é a liberdade à qual chega a pessoa que permanece na verdade?

O Senhor frequentemente descreve os benefícios em guardar a Sua Palavra. Em Deuteronômio 11, por exemplo, oferece aos israelitas uma detalhada descrição da incrível vida que os esperava se dispusessem seus corações a obedecer os mandamentos divinos. Do mesmo modo, Ele assegura proteção e bênção a Josué no início do seu ministério público se decidisse não se afastar nem à direita nem à esquerda da Palavra que recebera. O Salmo 1 declara que a pessoa que guarda a Palavra é como uma árvore plantada junto a um rio, cujas folhas jamais secam. Com certeza, a intenção do Senhor nisto e de muitos outros é motivar o nosso coração ao descrever os benefícios que nos aguardam se caminharmos em obediência ao Senhor.

Jesus anuncia também aos judeus que haviam crido em três benefícios. O primeiro é que serão verdadeiramente Seus discípulos. Provavelmente não seria necessário acrescentar o qualificativo "verdadeiro" se todos o que se declaravam ser Seus discípulos realmente fossem. A popularidade do Mestre da Galileia, entretanto, havia dado lugar a uma espécie de "moda" em que muitos, pelo prestígio que lhes outorgava, declaravam ser discípulos dele. Se fosse por nossa conta decidir quais são as condições que determinam se somos discípulos, existiriam tantas versões do que é um discípulo como o número de pessoas que chegarão a crer em Jesus. Graças a Deus que não fica sob os nossos critérios, mas ao critério de Jesus que deu esta clara definição: um discípulo caminha segundo as instruções do seu Senhor.

Um segundo benefício em guardar a Palavra é que conheceremos a verdade. Este conceito é muito relevante, pois contradiz frontalmente a definição popular para *conhecimento* que aceitamos. A nossa cultura crê firmemente que o caminho para o conhecimento da verdade vem do estudo disciplinado. Quanto mais alguém esquadrinha a Palavra mais conhecedor será da verdade. No Reino, entretanto, a verdade não se alcança com a mente, mas com o coração. Não é o resultado do estudo, mas da intensidade do relacionamento com Aquele que é a verdade. Então, desta forma não são conhecedores da verdade os que mais estudos bíblicos tenham feito, mas sim os mais fiéis em guardar a Palavra de Deus.

O terceiro benefício se refere à possibilidade de romper os laços que mantêm a nossa vida presa ao pecado. Os que conhecem a verdade chegam a se libertar da escravidão que o pecado traz. Nisto, encontramos a evidência mais clara de que o conhecimento que traz liberdade não é intelectual. De outro modo, a Igreja sofre com pessoas que conhecem a Palavra com o intelecto, mas seguem presas aos mesmos pecados que os têm escravizado por toda a vida. Somente quando caminhamos nessas verdades, as correntes que nos prendem caem e somos verdadeiramente livres.

354 OS QUE NÃO PERMANECEM
João 8:30-36

Cristo mostrou os benefícios vividos por aqueles que permanecem em Sua verdade. Embora o texto não mencione de forma clara, Ele expõe as consequências que a decisão de rejeitar a Palavra de Deus pode trazer à vida. Procure ler, uma vez mais, a passagem e identificar as mudanças que se produziriam se o Senhor tivesse dito: "Se vocês não permanecerem na minha palavra…".

Uma grande parte das pessoas não consegue avançar além da etapa de crer na Palavra que ouviram. Nestes tempos, mais do que nunca, torna-se complicado guardar a Palavra porque já não existe o espaço na vida para meditar sobre os ensinos recebidos. Para muitos, isto não tem que ver com o ritmo vertiginoso com que vivem, embora esta realidade também contribua para arruinar os processos espirituais que deveriam existir em nosso ser interior. O problema principal, entretanto, é que existe uma superdosagem de palavras em nossa vida. Não terminamos de digerir o que o Senhor possa ter nos dito no domingo, quando a esta palavra se agrega o que recebemos em nossos tempos devocionais, em outras reuniões semanais ou na leitura de uma variedade de livros, artigos ou sites na Internet. O que em algum momento parecia ser um objetivo desejável, que cada pessoa tenha acesso à Palavra, hoje se tornou numa espécie de "indigestão" espiritual.

Esta saturação contribui profundamente para que a Palavra não saia da esfera do intelecto, o que também resulta em consequências. Primeiro, tais pessoas não poderiam se chamar de verdadeiros discípulos, pois somente os que guardam os mandamentos do Senhor recebem este título. Atrevo-me a sugerir que este segundo grupo poderia se chamar de "cristãos ouvintes", porque a principal atividade da sua vida é *crer em vez de colocar em prática*. Neste grupo, se encontra um grande número dos que pertencem à Igreja.

A segunda característica deste grupo é que, para eles, a verdade de Deus se converterá em mentira. A verdade só é verdade para aqueles que praticam a fé. Para os que não permitem que a Palavra passe a ser o que dirige os passos de sua vida, essa verdade não lhes é eficaz. Assim como o maná do Céu que o Senhor enviou ao povo no deserto, quando a Palavra não é consumida, ela se perde. O poder que a Palavra de Deus contém só é manifesto na vida daqueles que a praticam.

Por último, este grupo não terá acesso à liberdade que é consequência de se conhecer a verdade. Porém, apesar de possuir a Palavra, continuam sendo escravos do pecado. De fato, esta característica descreve milhares e milhares de pessoas que pertencem ao povo de Deus, que levam anos escutando e estudando a palavra do Senhor e, entretanto, não conseguem a vitória sobre os mesmos hábitos que tinham quando se converteram. O poder libertador da Palavra não surtiu efeito nelas, não porque não seja poderosa, mas porque nunca lhe foi dada a oportunidade de agir.

Firmes na Palavra *(Jesus fala aos cristãos)*

355
O ESCUDO DA FÉ
João 8:30-36

Com a descrição do caminho que o verdadeiro discípulo deve percorrer, o Senhor deixou claro que a chave se baseia em se encontrar a forma de permanecer na Palavra. Leia o texto de Efésios 6:16. A que analogia Paulo se referia quando falou dos dardos inflamados do inimigo? Para onde estão dirigidos estes dardos? O que significa "tomar" o escudo da fé?

Para poder lutar corretamente a batalha da fé é indispensável que identifiquemos o ponto onde experimentaremos os ataques do inimigo. Pelo texto de João podemos afirmar que, para o diabo, não representa qualquer problema que nós creiamos na Palavra. De fato, Tiago nos informa que "Até os demônios creem e tremem" (2:19). O que creem, entretanto, não afeta em nada a forma que agem, por isso é uma prática sem valor algum. Da mesma forma, não provoca preocupação alguma ao inimigo que milhares e milhares de fiéis que vão à igreja creiam na Palavra que ouvem semana após semana. O que ele quer evitar a todo custo é que deem o passo decisivo de colocar em prática a Palavra em suas vidas.

É neste ponto, então, que o inimigo descarregará toda a sua artilharia. Se ele pode conseguir que desistamos de praticar os mandamentos do Senhor terá ganhado a batalha. A sua estratégia, portanto, consiste em nos levar a duvidar da sua eficácia, questionemos, argumentemos, especulemos ou adiemos a implementação da Palavra que Deus nos tem dado.

Para entender este processo, Paulo escolhe uma imagem tomada do formidável equipamento militar dos romanos. Entre as estratégias que este exército usava contra os seus inimigos se encontrava o costume de lançar contra eles flechas acesas. Ao caírem esses dardos entre as suas fileiras provocavam pânico, e isto levava as tropas a abandonarem o lugar onde se encontravam.

Da mesma forma, Satanás dispara as suas flechas contra a Palavra que Deus tenha falado ao nosso coração. Recordemos, por exemplo, o modo como se aproximou de Eva e semeou nela a dúvida: "É assim que Deus disse: Não comereis de toda árvore do jardim?" Assim também vimos nas tentações do Senhor Jesus Cristo onde ele questiona a veracidade da declaração do Pai nas margens do Jordão. Ele semeará mil perguntas e argumentos em nossa vida para garantir que não coloquemos em prática as orientações do nosso Pai celestial.

Os militares romanos tinham elaborado uma estratégia defensiva para resistir aos inimigos que, copiando a sua tática, lançavam contra eles dardos inflamados. Com os seus escudos, armavam uma cobertura que protegia as cabeças e os flancos dos soldados. Desta maneira, as flechas não conseguiam penetrar nas suas fileiras de soldados. Da mesma forma, o apóstolo Paulo nos incentiva a tomarmos o escudo da fé. A ideia é que, imitando o exemplo de Cristo nas tentações, possamos afirmar diante do inimigo: "Está escrito", e citar o texto que Deus nos tenha indicado no momento. Esta atitude mostrará que estamos decididos a tornar cativos todos os pensamentos que se opõem à obediência a Cristo (2 Coríntios 10:4,5), para aplicar a Palavra de Deus em nossa vida, seja qual for o preço a pagar.

Eu era cego e agora vejo *(Jesus cura um cego)*

UMA OBRA PREPARADA
João 9:1-41

> Nos próximos dias, acompanharemos um homem cego de nascimento que se encontrou com Jesus. Embora cresse que o melhor que lhe poderia acontecer seria poder ver, provavelmente jamais imaginou que semelhante milagre poderia desencadear tantas reações contra ele. Separe um tempo para ler o texto e depois concentre a sua atenção nos primeiros cinco versículos. O que a pergunta que os discípulos apresentaram a Jesus revela? O que o Senhor quis lhes dizer ao afirmar que o cego estava para manifestar as obras do Pai? Que indicação lhes deu sobre as obras que Ele realizava? A que se referia quando lhes falou que chegaria uma noite quando ninguém poderia realizar essas obras?

O texto nos diz que Jesus viu o homem cego enquanto passava por aquele lugar. Embora já tenhamos dito ao longo da aventura que estamos compartilhando, voltamos novamente a observar as obras que Ele realizava no contexto das Suas atividades cotidianas. Um coração sensível às orientações do Espírito permitiu-lhe ver que ali se encontrava uma obra que havia sido preparada pelo Pai. Portanto, em obediência se aproximou do homem que fora cego desde o seu nascimento.

Mostramos também que Jesus jamais perdia o hábito de transformar cada situação em uma oportunidade para ensinar os Seus discípulos. Eles se acostumaram a lhe perguntar sobre as diferentes situações que enfrentavam a cada dia e não desperdiçaram a oportunidade de interrogá-lo sobre a realidade do homem cego. Algumas das pessoas com as quais haviam cruzado, estavam claramente doentes devido aos seus pecados. Essa era a situação, como já vimos, do homem que o Senhor curou no tanque de Betesda. Talvez tenha sido este o caso que os motivou a querer identificar a origem da cegueira deste homem, por isso perguntaram se ele ou seus pais eram responsáveis pela sua cegueira.

A pergunta é importante, mas a forma como a fizeram indica que, além do pecado, não percebiam outra causa para a cegueira. A sua perspectiva é a mesma que, com tanta convicção os amigos de Jó trataram quando insistiram que a calamidade que havia se abatido sobre a sua família se devia a alguma falta moral grave. A verdade é que esta ideia que persiste em um grande segmento da Igreja até hoje, é uma perspectiva simplista da vida que confere uma única explicação a toda enfermidade do ser humano. A realidade, porém, é muito mais complexa do que isto e muitas vezes existem causas que estão completamente ocultas aos nossos olhos.

Contudo, Jesus, com Sua resposta, mostrou que a pergunta era irrelevante. Mais importante do que determinar a origem da sua cegueira era aproveitar a situação para manifestar as obras do Senhor, pois para isto o Pai o havia colocado no caminho deles. A Sua resposta nos lembra que o contexto da teoria nunca deve substituir o chamado para trazer um alívio real e genuíno à vida de milhares que clamam devido às suas aflições. Era chegada a hora de intervir nesta vida e eles não deviam se demorar nem por um instante.

Eu era cego e agora vejo *(Jesus cura um cego)*

357
CUSPIR NO CHÃO?
João 9:1-41

Ontem consideramos a pergunta dos discípulos sobre a origem da cegueira de um homem com quem se encontraram. O Senhor disse que seria uma oportunidade para que vissem as obras do Pai. Insistiu que estas deviam ser realizadas enquanto houvesse a luz do dia e advertiu que a noite chegaria quando ninguém poderia realizar tais obras. Não fica claro sobre o que o Senhor se referia. Poderia se tratar de um período no futuro, em que seria particularmente difícil realizar as obras do Pai ou a situações em que, como em Nazaré, a incredulidade de muitos colocaria sérias limitações ao exercício da fé. O certo, no entanto, é que ninguém pode desperdiçar as oportunidades que se apresentam quando o Senhor está indicando que é o momento de intervir.

Senhor, ao ler a pergunta dos discípulos percebo que sempre corro o perigo de ficar preso em debates que não oferecem alívio ao sofrimento das pessoas. Enquanto procuro identificar as múltiplas causas das enfermidades da humanidade, milhões de pessoas sofrem em silêncio as aflições particulares que a vida lhes impõe. Não permitas, Senhor, que a inércia defina a minha atitude para com elas. Entendo que tu me chamas à reflexão, mas esta não deve jamais se constituir em uma desculpa para me colocar à margem do sofrimento dos outros. Volto a te pedir que me dês olhos para que eu ande nelas e um coração obediente para te seguir nas ações que tu já tens iniciado a favor de outras pessoas.

Se em algum momento você imaginou que um ministério de cura somente pode ser realizado se a pessoa conhece os métodos apropriados, este é o momento em que pode, definitivamente, descartar essa ideia! O procedimento de Jesus com este cego é totalmente diferente do que temos observado no caso de outros enfermos. O Senhor nada lhe falou, apenas cuspiu no chão e fez lodo com a saliva da Sua boca. Tomando o barro em Suas mãos untou os olhos do cego. Suponho que a falta de sensibilidade em seus olhos permitiu que o Senhor fizesse isso sem que ele oferecesse resistência. Depois, deu instruções para que se lavasse no tanque de Siloé. Supomos que alguém o levou até lá para que pudesse se lavar. O relato está maravilhosamente livre de qualquer questionamento por parte do homem cego. Simplesmente obedeceu à palavra que havia recebido e voltou enxergando.

O evangelho, fiel ao seu estilo preciso e pouco sensacionalista, não nos dá qualquer detalhe do exato momento em que o cego recuperou a vista. Imagino, entretanto, que deve ter sido um momento extraordinário. O homem nunca havia contemplado o mundo em que vivia. Como ia processar as maravilhosas sensações que, repentinamente, recebia através dos olhos, sensações essas que poucas vezes nos impressionam porque sempre temos desfrutado delas? Teria exclamado em gritos de júbilo? Teria buscado alguém com quem compartilhar o milagre que tinha experimentado? A verdade é que somente podemos especular. Porém, uma realidade podemos destacar: O homem foi cego e regressou vendo!

Eu era cego e agora vejo *(Jesus cura um cego)*

358
PRIMEIRO EMBATE
João 9:1-41

Como gostaríamos que todos aqueles ao redor do homem curado tivessem se juntado aos jubilosos festejos que semelhante acontecimento merecia. Entretanto, observamos com tristeza que começava para ele um verdadeiro calvário ao se deparar com uma diversidade de pessoas que questionavam o que havia acontecido. Leia os versículos 8-12. Por que os vizinhos duvidaram da identidade deste homem? De que forma procuraram resolver a dificuldade? Que tipo de testemunho ele pode lhes dar? Por que desejaram falar com quem havia realizado o milagre?

O texto parece indicar que Jesus saiu de cena, pois quando o cego regressou do tanque de Siloé, as primeiras pessoas com as quais se encontrou foram os vizinhos. O comportamento do Senhor, parecido com outros acontecimentos que temos examinado, indica que Ele não tinha essa obsessão tão nossa de forçar, no ato, uma decisão que selasse o compromisso espiritual da pessoa. Em alguns casos, Ele chamou alguns que encontrou no caminho para se tornarem Seus discípulos. Mas em outras situações, Ele simplesmente "andou fazendo o bem" (Atos 10:38), deixando que a própria obra realizasse lentamente o Seu trabalho na vida da pessoa.

Os vizinhos viveram com o cego a mesma confusão que os discípulos experimentaram quando Cristo veio até eles caminhando sobre a água. Era o Jesus com quem vinham compartilhando intensamente as suas vidas, mas o lugar e as condições eram tão estranhos que não puderam reconhecê-lo. Da mesma forma, os vizinhos pensaram reconhecer no homem que estava diante deles o mendigo cego que tinham conhecido a vida toda. O problema era que a pessoa que eles conheciam era cega e quem estava diante deles enxergava perfeitamente bem. Não se tratava de uma troca de roupa ou de um novo corte de cabelo, mas de uma transformação sobrenatural que simplesmente não estava dentro das possibilidades que admitiam.

O assombro deles os levou por um caminho raro. Em vez de aceitarem a evidência dos seus olhos, decidiram que o homem era muito parecido com o mendigo, mas que, na realidade, não era ele. Ou seja, não consideraram em momento algum esta possibilidade: que um homem cego tivesse recebido a habilidade de enxergar. Por isso, preferiram outras explicações que, por mais enigmáticas que fossem, não os obrigava a seguir por um caminho desconhecido, o de uma intervenção milagrosa. Porém, o homem se colocou diante deles e tirou toda a dúvida a esse respeito: "Sou eu", disse-lhes.

O fato de eles não poderem aceitar que tivesse recuperado a visão, os obrigou a fazer toda sorte de malabarismos intelectuais, por isso pediram uma explicação sobre como aquilo acontecera. O homem não tinha outra explicação além do testemunho sobre o que vivenciou. Ele também não entendia o que lhe ocorrera. Entretanto, a evidência de que algo acontecera estava diante dos olhos de todos. Quantas complicações evitaríamos se a nossa perspectiva da vida incluísse o fato de que Deus é real e pode intervir em nosso contexto da forma que achar por bem fazer. Em face do inexplicável saberíamos, com certeza, que nos encontrávamos diante de uma obra divina.

Eu era cego e agora vejo *(Jesus cura um cego)*

359
SEGUNDO EMBATE
João 9:1-41

Apesar do homem que fora cego estar diante deles e de que ele mesmo testificava que Jesus o curara, os vizinhos continuavam duvidando. É porque a perspectiva que tinham do mundo e da vida simplesmente não admitia que um cego de nascimento recuperasse milagrosamente a visão. As fortalezas mentais que filtram o que acontece ao nosso redor podem ser também resistentes assim. Os vizinhos decidiram, então, levar o assunto às pessoas que consideravam de maior autoridade no que se referia aos assuntos espirituais: os fariseus. Leia os versículos 13-17, e observe a reação deles. Por que João inclui o detalhe de que era sábado o dia em que Jesus o curou? O que o homem, quando voltou a ser interrogado, pode ter sentido? Que argumento usaram para desqualificar o milagre?

Imagine por um instante a grande frustração que deve ter sentido o homem que havia recebido a visão. Ele acabava de vivenciar a mais extraordinária experiência da sua vida e, apesar da contundente evidência como prova, não encontrava quem estivesse disposto a celebrar com ele esse acontecimento. Não é que se tratasse de um assunto puramente teórico onde cada qual pode se apegar à sua própria perspectiva sobre o assunto. Aqui era discutido se um fato consumado era real ou não!

A situação deste homem é semelhante à que experimentaram muitos judeus que passaram pela desolação que foram os campos de concentração alemães na Segunda Guerra Mundial. Ao recuperarem a liberdade, um pequeno grupo de sobreviventes da enorme multidão dos que ali pereceram, necessitavam desesperadamente contar aos outros a história da angustiante luta para sobreviver. Imagine quão intensa foi a sua consternação, então, quando perceberam que quase todos com quem falavam não acreditavam no que havia ocorrido nesses campos de extermínio. É que o nível de horror era tão profundo que a maioria das pessoas simplesmente não podia aceitar graus tão incríveis de baixeza em outros seres humanos. Para os sobreviventes, contudo, a incredulidade do mundo se constituía numa insuportável humilhação adicional à infinidade de sofrimentos aos quais foram submetidos.

Imagino a frustração que este homem experimentou ao ser interrogado mais uma vez sobre a forma como se dera o milagre. Os fariseus, porém, optaram por um caminho diferente ao dos vizinhos. Eles não expressaram descrença quanto ao milagre, mas buscaram uma forma de desacreditar a quem o tinha realizado. A estranha explicação deles era que não podia ser de Deus porque o milagre fora realizado no dia do repouso. O testemunho do homem que tinha sido cego, entretanto, era muito forte e provocou, uma vez mais, uma divisão entre eles. O que não conseguiam entender era que o maior obstáculo para explicar o acontecido não se encontrava nos atos, mas na mente deles.

Senhor, livra-me dessa obstinada incredulidade que recusa aceitar o que não se pode negar. Revela as estruturas que me prendem. Reaviva em mim a disposição para ser surpreendido, mais uma vez, pelo Teu agir. Que assim seja.

TERCEIRO EMBATE
João 9:1-41

Pouco a pouco, em meio à oposição e aos questionamentos, algo estava se formando no coração do homem que tinha sido curado. Ele entendera que a infinidade de argumentos que eram usados para desacreditar o que ele havia vivenciado, simplesmente não podiam vir de Deus. Os judeus, obstinados até o ponto da estupidez, decidiram chamar os pais para falarem com eles. O diálogo que tiveram encontra-se nos versículos 18 a 23. Leia os detalhes deste estranho encontro. Qual era o assunto que os havia deixado perplexos? O que pretendiam quanto aos pais? O que a resposta dos pais indica? De que forma os judeus impunham a sua perspectiva ao povo?

Teria sido razoável chamar os pais para confirmarem que o homem que estava diante deles realmente havia nascido cego. Poderia se tratar de um impostor que tinha inventado a história, embora dificilmente um mentiroso poderia imitar o incrível maravilhamento que certamente este homem demonstrou com o prodígio de ver, pela primeira vez, o mundo ao seu redor. Poderíamos entender, então, que eles quisessem eliminar toda a dúvida quanto à sua identidade. Entretanto, pediram aos pais que explicassem como o filho havia recuperado a visão, algo que certamente ia além das suas possibilidades.

Tenho observado que esta tendência é comum no ser humano. Todas as vezes que sou testemunha das milagrosas intervenções do Senhor, vêm pessoas que, a todo custo, querem encontrar uma explicação lógica e razoável para entender o que aconteceu. Alguns milagres, porém, não podem ser entendidos. A única coisa que podemos indicar, com certeza, é a identidade do seu autor. No caso dos pais, eles desconheciam essa informação, portanto realmente se encontravam "de pés e mãos atados".

Percebe-se, na resposta deles, um esforço para se distanciarem do ocorrido. Isto é triste porque eles, ao se unirem à alegria dele, poderiam ter sido os beneficiários diretos da maravilhosa bênção que o filho havia recebido. O caminho que escolheram, em lugar disto, foi se fazerem de desentendidos quanto ao fato. Confirmaram que ele era de verdade, seu filho, mas não se mostraram dispostos a acrescentar qualquer detalhe adicional. João conta que optaram por este caminho porque temiam os judeus, os quais haviam ameaçado expulsar da sinagoga qualquer pessoa que mostrasse simpatia por Jesus. Este é o caminho escolhido por todos os opressores que não podem aceitar que outros pensem de forma diferente deles.

A decisão deles estava baseada no temor, e o medo sempre nos leva a agir defensivamente. Somente os que conseguem impor a sua vontade sobre o medo usufruem a liberdade de agir de forma correta em qualquer situação. Quem se aproxima de Jesus deve ter a certeza de que, cedo ou tarde, surgirá uma situação que exigirá uma decisão firme. Confessamos o nosso compromisso com Ele ou optamos por retroceder. Somente os que se mantêm firmes experimentarão crescimento em seu relacionamento com o Senhor. As outras opções, sem dúvida, serão um passo na direção contrária.

Eu era cego e agora vejo *(Jesus cura um cego)*

361
ARGUMENTO IRREFUTÁVEL
João 9:1-41

> Parece que a conversa dos pais aconteceu sem a presença do filho, pois quando terminaram de interrogar voltaram a chamá-lo. Neste outro encontro, enfrentaram-no com a evidência das suas investigações. Leia os versículos 24 e 25. O que buscavam alcançar com esta nova confrontação? De que maneira o homem respondeu? Em que se baseia a força do seu argumento?

Como os pais não deram qualquer informação, os judeus se viram obrigados a chamar, mais uma vez, àquele que fora cego. Nesta oportunidade, apresentaram-lhe a conclusão à qual haviam chegado: "Dá glória a Deus; nós sabemos que esse homem é pecador".

A verdade é que começamos a sentir certa irritação com estas pessoas que não deixavam em paz o homem que tinha sido curado. Ao sermos simples espectadores do que está acontecendo é muito fácil que sintamos indignação pelo ridículo que as ações deste grupo eram para argumentar contra algo que não podia ser negado. Podemos aceitar que não estivessem contentes pelo milagre ou que lhes parecia ser completamente inapropriado curar no dia de sábado. Não esperamos dos legalistas que mostrassem compaixão para com os outros nem que se regozijassem com o bem-estar dos outros. Mas buscar a forma de comprovar que uma transformação real e visível na realidade não aconteceu, chega à total tolice. Entretanto, a conduta deles deve nos servir de advertência. O orgulho é um senhor implacável que não nos permite ceder sequer um centímetro mesmo quando toda a evidência de que estamos equivocados se apresenta diante dos nossos olhos.

É difícil saber exatamente o que esperavam do homem ao lhe comunicar a informação de que haviam comprovado que Jesus era pecador. Acaso esperavam que ele deixasse de festejar a sua cura e começasse a dar glória a Deus por esta descoberta? O fato de que, segundo o testemunho deles, Jesus era um pecador mudaria alguma coisa no milagre que ele vivenciara? Acaso esperavam que ele pedisse a Deus para voltar ao seu estado de nascimento por não aprovarem a pessoa que o havia curado?

A resposta dele nos mostra que não estavam minimamente interessados nos seus ridículos argumentos. E como poderia lhe interessar um assunto como este quando considerado à luz do incrível presente que recebera? O homem que tinha sido cego respondeu com uma contundência que obriga os incrédulos de todos os tempos a se calar: "uma coisa sei: eu era cego e agora vejo". Existe, talvez, algum ato de equilíbrio intelectual ou teológico que consegue neutralizar esse testemunho? Podemos atacar de todas as formas que desejarmos uma pessoa que tenha sido curada pelo Senhor, mas o que ela viveu não pode ser apagado, negado, escondido ou encoberto. É tão real quanto o ar que respiramos ou a água que bebemos. Atrevo-me a afirmar que os nossos intermináveis debates também não interessam ao Senhor. Quando Ele decide agir, Ele o fará qualquer que seja a nossa reação. Absolutamente ninguém poderá apagar as pegadas da Sua passagem pela nossa vida!

Eu era cego e agora vejo *(Jesus cura um cego)*

QUARTO EMBATE
João 9:1-41

> É difícil saber como agir diante de uma pessoa que afirma ter sido cega e agora vê, especialmente quando toda a evidência mostra que o que ela está dizendo é verdade. Entretanto, os judeus se dão por vencidos e decidem voltar ao ponto onde havia começado este cansativo processo. Leia os detalhes deste novo diálogo conforme João descreve nos versículos 26-33. De que maneira o homem respondeu nesta nova interrogação? O que as suas respostas sobre o que estava acontecendo com ele revelam? Como responderam à insinuação de que eles também queriam ser discípulos de Cristo? Para qual ponto eles sempre retornavam? Qual é a convicção que este homem compartilha com os seus inquisidores?

Podemos entender o porquê de o homem que fora cego começar a sentir verdadeira irritação com os judeus, visto que voltaram a lhe pedir a mesma explicação que já tinha lhes dado duas vezes. Que possível benefício contar a mesma história pela terceira vez podia trazer, especialmente quando as pessoas que lhe pediam o relato estavam obstinadas por desmentir o acontecido? É possível que o mal-estar que sentia o levara a insinuar, com sarcasmo, que eles desejavam ser discípulos de Cristo, mas eles se sentiram profundamente insultados pela insinuação.

O grupo de judeus sentiu a necessidade de afirmar que eles eram discípulos de Moisés. Teria sido mais acertado que alegassem que procuravam ser fiéis aos ensinos da Lei, pois Moisés não teria apoiado a estranha atitude que haviam tomado. De fato, diante das acusações de Arão e Miriã, como também quando foi confrontado pelos filhos de Corá, Moisés assumiu uma postura de mansidão, que era completamente contrária aos insultos que agora dirigiam contra este homem. Mesmo quando os nossos argumentos são certos e as nossas palavras um reflexo da verdade, a atitude que assumimos é absolutamente essencial para a abertura daquele que pretendemos convencer. O apóstolo Paulo exortou Timóteo: "E repele as questões insensatas e absurdas, pois sabes que só engendram contendas. Ora, é necessário que o servo do Senhor não viva a contender, e sim deve ser brando para com todos, apto para instruir, paciente, disciplinando com mansidão os que se opõem, na expectativa de que Deus lhes conceda não só o arrependimento para conhecerem plenamente a verdade" (2 Timóteo 2:23-25). Quando estamos convencidos de que é o Senhor quem realiza o trabalho de convencer, as nossas intervenções podem ser muito mais mansas e suaves, pois não depende dos nossos esforços que a outra pessoa aceite a verdade.

Começamos a perceber, então, que realmente foi sábio Cristo deixar o homem por um tempo. Estar exposto a tanta oposição lhe serviu para que começassem a se firmar nele as suas convicções espirituais. Observamos como ele, que supostamente nada sabia, expressa surpresa pela falta de clareza que eles demonstravam quando a verdade, aos seus olhos, parecia ser tão simples: todos sabem que Deus não ouve a pecadores. Entretanto, o Senhor está sempre atento aos pedidos de quem o teme. Para ele, então, a inevitável conclusão era que o Altíssimo, sem sombra de dúvida, tinha agido na tremenda experiência que ele vivenciara.

Eu era cego e agora vejo *(Jesus cura um cego)*

363 O VERDADEIRO OBSTÁCULO
João 9:1-41

> No começo sentimos uma certa tristeza pela perseguição que o homem que recuperara a visão estava sofrendo. Agora, porém, é impossível deixar de sentir que o ridículo procedimento dos judeus merece que sintamos pena deles. Seria realmente difícil entender como puderam chegar ao ponto que alcançaram se não fosse pelo fato de que conhecemos bem as duvidosas maquinações do nosso próprio coração. Leia o versículo 34. Qual é o argumento que utilizam para não receber a observação que este homem quis compartilhar com eles? Que convicções esta atitude revela? Por que reagiram expulsando o homem do meio deles?

O fim desta história revela claramente que entrar em contato com Jesus é também abrir a porta para a perseguição. Costumamos pensar que as agressões contra a fé são o resultado de deliberados esforços para firmar os valores do Reino nos lugares em trevas. O homem que fora cego, entretanto, não procurou compartilhar as boas-novas do Reino com ninguém, tampouco incentivou a outros para se aproximarem da pessoa de Cristo. Foi ele simplesmente quem recebeu a maravilhosa bondade de Jesus. Ser tocado pelo Senhor, no entanto, instala em nossa vida uma realidade espiritual que o inimigo procurará anular o mais rápido possível. Mesmo quando a pessoa não entende sequer o que aconteceu, podemos esperar de todos os que se achegam a Jesus que sofram uma variedade de provas, pois o diabo sabe que é impossível estar perto dele sem vacilar na condição de cegueira, na qual os pecadores vivem.

A verdadeira atitude no coração deste grupo de judeus vem à luz quando este homem tenta compartilhar com eles a sua convicção sobre o que aconteceu. Reagiram de forma violenta e o expulsaram do meio deles. A aparente firmeza deles esconde o frágil fundamento das suas convicções, as quais não suportam qualquer tipo de questionamento nem oposição. O medo leva ao isolamento, o qual, em certas ocasiões, se defende mesmo por meios violentos. Somente as pessoas com a convicção de que a verdade não é deles, mas do Senhor, possuem um espírito confiante e sereno, que permite o diálogo com todos. A defesa da fé não repousa sobre os seus ombros e por isso podem estar relaxados em situações de oposição. Entendem, inclusive, que a vida espiritual se torna mais firme quando exposta a diversas provas.

As palavras que pronunciaram ao expulsá-lo revelam o verdadeiro obstáculo a novas experiências espirituais: "Tu és nascido todo em pecado e nos ensinas a nós?" Eles criam que somente certo tipo de pessoas podia lhes ensinar sobre a vida espiritual. No momento em que decidimos quem pode nos ministrar e quem não pode, fechamos com firmeza a porta ao Senhor. Deus não admite que nenhum ser humano imponha condições ao Seu agir. Se Ele deseja revelar algo por meio da boca de um jumento, Ele tem plena liberdade para fazê-lo. Somente poderão desfrutar desta revelação, contudo, aqueles que aceitam com alegria a seguinte condição: Ele pode se aproximar de nós pelo meio que quiser, no momento que desejar fazê-lo, para nos dizer o que Ele considere necessário.

Eu era cego e agora vejo *(Jesus cura um cego)*

364
O ÚNICO QUE IMPORTA
João 9:1-41

> O homem que recebera a cura acabou expulso pelos judeus. Isto, entretanto, não lhe podia retirar o seu presente! Jesus, que tinha estado ausente ao longo das várias agressões que sofreu, ouviu sobre o que havia acontecido e procurou o homem. Como agiu quando se encontrou com ele? Em sua opinião, por que o Senhor esperou até este momento para orientá-lo espiritualmente? Qual foi o resultado do diálogo que tiveram?

Em outras partes deste livro, mostrei que a conversão é um processo e não a decisão de um momento. O centro desse processo pode se constituir numa decisão pública, mas em muitos casos é o resultado de uma convicção que se instala aos poucos no coração. Este homem não havia expressado em nenhum momento uma "decisão" por Cristo. Penso que a obstinada interrogação dos judeus, porém, foi um dos fatores que claramente contribuiu para que se conduzisse na direção da pessoa de Jesus, que era algo que eles precisamente procuravam evitar. A desagradável forma que apresentaram as suas convicções não constituía um bom argumento a favor da verdade que alegavam ter. Observamos no homem que fora cego uma maravilhosa progressão rumo à convicção espiritual acertada. No primeiro embate que teve com os judeus, afirmou que "o homem chamado Jesus" foi o responsável pelo milagre (v.11). Ele possuía um escasso conhecimento acerca de quem era o Cristo ou das obras que vinha realizando por todo o Israel. Entretanto, percebemos uma interessante mudança quando o levaram aos fariseus. Ao ser interrogado sobre a identidade de quem o havia curado, não vacilou em responder: "é um profeta" (v.17).

Um israelita atribuir a um homem o título de profeta não é um detalhe de menor importância. Os profetas, embora muitas vezes resistentes no momento quando realizavam os seus ministérios, desfrutavam de um prestígio na história do povo como poucas outras pessoas haviam alcançado. Confessar que alguém era profeta significava um reconhecimento implícito, não somente da estatura espiritual que possuía, mas da autoridade divina que respaldava tudo o que dizia. Desta maneira, observamos que se firmava no homem a convicção de que havia sido tocado por um personagem extraordinário.

Depois que foi expulso, ele voltou a se encontrar com Jesus. Agora o Senhor o interroga sobre as suas convicções: "Crês tu no Filho do Homem?" O homem confessou, com absoluta franqueza, a sua ignorância a respeito da identidade do Cristo. Diante da revelação de que estava falando com o próprio Filho de Deus, completou a progressão espiritual que já vimos e então o adorou. Este é o fim desejado por Deus em cada uma das Suas intervenções. Não descartamos a possibilidade de estudar e analisar as formas em que Ele se apresenta diante de nós, mas este processo não deve jamais se constituir em um desvio do fato de que, segundo Jesus compartilhou com a mulher junto ao poço de Samaria, o Pai busca adoradores. Cedo ou tarde as nossas intermináveis especulações devem cessar e devemos nos prostrar em Sua presença e adorá-lo.

A confissão de Pedro *(Ao terminar)*

365
VISÃO RENOVADA
Mateus 16:13-23

Entre os muitos momentos dramáticos vivenciados durante este ano, um dos mais intensos foi o que descreve a passagem de Mateus 16. Volte a ler a descrição do diálogo que Jesus teve com os Seus discípulos. Observe o contraste que existe entre a confissão de Pedro e a atitude que teve quando ele repreendeu o Senhor. Qual é a razão de surgir esta contradição no seu comportamento? O que nos mostra sobre a nossa capacidade de conhecer o Senhor? Em sua opinião, de que forma o conceito de Pedro sobre Jesus limitou o seu relacionamento com Ele?

Talvez você recorde que no início da nossa aventura com Cristo incentivei-o a meditar na oração de Salomão, que se encontra em 1 Reis 3:5-15. Se desejar refrescar sua memória, volte a ver a meditação do primeiro dia neste livro. Naquela oportunidade, procuramos imaginar o que pediríamos ao Senhor caso Ele nos desse a oportunidade de lhe pedir o que quiséssemos. Da mesma forma, procuramos pensar naquilo que Ele poderia pedir a nós.

A passagem que voltamos a ler hoje é a que melhor exemplifica o desafio que enfrentamos ao caminharmos com o Senhor. Assim como Pedro, reconhecemos que Jesus é o Filho de Deus, o prometido pelo Pai para nos salvar da nossa perdição. A confissão da Sua identidade é uma das colunas sobre as quais se edifica a vida espiritual que produz o tipo de transformação que Ele deseja realizar em nós. Contudo, vemos também que, o que Pedro tinha em mente quando falava do Cristo e o que Jesus era na realidade, mostram dois perfis muito diferentes. É precisamente a diferença nos conceitos que levou o discípulo, poucos momentos depois, a repreender com veemência a mesma pessoa que ele havia confessado ser o Filho de Deus.

Se a leitura deste livro cumpriu um dos seus propósitos, provavelmente você terá encontrado algumas diferenças entre a imagem do Jesus que você sempre teve e a que foi revelada em sua experiência de caminhar pelos evangelhos com Cristo. Quais são as diferenças mais notáveis que você pôde identificar? Que implicações para a sua vida tem estas diferenças? Se decidisse voltar a se assentar com o Senhor como fez no primeiro dia desta série, de que forma modificaria o seu pedido diante dele? Qual seria o pedido que Jesus lhe faria se Ele pudesse pedir uma única coisa? O conteúdo das suas respostas pode lhe dar a mais clara indicação sobre o que o Senhor tem procurado realizar em sua vida ao longo deste ano. Não rejeite a oportunidade de meditar nestas indicações.

A sua aventura com Cristo não termina neste ponto. Fica ainda muito caminho a ser percorrido. Espero, de todo coração, que você sinta o desejo de continuar por esta estrada no processo de conhecê-lo e ser conformado à Sua imagem, que apenas começou. Aguardam-nos, nas mãos de Cristo, muitos outros momentos sagrados!

ÍNDICE DE TEXTOS BÍBLICOS

TEXTO	PÁGINA
Gênesis 50.15-22	344
1 Reis 3.5-15	12
Mateus 1.18-25	31–32
Mateus 2.1-12	42–45
Mateus 3.13-17	59–65
Mateus 4.1-11	66–80
Mateus 5.1-12	145–153
Mateus 5.13-20	154–158
Mateus 6.1-18	159–165
Mateus 6.19-34	166–172
Mateus 9.9-13	132–134
Mateus 9.35–11.1	235–249
Mateus 11.23-30	184–190
Mateus 12.22-37	199–205
Mateus 13.1-52	206–215
Mateus 13.53-58	234
Mateus 14.22-33	256–262
Mateus 15.1-20	270–276
Mateus 15.21-28	277–279
Mateus 15.29-31	281
Mateus 15.32-38	285–288
Mateus 16.1-4	289–291
Mateus 16.5-12	292–293
Mateus 16.13-23	294–302, 376
Mateus 16.24-28	303–307
Mateus 18.1-14	320–327
Mateus 18.15-35	329–343

Marcos 1.21-45	118–124
Marcos 2.1-12	125–131
Marcos 3.13-15	135–138
Marcos 4.35-41	216–219
Marcos 5.1-20	220–226
Marcos 6.33-44	250–255
Marcos 7.31-37	282–284
Marcos 9.2-8	308–312
Marcos 9.14-29	313–319
Marcos 9.38-42	328
Lucas 1.5-25	20–26
Lucas 1.26-38	27–30
Lucas 1.57-66	33
Lucas 2.1-7	34–35
Lucas 2.8-21	36–41
Lucas 2.19,51	58
Lucas 2.22-35	46–52
Lucas 2.36-38	53
Lucas 2.39-52	54–57
Lucas 4.16-30	111–113
Lucas 5.1-11	114–117
Lucas 7.1-10	174–176
Lucas 7.11-17	177–179
Lucas 7.18-35	180–183
Lucas 7.36-50	191–197
Lucas 8.40-56	227–233
Lucas 9.51-56	348–349
Lucas 9.57-62	350–352
João 1.1-14	13–19
João 1.19-51	82–88
João 2.1-11	89–91
João 2.13-25	92–95
João 3.1-21	96–99

João 4.1-42	100–109
João 5.1-20	139–144
João 6.22-71	263–269
João 7.1-9	345–347
João 7.10-50	353–359
João 8.1-11	360–362
João 8.30-36	363–366
João 9.1-41	367–375
Atos 10.1-23	110
Romanos 8.5-14	173
Filipenses 3.7-14	198
2 Timóteo 1.5-7	280
Hebreus 4.1,2,11	81

CONHEÇA OUTRO LIVRO DO MESMO AUTOR

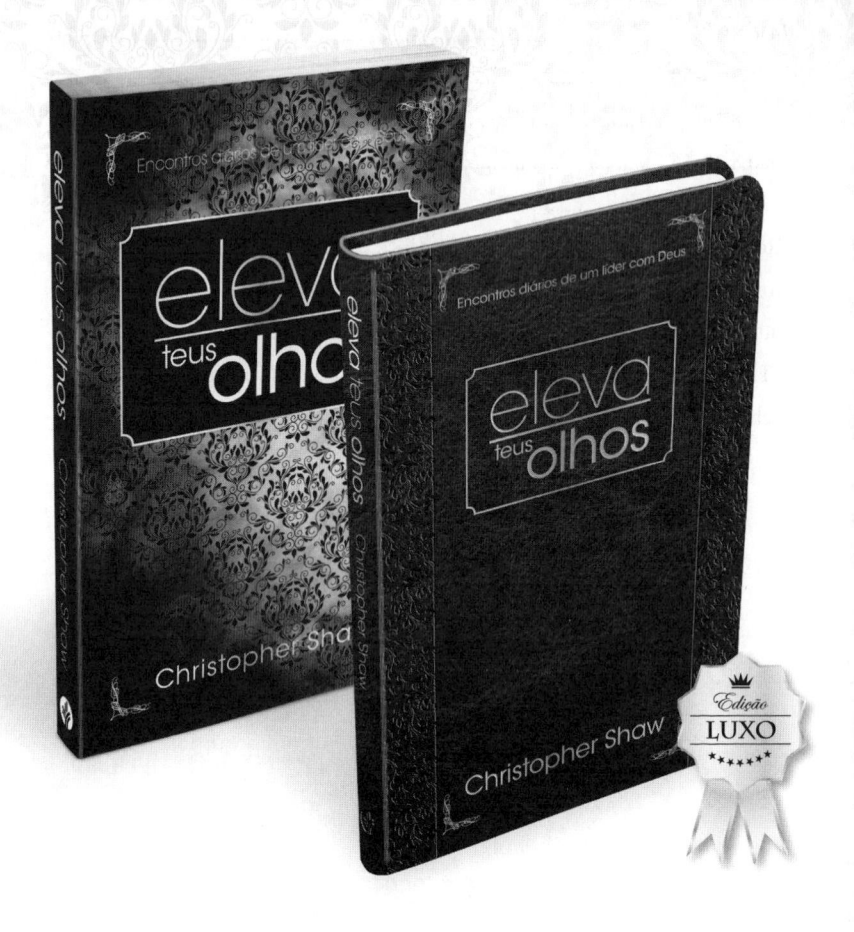

Eleva teus olhos apela ao forte desejo que muitos pastores e líderes têm por uma vida espiritual mais profunda. As meditações os convidam para que, mesmo em meio as múltiplas responsabilidades que acompanham o ministério, invistam em um tempo pessoal com o Senhor, como algo fundamental para que obtenham renovação espiritual e força para prosseguir no serviço a Deus e ao próximo.

Christopher Shaw